"十三五"江苏省高等学校重点教材

首批江苏省本科优秀培育教材（2021）

高等学校国际经济与贸易专业主要课程教材

国际经济学

（第三版）

张为付　等　编著

中国教育出版传媒集团

高等教育出版社·北京

内容简介

本教材采取了国际上通用的编写方法,将国际经济学划分为两大部分,即国际贸易理论与政策和开放经济下的宏观经济学,系统阐述了国际经济学的基本理论及其政策含义。除绪论部分外,国际贸易理论与政策包括古典贸易理论、新古典贸易理论、国际贸易理论的新发展、保护贸易理论、国际贸易政策与措施、经济增长与国际贸易、区域经济一体化和国际经贸组织、要素国际流动与国际贸易,开放经济下的宏观经济学包括汇率与汇率决定理论、国际收支、国际收支调节理论、开放经济下的宏观经济均衡、国际货币体系、世界经济危机及其影响。

本教材在内容上将理论描述、数学推导、图形解释、政策分析等结合起来,文字表述辅以图表分析,更容易阅读和理解。此外,本教材设置了二维码链接的视频和自测题,提供了丰富的学习资源。

本教材对不同深度的内容进行了分级分层,标注 * 号的为选学内容。本教材可以作为高等院校经济管理类专业本科学生的教材,也可以作为研究生以及企事业单位人员学习、培训的参考用书,对于从事国际贸易的实际工作者也不失为一本有益的专业读物。

图书在版编目(CIP)数据

国际经济学 / 张为付等编著. ––3版. ––北京:高等教育出版社,2023.7(2025.8重印)
ISBN 978–7–04–060537–2

Ⅰ.①国… Ⅱ.①张… Ⅲ.①国际经济学 – 高等学校
– 教材 Ⅳ.①F11–0

中国国家版本馆CIP数据核字(2023)第098230号

Guoji Jingjixue

策划编辑	李欣航	责任编辑	吴淑丽	封面设计	姜 磊	版式设计	童 丹
责任绘图	邓 超	责任校对	任 纳 高 歌	责任印制	赵 佳		

出版发行	高等教育出版社	网 址	http://www.hep.edu.cn	
社 址	北京市西城区德外大街4号		http://www.hep.com.cn	
邮政编码	100120	网上订购	http://www.hepmall.com.cn	
印 刷	大厂回族自治县益利印刷有限公司		http://www.hepmall.com	
开 本	787mm×1092mm 1/16		http://www.hepmall.cn	
印 张	24.25	版 次	2014 年 8 月第 1 版	
字 数	560千字		2023 年 7 月第 3 版	
购书热线	010–58581118	印 次	2025 年 8 月第 3 次印刷	
咨询电话	400–810–0598	定 价	64.00 元	

第三版前言

本教材编写团队始终秉持与时俱进、开放包容的精神,在第二版出版以来陆续收到众多读者、专家的宝贵意见。同时,在过去几年的时间里,国际经济形势发生了巨大变化,突如其来的新冠疫情正在深刻改变全球价值链分工体系,我国也进入了"双循环"新发展格局,这些内容亟须在教材中予以反映,让学生能够运用国际经济学基本理论和方法分析这些新的现象。

本次修订保留了第二版的结构和特色,主要在以下方面进行了修订:

一是融入思政元素。按照《高等学校课程思政建设指导纲要》的相关要求,结合国际经济学教材特点,在内容上积极引导学生树立正确的人生观、价值观和世界观,努力促进专业教育和思政教育的有机融合。

二是引入国际经济学领域的新进展。国际经济学领域纷繁复杂、日新月异,新现象和新事物层出不穷,党的二十大报告提出,加快构建以国内大循环为主体、国内国际双循环相互促进的新发展格局。本次修订尽最大可能将其纳入教材之中。比如《区域全面经济伙伴关系协定》(RCEP)正式签署并实施,标志着全球最大的自由贸易区诞生,成为我国国际循环的重要组成部分,我们在教材中予以重点介绍和分析。

三是更新教材中的相关数据。此次修订,系统更新了每个章节的数据资料,充分体现与时俱进的精神,比如第十一章的国际收支平衡更新至2020年,及时反映国际经济学领域的新变化。

本次修订由张为付教授负责设计。其中,张为付负责第一章的修订;杨青龙和谢正勤负责第二章、第三章的修订;张文武和张为付负责第四章、第五章的修订;王俭和张菁负责第六章的修订;李逢春和李宏亮负责第七章、第九章的修订;陈小文负责第八章的修订;许祥云负责第十章、第十四章的修订;杜运苏负责第十一章、第十二章的修订;张莉和张为付负责第十三章、第十五章的修订。

尽管我们修订工作的目标是追求完善,但由于时间仓促,加之编者水平有限,书中错误和纰漏在所难免,恳请各位专家学者不吝赐教。

编者

2022年12月

第二版前言

本教材第一版自 2014 年 8 月出版以来,得到了众多读者、专家的厚爱与指教,国内多所高校将其作为相关课程的教学参考书,对本教材的使用效果给予了中肯的评价,并就书中存在的不足和问题提出了很多宝贵意见,在此作者表示深深的感谢。

近年来,世界经济形势发生了巨大的变化,国际经济的发展环境、规则、技术等都出现了新的情况。这些都促使作者着手本书的修订工作,将国际经济学领域的新理论、新规则、新现象等纳入教材,与时俱进,以便更好地促进高等学校经济学专业的发展。

为了保持教材的延续性、传统性和规范性,此次修订基本保持原书的基本结构与内容体系,原有的章节安排没有进行大的调整,主要在以下方面进行了修订:

一是对教材的部分内容进行了更新和调整。例如,《国际收支和国际投资头寸手册》(第六版)正式实施,国际收支和国际投资的记账方法和科目均发生了较大变化,本书的第十一章按照新版手册进行了重新编写。"逆全球化"再次兴起和美国退出《跨太平洋伙伴关系协议》(TPP)使得国际经贸关系发生了重大转变,因此对相关章节的内容进行了更新。

二是充分运用自媒体手段提高教学效果。随着移动互联网的普及,人类已经进入了自媒体时代,自媒体是教育教学的重要机遇。此次修订充分挖掘自媒体的教育教学价值,帮助任课老师提高教学效果。利用在线课程和 MOOC(慕课)的网络资源,在每章开始设置了通过手机扫描二维码观看本章视频资料,在每章结尾设置了通过手机扫描二维码进行在线测试。

三是将国际经济学新理论研究及时反映出来。国际经济学领域不断有各种理论推陈出新,取得了丰硕成果,部分成果已经形成了成熟的、标准化的研究框架,我们对原教材中一些基本理论的后续发展给予了适当的补充和评述。

本次修订由张为付教授负责设计。其中,张为付负责第一章的修订;杨青龙负责第二章、第三章的修订;张文武和张为付负责第四章、第五章的修订;王俭负责第六章的修订;李逢春和张为付负责第七章、第九章的修订;陈小文负责第八章、第十四章的修订;许祥云负责第十章的修订;杜运苏负责第十一章、第十二章的修订;张莉和张为付负责第十三章、第十五章的修订。

尽管我们修订工作的目标是追求完善,但由于时间仓促,加之编者水平有限,书中错误和纰漏在所难免,恳请各位专家学者不吝赐教。

编者
2018 年 6 月

第一版前言

随着经济全球化的进一步发展,以国家或经济体为主体的国际经济往来越加频繁,由此产生的国际经济关系也越加复杂。从贸易方面来说,国与国之间的经济往来涉及的领域越来越广泛,商品贸易和劳务流动进一步扩展到了技术、资金、信息以及跨国公司的流动;从金融方面来看,全球金融体系的日趋完善使全球开放性经济体的金融市场逐渐融合为一个整体,任何一个环节出问题都会直接影响到全球经济的发展。2008年由美国次贷危机引发的全球金融危机就是最典型的例子。在今天的世界里,没有一个国家能够在经济隔绝的状态下生存和发展。

加入世界贸易组织以后,中国加快了融入世界经济的步伐。目前,中国已经成为世界第一大贸易国,是世界市场上最具活力和发展潜力的国家之一。同时,在"引进来、走出去"的政策下,中国引进大量外资并鼓励本国企业走出国门开拓国际市场。在经济全球化的今天,国际经济学已经成为一门十分重要的课程。正是在这样的背景下,我们编写了本教材。

本教材在编写过程中力争达到逻辑严谨、结构清晰、层次分明,由浅入深逐步展开。具体特点如下:

(1) 在体系划分上采用了国际上惯用的方法,将国际经济学划分为两大部分,即国际贸易理论与政策和开放条件下的宏观经济学。这样的划分方法更加贴切宏观经济学的理论体系结构,便于学生的学习。

(2) 在内容上将理论描述、数学推导、图形解释、政策分析等结合起来。文字论述辅以图形说明比较适合学生阅读和理解,数学推导可满足有进一步学习、提高理论基础要求的学生参考。

(3) 结合当前世界经济发展状况,对美国金融危机、欧洲债务危机等进行了详细介绍。此外,还介绍了 TPP、TTIP 等区域经济一体化的最新进展。

(4) 将国际经济学相关领域的一些新成就和新发展加以反映,如新新贸易理论等。同时,引入模型分析一些国际经济问题,使本教材具有一定的理论深度。

本教材的总体编写框架由张为付教授负责设计,其他的编写成员来自南京财经大学国际经贸学院,均长期从事本科生和研究生的国际经济学课程教学工作。参加编写人员及具体分工如下:第一章由张为付编写,第二章、第三章由杨青龙、张为付编写,第四章、第五章由张文武、张为付编写,第六章由王俭编写,第七章、第九章由李逢春、张为付编写,第八章、第十四章由陈小文编写,第十章由许祥云编写,第十一章、第十二章由杜运苏编写,第十三章、第十五章由张莉、张为付编写。

　　本教材在编写过程中参阅了大量的国内外有关著作和文献资料,在此对作者表示衷心的感谢!同时,我们还要感谢高等教育出版社的有关编辑,他们为本教材的出版付出了辛勤的劳动。

　　由于国际经济领域的关系错综复杂,新的现象层出不穷,加之编者水平有限,书中的错误和缺点在所难免,恳请读者批评指正。

编者

2014 年 4 月

目　录

第一章　绪论 …………………………… 1
　基本概念 ……………………………… 15
复习思考题 …………………………… 15
即测即评 ……………………………… 15

第一部分　国际贸易理论与政策

第二章　古典贸易理论 ………………… 18
　第一节　古典贸易理论的演进 ……… 18
　第二节　绝对优势理论 ……………… 24
　第三节　比较优势理论 ……………… 27
　第四节　比较优势理论的现代
　　　　　分析 ………………………… 35
　*第五节　对古典贸易理论的经验
　　　　　分析 ………………………… 37
　基本概念 …………………………… 40
　复习思考题 ………………………… 41
　即测即评 …………………………… 41

第三章　新古典贸易理论 ……………… 42
　第一节　新古典贸易理论的演进 …… 42
　第二节　要素禀赋理论 ……………… 45
　第三节　要素价格均等化理论 ……… 57
　第四节　罗伯津斯基定理 …………… 60
　第五节　对新古典贸易理论的经验
　　　　　分析 ………………………… 64
　基本概念 …………………………… 69
　复习思考题 ………………………… 69
　即测即评 …………………………… 70

第四章　国际贸易理论的新发展 ……… 71
　第一节　新贸易理论的发展 ………… 71
　第二节　产业内贸易理论 …………… 73

　第三节　产品生命周期理论 ………… 89
　第四节　国家竞争优势理论 ………… 93
　*第五节　新新贸易理论 …………… 96
　基本概念 …………………………… 102
　复习思考题 ………………………… 102
　即测即评 …………………………… 103

第五章　保护贸易理论 ………………… 104
　第一节　重商主义 …………………… 104
　第二节　幼稚产业保护理论 ………… 106
　第三节　超保护贸易理论 …………… 111
　第四节　"中心 – 外围" 理论 ……… 114
　第五节　战略性贸易理论及其他
　　　　　贸易保护的依据 …………… 116
　基本概念 …………………………… 120
　复习思考题 ………………………… 121
　即测即评 …………………………… 121

第六章　国际贸易政策与措施 ………… 122
　第一节　国际贸易政策 ……………… 122
　第二节　进口管理措施 ……………… 125
　第三节　出口管理措施 ……………… 141
　第四节　贸易政策的政治经济学 …… 146
　基本概念 …………………………… 149
　复习思考题 ………………………… 149
　即测即评 …………………………… 150

第七章 经济增长与国际贸易········ 151
  第一节 经济增长的内涵和类型···· 151
  第二节 经济增长对国际贸易的
       影响 ················· 153
  第三节 要素增长与国际贸易····· 161
  基本概念 ····················· 169
  复习思考题 ··················· 169
  即测即评 ····················· 169

**第八章 区域经济一体化和国际
     经贸组织** ··········· 170
  第一节 区域经济一体化·········· 170
  第二节 国际经贸组织 ············ 182

基本概念 ····················· 193
复习思考题 ··················· 193
即测即评 ····················· 193

**第九章 要素国际流动与国际
     贸易** ··············· 194
  第一节 资本的国际流动·········· 194
  第二节 劳动力的国际流动········ 203
  第三节 技术的国际流动 ·········· 208
  第四节 跨国公司 ················ 212
  基本概念 ····················· 216
  复习思考题 ··················· 216
  即测即评 ····················· 216

第二部分 开放经济下的宏观经济学

第十章 汇率与汇率决定理论········ 218
  第一节 外汇和外汇汇率········· 219
  第二节 外汇市场 ··············· 222
  第三节 外汇交易 ··············· 224
  第四节 汇率制度分类和人民币
       汇率制度 ············· 229
  第五节 汇率决定理论 ··········· 232
 *第六节 外汇干预 ··············· 249
  基本概念 ····················· 251
  复习思考题 ··················· 252
  即测即评 ····················· 252

第十一章 国际收支 ············· 253
  第一节 国际收支平衡表·········· 253
  第二节 国际收支平衡与失衡····· 263
  第三节 国际收支平衡表分析····· 266
  基本概念 ····················· 273
  复习思考题 ··················· 274
  即测即评 ····················· 274

第十二章 国际收支调节理论········ 275
  第一节 国际收支调节的弹性
       分析法··············· 275

  第二节 国际收支调节的收入
       分析法 ··············· 281
  第三节 国际收支调节的货币
       分析法 ··············· 289
  基本概念 ····················· 295
  复习思考题 ··················· 295
  即测即评 ····················· 295
  附录 ························· 295

**第十三章 开放经济下的宏观
     经济均衡** ··········· 297
  第一节 开放经济下的宏观经济
       目标与政策工具········ 297
  第二节 蒙代尔－弗莱明模型
       及其扩展 ············· 303
  第三节 固定汇率制下的宏观
       经济政策 ············· 306
  第四节 浮动汇率制下的宏观
       经济政策 ············· 310
  第五节 宏观经济政策的调整与
       国际协调 ············· 312
  基本概念 ····················· 318
  复习思考题 ··················· 318

即测即评 ┈┈┈┈┈┈┈┈ 319

第十四章　国际货币体系 ┈┈┈┈┈ 320

第一节　金本位制 ┈┈┈┈┈ 321

第二节　布雷顿森林体系 ┈┈┈┈ 324

第三节　牙买加体系 ┈┈┈┈ 329

第四节　欧洲货币一体化与欧元 ┈┈ 335

第五节　国际货币体系的实践与

未来 ┈┈┈┈┈┈┈┈ 339

基本概念 ┈┈┈┈┈┈┈┈ 343

复习思考题 ┈┈┈┈┈┈┈ 343

即测即评 ┈┈┈┈┈┈┈┈ 343

第十五章　世界经济危机及其

影响 ┈┈┈┈┈┈┈┈ 344

第一节　经济危机概述 ┈┈┈┈ 344

第二节　经济危机的处理与应对 ┈┈ 349

第三节　主要经济危机及其影响 ┈┈ 353

第四节　国际经济格局的变化与

政策协调 ┈┈┈┈┈┈┈ 362

基本概念 ┈┈┈┈┈┈┈┈ 366

复习思考题 ┈┈┈┈┈┈┈ 366

即测即评 ┈┈┈┈┈┈┈┈ 366

附录 ┈┈┈┈┈┈┈┈┈┈ 366

参考文献 ┈┈┈┈┈┈┈┈┈┈┈┈┈┈┈┈┈┈┈┈┈┈┈┈┈┈ 369

第一章
绪　论

本章重点

1. 国际经济学的研究对象
2. 国际经济学与一般经济学的联系与区别
3. 国际贸易的产生与发展
4. 国际经济学的主要研究内容
5. 国际经济学的学习和研究方法

教学视频

请扫描右侧二维码观看本章精彩教学视频。

　　本章是全书的导论。国际贸易的理论源自国际贸易现实的发展，了解历史有助于我们更好地理解理论产生的背景。因此，本章在分析国际经济学研究对象的基础上，从阐述国际贸易的历史开始。然后对国际经济的理论体系作一个简单的梳理。最后介绍学习国际经济学的方法，以有助于我们更好地学习这门课程。

　　伴随国际分工的深化与发展，以国家为主体开展的国际经济活动越来越频繁，所涉及的范围也越来越广泛。国际商品贸易和要素流动使得国家间的相互影响、相互渗透、相互依存的关系不断加强，任何一个国家如果孤立于国际分工以外去谋求自身的发展，都是不现实的，也是不可持续的。进入21世纪后，不同国家和地区人们的日常生活更加紧密地结合在一起，生产和消费所需的各种资源基本实现了全球范围内的配置，商品和要素的国际流动愈加频繁，国际金融市场的融合程度不断提高，规范全球经济活动的规则和组织日趋健全。国际经济学就是要在这样的国际经济背景下去研究各种经济现象和规律。

一、国际经济学的研究对象

　　国际经济学作为一门独立的经济学新兴学科，研究各国之间的经济活动和经济关系，即主权国家之间经济的相互影响和相互依存性。国际经济关系是指一国同其他国家的经济联系，是世界范围内超越国家界线的国家间的诸经济关系的总和。国际经济关系不仅涉及各国的经济利益,而且深深影响各国人民的日常生活与经济福利。健全而稳定的国际经济关系,有助于维护和促进世界的和平与繁荣。

事实上,国际经济关系的发生与发展已有数千年的历史,关于这方面的研究工作也早已开始。例如,国际贸易的相关资料可以追溯到中世纪,英国于 1355 年就有对外贸易的统计资料了。到 15 世纪,随着民族主义思潮的兴起,人们对国际贸易问题开始感兴趣,对国际经济的早期研究则是古典经济学中的国际贸易理论。虽然人们从事国际经济关系的研究历史悠久,但国际经济学作为一门独立的学科,大约是从 20 世纪 40 年代发展起来的,即第二次世界大战后不久开始的。至今,国际经济学已形成一个较完整的统一体系,其基本的理论框架已大致形成,所涉及的领域和范围也已基本明确。但随着国际经济实践的发展,其理论内容会不断充实和扩充。

由于国际经济学是一门新兴的经济学科,学者们对其研究对象的表述尚不统一。在各类国外的教科书中,有的称之为“对外贸易论”(如日本学者小岛清,著作为《对外贸易论》),有的称之为“国际贸易与国际金融”,有的称之为“世界贸易与收支”,但比较规范的名称仍然为“国际经济学”。这种差异的原因主要是各位学者研究的侧重点不同,而内容上的差异则是研究问题的取舍不同。综合来说,他们的研究都没有离开两个基本问题:一是研究稀缺资源在世界范围内的最优分配问题;二是研究国家间的商品贸易和生产要素的流动问题。前者体现了国际经济学的基本特征,即世界范围经济学研究的基本问题;后者则是国际经济学的目标和内容。所以,国际经济学的概念可以定义为:国际经济学是以经济学的一般理论为基础,以经济学、管理学现代分析工具为手段,研究稀缺资源在世界范围内的最优分配,分析经济要素国际流动的基础、模式和效应,以及约束这种流动的国内政策和这些政策对国家的福利所产生的影响。

二、国际经济学与一般经济学的联系和区别

国际经济学的研究对象和一般经济学的研究对象有何区别? 是否有充分的理由将国际经济学作为一门独立的经济学分支学科? 要回答这些问题,就需要分析国际经济学与一般经济学的联系和区别。

(一) 国际经济学与一般经济学的联系

国际经济学与一般经济学有着密不可分的联系。一方面,国际经济学是一般经济学的进一步引申。一般经济学主要是以国内经济为研究基础,而国际经济学反映了一般经济学原理在国际经济范围的发挥和运用。另一方面,对开放经济下的国内经济的考察,又必须考虑到对国际经济的影响,开放的国内经济本身就属于国际经济范畴,因此,对国际经济的研究,又构成了一般经济学体系的一个组成部分。从国际经济内容的视角看,经济活动的主要方式是国家间的贸易、投资、劳务提供以及其他形式的资金转移等。国内经济活动也包含这些内容,只不过活动范围由国际的变成区际的或部门间的而已。从经济运行过程及其所带来问题的视角看,国际经济与国内经济也有许多相似之处。例如,在一国经济中,资源的分配和使用是否合理决定了一国经济的效率;在国际经济中,资源的替代和转换的合理性同样影响到一国或世

界经济整体的效率。又如,在一国经济中,收入的分配和再分配过程影响到地区与地区、阶层与阶层之间的福利和平等;在国际经济中,贸易、投资等经济活动会在国家间经济关系中造成同样的问题。所以,美籍经济学家哈伯勒曾这样写道:"严格说来,要在国际贸易和国内贸易之间划出一道鸿沟,既是不可能的,也是不必要的。一旦我们考察所谓对外贸易的特质,就会发现,我们所论及的只是程度上的差别,而非本质上的、能造成严格的理论分界的基本差别。"

(二) 国际经济学与一般经济学的区别

国际经济学与一般经济学在研究对象上又有着明显的区别。虽然说国际经济学是一般经济学的引申,但它是在特殊条件下的引申,即在国际经济领域内,国内经济的一般原理得到了特殊的表现,进而形成了国际经济运动的一些特有规律。研究并揭示这些规律,对各国在实践中所采取的国际经济政策加以分析、估计和评价,正是国际经济学的基本任务。

古典经济学家在阐述国际贸易理论时,有一个最基本的假定,那就是:生产要素在国内具有充分的流动性,即劳动力可以自由迁徙,资本可以自由转移,土地可以自由选择使用;相反,生产要素在国家间是不可流动的。从这一假设出发,古典经济学家阐述了国际贸易的特殊过程和特有规律。在现代经济学者看来,古典经济学家们的假设似乎有些极端了。事实上,生产要素在国家间并不是完全不可流动的,劳动力的国际迁徙、资本的跨国流动、技术在各国间转移等,都是生产要素在国际范围内移动的表现。另外,生产要素在一国之内的充分流动性也不是绝对的,由于种种原因,生产要素的国内流动也会受到某种限制。

尽管如此,国际经济与国内经济的差别依然存在。因为,我们不能忽视的一个明显的事实是,国际经济与国内经济的运行范围和背景条件存在着巨大的差别。

首先,就生产要素的流动性的环境而言,从经济、政治、文化、法律和社会各方面看,国际生产要素的流动要比国内生产要素的流动面临更严重的障碍。例如,商品的国际流动要受到关税和非关税壁垒的限制,劳动力的国际迁徙要受到国家间宗教文化、社会习俗、工资福利等差别的影响,资本的跨国流动则要受到各国利率政策、外汇政策、法律法规以及经济环境的约束。所以,生产要素的国际流动即使不像古典经济学家们假定的那样不可能,但也比在国内流动要困难得多。

其次,就经济运行环境和条件而言,国际经济与一国之内的区际经济的不同之处在于,前者没有一个统一的经济和政治中心,因而也没有总的计划、总的预算和总的经济协调、调节手段,与此同时,各国的经济条件和运行状况以及由此提出的经济政策要求也不同。这就使得国际经济关系比国内经济关系更为复杂。总体看,国家间经济的均衡、稳定、协调和传递方式及其过程都与国内经济有很大的不同。

最后,就国际货币机制而言,不同国家之间存在不同的货币金融体系,这就给国际经济交流带来许多复杂的问题,如货币的兑换,汇率的确定与调整,国际收支的平衡、失衡及其补偿等。这些问题都是国内经济不会遇到的。

总之,国际经济学是从一般经济学中分离出来的一个分支学科。作为一门系统的、独立的理论,它的出现大约在 20 世纪 40 年代,即第二次世界大战后不久。虽然国际经济学产生的历史不长,但其理论渊源却相当久远,它所论及的许多问题早就引起了各派经济学家的注意和研究。多年来,有关国际经济学的著作大量出版,所研究的内容和问题不断得到扩充和加深。如今,国际经济学已形成一个较完整统一的体系,其基本的理论框架已形成,所涉及的领域和范围不断拓展。随着国际经济实践的发展,国际经济学理论内容也会不断丰富。

三、国际贸易的产生与发展

(一)古代的世界贸易

早在公元前 3500 年前后,人类文明就开始在中东产生。当时,世界其他地方还比较落后,处于亚、欧、非三大洲之间的中东就已经比较发达。除了基督教、犹太教和伊斯兰教三大宗教发源于中东以外,农业、城市、贸易也最早从中东开始。

到公元 100 年左右,古典贸易进入相对鼎盛时期,地中海的罗马帝国、中东的帕提亚帝国、印度的贵霜帝国以及中国的汉王朝分别发展成为各地区强大的政治经济实体,"国际贸易"初始状态,更确切地说是"地区间贸易"也由此产生。当时各地区之间交换的物品主要有罗马的亚麻布、金、银、铜、锡、玻璃,印度的香料、宝石和中国的丝绸。其中主要的产品是丝绸,主要的通道是欧亚大陆之间的"丝绸之路"。然而,从公元 2 世纪末开始,世界各文明古国均出现了程度不同的动荡,东西方间的贸易也随之断断续续、时盛时衰。

对国际贸易的第一次大推动是中世纪后期西欧的势力扩张。在中世纪以前,西欧还是一个不发达的地区,地处欧亚大陆的西端,不像中东地区那样有机会与其他民族接近,经济上也比较落后。11—13 世纪,十字军多次东征,使地中海再一次成为欧亚大陆贸易的海上通道。

十字军东征对世界贸易的推动不仅是打通了地中海的贸易通道,更主要的是将西欧融入了世界经济版图。成千上万的欧洲人参加了一次又一次的远征,看到了东方发达的经济和丰富的物质,以致回国后仍垂涎于看到和享受到的奢侈品。此时,寻找黄金和获取资源成为西欧人非常强烈的扩张动机。由于地理和资源的限制,西欧社会无法自给自足,他们急迫地需要寻找新的资源和产品,从而大大推动了欧洲以及欧亚大陆间的贸易发展。

到了 14 世纪,整个欧洲已形成了几个主要的贸易区,包括:以意大利的威尼斯、热那亚和比萨等为中心的地中海贸易区,以布鲁日等城市为中心的北海和波罗的海贸易区,包括基辅、诺甫哥罗德、车尔尼哥夫、彼列雅斯拉夫尔等城市的东欧罗斯贸易区,德意志北部和北欧斯堪的纳维亚地区的汉萨贸易区,以及不列颠贸易区等。这些贸易区不仅有大量的区内交易,相互之间的贸易往来也很密切。

与此同时,亚洲也形成了几个比较重要的贸易区,包括以中国、朝鲜和日本为主的东亚贸易区,占婆(今越南南部)和扶南(今柬埔寨)等国的东南亚贸易区,以及以印度为主的南亚贸易区。

在 13—14 世纪,东西方之间通过陆路和海路也进一步发展了贸易。陆上通道主要是原来的"丝绸之路"。此时正值中国元朝时期,元帝国三次西征,疆界扩至黑海南北两岸和波斯湾地区,打通了从中国直至欧洲的通道。海上通道则主要从地中海,经红海和印度洋到印度,或从波斯湾经阿拉伯海到印度。欧洲从东方进口的商品主要有中国的丝绸、瓷器、茶叶,印度的珠宝、蓝靛、药材、地毯,以及东南亚的香料,这些商品在欧洲人的消费中占据了越来越重要的地位。但欧洲能向东方出口的产品却不多,除了出口羊毛、呢绒和金属制品外,不得不支付大量的黄金与白银。在 15 世纪前,整个国际贸易建立在自然经济的基础上,按自愿交换的原则进行。贸易在自然经济中的地位并不重要,只是人们经济生活中的一个补充。因此,当时各国之间、各洲之间的贸易还处于不连续、不稳定的状态。

(二) 地理大发现后的国际贸易

如果说,15 世纪前的贸易主要局限于各洲之内和欧亚大陆之间的话,那么 15 世纪的地理大发现及由此产生的欧洲各国的殖民扩张则大大发展了各洲之间的贸易,从而开始了真正意义上的世界贸易。

地理大发现产生于 15 世纪末。在此之前,欧洲城市的兴起和农业手工业生产力的提高促进了生产分工,也进一步促进了商品经济的发展。商品经济的发展又需要更大规模的贸易。然而,14 世纪末到 15 世纪这段时间里,由于土耳其奥斯曼帝国的崛起和其对小亚细亚、巴尔干半岛和埃及的占领,从欧洲通往波斯、印度和中国的商路几乎中断了。面对这一局面,欧洲国家不得不努力寻找新的贸易通道。同时,随着经济的发展,欧洲的技术获得了巨大的进步,尤其是在造船及其他航海设备方面。13—16 世纪,欧洲已能生产 600~800 吨的圆体帆船。中国的火药和指南针技术也传到了欧洲,欧洲人已能在舰船上载有火炮,还能生产罗盘仪和象限仪,绘制航海图。传播上帝福音的宗教动力、通过贸易谋利的强烈欲望、开辟新通道的迫切需要,加上新的航海设备与技术,欧洲人在 15 世纪末至 16 世纪初的地理大发现成为航海技术发展的自然结果。

欧洲人最早的远洋探险大约是在 1431 年。当时有一个名叫维尔和(Velho)的葡萄牙航海家成功地到达了大西洋东北部的亚速尔群岛并返回了葡萄牙。此后,通过一系列的远洋探险,意大利人哥伦布率领的西班牙船队于 1492 年发现了美洲新大陆。达·伽马率领的葡萄牙船队于 1497 年绕过好望角,到达南亚西海岸,打通了欧洲通往印度的新航路。麦哲伦率领的西班牙船队在 1519 年经过大西洋,经南美海峡进入太平洋到达亚洲的菲律宾群岛。随后,欧洲国家又陆续开辟了一系列通往四方的新航道,发现了大片前所未有的新土地。地理大发现的结果,实际上是把原来各自相对独立发展的国家联系起来了,真正意义上的世界贸易或全球贸易也由此发展起来了。

地理大发现对欧洲经济和世界贸易发展的影响主要包括以下两个方面:

第一,使欧洲的经济发生了巨大的变化,出现了商业革命。所谓的商业革命表现为商业性质、商业技术以及商业组织方面的巨大变化。地理大发现后,各国地理与资源上的差距使得国际流通中的商品种类与数量大大增加,许多以前从来没有见过的商品如咖啡、烟草、可可等出现在欧洲市场上并且立即成为欧洲人喜爱的商品。与此同时,欧洲的产品也有了更大的市场去销售。贸易的扩大促进了专为交换生产的专业化分工,各国不同的产品价格所造成的巨大利润进一步推动了为谋利而进行的国际贸易。

为了适应新的大规模的贸易,欧洲建立了在全世界各地专门从事贸易活动的新型合股公司。这种合股公司将投资与经营的职责分开,从而有利于动员大量的甚至闲散的资本从事种种商业投机。这些公司中最著名的有荷兰、英国的东印度公司和荷兰、法国的西印度公司。至此,国际贸易不再是少数商人零散行为,而成为一个以谋利为目的的巨大产业。

第二,地理大发现引发了长达两个世纪的殖民扩张和殖民贸易,推动了洲与洲之间的贸易。从 15 世纪中期开始,葡萄牙就由南向西非沿海扩张,到 15 世纪末,葡萄牙已占领了非洲西海岸的大片土地,大肆抢夺黄金、象牙和奴隶。哥伦布发现美洲新大陆后,葡萄牙又占领了巴西,随后占领了非洲的南端和整个东海岸。然后,葡萄牙人又东进印度、锡兰 ①、马六甲海峡,甚至占领了中国澳门。在很长一段时间里,葡萄牙通过它的殖民统治,垄断了东方贸易。他们将一些小日用品如小镜子、小刀、帽子、葡萄酒、腌鱼、乳酪等贩运到殖民地,然后将殖民地的产品运往欧洲,这些商品包括非洲的黄金、象牙、钻石、丁香、樟木,印度和锡兰的珠宝、胡椒、肉桂、大米,印度尼西亚的胡椒、丁香、豆蔻、白檀木等。

继葡萄牙之后的另一个殖民大国是西班牙。从 15 世纪开始到 16 世纪中期,西班牙先后用武力占领了除巴西和圭亚那之外的整个中南美洲。西班牙殖民者一方面掠夺美洲现有的金银财富,另一方面驱使奴隶开采金银。由于西班牙殖民者对美洲土著居民的杀戮,造成美洲种植园劳动力短缺,于是西班牙又大量从事奴隶贸易,将非洲黑人贩运到美洲从事劳动。

在葡萄牙占领非洲,西班牙占领美洲后,荷兰于 15 世纪末 16 世纪初也加入了殖民扩张行列,荷兰主要从葡萄牙人手中争夺殖民地。到 16 世纪中期,荷兰基本上占领了原来葡萄牙的殖民地,其势力甚至超过了西班牙、葡萄牙两国。为了垄断殖民地贸易,荷兰成立了规模巨大的"商业公司",其中最著名的是荷兰的东印度公司和西印度公司。这些公司依仗着政府授予的特权,从殖民地获得大量珍贵物产,然后运到欧洲以高价出售,获得暴利。当时的东印度公司在支付庞大的军事行政开支之后仍能分给股东 20%~160% 的红利。

继葡萄牙、西班牙、荷兰之后成为殖民大国的是英国和法国。英国人从 16 世纪末开始远征印度,贸易中的惊人利润强烈地刺激了英国政府与商人,从而其也开始了疯狂的殖民扩张。到 18 世纪中期,英国先后战胜了葡萄牙、西班牙、荷兰以及法国,占领了北美、西印度群岛、亚洲和非洲的大片土地,成为世界上最大的殖民帝国。

英国和法国分别于 1600 年和 1664 年建立了东印度公司,从事在亚洲的殖民贸易,法国还同时建立了西印度公司从事在北美的殖民掠夺。英国从印度大量收购香料、棉织品、丝织品以及其他贵重物产和农副产品运回欧洲高价出售,同时在北美建立奴隶制种植园专门生产烟草、大米、蓝靛和棉花,为英国提供粮食和原料。北美的奴隶大量来自非洲。英国从 1562 年就开始贩卖奴隶。1588 年,英国又成立了"皇家非洲开发者贸易公司",专门经营将大量黑人运往美洲作为奴隶的贸易。仅在 1680 年后的 100 年里,英国运往其在北美殖民地的奴隶就超过 200 万人,这种殖民贸易给英国带来了巨大的利益。据统计,在 17 世纪末,英国贸易所得利润年平均为 200 万英镑,其中种植园贸易为 60 万英镑,与非洲、远东、欧洲的贸易为 60 万英镑,有将近 2/3 的利润来自殖民贸易。②

地理大发现以及由此带来的西欧殖民扩张,虽然残酷,但在客观上极大地推动了洲与洲之间的贸易,从而初步形成了一个以西欧为中心的世界市场。当时的贸易地理流向基本

---

① 斯里兰卡民主社会主义共和国的旧称。

② 宋则行,樊亢.世界经济史(上卷)[M].北京:经济科学出版社,1998:53-54.

是：① 欧洲向美洲出口制造品,主要是纺织品、金属制品、家具、家庭用具、酒和其他消费品。② 从非洲输往美洲的主要是奴隶。奴隶贸易不仅为欧洲人获得巨额利润用以购买美洲和亚洲的商品,也为在美洲生产商品和原料提供了大量的廉价劳动力。③ 从美洲流向欧洲的商品主要是在殖民地开采的黄金和白银,生产的烟草、棉花、粮食、海洋产品和糖等。④ 欧洲从亚洲及东方各国进口的主要产品仍然是香料、丝织品、茶、咖啡等。17 世纪后,远东的纺织品成为欧洲大量进口的商品之一。

尽管地理大发现以后,世界贸易已从单纯的互通有无变成了以谋利为主的商业行为,但决定贸易流向的仍然是各国的自然资源和各自固有的生产技能的差异。各国主要出口本国特有的产品,进口本国不生产的东西。这个时期国际贸易的主要方式是暴力控制下的殖民贸易。

(三) 工业革命后的世界贸易

16—18 世纪,随着殖民扩张和各洲之间贸易的发展,西欧各国经济发生了巨大的变化。一方面,欧洲从海外获得了大量的金银财富,积聚了大量的商业资本和工业资本,从而基本完成了资本的原始积累,为资本主义生产方式的产生和发展奠定了基础。另一方面,海外市场尤其是美洲市场的开发使得对欧洲工业产品的需求迅速增加。这一点,对欧洲来说非常重要。在与亚洲的贸易中,它们一直处于逆差状态。欧洲产品在亚洲一直没有市场,而美洲市场的出现使欧洲的贸易不平衡状况大大得到改善。当时的美洲主要是欧洲的殖民地,大量的欧洲移民到了美洲以后需要大量食物、酒、油、金属制造品、枪支、火药和毛麻织品,从而大大刺激了欧洲的工业生产。欧美之间的贸易大大促进了欧美国家以分工交换为基础的市场经济的形成和经济实力的加强。从 18 世纪 60 年代开始,欧美国家逐渐形成了资本主义的生产关系并先后发生了工业革命。

工业革命可以分为两个阶段。第一阶段大约从 1770 年开始到 1870 年,主要发生于英国。当时的英国是全世界最大的殖民帝国,与殖民地间的贸易以惊人的速度增长。用于殖民开发的斧子、钉子、枷锁、铁链以及武器的需求大大促进了英国炼铁工业的发展,继而推动了炼铁所用的煤炭的开采。对棉纺织品的需求也刺激着纺织工业的技术更新。强烈的市场需求导致了在这些工业里的一系列发明,包括阿克莱特的水力纺纱机(1769 年)、哈格里夫斯的多轴纺纱机即珍妮机(1770 年)、克朗普顿的走锭纺纱机(1779 年)、瓦特改进的蒸汽机(1782 年)、德尔比父子的煤与焦炭混合石灰炼铁法(1735 年)、科特的搅拌炼铁术(1783 年),以及凿井机、曳运机、蒸汽抽水机等。纺织、冶金、煤炭成为英国工业革命中建立起来的三大支柱产业。纺织机、蒸汽机和冶金新技术则代表这一时期在工具、动力和材料上的技术革命。

工业革命的第二阶段约从 1870 年到 20 世纪初,主要发生在德国和美国,也包括其他欧洲国家。这一阶段的主要特点有两个:一是科学指导下的技术革命在工业生产中发挥了重要作用;二是大批量生产的技术得到了改善和运用。因此,人们也常把这一时期称为第二次技术革命。

1870 年以后,欧美出现了拥有许多精密仪器和训练有素的科学家的实验室。新技术不断涌现,包括炼钢法、石油勘探和开采技术、发电技术、照明技术、电信技术、各种化学产品的发明与生产等。物理学、化学等科学指导下的系统发明创造取代了偶然或孤立的发明,大量的新发明创造了大量新的工业。另一方面,以大批量生产为目的的管理技术也不断出现,包括制造生产标准化零件的模子和设计生产出装配线。这些新技术的应用不仅强化了专业化分工,同时大大提高了劳动生产率,扩大了生产规模。

通过工业革命,欧美发达国家的生产力得到大大提高,经济体制和经济结构发生了巨大的变化。到 1914 年第一次世界大战爆发时,欧洲、北美、日本和澳大利亚都先后完成了工业化过程,从自然的农业手工业经济过渡到资本主义工业经济。整个世界形成了以欧美国家的现代工业经济为一极和其他国家的农业手工业等传统经济为另一极的双元化格局。

资本主义的生产方式和工业革命对世界贸易的影响是极其深远的。贸易一方面作为商品销售和资本积累的方式,促进了资本主义生产方式和工业革命的产生和发展;另一方面,贸易作为资本主义社会化生产方式和工业革命的必然结果而被不断扩大,在资本主义生产方式下,贸易不再只是自然经济中的互通有无,而是成为重要的获利手段。工业革命则彻底改变了各国和世界的自然经济结构,使国际分工和国际贸易成为人类经济活动中的必要组成部分。

工业革命对世界贸易的影响主要表现在三个方面。第一,工业革命大大提高了劳动生产率,促进了生产。工业生产在满足了本国、本地区的消费需求外,有大量的剩余产品可以用来交换贸易。工业化的欧洲需要为它们的剩余制造品获得市场,并最终改变了与亚洲贸易中长期处于逆差的地位。第二,工业革命大大促进了交通的发展。铁路、轮船、汽车以及电报、电话的应用将整个世界连接成一体,国际贸易变得更加迅速便捷。第三,工业革命使世界经济从单一的农业经济转向以工业生产为主的现代经济,为世界各国参与国际分工提供了机遇。与农产品和其他初级产品不同,工业产品的种类繁多,且随着科技的不断进步而日新月异。任何一国都不能自己生产全部的工业产品,都不可能达到农业社会时的那种自给自足。各国都只能生产一部分产品,然后用自己的产品与外国的产品进行交换。国际范围内的分工和交换即国际贸易逐渐成为现代经济中必不可少的一部分。

工业革命以后,国际贸易出现了前所未有的大发展。此前从 18 世纪初到 19 世纪初的将近 100 年里,世界贸易总额增长了 1 倍多。然而,仅在 19 世纪的前 70 年(1800—1870 年)中,世界贸易就增长了 6.7 倍,年均增长率超过 9%,扣除价格下跌的因素,实际贸易量增长了 9.6 倍。从 1870 年到第一次世界大战前的 1913 年,尽管除英国以外的主要欧美国家开始实行贸易保护主义政策并先后出现了几次经济衰退,但世界出口总额仍然从 51.3 亿美元增加到 184 亿美元,增长了将近 2.6 倍,年平均增长率仍达 6%。[①]

工业革命使得欧洲各国的经济结构发生了很大的变化,农业在国民经济中的比重迅速下降,工业的比重大大增加。工业的发展不仅生产出大量的制成品需要寻找市场,也需要进口更多本国没有或不足的原料(如棉花、橡胶、石油及其他矿产资源)。因此,国际贸易越来越成为欧美工业国家经济中不可缺少的重要部分。1840—1870 年,英国的出口占国内生产总值的比重从 9% 上升到 16%,法国和德国也都从 7% 增加到 16%,在 30 年中增加了 1 倍多。[②]

---

① 麦迪森.世界经济二百年回顾[M].北京:改革出版社,1996.

② Hanson J R Ⅱ.Trade in transition:exports from the third world,1840—1900[M].New York:Academic Press 1980.

工业革命还改变了世界贸易中的产品结构。在地理大发现和西欧殖民扩张以前,世界贸易中的主要产品是各洲各国的特产和手工业产品,如香料、丝绸。殖民开发以后,增加了许多殖民地奴隶种植园中生产的大宗消费品,如蔗糖、咖啡、可可、茶叶等,但工业原料和制造品在国际贸易中仍不是主要的。而工业革命以后,国际贸易的商品结构和地理流向都发生了重大变化。主要表现在:

第一,机器纺织品特别是棉纺织品成为欧洲最重要的大宗出口产品,并以低廉的价格和稳定的质量取代了印度、中国等国的手工纺织品,成为19世纪国际贸易中最主要的工业制造品。

第二,大宗工业原料成为殖民地和半殖民地国家的主要出口产品。棉花、黄麻、生丝、烟草以及矿产原料逐渐取代香料、茶叶等成为19世纪初级产品贸易中的重要商品。

第三,机器设备和金属制成品在国际贸易中的地位迅速上升。随着英、法等国的殖民扩张和资本输出,铁轨、机车、蒸汽机、矿山机械等机器设备成为重要的贸易产品。

第四,农产品特别是谷物贸易大大增加。农产品作为初级产品,各国都能生产,在以互通有无为主的自然经济的贸易中,农产品的进出口量并不很大。工业革命的结果使得欧洲各国农产品的相对成本和价格都大大提高,美国、加拿大和澳大利亚的大规模农业生产又大大降低了成本。作为比较优势和专业化分工的结果,农产品贸易占世界贸易的比重也增加了。

经过工业革命,世界日益成为一个经济整体,并形成了一个以西欧、北美生产和出口制成品,其余国家生产和出口初级产品并进口欧美制成品的国际分工和世界贸易格局。世界贸易的基础已不仅仅是各国的自然资源。各国生产技术不同而产生的成本差异成为决定贸易模式的重要因素。

(四) 第二次世界大战后国际贸易的发展 [①]

从1914年第一次世界大战爆发到1945年第二次世界大战结束,是世界经济及国际贸易波动和萧条的一段时间。两次世界大战和几次大的世界性经济衰退,大大削弱了欧洲各国的经济和军事实力,也极大地影响了世界贸易。第一次世界大战后,国际贸易缩减了40%,直到1924年才略超过战前水平。紧接着是1929年至1933年经济大萧条,世界贸易量又一次大幅度下降。加上这一时期各国实行的贸易保护政策,国际贸易一直处于萎缩状态。到第二次世界大战爆发前的1937年,世界出口总额也只有254.8亿美元,尚未恢复到1929年的水平(327.5亿美元),甚至仍低于1924年的水平(275.95亿美元)。这种状态直到第二次世界大战结束后才得到改变。

第二次世界大战后,世界经济又一次发生了巨大变化,国际贸易再次出现了飞速增长,其速度和规模都远远超过19世纪工业革命以后的贸易增长。从1950年到2000年的50年中,全世界的商品出口总值从约610亿美元增加到61328亿美元,增长了将近100倍。即使扣除通货膨胀因素后,实际商品出口值也增长了15倍多,远远超过了工业革命后乃至历史上任何

---

① 第二次世界大战后贸易发展数据除特别注明外,主要根据世界贸易组织统计资料计算。

一个时期的国际贸易增长速度。而且,世界贸易实际价值的增长速度(年平均增长 6% 左右)超过了同期世界实际 GDP 增长的速度(年平均增长 3.8% 左右)。这意味着国际贸易在各国GDP 中的比重在不断上升,国际贸易在现代经济中的地位越来越重要。第二次世界大战后国际贸易飞速发展的原因是多方面的,主要包括以下四个方面。

1. 第二次世界大战后较长的和平时期,为国际贸易发展提供了物质基础

经过两次世界大战,西方各主要工业国家饱受战乱之苦,都不再愿意轻易卷入大规模的战争。第二次世界大战后各国通过建立国际经济、政治组织以及各种多国政治、经济和军事联盟以减少世界大战的危险。尽管在第二次世界大战后长达 40 年的时间里仍然存在着东西方两大阵营的对立,但冷战毕竟不像军事战争那样对经济产生直接的破坏作用。东西方各有一个经济集团,双方的经济竞争在某种意义上对经济发展有一定的推动作用。20 世纪 50—80 年代,西方工业国家的出口在世界总产值中的比重从 7.7% 增加到 26.8%,苏联及东欧国家的比重也从 4.6% 增加到 9.3%。[①]20 世纪 90 年代初冷战结束后,各国之间的政治、经济关系进一步得到改善,有利于经济与贸易的发展。

2. 科技和信息产业革命,为国际贸易的发展提供了技术支撑

第二次世界大战后,以美国为先导出现了以原子能、电子、合成材料、航天技术和生物技术为代表的新的技术革命,这场新的技术革命又产生了一系列新的产业,包括原子能工业、半导体工业、石油工业、化学工业、电子工业、宇航工业、生物工业等。新产业在发达工业国家的产生和发展,一方面意味着制造品越来越成为国际贸易中的主要产品,大量新的工业产品出现,国际贸易的产品变得更加丰富;另一方面也意味着国际分工日益扩大和深入。随着新产业的不断出现,任何一国都不可能在所有的产业上都具有比较优势。发达国家中新兴产业的发展也意味着其他产业的相对衰落,从而国际贸易更加必要。

进入 20 世纪 90 年代以后,以互联网为代表的现代信息技术革命又进一步推动了这场规模大、范围广、影响深的技术革命。信息技术革命不仅创造了一个新的产业,还为现代贸易提供了新的信息交流和交易方式。

3. 经济发展优化了国际消费结构

第二次世界大战后的和平环境和科技革命使世界经济出现了空前迅速的发展。经济快速增长不仅反映了一国生产能力的增加,也表现为人们收入的增加。从第二次世界大战结束到20 世纪末,大多数工业国家和新兴工业国家的人均收入成倍增长,而收入的增长则促进了人们消费结构的变化。在满足了基本生活品需求以外,人们对制造品包括耐用消费品等的需求欲望和购买能力都大大提高。对高质量和不同品种的新产品的需求也大大刺激了各国之间的贸易尤其是工业制成品贸易。

4. 第二次世界大战后国际经济秩序的改善,促进了国际交流

从 19 世纪末开始到第二次世界大战,西方各国为了争夺资源、保护国内利益集团纷纷实行贸易保护主义。不断出现的关税战、汇率战和贸易战不仅大大影响了经济与贸易的发展,还最终导致战争的爆发。第二次世界大战结束后各国痛定思痛,决心建立国际经济新秩序。以

---

① 宋则行,樊亢.世界经济史(下卷)[M].北京:经济科学出版社,1998 :279.

布雷顿森林协定为基础的国际货币体系相对稳定,有利于国际贸易发展。在《关税与贸易总协定》框架下的一轮又一轮降低关税的谈判以及1995年世界贸易组织的建立,不仅大大降低了各国的贸易壁垒,还建立了一个多边的解决贸易纠纷的机制,为国际贸易提供了一个相对稳定、公正和自由的环境。

(五)21世纪国际贸易的发展

进入21世纪以后,随着通信技术快速进步和运输成本大幅度降低,跨国公司致力于根据世界各国要素禀赋差异分割生产流程,形成的全球价值链分工体系逐步超越了产业间和产业内分工,成为国际分工的主要形式。尤其是中国加入世界贸易组织(WTO)以后,国际贸易发展更是突飞猛进,尽管受到2008年国际金融危机的冲击,依然保持了较快速度增长。据联合国数据,2019年全球商品出口额18.26万亿美元,比2000年增长了近2倍。这个时期国际贸易发展具有鲜明的特征。

1. 跨境电商成为国际贸易的新业态

在互联网和智能手机普及的时代,跨境电商大大降低了开拓多元化市场的沉没成本,逐渐成长为国际贸易的新业态。2020年爆发的新冠疫情使全球线下消费快速向线上转移,线上购物正成为基本消费方式。据海关统计,2020年我国通过海关跨境电子商务管理平台验放进出口清单24.5亿票,同比增长63.3%,跨境电商进出口额达1.69万亿元,增长31.1%。在数字经济时代,跨境电商在国际贸易中的比重将会进一步上升。

2. 服务贸易发展速度快于货物贸易

大数据、云计算、物联网等数字技术在服务业领域的广泛应用,跨越了服务生产与消费不可分离的障碍,衍生出了众多服务新业态与新模式。近年来,全球价值链的服务化趋势越来越显著,服务贸易发展速度显著快于货物贸易。据WTO数据,2019年全球服务贸易额达6.23万亿美元,与货物贸易的差距越来越小。

3. 区域经济一体化取得了长足发展

由于双边或多边之间协调一致更加容易,区域经济一体化在进入21世纪之后获得快速发展。截至2018年年底,在WTO备案的区域经济一体化组织共有292个。

目前,全球价值链形成了三大区域性价值链,分别是以德国为中心的欧盟区域价值链、以美国为中心的美洲区域价值链和以中国、日本为中心的亚洲区域价值链。跨国公司在新冠疫情冲击下将重新审视全球供应链的安全性和稳定性,不再仅仅基于经济成本进行布局,全球价值链分布将呈现"纵向缩短,横向区域集聚"态势。在未来一段时间,国际贸易发展将会出现新的变化,需要持续关注。

四、国际经济学的主要研究内容

国际经济学是研究国际范围内资源优化配置的学科,经济学家一般把它划分为两个独立的部分。第一部分称为国际贸易理论与政策,是微观经济学中的研究方法延伸到国际经济领域的产物,即开放经济下的微观经济学。第二部分称为国际金融理论与政策,主要是宏观经济学的研究方法拓展到国际经济领域的结果,即开放经济下的宏观经济学。

（一）国际贸易理论与政策的发展

国际贸易的思想可以追溯到重商主义（mercantilism）时代。重商主义者以其错误的财富观为逻辑基准，推论出"奖出限入"的贸易保护政策。1776 年，亚当·斯密代表新兴资产阶级的利益，在其划时代著作《国民财富的性质和原因的研究》（简称《国富论》）中系统阐述了分工和自由经济的观点，批判了重商主义的财富观和贸易观，基于绝对优势的理论分析，提出了国际分工与贸易的互利性观点。1817 年，大卫·李嘉图在其代表性著作《政治经济学及赋税原理》一书中，进一步发展了亚当·斯密的绝对优势理论，科学地提出和论证了国际贸易的比较优势原理，证明了国际贸易的普遍存在性，确立了其后国际贸易理论的发展基础。但在比较优势的决定因素方面，李嘉图仅强调了劳动生产率差异的重要性，认为各国之间只要相对劳动生产率水平不一致，就存在比较利益和相互贸易的动机，没有考虑到其他因素对比较优势的影响。其后的一些学者，如穆勒、马歇尔和埃奇沃思等，集中研究了贸易条件的决定问题。在20 世纪两次世界大战间隔时期，关于比较优势的研究进一步深化。

1919 年，赫克歇尔在《对外贸易对收入分配的影响》一文中，首先提出了要素禀赋差异是决定国际分工和贸易的基础的观点。其后，他的学生俄林在 1933 年出版的《区际贸易与国际贸易》一书中，进一步阐述和发挥了赫克歇尔的要素禀赋理论，所以后来人们又称要素禀赋理论为赫克歇尔 – 俄林理论，简称 H–O 理论。

1936 年，哈伯勒在《国际贸易理论》一书中，用机会成本理论解释了比较优势原理，在贸易理论模型化方面作出了实质性的贡献。哈伯勒、勒纳、里昂惕夫、米德等人将一般均衡分析的新古典模型与赫克歇尔 – 俄林的要素禀赋理论融为一体，最终形成了国际贸易理论的标准模型。

在 20 世纪相当长的时期内，以新古典模型为表达形式的要素禀赋理论在国际贸易理论中占据着绝对的统治地位。虽然这期间曾出现著名的"里昂惕夫之谜"和围绕破解此谜的研究而提出了不同于比较优势的贸易理论，但要素禀赋理论并未受到真正的挑战。到 20 世纪 70 年代末，在放松了要素禀赋理论基本假设条件的情况下，国际贸易理论的发展出现了又一次重大突破。

20 世纪 70 年代末 80 年代初，以克鲁格曼和赫尔普曼为代表的一批经济学家，提出了新贸易理论。新贸易理论认为，除了要素禀赋差异外，规模经济也是国际贸易的原因和贸易利益的另一个独立决定因素。即使在没有偏好、技术和要素禀赋差异的情况下，规模经济也能引导各国开展专业化分工和贸易。新贸易理论考虑了规模经济的现实存在，打破了新古典贸易理论规模收益不变和完全竞争的假设，使得关于贸易理论研究的重心由国家间的要素禀赋差异转向了国家间市场结构、厂商行为、技术条件等方面，使研究更加深入。

新贸易理论的出现有两方面的历史背景。首先，随着时间的推移，传统的贸易理论已不能解释许多重要的贸易现象。例如，为什么 20 世纪 60 年代以后，世界贸易绝大部分是在偏好、技术和要素禀赋都比较相似的发达国家之间进行？为什么国际贸易中，产业内贸易，即发生在同一产业类别中的双向贸易，已成为主流？国际贸易的发展现实要求一种新的贸易理论来解释这种现象。其次，产业组织理论的发展为新贸易理论的出现奠定了坚实的理论基础。20 世纪 40 年代兴起的产业组织理论主要以不完全竞争市场结构为考察对象，分析市场结构、厂商行为和市场绩效三者之间的因果关系。20世纪70年代中期,产业组织理论出现了一次大的突破,特别是博弈论方法被引入产业组织理论研究之后,对不完全竞争市场结构(主要是寡头市场)下厂商行为的研究取得了巨大成功,大大丰富了经济学的理论基础。1978年,克鲁格曼在其博士论文《收益递增、垄断竞争与国际贸易》中首次把将差异产品和(内部)规模经济考虑在内的垄断竞争模型(又称新张伯伦模型)推广到开放经济条件下,从理论上首次证明了规模经济是国际贸易发生发展的另一重要因素,并认为产品差异性决定了产业内贸易这一重要贸易形态。

由于不完全竞争理论至今没有形成统一的分析模式,所以新贸易理论至今也没有建立统一的分析范式。实际上,新贸易理论的出现,并不意味着它能代替传统的要素禀赋理论。首先,从解释现象上看,两种理论分别解释不同的贸易现象。新贸易理论主要解释产生在发达国家之间的产业内贸易现象,而传统的要素禀赋理论则主要解释发达国家与发展中国家之间的产业间贸易。其次,从理论基础上看,新贸易理论以规模经济和不完全竞争为前提,强调产业和企业的市场结构和竞争性差异,传统的要素禀赋理论则以规模收益不变和完全竞争为前提,强调国家间在要素禀赋上的差异性。因此,两种观点不仅不是相互替代的关系,反而是互补性的关系,共同丰富和完善了国际贸易理论。

(二)国际金融理论与政策的发展

国际金融理论的核心是外部平衡(external balance)问题。早在李嘉图提出比较优势理论之前,历史上就已经产生了关于外部调节的问题。1752年,大卫·休谟在《论贸易差额》一书中,论证了著名的物价–铸币流动机制。他从货币数量论的观点出发,认为在金币本位制条件下,可以通过货币–贵金属的输出、输入来完全解决贸易不平衡问题,即国际收支的不平衡可以通过市场的力量自动恢复平衡,而不需要外部的人为干预。在相当长的一个时期内,休谟的理论一直主导着国际金融领域的研究。

20世纪两次世界大战间隔时期,国际金融理论明显避开了对国际收支调节机制的关注,而将重心转移到国际收支平衡与国内经济条件之间的相互作用和影响上。第二次世界大战以后,布雷顿森林体系国际货币制度的确立和发展,对国际金融理论的发展产生了深远影响。第二次世界大战后,凯恩斯主义的流行,也在国际金融理论的发展中留下了深深的烙印。凯恩斯的乘数理论说明了在价格不变的条件下,收入对国际收支的影响。

20世纪60年代初期,蒙代尔在其一系列论文中更新了国际收支调整的传统观点。在蒙代尔模型中,货币政策被放到了国际收支调整的首要位置,国际资本流动占据了国际收支的重要地位。他提出,当内部平衡与外部平衡目标发生冲突时,资本流动性的存在,使得在固定汇率制条件下,通过扩张性的货币政策引起资本流出,而通过扩张性的财政政策引起资本流入,这样,借助于针对外部平衡的货币政策和针对内部平衡的财政政策这两个独立的政策工具,就能同时达到内外平衡的目标,从而解决了固定汇率条件下政策选择的两难问题。这种把货币政策分配给外部平衡,而把财政政策分配给内部平衡的观点,被称为蒙代尔分配法则。

1960年,特里芬提出著名的特里芬难题。特里芬难题的客观存在,使得金币本位制和布雷顿森林体系瓦解。1973年,布雷顿森林体系崩溃后,一大批经济学家主张实行浮动汇率制。

其基本论点是浮动汇率可以使政府免受国际收支的限制,并允许政府不运用货币政策去被动地稳定汇率,从而获得利用货币政策工具的主动权。同时浮动汇率也像一堵防火墙,把国内经济与外界隔离开,使国内经济免受外界因素的冲击。

20世纪70年代,货币主义的兴起,产生了一些极具价值的开放经济动态模型。其中国际收支货币分析方法强调实际平衡效果和长期的国际收支平衡,资产组合平衡模型则阐明了货币与经济增长的关系,指出了财富积累中资产的存量和流量之间的区别,并吸收了理性预期理论的一些基本思想。

20世纪80年代,借助储蓄和投资理论中的跨时分析方法,对开放经济动态变化过程的分析已变得日益普遍。

除了上述关于外部平衡这一核心问题外,国际金融理论在汇率决定理论和汇率制度研究方面,也有极为丰富的理论进展。

五、国际经济学的学习和研究方法

(一) 学习方法

1. 学好国际经济学必须有扎实的西方经济学基础

国际经济学是西方经济学的分支学科,是经济学基础理论在国际贸易、金融、投资等领域的应用,其理论基础是微观经济学和宏观经济学。要很好地理解国际经济学,必须有扎实的西方经济学基础知识。

2. 学习国际经济学除了要理解各种原理,还要对各原理的证明方法给予特别的关注。为了说明问题,国际经济学中要使用一些图形、公式和数学的推导,即把基础理论模型化、数量化,使之更加精确、科学。

3. 学习国际经济学要注意理论联系实际

这种理论联系实际包括两个方面:一方面是理论分析与实证检验的结合。往往一种理论观点从抽象推理视角看是合理的,但是可能与现实现象相矛盾,因此需要用现实的数据去证明理论的适应性。另一方面是理论与实际相结合。当我们学习了理论后,要养成结合现实加以思考的习惯,学会用理论去分析、解决现实中发生的经济问题,避免形而上学的、空洞的、脱离实际的方法。

4. 学习国际经济学要批判与吸收相结合

国际经济学是西方经济学的一个分支学科,具有西方经济学的普遍特点,如不愿意对生产关系进行研究,不能从根本上揭示出国际经济关系中的不平等现象,从而引发了激进经济学派的批判。国际经济学中也有许多值得我们借鉴的地方,如调节国际经济关系的政策手段、国际经济运行机制等方面。故学习国际经济学一定要批判与吸收相结合。

(二) 研究方法

国际经济学的研究对象及其学科体系的特点,决定了国际经济学研究要采用以下研究方法。

1. 宏观分析与微观分析方法

国际经济学是由国际贸易理论与政策和国际金融理论与政策两大部分组成的,是研究商品及要素国际流动现象及其规律的学科。按照英国经济学家马歇尔的划分,国际贸易理论在研究方法上主要以微观经济分析为基本工具,属于实物面研究;国际金融理论则是以宏观经济分析为主要工具,属于货币面研究。因此,在国际经济学研究中,必须首先坚持宏观分析与微观分析方法。

2. 局部分析与综合分析方法

由于国际经济学研究的对象涉及国际经济关系的各个方面,为了在研究中不至于被纷繁的现象迷惑,而抓不住其本质,必须从马克思的辩证唯物主义的立场和观点出发,详尽地占有资料,运用局部分析方法解剖个案,运用综合分析方法总结一般特征。通过去粗取精、去伪存真、由此及彼、由表及里的分析路径,揭示国际经济关系的传导机制及一般规律。

3. 历史分析与逻辑分析方法

为了研究国际经济关系的产生和发展过程,揭示国际经济关系的传导机制及其运动规律,就必须采用历史与逻辑的方法来展开分析。采用历史的方法,就是从历史的角度来分析、说明国际经济关系的形成与发展过程;采用逻辑的方法,就是从逻辑学的角度来研究和设计国际经济学学科体系。只有将历史的发展与逻辑的发展统一起来,才能构筑一个科学的、逻辑严谨的国际经济学体系。

4. 理论联系实际与实事求是的方法

在国际经济学研究中,坚持洋为中用、古为今用和理论为现实服务的原则,避免形而上学的、空洞的、脱离国内实际的方法。同时,要从辩证唯物主义的立场与观点出发,坚持实事求是。对于西方国际经济学理论研究成果,既不能全盘照搬,也不能完全否定,要从实际出发,去其糟粕,取其精华,批判地加以吸收。

5. 定性分析与定量分析方法

定性分析强调的是用逻辑推理方法叙述事物性质与发展趋势,强调对国际经济中各要素内在机理的定性描述和阐释。定量分析注重对国际经济关系中各要素数量变化的考察,需要运用数学模型和定量分析来验证各要素间的性质关系。定性分析与定量分析方法使国际经济学研究更加规范和科学。

基本概念

国际经济学(international economics)
国际贸易(international trade)
对外贸易(foreign trade)

复习思考题

1. 国际经济学的研究对象是什么? 与一般经济学的区别在哪里?
2. 国际经济学的研究范畴包括什么?

即测即评

请扫描右侧二维码,在线测试本章学习效果。

第一部分
国际贸易理论与政策

第二章
古典贸易理论

本章重点

1. 绝对优势理论
2. 比较优势理论
3. 贸易基础和贸易利益
4. 贸易所得及其分解

教学视频

请扫描右侧二维码观看本章精彩教学视频。

国际贸易思想源远流长。系统的国际贸易理论产生于亚当·斯密，是与经济学作为一门学科一道产生的。在此之前，贸易思想经历了长期的萌芽和发展，最早可追溯到古希腊、古罗马时代，后来又经历了重商主义和重农学派的演变；在此之后，大卫·李嘉图又对亚当·斯密的理论进行了必要的延伸和拓展。为此，本章首先介绍古典贸易理论的历史演进，然后分别介绍亚当·斯密的绝对优势理论和大卫·李嘉图的比较优势理论，最后是关于古典贸易理论的经验分析。

第一节　古典贸易理论的演进

任何一种理论的提出，往往都受到了前人思想的启发。古典贸易理论的产生与发展也不例外。本节拟从贸易学说史的角度，梳理古典贸易理论的历史演进过程，力图弄清古典贸易理论的来龙去脉。

一、亚当·斯密之前的贸易思想

(一) 早期的贸易思想

1. 古希腊、古罗马的贸易思想

国际贸易作为一种交换活动,以分工为基础,其思想起源可追溯到出现分工与交换思想的古希腊、古罗马时代。《荷马史诗》曾记述过,古希腊"一个女奴隶等于四条公牛","一个铜制的三角鼎等于二十头公牛"。《荷马史诗》间接表达的经济思想,表明当时的人们已经意识到交换可能带来好处。

最早提出分工学说的是古希腊思想家柏拉图(Plato)。在其代表作《理想国》中,柏拉图将分工作为理想国构成的原则,着重阐述了分工的必然性和分工的原则,以及如何将这一原则运用于理想国家的组织中。其分工思想可归结为如下两点:

其一,他从个人需要的多样性和个人才能的片面性角度来说明分工的必要性和国家的产生。他强调,每一个人的需求是多方面的,但是人们所具有的才能却是有限的,因此一个人不能无求于他人而自足自立,而不得不有待于互助。他进一步指出,如果一个人专门做一种和他的性情相近的事情,他所生产出来的产品必定会更多也会更好。所以一个国家中应该有专门从事各行各业的人。

其二,分工的原则应当适合人的禀赋。在柏拉图看来,人的禀赋是先天决定的。他说,有的人是上帝用金或银制造的,是天生的统治者;有的人是上帝用铜和铁制造的,是天生的被统治者。在柏拉图的理想国中有两个阶级:统治者和被统治者。前者被划分为护卫者与辅佐者等级(第二等级)和统治者等级(第一等级),后者则包括农民、商人、手工业者等。在被统治阶级里,由于他们从事生产与财富交换的职业,谁也不可能具备管理国家的才能。这两个阶级又可分成三个等级:哲学家、护卫者和平民。哲学家兼备智慧、美德和知识,能够洞察真理,理应管理国家,属于统治阶层;精选并加以严格训练的武士担负着守土抗敌、保卫国家的重责,这个阶层平时从事体育活动、锻炼体魄,不应从事任何经济活动;平民由农民、鞋匠等手工业者、商人等一切从事经济活动的人构成,为整个社会提供生产资料和消费资料,执行社会的经济职能。因此,他实际上把脑力劳动看作奴隶主、贵族的天然职能,把体力劳动看作农民、奴隶、工匠的天然职能。[①]

2. 早期宗教神学中的贸易思想

早期的国际贸易思想还受到早期宗教神学的影响。宗教神学中关于贸易的最早表述可追溯到公元前4世纪的利巴涅斯(Libanius)。他写道:"上帝没有把所有的产品都赠给地球的一个部分,他把礼物分布在不同的地区,到头来人们会力求建立起地区之间的社会关系,因为他们需要互相帮助。上帝使贸易产生,从而使所有的人都能共同享受地球上的果实,而无论这些果实是在何处生产的。"[②]

---

① 闫国庆,李汉君,陈丽静.国际贸易思想史[M].北京:经济科学出版社,2010:4.

② 海闻,P.林德特,王新奎.国际贸易[M].上海:上海人民出版社,2003:45.

3. 基督教会中的贸易思想

在西方早期的经济学中,基督教会的思想占有十分重要的地位,托马斯·阿奎那(Thomas Aquinas)是其中著名的代表人物之一。在阿奎那之前,对于以赚取利润为目的的商业行为,教会是持否定态度的。虽然阿奎那从道德上也对商业贸易活动持怀疑态度,但他支持利巴涅斯的观点,承认即使完美的城市也需要商人进口所需要的产品和出口过剩的产品。[①]

(二) 重商主义的贸易思想

对国际贸易的系统研究,开始于重商主义时代。重商主义是 15 世纪至 17 世纪欧洲资本原始积累时期代表商业资本利益的经济思想和政策体系。重商主义者认为,在金属货币时代,金银(货币)是财富的唯一形态,一切经济活动的目的就是获取金银,一国金银拥有量的多寡反映了该国的富裕程度和国力强弱。他们认为,只有发生贸易顺差,才能使外国的金银流入一国国内,只有通过对外贸易使金银发生净流入,才能算作获得了贸易利益。

早期重商主义者主张,国家应鼓励出口、反对进口,多卖少买甚至是只卖不买,以便既保有国内原有的货币又增加从国外输入的货币。晚期重商主义者则强调总体的贸易顺差和长期的贸易顺差。所谓总体的贸易顺差,是指不一定要求一国对所有国家或地区都保持贸易顺差,而是允许对某些国家或地区存在贸易逆差,只要整体出口额大于进口额即可。所谓长期的贸易顺差,是指在一定时期内一国的贸易逆差是可以接受的,只要在长期来看能保证贸易顺差即可。

(三) 重农学派的贸易思想

重农学派流行于 18 世纪 50—70 年代的法国。从 17 世纪下半叶开始,首先在法国出现了反对重商主义政策、主张经济自由和重视农业的思想,从而逐步形成了重农学派。重农学派的代表人物有弗朗斯瓦·魁奈(Francois Quesnay)、杜尔哥(A. R. J. Turgot)等。在他们的思想体系中,认为某些固定不变的规律支配着社会运行,自然界和人类社会存在着某些"自然秩序",不受任何地区、政府、集团的约束或干预,进而该学派认为政治经济学的基本任务在于阐明"自然规律",使"人为秩序"符合"自然秩序",而实现"自然秩序"的唯一途径则是经济自由。总之,重农学派反对重商主义提出的国家干预经济的各项政策,奉行"自由放任"的经济原则,其核心思想是主张自由经济(包括自由贸易)。魁奈在《经济表》(1758 年)、杜尔哥在《关于财富的形成和分配的考察》(1766 年)等著作中提出了在农业、工业、商业等经济活动中,只有农业劳动才能创造"纯产品"。

诚如"重农学派"这一名称所表达的,该学派对贸易并不重视,但他们从"自由经济"的基本理念和法国农民的实际利益出发,反对重商主义干预对外贸易的政策,进而提出了自由贸易的口号,尤其主张谷物的自由出口。法国重农学派的先驱者之一布阿吉尔贝尔(P.Boisguillebert)在他的《谷物论》一书中用了长达 10 章的篇幅来说明为何应当实行谷物的自由贸易。他认为,如果限制谷物的出口,一旦国内谷物丰收时,就会出现可怕的跌价现象。而跌价必然造成谷物的销毁和生产的削减,从而成为将来谷物价格高涨的主要原因。布阿

[①]　海闻,P. 林德特,王新奎. 国际贸易[M]. 上海:上海人民出版社,2003:45.

吉尔贝尔认为，"谷物的自由输出是平衡生产者与消费者利益或维持社会安定和公正的唯一方法"①。在重农学派看来，"自然秩序"（包括自由贸易）是保证市场均衡和物价稳定的重要机制。

当然，重农学派对商业的轻视和对农业的过分重视使得他们在国际贸易理论方面没有太突出的贡献，但他们的自由经济思想对后来的古典经济学家（尤其是亚当·斯密，他曾经在法国生活过三年，与许多重农主义者相识）产生了较大影响。②

二、亚当·斯密的绝对优势理论

在《国富论》中，斯密对重商主义的思想进行了深刻批判。他指出，衡量一国财富的标准不是其所拥有的贵重金属的多少，而是这些贵重金属所能购买到的商品数量。一国拥有的贵重金属再多，如果可供消费的商品的数量和种类少得可怜，那么该国人民的实际生活水平不会太高。可供消费的商品增加，才意味着一国财富的增加。那么，怎样才能增加一国的财富呢？斯密认为，扩大生产才能提高本国的生活水平，而扩大生产的根本动力是劳动生产率的不断提高，劳动生产率的提高又取决于社会分工的深化和细化。简言之，财富增加依赖于劳动分工。

在《国富论》中，斯密通过对国家和家庭的对比来表达国际贸易的必要性。他写道：

"如果一件东西在购买时所费的代价比在家里生产时所费的小，就永远不会想要在家里生产，这是每一个精明的家长都知道的格言。裁缝不想制作他自己的鞋子，而向鞋匠购买。鞋匠不想制作他自己的衣服，而雇裁缝制作。农民不想缝衣，也不想制鞋，而宁愿雇用那些不同的工匠去做。他们都感到，为了他们自身的利益，应当把他们的全部精力集中使用到比邻人处于某种有利地位的方面，而以劳动生产物的一部分或同样的东西，即其一部分的价格，购买他们所需要的其他任何物品。

"在每一个私人家庭的行为中是精明的事情，在一个大国的行为中就很少是荒唐的了。如果外国能以比我们自己制造还便宜的商品供应我们，我们最好就用我们有利地使用自己的产业生产出来的物品的一部分向他们购买。"③

斯密的分析蕴含了如下两层意思：① 首次从消费者（裁缝）的角度强调进口（从鞋匠之处购买鞋子）的利益（比自己在家生产更便宜），进而从分工和交换的好处来分析贸易所得。在国际贸易活动中，不仅出口可给一国带来利益，进口也同样可带来利益。在斯密的理论体系中，无论出口还是进口，都是市场中的一种自由交换。交换所带来的结果是，贸易双方都能从中得到利益。② 国际贸易的基础是各国在生产技术上的绝对差别。他用一国中不同人之间的劳动生产率差异和职业分工来形象地解释国际贸易的原因。裁缝之所以不自己制鞋，是因为从鞋匠那里购买鞋子比自己在家生产要便宜；裁缝擅长做衣服，在做衣服方面比鞋匠更能干，裁缝应该用衣服来向鞋匠换鞋子。推而广之，一个国家之所以要进口别国的产品，是因为该国生产这种产品在技术上处于劣势地位，单位产品的生产成本比别国更高；一国之所以能够向别国出口产品，是

① 布阿吉尔贝尔. 布阿吉尔贝尔选集［M］. 伍纯武，梁守锵，译. 北京：商务印书馆，1984：269.
② 海闻，P. 林德特，王新奎. 国际贸易［M］. 上海：上海人民出版社，2003：47–48.
③ 亚当·斯密. 国民财富的性质和原因的研究（下卷）［M］. 郭大力，王亚南，译. 北京：商务印书馆，1974：28.

因为该国生产这一产品的技术比别国更先进,单位产品的生产成本比别国更低。

基于上述两点,斯密认为,国际分工与贸易的原因和基础是各国之间存在的劳动生产率和生产成本上的绝对差别。

三、大卫·李嘉图的比较优势理论

作为古典经济学的重要代表人物,李嘉图与斯密一样,主张自由经济(包括自由贸易),认为每个个人在追求自身利益的同时会自然而然地促进社会福利的增加。与斯密类似,李嘉图也强调进口带来的利益。不过,李嘉图并非只是简单重复斯密关于分工与贸易好处的论述,而是提出了更加系统的自由贸易理论。

在斯密的理论中,鞋匠拥有制鞋的绝对优势,裁缝拥有制衣的绝对优势,两者之间的分工比较明确。但如果两个人都能制鞋和制衣,而其中一个人在两种产品的生产上都比另一个人强,那么分工该如何进行呢?根据李嘉图的理论,这取决于两个人在两种职业上的劳动生产率相差多少。如果一个人比另一个人在制鞋上强 1/3,而在制衣上却强 1/2,那么这个较强的人应该制衣,而那个较差的人应该去制鞋。这样的分工与自给自足的状态相比,可以带来资源配置效率的改善。

在李嘉图看来,同样的道理也适用于国际分工和国际贸易。他写道:"由此看来,一个在机器和技术方面占有极大优势因而能够用远少于邻国的劳动来制造商品的国家,即使土地较为肥沃,种植谷物所需的劳动也比输出国更少,也仍然可以输出这些商品以输入本国消费所需的一部分谷物。"[①] 也就是说,发达的国家在工业生产和农业生产方面都具有绝对优势,但在工业生产方面占有"极大优势",即比较优势,因而可以出口工业品以换取农产品。由此可推知李嘉图构造的"比较优势"概念,既指绝对优势中的最大优势,又指绝对劣势中的最小劣势。

在此基础上,李嘉图提炼出"比较成本"的概念来分析国际分工与贸易的基础,从而建立了比较优势理论。该理论认为,国际分工与贸易活动的基础并不限于不同国家之间在劳动生产率上的绝对差别,只要各国之间存在着劳动生产率上的相对差别,就会使产品的生产成本或价格出现相对差异,从而形成各国在不同产品上的比较优势,进而可能进行国际分工与贸易。根据李嘉图的比较优势理论,每个国家都应集中生产并出口其具有"比较优势"的产品,进口其具有"比较劣势"的产品。

值得指出的是,人们通常将比较优势与李嘉图联系起来,认为李嘉图是第一个提出比较优势的经济学家。然而,在贸易学说史上,托伦斯(Torrens)于 1815 年在《关于玉米对外贸易的论文》中就运用波兰和英国两个国家、玉米和棉布两种产品提出了"比较优势"概念。托伦斯认为,由于波兰在制造业方面与英国存在巨大差距,即使英国能够非常有效地生产玉米,英国也最好不要自己生产而应从波兰进口。这样做对英国更有利,因为英国用生产玉米的资本生产出来的棉布,可以从波兰换取比从自己土地中生产出来的更多的玉米。不过,对比较优势理论的系统论证则与李嘉图于 1817 年在《政治经济学及赋税原理》中给出的"四个有魔力的数字"(萨缪尔森语)密切相关。

---

① 斯拉法.李嘉图著作和通信集(第 1 卷)[M].郭大力,王亚南,译.北京:商务印书馆,1997:114.

四、小结

根据上文的分析,可将从斯密之前的贸易思想到古典贸易理论的演进过程形象地表述为图 2-1。

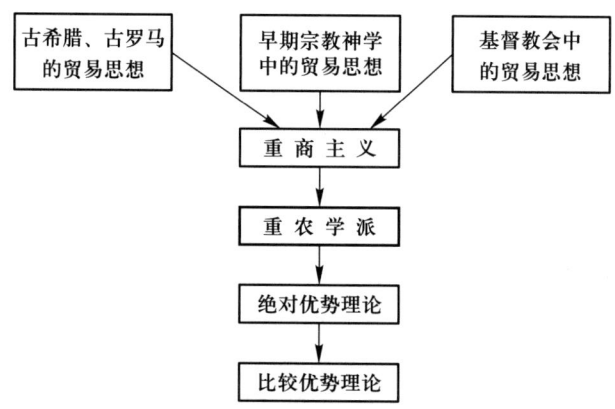

图 2-1 古典贸易理论的"来龙去脉"

其中,绝对优势理论和比较优势理论是古典贸易理论中的两大主要理论。表 2-1 简要概括了古典贸易理论产生与发展的过程,涵盖了各种思想或理论的年代背景、代表人物和主要观点等内容。

表 2-1 古典贸易理论的产生与发展

年代	代表人物	思想或理论	主要观点
古希腊、古罗马	柏拉图	分工思想	个人需要的多样性和个人才能的片面性决定了分工的必要性,应根据人的禀赋来确定分工的原则
公元前4世纪	利巴涅斯	交换思想	上帝使贸易产生
13 世纪	托马斯·阿奎那	交换思想	从道德上对商业贸易活动持怀疑态度,但承认即使完美的城市也需要商人进口所需要的产品和出口过剩的产品
15—17世纪	约翰·海尔斯、威廉·斯塔福、托马斯·孟	重商主义	金银(货币)是唯一的财富形态,一国积累财富的唯一途径是保持贸易顺差
18 世纪50—70年代	弗朗斯瓦·魁奈、杜尔哥	重农学派	主张自由经济(包括自由贸易)
1776 年	亚当·斯密	绝对优势理论	生产技术的绝对差异(绝对劳动生产率差异)是决定国际贸易模式的主要因素
1815 年1817 年	罗伯特·托伦斯、大卫·李嘉图	比较优势理论	生产技术的相对差异(相对劳动生产率差异)是决定国际贸易模式的主要因素

第二节　绝对优势理论

经济学作为一门学科诞生的标志是亚当·斯密（Adam Smith）于 1776 年出版的《国富论》。在这部著作中，亚当·斯密提出并系统论证了绝对优势（absolute advantage）理论。在这个意义上可以说，系统的国际贸易学说是同经济学理论一道产生的。本节将系统介绍绝对优势理论的核心思想、基本假设与理论分析，并对其做简要评价。

一、核心思想

如果一国在某种产品上具有比别国更低的生产成本（或更高的劳动生产率），该国在这一产品上就具有绝对优势；相反，如果一国在某种产品上具有比别国更高的生产成本（或更低的劳动生产率），该国在这一产品上就具有绝对劣势。进而言之，各国应集中生产并出口其具有生产成本或劳动生产率"绝对优势"的产品，进口其具有"绝对劣势"的产品，其结果比自给自足更有利。这一学说被称为绝对优势理论。

二、假设与论证

为进一步从逻辑和现实的角度阐述绝对优势理论，在此通过一个简单的模型来加以说明。而经济学模型往往离不开其成立的具体假设前提，因此，我们先介绍绝对优势理论的基本假设，然后展开具体论证。

（一）基本假设

绝对优势理论包含如下基本假设：

(1) 两个国家和两种可贸易产品。两个国家分别为 A 和 B，两种产品分别为 X 和 Y。

(2) 两种产品的生产都只投入一种要素：劳动（L）。

(3) 两国生产同一产品的生产技术不同，存在着生产成本（或劳动生产率）的绝对差别。

(4) 给定生产要素（劳动）的供给。劳动可在国内不同部门之间流动，但不能跨国流动。

(5) 规模报酬不变。这意味着，当投入要素增加或减少时，产出以同样的比例增加或减少。

(6) 完全竞争的市场结构。这意味着，各国的单位产品价格（P）等于产品的平均生产成本（AC），经济利润为零。

(7) 没有运输成本，也不存在任何阻碍国际贸易自由进行的障碍。

(8) 两国之间的贸易是平衡的，既没有贸易顺差也没有贸易逆差。

（二）理论分析

1. 贸易基础与模式

根据绝对优势理论的基本思想，衡量绝对优势有两种方法：

一是生产成本(劳动力投入量)衡量法。即用生产 1 单位产品所需要投入的要素数量来衡量。若一国投入 L 单位的劳动可生产出 Q_j 单位的产品 j，那么 1 单位产品 j 的生产成本可用来 $\dfrac{L}{Q_j}$ 表达。若一国在某种产品上的生产成本比别国更低，该国就具有生产这种产品的绝对优势。

二是劳动生产率(人均产量)衡量法。即用单位要素(劳动)投入的产出率来衡量。若一国投入 L 单位的劳动可生产出 Q_j 单位的产品 j，那么该国生产产品 j 的劳动生产率可用 $\dfrac{Q_j}{L}$(人均产量)来表达。若一国在某种产品上的劳动生产率比别国更高，该国就具有生产这种产品的绝对优势。

由于两国生产技术不同，同样产出时的劳动力投入就是不一样的。假设：A 国生产 1 单位 X 产品的劳动投入量为 2 小时，B 国生产 1 单位 X 产品的劳动投入量为 4 小时；A 国生产 1 单位 Y 产品的劳动投入量为 6 小时，B 国生产 1 单位 Y 产品的劳动投入量为 4 小时。可将两国的生产成本状况(用劳动要素投入表示)列为表 2-2。

表 2-2　A、B 两国的单位产出所需的劳动量　　　　单位：小时

	A 国	B 国
1 单位 X 产品的劳动投入量	2	4
1 单位 Y 产品的劳动投入量	6	4

首先从生产成本的角度分析。从表 2-2 可看出，1 单位 X 产品在 A 国需要 2 小时的劳动投入，在 B 国则需要 4 小时的劳动投入，A 国具有生产 X 产品的绝对优势；1 单位 Y 产品在 A 国需要 6 小时的劳动投入，在 B 国需要 4 小时的劳动投入，B 国具有生产 Y 产品的绝对优势。

然后从劳动生产率的角度分析。从表 2-3 可看出，A 国每小时劳动可生产 1/2 单位 X 产品，B 国每小时劳动可生产 1/4 单位 X 产品，A 国生产 X 产品有绝对优势；A 国每小时劳动可生产 1/6 单位 Y 产品，B 国每小时劳动可生产 1/4 单位 Y 产品，B 国生产 Y 产品有绝对优势。

表 2-3　A、B 两国的劳动生产率

	A 国	B 国
1 小时劳动可生产的 X 产品数量	1/2	1/4
1 小时劳动可生产的 Y 产品数量	1/6	1/4

根据绝对优势理论，A 国应专门生产 X 产品，然后用其中的一部分去交换 B 国的 Y 产品；B 国则应专门生产 Y 产品，然后用其中的一部分去交换 A 国的 X 产品。

2. 贸易利益

这种专业化分工和交换的利益仍然可用上面的例子来说明。若没有发生贸易，那么两国都是封闭经济，通过自给自足满足自身的消费，此时两国都要分别生产两种产品。方便起见，

在此假设 A 国 8 小时的劳动中,2 小时劳动用于生产 X 产品,6 小时劳动用于生产 Y 产品,那么 A 国可生产出 1 单位 X 产品和 1 单位 Y 产品,同时假设 B 国的 8 小时劳动中,4 小时劳动用于生产 X 产品,4 小时劳动用于生产 Y 产品,那么 B 国可生产出 1 单位 X 产品和 1 单位 Y 产品。在封闭经济下,两国的生产量同时也是它们各自的消费量。

两国进行专业化分工之后,由于规模报酬不变,A 国 8 小时劳动完全专业化生产 X 产品,一共可生产出 4 单位 X 产品;B 国 8 小时劳动完全专业化生产 Y 产品,一共可生产出 2 单位 Y 产品。

如果 A、B 两国之间以"1 单位 X 换 0.5 单位 Y"的比例进行自由贸易,A 国拿出 2 单位 X 产品换取 B 国 1 单位 Y 产品,那么贸易带来的结果是,A 国贸易后还剩下 2 单位 X 产品,同时换得 1 单位 Y 产品,比自给自足时多出 1 单位 X 产品;B 国通过贸易换得 2 单位 X 产品,同时还剩下 1 单位 Y 产品,比自给自足时多出 1 单位 X 产品。[①]

可将上述分析形象地表示为表 2-4。

表 2-4　A、B 两国分工前后及贸易后的对比分析

阶段	A 国(8 小时劳动)	B 国(8 小时劳动)
分工前	1 单位 X 和 1 单位 Y	1 单位 X 和 1 单位 Y
分工后	4 单位 X 和 0 单位 Y	0 单位 X 和 2 单位 Y
贸易后	2 单位 X 和 1 单位 Y	2 单位 X 和 1 单位 Y

通过分工和交换,A、B 两国均比贸易前增加了消费,都可以达到在自给自足条件下不可能达到的消费水平,这就是两国获得的贸易利益。

在上述例子中,我们设定 A、B 两国之间的交换比价是"1 单位 X 换 0.5 单位 Y",但实际中两国以什么样的比价进行交换,取决于产品的国际市场供给和国际市场需求。但可以肯定的是,A 国用 1 单位 X 产品换取的 Y 产品不能少于 1/3 单位,否则还不如自己生产;进口 1 单位 X 产品,B 国愿意支付的 Y 产品不会多于 1 单位,否则无利可图。综合而言,A、B 两国之间进行贸易时,1 单位 X 产品能换得的 Y 产品数量应介于 1/3 单位和 1 单位之间。

三、简要评价

(一) 贡献

1. 将对贸易的分析从流通领域延伸到生产领域

重商主义重视从流通视角来研究贸易现象,尚未挖掘到贸易活动背后的本质,绝对优势理论从生产入手对贸易展开研究,与重商主义相比是一大进步。

2. 系统揭示了贸易活动的互利性

重商主义者将贸易看作是一种"零和博弈",这与现实的贸易活动是格格不入的,而绝对

---

① 这里的例子当中,A、B 两国的贸易利益均体现为对 X 产品的消费量的增加。在其他场合中,有可能出现贸易后两国对 X、Y 两种产品的消费量均增加的情形。对比较优势理论的介绍与分析,与此类同。

优势理论首次论证了贸易双方都能从国际分工与贸易中获利的思想,即国际贸易可以是双赢的局面而非重商主义所表达的"零和博弈",从而开创了对国际贸易活动的经济学分析。

3. 对财富形态的认识更接近于现实

重商主义者之所以得出"贸易是一种零和博弈"这样的错误结论,缘于其只将金银(货币)看作唯一的财富形态。而在绝对优势理论中,参与交换的商品也可被视为财富形态,从而发现贸易可以呈现出双赢局面而非零和博弈。显然,绝对优势理论的财富观与现实更为相符。

(二) 不足

1. 参与分工的主体具有局限性

绝对优势理论无法解释世界上绝对先进与绝对落后的国家之间的分工和贸易现象。在现实中,有些国家比较先进,有可能在各种产品上都具有绝对优势,而有些国家比较落后,有可能在任何产品上都处于绝对劣势,但贸易仍然在这两类国家之间发生。对此,斯密的绝对优势理论无法作出解释。

2. 在供求关系分析中存在片面性

绝对优势理论只是从供给面出发研究了国际分工和国际商品流动方向,忽略了对需求面的分析。在现实中,贸易基础、贸易模式、贸易利益是由供给和需求两个方面的因素共同决定的,而绝对优势理论没有对需求面因素给予足够的关注,从而具有一定的片面性。

第三节　比较优势理论

进入19世纪之后,亚当·斯密的绝对优势理论在指导英国参与国际分工时逐步暴露出一定的局限性,难以有效说明其参与国际分工与贸易的模式。为此,1817年,古典经济学家大卫·李嘉图(David Ricardo)在其代表作《政治经济学及赋税原理》中提出并系统论证了比较优势理论,确立了国际分工与贸易分析的核心概念——比较优势(comparative advantage)。本节将系统介绍比较优势理论的核心思想、基本假设、理论分析、数学模型分析,并对其作简要评价。

一、核心思想

李嘉图运用"比较成本"的概念来分析国际分工与贸易的基础,建立了比较优势理论。该理论认为,国际贸易的基础并不限于生产成本(或劳动生产率)的绝对差别,只要各国之间存在生产成本(或劳动生产率)的相对差别,各国就能找到各自的比较优势,进而发生国际分工与贸易。根据李嘉图的比较优势理论,每个国家都应集中生产并出口其具有"比较优势"的产品,进口其具有"比较劣势"的产品,其结果比自给自足更有利。在比较优势理论中,两国分工的基本原则是"两优取重、两劣择轻"。

二、假设与论证

(一) 基本假设

比较优势理论包含如下基本假设:

(1) 两个国家和两种可贸易产品。两个国家分别为 A 和 B,两种产品分别为 X 和 Y。

(2) 两种产品的生产都只投入一种要素:劳动(L)。

(3) 两国的生产技术存在相对差别,存在着生产成本(或劳动生产率)的相对差别。

(4) 给定生产要素(劳动)的供给。劳动可在国内不同部门之间流动,但不能跨国流动。

(5) 规模报酬不变。这意味着,当投入要素增加或减少时,产出以同样的比例增加或减少。

(6) 完全竞争的市场结构。这意味着,各国的单位产品价格(P)等于产品的平均生产成本(AC),经济利润为零。

(7) 没有运输成本,也不存在任何阻碍国际贸易自由进行的障碍。

(8) 两国之间的贸易是平衡的,既没有贸易顺差也没有贸易逆差。

可见,比较优势理论的基本假设与绝对优势理论基本相同,只是强调两国存在生产成本(或劳动生产率)的相对差别而非绝对差别。

(二) 理论分析

1. 贸易基础与模式

根据比较优势理论的基本思想,衡量比较优势有如下三种方法:

一是相对生产成本(劳动力投入量)衡量法。所谓相对生产成本,是指一种产品的单位要素投入与另一产品的单位要素投入之间的比率。可将其计算公式写作:

$$X \text{ 产品的相对生产成本(相对于 Y 产品)} = \frac{1 \text{ 单位 X 产品的要素(劳动力)投入量}(L_X/Q_X)}{1 \text{ 单位 Y 产品的要素(劳动力)投入量}(L_Y/Q_Y)} \tag{2.1}$$

如果一个国家生产某种产品的相对成本低于别国生产同样产品的相对成本,就称该国具有生产这种产品的比较优势,反之则具有比较劣势。

二是相对劳动生产率(人均产量)衡量法。所谓相对劳动生产率,是指一种产品的劳动生产率与另一种产品的劳动生产率之间的比率。可将其计算公式写作:

$$X \text{ 产品的相对劳动生产率(相对于 Y 产品)} = \frac{X \text{ 产品的劳动生产率(人均产量:} Q_X/L_X)}{Y \text{ 产品的劳动生产率(人均产量:} Q_Y/L_Y)} \tag{2.2}$$

如果一个国家某种产品的相对劳动生产率高于别国同样产品的相对劳动生产率,则称该国具有生产这种产品的比较优势,反之则具有比较劣势。

三是机会成本衡量法。20 世纪 30 年代,经济学家哈伯勒(Haberler)通过引入机会成本的概念重新阐述了比较优势理论。所谓机会成本,是指某一主体作出一种选择所放弃的其他选择的最高价值。此处的机会成本则是指为了多生产某种产品(如 X 产品)而必须放弃的其他产品(如 Y 产品)的产量。用 Y 产品来衡量的生产每单位 X 产品的机会成本可表达为:

$$X 产品的机会成本 = \frac{减少的 Y 产品产量(\Delta Q_Y)}{增加的 X 产品产量(\Delta Q_X)} \tag{2.3}$$

相应地,用 X 产品来衡量的生产每单位 Y 产品的机会成本可表达为:

$$Y 产品的机会成本 = \frac{减少的 X 产品产量(\Delta Q_X)}{增加的 Y 产品产量(\Delta Q_Y)} \tag{2.4}$$

式中:Q_X 表示 X 产品产量;

Q_Y 表示 Y 产品产量;

Δ 表示变动量。

下面具体分析模型中两国的情况。假设:A 国生产 1 单位 X 产品的劳动投入量为 2 小时,B 国生产 1 单位 X 产品的劳动投入量为 8 小时;A 国生产 1 单位 Y 产品的劳动投入量为 6 小时,B 国生产 1 单位 Y 产品的劳动投入量为 8 小时。将两国的生产成本状况(用劳动要素投入表示)列为表 2-5。

表 2-5 A、B 两国单位产出所需的劳动量　　　　　　　　　　　单位:小时

	A 国	B 国
1 单位 X 产品的劳动投入量	2	8
1 单位 Y 产品的劳动投入量	6	8

在表 2-5 中,与 B 国相比,A 国无论生产 X 产品还是生产 Y 产品均具有绝对优势,按照亚当·斯密的绝对优势理论,在 A、B 两国之间无法展开国际分工与贸易。但依据李嘉图的比较优势理论,A、B 两国仍存在国际分工与贸易的可能性。那么,两国之间如何开展分工与贸易呢? 在此可运用上述三种衡量比较优势的方法,分别展开具体分析。

首先从相对生产成本的角度分析。从表 2-6 可看出,生产 1 单位 X 产品在 A 国的劳动投入量为 2 小时,生产 1 单位 Y 产品在 A 国的劳动投入量为 6 小时,那么 A 国 X 产品的相对生产成本为 1/3;生产 1 单位 X 产品在 B 国的劳动投入量为 8 小时,生产 1 单位 Y 产品在 B 国的劳动投入量为 8 小时,那么 B 国 X 产品的相对生产成本为 1。显然,1/3<1,A 国 X 产品的相对生产成本低于 B 国,于是 A 国具有生产 X 产品的比较优势。A、B 两国 Y 产品的相对生产成本刚好相反:A 国为 3,B 国为 1,于是 B 国具有生产 Y 产品的比较优势。

表 2-6 A、B 两国的相对生产成本

	A 国	B 国
X 产品的相对生产成本	1/3	1
Y 产品的相对生产成本	3	1

　　然后从相对劳动生产率的角度分析。从表 2-7 可看出，A 国每小时劳动可生产 1/2 单位 X 产品，A 国每小时劳动可生产 1/6 单位 Y 产品，那么 A 国 X 产品的相对劳动生产率为 3 单位 X 产品 /1 单位 Y 产品；B 国每小时劳动可生产 1/8 单位 X 产品，B 国每小时劳动可生产 1/8 单位 Y 产品，那么 B 国 X 产品的相对劳动生产率为 1 单位 X 产品 /1 单位 Y 产品。显然 3>1，A 国 X 产品的相对劳动生产率高于 B 国，于是 A 国具有生产 X 产品的比较优势。A、B 两国 Y 产品的相对劳动生产率刚好相反：A 国为 1 单位 Y 产品 /3 单位 X 产品，B 国为 1 单位 Y 产品 /1 单位 X 产品，于是 B 国具有生产 Y 产品的比较优势。

表 2-7　A、B 两国的相对劳动生产率

	A 国	B 国
X 产品的相对劳动生产率	3 单位 X/1 单位 Y	1 单位 X/1 单位 Y
Y 产品的相对劳动生产率	1 单位 Y/3 单位 X	1 单位 Y/1 单位 X

　　最后从机会成本的角度分析。从表 2-8 可看出，根据表 2-5 中的数据可知，在给定的资源状况和技术条件下，A 国每小时劳动可生产 1/2 单位 X 产品，也可以生产 1/6 单位 Y 产品，但这个人不能同时生产 1/2 单位 X 产品和 1/6 单位 Y 产品。也就是说，在 A 国，每个人要想多生产 1/2 单位 X 产品，就不得不放弃 1/6 单位 Y 产品的生产，因此 1 单位 X 产品的机会成本就是 1/3 单位 Y 产品。在 B 国，每个人要想多生产 1 单位 X，就必须放弃 1 单位 Y 产品的生产，因此 1 单位 X 产品的机会成本就是 1 单位 Y 产品。同理可算出 Y 产品的机会成本（X 产品机会成本的倒数）：A 国为 3 单位 X 产品，B 国为 1 单位 X 产品。A 国生产 X 产品的机会成本低，于是具有生产 X 产品的比较优势；B 国生产 Y 产品的机会成本低，于是具有生产 Y 产品的比较优势。

表 2-8　A、B 两国的机会成本

	A 国	B 国
1 单位 X 产品的机会成本	1/3 单位 Y	1 单位 Y
1 单位 Y 产品的机会成本	3 单位 X	1 单位 X

　　由此可见，相对生产成本衡量法、相对劳动生产率衡量法、机会成本衡量法三种方法在判别比较优势时得到的结论是相同的，都能用于确定一国生产相应产品的比较优势状况。根据比较优势理论，A 国应专门生产 X 产品，然后用其中的一部分去交换 B 国的 Y 产品；B 国则应专门生产 Y 产品，然后用其中的一部分去交换 A 国的 X 产品。

　　2. 贸易利益

　　这种专业化分工和交换的利益仍然可用上面的例子来说明。若没有发生贸易，那么两国都是封闭经济，通过自给自足满足自身的消费，此时两国都要分别生产两种产品。方便起见，假设 A 国的 8 小时劳动中，2 小时用于生产 X 产品，6 小时用于生产 Y 产品，那么 A 国可生产 1 单位 X 产品和 1 单位 Y 产品；假设 B 国的 16 小时劳动中，8 小时用于生产 X 产品，8 小时用

于生产 Y 产品,那么 B 国可生产 1 单位 X 产品和 1 单位 Y 产品。在封闭经济下,两国的生产量同时也是它们各自的消费量。

两国进行专业化分工之后,由于规模报酬不变,A 国 8 小时劳动完全专业化生产 X 产品,一共可生产出 4 单位 X 产品;B 国 16 小时劳动完全专业化生产 Y 产品,一共可生产出 2 单位 Y 产品。

如果 A、B 两国之间以"1 单位 X 换 0.5 单位 Y"的比例进行自由贸易,A 国拿出 2 单位 X 产品换取 B 国 1 单位 Y 产品,那么贸易带来的结果是:A 国贸易后还剩下 2 单位 X 产品,同时换得 1 单位 Y 产品,比自给自足时多出 1 单位 X 产品;B 国通过贸易换得 2 单位 X 产品,同时还剩下 1 单位 Y 产品,比自给自足时多出 1 单位 X 产品。可将上述分析形象地表示为表 2-9。

表 2-9 A、B 两国分工前后及贸易后的对比分析

阶段	A 国	B 国
分工前	1 单位 X 和 1 单位 Y	1 单位 X 和 1 单位 Y
分工后	4 单位 X 和 0 单位 Y	0 单位 X 和 2 单位 Y
贸易后	2 单位 X 和 1 单位 Y	2 单位 X 和 1 单位 Y

通过分工和交换,A、B 两国均比贸易前增加了消费,都可以达到在自给自足条件下不可能达到的消费水平,这就是两国获得的贸易利益。

需要说明的是,虽然表 2-9 与表 2-4 看似一样,但其背后分工和贸易的动因却存在一定差别。此外,与绝对优势理论中的交换比例类似,这里的 A、B 两国之间进行贸易时,1 单位 X 产品能换得的 Y 产品数量应介于 1/3 单位和 1 单位之间。

(三) 数学模型分析

1. 基于生产成本的分析

根据李嘉图模型的基本假设,设 L^i 表示 i 国的劳动力总量,L^i_j 表示 i 国生产 1 单位 j 产品所需的劳动力数量,w^i 表示 i 国的单位劳动力价格,即 i 国的工资率。那么,可将两国关于两种产品的劳动力投入情况列为表 2-10。

表 2-10 比较优势理论的古典情形

劳动力投入	A 国	B 国
1 单位 X 产品的劳动力投入	L^A_X	L^B_X
1 单位 Y 产品的劳动力投入	L^A_Y	L^B_Y

根据李嘉图模型,如果式 2.5 成立,则 A 国生产并出口 X 产品,B 国生产并出口 Y 产品。

$$\frac{L^A_X}{L^A_Y} < \frac{L^B_X}{L^B_Y} \tag{2.5}$$

做一个简单的数学变换可得：

$$\frac{L_X^A}{L_X^B} < \frac{L_Y^A}{L_Y^B} \tag{2.6}$$

式 2.5 蕴含的逻辑是，先分别对一国国内两种产品的劳动力投入量求相对数，再对两国之间的这一相对数展开比较；式 2.6 蕴含的逻辑是，先分别对一种产品在两国的劳动力投入量求相对数，再对两种产品之间的这一相对数展开比较。

显然，在只有劳动力一种要素的前提下，单位产品的生产成本等于单位产品的劳动力投入量与工资的乘积。在此引入 w^i 可知，i 国 j 产品的生产成本 $PC_j^i = L_j^i w^i$。进而可将式 2.5、式 2.6 分别改写为：

$$\frac{L_X^A w^A}{L_Y^A w^A} < \frac{L_X^B w^B}{L_Y^B w^B} \tag{2.7}$$

$$\frac{L_X^A w^A}{L_X^B w^B} < \frac{L_Y^A w^A}{L_Y^B w^B} \tag{2.8}$$

在完全竞争的市场中，式 2.7、式 2.8 分别等价于：

$$\frac{PC_X^A}{PC_Y^A} < \frac{PC_X^B}{PC_Y^B} \tag{2.9}$$

$$\frac{PC_X^A}{PC_X^B} < \frac{PC_Y^A}{PC_Y^B} \tag{2.10}$$

式 2.9 蕴含的逻辑是，先分别对一国国内两种产品的生产成本求相对数，再对两国之间的这一相对数展开比较；式 2.10 蕴含的逻辑是，先分别对一种产品在两国的生产成本求相对数，再对两种产品之间的这一相对数展开比较。

这种"双向纵横之比较"所蕴含的"相对比较"是"比较优势理论的思维逻辑的精髓"[①]。显然式 2.9、式 2.10 两式是等价的，可将它们所表达的思想称为"相对生产成本不等式"。该不等式可充分反映国家之间进行国际分工与贸易的可能性。一般而言，一国生产并出口相对成本低（具有比较优势）的产品给其贸易伙伴国，并从其贸易伙伴国进口本国相对成本高（具有比较劣势）的产品，这样双方都可能获得贸易利益（各国具体获得的贸易利益多少，则与交换比价存在密切关系）。李嘉图比较优势理论的分析思路虽然简单易懂，但却表达了深刻的分工与贸易思想，尤其是作为其理论内核的"比较之比较"[②] 思想，至今尚未被动摇。

在古典贸易理论的假设条件下，由于只存在劳动力一种要素，劳动生产率作为描述单位劳动力产出率的概念，是生产单位产品所需劳动力投入量的倒数。自然地，除了相对劳动力投入量之外，也可用相对劳动生产率来衡量一国的比较优势。前文对此已经给予了说明。当然，无论基于劳动力投入量还是基于劳动生产率来衡量比较优势，通过适当变形它们均可表达为相对生产成本差异（或机会成本差异）所引起的比较优势。

---

① 梁琦，张二震. 比较利益理论再探讨：与杨小凯、张永生先生商榷［J］. 经济学 (季刊)，2002，2 (4)：239-250.

② "比较之比较"意指先求相对成本（第一次比较），然后再比较相对成本的大小（第二次比较）。

2. 基于机会成本的分析

假定有 A、B 两个国家,生产 X、Y 两种产品。为生产这些产品,各国均须投入其国内若干种资源。A 国 X、Y 两种产品的单位成本分别为 C_X^A、C_Y^A,产量分别为 Q_X^A、Q_Y^A,B 国 X、Y 两种产品的单位成本分别为 C_X^B、C_Y^B,产量分别为 Q_X^B、Q_Y^B。对两国而言,为多生产 1 单位 Y,就不得不放弃一部分 X 的生产,反之亦然。因此,任一种产品的产量都不可能无止境地增长,假设 $Q_Y^A = q(Q_X^A)$,$Q_Y^B = q(Q_X^B)$。为有效利用资源,各国都追求既定收益下的成本最小化。[①]

对于 A 国而言,为使成本最小,必然有:

$$\min C_A = C_X^A Q_X^A + C_Y^A Q_Y^A \tag{2.11}$$
$$\text{s. t. } Q_Y^A = q(Q_X^A) \tag{2.12}$$

可构造拉格朗日函数如下:

$$L = C_X^A Q_X^A + C_Y^A Q_Y^A + \lambda [Q_Y^A - q(Q_X^A)] \tag{2.13}$$

分别令 $\dfrac{\partial L}{\partial Q_X^A} = 0$ 和 $\dfrac{\partial L}{\partial Q_Y^A} = 0$,整理得:

$$C_X^A - \lambda q'(Q_X^A) = 0 \tag{2.14}$$
$$C_Y^A + \lambda = 0 \tag{2.15}$$

综合式 2.14、式 2.15 两式可得:

$$\frac{C_X^A}{C_Y^A} = -q'(Q_X^A) = -\frac{dQ_Y^A}{dQ_X^A} \tag{2.16}$$

如果 A 国的生产处于生产可能性曲线上,式 2.16 右边 $-\dfrac{dQ_Y^A}{dQ_X^A}$ 的经济学含义为 A 国生产 X 产品的机会成本 OC_X^A。同理,对于 B 国而言,有:

$$\frac{C_X^B}{C_Y^B} = -q'(Q_X^B) = -\frac{dQ_Y^B}{dQ_X^B} \tag{2.17}$$

如果 B 国的生产处于生产可能性曲线上,式 2.17 右边 $-\dfrac{dQ_Y^B}{dQ_X^B}$ 的经济学含义为 B 国生产 X 产品的机会成本 OC_X^B。根据比较优势定义,当 $C_X^A/C_Y^A < C_X^B/C_Y^B$ 时,A 国在 X 产品上具有比较优势,在 Y 产品上具有比较劣势;B 国在 Y 产品上具有比较优势,在 X 产品上具有比较劣势,进而可解释 A 国生产和出口 X 产品并与 B 国的 Y 产品相交换的国际分工与贸易模式。如果采用机会成本概念也可对上述分工和贸易模式加以解释。从数学上说,$\dfrac{C_X^A}{C_Y^A} < \dfrac{C_X^B}{C_Y^B}$ 与 $\dfrac{C_Y^B}{C_X^B} < \dfrac{C_Y^A}{C_X^A}$ 是等价的,根据前文分析可知 $\dfrac{C_X^A}{C_Y^A} < \dfrac{C_X^B}{C_Y^B}$ 等价于 $OC_X^A < OC_X^B$,同理可知 $\dfrac{C_Y^B}{C_X^B} < \dfrac{C_Y^A}{C_X^A}$ 等价于 $OC_Y^B < OC_Y^A$。也即:

[①] 秦焕梅和许晓鸣(2010)讨论了两国收入最大化情况下的"相对价格不等式"及以此为基础的"广义比较优势"。其实,经济学意义上的"成本最小化"与"收入最大化"是相互对应的两个问题。可参阅:秦焕梅,许晓鸣. 国际贸易的"相对价格不等式"与"广义比较优势"[J]. 经济与管理研究,2010(7):94–101.

A 国 X 产品的机会成本更低从而具有比较优势,B 国 Y 产品的机会成本更低从而具有比较优势。此时直接比较两国同种产品的机会成本大小即可判别比较优势和比较劣势,进而分析分工与贸易模式。

三、简要评价

(一) 贡献

1. 揭示了国际分工的普遍存在性

绝对优势理论无法说明当一个国家在所有商品上的劳动生产率都低于别国时,能否与别国之间展开国际分工与贸易。而比较优势理论证明,只要国家之间生产商品时存在相对劳动生产率的差别,就可以进行国际分工与贸易。一个国家无论多么落后,总能根据"两劣择轻"的原则找到相对生产成本较低的部门,从而可以把这样的产品出口到国外,进而获得进口商品的能力。这为发展中国家积极参与国际分工与贸易提供了理论依据。而一个国家无论多么发达,总存在相对落后或相对成本较高的部门,根据"两优取重"的原则将资源集中于具有比较优势的部门,进而参与国际交换,会获得比自给自足条件下更高的福利水平。

2. 推动当时的英国成为贸易强国

比较优势理论的提出在社会上产生了很大的影响,为英国当时的工业资产阶级争取自由贸易提供了有力的思想武器,最终促成英国国会废除了《谷物法》。而以比较优势理论为基础的自由贸易政策又推动了英国的资本积累以及生产力的发展,使英国逐步成为"世界工厂"和世界经济中心,并成为当时的贸易强国。

(二) 不足

1. 严格的假设前提与实际情况相去甚远

李嘉图通过一系列严格的假设前提将比较优势理论变成了一种抽象的逻辑推理,他不仅把多变的经济情况抽象成静态的、凝固的状态,而且将现实的国际经济关系抽象掉。以严格的假设前提为基础,他提出的国际分工模式是:英国应当专业化生产各种工业产品,而美国和波兰应专业化生产谷物,法国和葡萄牙应专业化生产酒。事实证明,一国生产的相对优势若长期固定于少数几种产品(特别是初级产品),这样的国际分工对该国的经济发展是非常不利的。

2. 对劳动价值论存在误读

李嘉图的比较优势理论没有解释如下问题:为什么葡萄牙 80 个人一年的劳动能与英国 100 个人一年的劳动相交换? 为什么这种交换能够实现互利双赢? 交换中的利益来自何处? 李嘉图写道:"支配一个国家中商品相对价值的法则不能支配两个或更多国家间相互交换的商品的相对价值。"李嘉图的这一错误结论,反映出他在思想上的矛盾:一方面,他坚持劳动时间决定商品价值的原理,力图用劳动价值论说明比较优势、国际分工和国际贸易;另一方面,国际市场上的交换比率这一复杂现象又使他感到很难直接用等价交换的原则来说明。于是,他误以为价值规律只适用于国内贸易,而不适用于国际贸易。

第四节 比较优势理论的现代分析

在李嘉图模型中,生产成本不变的假设意味着,每增加一种商品的产量时放弃另一种商品生产的数量是个常数,即机会成本不变。下面我们采用一般均衡分析方法,通过引入生产可能性曲线和社会无差异曲线等现代分析工具,对机会成本不变情形下的贸易基础、贸易模式和贸易利益展开几何分析。

一、机会成本不变情形下的贸易基础、贸易模式和贸易利益

(一)贸易基础分析

如图 2-2 所示,通过分析一国自给自足状态下生产和消费的均衡状况可以发现,A、B 两国的消费与生产的均衡点出现在社会无差异曲线与生产可能性曲线相切的地方,此时 A 国的消费点 C_A 和生产点 S_A 重合,B 国的消费点 C_B 和生产点 S_B 重合,A、B 两国的消费无差异曲线分别为 CIC_A 和 CIC_B。此时 A 国 X 产品相对于 Y 产品的均衡价格是 $P_A^x = (P_X/P_Y)_A$(比如为 1/2),B 国为 $P_B^x = (P_X/P_Y)_B$(比如为 2)。[①] 同种产品在两国的相对价格差异是进行国际分工和贸易的基础。

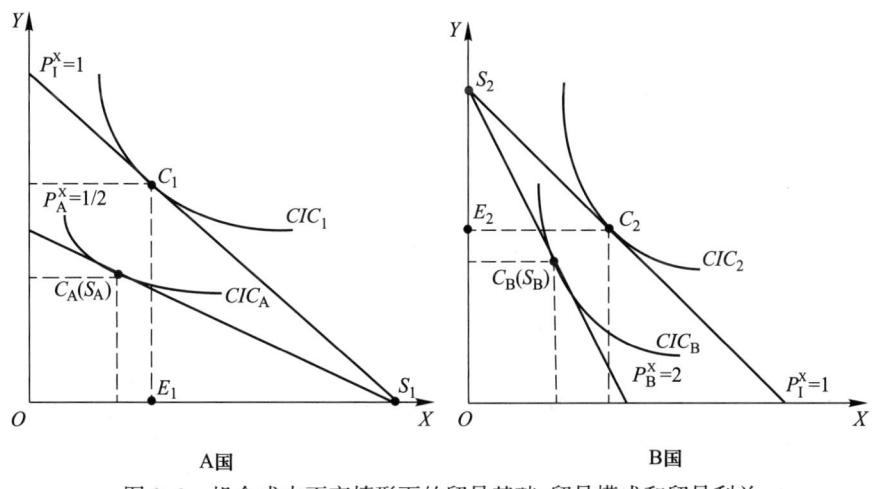

图 2-2 机会成本不变情形下的贸易基础、贸易模式和贸易利益

(二)贸易模式分析

由于在完全竞争的市场结构下,产品的单价等于其平均生产成本,因此价格比即为成本

---

① 这里例子中的数字是我们构造的,意在反映比较优势的基本概念,而没有追求与前文的例子完全保持一致。

比。$P_A^X < P_B^Y$ 表明，与 B 国相比，A 国 X 产品的相对成本更低，具有比较优势。类似地，与 A 国相比，B 国 Y 产品的相对成本更低，具有比较优势。如果 A、B 两国之间展开国际分工，各国将增加生产并出口自身具有比较优势的产品。如图 2-2 所示，A 国将沿着生产可能性曲线从 S_A 点向右下方移动至 S_1，完全专业化生产 X 产品；B 国将沿着生产可能性曲线从 S_B 点向左上方移动至 S_2，完全专业化生产 Y 产品。那么，A、B 两国之间的贸易模式表现为：A 国生产并出口 X 产品，B 国生产并出口 Y 产品。

（三）贸易利益分析

如果国际价格为 $P_I^X = P_X/P_Y$（比如为 1）[①]，即 1 单位 X 产品与 1 单位 Y 产品等价交换。对于 A 国而言，自己生产 1 单位 Y 产品要牺牲 2 单位 X 产品，现在只需用 1 单位 X 产品即可换得 1 单位 Y 产品，无疑是愿意出口 X 进口 Y 的；对于 B 国而言，生产 1 单位 X 产品要牺牲 2 单位 Y 产品，现在只需用 1 单位 Y 产品即可换得 1 单位 X 产品，当然也愿意出口 Y 进口 X。自然地，A 国可用一部分 X 产品换得 B 国一定量的 Y 产品。当国际价格为 P_I^X 时 A 国出口 S_1E_1 单位 X 产品，同时换得 E_1C_1 单位 Y 产品；B 国出口 S_2E_2 单位 Y 产品，同时换得 E_2C_2 单位 X 产品。由此可见，两国生产点与消费点之间的差别就是国际贸易量，$C_1E_1S_1$ 和 $C_2E_2S_2$ 所构成的三角形被称为"贸易三角"（由于贸易行为是双向的，不难证明这两个三角形是全等的，贸易是平衡的）。通过分工与贸易，A 国的消费点落在 C_1，相应的消费无差异曲线为 CIC_1，高于分工与贸易前的消费无差异曲线 CIC_A；B 国的消费点落在 C_2，相应的消费无差异曲线为 CIC_2，高于分工与贸易前的消费无差异曲线 CIC_B。因此，分工与贸易使得两国的福利水平都获得了提高。

二、机会成本不变情形下的贸易利益分解：交易所得与分工所得

在上述分析中，A、B 两国所获得的利益实际上由两部分构成，分别为交易所得和分工所得。交易所得是指贸易后由于商品相对价格变化所引起的消费量的增加；分工所得则指因专业化生产而引起的消费量的增加，相当于贸易的总利益与交易所得之差。在此以 A 国为例对贸易所得的分解情况加以说明。

如图 2-3 所示，在开放经济下，当 X 产品的相对价格发生变化后，假设 A 国仍在 S_A 点生产，此时 A 国可在国际市场上以 $P_I^X = P_X/P_Y = 1$ 的价格交换产品，所以 A 国可在通过 S_A 点的斜率绝对值为 1 的相对价格比例线上进行消费，这时可能达到的最高无差异曲线为 CIC_A'，二者相切于 C_A' 点。C_A 点到 C_A' 点所代表的社会福利变化即为交易所得。实际上，当相对价格发生变

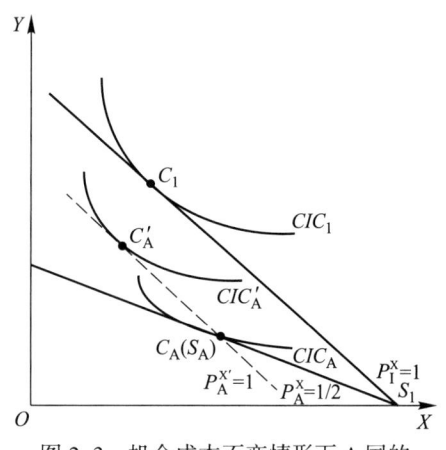

图 2-3　机会成本不变情形下 A 国的
　　　　交易所得与分工所得

[①]　其实，根据前面的论证，国际价格只要介于 1/2 与 2 之间即可。

化后,A 国扩大了 X 产品的生产,生产点移动到了 S_1 点,而消费点可落在通过 S_1 点的相对价格线($P_I^X = 1$)上,此时可以达到最高分工所得,无差异曲线从 CIC_A' 增加到 CIC_1,C_A' 点到 C_1 点所代表的社会福利变化即为分工所得。

*第五节 对古典贸易理论的经验分析

通常而言,一个经济学命题是否正确,往往需要看其能否经得起逻辑检验和现实检验。一方面,命题构造的过程中从前提到结论的逻辑链条必须是无懈可击的;另一方面,命题必须能解释现实,从现实中收集的经验证据能支持该命题。本章前面对古典贸易理论的介绍,偏重逻辑推理过程,而没有过多关注对这些理论的经验分析。一般认为,古典贸易理论中,比较优势理论(李嘉图模型)是对绝对优势理论(斯密模型)的拓展。因此,对古典贸易理论的经验分析主要是针对李嘉图模型展开的。

如果从 1817 年李嘉图的比较优势理论问世算起,在 134 年之后的 1951 年,麦克杜格尔(MacDougall)首次对李嘉图模型进行了经验分析,随后一些经济学家也展开了对比较优势理论的经验分析。纵观这些经验分析文献,大致可将其归结为两种类型:支持李嘉图模型的研究和质疑李嘉图模型的研究。

一、支持李嘉图模型的研究

(一)麦克杜格尔的研究

1951 年,麦克杜格尔以 1937 年为例,考察了美国与英国各行业的出口绩效与劳动生产率之间的关系。他所要检验的命题是:对于根据工资差异调整后的美国劳动生产率相对高于英国的产业而言,美国在这些行业的出口也相对高于英国这些行业的出口。

根据麦克杜格尔的估计,1937 年美国的平均工资是英国的 2 倍。因此他假设如果美国某些行业的劳动生产率超过了英国相应行业劳动生产率的 2 倍,那么美国在这些行业上就具有比较优势。为此,他用美国、英国两国各行业对世界其他国家的出口之比,作为判别比较优势的标准。根据李嘉图模型,如果美国某行业的劳动生产率是英国的 2 倍以上,则美国在该行业的出口份额应该比英国高;反之,英国的出口份额会更高。他发现,在选取的 25 个行业中,有 20 个行业的数据支持上述假说。需要注意,这是在美国制造业全行业平均工资是英国的 2 倍的假设前提下得出的结论,而实际数据显示,美国制造业的工资为英国的 1.5~2.5 倍不等。于是,麦克杜格尔又利用制造业不同子行业的工资数据进行了回归分析。他发现:如果英国同时向美国出口两种商品 A 与 B,那么 A 商品的单位工人产出每高出 B 商品 1%,A 商品的出口将比 B 商品高出 3%~4%,这也同样支持李嘉图模型。此外,麦克杜格尔还用 1937 年数据考察了商品价格与出口(两者都取对数)的关系,发现:商品价格与相对出口额的相关系数为 −0.8,商品价格每上涨 1%,相对出口额减少 4%~5%。随后基于 1922—1938 年的大样本数据,麦克杜格尔又单独用每年的数据进行了多次敏感性分析,也得到了同样的结论。然而,尽管在特定行业内,商品价格与出口额的关系在长期内是比较稳定的,但个别年份会存在异常偏离。为此,他用 1934—1938 年整体的相对价格对 1938 年的相对出口额进行回归分析,发现多年的相对价格对相对出口的影响比单独一年的相对价格的影响要更大。

(二) 斯特恩的研究

1962 年,斯特恩采取了与麦克杜格尔类似的方法,运用 1950 年的数据,将英国、美国作为研究样本,并用它们对"第三国"的出口来衡量比较优势,从而考察两国制造业中,相对劳动生产率差异和生产成本差异对两国出口的影响。

实证研究结果表明,美国制造业的平均工资大约是英国的 3.4 倍。这表明,若李嘉图模型成立,那么当美国与英国的单位工人产出的比值高于 3.4 时,则美国该行业的出口规模应该比英国大;反之,则英国的出口规模更大。初步的比较分析表明,在所研究的 24 个行业中,有 20 个行业的数据支持上述假说。不过,这一结论也以"全行业的工资相同"为基本的假设前提。于是,斯特恩又分别比较了美国和英国在 13 个不同行业的工资相对比值、单位工人产出比值和相对出口份额。新的比较分析表明,有 8 个行业的结果仍然支持李嘉图模型,而其他 5 个行业中,有 2 个行业在之前的比较分析中就已显示出与理论预期有偏离。这说明,整体而言,新的分析结果仍然证实了李嘉图模型的预测。

仿照麦克杜格尔的方法,斯特恩采用 1950 年的数据对美国和英国的单位工人产出比值和相对出口份额取对数后,进行回归分析,结果发现:两者的相关系数为 0.52,且工人相对产出比例每上升 1%,相对出口就提高 1.65%。这也符合李嘉图模型的预测。

随后斯特恩又将研究的行业数目扩大到 39 个,然后进行比较分析,结果发现:当单位工人产出比值低于 2.6(而非 3.4)时,英国有 22 个行业的出口份额比美国要高;当单位工人产出比值高于 2.6 时,美国有 13 个行业的出口份额比英国要高。最终只有 4 个行业的数据不支持李嘉图模型。此外,基于 39 个行业数据的回归分析在总体上与李嘉图模型的预测相一致。

在该文中,斯特恩还将美国、英国两国的工资比率除以单位工人产出比值,得到单位劳动成本比率,以此来衡量两国的相对劳动成本,并将其与两国的相对出口份额都取对数后进行回归分析,发现两者的相关系数为 −0.43,单位劳动成本比率每减少 1%,则相对出口提高 1.4%。该结果从另一角度支持李嘉图模型的预测。

斯特恩在论文中还展示了麦克杜格尔的研究中没有发现的一个新结论。他分析了自 1937 年到 1950 年的数据变化,发现美国和英国有 18 个行业在两国的单位工人产出的比值上有明显增长,即美国的劳动生产率与英国相比提高了,而其中增长最快的主要集中在美国原来生产率较低的 12 个行业(1937 年美国的单位工人产出低于英国 2 倍的行业),而且其中 11 个行业的出口额也有所增长(尽管没有超过英国);到了 1950 年,在大多数原来美国生产率较高的行业,英国在该行业的出口也有显著扩张。这表明,比较优势会随着技术进步和扩散而有所削弱。

(三) 巴拉萨的研究

1963 年,巴拉萨以英国和美国的 28 个行业的数据为样本,采用"第三国"方法进行了相关实证分析。他首先考察了劳动生产率与出口的关系。其中,劳动生产率以每个工人的净产出(总产出减去非劳动投入)来衡量;针对出口,巴拉萨采用了出口货物价值的数据,而没有按照麦克杜格尔的方法采用出口数量计算。先分别计算出美国和英国各自的出口货物价值占两国向第三国出口货物总值的比重,并将两国的该比重相除,进而得到英国与美国的出口比率。

需要注意,巴拉萨认为两国劳动生产率的差异对贸易的影响具有滞后性,因此他在测算劳动生产率时采用的是 1950 年的数据,但出口数据则用了 1951 年的数据。一元回归结果表明,劳动生产率比率的回归系数为 0.721,与出口比率的相关系数为 0.8,在 95% 的置信度上,相关系数的区间为 [0.6,0.9],这表明劳动生产率比率与出口比率显著正相关,这就验证了李嘉图模型的预测。

考虑到仅根据 1950 年一年的数据得到的结果不一定适用于其他年份,巴拉萨又用 1950 年的劳动生产率比率与 1954—1956 年的出口比率进行了回归分析,结果也支持李嘉图模型的预测。之后,巴拉萨又将两国的工资比率加入回归方程,结果显示:工资比率与出口比率在统计上并不显著相关。这说明,只分析工资比率而不考虑相对产出尚无法完整地解释两国的贸易模式。实际上,已有文献表明,第二次世界大战以后,美国、英国、加拿大等国相同行业的工资结构相差并不大。相对于生产率差异来说,一国不同行业的工资差距并不大,大部分行业的工资都位于全国的平均水平附近。

总体而言,巴拉萨的研究支持了李嘉图模型的预测。但正如回归结果所表达的,劳动生产率差异并不能完全解释贸易模式的差异,除此之外还应考虑运输成本、贸易政策、汇率等多种因素的影响。

二、质疑李嘉图模型的研究

(一)麦克尔夫雷和辛普森的研究

不同于上述研究广泛采用的"第三国"方法,1973 年,麦克尔夫雷(McGilvray)和辛普森(Simpson)直接以爱尔兰与英国对彼此的出口作为研究对象。1964 年的数据显示,爱尔兰对英国的商品出口占其本国商品出口总额的 70%,而从英国的商品进口则占其商品进口总额的 50%,两国之间较大的贸易流量为验证李嘉图模型提供了一个较好的样本。

麦克尔夫雷和辛普森选取了 47 个不同行业,分别计算出每个行业的单位劳动产出,进而得到爱尔兰和英国在各个行业的单位劳动产出比率,并将这个比率由低到高进行排序。为了估计一国是否更有可能在某一行业出口或进口,他们用出口值除以国内生产总值,得到爱尔兰和英国各个行业的"出口倾向",同时将进口值除以国内生产总值,得到两国每个行业的"进口倾向"。得到出口倾向和进口倾向后,对其也进行了排序。

在计量经济学方法的选取上,他们并没有采用 OLS 方法进行回归分析,而是对单位劳动产出比率与出口倾向以及单位劳动产出比率与进口倾向这两组序列进行了秩相关系数检验。尽管估计得到的相关系数都不显著,但其符号却与李嘉图模型的预测相反,即单位劳动产出比率与出口倾向负相关,与进口倾向正相关。这一结果显然对李嘉图模型提出了质疑。

（二）巴格瓦蒂的研究

1964 年，巴格瓦蒂（Bhagwati）在一篇评论性文章中用较大篇幅讨论了检验李嘉图模型的方法问题。根据之前的理论分析，如果两国出口产品的价格比率下降，则两国的出口比率应该上升，但巴格瓦蒂认为这种关系缺乏理论支撑，而且在不同行业的替代弹性存在差异的情况下更不可能成立。

巴格瓦蒂指出，检验李嘉图模型真正存在困难的地方在于，现实世界中的生产是由多种要素决定的，而李嘉图模型假定只有一种要素（劳动）。基于这一假设，学者们在验证李嘉图模型时往往只考虑劳动产出比，而忽略了其他要素。巴格瓦蒂认为这种处理方式并不合理。在他看来，Ⅰ 国是否对 Ⅱ 国出口产品 i，最直接地取决于出口前该产品在 Ⅰ 国的价格是否低于在 Ⅱ 国的价格，即是否存在 $\dfrac{P_i^{\text{I}}}{P_i^{\text{II}}}<1$。同理，Ⅱ 国是否对 Ⅰ 国出口产品 j，最直接地取决于出口前该产品在 Ⅱ 国的价格是否低于在 Ⅰ 国的价格，即是否存在 $\dfrac{P_j^{\text{I}}}{P_j^{\text{II}}}>1$。将上述两个方面结合起来，则有 $\dfrac{P_i^{\text{I}}}{P_i^{\text{II}}}<\dfrac{P_j^{\text{I}}}{P_j^{\text{II}}}$。之前关于李嘉图模型的实证分析文献往往考察两国相对劳动产出比与出口比率的关系，这其实隐含着一个假设，即劳动产出比在很大程度上可以代表该产品的价格，而由于 $P_i=a_i\cdot\dfrac{W_i}{L_i}\cdot\dfrac{TC_i}{W_i}$（其中，$a_i$ 为劳动产出比，W_i 为工资，L_i 为劳动力数量，TC_i 为总成本），因此，这意味着不同国家的 $\dfrac{W_i}{L_i}\cdot\dfrac{TC_i}{W_i}$ 应该是相似的。尽管有文献表明一些国家的 $\dfrac{W_i}{L_i}$ 的差别确实不大，但没有证据表明不同国家的 $\dfrac{TC_i}{W_i}$ 相同。为此，巴格瓦蒂指出，与其假设 $\dfrac{W_i}{L_i}\cdot\dfrac{TC_i}{W_i}$ 相同，不如直接检验 a_i 与 P_i 的关系。

在此基础上，巴格瓦蒂借用斯特恩的数据分别对出口价格比率和劳动生产率比率、出口价格比率和单位产出劳动成本比率进行了 8 次回归分析，发现其中大部分相关系数都非常小，只有一个大于 0.5。这说明无论是劳动生产率比率还是单位产出劳动成本比率都不适用于衡量价格差异对贸易模式的影响。

总之，上面各位经济学家的经验分析中，既有支持李嘉图模型的文献，也有质疑李嘉图模型的文献。这表明，李嘉图模型中的劳动生产率是决定出口绩效的一个重要因素，但不是影响国际贸易格局的唯一因素。虽然李嘉图模型能在一定程度上解释国家之间的贸易模式，但其解释力仍然是有限的。

基本概念

绝对优势（absolute advantage）
比较优势（comparative advantage）
生产可能性曲线（production-possibility curve）

无差异曲线（indifference curve）
分工所得（gains from specialization）
交易所得（gains from exchange）

复习思考题

1. 简述绝对优势理论与比较优势理论的异同点。
2. 简述比较优势理论的主要观点，并对其进行简要评述。
3. 作图分析机会成本不变情形下的交易所得和分工所得。
4. 作图分析机会成本不变情形下的贸易基础、贸易模式和贸易利益。
5. 有 A、B 两个国家，生产网球和球拍两种产品，单位产品的生产成本（劳动投入）如下表所示：

	A 国	B 国
1 单位网球的劳动投入	6	1
1 单位球拍的劳动投入	4	2

（1）分别用相对成本衡量法、相对劳动生产率衡量法和机会成本衡量法，分析 A、B 两国各自的比较优势。

（2）假设国际市场上网球与球拍的价格比为 1∶1，请问 A、B 两国之间是否会发生国际贸易？为什么？

即测即评

请扫描右侧二维码，在线测试本章学习效果。

第三章
新古典贸易理论

本章重点

1. 要素禀赋理论
2. 要素价格均等化理论
3. 斯托尔帕－萨缪尔森定理
4. 罗伯津斯基定理
5. 里昂惕夫之谜

教学视频

请扫描右侧二维码观看本章精彩教学视频。

　　伴随着资本主义生产关系的兴起和发展,资本日益成为一种不可忽略的生产要素,产品生产过程不再由单一要素所决定。19 世纪末 20 世纪初,以瓦尔拉斯、马歇尔等为代表的新古典经济学逐步形成,随之产生了对国际分工与贸易现象展开分析的新古典贸易理论。一般认为,新古典贸易理论由四大理论或定理共同支撑,分别是要素禀赋理论(H–O 理论)、斯托尔帕－萨缪尔森定理(S–S 定理)、要素价格均等化理论(H–O–S 定理)以及罗伯津斯基定理(R 定理)。为此,本章首先介绍新古典贸易理论的历史演进过程,然后介绍要素禀赋理论,并在介绍要素价格均等化理论的过程中引入斯托尔帕－萨缪尔森定理,接着介绍罗伯津斯基定理,最后是对新古典贸易理论的经验分析。

第一节　新古典贸易理论的演进

一、新古典贸易理论的产生与发展

　　新古典经济学与古典经济学在分析前提和分析工具等方面存在着众多差别。其中较为重要的一个差别是,新古典经济学认为生产中存在多种要素投入。众所周知,在单一要素投入的情形下,投入产出关系通常较为简单,生产产品时的边际成本和机会成本都可视作是不变的,但若存在多种要素时,每一种要素的投入与产出的关系就要受到其他要素投入量的影响。在其他要素投入不变时,随着某一要素投入的增加,边际产出是递减的。

新古典贸易理论对古典贸易理论的发展主要体现在如下两个方面:

(1) 研究前提的改变。新古典贸易理论在多种生产要素的框架下分析产品的生产成本。在单一要素模型中,厂商在要素方面没有选择,产品成本完全决定于该要素的生产率和价格,而要素的生产率和价格都是外生给定的,由产品产量之外的因素所决定。在李嘉图模型中,一国要素供给的绝对量也不重要。但在多要素模型中,不同商品的生产过程中所使用的要素比例是有差别的,生产等量的同种产品,可以采取不同的要素组合。因此,要素的生产率不再是固定不变的,而是会受到产品生产中对要素比例选择(要素需求)和一国要素禀赋状况(要素供给)的影响,这两个方面决定了要素价格进而影响产品的生产成本,从而成为决定比较优势和贸易模式的重要因素。在新古典贸易理论的分析框架下,生产要素的价格不再是外生给定的,而是与产品价格相互决定和相互影响的内生变量。

(2) 研究方法的拓展。与古典贸易理论不同,新古典贸易理论运用一般均衡方法分析国际贸易与要素价格变动的相互影响。国际贸易既影响产品市场,也影响要素市场,表现为:国际贸易活动在影响贸易双方的产品市场价格的同时,也会造成各国要素市场价格的变动。同时,产品价格和要素价格的变动同样会影响一国的生产和消费,也会引起各要素之间收入的再分配。进而言之,要素在国内各部门之间的流动或要素储备比例的变动也会反过来影响生产与贸易模式。这是一般均衡分析方法应用于国际贸易领域的一个典型范例。

新古典贸易理论中,瑞典经济学家埃利·赫克歇尔(Eli Heckscher)和伯尔蒂尔·俄林(Bertil Ohlin,1977 年诺贝尔经济学奖得主)作出了突出贡献。赫克歇尔和俄林的理论产生于对斯密和李嘉图等古典经济学的理论的质疑。在绝对优势理论(斯密模型)和比较优势理论(李嘉图模型)中,技术差异是各国在同种产品的生产成本上产生差异的主要原因。到了 20 世纪,世界各国尤其是欧美各国之间的交流和交往已经相当频繁,技术的传播与扩散较为容易,诸多产品在不同国家的生产技术已经相当接近,但为何同种产品在不同国家之间仍然存在较大的成本差异呢? 赫克歇尔和俄林以"要素禀赋"为基本视角,运用要素丰裕度、要素密集度等概念对此提供了解释。以此为基础,当代经济学家沃夫刚·斯托尔帕(Wolfgang Stolper)、保罗·萨缪尔森(Paul Samuelson)、罗伯津斯基(T. M. Rybczynski)等人则对新古典贸易理论进行了进一步的发展,进而形成了斯托尔帕 – 萨缪尔森定理、要素价格均等化定理、罗伯津斯基定理等新古典贸易理论的核心内容。表 3–1 简要概括了新古典贸易理论产生与发展的过程,涵盖了各种理论或定理的年代背景、代表人物和主要观点等内容。

表 3–1　新古典贸易理论的产生与发展

年代	代表人物	理论或定理	主要观点
1919、1924、1933	赫克歇尔、俄林	要素禀赋理论(H–O 理论)	一国应该生产并出口密集使用本国相对丰裕要素的产品,进口密集使用本国相对稀缺要素的产品

续表

年代	代表人物	理论或定理	主要观点
1941	斯托尔帕、萨缪尔森	斯托尔帕-萨缪尔森定理(S-S定理)	某产品相对价格上升将导致该产品密集使用的生产要素的实际价格或报酬提高,而另一种生产要素的实际价格或报酬下降
1948	赫克歇尔、俄林、萨缪尔森	要素价格均等化定理(H-O-S定理)	自由贸易会使各国的工资、利率等要素价格趋于均等化
1955	罗伯津斯基	罗伯津斯基定理(R定理)	在两种产品、两种要素的情况下,如果产品(或要素)的相对价格不变、生产技术不变,且生产的规模报酬不变,那么生产要素的单一增长会导致密集使用该要素生产的产品产量绝对增加,而密集使用另一种要素生产的产品产量绝对减少

二、新古典贸易理论中的基本概念

(一) 生产要素与要素价格

生产要素(factor of production)又称投入或资源,是指生产活动必须具备的主要因素或在生产中必须投入或使用的主要手段。一般而言,生产要素包括劳动、资本、土地、企业家才能等。其中,劳动是人们在生产过程中耗费的体力和脑力的总和;资本(通常指人造资本)是人造的用于生产其他物品的耐用品,如机器设备、厂房、工具等;土地(通常指自然资源)是生产过程中大自然的恩赐,包括狭义土地、矿藏、森林、河流等;企业家才能是使用和协调劳动、资本、土地等生产要素的能力。企业家必须要组织生产、经营管理、努力创新、承担风险和创造利润。在此基础上,也有人将技术、知识、信息、环境、制度等当作生产要素。

要素价格(factor price)是指生产要素的使用费用或要素报酬。例如,劳动的价格表现为工资,资本的价格表现为利息,土地的价格表现为地租。

(二) 要素密集度与要素密集型产品

要素密集度(factor intensity)是指生产某种产品所需投入的要素比例。若某种要素投入比例大,则称该要素密集度高。根据在生产某产品的过程中所投入的生产要素中所占比例最大的生产要素种类不同,可将产品划分为不同种类的要素密集型产品(factor intensity product)。在衡量一种产品的要素密集度时,重要的是看各类要素在生产过程中的相对比例,而不是生产产品时耗费的各类要素的绝对数量。一般而言,不同商品的生产需要不同的生产要素组合。有些产品的生产过程技术性较强,需要大量的机器设备和资本投入,这种在生产过程中所需资本投入比例较高的产品可称为资本密集型产品。有些产品的生产主要依靠手工操作,需要大量的劳动投入,这种在生产过程中所需要的劳动投入比例较高的产品可称为劳动密集型产品。

假设生产一单位某种产品的过程中既需要投入资本,也需要投入劳动。若以 K 表示资本投入量,L 表示劳动投入量,则可通过比较 $\dfrac{K}{L}$ 的大小来评判一种产品的要素密集型。设定在生产两种产品 X、Y 的过程中需要投入的要素比率(资本 / 劳动)分别为 $\left(\dfrac{K}{L}\right)_X$ 和 $\left(\dfrac{K}{L}\right)_Y$,若 $\left(\dfrac{K}{L}\right)_X >$ $\left(\dfrac{K}{L}\right)_Y$,则称 X 产品为资本密集型产品,Y 产品为劳动密集型产品。请注意,这里的"密集型"是一个相对的概念,如果 X 产品的生产中所需要的资本 / 劳动比率高于 Y 产品生产中所需要的资本 / 劳动比率,那么 X 产品相对于 Y 产品而言就是资本密集型产品,Y 产品相对于 X 产品而言则为劳动密集型产品。但如果 Y 产品的生产中所需要的资本 / 劳动比率高于 Z 产品生产中所需要的资本 / 劳动比率,那么,Y 产品相对于 Z 产品而言就是资本密集型产品,Z 产品相对于 Y 产品而言则为劳动密集型产品。因此,在确立一种产品为何种要素密集型时,必须明确其参照对象。

(三) 要素丰裕度与要素丰裕型国家

要素禀赋(factor endowment)是指一国或地区拥有的各种生产要素的数量,它是一个绝对值。要素丰裕度(factor abundance)则是一个相对值,是一国的生产要素数量或价格之间的比值。根据一国所拥有的生产要素的数量比率状况,可将国家划分为不同种类的要素丰裕型国家(factor abundance country)。现实世界中,有的国家资本相对雄厚,可称之为资本丰裕的国家;有的国家人口众多,可称之为劳动力丰裕的国家。若一国既拥有资本要素,也拥有劳动要素,以 K 和 r 分别表示资本存量和资本价格,L 和 w 分别表示劳动存量和劳动力价格,则可通过比较 K/L 或 w/r 的大小来评判一国的要素丰裕度。因此,衡量一国属于何种要素丰裕型国家有两种方法,分别为:

(1) 若 $\left(\dfrac{K}{L}\right)_A > \left(\dfrac{K}{L}\right)_B$,则称 A 国为资本丰裕的国家,B 国为劳动力丰裕的国家;

(2) 若 $\left(\dfrac{w}{r}\right)_A > \left(\dfrac{w}{r}\right)_B$,则称 A 国为资本丰裕的国家,B 国为劳动力丰裕的国家。

需要注意的是:第一,这里的"丰裕"也是一个相对概念。以资本、劳动两种要素为例,可以通过资本 / 劳动比率(人均资本)来衡量一国或地区的"要素丰裕"状况。如果美国的人均资本(或劳动力价格 / 资本价格)比中国高,那么美国是资本丰裕的国家,中国为劳动丰裕的国家。但如果中国的人均资本(或劳动力价格 / 资本价格)比柬埔寨高,那么中国又成为资本丰裕的国家,柬埔寨则是劳动丰裕的国家。第二,如果给定要素需求,那么要素价格唯一地决定于要素供给,于是上述两种评判一国要素丰裕型的方法就是等价的。

第二节　要素禀赋理论

要素禀赋理论源自赫克歇尔和俄林的贡献。赫克歇尔 1919 年发表的论文《国际贸易对收入分配的影响》以及俄林 1924 年出版的博士论文《贸易理论》、1933 年出版的《区间贸易和国际贸易》奠定了要素禀赋理论的基础。因此,要素禀赋理论又名"赫克歇尔 – 俄林理论"或

"H–O 理论"。

一、核心思想

要素禀赋理论认为,在国际分工与贸易中,一国的比较优势由其要素丰裕度所决定。这意味着,一国应该生产并出口密集使用本国相对丰裕要素的产品,进口密集使用本国相对稀缺要素的产品。如果世界上有两个国家(分别为劳动力丰裕和资本丰裕的国家)、两种产品(分别为劳动密集型产品和资本密集型产品)和两种要素(分别为劳动和资本),那么,劳动力相对丰裕的国家就应该生产并出口劳动密集型产品,进口资本密集型产品;资本相对丰裕的国家则应该生产并出口资本密集型产品,进口劳动密集型产品。通俗而言,要素禀赋理论蕴含了"靠山吃山、靠水吃水"的基本思想。

二、假设与论证

(一)基本假设

要素禀赋理论的基本假设包括:

(1) 两个国家、两种产品、两种生产要素。假设两个国家分别为 A 和 B,两种产品分别为 X 和 Y,两种生产要素分别为劳动和资本。其中,A 国为劳动力丰裕的国家,B 国为资本丰裕的国家;X 产品为劳动密集型产品,Y 产品为资本密集型产品。

(2) 每个国家的生产要素都是给定的。劳动和资本可以在国内各部门之间自由流动,但不能在国与国之间流动。这意味着同种生产要素在国内的价格相等,但在国家之间却存在差异。

(3) 假定两国的技术水平相同。这意味着两国同种产品的生产函数相同,进而言之,两国在生产同种产品时,使用相同数量的劳动和资本。

(4) 两国进行的是不完全专业化生产。这意味着,尽管各国在分工后会更多地生产其具有比较优势的产品,但并不完全放弃另一种产品的生产。

(5) 生产规模报酬不变。这意味着,如果任何一种产品的生产过程中劳动和资本投入量以一定比例增加时,该产品的产出量也以同样的比例增加。例如,劳动和资本投入量翻倍,那么产出也翻倍;劳动和资本投入量减半,那么产出也减半。

(6) 两国的消费偏好相同。这意味着表现两国需求偏好的无差异曲线的形状和位置是完全相同的。进而言之,如果两国的相对价格相同,则消费的两种产品比例也相同。

(7) 完全竞争的商品市场和要素市场。这意味着,两国国内任何一个的生产者和消费者都是给定的商品价格的"接受者",任何单个厂商和要素拥有者都是给定的要素价格的"接受者"。同时意味着,商品价格(P)等于平均生产成本(AC),厂商没有经济利润。

(8) 无运输成本、无关税或其他阻碍国际贸易自由的障碍。这里所分析的情形是"没有摩擦力"的世界,在贸易过程中不存在任何形式的运输成本和交易成本。

(9) 两国之间的贸易是平衡的。这意味着,两国都既不存在贸易顺差,也不存在贸易逆差。

（二）理论分析

1. 分析思路

要素禀赋理论的推导过程环环相扣,逻辑严密。具体是按照如下步骤展开的。

（1）国家之间的商品相对价格差异是国际贸易产生的主要原因。在完全竞争的市场结构下,产品的价格等于其单位生产成本,那么上述表述可转化为:国家之间的商品相对生产成本差异是国际贸易产生的主要原因。也就是说,基于生产成本而形成的比较优势仍然是国际贸易的基本动因。

（2）国家之间商品的相对价格差异由生产要素的相对价格差异所导致。在各国生产技术相同（生产函数相同）的条件下,国家之间要素相对价格的差异决定了商品相对价格的差异。

（3）国家之间要素的相对价格差异由各国要素禀赋的差异所造成。按照要素市场理论,决定要素价格的因素,既有要素供给因素,也有要素需求因素。但在给定各国要素需求的条件下,要素相对价格差异主要由要素相对供给决定。各国不同的要素禀赋对要素相对价格产生不同的影响:供给相对丰裕的要素相对价格较低,而供给相对稀缺的要素相对价格则较高。因此,要素相对供给差异决定了要素相对价格差异。

经过上述逻辑推理,不难得知:劳动力丰裕的国家具有生产劳动密集型产品的比较优势,资本丰裕的国家具有生产资本密集型产品的比较优势。若两国之间发生贸易,劳动力丰裕的国家应该生产并出口劳动密集型产品、进口资本密集型产品,资本丰裕的国家应该生产并出口资本密集型产品、进口劳动密集型产品。

当然,要素禀赋理论的分析还可借助于图3–1来表述。

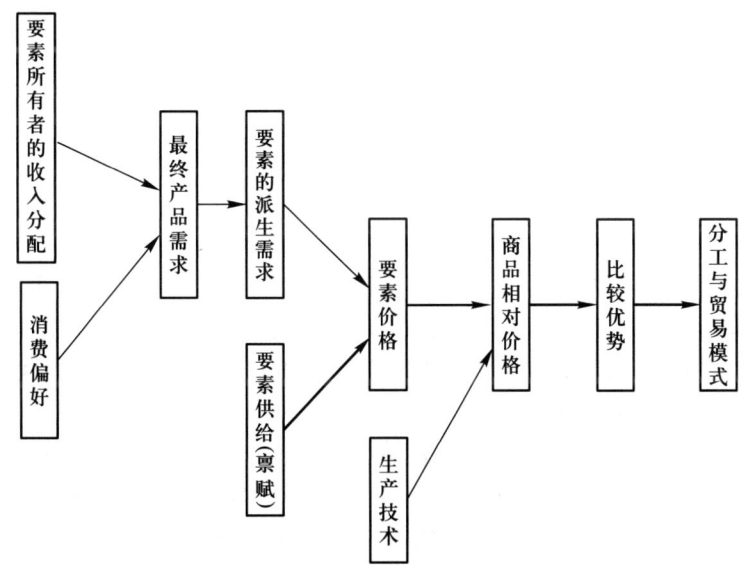

图3–1 要素禀赋理论的分析框架

在图3–1中,要素所有者的收入分配状况和消费偏好共同决定对最终产品的需求,而对最终产品的消费需求导致了对生产要素的派生需求,要素需求和要素供给（禀赋）共同决定要素价格,而要素价格和生产技术共同决定商品价格,商品相对价格差异决定比较优势进而决定一国的国际分工与贸易模式。在要素禀赋理论的基本假设中,两国之间的消费偏好、要素所有者的收入分配相同,进而就给定了最终产品需求及对要素的派生需求,决定要素价格的主要因素便表现为要素供给,又由于两国的生产技术是相同的,那么决定商品相对价格的主要因素为要素价格。简而言之,不同国家的要素禀赋差异就构成了两国商品相对价格差异的原因,进而塑造比较优势,从而决定了一国参与国际分工与贸易的模式。图 3-1 中的粗箭头可表示要素禀赋理论的分析思路与基本逻辑。

值得注意的是,在 H-O 理论中,决定一国生产与贸易模式的基础仍然是基于"生产成本(价格)相对比较"而产生的比较优势,而这一比较优势是由要素禀赋而非生产技术所决定。在这个意义上可以说,与古典贸易理论相比,新古典贸易理论又"发现"了塑造比较优势的一个新因素——要素禀赋。

2. 贸易模式分析

假设有 A 国和 B 国两个国家,生产 X 和 Y 两种产品,使用劳动(L)和资本(K)两种要素。根据基本假设,两国的技术水平一致,两种产品分属不同要素密集型产品。其中,要素投入比例、要素价格及单位产品成本等相关数据如表 3-2 所示。

表 3-2　要素投入比例、要素价格及单位产品成本

项目		要素投入比例		要素价格 / 美元		单位产品价格(成本)/ 美元
		资本(K)	劳动(L)	资本价格(r)	劳动价格(w)	
A 国	X 产品	1	10	2	1	12
	Y 产品	5	1			11
B 国	X 产品	1	10	1	2	21
	Y 产品	5	1			7

从表 3-2 中可看出,生产 1 单位产品投入的资本 / 劳动(K/L)比率 X 产品为 1/10,Y 产品为 5/1,显然 1/10<5/1,那么 X 产品为劳动密集型产品,Y 产品则为资本密集型产品。

从表 3-2 中还可看出,A 国的劳动价格 / 资本价格(w/r)比率为 1/2,B 国的劳动价格 / 资本价格(w/r)比率为 2/1,显然 1/2<2/1,那么 A 国为劳动丰裕的国家,B 国为资本丰裕的国家。

由于是完全竞争市场,产品的单价(P)等于其单位生产成本(AC)。进而根据生产成本计算公式 $P = AC = wL + rK$ 有:

A 国 X 产品与 Y 产品的价格比(或成本比)为 $(P_X/P_Y)_A = (10 \times 1 + 1 \times 2)/(1 \times 1 + 5 \times 2) = 12/11$;

B 国 X 产品与 Y 产品的价格比(或成本比)为 $(P_X/P_Y)_B = (10 \times 2 + 1 \times 1)/(1 \times 2 + 5 \times 1) = 3/1$。

显然 12/11<3/1,可知 A 国(劳动力丰裕的国家)生产 X 产品(劳动密集型产品)具有比较优势,B 国(资本丰裕的国家)生产 Y 产品(资本密集型产品)具有比较优势。因此,A 国应生产并出口 X 产品到 B 国,进口 B 国的 Y 产品;B 国应生产并出口 Y 产品到 A 国,进口 A 国的 X 产品。

（三）模型分析

*1. 数学模型分析

赫克歇尔和俄林提出的要素禀赋理论坚持了古典贸易理论中完全竞争的市场结构、规模报酬不变等假设前提，但假定生产过程中所需投入的要素不仅有劳动，而且资本、土地等要素也发挥了重要作用。不同国家的要素禀赋差异造成了要素价格的相对差异，进而导致不同国家在产品生产成本上的相对差异，由此塑造了不同国家基于生产成本的比较优势。我们在两个国家、两种产品和两种要素的框架下对此给予分析和证明。

根据 H–O 理论的基本假设，假定 w^i 为 i 国工资率（劳动力价格），r^i 为 i 国利息率（资本价格），令 $p^i = \dfrac{r^i}{w^i}$ 为 i 国资本价格与劳动力价格之比。L_j^i 为 i 国生产 1 单位 j 产品所需投入的劳动力数量，K_j^i 为 i 国生产 1 单位 j 产品所需投入的资本数量，令 $k_j^i = \dfrac{K_j^i}{L_j^i}$ 为 i 国生产 1 单位 j 产品所需投入的资本与劳动力数量之比。设 A 国为劳动力充裕的国家，B 国为资本充裕的国家，X 为劳动密集型产品，Y 为资本密集型产品。那么，根据生产成本计算公式，可写出如下关系式：

A 国 1 单位 X 产品的生产成本为：

$$PC_X^A = L_X^A w^A + K_X^A r^A = L_X^A w^A \left(1 + \frac{K_X^A r^A}{L_X^A w^A} \right) = L_X^A w^A (1 + k_X^A p^A) \tag{3.1}$$

A 国 1 单位 Y 产品的生产成本为：

$$PC_Y^A = L_Y^A w^A + K_Y^A r^A = L_Y^A w^A \left(1 + \frac{K_Y^A r^A}{L_Y^A w^A} \right) = L_Y^A w^A (1 + k_Y^A p^A) \tag{3.2}$$

B 国 1 单位 X 产品的生产成本为：

$$PC_X^B = L_X^B w^B + K_X^B r^B = L_X^B w^B \left(1 + \frac{K_X^B r^B}{L_X^B w^B} \right) = L_X^B w^B (1 + k_X^B p^B) \tag{3.3}$$

B 国 1 单位 Y 产品的生产成本为：

$$PC_Y^B = L_Y^B w^B + K_Y^B r^B = L_Y^B w^B \left(1 + \frac{K_Y^B r^B}{L_Y^B w^B} \right) = L_Y^B w^B (1 + k_Y^B p^B) \tag{3.4}$$

将式 3.1、式 3.2 两式代入 $\dfrac{PC_X^A}{PC_Y^A}$，将式 3.3、式 3.4 两式代入 $\dfrac{PC_X^B}{PC_Y^B}$，并将 $\dfrac{PC_X^A}{PC_Y^A}$ 与 $\dfrac{PC_X^B}{PC_Y^B}$ 作差，可得：

$$\frac{PC_X^A}{PC_Y^A} - \frac{PC_X^B}{PC_Y^B} = \frac{L_X^A w^A (1 + k_X^A p^A)}{L_Y^A w^A (1 + k_Y^A p^A)} - \frac{L_X^B w^B (1 + k_X^B p^B)}{L_Y^B w^B (1 + k_Y^B p^B)} \tag{3.5}$$

考虑到 A、B 两国技术水平相同，1 单位相同产品生产过程中投入的各类要素必然相同。可令 $L_X^A = L_X^B = L_X$，$K_X^A = K_X^B = K_X$，进而可令 $k_X^A = k_X^B = \dfrac{K_X}{L_X} = k_X$；令 $L_Y^A = L_Y^B = L_Y$，$K_Y^A = K_Y^B = K_Y$，进而可令 $k_Y^A = k_Y^B = \dfrac{K_Y}{L_Y} = k_Y$。将其代入式 3.5 并化简，可得：

$$\frac{PC_X^A}{PC_Y^A} - \frac{PC_X^B}{PC_Y^B} = \frac{L_X w^A (1 + k_X p^A)}{L_Y w^A (1 + k_Y p^A)} - \frac{L_X w^B (1 + k_X p^B)}{L_Y w^B (1 + k_Y p^B)}$$

$$= \frac{L_X \left[(1 + k_X p^A)(1 + k_Y p^B) - (1 + k_X p^B)(1 + k_Y p^A) \right]}{L_Y (1 + k_Y p^A)(1 + k_Y p^B)}$$

$$= \frac{L_X (k_Y p^B + k_X p^A - k_Y p^A - k_X p^B)}{L_Y (1 + k_Y p^A)(1 + k_Y p^B)}$$

$$= \frac{L_X (k_Y - k_X)(p^B - p^A)}{L_Y (1 + k_Y p^A)(1 + k_Y p^B)}$$

$$= \frac{L_X (k_Y - k_X)\left(\dfrac{1}{p^A} - \dfrac{1}{p^B} \right)}{L_Y \left(\dfrac{1}{p^A} + k_Y \right)\left(\dfrac{1}{p^B} + k_Y \right)}$$

(3.6)

由于 X 为劳动密集型产品，Y 为资本密集型产品，有 $\dfrac{K_X}{L_X} < \dfrac{K_Y}{L_Y}$，即 $k_X < k_Y$。又由于 A 国是劳动力充裕的国家，B 国是资本充裕的国家，根据"物以稀为贵"的经济学原理，有 $\dfrac{r^A}{w^A} > \dfrac{r^B}{w^B}$，即 $p^A > p^B$，亦即 $\dfrac{1}{p^A} < \dfrac{1}{p^B}$。已知 $L_X > 0$，结合 $k_X < k_Y$ 和 $\dfrac{1}{p^A} < \dfrac{1}{p^B}$ 可知式 3.6 中分子 $L_X (k_Y - k_X)\left(\dfrac{1}{p^A} - \dfrac{1}{p^B} \right) < 0$，而在式 3.6 分母中，$L_Y$、$\left(\dfrac{1}{p^A} + k_Y \right)$ 和 $\left(\dfrac{1}{p^B} + k_Y \right)$ 三个因子均大于 0，故 $L_Y \left(\dfrac{1}{p^A} + k_Y \right)\left(\dfrac{1}{p^B} + k_Y \right) > 0$，因此必有 $\dfrac{PC_X^A}{PC_Y^A} - \dfrac{PC_X^B}{PC_Y^B} < 0$，即：

$$\frac{PC_X^A}{PC_Y^A} < \frac{PC_X^B}{PC_Y^B}$$

(3.7)

式 3.7 等价于：

$$\frac{PC_Y^B}{PC_X^B} < \frac{PC_Y^A}{PC_X^A}$$

(3.8)

式 3.7 表明，A 国 X 产品的相对生产成本低于 B 国 X 产品的相对生产成本；式 3.8 表明，B 国 Y 产品的相对生产成本低于 A 国 Y 产品的相对生产成本。换句话说，A 国生产 X 产品具有比较优势，B 国生产 Y 产品具有比较优势。那么，相应的贸易模式为：A 国生产 X 产品并出口到 B 国，进口 B 国的 Y 产品；B 国生产 Y 产品并出口到 A 国，进口 A 国的 X 产品。[①]

2. 几何模型分析

与古典贸易理论的模型相比，H-O 理论对一国生产可能性的假设有两个方面的差别：一

---

① 进而言之，H-O 理论归根结底表现为"相对生产成本不等式"，两者可统一起来。事实上，古典、新古典贸易理论模型甚至部分新贸易理论模型的内核最终都表现为"相对生产成本不等式"。详细内容可参阅：杨青龙. 论国际贸易中的"相对生产成本不等式"：从李嘉图模型到规模经济模型的集成与统一［J］. 石家庄经济学院学报，2012（6）.

是关于两国生产各种产品能力不同的原因分析。古典贸易理论将其解释为生产技术上的不同,H–O 理论则强调要素禀赋的差异。以中国和美国为例,中国的劳动力相对丰裕而资本相对不足,因此中国生产劳动密集型产品的能力比生产资本密集型产品的能力要强,其生产可能性曲线就会偏向劳动密集型产品。美国则与之相反,生产资本密集型产品的能力比生产劳动密集型产品的能力要强,其生产可能性曲线就会偏向资本密集型产品。二是关于机会成本的分析。古典贸易模型假设劳动是唯一的生产要素,且规模报酬不变。因此,一单位产品的机会成本是固定不变的,于是生产可能性曲线表现为一条直线。H–O 理论假设有两种要素投入,生产产品的机会成本是递增的。也就是说,当一国将其生产要素从某个产品的生产中转移到另一种产品的生产中时,所必须放弃的该产品的数量会越来越大。机会成本递增的生产可能性曲线是凹向原点的。[①] 图 3–2 中的 A、B 两国的生产可能性曲线反映了上述两大特征。

新古典贸易理论假设两国具有相同的偏好,因此在图 3–2 中 A、B 两国的社会无差异曲线具有相同的形状。

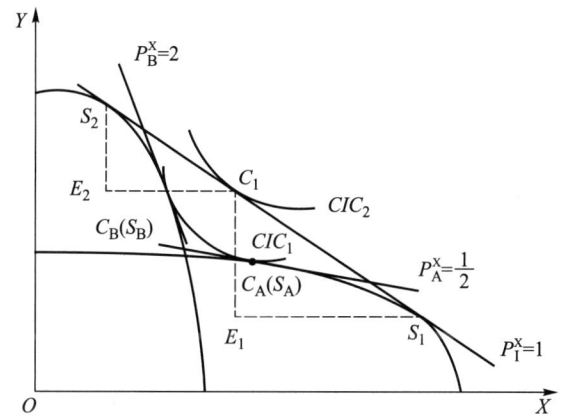

图 3–2 机会成本递增情形下的贸易基础、贸易模式和贸易利益

(1)贸易基础分析。A 国是劳动力要素丰裕的国家,B 国是资本要素丰裕的国家。那么,A 国生产劳动密集型产品 X 具有比较优势,B 国生产资本密集型产品 Y 具有比较优势。如图 3–2 所示,通过分析一国自给自足状态下的生产和消费的均衡状况,我们发现 A、B 两国的消费与生产的均衡点出现在消费无差异曲线与生产可能性曲线相切的地方,此时 A 国的消费点 C_A 和生产点 S_A 重合,B 国的消费点 C_B 和生产点 S_B 重合,A、B 两国的消费无差异曲线均为 CIC_1。A 国 X 与 Y 的相对均衡价格是 $P_A^X = (P_X/P_Y)_A = 1/2$,在 B 国这一相对价格则为 $P_B^X = (P_X/P_Y)_B = 2$。同种产品在两国的相对价格差异是进行国际贸易的基础。

(2)贸易模式分析。由于完全竞争的市场结构下,产品的单价等于其平均生产成本,因此价格比即为成本比。$P_A^X < P_B^X$ 表明,与 B 国相比,A 国 X 产品的相对成本更低,具有比较优势。类似地,与 A 国相比,B 国 Y 产品的相对成本更低,具有比较优势。如果 A、B 两国之间展开国

① 海闻,P. 林德特,王新奎 . 国际贸易[M]. 上海:上海人民出版社,2003:83.

际分工,各国将增加生产并出口自身具有比较优势的产品。如图 3-2 所示,A 国将沿着生产可能性曲线从 S_A 点向右下方移动至 S_1,生产更多的 X 产品;B 国将沿着生产可能性曲线从 S_B 向左上方移动至 S_2,生产更多的 Y 产品。那么,A、B 两国之间的贸易模式表现为:A 国生产并出口 X 产品,B 国生产并出口 Y 产品。

需要注意的是,与古典贸易模型不同的是,H-O 理论中的分工是不完全的,各国只是"多"生产一些本国具有比较优势的产品,而非"完全"生产这种产品。主要原因在于,在 H-O 理论中机会成本是递增的,如果一国只生产一种产品而完全放弃另一种产品的生产,机会成本将趋近于无穷大。边际机会成本高于边际收益时,显然是不经济的。

(3) 贸易利益分析。对于 A 国而言,出口 X 产品会减少国内 X 产品的供给,进而会使国内 X 产品的价格上升;进口 Y 产品会增加国内 Y 产品的供给,进而会使国内 Y 产品的价格下降。最终,A 国 X 产品的相对价格会上升(从 P_A^X 到 P_I^X)。对于 B 国而言,情况正好相反,出口 Y 产品会使国内 Y 产品的价格上升,进口 X 产品则会使国内 X 产品的价格下降,从而使得 B 国 X 产品的相对价格下降(从 P_B^X 到 P_I^X)。在自由贸易条件下,只要 A 国 X 产品的相对价格低于 B 国的该相对价格,A 国的 X 产品就会不断地出口到 B 国,B 国的 Y 产品则会不断地出口到 A 国,直到两国 X 产品的相对价格相等为止。这一相等的相对价格也是两国进行贸易的国际相对价格。如果国际价格为 $P_I^X = P_X/P_Y = 1$,即 1 单位 X 产品与 1 单位 Y 产品相交换,A 国出口 S_1E_1 单位 X 产品,同时换得 E_1C_1 单位 Y 产品;B 国出口 S_2E_2 单位 Y 产品,同时换得 E_2C_2 单位 X 产品。由此可见,两国生产点与消费点之间的差别就是国际贸易量,$C_1E_1S_1$ 和 $C_2E_2S_2$ 所构成的三角形即为"贸易三角"。由于两国具有相同的偏好,X 产品的相对价格均为 P_I^X 时,两国的消费也是相同的,消费点均落在 C 点,相应的消费无差异曲线为 CIC_2,高于分工与贸易前的消费无差异曲线 CIC_1。因此,分工与贸易使得两国的福利水平都获得了相同的提高。

机会成本递增情形下的贸易利益也同样可以分解为交易所得与分工所得。在此以 A 国为例加以说明。

如图 3-3 所示,在开放经济下,当相对价格比例发生变化后,假设 A 国仍在 S_A 点生产,此时 A 国可在国际市场上以 $P_I^X = P_X/P_Y = 1$ 的价格比交换产品,所以 A 国可在通过 S_A 点的斜率绝对值为 1 的相对价格比例线上进行消费,这时可能达到的最高的无差异曲线为 CIC_A',二者相切于 C_A' 点。C_A 点到 C_A' 点所代表的社会福利变化即为交易所得。实际上,当相对价格比例发生变化后,生产点移动到了 S_1 点,而消费点可落在通过 S_1 点的相对价格线($P_I^X = 1$)上,此时可以达到的最高的无差异曲线为 CIC_1,二者切于 C_1 点。扣除了由于价格变动引起的变化后,从 C_A' 到 C_1 点即为分工所得,此时代表福利水平的无差异曲线从 CIC_A' 提高到 CIC_1。

3. 一个特例:基于不同消费偏好的贸易

在图 3-2 中,A、B 两国生产可能性曲线和贸易产品相对价格的差异塑造了两国各自的比较优势。然而,即使两国在生产方面完全一致(生产可能性曲线完全相同),只要消费者的消费偏好存在差异,两国也能形成各自的比较优势,并通过分工和贸易获得相应的利益。

在此可用图 3-4 来说明基于不同消费偏好的贸易。由于 A、B 两国在生产方面不存在差异,故可用相同的生产可能性曲线来表示两国的生产情况。由于两国的消费偏好存在差异,在没有贸易的情况下,A 国在 $C_A(S_A)$ 点实现消费与生产的均衡,X 产品的相对价格为 P_A^X;B 国在 $C_B(S_B)$ 点实现消费与生产的均衡,X 产品的相对价格为 P_B^X。贸易前 A 国 X 产品的相对价格较低,A 国在 X 产品的生产上具有比较优势;B 国 Y 产品的相对价格较低,B 国在 Y 产品的生产上具有比较优势。

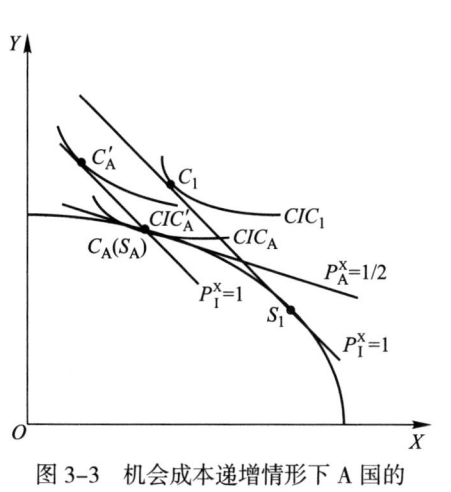

图 3-3　机会成本递增情形下 A 国的交易所得与分工所得

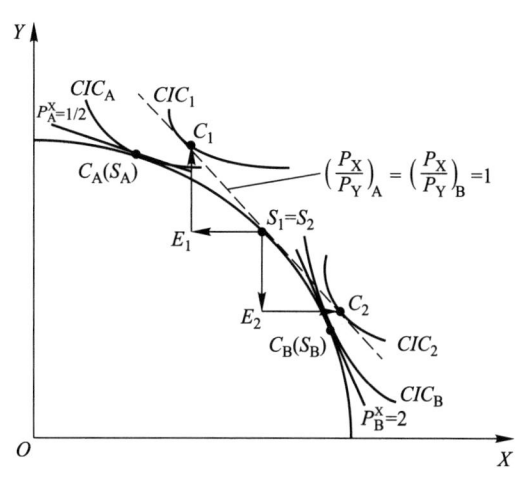

图 3-4　基于不同消费偏好的贸易

随着贸易的展开,A 国将增加 X 产品的生产,减少 Y 产品的生产,即沿着生产可能性曲线向右下方移动;B 国将增加 Y 产品的生产,减少 X 产品的生产,即沿着生产可能性曲线向左上方移动。当两国的相对价格相等时,比如,$\left(\frac{P_X}{P_Y}\right)_A = \left(\frac{P_X}{P_Y}\right)_B = 1$,两国的贸易达到平衡。此时 A 国在 S_1 点生产,C_1 点消费;B 国在 S_2 点生产,C_2 点消费。由于两国的生产可能性曲线相同,又有相同的相对价格,两国的生产点 S_1 点和 S_2 点重合。这时 A 国出口的 X 产品数量 S_1E_1 正好等于 B 国进口的 X 产品数量 E_2C_2,B 国出口的 Y 产品数量 S_2E_2 正好等于 A 国进口的 Y 产品数量 E_1C_1。贸易后 A 国的无差异曲线从 CIC_A 上升到 CIC_1,B 国的无差异曲线从 CIC_B 上升到 CIC_2,两国的福利水平都增加了。因此,即使两国在生产方面不存在任何差异,只要消费偏好方面存在差别,分工和贸易仍然可以展开,并且各国均能从中获得相应的利益。

三、贸易条件与提供曲线

(一)贸易条件

在贸易理论中,我们常用商品贸易条件(terms of trade,TOT)来表示进出口商品的相对价格。众所周知,市场经济中,价格问题是经济学的中心议题,它直接关系到买卖双方的经济利益。国际贸易活动也不例外。在之前的理论分析中,通常假设不同国家之间按照介于两国国内价格比之间的比例来进行交换,各方都能从中获得贸易利益。在此将具体分析国家之间究竟按照怎样的比例来进行商品交换。

所谓贸易条件,通常是从一国出口商品价格与进口商品价格相对比较的角度来进行分析的。比如 A 国以一定量的 X 产品与 B 国的 Y 产品相交换,两者的交换比例即可看作贸易条件。具体而言,可将贸易条件分为如下四种。

1. 商品贸易条件

商品贸易条件又称净贸易条件,是指一国在一定时期内,出口商品价格指数与进口商品价格指数之比。它表示一国每出口一单位商品可以换得的进口商品的数量。用公式可将商品贸易条件 T 写作:

$$T = \frac{P_X}{P_M} \times 100 \tag{3.9}$$

式中:P_X 表示出口商品价格指数;

P_M 表示进口商品价格指数。

商品贸易条件可反映一国在比较期相对于基期的国际分工地位和贸易利益的变化状况。若商品贸易条件上升,表明同样数量的出口品可以换回更多的进口品,我们称之为贸易条件改善;反之,若商品贸易条件下降,表明同样数量的出口品只能换回更少的进口品,我们称之为贸易条件恶化。

关于商品贸易条件,有如下三点值得注意:① 如果只有两个国家进行贸易,且只有两种商品,那么一个国家的出口品就是另一个国家的进口品,此时两国的贸易条件互为倒数。② 如果一国处于贸易平衡的状态,即进口值和出口值相等,此时该国的贸易条件等于进口数量与出口数量之比。③ 在现实中,世界各国都进口或出口多种商品,所以 P_X 和 P_M 通常表示出口商品和进口商品的加权物价指数。我们通常选择某一年为基期,设基期的贸易条件指数为 100,然后再根据出口商品和进口商品价格的相对变化来计算比较期的贸易条件指数。

2. 收入贸易条件

收入贸易条件是在商品贸易条件的基础上,把出口数量的变化考虑进来之后得到的贸易条件,它表示一国利用出口而获得的支付进口的能力。用公式可将收入贸易条件 I 写作:

$$I = \frac{P_X}{P_M} \times Q_X \times 100 \tag{3.10}$$

式中:Q_X 表示出口商品数量指数。

当该指数上升时,表示一国对外支付能力增强,可以购买更多的进口商品,收入贸易条件改善;反之,表示对外支付能力减弱,收入贸易条件恶化。

3. 单要素贸易条件

单要素贸易条件是在商品贸易条件的基础上,把出口商品的劳动生产率变化考虑进来之后得到的贸易条件。用公式可将单要素贸易条件 S 写作:

$$S = \frac{P_X}{P_M} \times Z_X \times 100 \tag{3.11}$$

式中:Z_X 表示出口商品劳动生产率指数。

单要素贸易条件体现了一国出口商品中每单位国内生产要素所得到的进口商品数量的变

化。当该指数上升时,表示国内每单位生产要素所得到的进口商品数量增加,单要素贸易条件改善;反之,表示国内每单位生产要素所得到的进口商品数量减少,单要素贸易条件恶化。

4. 双要素贸易条件

双要素贸易条件是在商品贸易条件的基础上,把出口商品的劳动生产率和进口商品的劳动生产率变化都考虑进来之后得到的贸易条件。用公式可将双要素贸易条件 D 写作:

$$D = \frac{P_X}{P_M} \times \frac{Z_X}{Z_M} \times 100 \tag{3.12}$$

式中:Z_M 表示进口商品劳动生产率指数。

当该指数上升时,表示一国国内每单位生产要素换回其他国家的生产要素增多,双要素贸易条件改善;反之,表示一国国内每单位生产要素换回其他国家的生产要素减少,双要素贸易条件恶化。

(二) 提供曲线

1. 提供曲线的概念

之前在讨论一国的市场均衡状况时,利用生产可能性曲线和无差异曲线这些工具,尚无法直接和准确地确定贸易的均衡价格和均衡产量,也不能确定贸易利益的分配状况。此处将两国市场结合起来,以提供曲线(offer curve)为分析工具来考察两国贸易时的相对价格和贸易量,并分析贸易利益的分配状况。

提供曲线又称相互供给与需求曲线,反映了一国为进口其需要的某一商品而愿意出口的另一商品的数量。从另一个角度来看,提供曲线也反映了在不同价格水平下一国愿意进口和出口的商品数量。提供曲线的思想最早由约翰·穆勒(John Stuart Mill)于1848年提出,后经过马歇尔(Alfred Marshall)和埃奇沃思(Francis Ysidro Edgeworth)在20世纪初发展完成。

2. 提供曲线的推导

利用生产可能性曲线、无差异曲线和可能的相对价格即可推导出一国的提供曲线。在此仍然假定一国生产两种产品,分别为 X 产品和 Y 产品,且生产可能性曲线凹向原点。

以 A 国为例,如图 3-5 所示,在初始状态下,A 国在 $C_A(S_A)$ 点消费和生产且实现封闭状态下的均衡。如果贸易后商品相对价格变为 $P_I' = 3/4$,A 国将在 S_3 点生产,C_3 点消费,此时 A 国出口 S_3E_3 单位的 X 产品,进口 E_3C_3 单位的 Y 产品,我们将这种出口产品和进口产品的数量关系反映在右边的图中可得到 C_3 点。当两国之间进一步发生贸易后,相对价格变为 $P_I = 1$,A 国将在 S_1 点生产,C_1 点消费,此时 A 国出口 S_1E_1 单位的 X 产品,进口 E_1C_1 单位的 Y 产品,同样我们将这种出口产品和进口产品的数量关系反映在右边的图中可得到 C_1 点。以此类推,可找到若干类似的点,然后将这些点连接起来,便构成了 A 国的提供曲线。需要指出的是,提供曲线在原点处切线的斜率为 P_A,即为本国不与外国进行贸易时的相对价格,此时贸易量为 0。当相对价格大于 P_A 时,A 国开始出口 X 产品、进口 Y 产品。[①] 按照同样的方法,可以得到 B 国的提供曲线。

---

① 相反,如果相对价格低于 P_A,A 国将出口 Y 产品、进口 X 产品,这种情形未在图中刻画出来。

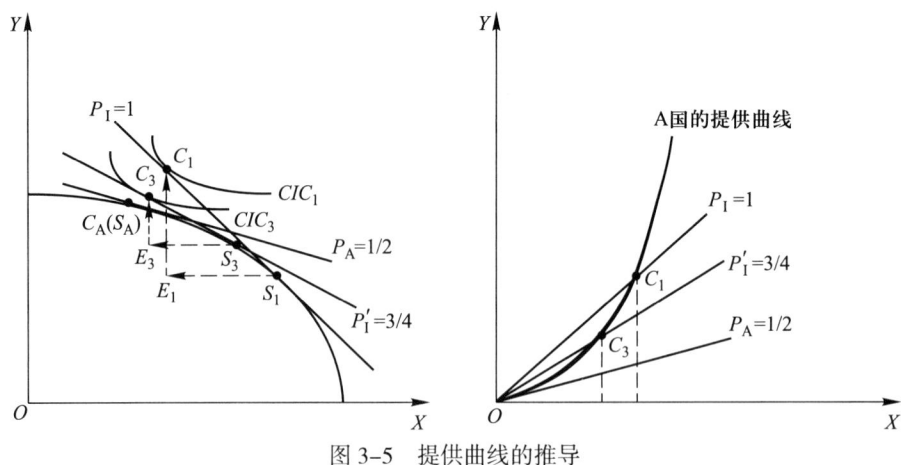

图 3-5   提供曲线的推导

一般而言,提供曲线具有如下性质:① 曲线上的任一点表示该国在某一相对价格下愿意进行国际贸易时的交换数量;② 原点与曲线上点的连线的斜率表示国际相对价格;③ 提供曲线的形状为过原点凸向比较优势产品(出口品)坐标轴的曲线;④ 提供曲线反映了产品的国际市场供求状况,可用于包含两种产品在内的一般均衡分析。

3. 提供曲线的应用

在图 3-6 中,我们将 A 国和 B 国的提供曲线在同一坐标轴中表示出来。

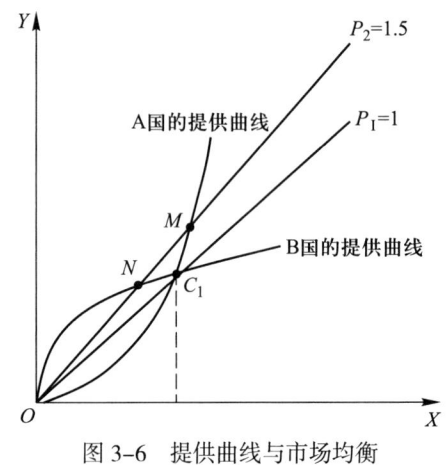

图 3-6   提供曲线与市场均衡

从图 3-6 中可以看出,A 国和 B 国的提供曲线交于 C_1 点,这一点对应的相对价格为 $P_1=1$,P_1 即为均衡状态下的国际交换比价,此时 A 国出口的 X 产品数量等于 B 国进口的 X 产品数量,而 A 国进口的 Y 产品数量等于 B 国出口的 Y 产品数量,两种产品在国际市场上的供给和需求都相等,处于均衡状态。当然,如果相对价格不等于 P_1,则必定会存在供求失衡。比如,如果国际市场相对价格 $P_2 > P_1$(就 A 国出口的 X 产品而言),则对应 A 国的出口和进口的组合为 M 点,对应 B 国的出口和进口组合为 N 点。此时在国际市场上,X 产品供过于求,Y 产品供不应求,经济处于失衡状态。此时若没有人为因素的干扰,通过市场的自发调节,X 产品的相对价格会下降,并逐步从 P_2 恢复到原来的均衡价格 P_1。

四、简要评价

(一)贡献

1. 拓展了比较优势理论的外延

H-O 理论在多要素的框架下分析了贸易的原因与结果,是对比较优势理论的重要拓展。

李嘉图提出的比较优势学说侧重于从各国劳动生产率的相对差异这一角度寻求一国参与分工与贸易的动因。由于在现实的生产与分工中,除了劳动之外的资本、土地等其他各类要素也同样不可忽略,要素禀赋理论通过对要素外延的拓展,在多要素的框架下运用要素禀赋、要素丰裕度、要素密集度等基本概念对一国参与国际分工与贸易的原因与结果进行了较为严谨的分析。

2. 为资源小国积极参与国际分工与贸易提供了理论依据

在 H–O 理论中,国际贸易其实替代了生产要素的跨国流动,弥补了各国之间的要素禀赋差异。这对于各国尤其是资源小国积极参与国际分工与贸易,进而实现自身的经济增长和发展具有重要的现实指导意义。

(二) 不足

1. 生产要素的同质性假设不符合实际

要素禀赋理论将生产要素视为同质的,这不符合现实。在实际生产中,同样的生产要素并非具有相同的生产能力,如熟练工人与非熟练工人的生产能力就存在较大差别。

2. 在一定程度上忽略了技术因素的作用

为了强调要素禀赋的重要作用,要素禀赋理论假设不同国家的技术水平相同,进而忽视了技术因素在国际分工与贸易中的作用。实际上,在第二次世界大战以后的国际分工与贸易模式中,国家间技术水平的差异仍然是产生国际贸易的重要原因之一。

3. 难以解释要素禀赋相似的国家之间的贸易现象

按照要素禀赋理论,国际贸易应普遍发生于要素禀赋存在较大差异的发达国家与欠发达国家之间。但在当代国际贸易实践中,大量的贸易发生于要素禀赋相似的国家之间,而发达国家与欠发达国家之间的贸易增长却相对缓慢。

第三节　要素价格均等化理论

20 世纪 40 年代,美国经济学家保罗·萨缪尔森(1970 年诺贝尔经济学奖得主)在 H–O 理论的基础上,构造了要素价格均等化理论。由于要素价格均等化理论是 H–O 理论的延伸,所以又名 H–O–S 定理。如果说前一节主要讨论要素禀赋差异对分工与贸易的影响,本节讨论的主题则是分工与贸易的扩大反过来对要素价格的影响。对要素价格均等化理论的证明,需要以斯托尔帕 – 萨缪尔森定理为基础。

一、斯托尔帕 – 萨缪尔森定理

在论证要素价格均等化理论的过程中,有必要先探讨商品价格与要素价格之间的关系。对此,斯托尔帕、萨缪尔森在其 1941 年合作完成的论文《实际工资和保护主义》中,提出了"斯托尔帕 – 萨缪尔森定理"(S–S 定理)。

在完全竞争的市场结构下,生产要素在每一部门的报酬等于其边际产品价值,即等于其边际产出与产品价格的乘积。在实现均衡时,生产要素在所有部门的报酬应该是相等的。假设 X 为劳动密集型产品,Y 为资本密集型产品,则均衡时劳动力和资本的价格分别为:

$$w_X = P_X \cdot MPL_X = P_Y \cdot MPL_Y = w_Y \tag{3.13}$$
$$r_X = P_X \cdot MPK_X = P_Y \cdot MPK_Y = r_Y \tag{3.14}$$

式 3.13 和式 3.14 两式分别表示均衡条件下劳动力和资本的价格决定。其中,w_X 和 w_Y 分别表示 X 部门和 Y 部门劳动力的价格,r_X 和 r_Y 分别表示 X 部门和 Y 部门资本的价格,MPL_X 和 MPL_Y 分别表示劳动力在 X 产品和 Y 产品生产中的边际产出,MPK_X 和 MPK_Y 分别表示资本在 X 产品和 Y 产品生产中的边际产出。

如果 X 产品的相对价格上升,那么 X 生产部门的劳动和资本报酬与 Y 生产部门就不再一致,X 部门的劳动力和资本可获得比 Y 部门更多的报酬,于是劳动力和资本就会从报酬低的 Y 部门流向报酬高的 X 部门。作为劳动密集型部门 X,生产扩张过程中需要相对较多的劳动力和较少的资本相配合。但由于 Y 部门是资本密集型的,该部门只能释放出相对较少的劳动力和相对较多的资本,于是在生产要素重新配置过程中,对劳动力的新增需求(X 部门生产所需增加的劳动力)超过了劳动力新增的供给(Y 部门所释放的劳动力),而对资本的新增供给(Y 部门所释放的资本)则超过了对资本的新增需求(X 部门生产所需增加的资本),从而在要素市场上,劳动力价格会上涨,资本价格会下跌。

当然,随着生产要素价格的重新调整,每个部门中的企业在生产中所使用的资本/劳动比率也会发生一些变化。由于劳动力变得相对越来越贵,资本变得相对越来越便宜,所以每个部门的企业都会调整其要素投入比率,尽量多使用变得便宜了的资本,来替代一部分变得昂贵了的劳动。最后,每个部门所使用的资本/劳动比率都要高于 X 产品相对价格变化之前的资本/劳动比率。

上述分析表明,X 产品相对价格上升会导致它所密集使用的生产要素(劳动力)的名义价格上升,另一种生产要素(资本)的名义价格下降。但名义价格的变化不能说明实际价格的变化。只有将要素名义价格与商品价格对比之后,方能确定要素实际价格的变化状况。

在式 3.13 和式 3.14 两式中,令 $w = w_X = w_Y = P_X \cdot MPL_X = P_Y \cdot MPL_Y$,$r = r_X = r_Y = P_X \cdot MPK_X = P_Y \cdot MPK_Y$,那么就有:

$$w/P_X = MPL_X, \quad w/P_Y = MPL_Y \tag{3.15}$$
$$r/P_X = MPK_X, \quad r/P_Y = MPK_Y \tag{3.16}$$

式 3.15 和式 3.16 两式中,左边均表示要素的实际价格,即用生产要素的名义价格(或报酬)分别购买 X 产品、Y 产品时所能购买到的 X 产品和 Y 产品的数量。其经济含义是:要素的实际报酬等于其边际产出。在规模报酬不变的条件下,生产要素的边际产出只取决于两种要素的使用比例,与两种要素投入的绝对量没有关系,因此产品相对价格的变化对要素实际收入的影响只取决于两种产品所使用的要素比例的变化。

X 产品相对价格的上升使两个部门投入的资本/劳动比率(K/L)上升,根据边际收益递减规律,资本/劳动比率上升意味着:劳动相对资本的投入减少,劳动的边际产出 MPL 提高;资本相对劳动的投入增加,资本的边际产出 MPK 下降。这表明,X 产品的相对价格上升后,劳动的实际价格上升,资本的实际价格下降。

这就是斯托尔帕-萨缪尔森定理(Stolper–Samuelson theorem):某产品相对价格上升将导致该产品密集使用的生产要素的实际价格或报酬提高,而另一种生产要素的实际价格或报酬下降。

二、要素价格均等化理论

1948 年、1949 年,萨缪尔森分别发表了论文《国际贸易和要素价格均等化》和《再论生产要素价格均等化》,正式完成了对要素价格均等化理论的论证。也正因如此,该定理又被称为"赫克歇尔-俄林-萨缪尔森定理"(H–O–S 定理)。

根据斯托尔帕-萨缪尔森定理,可引申出一个重要推论:开展国际贸易会提高一国丰裕要素所有者的实际收入,降低稀缺要素所有者的实际收入。理由如下:一国参与国际贸易后,出口品的相对价格会上升,根据 H–O 理论,一国出口产品密集使用的要素是其丰裕要素,故出口产品价格上升会导致一国丰裕要素的实际报酬上升,另一种要素(该国的稀缺要素)的实际报酬将会下降。

若 A 国是劳动丰裕的国家,B 国是资本丰裕的国家,A 国生产并出口劳动密集型产品 X,从 B 国进口资本密集型产品 Y,B 国则生产并出口资本密集型产品 Y,从 A 国进口劳动密集型产品 X。随着贸易的开展,A 国 X 产品的相对价格会上升,生产 X 产品密集使用的要素(劳动力)的价格也上升,而 A 国资本的价格则会下降。同理,在 B 国,贸易后 X 产品的相对价格下降(Y 产品的相对价格上升),于是 B 国的资本价格上升,劳动力价格下降。随着贸易的进行,两国之间的要素价格差异会不断缩小,最终趋于均等化。此即要素价格均等化理论(factor price equalization theory):国际分工与贸易会导致贸易各国同质生产要素获得相同的相对收入和绝对收入。

在图 3-7 中,横轴表示劳动与资本的价格比 w/r,纵轴是 X、Y 两种产品的价格比 P_X/P_Y。A 国劳动丰裕,劳动力的相对价格低,$(w/r)_A<(w/r)_B$,其分工生产的 X 产品的相对价格也较低,$(P_X/P_Y)_A<(P_X/P_Y)_B$。当劳动力的价格上升时,X 的相对价格也会上升,也就是说 w/r 与 P_X/P_Y 呈现出如图所示的正相关关系。在图中,A 国的 w/r 与 P_X/P_Y 位于曲线较低的 A 点,B 国的 w/r 与 P_X/P_Y 位于曲线较高的 B 点。贸易发生后,A 国 X 产品的相对价格上升,B 国 X 产品的相对价格下降,最终贸易均衡时两国 X 产品的价格相等,逐渐趋近于 C 点,两国劳动的相对价格也逐渐向 C 点移动,最终在 C 点实现要素价格的均等化,劳动的相对价格均为 $(w/r)*$。

要素价格均等化理论表明,在自由贸易条件下,参与贸易的两个国家不仅产品的相对价格相等,而且同质要素的相对价格和绝对价格也会相等。换言之,两国工人会获得同样的工资,资本(或土地)会获得同样的利润(或地租)。

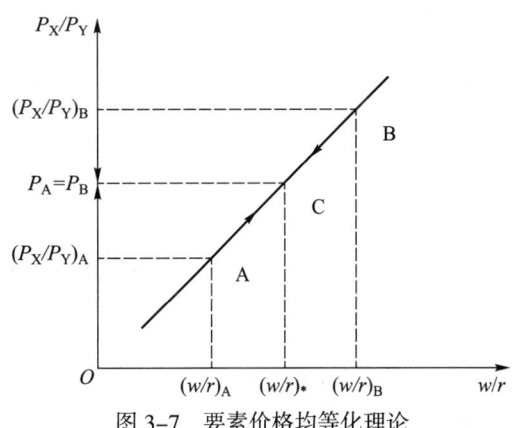

图 3-7　要素价格均等化理论

更进一步说,产品的跨国流动可以替代要素的跨国流动。

三、简要评价

(一) 贡献

要素价格均等化理论集中于讨论国际贸易对贸易参与国要素价格变动的影响,说明了国际贸易影响贸易参与国收入分配格局的机制和路径,从而建立了国际贸易与收入分配之间的联系,这是对要素禀赋理论的进一步发展。

(二) 不足

1. 诸多假设前提与现实不符

各国拥有相同的生产技术、完全竞争的市场结构、不考虑贸易壁垒和运输成本等假设前提与现实不符。具体表现为:① 现实中各国生产技术存在着较大差异。技术研发与一国的经济实力有较大的关系,国力较强的国家重视研发活动并通过大量投资推动技术进步,而国力较弱的国家则没有这样的条件,再加上一些国家的技术垄断,现实中各国之间技术水平相同的假设几乎不可能成立。② 现实的国际市场中,存在大量的垄断或寡头出口厂商,这导致"完全竞争的市场结构"之假设前提在现实中不能成立。③ 贸易保护主义和运输成本的存在导致"不考虑贸易壁垒和运输成本"的假设不成立。现实的贸易中,存在着各类关税与非关税壁垒,货物贸易中运输成本也必然为正,从而导致商品价格和要素价格都难以完全实现国家之间的均等化。另外,各国有多个贸易伙伴、有多种贸易商品、贸易失衡、消费偏好不同、就业不充分等现实都与 H–O 理论的假设不符,都在一定程度上影响着国家之间要素价格的均衡化过程。

2. 理论推导的结果与现实之间存在一定差异

要素禀赋理论中,不同国家之间要素禀赋的差异导致要素价格的相对差异,要素价格的相对差异导致产品价格的相对差异,产品价格的相对差异导致国际分工与贸易的发生。要素价格均等化理论却告诉我们,伴随着分工与贸易的开展,贸易前便宜的要素价格会上涨,昂贵的要素价格会下降,最终趋于均等化,从而要素的绝对价格和相对价格差异都会消失。根据要素禀赋理论,如果两国技术水平相同,在完全竞争的市场结构下,两国生产同种产品的绝对价格或相对价格会相等,从而难以找到各自的比较优势,国际分工与贸易便无从开展。在现实中,并没有出现要素价格的完全均等化,且国际分工与贸易也未停止发生。这说明,要素禀赋理论和要素价格均等化理论导出的结论与现实世界之间仍然存在一定差异。

第四节　罗伯津斯基定理

在要素禀赋理论中,一直假定一国的要素总量是固定不变的。本节将放松这一假设,探讨要素总量变动对国际贸易所可能产生的影响。一般而言,一国要素禀赋的变化会导致其生产可能性曲线发生移动,从而可能影响该国的贸易条件,甚至导致一国比较优势状况的变化。为了分析要素禀赋变动对生产可能性曲线的影响,在此引入罗伯津斯基定理(Rybczynski theorem)。该定理由英国经济学家罗伯津斯基于 20 世纪 50 年代提出,描述了在商品价格不变的条件下,一国的生产对要素禀赋变化所产生的反应。

一、核心思想

罗伯津斯基定理的核心思想可表述为:在两种产品、两种要素的情况下,如果产品(或要素)的相对价格不变、生产技术不变,且生产的规模报酬不变,那么生产要素的单一增长会导致密集使用该要素生产的产品产量绝对增加,而密集使用另一种要素生产的产品产量绝对减少。

二、假设与论证

(一) 基本假设

罗伯津斯基定理的基本假设包括:

(1) 两个国家、两种产品、两种生产要素。假设两个国家分别为 A 国和 B 国,两种产品分别为 X 产品和 Y 产品,两种生产要素分别为劳动和资本。其中,A 国为劳动丰裕的国家,B 国为资本丰裕的国家;X 产品为劳动密集型产品,Y 产品为资本密集型产品。

(2) 不存在技术变化。这表明,生产 X、Y 两种产品时投入的资本 / 劳动比率始终不变。

(3) 要素可在国内不同部门之间流动,但不能跨国流动,国内两部门中的要素价格相同并且是给定的。

(4) 充分就业,新增要素全部得到充分利用。

(5) 市场出清,消费结构与产出结构相适应。

(6) 商品价格保持不变。

(二) 理论推导

罗伯津斯基定理认为,在生产技术和产品价格不变的情况下,生产要素的价格也不变,此时两个生产部门投入的资本与劳动比率也不变。现在假设经济中出现资本增加、劳动不变的情形,可运用“反证法”的思维进行理论推导。

假设劳动密集型产品产量增加,则必须增加劳动和资本投入。在要素充分利用的前提下,劳动投入只能来自生产资本密集型产品的部门,当从资本密集型部门流出的劳动全部流向劳动密集型部门时,只有部分从资本密集型部门流出的资本流入劳动密集型部门,剩下的资本加上新增的资本导致整个经济出现资本过剩现象,这违背了要素充分利用的前提,出现了矛盾。所以在资本要素增加时,劳动密集型产品的产量不可能增加,产量增加的产品只能是资本密集型产品。

如前所述,两种产品的要素投入比例在单一要素增加前后维持不变。因此,资本密集型产品产量的增加意味着所需投入的劳动和资本都会增加,而增加的劳动投入只能来自劳动密集型部门,这意味着劳动密集型产品的产量将下降。由于劳动密集型产品流出的资本少于资本密集型产品产量增加所需要的资本,差额由新增的资本要素来弥补。至此,我们就从逻辑上完成了罗伯津斯基定理的证明。

如图 3-8 所示,对应于一个不变的相对价格 P_0,资本增加前,相对价格线 P_0 与生产可能性曲线相切于 S_0 点,资本增加后,相对价格线 P_0 与新的生产可能性曲线相切于 S_1 点。根据罗伯津斯基定理,新的生产均衡点 S_1 应位于原来的生产均衡点 S_0 的左上方,通过 S_0 与 S_1 的连线被称为罗伯津斯基线(Rybczynski line),此时该线向左上方倾斜。由于相对价格 P_0 可取任意值,因此对应于任意相同的商品相对价格,资本增加后,资本密集型产品 Y 的产出增加,劳动密集型产品 X 的产出减少,这意味着生产可能性曲线的外移在图 3-7 中相对偏向于纵轴,纵坐标上 Y 的产出增加比例要高于横坐标上 X 产出增加的比例。

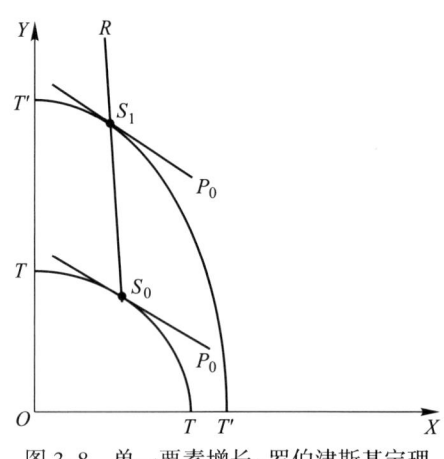

图 3-8　单一要素增长:罗伯津斯基定理

类似地,如果资本不变、劳动增加,则可画出一条向右下方倾斜的罗伯津斯基线和一条外移后偏向于横轴的生产可能性曲线。

1. 数理证明

假设某一生产要素总量增加,在所有生产要素都得到充分利用且产品价格保持不变的条件下,由于技术是给定的,那么要素相对价格也会保持不变,从而两种产品的要素密集度会固定不变。如果现在单一要素资本增长(ΔK)后,为了使新增的资本(ΔK)能够被全部利用,则需要资本密集型部门 Y 来吸收新增的资本。但要保证 Y 部门将新增的资本全部吸收,还需要一定的劳动来与其配合。所以 X 部门不得不缩小生产规模,以便释放出一定的劳动(ΔL_X),但 X 部门在释放出劳动力的同时,还会释放出一定的资本(ΔK_X),这部分资本也需要 Y 部门来吸收,最后达到如下状态:

$$k_X = \frac{K_X}{L_X} = \frac{K_X - \Delta K_X}{L_X - \Delta L_X} \tag{3.17}$$

$$k_Y = \frac{K_Y}{L_Y} = \frac{K_Y + \Delta K + \Delta K_X}{L_Y + \Delta L_X} \tag{3.18}$$

式中:k_X、k_Y 分别表示 X、Y 产品生产中的资本 / 劳动比率(K/L);

K_X、K_Y 分别表示 X、Y 产品生产中的资本投入量;

L_X、L_Y 分别表示 X、Y 产品生产中的劳动投入量。

当式 3.17、式 3.18 两式成立时,所有要素都得到了充分利用,并且两个部门的要素密集度保持不变,结果 Y 部门(资本密集型部门)的生产扩大,而 X 部门(劳动密集型部门)的生产则缩小。同理可知,如果劳动总量增加而资本总量不变,则 X 部门(劳动密集型部门)的生产将扩大,而 Y 部门(资本密集型部门)的生产将缩小。

2. 图形证明

利用图示的方法,也可以证明罗伯津斯基定理。在图 3-9 中,横轴为劳动(L),纵轴为资本(K),E 点表示一国要素变化前的要素禀赋状况,此时该国劳动存量为 L_0,资本存量为 K_0。射线

OX、OY 分别表示均衡状态下 X、Y 两个部门的要素使用比率状况。由于 X 是劳动密集型产品,生产 X 的过程中投入的资本 / 劳动比率低于生产 Y 的过程中投入的资本 / 劳动比率,故射线 OX 在射线 OY 的右下方。坐标图中 X、Y 点对应的劳动、资本量分别表示两个部门的要素投入量。由于要素充分利用,数量为 L_0 的劳动恰好用于 X、Y 两个部门,数量为 K_0 的资本也恰好用于 X、Y 两个部门,$OXEY$ 为平行四边形才能满足这一点。此外,由于规模报酬不变,X、Y 的产出分别与线段 OX、OY 的长度成比例,所以不妨直接用线段 OX、OY 分别表示两个部门的产出规模。

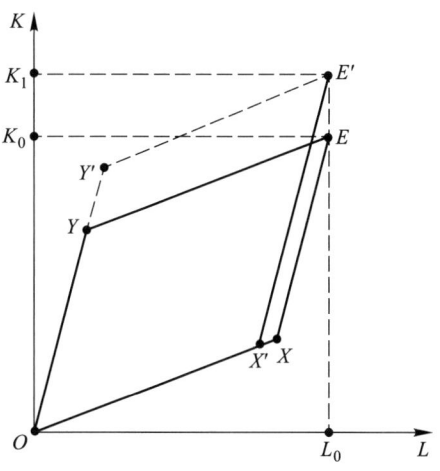

图 3-9　单一要素(资本)增长的影响

如果劳动不变、资本增加,则图中资本增加后的要素禀赋状况可用点 E' 来表示,此时劳动存量仍为 L_0,资本存量增加为 K_1。由于商品相对价格不变,尽管要素禀赋状况发生变化,但 X、Y 两个部门的要素使用比例仍然保持原来的水平,此时要保证所有的要素充分利用,新的平行四边形变为 $OX'E'Y'$,相应地,X、Y 两种产品的产出水平分别为 OX' 和 OY'。由此可知,Y 产品的产量将增加,而 X 产品的产量将减少。

同理可证,如果资本不变、劳动增加,则 X 产品的产量将增加,而 Y 产品的产量将减少。读者可自行画图进行证明。

"荷兰病"(Dutch disease)是罗伯津斯基定理的一个典型例证。20 世纪 70 年代,荷兰、挪威、英国等国家开发了北海油田,发现了大量的石油和天然气,由此引发大量劳动力和资本流入石油和天然气行业,制造业的生产和出口则变得相对萎缩。这完全符合罗伯津斯基定理的结论。

三、简要评价

(一)贡献

该理论系统阐释了一国要素单一增长与其生产可能性状况之间的联系。在现实中,一国的要素存量和结构经常发生变化,罗伯津斯基定理证明了在商品相对价格和生产技术不变的前提下,某一要素的增加会导致密集使用该要素部门的生产增加,而另一部门的生产则下降。其政策含义在于:对资本存量增加的国家而言,可以预期其劳动密集型产业的规模会趋于萎缩;对劳动要素供给趋于增加的部分发展中国家,不合时宜地发展资本密集型产业则可能导致比较优势的丧失。但是,伴随着一国的经济增长和发展,其要素禀赋状况并非一成不变,进而其比较优势格局可能会发生动态变化。

(二)不足

1. 诸多假设前提不符合实际

罗伯津斯基定理假设产品(或生产要素)的相对价格不变,而一国内部的产品(或生产要素)的相对价格往往是动态变化的。又如,根据该定理的假设条件可知,两个生产部门投入的资本与劳动比率始终不变,这也不一定符合现实。也就是说,要运用罗伯津斯基定理解释丰富多彩的大千世界,尚需对诸多假设前提进行修正。

2. 尚需进一步拓展才能用于分析多要素同时增加的情形

罗伯津斯基定理常常用于分析单一要素增长的情形,尚需进行进一步拓展才能用于分析一国的现实状况。现实中,许多国家的资本和劳动要素是同时增加的,此时两种产品产量的增长速度则由资本与劳动增长的速度快慢来决定。例如,如果一个国家的资本以每年 8% 的速度增长,而劳动每年的增速仅为 1%,这会引起资本密集型产品的产量增长速度高于 8%,而劳动密集型产品的产量增长速度低于 1%,甚至可能下降。此即经济增长中的放大效应。

第五节　对新古典贸易理论的经验分析

按照赫克歇尔和俄林的要素禀赋理论,一国在密集使用本国丰裕要素的产品上具有比较优势,而在密集使用本国稀缺要素的产品上具有比较劣势。因此,只要知道一国的要素丰裕度状况,便可以此判别各国的比较优势,从而预见各国的专业化方向和贸易模式。自从 20 世纪初赫克歇尔和俄林提出要素禀赋理论之后,在很长时间内其一直是人们解释工业革命后贸易产生原因的主要理论。第一个也是最有影响的关于 H–O 理论的实证研究是由瓦西里·里昂惕夫(Wassily Leontief,1973 年诺贝尔经济学奖得主)展开的。

一、里昂惕夫之谜

第二次世界大战后的美国是世界上资本最丰裕的国家。按照 H–O 理论,美国的贸易模式应该是:出口资本密集型产品,进口劳动密集型产品。里昂惕夫的初衷也是验证这一点。但是,里昂惕夫在 1953 年发表了《国内生产与对外贸易:美国资本地位再审查》一文,在该文中他采用了美国 1947 年的数据——美国各行业的"投入产出账目"以及美国的进出口贸易额来展开分析。利用这两类数据,里昂惕夫计算出美国对外贸易中每 100 万美元进、出口额所需要的资本和劳动力数量,得出如表 3-3 所示的结果。

表 3-3　美国每 100 万美元出口品和进口替代品的资本和劳动力需求

项目	出口品	进口替代品
资本(美元)	2 550 780	3 091 339
劳动力(人·年)	182.313	170.004
资本 / 劳动力	13 991	18 184

从表 3-3 中不难计算出如下结果:美国生产进口替代品的资本 / 劳动力比率大约比生产出口品的资本 / 劳动力比率高出 30%。这意味着,美国进口的是资本密集型产品,出口的是劳

动密集型产品。里昂惕夫写道:"美国之所以参加国际分工是建立在劳动密集型专业化基础上,而不是建立在资本密集型专业化基础上。换言之,这个国家是利用外资来节约资本和安排过剩的劳动力,而不是相反。"里昂惕夫的研究得到的结论刚好与 H-O 理论的预测相反,这在贸易学说史上被称为"里昂惕夫之谜"(Leontief paradox)。

1947 年的数据仅仅是一个特例吗? 还是里昂惕夫的计算方法和数据处理方面存在问题? 以往为人们所深信不疑的新古典贸易理论遭到了前所未有的挑战,里昂惕夫该文的发表在经济学界引起了不少争论。为此,里昂惕夫本人在 1956 年又运用以前的方法,对美国 1947—1951 年的数据进行了检验,并完成论文《要素比率和美国的贸易结构:进一步的理论和经济分析》。该文分析结果表明,当时的美国作为一个资本充裕、劳动力稀缺的国家,却出口劳动密集型产品、进口资本密集型产品。换言之,1947—1951 年的美国数据表明"谜"依然存在。

此外,还有许多学者也对要素禀赋理论进行了经验分析。为简明起见,在此将这些经验分析文献涉及的学者、研究样本和基本结论列为表 3-4。

表 3-4 对要素禀赋理论的经验分析

学者	研究样本	基本结论
里昂惕夫(1954)	美国 1947 年数据	美国出口产品中的资本 / 劳动力比率低于进口产品(进口替代品)中的资本 / 劳动力比率,出现"里昂惕夫之谜"
里昂惕夫(1956)	美国 1947—1951 年数据	
鲍德温(Baldwin,1971)	美国 1962 年贸易数据和 1958 年投入 - 产出表数据	
王家瑜(1988)	中国 1981 年数据	1981 年中国存在"里昂惕夫之谜"
维特尼(Whitney,1968)	美国 1899 年数据	美国出口产品中的资本 / 劳动力比率高于进口产品中的资本 / 劳动力比率,符合 H-O 理论的预测
斯特恩和马斯库斯 (Stern & Maskus,1981)	美国 1972 年数据	
建元正弘和市村真一 (Tatemoto & Ichimura,1959)	日本 1951 年数据	从整体上看,日本作为劳动力丰裕的国家,输出的主要是资本密集型产品,输入的是劳动密集型产品;但从双边贸易看,日本向美国出口的是劳动密集型产品,从美国进口的是资本密集型产品,出口到不发达国家的是资本密集型产品
巴哈德瓦奇(Bharadwaj,1962)	印度 1951 年数据	印度向美国出口资本密集型产品,从美国进口劳动密集型产品,出现"里昂惕夫之谜";印度与其他国家的贸易中却出口劳动密集型产品,进口资本密集型产品,支持 H-O 理论

上述这些研究为我们判定该"谜"是一般现象还是特殊现象提供了前提和基础。不过与此同时,"谜"的存在与否显得更加扑朔迷离了。因为现有研究表明,同一个国家,有的时期存在"谜",有的时期不存在"谜";在同一个国家同一个时期的对外贸易中,对有的国家的对外

贸易中存在"谜",对其他国家的对外贸易中则可能不存在"谜"。

二、对里昂惕夫之谜的解释

里昂惕夫的两篇经典文献奠定了对要素禀赋理论进行实证检验的方法论基础,他发明的投入产出分析方法是相关实证研究采取的主要方法。发端于这两篇文献的"里昂惕夫之谜"出现之后,以对要素禀赋理论进行实证检验为基本任务,以投入产出分析为基本方法,在世界范围内发现了不少国家或地区存在着"里昂惕夫之谜"。可以说,里昂惕夫的发现对国际贸易理论界产生了相当大的影响。在他之后,不少经济学家曾经试图从如下六个方面寻求对"里昂惕夫之谜"的解释。

(一) 劳动效率说

劳动效率说又称劳动熟练说,最早由里昂惕夫自己提出。里昂惕夫认为,各国的劳动生产率是不同的,1947 年美国工人的生产率大致是其他国家的 3 倍。那么,在计算美国工人的人数时,就应将美国的实际工人数乘以 3 倍,进而美国的资本 / 劳动力比率(人均资本)就会低于其他国家,从而成为劳动力丰裕的国家,所以美国出口劳动密集型产品而进口资本密集型产品,这与要素禀赋理论的预测是一致的。那么,为什么美国的劳动力比外国的劳动力效率高呢?里昂惕夫认为是由于美国具有良好的企业组织管理技术和生产环境。但是,反对的意见针锋相对:既然这些因素能够使得美国的劳动力具有更高的效率,同样也应该能够使美国的资本具有更高的效率。另外,还有一些学者认为里昂惕夫的解释过于武断,比如美国经济学家克雷宁(Krelnin)1965 年的研究发现,美国工人的效率和欧洲工人的相比较,最多只高 1.25倍,按照这样的比例换算,里昂惕夫之谜并不能被消除。

无论这一解释是否能彻底消除里昂惕夫之谜,它至少表明,H–O 理论中将生产要素简单分为劳动、资本等,而没有考虑要素的异质性是不合适的。现实中同样的要素在不同国家往往是存在差别的。因此,要更精确地运用 H–O 理论对各国的分工与贸易模式进行预测,有必要考虑同种要素在不同国家的异质性。

(二) 人力资本说

在里昂惕夫之后,一些经济学家如凯能(P. B. Kenen)、鲍德温、基辛(D. B. Keesing)、舒尔茨(Schultz)等在要素禀赋理论的框架下引入"人力资本"这一因素来解释里昂惕夫之谜。他们认为,H–O 理论所说的资本要素实际上只包括物质资本(如厂房、机器、设备等),而不包括人力资本。所谓人力资本,是指所有能够提高劳动生产率的教育投资、工作培训、保健费用等开支。与物质资本一样,人力资本投入也能在给定的资源水平上增加产出。由于美国的生产投入了较多的人力资本,从广义资本(既包括物质资本,也包括人力资本)的角度看,美国出口的仍然是资本密集型产品。凯能提出了一个更为精确的修正方案,把美国熟练工人的收入高出非熟练工人的收入部分予以资本化,将其作为人力资本与物质资本相加,并计算资本 / 劳动力比率,从而与其他国家进行比较。经过这样的计算,里昂惕夫之谜可被消除。

这一解释表明,在人力资本日益重要的当代社会,H–O 理论中资本要素的外延有进一步拓展的必要性,至少应涵盖物质资本和人力资本两大类型。换言之,需要重新认识生产要素的外延,方能更好地运用 H-O 理论来预测各国的分工与贸易模式。

(三) 贸易保护说

美国经济学家鲍德温提出了用贸易壁垒来解释里昂惕夫之谜的观点。他认为,要素禀赋理论的假设前提之一是自由贸易,但现实中国际商品流动总是受到各种关税或非关税壁垒的限制。事实上,美国政府在保护国内非熟练劳动力和半熟练劳动力的就业,其保护程度较高的领域是劳动密集型产品。根据鲍德温的估算,如果剔除美国对进口设置的贸易壁垒,1947 年进口产品中的资本 / 劳动力比率将比里昂惕夫计算的结果低 5%。里昂惕夫的估算表明,即使去除贸易壁垒的影响,也只能减轻而无法消除里昂惕夫之谜。

克拉维斯(Kravis)在 1956 年的研究发现,许多外国的劳动密集型产品均被美国的各种贸易壁垒排除于美国的进口品之外,这会影响美国的贸易模式,降低了劳动密集型产品的进口规模。由于受到贸易伙伴贸易保护措施的限制,美国的资本密集型产品的出口规模也会比自由贸易时低。也就是说,贸易保护措施的存在导致美国“该进口的产品进不来、该出口的产品出不去”。换言之,如果实行自由贸易政策,美国会进口更多的劳动密集型产品,或出口更多的资本密集型产品。

这一解释表明,H-O 理论赖以成立的自由贸易的假设前提在现实中是不成立的,要考察真实的贸易模式,必须纳入对贸易壁垒的分析。事实上,现实中决定一国贸易模式的因素,不仅有自由贸易条件下的技术和禀赋(或生产成本),还有纳入保护贸易政策之后的交易成本。

(四) 自然资源说

美国学者凡耐克(J. Vanek)在 1959 年发表的一篇论文中,提出了以自然资源的稀缺性解释里昂惕夫之谜的观点。凡耐克认为,在 H-O 理论中,只考虑了两种生产要素(劳动和资本)而忽略了自然资源要素(如土地、森林、矿藏、水资源等)。自然资源说认为,许多贸易产品是资源密集型的,自然资源要素与资本要素存在一定程度的替代性。若一国生产某种产品的自然资源不足,就会投入更多的资本要素以替代自然资源。例如,美国的进口品中初级产品占 60%~70%,而且这些初级产品大部分是木材和矿产品,自然资源密集程度很高,把这类产品划归为资本密集型产品在无形中就加大了美国进口产品的资本 / 劳动力比率,从而产生里昂惕夫之谜。同时,美国的出口产品中也可能消耗大量自然资源,它们的开采、提炼与加工均投入了大量的资本,如将这部分资本投入量考虑进来,里昂惕夫之谜就可能消失。鲍德温对凡耐克的观点进行了验证,发现在美日贸易、美欧贸易中不存在里昂惕夫之谜,而在美加贸易以及美国与发展中国家的贸易中,美国进口的自然资源比重较大,从而出现了里昂惕夫之谜。鲍德温在 1971 年利用美国 1962 年数据展开研究时发现,在剔除自然资源产品后,出口产品的资本 / 劳动力比率除以进口产品的资本 / 劳动力比率的结果由 0.79 上升为 0.96,尽管尚未完全消除里昂惕夫之谜,但已经减轻了里昂惕夫之谜。

这一解释表明,某些自然资源产品与资本密集型产品之间确实存在着替代关系,美国进口的一些自然资源产品具有资本密集型的特点,这就加大了美国进口的资本密集型产品的份额,从而产生了里昂惕夫之谜。这一解释同时表明,H-O理论赖以成立的"两要素"的假设前提,应该根据现实情况拓展为三种甚至更多的要素种类,并考虑各类要素之间的替代或互补关系,才能正确地认识一国的分工与贸易模式。

(五) 研究与开发要素说

以基辛(D. B. Keesing)、格鲁伯(W. H. Gruber)、弗农(R. Vernon)、梅达(D. Mehta)为代表的经济学家将研究与开发要素(research and development, R & D)纳入对一国分工与贸易模式的研究,分析了研究与开发要素同贸易之间的关系,从而寻求对里昂惕夫之谜的解释。

基辛在1965年发表的一篇论文中,用美国在10个发达工业国各部门出口总额所占的比重来表示美国的竞争力,以美国用于研究与开发的费用占美国各部门销售额的比重和美国科学家、工程师占美国各部门就业人数的比重来表示研究与开发指标。通过计算发现,美国出口产品的国际竞争力和该种产品的研究与开发要素密集度之间存在较强的正相关关系。具体而言,美国产品竞争力强、出口占10国出口总额比重大的部门,投入的研究与开发费用占美国销售额的百分比、科学家和工程师的人数占美国该部门全部就业人员的比重也大。格鲁伯、弗农和梅达于1967年发表的一篇论文中,根据1962年美国19个产业的有关资料进行了分类比较,并按照研究与开发费用占整个销售额的比重以及科学家、工程师占整个产业全部雇用人员的比重进行排列。研究结果表明,运输、电器、仪器、化学和非电器机械这五大产业名列前茅;这五大产业中,研究与开发费用占19个产业的78.2%,科学家和工程师占85.3%,销售量占39.1%,出口量占72%。这些研究表明,一国出口产品的国际竞争力与该种产品的研究与开发要素的密集度存在着较强的正相关关系。一个国家越是重视研究与开发,这个国家投入到研究与开发活动中的资金就越多,其生产出的产品的知识或技术的密集度就越高,在国际竞争中所处的地位就越有利。

这一解释表明,伴随研究与开发要素在现代经济发展中的地位日益凸显,H-O理论中"两要素"的假设前提有必要进行修正,以更好地解释一国的分工与贸易模式,从而破解里昂惕夫之谜。

(六) 要素密集度逆转说

按照H-O理论的基本假设,不同国家关于同种产品的技术水平是相同的,那么在不同国家这种产品的要素密集型就是稳定的。但在现实中,由于不同国家要素相对价格的差异,或者技术水平的差别,同一产品在不同国家可能表现为不同的要素密集型。比如,同一产品在有的国家表现为劳动密集型产品,在有的国家则表现为资本密集型产品。这就是所谓的要素密集度逆转。

里昂惕夫在计算美国出口商品的资本/劳动力比率时,用的均为美国的投入产出数据。对于美国进口的商品,他用的也是美国生产同类产品所需要的资本/劳动力比率,而不是该商品在出口国国内生产时实际使用的资本/劳动力比率,这就可能出现美国出口劳动密集型产品而进口资本密集型产品的情况。但如果产品的要素密集度可能发生逆转,那么在逻辑上就存在一种可能性：美国出口的劳动密集型产品，可能从别国的角度来看表现为资本密集型产品；美国进口的资本密集型产品，可能从别国的角度来看表现为劳动密集型产品。因此，要素密集度逆转可以对里昂惕夫之谜给予一定程度的解释。

不过，明哈斯（Minhas）在 1962 年对 19 个国家的 24 个行业进行了统计分析，发现其中有 5 个工业部门在不同国家之间存在要素密集度逆转的现象。明哈斯还比较了美国和日本的 20 个工业部门的要素投入比例，结果发现两国的同一工业部门要素投入比例之间的相关系数很低。明哈斯由此认为，不同国家之间特定商品的要素密集度发生逆转不仅是完全可能的，而且是现实存在的。对此，里昂惕夫提出了质疑，他认为明哈斯的数据来源存在偏差，在纠正这些偏差后，出现生产要素密集度逆转的情形所占比例仅为 8%。鲍尔（Ball）在对明哈斯的结果进行重新检验后也发现，要素密集度逆转的情况在现实中鲜有发生。幸好要素密集度逆转只是一种特殊现象，否则依据要素禀赋理论将无从有效分析一国的分工与贸易模式，国际贸易的经典理论就必须重写了。

无论如何，基于要素密集度逆转的解释告诉我们，在 H–O 理论的假设前提逐步逼近现实世界的过程中，我们需要注意到世界各国之间存在着要素相对价格的差异或者技术水平的差异，从而在更为现实的假设前提中观察和分析各国的分工与贸易模式。

基本概念

要素密集度（factor intensity）

要素丰裕度（factor abundance）

产品相对价格（relative commodity price）

要素禀赋理论（factor endowment theory）

斯托尔帕 – 萨缪尔森定理（Stolper–Samuelson theorem）

要素价格均等化理论（factor price equalization theory）

罗伯津斯基定理（Rybczynski theorem）

提供曲线（offer curve）

贸易条件（terms of trade）

里昂惕夫之谜（Leontief paradox）

人力资本（human capital）

研究与开发（research and development）

复习思考题

1. 简述 H–O 理论的主要内容，并对其进行简要评价。

2. 比较新古典贸易理论与古典贸易理论的异同点。

3. 简述要素价格均等化理论的主要内容。

4. 简述斯托尔帕 – 萨缪尔森定理的主要内容。

5. 简述罗伯津斯基定理的主要内容。

6. 何为"里昂惕夫之谜"？围绕该"谜"经济学界有哪些解释？

7. 作图分析机会成本递增情形下的贸易基础、贸易模式和贸易利益。

8. 给定机会成本递增的假设前提，若两国的生产可能性曲线相同而消费偏好不同，两国之间存在分工与贸易的可能性吗？请作图分析。

9. 已知:生产每单位 X 产品需要投入 1 单位劳动力和 6 单位资本,生产每单位 Y 产品需要投入 2 单位劳动力和 1 单位资本;在发生国际贸易前,A 国每单位劳动力价格为 30 美元,每单位资本价格为 10 美元,B 国每单位劳动力价格为 60 美元,每单位资本价格为 12 美元。

请问:两国之间可以进行分工与贸易吗? 如果可以,它们的贸易基础和贸易模式是怎样的?

即测即评

请扫描右侧二维码,在线测试本章学习效果。

第四章
国际贸易理论的新发展

本章重点

1. H-O 理论假定放松的主要内容
2. 产业内贸易理论的概念、特点及成因
3. 技术差距论的主要内容
4. 产品生命周期理论的基本内容
5. 国家竞争优势理论的基本内容
6. 新新贸易理论的基本内容

教学视频

请扫描右侧二维码观看本章精彩教学视频。

　　20 世纪 70 年代末是贸易理论发展的分水岭,此前几乎所有研究都以完全竞争为假设,它们成功地解释了产业间贸易、国际资本流动、技术优势决定分工与贸易格局等问题。此后的研究引入了各种形式的不完全竞争,去解释以完全竞争为假设的传统贸易理论所不能解释的问题,如产业内贸易、国际技术差距成因、国家竞争优势等。通过政府干预,把寡头利润从国外企业转移到国内企业,增加本国福利。这些理论改变了传统贸易理论的假设条件,分析框架也不同,被称为现代国际贸易理论。

第一节　新贸易理论的发展

一、新贸易理论产生的背景

　　第二次世界大战后,国际贸易活动出现了许多新的现象,对传统国际贸易理论形成了挑战,迫使经济学家寻求新的贸易理论。具体表现为以下方面。

(一) 同类产品之间的贸易量大幅增加

古典和新古典贸易理论认为国际贸易的根源在于各国在产品生产方面的差异,包括技术差异(比较优势理论)、资源禀赋和产品要素密集度的差异(H-O理论)。按照这些理论,各国之间的贸易主要是不同产品之间的贸易,即行业间贸易。但第二次世界大战以后,国家间同类产品之间的贸易,即行业内贸易大幅增加,这种现象突破了传统贸易理论框架下的贸易模式,因此是对传统贸易理论的一个挑战。

(二) 发达国家之间的贸易比重快速增长

传统国际贸易理论的资源禀赋论认为,国家间的资源禀赋差异是国际贸易的重要原因,据此,国际贸易应主要发生在发达国家(资本丰裕国)与发展中国家(劳动力丰裕国)之间(南北贸易)。20世纪50年代之前的国际贸易的确大部分属于南北贸易。但是60年代后,发达国家之间的贸易(北北贸易)在国际贸易中所占的比率逐步上升,成为国际贸易的重要部分。那么,国际贸易为什么会在相似的资源禀赋国家(同类国家)之间进行呢? 这一现象显然是资源禀赋论所不能解释的。

(三) 产业区位不断转移

当代世界贸易的发展中,有许多产品曾经由少数发达国家生产和出口,然而,第二次世界大战后这些产业的领先地位不断发生变化,一些原来进口的发展中国家开始生产并出口这类产品,而最初出口的发达国家反而需要进口。为什么在资源禀赋的模式基本不变的情况下,某些制成品的比较优势会从发达国家向发展中国家转移呢? 这一问题也是在传统贸易理论的框架内难以找到答案的。

(四) 跨国公司对全球许多产业形成垄断

许多商品市场中完全竞争不是经常存在的,而不完全竞争则经常存在,少数垄断企业由于规模报酬递增而获得市场地位,从而导致国际分工,而传统的国际贸易理论无法对此贸易现象作出合理解释。

以上现象在古典和新古典的传统国际贸易理论框架内难以得到解释,这迫使经济学家寻求新的贸易理论来解释这些现象,经济学家的这种努力促成了现代国际贸易理论的形成。

二、新贸易理论分析的起点: 对 H-O 理论假定的放松

国际贸易理论经历了以斯密、李嘉图等人为代表的古典主义阶段和以赫克歇尔、俄林等人为代表的新古典主义阶段后,20世纪六七十年代进入了一个相对平缓的时期。到了20世纪70年代后期,随着发达国家之间产业内贸易等迅速发展,由于H-O理论本身的局限及其假设条件的不切实际,H-O理论在解释现实的国际贸易问题时遇到了许多困难。一些学者从怀疑、放松H-O理论的假定条件入手,提出了各种新的解释国际贸易现实的理论。

H-O 理论部分假设条件的放松,比如 2×2×2 的模型、技术相同、不完全分工、生产要素在国际上不流动、要素充分利用和贸易平衡等,不会动摇其对贸易基础的解释这一理论根基。

但是,从以下六个方面进行假定的放松,将看到 H-O 理论在根本上的动摇。

第一,放松规模报酬不变假定。国际贸易也可以在规模报酬递增的基础上进行,而且规模经济本身可以成为贸易发生的一个独立源泉,这就解释了大部分赫克歇尔 – 俄林理论所未涵盖的国际贸易模式,比如产业内贸易,这也正是新贸易理论的一个主要发展。

第二,放松完全竞争的假定。基于产品差别和规模经济的产业内贸易往往存在于不完全竞争的市场结构中,所以为了更有效地解释产业内贸易,需要把不完全竞争理论整合到国际贸易理论中来。

第三,从动态的角度考察国际贸易。技术差异及技术变化也可视为国际贸易的一种来源,这也是静态的 H-O 理论所无法解释的。

第四,放弃禀赋差异和偏好相似的假定。禀赋相似的国家仅仅因为偏好差异也能产生贸易。

第五,运输成本和贸易壁垒会影响贸易各方利益分配,对产品和价格扭曲足够大时会改变贸易模式。

第六,国家层面综合性的竞争优势也是影响国际贸易形成和发展的重要源泉,这一角度已经不同于传统的国际贸易理论。

另外,基于微观层面的异质性企业贸易和公司内生增长等的研究进一步扩展了国际贸易传统理论的研究边界,也是对公司内贸易和跨国企业贸易投资等经济现实给出的探索性理论解释。

综上所述,放松 H-O 理论中大多数的假定仅仅是修正理论的有效性而不能推翻它的基础,但是放松模型规模报酬不变、完全竞争等几个关键假定后,要解释新的国际贸易模式,就需要新的贸易理论对贸易基础进行重构。本章将重点介绍基于以上假设改变和扩展的新国际贸易理论:产业内贸易理论、产品生命周期理论、国家竞争优势理论和新新贸易理论(见图 4-1)。

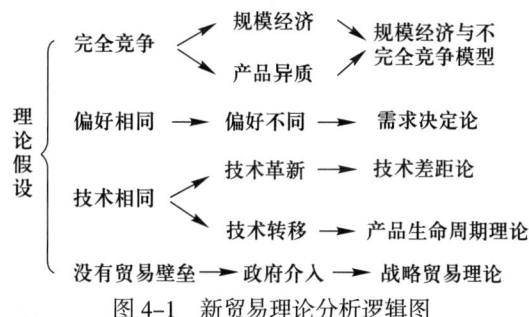

图 4-1　新贸易理论分析逻辑图

第二节　产业内贸易理论

产业内贸易兴起于第二次世界大战后,随着贸易、投资自由化和市场一体化的发展,产业内贸易逐渐活跃起来,在当今的全球贸易中产业内贸易接近 70% 甚至更多,传统贸易理论无法解释这种现象。20 世纪 60 年代初,一些应用经济学家如美国的巴拉萨(B. Balassa)

和格鲁贝尔(H. G. Grubel)等人对欧洲共同体成立后其成员国间贸易格局演变进行了研究；20世纪70年代中期，格鲁贝尔和劳埃德(Lloyd)通过对主要工业化国家的研究，提供了有关部门内贸易现象的详细证明，并于1975年出版了《部门内贸易》一书，对部门内贸易理论做了比较系统的说明。其间，默瑞·肯普(Murray C. Kemp)于1964年提出了肯普模型，指出了外在规模经济与国际贸易的关系；保罗·克鲁格曼(Paul Krugman)于1979年提出了规模经济理论，从规模经济的角度说明了国际贸易的起因和利益来源。这些理论充实了产业内贸易理论。

本节将对规模经济的概念及不完全竞争经济进行概括性的描述，然后分析产业内贸易理论重要的几个国际贸易模型，最后对产业内贸易理论进行简要的评价。

一、产业内贸易概述

(一)产业内贸易的概念

产业是一个集合的概念，是同一属性的生产经营活动、同一属性的产品服务、同一属性的企业的集合。波特(Porter)认为传统的产业定义过于宽松，他将产业定义为生产直接相互竞争产品或服务的企业的集合。

产业内贸易(intra-industry trade)是相对于产业间贸易(inter-industry trade)而言的，是指一个国家在出口某种产品的同时又进口同类型的产品，也常被称为双向贸易(two-way trade)或贸易重叠(over-lap trade)。《联合国国际贸易标准分类》(Standard International Trade Classification, SITC)中，将产品分为类、章、组、分组和基本项目五个层次，每个层次中用数字编码来表示。本章所涉的相同产品，指的是至少前三个层次分类编码相同的产品。相同类型的商品是指至少属于同类、同章和同组的商品同时出现在一国的进出口项目中。

(二)产业内贸易的特征

一是进出口商品有非常高的相互替代性，并且生产中的要素投入基本相同。

二是进口国和出口国在该商品的生产能力方面并无大的差别。产业内贸易在那些资本与劳动比率、技术水平等方面相类似的国家比较普遍。

三是由于产业内贸易是由不完全竞争市场上产品的差异性引起的，其贸易产品具有多样性。产业内贸易的对象既可以是初级产品，也可以是工业制成品。

产业内贸易往往是在生产力发展程度、人均国民收入水平等条件接近的国家之间进行，其形成基础和影响都不同于产业间工业品的相互贸易。

(三)产业内贸易的类型

格鲁贝尔和劳埃德是最早系统地从理论上研究产业内贸易现象的经济学家。1975年，格鲁贝尔和劳埃德出版了《产业内贸易——差别化产品国际贸易的理论与度量》一书，对产业内贸易理论作了较系统的说明。他们把产业内贸易分为同质产品的产业内贸易和差异产品的产业内贸易两大类。

1. 同质产品的产业内贸易

同质产品(homogeneous products)是指可以完全相互替代的产品,或相同产品生产区位不同或制造时间不同。格鲁贝尔和劳埃德认为同质产品的产业内贸易是由于运输、储存、销售和包装等成本引起的,主要有以下一些类型:

(1) 大宗原材料的国际贸易。

(2) 转口贸易和再出口贸易。转口贸易和再出口贸易的商品其基本形式没有发生变化,只是通过提供仓储、运输等服务来实现商品的增值,成为同质产品产业内贸易的一种形式。

(3) 产量的季节性差别导致的国际贸易。一国供给和需求的不一致及自然灾害,可能引起一个国家进口一些其他时候出口的产品。

(4) 合作生产和特殊的技术条件,引起了一些完全同质的服务进行了国际贸易,如金融服务贸易中常常同时存在"进口"与"出口"。

此外,还可能由于政府干预造成了国内价格扭曲,而作为以实现利润最大化为目标的企业便从事同时进口和出口的活动。

2. 差异产品的产业内贸易

差异产品(differentiated products)又叫异质产品,是指产品具有差别性特征。产品差别可具体表现在同类产品的质量性能差别、规格型号差别、使用材料差别等方面。

差异产品又分为垂直差异产品和水平差异产品。垂直差异产品是指仅仅在质量上存在差异的产品。水平差异产品是指有着同样质量,但其特色或特质不同的产品。差异产品往往既有垂直差异的特点,又有水平差异。

(四) 产业内贸易的测度

产业内贸易理论起源于对发达国家之间相似产品贸易现象的研究,而对于禀赋和技术水平的差距较大的发达国家和发展中国家之间,似乎更多的应该是产业间贸易,能够以传统的贸易理论来解释。但是近年来,以新兴工业化国家为主的很多发展中国家,产业内贸易在贸易总额中占的比重越来越大,产业内贸易也越来越重要了。于是发展中国家纷纷将产业内贸易的水平作为判断其经济增长率和工业化水平高低的一项重要指标。产业内贸易指数(intra-industry trade index)衡量产业内贸易水平的高低。

1. 沃顿指数

1960 年,沃顿考察了欧洲荷比卢集团的情况,根据两个时点 12 种产品组合的样本,他用某一行业产品组 J 的出口(X_j)与相应的进口(M_j)的比例来检验贸易模式的变化。

令 $S_j = X_j/M_j$,当 S_j 接近于 1 时则表明贸易的结构属于产业内贸易;若该指数远离 1,如为无穷小或无穷大,则该贸易的结构为产业间贸易。目前这一指标已经基本不采用了。

2. 巴拉萨指数

$$A_j = \frac{|X_j - M_j|}{|X_j + M_j|}$$

式中:X 为出口;M 为进口,下标 j 代表行业产品组。

当 X 或 M 为 0 时,该值为 1,为产业间贸易;当 X 或 M 相等时,该值为 0,为完全的产业内贸易。通常情况是,$0 < A_j < 1$。该指数越大,则产业内贸易的程度越低。

3. 格鲁贝尔和劳埃德指数($G\text{-}L$)

格鲁贝尔和劳埃德计算产业内贸易指数的计算公式为:

$$IIT_i = \frac{X_i + M_i - |X_i - M_i|}{X_i + M_i} \times 100\% \tag{4.1}$$

或者表示为:

$$IIT_i = 1 - \frac{|X_i - M_i|}{X_i + M_i} \tag{4.2}$$

即该指数为 1 减去巴拉萨指数。通过这个公式得到的指标在 0 到 1 之间变动。当该产业出口量恰好等于其进口量时,$\frac{|X_i - M_i|}{X_i + M_i} = 0$,即 $IIT_i = 1$,达最大值,即全部贸易都是同产业贸易;反过来,当 $\frac{|X_i - M_i|}{X_i + M_i} = 1$,则 $IIT_i = 0$,达最小值,完全没有同产业贸易。通常的情况是,$0 < IIT_i < 1$。

产业内贸易的发展程度常用格鲁贝尔和劳埃德指数(又称为产业内贸易指数)来衡量。IIT_i 代表产品的产业内贸易指数,在 0~1 变动;愈接近 1,说明产业内贸易的程度愈高;愈接近 0,则意味着产业内贸易程度愈低。

从一个国家的角度来看,产业内贸易指数由各种产品的产业内贸易指数加权平均数求得,它表示一国产业内贸易在对外贸易总额中的比重。其计算公式为:

$$IIT_i = \frac{\sum_{i=1}^{n}(X_i + M_i) - \sum_{i=1}^{n}|X_i - M_i|}{\sum_{i=1}^{n}(X_i + M_i)} \times 100\% \tag{4.3}$$

式中:IIT_i 表示某国所有产品综合产业内贸易指数;n 表示该国产品的种类;其他字符的含义与式 4.1 相同。

二、产业内贸易的理论解释:不完全竞争和规模经济

(一) 不完全竞争与国际贸易

当代国际贸易理论在不完全竞争(包括垄断竞争、寡头和垄断)的基础上研究国际贸易。不完全竞争作为贸易的起因之一,是与垄断企业或垄断竞争企业的价格歧视行为紧密联系在一起的。价格歧视给企业所带来的收益是一种出口激励,能够解释在不完全竞争条件下企业的出口动力和贸易原因。

价格歧视必须具备三个条件:第一,必须是不完全竞争行业,也就是说企业有能力决定其销售价格;第二,市场必须是分割的;第三,在不同的市场上,厂商所面临的需求曲线的弹性不同。

在国际贸易中,价格歧视的三个条件都可以得到满足。换句话说,即使生产成本一样,厂

商也可以在本国和外国市场上用不同的价格出售。

完全竞争企业面对的是一条水平的需求曲线,在完全竞争的情况下,每个厂商规模之小以至于无论它生产多少都只能按照市场价格出售。因此,只有当外国市场价格超过本国市场价格时,企业才有出口的动机。

垄断及垄断竞争的企业面对的是一条斜率为负、价格随数量增加而下降的需求曲线。企业并不能在国内无限制地生产和销售,垄断或垄断竞争企业每增加一个单位的产品销售,所有单位产品的价格就一齐下跌。企业的边际收益则下降得更快。企业为了保证利润的最大化,就不得不将在国内市场出售的产品数量控制在一定的范围内。这时,这些企业就有在国外市场上增加产品销售的动力。只要在国外市场上的价格超过产品生产的平均成本,企业出口就有利可图,而不论其价格是否高于本国市场。

假设某垄断厂商面对的本国和外国市场的情况如图4-2所示,厂商的边际成本(MC)是常数,且没有运输成本,那么无论在本国市场还是在外国市场上销售,产品的边际成本都是一样的。

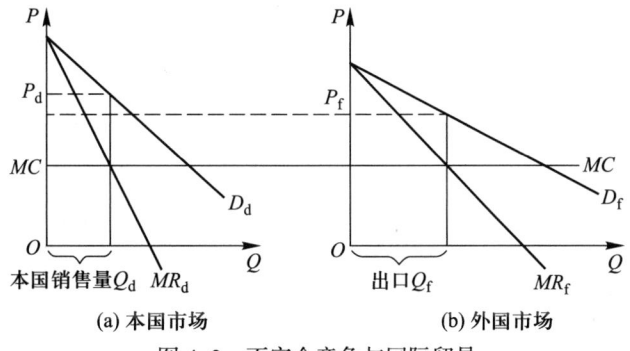

图4-2　不完全竞争与国际贸易

在本国市场上,该厂商拥有垄断地位。在利润最大化的目标下,企业只生产和销售 Q_d,即将产量控制在边际收益(MR_d)等于边际成本(MC)时的水平上。将这些产品销售到国内市场上,产品的价格可达到 P_d。为了保证利润不下降,企业不会再在国内市场上增加销售量。

另一方面,企业看到外国市场上亦有对这一产品的需求并且存在着高于边际成本的一段边际收益($MR_f>MC$)。只要是边际收益大于产品生产的边际成本,企业就会生产并出口到外国市场。但由于企业在外国市场上的份额比较小,需求(D_f)的价格弹性较大,所以企业无法收取本国市场那样高的价格。根据利润最大化原则,企业会向外国出口 Q_f,最高价格为 P_f(低于 P_d)。

(二) 规模经济与国际贸易

1. 规模经济的含义与分类

规模经济(economies of scale)是指在产出的某一范围内,平均成本随着产出的增加而递减。规模经济可分为内部规模经济和外部规模经济。

(1) 内部规模经济(internal economies of scale)。它是指单个企业的规模扩大时,企业的单位产出的平均成本下降。在具有内部规模经济的行业中,大厂商比小厂商更有优势,形成不完全竞争的市场结构。

（2）外部规模经济（external economies of scale）。它又称行业规模经济，是指随着整个产业的规模扩大时，各个企业的（长期）平均生产成本下降的现象。在一个只存在外部规模经济的行业，大厂商没有优势，该行业一般由大量较小的厂商构成，且处于完全竞争状态。

2. 规模经济决定国际贸易的理论解释

规模经济是有别于比较优势的另一种国际贸易的起因，内部规模经济和外部规模经济分别从不同角度决定了国际贸易的发生。

（1）内部规模经济下的国际贸易。具有内部规模经济的行业往往会形成不完全竞争的市场结构，主要是垄断竞争市场和寡头垄断市场，厂商生产有差异的产品。厂商数量及其所生产的差异产品种类与市场规模有关。市场规模大的国家能够容纳的厂商数量多，生产的差异化产品种类也多；市场规模小的国家厂商数量有限，生产的差异化产品种类较少。各国通过贸易满足消费者对差异化产品的需求。

（2）外部规模经济下的国际贸易。在外部规模经济下，大规模从事某一产品生产的国家往往有较低的生产成本，这有助于形成"先发优势"：一国率先进入某一具有外部规模经济的行业后，外部规模经济会巩固其作为大生产者的优势地位，阻碍其他国家进入这一行业。具有先发优势的国家成为该产品出口国。

在开放经济下，两个国家的市场统一，市场规模扩大。厂商会扩大生产规模，产品的单位成本降低。同时更多的厂商进入这个行业，生产更多的差异化产品。每个国家出口差异化产品，进口另一些差异化产品。建立在内部规模经济和差异产品基础上的国际贸易发生在同一个行业内，则产生了产业内贸易。追求规模经济会引导各国厂商专门生产部分产品，而不再独自生产所有产品，同时通过国际贸易满足了各国消费者对差异化产品的需求。

*三、同质产品的产业内贸易：相互倾销模型

格鲁贝尔和劳埃德所述的相同产品的产业内贸易，在布兰德（Brander）和克鲁格曼看来是不同国家的寡头厂商相互作用的结果。

相互倾销模型（reciprocal dumping model）假设了一个只有两个国家的世界，每个国家都有一个由少数企业组成的产业，企业之间按照古诺的双头垄断模型进行竞争，这样在均衡状态下价格会高于边际成本。并且假设这种产品在两个国家自给自足条件下国内的均衡价格相同。

现在来考察最简单的双头垄断的情形：两国两厂商生产同质产品；产量是决策变量，那么每个厂商都要决定它的产品在国内外各出售多少（假定全部在国内生产）。用 X_{ij} 表示生产者 i 为市场 j 生产的产量，国内市场的总供给等于 $X_{11}+X_{21}$，国外市场的数量为 $X_{12}+X_{22}$。

产品销往国外还要有运输成本，在寡占模型中通常是假定有一定比例的出口产品由于运输费用而被吸收，这被称为"冰山模型"（iceberg model）。也就是说，当国内企业出口 X_{12} 数量的产品时，其中一部分在到达国外市场之前就消失掉了，最终只有 gX_{12} 的产品（$0 \leqslant g \leqslant 1$）到达目的地。

假定需求函数是线性的，且在两国都一样，可表示为：

$$P_1 = a - b(X_{11} + X_{21}) \tag{4.4}$$

$$P_2 = a - b(X_{12} + X_{22}) \tag{4.5}$$

考虑运输成本后,两个企业的利润函数表示为:

$$\pi_1 = [a - b(X_{11} + X_{21})]X_{11} + [a - b(X_{12} + X_{22})]X_{12} - c\left(X_{11} + \frac{1}{g}X_{12}\right) - F \tag{4.6}$$

$$\pi_2 = [a - b(X_{11} + X_{21})]X_{21} + [a - b(X_{12} + X_{22})]X_{22} - c\left(X_{11} + \frac{1}{g}X_{21}\right) - F \tag{4.7}$$

其中,企业的成本函数表示为固定成本 F 加上可变成本 cX_{ij} 的形式。在确定它们的最优产出时,两个企业被假定按古诺模型行事,即每一个生产者都认为它的行动不会引起其竞争对手改变其生产过程。换言之,两个生产者对自己国内市场的反应函数没有改变,但对出口市场的反应函数必然受到影响。也即在决定 X_{11} 和 X_{12} 时,国内企业把 X_{21} 和 X_{22} 作为参数来考虑。外国企业也是这样做的。

利润最大化的一阶条件为:

$$\frac{\partial \pi_1}{\partial X_{11}} = -2bX_{11} - bX_{21} + a - c = 0 \tag{4.8}$$

$$\frac{\partial \pi_1}{\partial X_{12}} = -2bX_{12} - bX_{22} + a - \frac{c}{g} = 0 \tag{4.9}$$

$$\frac{\partial \pi_2}{\partial X_{21}} = -2bX_{21} - bX_{11} + a - \frac{c}{g} = 0 \tag{4.10}$$

$$\frac{\partial \pi_2}{\partial X_{22}} = -2bX_{22} - bX_{12} + a - c = 0 \tag{4.11}$$

式4.8构成国内企业的古诺反应,该反应表现为图4-3中的 R_1R_1 线;式4.10是外国企业的反应函数,表现为图4-3中的 R_2R_2 线。交点 E 为国内市场均衡状态。

图4-3中表示的均衡状态是稳定的,任何偏离都会引起系统向 E 复归。例如,假定外国企业原生产 X_1 供出口,国内企业根据对手的产量就选择生产 X_2 的产量,但是,外国企业对国内产量 X_2 的反应是产量 X_3,相应于 X_3,国内企业的产量选择是 X_4。古诺游戏将继续下去,直到整个体系在 E 点达到均衡。

布兰德和克鲁格曼指出,寡头垄断厂商为实现企业利润最大化,将增加的产品产量以低于本国市场价格的价格销往国外市场。尽管从表面上看,在国外市场上产品的销售价格降低了,但是从销售全部产品所获利润最大化的角度,如果这种销售不影响在本国销售的其他产品的价格,那么厂商所获得的总利润水平提高了。同样道理,其他国家的厂商也会采取同样的战略将增加的产品销售量销往对方国家市场,这种相互倾销行为所形成的贸易不是由于两家分属不同国

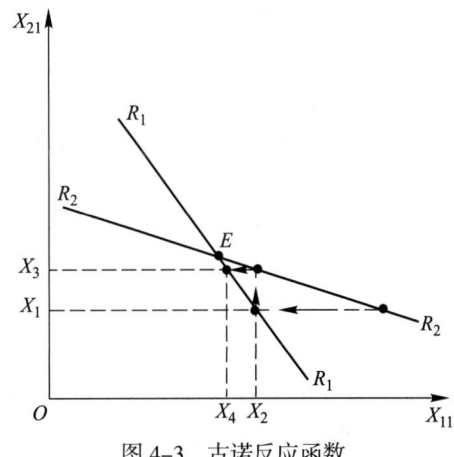

图4-3 古诺反应函数

家的厂商生产了差异产品,而是因为各自对自己最大限度利润的追求。

方程组的古诺均衡解可以求出。从方程式4.8,可得到X_{11}:

$$X_{11} = -\frac{1}{2}X_{21} + \frac{a-c}{2b} \tag{4.12}$$

方程式4.8、式4.10包括两个未知变量X_{11}和X_{21},方程式4.9、式4.11包含另两个未知变量X_{22}和X_{12}。同时,两个子系统完全对称。因此,第一个子系统的解也就是第二个子系统的解,即$X_{11} = X_{22}$和$X_{12} = X_{21}$。以第一个子系统为例解出均衡产量:

$$X_{11}^{E} = \frac{a + \dfrac{c}{g} - 2c}{3b} \tag{4.13}$$

$$X_{21}^{E} = \frac{a + c - \dfrac{2c}{g}}{3b} \tag{4.14}$$

国际贸易的发生必然要求$X_{21}^{E} > 0$,即$g > \dfrac{2c}{a+c}$。这表明,运输成本必须低于某一临界值,才有可能产生贸易。当运输成本趋近于零时$(g \to 1)$,古诺均衡解为:

$$X_{11}^{E} = X_{21}^{E} = \frac{a-c}{3b} \tag{4.15}$$

由此可见,根据相互倾销贸易理论,各国开展对外贸易的原因只在于垄断或寡头垄断企业的市场销售战略。国际贸易的结构既不受产品成本差别进而是要素禀赋差别的限制,也不受生产者和消费者对差异产品追求的限制。同时,相互倾销基础上国际贸易的利益来自各国企业通过"倾销"所获得的垄断利润和在本国市场上销售价格保持不变情况下所获得的垄断利润的总和。

*四、水平差别产品的产业内贸易:新张伯伦模型和新霍特林模型

(一)新张伯伦模型

20世纪70年代末,迪克西特(A. K. Dixit)、斯蒂格利茨(J. E. Stiglitz)、克鲁格曼等建立了新张伯伦模型,把张伯伦的垄断竞争理论运用到产业内贸易领域。新张伯伦模型将分析建立在解释水平差异产品的产业内贸易上,即在产品具有水平差异性并且生产的平均成本递减的情况下,即使两个生产成本完全相同的国家也能发生产业内贸易,并通过贸易提高两国的经济福利水平。

在新张伯伦模型的分析中,假定:

(1) 只有一种生产要素——劳动,并且供给是固定的。

(2) 存在许多厂商,每个厂商都生产X商品类中的一个品种;厂商可以自由进入或退出该产业,品种数目没有限制。

(3) 生产函数对所有厂商是一样的,每个厂商需要固定数量的劳动投入,然后每个厂商以不变的边际劳动投入要求来生产它的品种,因而厂商i所需要的总劳动投入(为生产X_i数量的品种i的生产函数)为:

$$l_i = \alpha + \beta X_i \quad \alpha, \beta > 0 \tag{4.16}$$

式中:X_i 是 X 商品类 i 品种的产出。

假定系数 $\alpha > 0$,在生产中存在规模经济,即随着产出增加,平均劳动投入下降。当规模收益递增时,即 X_i 增加时,l_i 要求 l_i/X_i 下降,每一种商品将只有一个生产者,生产者的数目与向市场提供的产品种类相同。

(4) 每个消费者的效用函数相同,而且所有的品种都对称地进入效用函数。即是说:第一,每增加一单位任何品种的消费,总效用的增加是相同的;第二,消费的品种越多,总效用也增加越多。效用函数的形式为:

$$u = \sum_i v(c_i) \tag{4.17}$$

式中:$\dfrac{\partial v(c_i)}{\partial c_i} > 0$,在保持总消费不变的情况下,增加另一品种会提高福利水平。

每一个生产者都试图通过一个分割的市场来形成自己的垄断力量,这意味着边际收益与边际成本相等。如果每个厂商面临一个给定的工资率 w,那么其总成本就是 $w(\alpha + \beta X_i)$,如果品种 i 的价格为 P_i,每个厂商的利润就是:

$$\pi_i = P_i X_i - w(\alpha + \beta X_i) \tag{4.18}$$

在已知效用函数和生产函数时,利润最大化的条件为:

$$P_i(X_i)\left(1 - \frac{1}{e}\right) = \beta w \tag{4.19}$$

式中:e 是单个厂商面对的需求弹性;w 是工资率。

但是,如果厂商可自由进入,长期均衡中就必然有价格等于平均成本:

$$P_i X_i = (\alpha + \beta X_i) w \tag{4.20}$$

或

$$P_i = w[(\alpha/X_i) + \beta] \tag{4.21}$$

如果总收益大于总成本,即 $P_i X_i > (\alpha + \beta X_i) w$,新的企业会受到超额利润的吸引进入该行业。反之,若销售收入无法弥补生产成本,一些企业就会退出该行业。

产品的长期均衡要求每一个厂商都没有超额利润,张伯伦的零利润条件可以通过设 $w = 1.0$ 来进一步简化,即 $P_i X_i = \alpha + \beta X_i$;封闭经济体中 $X_i = L c_i$(L 表示劳动),那么就有:

$$P = \frac{\alpha}{Lc} + \beta \tag{4.22}$$

这里下标消失了,因为 P、X、c 的解都相等,即模型的对称性意味着,每个厂商都会以同样的平均成本将其选择的品种生产出同样数量的产出,并且以同样的价格销售。换言之,对所有的厂商都有 $X_i = X$,$L_i = L$ 以及 $P_i = P$。

如图 4-4 的 PP-ZZ 模型所示,PP 线表示利润最大化条件,向上扬起的原因是假设每个生产者所面对的需求弹性会随产量扩大而缩小;ZZ 线表示价格与成

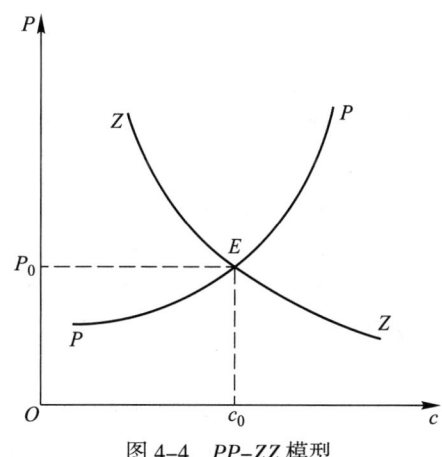

图 4-4 **PP-ZZ** 模型

本的关系,即 $P = \dfrac{\alpha}{Lc} + \beta$。

两条曲线的交点 E 决定了均衡价格 P_0,每一种商品的人均消费水平为 c_0,每个企业的产出以 X_0 表示,可以通过用 L 乘以 c_0 获得,在充分就业条件下,有:

$$L = n(\alpha + \beta X_0) \tag{4.23}$$

此处唯一的未知数是 n,表示产品多样化水平。前面已经提及,对所有的厂商都有 $X_i = X$,因此有:

$$n = \frac{L}{\alpha + \beta X} \tag{4.24}$$

以上讨论的是本国的情形,现假定还有一个外国,它在所有方面与本国相同,即生产同样数量的产品,其国内价格相同。没有一个国家在任何一种商品类别上具有比较优势,而且,存在着一个贸易的基础,即需求的多样性。如果消费者得到比过去多的产品,则消费者的状况得到改善。

如果允许两国进行贸易,不考虑运输成本或其他障碍,那么一国生产与另一国完全相同品种的厂商会改变其生产的品种,转而生产其他任何厂商都没有生产的品种。因为,不论生产哪一个品种,生产成本都是一样的,并且厂商能销售的新品种的数量与老品种一样多。随着厂商的调整,到最后是每个厂商生产一个品种。

对两国来说,贸易使它们的福利水平提高。在生产方面两国也没有损失,因为两国的厂商数没有变,实际工资也没有变;在消费方面,虽然消费者消费总量不变,但品种范围扩大了。

这一模型表明,在产品具有水平差异性并且生产成本递减的情况下,即使两个完全相同的国家之间,也能够展开同产业贸易,并增进两国福利。

(二) 霍特林 – 兰卡斯特 – 赫尔普曼模型(新霍特林模型)

假定消费者并非偏好完全相同,不会像迪克西特 – 斯蒂格利茨 – 克鲁格曼模型假定的那样每种东西都买一点,而是只从一个供应商那里购买某种产品。这种偏爱的供应商可能是由于地理上的接近,这时运输成本是重要的,所以区位是影响垄断竞争产业的重要因素。

霍特林(H. Hotelling)说明了双头垄断会导致差异极小化(假定排除了定价问题)。例如,在一系列报纸中(按某种标志排列,可用直线表示),每份报纸都会尽量贴近中间读者群。如果一份报纸处于中点以外,那么另一份报纸也可以通过将自己定位于稍微离开中点的位置来吸引更多读者,得到更多的业务和利润。

底阿斯皮里芒特(C. d'Aspremont)等人把定价和企业区位决策结合起来,假定运输成本为二次方程式(曲线型,意味着一定产品的负效用随消费者距其远近而增减),独立的寡头垄断者设定价格来使自己的利润最大化,其他决策则是作为既定的。那么这些独立的寡头垄断者能够达到线的两端。国际贸易的好处是提供更多的选择,没有社会优化问题。

兰卡斯特(K. J. Lancaster)认为,产品由多种品质所组成,某一特定产品具有特定的品质组合比例。在总体水平上或者就广义上来说,人们需要差异化产品的所有品种。但实际上,每个消费者或消费者群体有不同的偏好,因而只是对产品的某个或某些不同品种产生需求。与此同时,生产方面也只是有限的品种被生产出来,大部分消费者并不能得到规格品种与他们的精确需求相一致的产品。兰卡斯特将其对产品特征的分析应用于需求研究,将垄断竞争模型扩展到了国际贸易。

按照兰卡斯特模型,假定某种产品的具体品种按其品质规格差异可以进行排列,如图 4-5 所示,并且假定消费者除了对产品需求的偏好外其他方面均相同。现在考虑某个消费者对该产品需求的具体品质规格为 G^*,再假定可获得的最接近 G^* 的产品品质规格为 G_1 和 G_2,两者的距离为 d,与 G^* 的距离分别为 t 和 $d-t$。

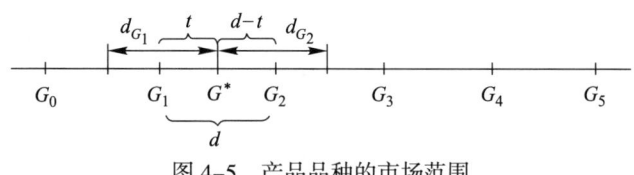

图 4-5　产品品种的市场范围

在考虑 G_1 和 G_2 的价格时,我们会发现,G^* 与 G_1 和 G_2 的距离越远,消费者个人对 G_1 或 G_2 的需求就越少。同时,对全体消费者也存在着这样一个关键性的 G^* 及相应的 t,其中处于 G^* 右端的消费者偏好商品 G_2,处于 G^* 左端的消费者偏好商品 G_1,G^* 这一点成为在给定价格条件下 G_1 和 G_2 市场的分界,如图 4-5 所示,G_1 商品的市场范围为 d_{G_1},G_2 商品的市场范围为 dG_2。

这种情况同时也意味着每一种商品的市场范围取决于该商品的价格水平,即消费者在其偏好条件下,对该品种的需求取决于收入和该品种的价格水平。当收入一定时,可以得出消费者对该品种的需求曲线,消费者对于距离较远的商品品种,即使价格相同,消费需求也较小。进一步,假定消费者均匀地沿线分布且偏好是对称的,那么,在线上的任何一点 G,都有相同数量的消费者(例如 N),对他们来说 G 是理想的产品品种。对该品种的市场需求曲线就是这些消费者个人对相邻两种产品各半个市场(two half-markets)的个人需求曲线的和与 N 的乘积。

假定一种产品品种的价格为 p,相邻产品品种的价格为 p',对该种产品的需求就是 $D(p,p',d)$。D 具有以下特征:第一,D 是该产品品种价格 p 的减函数。在这种情况下,p 的上升将减少市场上消费者对该产品品种的需求,也减少市场上消费者的数量(缩小市场范围),从而减少总的需求。第二,D 是其他产品品种价格 p' 的增函数。反映出相邻的其他产品品种是替代品的事实,具体体现为个人需求曲线和市场范围的变动。第三,D 是距离 d 的增函数。因为可获得产品品种间更大的距离代表更大的市场范围,因而有更多的消费者购买该产品品种,从而有更高的需求。

兰卡斯特模型的框架与前面的新张伯伦模型在某些基本方面不同。在兰卡斯特模型中,并非所有产品品种都是同等地可以相互替代,距离越远的产品品种替代性越差。此外,随着产品品种的增加,相邻产品间的距离将缩短。这里引出两个重要的应用:

第一,产品品种数越多,对每种产品品种需求的价格弹性和交叉价格弹性就越高,当相邻产品品种的距离逼近零的时候,需求的价格弹性和交叉价格弹性接近无穷大,即产品品种间具有完全替代性。这一点与新张伯伦模型的基础模型——斯潘塞 – 迪克西特 – 斯蒂格利茨模型(Spence-Dixit-Stiglitz Model,SDS 模型)的论点是极为不同的。在 SDS 模型中,产品品种增多不会导致不同品种变成更接近的替代品。

第二,一个更大的产品品种范围意味着消费者理想的需求与可获得的最接近产品品种的距离缩小。这一点从结论上讲与 SDS 模型相同,即产品品种多样性对消费者是有利的。但兰卡斯特模型给出了不同的理由,SDS 模型认为每一个消费者消费所有可获得的品种和喜爱一种不同的多样化产品以满足其强烈的偏好,而兰卡斯特模型则表明产品品种多样化是通过使消费者能够获得较为接近其理想的品质规格的产品而得益的。

现在转到生产这方面来看。假定厂商可以自由进出该市场,并能生产产品的任何品种,且生产任一品种的成本都相同,每一个生产者是在其他企业的品种和价格给定的情况下决定自己的价格和品种规格。还需假定任一品种的平均成本曲线表现为先是递减,然后当产出达到某个数量后转为递增,即 U 形曲线。这种假定使得一国厂商生产的品种是有限的,有的消费者可能买不到他最偏好的品种。

进一步考虑两个相同经济体进行自由贸易的效果。在封闭经济条件下,一国厂商在生产市场上可以自由进入和退出,生产不同品种产品拥有同样的生产成本函数,消费者具有相同密度的偏好,即消费者理想的品种规格沿着直线的分布是均匀的,这样就可以得到产品品种沿线等距分布且以相同价格出售的纳什均衡。由此确定了在长期均衡中,实际生产的品种会均匀地分布在某范围内,厂商生产每一品种的数量相同、销售价格相同,最终在完全竞争的市场结构上,每一厂商都只能获得正常利润,使销售价格等于成本。

图 4-6 给出了典型的差异产品的平均成本曲线和边际成本曲线,D 是封闭情形下对某产品的需求曲线,初始均衡为 E_0,在这一点上厂商实现利润最大化(边际成本等于边际收益),而厂商自由进入和退出时的长期利润为零,产出为 Q_0,国内价格为 P_0。

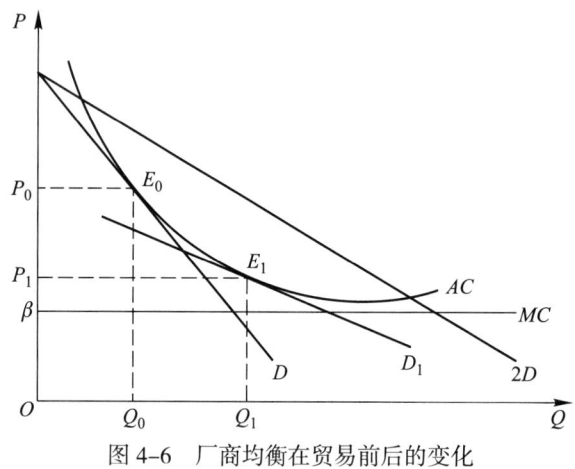

图 4-6   厂商均衡在贸易前后的变化

在开放经济条件下,两国开展自由贸易后,如果可获得的差异产品品种数量不变,对典型差异产品品种的需求增加一倍,即国内需求加国外需求。但差异产品的生产就会进行调整,这种调整类似于封闭条件下的国内长期均衡的过程,最终形成每一品种只有一个国家的一个厂商生产,每个厂商都将以同样的销售价格,生产出同样数量的每一品种。像新张伯伦模型一样,现在仍然不能预测哪个国家生产该产品的哪些品种,但知道每个国家生产总品种数的一半,并且每一品种都将平均地销售到国内市场和国外市场。在这种情况下,两国的贸易是平衡的。

由于只有一个厂商生产一个品种,两个国家中一国的一个厂商生产给定的品种,另一厂商必须生产别的品种。生产给定品种的厂商面临的总需求为 $2D$,即新的出口市场加上原有的国内市场。考虑到初始均衡点 E_0 利润为零,现在该厂商可以获得正的利润。即仍然能够生产原来自己生产的品种的厂商会由于销售量增加,产生规模经济,降低了生产的平均成本,从而获得超额利润。对超额利润的追求,会使新厂商加入竞争,这也将鼓励其他厂商生产新的品种。竞争的结果导致销售价格的下降,直到下降到等于平均成本。

最后的均衡点是 E_1,在这一点上需求曲线 D_1 与平均成本曲线 AC 相切。由于该品种的产品面临一个扩大的市场,需求变成了国内需求加国外需求后得到的 D_1,厂商生产的产量就可以从 Q_0 增加到 Q_1,价格和平均成本降到了低于 P_0 的 P_1。

同时还可以注意到,在开展贸易后,一方面,生产的差异产品数目会比一国封闭条件时多,但总数目会比封闭条件下两国生产的品种数目之和少。假设两国贸易前品种数目和产品特性都一样,贸易后的厂商竞争导致有一半厂商退出,重新寻求新品种的生产。这样,当达到新的均衡时,品种的数目必然会比以前多,新品种的增加缩短了品种间的距离,从而提高对产品需求的弹性,使需求曲线向下移动。并且所有品种仍旧均等地分布在产品的两种特性范围内。另一方面,假定对该产品所有品种的需求收入弹性大于 1,且对价格不是完全无弹性的,这将导致品种增加后总数目又小于封闭条件下两国品种数目的总和。这样的结果使得每个厂商生产的数量会比封闭时大,平均成本和价格比贸易前会降低。贸易使得两个国家的消费者可获得的产品品种增加,同时产品品种增加降低了垄断程度从而降低了价格,消费者从这两方面获得利益。

*五、垂直型产业内贸易:新赫克歇尔 – 俄林模型和自然寡占模型

垂直型产业内贸易是指不同质量的相同产业产品的同时进口和出口,也称垂直差异产品的产业内贸易。

(一)新赫克歇尔 – 俄林模型

新赫克歇尔 – 俄林模型是尽可能符合赫克歇尔 – 俄林理论假设来解释产业内贸易的模型,最早是由法尔维(R. E. Falvey)就垂直差异产品的产业内贸易进行研究而提出相关观点,后来进一步体现在法尔维和基尔茨考斯基(R. E. Falvey and H. Kierzkowski)提出的模型中。

法尔维认为,由许多不同厂商生产质量不同的产品品种,且这些产品品种都没有规模效应,那么垂直型产业内贸易就可能发生。垂直型产业内贸易与经典的以要素禀赋为基础的产业间贸易有相似之处,资本相对充裕的国家出口质量高的物品,劳动力相对充裕的国家出口质量低的物品。

法尔维和基尔茨考斯基认为,即使不存在不完全竞争和收益递增,垂直型产业内贸易也会存在。在供给方面,假设每一个国家只有两个部门,其中一个部门生产一种产品,另一个部

门生产同种商品中不同质量的产品(这些商品在国家之间的贸易将是垂直型产业内贸易)。每一个部门都雇用劳动力,资本的使用随着产品质量不同而有所不同,高质量的产品体现了相对较高的资本/劳动比率。技术(劳动生产率)在两国之间的差距使得它们之间的贸易不会引致各国工资均等化,资本的租金也不会相等。工资相对较低的国家在生产低质量产品上有比较优势,工资相对较高的国家在生产高质量产品上有比较优势(在这些国家,资本的价格相对较低)。在需求方面,假设两国消费者有相同的偏好,在相对价格一定的情况下,对不同质量产品的需求依消费者的收入而定:收入越高就越是倾向于消费更高质量的产品。由于分配不均,每一个国家都既有低收入的消费者,也有高收入的消费者,所以,每个国家都有对不同质量产品的需求。

现在先给出法尔维和基尔茨考斯基模型相关的假定:

(1) 两个国家;两种生产要素,即劳动和资本;两个产业;劳动可以在两个产业间移动,资本是一种产业特定的要素。

(2) 法尔维为定义产品质量(垂直差异)引入了一个数值 α,产品质量越高,对应的 α 越大。进一步假设生产质量越高的产品,相应每单位劳动所需的资本数量越大。于是,就可以这样界定度量单位:生产质量为 α 的产品需要 1 单位的劳动和 α 单位的资本。

(3) 在完全竞争条件下,对于任何质量而言,价格都等于单位产品的生产成本,以 w 表示工资率,以 R 表示资本的报酬,脚标 1 和 2 代表两个国家,有:

$$P_1(\alpha) = w_1 + \alpha R_1 \tag{4.25}$$
$$P_2(\alpha) = w_2 + \alpha R_2 \tag{4.26}$$

如果 $w_1 > w_2$,那么,国际贸易就会要求 $R_1 < R_2$(如果 $R_1 > R_2$,意味着国家 2 能以低于国家 1 的成本生产任何质量的产品,两国没有贸易的余地)。通过这一假定可以推出 $R_1/w_1 < R_2/w_2$,根据相对要素密集度的价格定义,可将国家 1 看作资本充裕的国家,国家 2 则是劳动充裕的国家。

在 $R_1 < R_2$ 的情况下,必定有一定的质量子集,包含的产品其质量在国家 1 是以低于国家 2 的成本生产的,另一子集则相反。如图 4-7 所示,画出了两条由上述方程给出的线性价格-成本关系线,P_2 线要比 P_1 线陡峭,是因为 $R_2 > R_1$。对应于"边际质量" α_0,价格在两国是相等的,即:

$$w_1 + \alpha_0 R_1 = w_2 + \alpha_0 R_2 \tag{4.27}$$
$$\alpha_0 = \frac{w_1 - w_2}{R_2 - R_1} \tag{4.28}$$

与此同时,国家 2 在较低质量的产品品种(质量子集)上与国家 1 相比有比较优势,而国家 1 在较高质量的产品品种上有比较优势。

假定两个国家对较低质量和较高质量的产品品种都有需求,在典型的、没有运输成本的自由贸易条件下,必定存在国际贸易。国家 1 出口质量较高的产品品种到国家 2,并从国家 2 进口质量

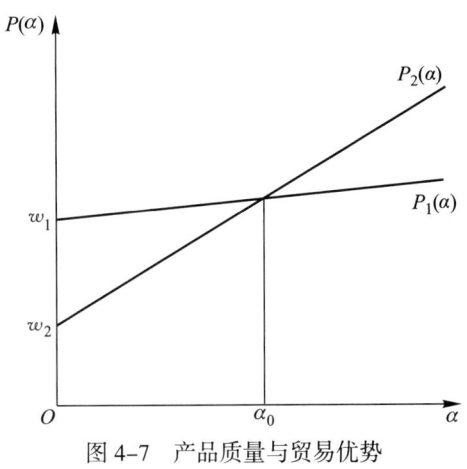

图 4-7   产品质量与贸易优势

较低的产品。因为分析的是同一产业的产品，只是产品品种质量上有差别，所以这种贸易是同产业贸易。

（二）自然寡占模型

萨科特和萨顿（A. Shaked and J. Sutton, 1984）提出了自然寡占模型，考察由于研发支出不同而造成的产品质量差异对市场的影响。该模型假设不同企业的产品质量有差异，这种差异来自企业研发支出的多少。同时，如果质量不同的同类产品以相同的价格销售，消费者将选择质量高的产品。在这里，单位产品成本的差异不会因为质量的提高而很快地提高，因为质量提高的来源是已经支出的固定成本（研发成本），而不是劳动力或资本的投入。假设各国在封闭时的企业数多于 2 个，贸易将使一部分企业退出市场，不过留下来的企业数大于 2 个。这时有可能存在垂直型产业内贸易。

萨科特和萨顿的垂直差异产品产业内贸易模型是以寡头垄断市场假定为前提展开分析的。厂商是否进入一个既定市场、生产什么产品品种以及如何定价等决策，对于一些变量特别是对于收入分布的范围、消费者的嗜好的性质以及平均可变成本与产品质量之间的关系是很敏感的。如果收入分布的范围很广，并且可变成本是随质量递增的，较多的厂商就可以并存。如果收入分布较窄，并且平均可变成本不随质量变动，则市场就可能只由一两个厂商占领，这种情况被萨科特和萨顿称为自然寡占（natural oligopoly）。

该模型的基本假定有：

（1）某产品有垂直差异性的许多品种。这种垂直差异反映在不同品种的质量上。

（2）厂商要开发一个质量较高的品种，需要在生产前投入大量的研究与开发费用，把它看作厂商的固定成本。厂商的平均可变成本是不同的。

（3）假定消费者都具有同样的嗜好，因此，消费者会对产品在质量方面有一个共同的排列顺序。

（4）消费者的收入水平不同，并且收入水平的高低和消费产品的质量相对应。

（5）产品市场是只有两家厂商进行生产的寡头垄断市场。

根据以上假定条件，可以得出一种垂直差异产品的双寡头垄断均衡，如图 4-8 所示。

图 4-8 中，$F(Q)$ 是开发质量为 Q 的品种所需的研究与开发支出。TR_A 是先进入市场的厂商 A 的总收入曲线，该厂商生产质量较低的品种 Q_1；TR_B 是厂商 B 的总收入曲线，它是第二个进入市场并生产质量较高的品种 Q_2。

从图 4-8 中可以看出，厂商 A 生产品种 Q_1 时为最佳选择，因为此点的边际收益（TR_A 曲线上的斜率）与边际成本（$F(Q)$ 在 Q_1 点上的斜率）正好相等。如果厂商 A 生产高质量的品种 Q_2，其总收益为零。相反的情况，它可以通过生产质量较低的品种得到收益。但如果一直以降低生产的质量来提高收益，最终消费者会转向购买质量较高的品种。

厂商 B 的情况正好和厂商 A 相反，它不能一直通过提高质量来增加收益。如果是那样的话，消费者会转向消费质量较低的品种。如果厂商 B 生产质量较低的品种 Q_1，其总收益为零。在生产高质量的品种 Q_2 上，其边际收益（TR_B 曲线上的斜率）与边际成本（$F(Q)$ 在 Q_2 点上的斜率）相等，是收益最大化的选择。

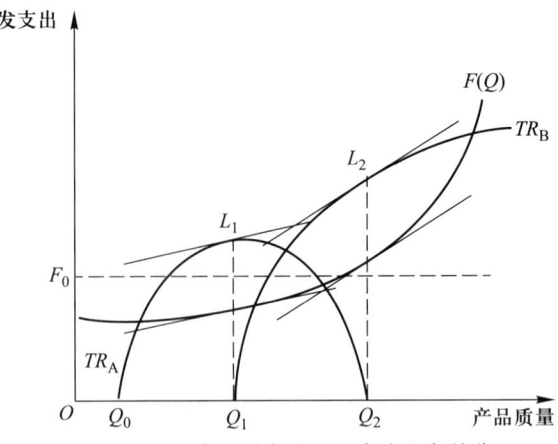

图 4-8　一种垂直差异产品的双寡头垄断均衡

假定有两个完全一样的国家,两国平均收入相同。在封闭条件下,两个国家中各自都有两个厂商生产同一种垂直差异产品。在自由贸易条件下,一个国家的厂商会直接面临另一个国家生产同样质量品种产品厂商的竞争,两个国家的两家厂商就各有一家要退出市场,因为在两家厂商并存的情况下没有一家能获利。竞争的结果会使一个品种只在一个国家生产,但不能预测哪两家厂商会生存下来,然而,每个生存下来的厂商会面对由国内和国外相加后扩大了的市场。扩大了的市场会导致规模经济,规模经济导致产品的生产成本和销售价格下降,消费者因此而受益。

在此模型中,产业内贸易是否会发生取决于撤出的两个厂商是属于同一个国家的还是属于不同国家的。如果是同一个国家的,则不会发生产业内贸易;如果是两个国家各自撤出一个,则产业内贸易可以发生,并且是一个国家出口质量较高的差异产品品种,另一个国家出口质量较低的差异产品品种。如果放松该模型中的两个国家完全一样的假定,即两个国家的收入水平不相同,那么,这种产业内贸易的不确定性就消除了。如果一个国家的平均收入水平比另外一个国家高,则该国在封闭经济条件下生产的产品质量也会比另一个国家的高。

两国开展国际贸易后,可供给的产品品种比上面收入相同模型中的要多。其中,高收入国家会专门生产质量高的品种,并出口其中的一部分,同时,从低收入国家进口某些质量较低的品种。低收入国家的生产和贸易模式与高收入国家正好相反。

值得注意的是,在长期,市场范围的扩大将进一步减少市场中企业的数量。原因在于,生存下来的企业都得益于它们的研发支出所带来的收益,研发支出的水平越高,市场占有的份额越大,这样,市场扩大将使产品质量普遍提高。产品质量的提高是固定成本(研发支出)提高的结果,随着产品质量的提高,可变成本的提高只是轻微的,价格并不随质量提高而大幅度上升。

六、简要评价

(一)贡献

(1) 产业内贸易理论假定更符合实际。

（2）产业内贸易理论从供给和需求两方面分析了部分国际贸易现象产生的原因及贸易格局的变化，将李嘉图理论中贸易利益等于国家利益的隐含假设转化为供给者与需求者均可受益的假设。

（3）产业内贸易理论将规模经济的利益作为产业内贸易利益的来源，这样的分析较为符合实际。

（4）这一理论还论证了国际贸易的心理收益，即不同需求偏好的满足。

（二）不足

（1）该理论使用的仍然是静态分析的方法，没有能够看到需求偏好以及产品差别是随着经济发展、收入增长、价格变动而不断发生变化的。

（2）只能解释现实中的部分贸易现象而不能解释全部的贸易现象。这是贸易理论的通病。

（3）产业内贸易理论强调规模经济利益和产品差别以及需求偏好的多样化对于国际贸易的影响无疑是正确的。但是，有些产品的生产和销售不存在规模收益递增，产业内贸易理论无法解释这些产业的国际贸易。

第三节　产品生命周期理论

要素禀赋理论假设之一是两国在生产中使用相同的技术，因此，技术及技术进步的国际差异对贸易的影响被忽略。然而，世界各国之间的技术和技术进步存在明显的差异。最早指出技术在解释贸易模式中的重要作用的是美国经济学家克拉维斯（Irving Kravis）。1956年，克拉维斯发表了《可获得性以及影响贸易商品构成的其他因素》，认为一国能够出口技术先进产品的关键因素是该国与其贸易伙伴相比具有技术上的优势。克拉维斯的这种可获得性分析方法（the availability approach）受到美国经济学家波斯纳（Michael V. Posner）的注意，后者正式提出了贸易理论中的技术差距论（technology gap theory），对国际贸易产生的技术原因进行了静态分析。在技术差距论的基础上，美国经济学家弗农将市场营销学中的产品生命周期概念引入贸易理论，突破以往的静态分析惯例，采用动态分析方法，提出了一个创新国—模仿国对新技术产品"生产—消费—贸易"演变周期的分析模型。本节将分别介绍技术差距论和产品生命周期理论。

一、技术差距论

1961年，波斯纳发表《国际贸易与技术变化》，正式提出了贸易理论中的技术差距论。该理论将各国技术水平的差距作为理论假设的前提，对各国贸易产生的原因进行了分析。

（一）基本概念

波斯纳指出，从一国引进新技术或开发新产品到外国的消费者和生产者对这种创新、技术领先作出反应有一个时间上的滞后。反应滞后具体分为消费者需求滞后和生产者模仿滞后。

消费者需求滞后是指外国消费者对这种新产品从不了解即无需求到接受该产品进行消费之间的时间间隔。

生产者模仿滞后则是指从创新国的新产品问世到外国生产者感到进口此新产品已对其构成威胁,开始模仿并自行生产以抵制这种进口的一段时间间隔。

（二）主要内容

波斯纳在这一理论中阐述的主要思想是:当一国通过技术创新研究开发出新产品后,它可能凭借这种技术差距所形成的比较优势向其他国家出口这种新产品,这种技术差距将持续到外国掌握了该先进技术,能够模仿生产从而减少进口后才逐步消失。技术领先会不会导致两个各方面均相似的国家开展贸易,取决于生产者模仿时滞和消费者需求时滞。而创新国由于技术优势所获得的垄断利润的消失会促使其不断地引进新技术、新工艺,开发出新产品,创造出新一轮的技术差距。如此循环下去,贸易就会不断地持续下去。

技术差距模型证明了即使在禀赋和偏好均相似的国家间,技术领先也会形成比较优势,从而产生贸易。这也很好地解释了实践中常见的技术先进国与落后国之间技术密集型产品的贸易周期。但该模型只说明了技术差距会随时间推移而消失,不能确定技术差距的大小,因而该理论模型还需进一步的发展。

技术差距论将技术看作一种独立的生产要素,实际上是对要素禀赋理论的应用和扩展。技术上领先的国家在贸易中往往处于垄断地位,但国与国之间的技术差距也经常处于不断的变化中。为了进一步解释国家之间技术差距产生的原因,以及时间的推移对技术变动的影响,在技术差距论的基础上又产生了产品生命周期理论。

二、产品生命周期理论

美国哈佛大学教授雷蒙德·弗农1966年在其《生产周期中的国际投资与国际贸易》一文中分析了技术变化及其对贸易格局的影响,首次提出了国际贸易的新产品生命周期理论(product cycle theory,PCT),从而使贸易理论高度动态化。产品生命周期指的是新产品经历的创新、成长、成熟和衰退的全过程,以及伴随着这一过程,各阶段的技术扩散和传播,比较优势在国家间进行转移过程的统称。与技术差距论中所谓模仿时滞的相对静态特征不同,该理论强调的是国际贸易中比较优势随产品生命周期动态变化的过程。

弗农把产品生命周期分为四个阶段,即创新阶段、成长阶段、成熟阶段和衰退阶段。这个周期在不同技术水平的国家里,发生的时间和过程是不一样的,其间存在一个较大的差距和时差,正是这一时差,表现为不同国家在技术上的差距。为了便于区分,弗农把这些国家依次分成创新国(一般为最发达国家)、模仿国(一般发达国家)、发展中国家。

（一）创新阶段

(1)从要素特性看,创新产品需要科学家、工程师和其他技术高度熟练工人的大量劳动,产品是技术密集型的。

(2) 从产地特性看,由于新产品的研发需要投入大量技术和知识,因而创新国只能是技术要素丰裕的最发达国家(比如美国)。

(3) 从成本和价格特性看,由于研究与开发需大量投入,产品的生产成本比较高,也没有竞争者和替代品,产品的价格相应也较高。

(4) 从进出口格局看,制造新产品的企业垄断着世界市场,高价格的产品只有创新国和国外的高收入者能够购买。因此,产品主要在创新国销售,并少量向其他发达国家出口。这一阶段,创新国垄断出口。

(二)成长阶段

(1) 从要素特性看,技术已经定型,且由于出口增大,技术扩散到国外,仿制开始,技术垄断优势开始丧失。由于产品开始转入正常生产,只需使用熟练劳动力和扩大生产规模即行。因此,这时产品由技术密集型变为资本密集型。

(2) 从产地特性看,一般发达国家(比如西欧)进口的增加、市场的扩大,一方面诱使进口国仿制,一方面创新国企业开始在进口国投资生产,以防丧失市场。

(3) 从成本和价格特性看,由于一般发达国家的厂商不需像创新国一样在创新阶段投入大量的研发费用,因此生产成本降低。参加竞争的厂商数目增加,厂商只有降低价格才能扩大销路。

(4) 从进出口格局看,原进口国的企业及创新国企业的子公司生产了这种产品并逐步占领国内市场,创新国对这些国家的出口逐渐减少。同时,虽然原进口国厂商在本国能和创新国企业的产品相竞争,但由于生产规模尚小,其产品无法在第三国市场上与创新国产品相竞争。所以,在这一阶段,创新国在对原进口国出口下降的同时,对其他绝大多数市场的出口仍可继续。

(三)成熟阶段

(1) 从要素特性看,产品已经完全标准化,不仅一般发达国家已完全掌握该种生产技术,一些发展中国家也开始掌握这种生产技术,劳动熟练程度也不再是决定性因素,产品变为资本 – 劳动密集型。

(2) 从产地特性看,产品产地开始向一般发达国家甚至发展中国家转移,范围不断扩大。

(3) 从成本和价格特性看,由于一般发达国家厂商产量不断上升,经验不断积累,加之工资水平较创新国低,所以成本进一步下降。

(4) 从进出口格局看,这阶段由于一般发达国家成本降低的幅度更大,能够和创新国产品在第三国市场上进行竞争,并逐渐取代创新国产品,因而,一般发达国家进入净出口阶段。

(四)衰退阶段

(1) 从要素特性看,因技术、生产设备的标准化,技术和资本已逐步失去了重要性,这时产品的比较优势主要取决于劳动力成本的高低。因此,产品变为劳动密集型的。

(2) 从产地特性看,发展中国家因为劳动力便宜,在生产这类产品上具有优势,因此产品逐渐转移到发展中国家。同时,一般发达国家凭借生产规模也能使生产成本大幅下降,因此仍能从事生产。

（3）从进出口格局看，到这一阶段，创新国出口极度萎缩。创新国要挽救颓势，就要提高和改进技术使产品升级换代，但与其这样做，不如将这些标准化产品转移到技术水平低、劳动力便宜的发展中国家生产，自己放弃生产。这样创新国变为产品的净进口国，产品的生命周期在创新国结束。

从上面四个阶段可以看出，产品生产技术发展的不同阶段造成对生产要素的不同需求。即使各国仍拥有原来生产资源储备比例，其生产和出口该商品的比较优势，也会由于产品生产要素密集性变动而转移。随着产品生命周期的不同阶段推进，比较优势将从一个国家组向另一国家组转移，如图4-9所示。

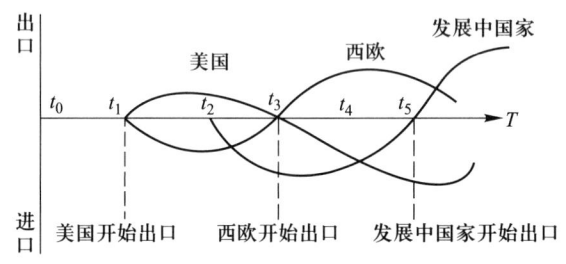

图4-9 产品阶段与进出口变化

图4-9中，t_0为美国新产品开始生产的时间，t_1为美国开始出口和西欧国家开始进口的时间，t_2为发展中国家开始进口的时间，t_3为西欧国家开始出口的时间，t_4为美国开始进口的时间，t_5为发展中国家开始出口的时间。产品创新国由出口到进口，产品模仿国由进口到出口，新技术和新产品如同波浪般在传递和扩散中向前发展和推进。

三、简要评价

（一）贡献

产品生命周期理论首次将对外直接投资与国际贸易、产品生命周期纳入一个分析框架，同时将静态分析和动态分析有效地结合起来。其贡献在于：

（1）运用动态分析法，从技术进步、技术创新和技术传播等方面对国际分工的基础和国际贸易的演变进行分析。

（2）引导人们通过产品生命周期了解和掌握出口的动态变化，为正确制定对外贸易的产品战略、市场战略提供理论依据。

（3）揭示比较优势是在不断转移的，每一个国家在进行产品创新、模仿引进或扩大生产时，要把握时机。进行跨国经营时，要利用不同阶段的有利条件，保持长久的比较优势。

（二）不足

（1）理论的出发点是第二次世界大战后美国跨国公司在西欧的直接投资，因此难以解释后起投资国如西欧、日本与发展中国家的对外直接投资行为与规律。

（2）无法解释跨国公司全球生产体系建立起来以后遍及全球的投资行为，也无法说明非替代出口的投资增加以及跨国公司海外生产非标准化产品的现象。

第四节　国家竞争优势理论

20世纪90年代，波特在其竞争优势三部曲之一《国家竞争优势》中，把国内竞争优势理论运用到国际竞争领域，提出了著名的波特"钻石"体系理论，即国家竞争优势理论。该理论主要研究一个国家为什么能在某一领域取得领先地位。

一、国家竞争优势理论的核心思想

国家竞争优势实质上指一国产业的国际竞争优势。国家竞争优势理论要解决的核心问题是为什么一国会出现那些拥有国际竞争优势的产业并保持住这种优势。一个国家要想在激烈的国际市场竞争中保持住竞争优势，就必须要有生产力发展水平上的优势，而要保持较高的生产力发展水平，该国就要有适宜的创新机制和充分的创新能力。创新机制由微观、中观和宏观三个层面的竞争机制构成。

（一）微观竞争机制

企业具有活力和不断创新的能力是国家保持竞争优势的基础。企业应该在研究、开发、生产、销售、服务等方面和环节上不断进行创新，以使企业具有长期的竞争优势与盈利能力。

（二）中观竞争机制

波特认为，产业因素与区域因素也在很大程度上影响着企业的盈利与发展。一个企业在其经营与创新的过程中不仅受制于企业内部因素，而且也受制于企业的前向、后向和旁侧关联产业的辅助与影响，同时还受制于企业的区域战略与政策。企业应把自己的不同部门（如设计、原料、部件、组装、销售部门等）依据资源合理配置原理设立在恰当的地区，以此来降低经营成本，提高产品竞争力。

（三）宏观竞争机制

波特认为，一个国家的经济环境对企业的竞争优势乃至对国家的竞争优势有着相当大的影响。其中起决定影响作用的因素有四项，即生产要素、需求条件、相关与支持性产业以及企业战略、结构与竞争。这四项因素互相发生着作用，共同决定着国家竞争优势。这就是波特的"国家竞争优势四因素模型"，又称"钻石"体系。

二、国家竞争优势"钻石"体系

波特总结出一国能在某种产业中取得国家竞争优势四项关键因素，加之两项辅助要素，它们之间彼此互动形成完整的"钻石"体系。

国家竞争优势,是"钻石"体系中的各个要素互相牵动,彼此长时间强化而衍生出来的,如图 4-10 所示。

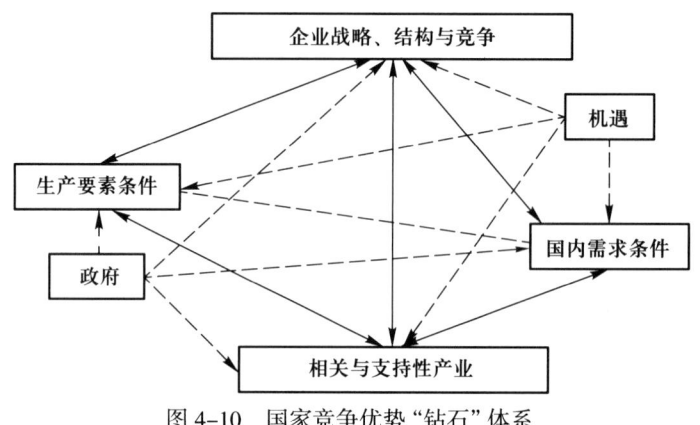

图 4-10   国家竞争优势"钻石"体系

(一)钻石体系的关键要素

1. 生产要素条件

它是指影响竞争力的各种资源状况,包括自然的与后天的、物质的与精神的。波特根据等级将生产要素细分为初级生产要素和高级生产要素。初级生产要素包括自然资源、气候、地理位置、人口等,高级生产要素包括通信设施、掌握高级技术的熟练劳动力、科研设施和技术诀窍等。高级生产要素是个人、公司和政府投资的结果,其对竞争优势最重要。一个国家想要经由生产要素建立起产业强大而持久的竞争优势,则必须发展高级生产要素。

2. 国内需求条件

国内需求条件主要指本国对该产品的需求情况。波特认为,产品的最初销售一般都是在本国,国内买方市场的培育是获取国家竞争优势的重要途径。国内买方与公司在地理、文化上接近,他们最容易使公司感觉到最新的、最高层次的需求,并在买方压力下比国外竞争者更快创新,提供更先进的产品,并确立产品质量、性能和服务方面的高标准,从而赢得竞争优势,形成生产和消费良性循环。国内需求的重要性对国家竞争优势无可替代,国内需求在生产者决策中居重要地位,市场需求越苛刻、越高级,产业的竞争力越高。

3. 相关与支持性产业

相关与支持性产业是指国内是否具备有国际竞争力的供货行业和相关产业。相关产业或辅助产业对高级生产要素的投入所产生的效益可以波及另一产业,从而帮助该产业在国际市场上确定竞争地位。如果相关产业比较发达,则有紧密合作的可能、互补产品的需求拉动、企业优良的信息环境等。一国在国际市场具有竞争力的成功产业一般是由很多相关产业组成的一个产业群。如美国在半导体工业的领先地位为其在计算机和其他技术先进的电子产品方面的成功提供了基础;瑞士在制药业方面的成功与其过去染料工业的国际性成功密切相关。

4. 企业战略、结构与竞争

企业战略、结构与竞争主要是指企业管理、价值观念、发展战略,包括企业在一个国家的战略及组织管理形态,以及国内市场竞争对手的表现等。国家发展目标、企业目标、个人事业目标、民族荣耀与使命感对提升国家竞争优势是重要的。此外,同业竞争能促使企业彼此竞相降低成本,是竞争优势升级的一条新途径。竞争对手越趋集中,竞争越激烈,竞争效果也越好。国内竞争最终迫使国内企业寻求全球市场并力求成功。只有经过国内激烈竞争的检验,企业才能赢得国际竞争优势。

(二)"钻石"体系的辅助要素

在国家环境与企业竞争力的关系上,还有机遇和政府两个变数,构成国家竞争优势"钻石"体系中的辅助要素。

1. 机遇

机遇是可遇而不可求的有利状态。它包括:基础科技的发明创新;传统技术出现断层,如生物科技;生产成本突然提高,如能源危机;全球金融市场或汇率的重大变化;全球或区域市场需求激增;等等。这些机遇因素可能为调整产业结构、一国企业超越另一国企业提供机会。

2. 政府

政府的作用在于对四种要素的影响。波特强调政府不可能通过政策扶持创造有竞争力的产业,而应选择提高生产率的制度、政策和法律,为企业创造有利的环境。政府与其他关键要素之间的关系既非正面,也非负面。例如,政府的补贴、教育和资金市场的政策等会影响到生产要素,对国内市场的影响也很微妙。政府被定位于平衡干预与放任之间的角色。政府在有些方面(比如贸易壁垒、定价等)应该尽量不干预;在另外一些方面(比如确保强有力的竞争、提供高质量的教育与培训等),政府则要扮演积极的角色。

三、国家竞争优势的发展阶段

国家竞争优势的发展阶段可以分为要素导向阶段、投资导向阶段、创新导向阶段和富裕导向阶段。前三个阶段是国家竞争优势发展的主要力量,通常会带来经济上的繁荣。第四个阶段则是经济上的拐点,有可能因此而走向衰落。

(一)要素导向阶段

在经济发展的最初阶段,几乎所有成功的产业都依赖基本生产要素。这个阶段的"钻石"体系,只有生产要素具有优势。

(二)投资导向阶段

在投资导向阶段,国家竞争优势基于投资的意愿和能力。这一阶段的企业投资行动频繁,它们会大量投资兴建现代化、高效率与大量生产的机器设备和厂房。

（三）创新导向阶段

在这一阶段,许多产业已出现完整的"钻石"体系,该体系内的关键要素不但发挥自己的功能,交互作用的效应也最强。各种产业和产业环节中的竞争开始深化与扩大,重要的产业集群开始出现世界级的支持性产业,具有竞争力的新产业也从相关产业中产生。

（四）富裕导向阶段

主导这个时期的力量是前三个阶段积累下来的财富。这一阶段国家经济目标与过去不同,重心放在社会价值上面,企业也开始丧失它们在国际上的竞争优势。经济体系创新速度减慢,产业投资利益降低。富裕导向阶段会导致经济衰退,加重社会两极分化。

四、简要评价

（一）贡献

(1) 获得竞争优势和保持竞争优势是企业发展的动力。国家竞争优势来源于各种因素的综合。

(2) 具有国家竞争优势与产品竞争力的企业将推动国际贸易。

(3) 竞争优势的取得需要根据经济环境和经济发展的情况循序渐进地进行。

（二）不足

波特"钻石"体系理论的研究方法大多是综述性的,实际考察和量化分析存在一定的困难。

*第五节　新新贸易理论

一、新新贸易理论产生的背景

传统贸易理论(orthodox trade theory)包括比较优势理论和要素禀赋理论。传统贸易理论所讨论的国际贸易只有产业之间的贸易(inter-industry trade),即传统贸易理论只考虑了不同产业间产品的交换,没有对单独企业的研究。在新古典贸易理论中,大多数研究都假定规模报酬不变,一般均衡模型只是限定了企业所在产业部门的规模,企业的规模则是模糊的。新贸易理论主要研究的是规模报酬递增和不完全竞争条件下的产业内贸易,虽然赫尔普曼－克鲁格曼差别产品模型对企业的规模做出了限定,但为简化起见,选用的是典型企业,也不考虑企业间差异。近期的实证研究表明,考虑企业间的差异对于理解国际贸易至关重要,同一产业部门内部企业之间的差异可能比不同产业部门之间的差异更加显著,而且现实中并非所有的企业都会从事出口,无论在企业规模还是企业的生产率方面,企业都是异质的。新新贸易理论将研究重点放在异质企业上,考虑企业层面异质性来解释更多新的企业层面的贸易现象和投资现象。

传统贸易理论和新贸易理论同样不涉及企业的边界问题,现有企业理论仅限于部分均衡分析,而忽视了公司内贸易的国际维度。跨国公司在全球经济中地位的重要性与日俱增,企业国际化过程中越来越复杂的一体化战略选择,以及中间投入品贸易在全球贸易中的份额不断上升,都使得研究国际贸易和国际投资中企业的组织形式和生产方式选择变得非常重要。企业如何在不同国家进行价值链分配,是通过对外直接投资(FDI)在企业边界内进口中间投入品,还是以外包形式向独立供货企业采购中间投入品? 新新贸易理论较好地将产业组织理论和契约理论融入贸易模型,在企业全球化生产这一研究领域做出了重大理论突破。

新新贸易理论与传统贸易理论、新贸易理论的区别在于,无论是传统贸易理论还是新贸易理论,都将产业(industry)作为研究单位,而新新贸易理论则将分析变量进一步细化到企业层面,研究企业层面变量(firm-level variations),从而开拓国际贸易理论和实证研究新的前沿。新新贸易理论与传统贸易理论、新贸易理论的基本比较如表 4-1 所示。

表 4-1　新新贸易理论情况的基本比较[1]

内容	传统贸易理论	新贸易理论	新新贸易理论
基本假设	同质企业、同质产品、完全竞争市场、无规模经济	同质企业、差异产品、不完全竞争市场、规模经济	异质企业、差异产品、不完全竞争市场、规模经济
主要结论	贸易是按照比较优势和资源禀赋差异进行的,解释了产业间贸易的情况	市场结构差异和规模经济存在以及产品差异化扩大了贸易,解释了产业内贸易的情况	企业的异质性导致企业的不同贸易决策选择;主要解释公司内贸易和产业内贸易,也解释了产品间贸易

二、新新贸易理论的主要内容

(一) 新新贸易理论的主要研究方向与内容

新新贸易理论更关注企业的异质性与出口和 FDI 决策的关系,关注企业在国际生产中对每种组织形式的选择。新新贸易理论有两个分支:一个是以梅里兹(Melitz)为代表的学者提出的异质企业贸易模型,另一个是以安特拉斯(Antras)为代表的学者提出的企业内生边界模型。异质企业贸易模型主要解释为什么有的企业会从事出口贸易而有的企业则不从事出口贸易,企业内生边界模型主要解释是什么因素决定了企业会选择公司内贸易、市场交易还是外包形式进行资源配置。二者同时都研究了什么决定企业会选择以出口方式还是以 FDI 方式进入海外市场。

新新贸易理论的主要研究方向与内容如图 4-11 所示。

[1]　图 4-11 和表 4-1 均引自:李春顶. 新—新贸易理论文献综述[J]. 世界经济文汇,2010(1).

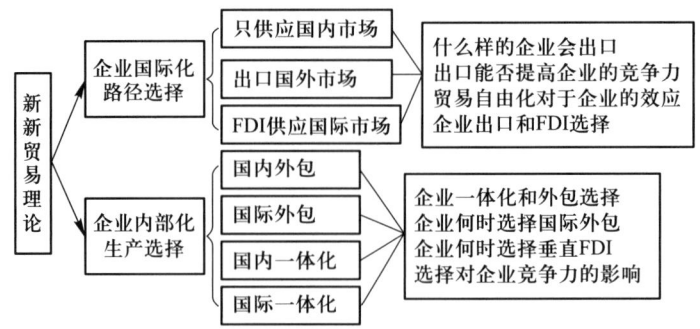

图 4-11   新新贸易理论的主要研究方向与内容

（二）新新贸易理论的贸易基础和贸易利益

1. 贸易基础

新新贸易理论认为,由于企业的异质性存在,贸易会导致市场份额在产业内企业间的重新配置,市场份额向高生产率企业靠近,而那些最低生产率的企业被迫退出,从而提高行业生产率,使得那些在封闭经济中本可以继续生产的企业被迫退出市场。

2. 贸易利益

因为贸易会导致市场份额在产业内企业间的重新配置,进而可以提高行业生产率,所以它可以提高社会福利水平。即使可能导致国内企业的减少,但也不影响国内消费者的福利,因为国外市场可以提供价格更低且种类更丰富的产品。

三、新新贸易理论模型及其发展

（一）异质企业贸易模型

新贸易理论自 1985 年被赫尔普曼和克鲁格曼提出后,国际贸易理论的前沿研究长期未能有大的突破。直到 2003 年,哈佛大学的梅里兹在著名的 *Econometrica* 杂志发表了《贸易对行业内重新配置和总行业生产率的影响》一文,提出了异质企业贸易模型(也被称为梅里兹模型),终于打破了国际贸易研究的长期停滞,新新贸易理论也应运而生。

1. 异质企业贸易模型的假设条件

(1) 存在两个对等的国家,两国均有一个生产部门、一种生产要素 L,同时存在贸易成本和沉没成本。

(2) 企业将分化为 X 型企业(export firms)、D 型企业(domestic firms) 和 N 型企业(non-producers)。其中,X 型企业的生产率最高,其将同时在国内市场销售并出口国际市场,D 型企业的生产率居中,其只能在国内市场销售;N 型企业因其生产率最低、成本过高而被淘汰出市场。

(3) 梅里兹模型还假定效率最高的 X 型企业能通过国内、国际市场的激烈竞争,而那些效率低下的企业只能被淘汰出局,整个行业的效率都会因国际贸易的自由化而得到提升。

2. 异质企业贸易模型的主要内容

梅里兹模型的企业异质性主要是指企业生产率、专用性技术、产品质量的差异,尤其是企业生产率的差异。梅里兹的异质企业贸易模型就是探讨异质企业如何从事国际贸易,贸易对企业的生产率增长和福利究竟会产生哪些影响等问题。其主要内容包括:

(1) 梅里兹模型指出企业的国际化策略是选择出口、FDI,或是只在国内市场销售。各个产业都是由生产率水平不同的异质性企业组成的。其中生产率最高的企业会选择 FDI 或者出口,或者二者结合,而生产率最低的企业则会被挤出市场,生产率居中的企业只能选择在国内市场销售。

(2) 梅里兹模型将企业异质性的原因主要归结为生产效率的差异,并将竞争性技术、国际贸易成本、具备异质性技术水平的工人这三个因素归结为企业异质性的原因,满足这三个因素的企业的产品或服务就具有异质性贸易优势。该模型还很好地解释了不断增加的技术溢价对异质企业带来的额外收益。

3. 异质企业贸易模型的结论

异质企业贸易模型的主要结论可以通过图 4–12 和图 4–13 来说明。

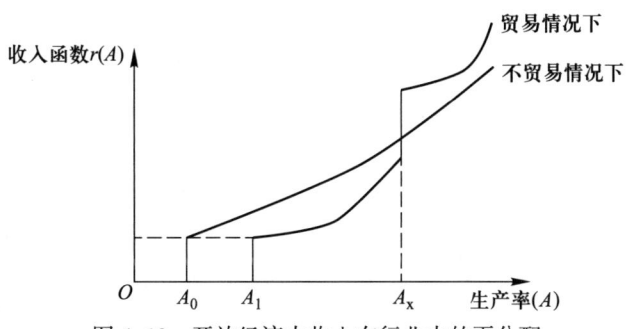

图 4–12　开放经济中收入在行业中的再分配

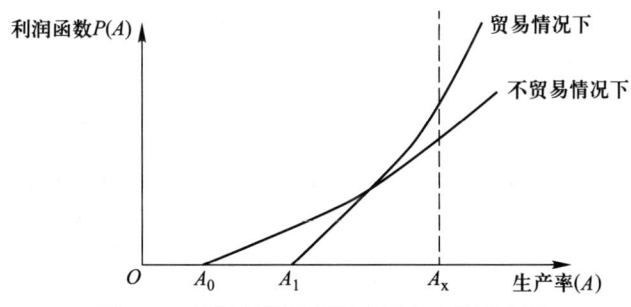

图 4–13　开放经济中利润在行业中的再分配

(1) 贸易使停止营业点生产率提高到 A_1,这使原来本可以获得利润的部分企业因为生产率低于停止营业点生产率而被迫退出。

(2) 生产率较高的企业也不是都从事国际业务,只有那些生产率大于 A_x 的企业才能在国际市场上获得额外的高额利润。而生产率在 A_1 和 A_x 之间的企业,只能从事国内业务,除非它们的其他动机导致它们即使在国际业务亏损的情况下,也仍然不退出国际市场。

(3) 低生产率的企业退出市场,市场份额转移至高生产率企业,从而使行业的整体生产率提高,同时国内企业数量降低。

(二) 企业内生边界模型

安特拉斯结合交易成本理论和产权理论,提出了企业内生边界模型,用来解释企业在进入国际市场时选择的方式。梅里兹模型提出后,安特拉斯和赫尔普曼将强调组织结构差异的企业内生边界模型和强调生产率差异的梅里兹模型相结合,提出了一个新的企业内生边界模型,用来解释为什么海外生产通常发生在企业边界之内,而不是通过交易、外包或许可的方式进行。新的企业内生边界模型考虑一个南北两国贸易的情况,并假定企业会选择不同的组织方式、不同的产权结构和不同的生产地,这些差异反映了企业异质性的存在。采用梅里兹模型类似的均衡分析方法,新的企业内生边界模型发现,生产率差异影响了企业进入国际市场的决策。

1. 基本思想

安特拉斯通过对美国进口行业的实证分析发现,企业内部进口占美国进口的比例很大,出口企业往往有较高的资本和技术密集度,且在国际贸易中有独特的技术或组织优势。而对美国出口行业的调查发现,企业内出口占美国出口的比例也很庞大,美国出口企业的资本技术密集度相比进口企业而言更高。这表明企业的异质性(资本、技术和契约制度)在企业国际化过程决策中发挥着重要作用。实际上,出口企业尤其是跨国公司采用企业边界内贸易的重要原因恐怕还是在于降低市场交易成本。当然也可以是出于保持技术或管理优势的垄断或规避风险和管制需要。在安特拉斯和赫尔普曼共同建立的模型中,他们将企业进行的国际一体化战略视为企业对内生组织边界的自发选择,也就是说,拥有异质性要素的企业会更根据自身的特点选择不同的生产要素和技术方式,进而选择不同的组织或契约制度。一般而言,具有资本和技术密集型特征的企业倾向于采用内部一体化或垂直一体化,相应的贸易模式更多采用母公司与子公司之间或者子公司之间的内部贸易,而对市场有较少的依赖。这就有助于解释为什么发达国家的跨国公司有越来越集中的资本和技术垄断,以及为什么发展中国家的公司其贸易一体化程度远远落后于发达国家等问题。

2. 模型构成

(1) 需求函数。在需求方面,对部门 j 的产品消费函数为 CES 函数,效用函数和价格函数如下:

$$U = X_0 + \frac{1}{U} \sum_{j=1}^{J} X_j^U, X_j = \left[\int x_j(i)^a di \right]^{1/a}, P_j(i) = X_j^{u-a} x_j(i)^{a-1} \tag{4.29}$$

式中: $x_j(i)$ 表示 j 部门生产的不同类型产品;

产品之间的不变替代弹性为 $1/(1-a)$, $0<a<1$。

(2) 生产函数。在生产方面,模型采用带有生产率的柯布-道格拉斯生产函数,且产品生产由两部分构成,一是总部服务 h,一是产品制造 m,并且总部服务只能在发达国家进行,而产品制造可以在发达国家和发展中国家进行。

$$X_j(i) = \psi \left(\frac{h_j(i)^n}{n_j} \right) \left(\frac{m_j(i)}{1-n_j} \right)^{1-n_j}, 0 < n_j < 1 \tag{4.30}$$

式中:ψ 表示生产率水平;

参数 n 表示产品生产在总部服务和产品制造之间的密集程度,n 越高,表示产品中总部服务的密集程度越高。

假定企业的组织形式有两种:垂直一体化 V 和外包 O。组织形式不同,也造成了不同的固定成本,并且在发达国家和发展中国家之间存在差异,发展中国家生产的固定成本大于发达国家生产的固定成本,同时垂直一体化要求的固定成本大于外包形式下要求的固定成本。对企业来说,其最优化行为是选择一种组织形式 $K(K \in \{V,O\})$ 和一个生产地 $I(I \in \{N,S\})$,使企业利润最大化。这样行业利润为:

$$\pi(\psi, X, n) = \max \pi_k^1(\psi, X, n) \quad K \in \{V, O\}, I \in \{N, S\} \tag{4.31}$$

和梅里兹模型一样,对于一个行业来说,必然存在一个停止营业的生产率水平 ψ^*,使得利润刚好为零,即 $\pi(\psi^*, X, n) = 0$,这就是停止营业条件。

如果企业进入后生产率低于停止营业点的生产率水平 ψ^*,就会因为亏损而退出;当生产率高于 ψ^* 时,企业会获得利润,并且它们会通过组织形式的选择来使利润最大化。停止营业条件和自由进入条件决定了均衡的生产率水平,同时决定了企业的组织形式和选择的生产地。

3. 主要结论

企业内生边界模型结论显示,对发达国家企业来说,高生产率的企业选择在发展中国家生产中间产品,而低生产率企业只能在本国生产产品。在一国内部企业的组织形式选择上,低生产率企业倾向于外包形式,而高生产率企业倾向于垂直一体化形式。而在跨国外包地选择上,低生产率企业选择本国,而高生产率企业选择外国。同时,模型还发现行业特征依赖于生产率分散程度,生产率越分散的行业,越依赖进口中间产品,并且行业内部服务密集程度越高,行业也越倾向于一体化。

四、新新贸易理论的政策启示

第一,除了企业的自我选择,企业的出口决策也同样会受到企业所处环境的影响。政策的变化会影响企业的出口决策,贸易政策可以通过激励企业有意识地自我选择并促进生产率提高而发挥积极作用。如果存在"出口中学"(learning by exporting)效应,效果会更好。如果存在出口溢出效应,非出口企业也会从出口企业学习如何出口。除了像出口补贴、税收优惠等一般常用的出口促进措施外,改善基础设施、提高信息沟通、促进企业集群等,也都是很好的贸易政策选择。

第二,是否小企业的出口市场进入成本更高?一些企业不能取得出口信贷会不会成为其出口壁垒?如果贸易政策制定者希望有充足的证据来显示应该对哪些特定部门或企业提供政策支持,那么需要大量的更微观的信息和数据。贸易政策的决策对企业层面的微观数据提出了更高的要求。如果缺乏足够的微观证据,对所谓的幼稚工业进行出口扶植并不一定是发展中国家的最佳选择。

第三,除一般均衡贸易模型外,研究国际外包政策的局部均衡贸易模型也同样意义重大,一国如何采取相应的政策来提高本国企业采纳国际外包的能力就属于局部均衡贸易模型研究的范畴。

第四,跨国公司的内部贸易与跨国公司和其他公司之间的贸易有何不同? 跨国公司的结构如何适应政策变化? 那些在国外设立分支机构的企业的本土就业和工资如何对企业的国际化做出调整? 实证方面,考虑了企业异质性后的出口 –FDI 模型尚待进一步实证检验。新新贸易理论的假设需要更详细的企业层面的数据来进行检验,这些数据包括不同类型产品的贸易数据,其中包括中间投入品贸易和最终产品贸易数据,未来的实证研究将大有可为。

五、简要评价

(一) 贡献

第一,从企业异质性角度提出了新的贸易理论观点。

第二,新新贸易理论从企业这个微观层面来研究贸易的基本问题,使得国际贸易理论获得了新的微观基础和新的视角。

(二) 不足

第一,它仅用生产率差异来反映企业异质性,忽略了其他诸如企业组织结构、企业进入国际市场的方式、企业战略、市场定位等因素的影响。

第二,早期的异质性模型假定对称性国家、市场规模一定,也没有考虑政策因素的影响。

第三,该理论并没有充分考虑产品差异性。

第四,该理论没有考虑家庭和企业的动态最优化决策。

基本概念

规模经济(economies of scale)
产业内贸易(intra-industry trade)
同质产品(homogeneous products)
差异产品(differentiated products)
技术差距论(technology gap theory)
产品生命周期理论(product cycle theory)
钻石模型(diamond model)

复习思考题

1. 什么是规模经济? 如何解释规模经济对传统国际贸易理论的挑战?
2. 何谓产业内贸易? 其原因是什么?
3. 根据技术差距论,模仿时滞与需求时滞之间有何关系? 这些关系会对贸易产生什么影响?

4. 试述国家竞争优势理论的基本内容。

5. 试述新新贸易理论研究的基本出发点及其与传统贸易理论的关系。

即测即评

请扫描右侧二维码,在线测试本章学习效果。

第五章
保护贸易理论

自由贸易理论所揭示出的理论和政策含义基本是相同的:自由贸易可以促进经济发展、增加各国福利。但是,各国对外贸易政策演变的事实表明,真正意义上的自由贸易从来就没有实施过。如何去解释这一矛盾,诠释实行保护贸易的原因和必要性,为贸易保护提供理论依据? 本章将对贸易保护理论进行系统的历史考察和简要评述,并为研究贸易保护提供一个系统的理论分析框架。

第一节　重 商 主 义

一、重商主义产生的背景

随着新大陆和新航线的发现,商品交易的费用空前扩大,西欧对美洲、非洲、亚洲的殖民掠夺,使大量金银流入西欧各国,社会财富的中心由土地转向金银货币。在经济思想和政策方面,就表现为重商主义的兴起。重商主义是贸易保护的起点,也是资产阶级最初的经济学说。

重商主义出现在西欧封建制度向资本主义制度过渡时期(资本原始积累时期),反映这个时期商业资本的利益和要求。它对资本主义生产方式进行了最初的理论考察,是 15 世纪至 18 世纪初受到普遍推崇的一种经济哲学。重商主义又分为早期重商主义和晚期重商主义两种。历史上对国际贸易的研究和理论在最早的时候几乎都是出自重商主义的著作。

二、重商主义的核心思想与发展阶段

重商主义的财富观认为贵金属(货币)是衡量财富的唯一标准,是国家富强的象征,因此该学说主张一切经济活动都要注重积累财富,也就是金银货币的积累。一个国家获取金银的方式无非有两种。一种是通过开采金银矿藏,直接生产金银;另一种就来自国际贸易,通过多卖少买的原则,使一个国家的金银得到积累。由于金银生产受到自然条件的限制,对外贸易就成为财富增长的主要源泉,重商主义便应运而生。重商主义认为获取财富就是要实现对外贸易顺差,因而主张国家干预经济活动,鼓励本国商品输出,限制外国商品输入,使货币流入国内,以增加国家财富和增强国力。

重商主义的发展经历了早期重商主义和晚期重商主义两个阶段。早期重商主义以货币差额论为中心,代表人物有英国的威廉·斯塔福等。早期重商主义产生于 15 世纪至 16 世纪,在对外贸易上强调少买,严禁货币输出国外,力求用行政手段控制货币输出,以贮藏尽量多的货币,因而又被称为货币差额论(重金主义)。晚期重商主义又被称为贸易差额论,代表人物有英国的托马斯·孟等。晚期重商主义盛行于 17 世纪,强调多卖,主张允许货币输出国外,认为只要购买外国商品的货币总额少于出售本国商品所得的货币总额,就可以获得更多的货币。晚期重商主义为保证对外贸易中的出超,主张采取保护关税的政策。早、晚期重商主义的差别反映了商业资本不同历史阶段的不同要求。重商主义促进了商品货币关系和资本主义工场手工业的发展,为资本主义生产方式的成长与确立创造了必要的条件。

三、重商主义者的政策主张

重商主义者在其国际贸易观的基础上,提出了一系列强制性的保护贸易政策主张,并对后世产生了深远影响,主要有以下三个方面。

(一)货币政策

早期重商主义国家,通过颁布各种法令,禁止充当货币的金银输出。例如,英国规定外国商人必须将出售货物所得的全部金银用于购买当地商品;在西班牙,输出金银者甚至可以被判处死刑。到晚期重商主义阶段,货币政策有所放宽,允许输出适量货币,以期获得更多的货币。

(二)奖出限入政策

重商主义者极力主张由国家管制对外贸易,通过奖出限入政策来增加出口,减少进口,实现贸易顺差。在进口方面,重商主义者主张对制成品设置关税壁垒,限制进口。在出口方面,重商主义者主张用制成品出口替代原料出口,以获得更高的价格差;对本国出口商品给予津贴;降低或免除一些商品的出口关税,实行出口退税等;用现金奖励在国外销售本国产品的商人。

（三）发展本国工业的政策

重商主义者主张实施鼓励国内工业发展的政策,通过工业的发展增强出口能力,从而使国家保持贸易顺差。当时的制造业还是以手工劳动为主,重商主义者提出了鼓励工业发展的具体建议。例如,高薪聘请外国工匠;禁止本国熟练技工和机器设备输出;鼓励增加人口,以增加劳动力供应;实行低工资政策以降低生产成本;向工场手工业者发放贷款和提供各种优惠条件等。

四、简要评价

（一）贡献

重商主义学说是西方最早的国际贸易学说,反映了西欧从封建制度向资本主义制度过渡时期经济发展的现实,具有积极的意义:

(1) 重商主义学说对加速资本的原始积累,以及资本主义生产方式的建立起到了一定的推动作用。

(2) 重商主义学说开始了对资本主义生产方式的最初考察,指出了对外贸易能使国家富足。

(3) 晚期重商主义学说对货币的资本职能有了更深层次的认识,推动了货币投资流通尤其是对外贸易的发展。

（二）不足

由于时代发展的阶段性,重商主义也存在不少缺陷:

(1) 重商主义者把货币与其他商品对立起来理解财富的概念,错误地认为货币是衡量一个国家富强程度的唯一尺度。

(2) 对社会经济现象的探索仅限于流通领域,未深入到生产领域,无法揭示财富的真正来源,从而得出对外贸易是财富的源泉、外贸的目的就是从国外取得货币的错误结论。

(3) 对国际贸易认识有根本性错误,认为国际贸易是一种零和博弈,即一方所得必定是另一方所失。

尽管重商主义学说存在诸多的不足,但其至今仍有重要的影响,从本质上讲,没有任何一个国家能彻底摆脱重商主义的思想。

第二节　幼稚产业保护理论

一、幼稚产业保护理论产生的背景

18 世纪,率先完成工业革命的英国成为世界工厂,开创了机器大工业取代工场手工业的时代。同时一系列资本主义国家也开始相继进行工业革命,资本主义制度开始在世界普遍建立。率先完成工业革命的英国无疑在国际竞争中拥有绝对优势,但尚未完成工业革命的美国、德国等国家则处于劣势状态。同时,传统的国际贸易理论——绝对优势理论指出的"劳动分工—生产优势产品—进行交换"的模式已经不能解释是否应该对幼稚产业进行保护的问题。

按照传统的理论,对于处于劣势的产业应当将资源转移出来投入到拥有优势的产业之中,才能使资源达到优化配置。但在有些情况下,一些重要的产业如农业或者装备制造业这些关系到国家安全的支柱产业会处于劣势地位,如果按照绝对优势理论,这些产业都应当放弃。但事实上这些产业是不能被放弃的,于是传统的国际贸易理论在幼稚产业的问题上得不到令人满意的答案。

现实的需求刺激了幼稚产业保护理论的产生。18世纪后半期,刚刚结束战争的美国迫切需要发展国内产业,汉密尔顿在其《关于制造业的报告》中最先提出产业保护思想,紧接着在19世纪中叶由德国的史学派先驱弗里德里希·李斯特加以系统化。李斯特认为生产力是决定一国兴衰存亡的关键,而保护民族工业就是保护本国生产力的发展。所以国家和政府需要作为民族工业发展的强有力后盾,而不是秉承古典学派的自由放任原则。同时他的《政治经济学的国民体系》则标志着幼稚产业保护理论的初步完成。

二、幼稚产业保护理论的基本思想和理论基础

(一) 基本思想

1. 汉密尔顿的制造业保护理论

汉密尔顿最早提出了幼稚产业保护理论。亚历山大·汉密尔顿(Alexander Hamilton)是美国独立后的首任财政部部长。当时美国经济凋敝,工业落后,北方的工业资产阶级要求实行保护贸易,南方的种植园主则反对。汉密尔顿代表工业资本家的利益,向国会提出《关于制造业的报告》,阐述保护制造业的必要性。汉密尔顿指出:一个国家如果没有工业的发展,就很难保持其独立地位。制造业对国家利益关系重大,发展制造业可促进社会分工,推广机器使用,扩大就业,诱使移民流入,提供开创各种事业的机会,保证农产品的销路等。美国工业起步晚,技术落后,生产成本高,根本无法同英、法等国家的廉价商品进行自由竞争。因此,美国应实行保护关税制度,帮助新建立起来的工业生存、发展和壮大。

2. 李斯特的幼稚产业保护理论

李斯特(G. F. List)保护贸易理论的核心是生产力理论。他认为应根据生产力水平的发展阶段来决定对外贸易政策(自由贸易或保护贸易政策)。因此,自由贸易制度和政策不适合经济落后国家,它们应当实行保护贸易制度,使本国的幼小产业得到保护。他指出,采取保护性贸易政策,可能失去某些比较利益,特别是在开始阶段,国内产品的价格可能高一些。但是经过一段时间保护之后,本国产业生产力水平会提高,国内产品的生产成本会大幅下跌,其价格也会随之落到国外进口商品的价格以下,收获远大于之前的损失。

（二）理论基础

汉密尔顿理论的主要出发点在于国家制造业的重要作用。他较为详细地论述了发展制造业的直接和间接利益。他认为，制造业的发展有利于推广机器的使用，提高整个国家的机械水平，促进社会分工的发展；有利于扩大就业，促进移民流入，加速美国国土开发；有利于提供更多的开创各种事业的机会；有利于保证农产品的销路和价格稳定，刺激农业发展；等等。

李斯特从历史阶段出发，以生产力论作为其保护贸易的理论基础，以国民经济原理学说说明国家与政策的关系。

1. 经济发展阶段学说：经济发展的五个阶段

李斯特把各国的经济划分为五个阶段：原始未开化时期、畜牧时期、农业时期、农工业时期、农工商业时期。不同时期应实行不同的对外贸易政策。

处于原始未开化时期、畜牧时期或农业时期的国家，使自己获得发展"最迅速有利"的方法是同先进的工业国实行自由贸易，输入国外工业品，输出本国产品，以此为手段，使自己脱离未开化或落后阶段，实现向更高阶段的演进。

在农工业时期要实行贸易保护政策，对本国有发展潜力的工业采取贸易保护措施，防止外国的竞争，以实现本国工业的建立与发展。

到了农工商业时期，本国工业已有了相当的基础，已没有理由害怕外国的竞争，这时应该恢复到自由贸易政策，使国内外市场进行无所限制的竞争。

2. 国民经济原理

普遍的自由贸易理论是无边无际的世界主义经济学，它完全忽视了国家的存在，不考虑如何满足国家利益，而以所谓增进全人类利益为出发点。国民经济利益是贸易政策选择的重要依据。

三、幼稚产业保护理论的政策主张

（一）汉密尔顿保护论的政策主张

汉密尔顿的具体政策主张主要包括：① 向私营工业发放政府信用贷款，为其提供发展资金；② 实行保护关税制度，保护国内新兴工业；③ 限制重要原料出口，免税进口极端必需的原料；④ 为必需品工业发放津贴，给各类工业发放奖励金；⑤ 限制改良机器输出；⑥ 建立联邦检查制度，保证和提高制造品质量。

汉密尔顿的制造业保护理论对美国制造业的发展产生了积极影响，开创了后起国家保护新兴产业的先河。

（二）李斯特幼稚产业保护理论的政策主张

1. 保护对象（选择标准）和时间

该理论认为，只有刚刚开始发展且有强有力的国外竞争者的幼稚工业才需要保护。

保护对象包括：目前处于起步阶段的、受到外部竞争强大压力的同时又具有发展前途的工业，即受保护对象经过一个时期的保护和发展之后能够成长起来的工业；关系国计民生的重要工业，即建立与经营时需要大量资本、大规模机器设备、高度技术知识，生产最主要的生活必需品的工业部门，应该给予高度保护；那些次要的部门，保护程度要相对低一些。保护时间应以 30 年为限。

2. 关税保护制度

保护的主要手段是关税措施，这是抵御外国竞争、促进生产力发展的必要手段。对于关税保护的实施，李斯特认为当本国工业具有竞争力后应逐步降低保护程度，以竞争来刺激本国工业的进一步发展。

李斯特贸易保护的根本目标就是通过国家干预，促进国家综合生产力的发展，而在生产力的发展中，工业的作用比农业的作用要大得多。

四、理论扩展

围绕着李斯特的幼稚产业保护理论，以后的经济学家从如何确定幼稚产业、为本国失去优势地位的产业寻求保护依据及论证保护贸易的合理性等角度出发，对其作出补充和发展。幼稚产业选择标准的主要代表人物有约翰·穆勒（John Mill）、巴斯塔布尔（Bastable）、肯普（Kemp）和小岛清（Kiyoshi Kojima）等。

（一）肯普标准

19 世纪英国经济学家穆勒认为，受保护的国内产业在保护结束后必须具有成本优势，成为本国的比较优势产业，只有这样的产业才可作为幼稚产业加以保护，否则该项产业就不能作为幼稚产业给予保护。穆勒确定幼稚产业的标准其实并没有超出李斯特对幼稚产业的界定。经济学界之所以将其称为穆勒标准，是因为李斯特虽然是著名的幼稚产业保护的倡导者，但其在经济学领域的影响力远不如穆勒，穆勒在其著作中对幼稚产业保护表示支持，才引起经济学界对幼稚产业问题的关注。

巴斯塔布尔补充了穆勒关于确定幼稚产业的标准，作为幼稚产业进行保护的产业除了在一定时期后能够自立外，其将来所产生的利益必须超过现在实行保护而受到的损失。巴斯塔布尔标准考虑了贸易保护的成本与收益问题，比穆勒标准前进了一步。

肯普将穆勒和巴斯塔布尔的标准结合在一起，称为穆勒－巴斯塔布尔准则（Mill-Bastable dogma），同时又补充了一个更为严格的标准，即只有先行企业获得的经验具有外部经济时，保护才是正当的。在一国建立新兴产业，本身是一个学习的过程，面临许多风险。如果先行企业取得的经验具有外部经济，其他企业可以无偿受益，市场竞争将使先行企业的投资和风险不能获得应有的补偿，企业将失去投资新兴产业的积极性，因而需要政府给予保护。

图 5-1 描述了肯普的幼稚产业保护标准。图中横轴表示时间（t），纵轴表示成本与价格（P）。d 和 w 分别表示本国和外国相同产品的平均成本与价格。本国刚开始生产时，成本较高，本国价格高于国外价格，$P_d > P_w$。但本国生产成本和价格下降较快，在 t_1 后，国内产品价格低于外国产品价格。

如果本国最先开始生产该产品的企业在学习过程中积累的经验被控制在企业内,那么在 t_1 之后先行企业具有市场垄断地位,其他企业无法直接从先行企业的经验中受益,要进入该行业必须自己摸索与学习,初始成本同样很高。这样先行企业可以将国内价格定在高于 d 的水平,比如 d',两者之差即为先行企业的超额利润。在这种情况下,无须政府保护,盈利前景会吸引企业投资于新兴行业和新产品的生产。

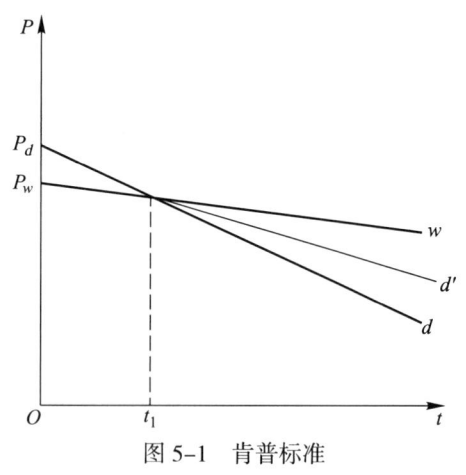

图 5-1   肯普标准

如果先行企业在学习过程中积累的经验具有外部效益,其他进入该行业的企业会大大缩短学习过程,成本会迅速降低,在 t_1 后先行企业和后来企业的成本与价格都是 d,先行企业开始时付出的较高成本和承担的巨大风险将无法获得补偿。如果没有政府在开始阶段的特殊保护,企业将不会进入新兴行业。如果政府能够给予保护,比如在 t_1 之前按照国内外产品价格的差距对进口产品征收关税,这样国内产品的价格会上升,国内企业得以收回生产成本,消除了企业进入新兴行业的障碍。在这种情况下,政府对幼稚产业的保护具有合理性。

(二) 小岛清标准

日本经济学家小岛清认为,穆勒、巴斯塔布尔、肯普等人只是根据个别企业或产业的利弊得失来寻求确定幼稚产业的标准,这种方法是片面的。要根据要素禀赋和比较优势的动态变化选择一国经济发展中应予保护的幼稚产业。只要是有利于国民经济发展的幼稚产业,即使不符合巴斯塔布尔或肯普确定的标准,也是值得保护的。小岛清对如何确定有利于国民经济发展的幼稚产业提出了如下具体标准:

(1) 所保护的幼稚产业要有利于潜在资源的利用。通过实施保护政策,建立新兴产业,开发利用潜在资源,带动经济增长。

(2) 对幼稚产业的保护要有利于国民经济结构的动态变化。

(3) 保护幼稚产业要有利于要素利用率的提高。如果新兴产业经过保护能迅速实现技术进步,使单位产品的要素消耗大大降低,或者取得显著规模经济优势,都会提高要素利用率。

五、简要评价

(一) 贡献

(1) 幼稚产业保护理论的提出,是贸易保护理论体系形成的标志,它确立了贸易保护理论在国际贸易理论体系中的牢固地位,对当前国际贸易决策和理论研究仍具有重要的指导和借鉴意义。

(2) 该贸易保护理论对经济不发达国家有重大参考价值。该理论的保护对象以幼稚工业为限,对国际分工和自由贸易的利益也予以承认,贸易保护为过渡时期的政策,而以自由贸易为最后的目的。

(二) 不足

(1) 幼稚产业保护理论把生产力理论与古典学派的价值论对立起来,片面强调了国家对经济发展的决定作用,因此整个理论体系的正确性和科学性有待考证。

(2) 经济发展阶段论是按部门在经济发展中的地位和作用来划分的,把社会历史的发展归结为国民经济部门的变迁,撇开了生产关系这个根本因素,因此不能反映社会经济形态变化的真实情况。

第三节　超保护贸易理论

一、超保护贸易理论产生的背景

科学技术的进步促进了国际分工和世界市场的迅速发展,垄断资本已远远不满足在国内市场上的发展,迫切需要进行经济扩张。20 世纪 30 年代的经济大危机,使资本主义国家陷入长期经济萧条中,国外市场的争夺日益激烈。面对这一局面,资本主义国家过去所实行的自由放任政策显得无能为力,资本主义国家开始运用政权力量直接干预对外经济活动,力求扩大出口、限制进口,缓和国内危机,保护在国外市场的竞争能力。1929—1933 年经济大危机之后,西方国家相继放弃了自由贸易政策,强化了国家政权对经济的干预作用。许多资本主义国家都提高了关税,限制进口,鼓励出口。

二、超保护贸易理论的基本内容

(一) 失业需要通过贸易顺差来缓解

古典派的贸易理论是建立在国内充分就业这个前提下的。他们认为,国与国之间的贸易应当是进出口平衡,即使偶尔出现贸易差额,也会由于贵重金属移动和由此产生的物价变动得到调整,进出口仍归于平衡。主张自由贸易政策,反对人为的干预。

凯恩斯及其追随者认为古典派自由贸易理论过时了。首先,20 世纪 30 年代,由于大量失业存在,自由贸易理论充分就业的前提条件已不存在。其次,凯恩斯和其追随者认为,古典派自由贸易论者虽然以 "国际收支自动调节说" 说明贸易顺差和逆差最终均衡的过程,但忽略了在调节过程中对一国国民收入和就业所产生的影响。

(二) 贸易顺差有益,贸易逆差有害

凯恩斯及其追随者认为,总投资包括国内投资和国外投资,国内投资额由资本边际收益和

利息率决定,国外投资量则由贸易顺差大小决定,贸易顺差可为一国带来黄金,也可扩大支付手段,压低利息率,刺激物价上涨,扩大投资,这有利于国内危机的缓和与扩大就业率。贸易逆差会造成黄金外流,使物价下降,导致国内经济趋于萧条并增加失业人数。贸易顺差能增加国民收入,扩大就业;贸易逆差则会减少国民收入,加剧失业。

(三) 通过实施超保护贸易政策来避免危机

凯恩斯认为总收入决定于总就业量,总就业量决定于有效需求,危机和失业是由有效需求不足引起的。只有通过国家积极干预经济生活,制定一系列的政策来刺激有效需求,能提供足以保证充分就业水平的有效需求量,危机才可以避免,失业问题才能迎刃而解。凯恩斯主张政府干预对外贸易,奖出限入,实行超保护贸易政策。即采取各种手段和保护措施,减少进口,扩大出口,造成对外贸易顺差,增加国民收入,扩大就业,促进国内经济发展。

三、理论扩展

凯恩斯的名著《就业、利息和货币通论》中并没有系统的国际贸易理论,但其后的经济学家提出的贸易保护理论都是建立在他的就业理论与乘数理论基础上的。

(一) 就业理论

一国的就业水平是由有效需求(社会商品的总需求价格和总供给价格相等的社会总需求)决定的。在现代经济生活中,不仅存在着摩擦失业、自愿失业,而且存在着非自愿失业,正是有效需求不足导致了失业的出现,有效需求不足使经济体系在低于充分就业的水平就达到了稳定均衡的状态。

有效需求由消费需求和投资需求组成,边际消费倾向、边际资本效率和灵活偏好三条基本心理规律造成消费需求不足,投资需求则取决于利息率和贸易收支状况。由于消费倾向在短期内十分稳定,因此要实现充分就业就必须从增加投资需求这方面着手。为保护国内就业,国家应对对外贸易进行干预,采用财政政策,增加公共投资和政府开支,保持贸易顺差,以促进就业和产出的增加。

(二) 对外贸易乘数理论

为进一步说明增加投资对就业和国民收入的益处,强调政府干预的必要性,凯恩斯提出了投资乘数理论。新增加的投资引起对生产资料的需求增加,从而引起从事生产资料生产的人们(企业主和工人)的收入增加;这些人收入增加又引起对消费品的需求增加,从而又导致从事消费品生产的人们收入增加。如此推演下去,结果由此增加的国民收入总量会等于原增加投资量的若干倍,而增加倍数(乘数)的大小取决于边际消费倾向。

在国内投资乘数理论的基础上,凯恩斯的追随者们引申出对外贸易乘数理论(foreign trade multiplier theory)。他们认为,一国的出口和国内投资一样,属于"注入",对就业和国民收入有倍增作用;一国的进口,则与国内储蓄一样,是"漏出",对就业和国民收入有倍减效应。因此只有当贸易为出超或国际收支为顺差时,对外贸易才能增加一国就业量,提高国民的收入,而此时国民收入的增加量将为贸易顺差的若干倍。

四、超保护贸易理论的政策主张及特点

（一）政策主张

在超保护贸易理论基础上，西方发达国家采取了侵略性保护贸易政策（aggressive protective trade policy）。主要手段包括：对进出口贸易实行许可证制及外汇管制；对进口商品规定进口限额，征收高额关税或禁止进口；对出口商品予以补贴或关税减免。

（二）政策特点

与第一次世界大战前贸易保护理论相比，超保护贸易理论有以下特点：

（1）保护的对象扩大化。超保护贸易更多地保护国内高度发达或出现衰落的垄断工业。

（2）保护目的趋于垄断性。超保护贸易不再是培养自由竞争的能力，而是巩固和加强对国内外市场的垄断。

（3）保护转入进攻性。以前贸易保护理论是防御性地限制进口，超保护贸易理论是在垄断国内市场的基础上对国内外市场进行进攻性的扩张。

（4）保护的阶级利益从一般的工业资产阶级转向保护大垄断资产阶级。

（5）保护的措施多样化。保护的措施不仅有关税，还有其他各种各样的奖出限入措施。

五、简要评价

（一）贡献

（1）该理论把国际贸易作为影响整个经济运行的一个重要因素，认为国际贸易是决定宏观经济均衡的一个不可忽视的变量，利用对外贸易可以促进国内经济发展的良性循环。对外贸易乘数理论，在一定程度上反映了对外贸易与国民经济发展之间的内在规律性。

（2）该理论主要是从政策入手，认为实行超保护贸易政策的根本宗旨是保护国内先进的和发达的工业以巩固其在国际市场上的垄断地位。

（二）不足

（1）只注重有效需求而忽视解决供给方面的重要性，只强调刺激需求以缓和资本主义生产过剩的经济危机。

（2）各个国家从本国利益出发实行贸易保护政策，使世界贸易量减少或停滞不前，对各个国家都有害无益。

（3）该理论是为发达国家转嫁经济危机服务的，因而会使发展中国家的贸易条件恶化。

第四节 "中心－外围"理论

一、"中心－外围"理论产生的历史背景

第二次世界大战造成国际经济关系的严重混乱并使世界经济受到极大破坏,整个帝国主义阵线遭到严重削弱,在一些殖民地附属国,民族经济有了一定的发展,工人和广大劳动人民的革命运动进一步加强,这就为一些国家摆脱帝国主义、殖民主义的统治和奴役创造了新的有利形势,并使得帝国主义殖民体系的危机越来越深刻化。发展中国家的前身主要是帝国主义时期的殖民地,发展中国家的经济一般都是在殖民地经济的基础上发展起来的。为了实现民族经济的独立,发展中国家渴望脱离旧的国际经济秩序尤其是旧的国际分工和贸易体系。在这一历史背景下,代表落后国家民族经济利益的经济学家(既有社会改良主义者也有马克思主义者)以不平等交换理论为基础,从不同角度提出并论证了"中心－外围"结构的存在,批判传统自由贸易理论会使发展中国家通过自由贸易表现出来的相对优势和加速经济发展之间存在着冲突,并会使发展中国家的贸易条件恶化。在这些理论流派中,最具有代表性的是阿根廷的普雷维什(R. Prebisch)提出的"中心－外围"理论。

二、"中心－外围"理论的主要内容

(一) 世界经济体系划分为中心和外围两大类

"中心－外围"(core and periphery)体系具有整体性,是整个资本主义世界经济体系的组成部分,而不是两个不同的经济体系。维系这一体系运转的是国际分工。在国际分工中,首先取得技术进步的国家就成了世界经济体系的"中心",而处于落后地位的国家则沦落为这一体系的"外围"。在经济发展的自主性、经济发展的结构以及技术进步带来的利益分配等方面,这两类国家都处于不平等的地位。

从经济上来讲,中心国家是由以西方七国集团为代表的高度工业化的少数发达国家组成的,它们能够独立自主地发展本国的经济,出口工业品或高附加值产品而进口原材料或初级产品,是绝大多数技术知识的创造者和传播者,因此能够占有几乎全部利益;外围国家则是由发达国家之外的绝大多数发展中国家组成的,它们在经济和技术发展上依附于发达国家,难以获得技术进步带来的利益,相反,技术进步却压低了主要出口商品——初级产品的价格,因此它们与中心国家之间进行着不平等的经济贸易往来。

从政治上来讲,中心国家实行帝国主义的霸权政策,不仅拒绝改变它们与外围国家的关系,而且不惜使用卑劣的政治颠覆、军事干预等手段搞乱、搞垮外围国家新生的政权。一旦外围有意无意地损害了这种经济和政治利益时,中心国家,特别是主要中心国家,往往就会采取惩罚的措施,在极端的情况下甚至会通过军事干预的手段进行报复。

（二）外围国家贸易条件不断恶化（"普雷维什命题"）

建立在西方比较优势理论基础上的国际贸易不利于发展中国家,从而使外围国家的贸易条件恶化。普雷维什考察了 1876—1938 年英国进出口产品的平均价格指数,研究结果表明,如以 1876—1880 年世界原材料和制成品价格之比为 100 的话,除 1881—1885 年的价格为 102.4 略有上升外,此后绝大部分时间里该比价一直呈递减趋势,到 1936—1938 年已降到 64.1,反映出中心国家的贸易条件日益改善,而外围国家的贸易条件在以下三方面因素的综合作用下越来越恶化:① 技术进步引致利益分配不均;② 进口的制成品市场结构具有垄断性,需求收入弹性较大;③ 中心国家的周期性经济危机对它们出口初级产品的需求极不稳定。同时,中心国家通过资本输出、凭借技术和管理优势获取垄断利润,最大限度地剥削外围国家,强化外围国家对中心国家在经济上的依附性,使外围国家实际上成为中心国家的食品和原料产地,进而利用跨国公司的侵入使外围国家的国民经济畸形化,这样只会使它们与中心国家的经济发展水平相去甚远。

（三）外围国家必须实行工业化,独立发展民族经济

普雷维什认为,要打破"中心－外围"的既定格局,外围国家就必须实现本国的工业化,独立自主地发展自己的民族经济。为此,外围国家需要实行贸易保护政策,既要采用传统的关税手段,也要采用外汇管制、进口配额等非关税手段。在工业化发展的出口替代阶段,还要实行有选择的出口补贴政策等。他认为采用这些贸易保护政策对外围国家的经济发展可以起到以下作用:限制进口的保护关税可以削弱外国商品的竞争能力,也有利于贸易条件的改善;可以开辟新产业,吸纳技术进步所产生的剩余劳动力和解决原料产品部门的隐蔽失业;使原料产品出口和进口替代并举,可以有效推动本国工业化进程;限制进口措施还可以减少外汇支出,改善国际收支状况。

（四）外围国家实施保护贸易政策有利于世界经济的发展

普雷维什强调外围国家与中心国家的保护贸易政策在性质上的差异。外围国家的保护贸易政策是为了保护本国的幼稚工业,有利于世界经济的发展;中心国家则是为了对外围国家实行歧视和遏制,不仅对外围国家不利,对整个世界经济发展都是不利的。

三、政策主张

外围的发展中国家应通过实行工业化,独立自主地发展自己的民族经济来彻底摆脱不合理的国际分工体系,打破旧的国际经济秩序。

采取保护贸易政策,通过关税、非关税及外汇管制等手段限制进口以减少外汇支出,削弱外国商品的出口能力和竞争能力、扩大国内工业产品的国内需求,才能保证外围国家工业化的顺利实施。

实施进口替代工业化战略。工业化应分阶段发展,逐步产生一个独立的,体系完整、合理的国民经济。普雷维什赞成进口替代工业化战略,在其 1950 年发表的《拉美经济发展及其主

要问题》中指出：“由有节制、有选择的保护政策刺激起来的进口替代，是取得某些合意效果，经济上明智稳妥的好办法。这种政策有助于纠正发展受外国约束的趋势，产生这种趋势的原因是中心国家对初级产品进口需求的收入弹性低，而外围国家对来自中心的制成品的收入弹性高，通过保护而实行的进口替代，可以避免把多余的生产资源配置到初级产品生产，并将其转向工业生产，从而抵消贸易条件恶化的趋势。”

四、简要评价

（一）贡献

（1）该理论是以发展中国家的利益为基础的，对当代国际分工体系和国际贸易体系中存在的发达国家控制和剥削发展中国家的实质进行了深刻的剖析，从理论和实践上揭示了发达国家与发展中国家之间的不平等交换关系、发达国家自由贸易政策的虚伪性。

（2）发展中国家贸易条件不断恶化的论点得到了普遍的证实。其倡导发展中国家应实施贸易保护政策、走工业化道路的主张和政策建议，对经济落后的广大发展中国家有积极的指导意义。

（二）不足

（1）“中心－外围”理论从发达国家工会组织对产品价格的影响、技术进步利益分配不均及需求收入弹性对收入转移的分析等方面出发来解释发展中国家贸易条件日趋恶化，这就使它具有理论上的局限性。

实际上，发达国家长期以来对本国初级产品实行贸易保护政策也是发展中国家初级产品贸易条件逐渐恶化的主要原因之一。

（2）并未对以比较优势理论为核心的传统自由贸易理论造成发达国家与发展中国家贸易利益分配不均的原因做出根本性的揭示，从而其在理论分析上就存在不全面性。

第五节　战略性贸易理论及其他贸易保护的依据

一、战略性贸易理论产生的背景

20世纪70年代末80年代初，由于规模经济、不完全竞争的普遍存在，迪克西特和斯蒂格利茨、克鲁格曼、兰卡斯特等经济学家从不同角度阐述了新贸易理论的若干观点。新贸易理论最重要的贡献就是奠定了规模经济和不完全竞争在国际贸易理论中的地位。自从该理论出现以来，对国际贸易理论体系以及许多国家对外贸易政策的制定都产生了重大影响。尽管对该理论的尖锐批评此起彼伏，同时其基本模型自身也有待进一步完善，但重要的是，它确实动摇了传统国际贸易理论的统治地位，并且在很大范围内，该理论转化为实际的政策建议并得到了有效实施。以最具有战略性特征的高科技产业为例,政府运用包括研究与开发补贴在内的各种政策工具扶持本国的高科技产业已经是司空见惯的现象。而事实上,战略性贸易理论的实际影响力更为深远,绝非对一些产业进行扶持本身所能反映的。

　　20世纪90年代以后,美国经历了很长时间的经济高速增长时期,而与此同时,世界上其他国家和地区的经济却表现不佳。许多经济学者认为正是战略性贸易政策的实施导致了世界财富向超级强国集中。因此对该理论的产生背景、演进路径以及实施进行深入研究有助于从另一个角度理解经济发展过程中这种巨大的不平衡效应。

二、主要思想和产业选择

　　战略性贸易政策(strategic trade policy)是指一国政府在不完全竞争和规模经济条件下,为把国外垄断企业的一部分垄断利润转移给本国企业和消费者,凭借生产补贴、出口补贴或保护国内市场等政策手段,扶持本国具有寡头垄断的所谓战略性产业,使该产业及企业具有竞争的绝对优势,并且带动一系列产业的发展。战略性贸易政策是建立在不完全竞争、规模经济基础上的,主要是针对寡头垄断的市场结构。其理论体系可分为利润转移理论和外部经济理论。

(一) 利润转移理论

　　利润转移理论是指一国政府在不完全竞争和规模经济条件下,可以凭借生产补贴、出口补贴或保护国内市场等政策手段,扶持本国战略性工业的成长,增强其在国际市场上的竞争能力,从而谋取规模经济之类的额外收益,并借机劫掠他人的市场份额和工业利润。即在不完全竞争环境下,实施这一贸易政策的国家不但无损于其经济福利,反而有可能提高自身的福利水平。

　　以欧洲空中客车公司(Airbus)和美国波音公司(Boeing)的竞争为例加以分析。飞机制造业投资很大,规模效益明显,因此世界上只有少数飞机制造商。目前在客机制造业中最大的两家企业是美国波音公司和欧洲空中客车公司。假定两家公司都有能力为世界市场生产一种新型飞机。由于市场需求总量一定,如果两家都生产,都会亏损500万美元;如果两家都不生产,当然既无亏损,也无利润;如果只有一家生产,则会获得1亿美元利润。两公司生产和盈亏情况如表5-1上半栏所示。

　　两家公司完全依靠本身的力量展开博弈,结果带有不确定性。现在假定欧盟对航空制造业进行保护,给予空中客车公司2 500万美元的出口补贴,美国政府未对波音公司采取保护措施。欧盟的出口补贴使两家公司的盈亏情况发生变化(见表5-1下半栏)。如果只有空中客车公司一家生产,利润为1.25亿美元;如果两家都生产,空中客车公司盈利2 000万美元(2 500万美元补贴减去500万美元亏损),波音公司仍亏损500万美元。

　　空中客车公司在享受欧盟给予的出口补贴支持后,只要生产就有利润,因而该公司肯定会投入生产。而波音公司面临两种选择:或者生产,亏损500万美元;或者不生产,既无亏损也无利润。波音无获利可能,只能退出市场。欧盟以2 500万美元的出口补贴换取了1.25亿美元的盈利,福利得到改善。

表 5-1　政府补贴预期收益模拟表　　　　　　　　　　单位: 百万美元

1. 在双方都无任何补贴的情况下:

		空中客车			
		制造		不制造	
波音	制造	空中客车	-5	空中客车	0
		波音	-5	波音	100
	不制造	空中客车	100	空中客车	0
		波音	0	波音	0

2. 在欧盟对空中客车进行补贴的情况下:

		空中客车			
		制造		不制造	
波音	制造	空中客车	20	空中客车	0
		波音	-5	波音	100
	不制造	空中客车	125	空中客车	0
		波音	0	波音	0

从这个模拟分析中可以看出,在不完全竞争的市场结构和双头垄断竞争的条件下,政府采用积极的干预政策可以改变厂商的竞争行为和结果,使本国企业在国际竞争中获得占领市场的战略性优势,并使整个国家获益。而且从长远看,如果假定存在规模经济和全部产业都存在动态的外部经济,那么政府可以对其未达到规模经济的行业进行保护,在该行业达到最佳规模并拥有与国外竞争对手竞争时的优势后再转向下一个行业,从而使得本国厂商获得更大的市场份额以转移垄断租金。

(二) 外部经济理论

外部经济得以产生的途径主要有两个:一是企业通过同一产业或相关产业中其他企业的技术外溢(spillovers)和"干中学"(learning by doing)获得技术和知识,从而带来生产率提高和成本下降;二是企业从同一产业或相关产业的聚集中获得的市场规模效应,包括从这些产业的集中和扩展中便捷、廉价、可靠地获得原材料、中间产品、技术工人和专业化的服务,从而使得生产率提高和成本降低。

具有外部经济的产业,其创造的知识、技术和创新产品将对全社会的科技进步与经济增长起到极大的推动作用。但这些产业在创建的过程中,通常成本高昂且风险巨大,且企业的私人成本与社会成本、私人收益与社会收益之间出现偏离,市场出现失灵。如果这些企业得不到政府某种形式的补偿或扶持,它们就会丧失投资于高技术产业的原动力和积极性,从而对整个国家的未来发展造成不利局面。因此,需要通过政府的贸易干预政策,使这些产业能借助国内国际市场来获得更大的外部经济,进而在外部经济的自我强化作用下获得更强的国际竞争优势。

三、政策主张及前提条件

(一)政策主张

(1)政府大力支持战略产业的发展。技术、知识密集型产业,比如计算机和信息产业等,产业关联极强,外部经济效益明显,一旦成为主导产业,就能对社会经济发展起到巨大的推动作用。

(2)政府协助企业争夺出口市场。在不完全竞争的条件下,政府对本国出口企业的鼓励,能够增强企业的国际竞争优势,扩大市场份额,获得规模经济效益,争得更多的出口利润。

(3)政府限制进口以培育本国进口竞争产业的竞争能力。由于垄断和规模经济的存在,贸易保护可以促使本国的进口竞争产业成为出口产业。

(二)前提条件

(1)规模经济。贸易的基础不再主要是资源禀赋、技术等方面的差异,规模经济已经成为国际贸易的重要基础。

(2)不完全竞争。在国际市场上,自由竞争的理想状态并不存在,企业垄断和政府干预使得市场竞争不完全。

(3)其他。① 接受补贴的产业确实能在一个相对较长的时期内保持自己的垄断优势;② 被保护的目标市场存在新厂商进入障碍;③ 产品市场需求旺盛,能够保证企业的规模收益递增;④ 政府掌握齐全、可靠的信息并对实行补贴所可能带来的利润做好预估;⑤ 不会招致别国政府采取相应的报复措施。

四、简要评价

(一)贡献

(1)它以不完全竞争和规模经济理论为基础,是新贸易理论的反映和体现。

(2)它广泛借鉴和运用了产业组织理论与博弈论的分析方法和研究成果,是国际贸易理论研究方法上的突破。

(二)不足

(1)战略性贸易政策的实现依赖于一系列严格的限制条件,往往成为贸易保护主义者加以曲解和滥用的口实,从而恶化全球贸易环境。

(2)缺乏有力的政策干预效应的实证研究。

(3)战略性贸易政策的成功实施通常是在那些具有成熟市场经济体制、政府干预有效、国内产品市场需求旺盛的发达国家。

五、其他贸易保护的依据

(一) 促进产业多元化及产业结构转换

主张实施贸易保护政策,保护和促进国内落后产业的发展,消除国民经济结构的脆弱性。发达国家通过贸易保护对其传统工业部门、垄断行业进行保护,而发展中国家通过贸易保护对其新兴工业部门进行扶植,从而在一定的政治经济背景下实现产业结构的转换和高级化发展。

(二) 改善贸易条件和国际收支

该论点主要是针对发展中国家而言的。如果是一个大国,它在某种商品的世界进口总量中占有相当大的份额,那么它就成为一个具有垄断优势的购买者。如果这种商品在进口国的需求弹性要大于供给弹性,那么该国实行关税(应为最优关税——通过改善一国的贸易条件,克服由于减少贸易量而产生的负效应而使净福利达到最大化)保护措施将使进口商品由于价格上涨而需求锐减,国际价格下降。这时如果出口国对该产品的供给弹性小,即使价格下跌也无法削减生产、减少供给或找到替代性市场,而只能以较低价格出口,则会改善进口国的贸易条件。

(三) 保护和增加就业论

该论点主要是西方发达国家为采取贸易保护政策而寻求的依据,认为贸易保护可以从宏观和微观两个方面影响就业:

一方面,在凯恩斯贸易保护理论基础上,实行奖出限入的贸易保护措施来保持贸易顺差,并通过对外贸易乘数效应对国内生产总值产生积极的影响,增加对国内产品的有效需求,从而有利于增加本国的就业机会。

另一方面,发达国家主要进口国内劳动成本较高的劳动密集型产品,因而对已失去比较优势的传统劳动密集型行业采取贸易保护政策就会保证该行业的生存,从而使得生产增加,就业也增加。

(四) 贸易政策的非经济论据

从非经济目标论的观点来看,作为独立利益体的国家以贸易保护政策来促进国内生产的发展,缩减对国外产品需求,可以达到以下目的:调整社会收入的再分配以减少社会矛盾和冲突,维护国家稳定;对生产战略物资的行业进行保护,可增强国内生产能力,有利于国防安全。

基本概念

重商主义(mercantilism)

幼稚产业(infant industry)

对外贸易乘数(foreign trade multiplier)

战略性贸易政策(strategic trade policy)

"中心 – 外围"理论(core and periphery theory)

复习思考题

1. 简评幼稚产业保护论对发展中国家经济发展的意义。
2. 评析凯恩斯主义的超贸易保护主义。
3. 试论战略性贸易理论,并说明其推行条件。
4. 试运用有关贸易保护理论来分析近年来美国对钢铁业实施的保护行为。

即测即评

请扫描右侧二维码,在线测试本章学习效果。

第六章
国际贸易政策与措施

本章重点

1. 国际贸易政策的内容
2. 国际贸易政策措施
3. 关税和非关税壁垒

教学视频

请扫描右侧二维码观看本章精彩教学视频。

国际贸易理论都是从理论上论述一个国家在国际贸易中应该如何做才能使两国获得贸易利益,但是具体到现实中,一个国家就要考虑自身的利益,考虑在对外贸易活动中采取干预或者不干预手段使本国利益最大化,这就是国际贸易政策措施。本章将介绍国际贸易政策的内涵、形式和国际贸易政策的演变;讨论关税的作用和征收标准,研究关税的经济效应和关税的有效保护率;对非关税的主要形式和经济效应进行分析;讨论鼓励出口和限制出口的其他贸易政策措施。

第一节　国际贸易政策

一、国际贸易政策概述

(一) 国际贸易政策的含义

国际贸易政策(international trade policies)是各国或地区间在一定时期进行商品和服务交换时采取的政策。如果从一个国家的角度看,国际贸易政策表现为一国的对外贸易政策。一

般而言,对外贸易政策的内容包括以下三个方面:

(1) 对外贸易总政策。它包括货物与服务进口的总政策和货物与服务出口的总政策。

(2) 商品贸易政策。它根据对外贸易总政策、国内经济结构与市场供求状况针对不同商品分别制定。

(3) 国别贸易政策。它根据对外贸易总政策,以及与别国或地区的政治、经济关系分别制定。

(二) 对外贸易政策的目的

对外贸易政策的目的包括:① 保护本国市场;② 扩大本国产品的国外市场;③ 优化产业结构;④ 积累发展资金;⑤ 维护和发展与其他国家和地区的政治、经济关系。

(三) 对外贸易政策的制定与执行

对外贸易政策是一国经济总政策和外交政策的重要组成部分。各国对外贸易政策的制定与修改由国家立法机构承担。各国的对外贸易政策主要通过以下方式执行:首先,通过海关对进出口贸易进行管理。各国设置在对外开放口岸的海关,除对进出境的商品、运输工具实行监管,稽征关税和代征法定的其他税费外,还承担着查禁走私的任务。其次,国家设立各种机构,负责促进和监管进出口贸易。最后,由政府出面参与各种国际贸易、关税等的国际机构与组织,进行国际贸易、关税方面的协调和谈判。

二、国际贸易政策的基本形式

(一) 自由贸易政策

自由贸易政策是指政府取消对进出口贸易的限制,不对本国商品和服务的进出口商提供各种特权和优待,力图消除各种贸易障碍,使商品和服务能够自由地输出入,在世界市场上实行自由竞争与合作,从而使资源得到最合理配置。

(二) 保护贸易政策

保护贸易政策是指政府采取各种措施限制商品和服务的进口,以保护本国的产业和市场不受或少受外国的竞争。同时,政府对本国商品和服务的出口实行补贴和各种优待,以鼓励出口。

其他类型的贸易政策都是在这两种形式的基础上演化而来的,是这两种贸易政策的变形。

三、国际贸易政策的演变

在国际贸易形成和发展的不同阶段上,各国对外贸易政策都有一定的不同,这种对外贸易政策的演变在一定程度上反映了经济发展过程的要求。

(一) 中世纪时期:鼓励进口的政策

11—15 世纪,西欧国家大都奉行鼓励进口、限制甚至禁止出口的政策,这是与当时许多国家的物资短缺情况相适应的。鼓励进口的政策是在生产力水平低下、自己商品生产不足的情况下,鼓励商品进口以满足封建贵族和特权阶级的奢侈生活需要。

(二) 资本主义生产方式准备时期:保护贸易政策

在资本主义生产方式的准备时期,即从 16 世纪到 18 世纪中期,为促进资本主义的原始积累,西欧各国普遍实行重商主义下的保护贸易政策,通过限制贵重金属货币外流和扩大贸易顺差的办法扩大货币的积累,为资本主义生产方式的建立提供了充分的财富积累。

(三) 资本主义自由竞争时期:自由贸易政策

从 18 世纪中期到 19 世纪后期,资本主义进入自由竞争时期。这一阶段资本主义生产方式占据了主导地位。世界经济进入了商品资本国际化阶段,自由贸易便成为外贸政策的基调。英国是这一阶段自由贸易政策的主要倡导者和受益者。但由于历史条件不同,这一时期的德国和美国等起步较晚的国家采取了保护贸易政策。

(四) 第二次世界大战前的垄断资本主义时期:超保护贸易政策

19世纪 70 年代到第二次世界大战结束前,资本主义逐步向垄断过渡,这一时期各资本主义国家大都实行了不同于以往的保护贸易的超保护贸易政策。尤其是 1929—1933 年经济大危机的爆发使市场问题急剧恶化,争夺产品市场的矛盾更加激烈,主要的资本主义国家开始实行带有垄断性质的超保护贸易政策。这一时期的保护贸易政策与自由竞争时期的保护贸易政策有明显的区别,是一种侵略性的保护贸易政策,因此称其为超保护贸易政策。

超保护贸易政策具有以下特点:保护的对象不再是国内幼稚工业,而是国内高度发达或出现衰落的垄断工业;保护的目的不再是培植国内工业的自由竞争能力,而是垄断国内外市场;保护的手段不仅仅是关税壁垒,而且出现了各种各样的奖出限入的措施;保护不设定期限。

(五) 第二次世界大战后:短暂的贸易自由化

第二次世界大战结束后,随着生产国际化和资本国际化,出现了世界范围内的贸易自由化。主要资本主义国家大幅度削减关税,降低或取消非关税壁垒。从商品来看,工业品的贸易自由化程度大于农产品的贸易自由化程度;工业品中,运输、机械产品,科学技术尖端产品贸易自由化程度大于消费品的贸易自由化程度。从国家来看,发达资本主义国家之间的贸易自由化程度大于它们同发展中国家的贸易自由化程度,区域经济集团内部的贸易自由化程度大于集团对外的贸易自由化程度。

(六) 20 世纪 70 年代:新保护贸易政策

20世纪 70 年代中期,由于石油危机和普遍的经济衰退,主要的发达国家经济发展缓慢,使得结构性失业不断上升,市场矛盾越来越尖锐,于是纷纷采取新贸易保护主义。新贸易保护主义不同于以往的贸易保护政策:首先,它不再以关税为主要保护措施,而是以名目繁多的非关税壁垒的设置为特征。其次,保护的重心是在产业调整中陷于停滞的部门,即对那些即将失去生产优势的"夕阳产业"的保护。奖出限入措施的重点从限制进口转向鼓励出口,且保护不设定期限。

(七) 20 世纪 80 年代:战略性贸易政策

战略性贸易政策产生于 20 世纪 80 年代,其理论依据就是不完全竞争贸易理论,或称新贸易理论。第二次世界大战后,产业内贸易的兴起和发展,加速了各国经济相互融合、渗透的过程,使得国际贸易不可简单地归因于出口国的自然优势,越来越多的贸易来源于规模经济和因技术创新而形成的人造优势。

战略性贸易政策,是指在不完全竞争市场中,政府积极运用补贴或出口鼓励等措施对那些被认为存在着规模经济、外部经济的产业予以扶持,扩大本国企业在国际市场上所占的市场份额,把超额利润从外国企业转移给本国企业,以增加本国经济福利和加强在有外国竞争对手的国际市场上的战略地位。

(八) 20 世纪 80 年代以后:管理贸易政策

管理贸易政策是 20 世纪 80 年代以来,在国际经济联系日益加强而新贸易保护主义重新抬头的双重背景下逐步形成的。为了既保护本国市场,又不破坏国际贸易秩序,保证世界经济的正常发展,各国政府纷纷加强了对外贸易的管理和协调,从而逐步形成了管理贸易政策。管理贸易政策又称协调贸易政策,是指国家对内制定一系列的贸易政策、法规,加强对外贸易的管理,实现一国对外贸易的有秩序、健康的发展;对外通过谈判签订双边、区域及多边贸易条约或协定,协调与其他贸易伙伴在经济贸易方面的权利与义务。管理贸易是介于自由贸易和保护贸易之间的一种对外贸易政策,是一种协调和管理兼顾的国际贸易体制。

第二节　进口管理措施

一、关税概述

(一) 关税的定义与作用

关税(tariff)是指进出口商品经过一国关境时,由政府设置的海关对进出口商品所征收的一种税。它具有强制性、无偿性和固定性特点。

关税是间接税,由进出口商支付,最终由消费者负担;税收主体是本国进出口商人;税收客体是进出口商品。

征收关税可以有以下作用:保护国内市场、保护本国幼稚工业、调节产业结构、调节国际收支差额、增加政府收入等。

（二）关税的种类

1. 按征收对象可分为进口税、出口税和过境税

（1）进口税。进口税是指外国商品进口时，向本国进口商征收的一种关税。它通常是在外国商品进入关境或国境时征收，或者在外国商品从海关保税仓库提出进入国内市场时征收。

征收进口税的目的是提高进口商品的成本和价格，从而削弱进口商品的竞争能力，用高额进口关税来维护本国市场。在具体征收时，不是对所有进口商品都征收高额进口关税，而是根据本国的利益决定其税率的高低。一般地，对工业制成品的进口征收高关税，对半制成品的进口征收较高关税，对原材料和能源的进口征收低关税，甚至免税。

（2）出口税。出口税是指本国商品出口时，向本国出口商征收的一种关税。由于征收出口关税，势必增加出口商的负担，从而提高出口产品在国外市场的销售价格，削弱其在国外市场的竞争能力，不利于扩大出口，因此，各国出于鼓励出口的需要，一般都不征收出口税。一些发展中国家不同程度地征收出口税，其目的是增加财政收入，或者是保护本国产品生产，或者是保障本国重要原料的供应。

（3）过境税。过境税又叫通过税，是指外国商品通过本国国境时所征收的一种关税。由于征收过境税会增加商品的负担，影响国际贸易的进行，尤其是在交通运输条件大为改进以后，征收过境税只会使进出口商选择更方便的运输线路。目前绝大多数国家都不征收过境税，只收取少量的过境费用。

2. 按征收目的可分为财政关税和保护关税

（1）财政关税。财政关税又称收入关税，是以增加国家财政收入为主要目的而课征的关税。财政关税的税率比保护关税低，因为过高就会阻碍进出口贸易的发展，达不到增加财政收入的目的。随着世界经济的发展，财政关税的意义逐渐减低，而为保护关税所代替。

（2）保护关税。保护关税是以保护本国经济发展为主要目的而课征的关税。保护关税主要是进口税，税率较高。通过征收高额进口税，使进口商品成本较高，从而削弱它在进口国市场的竞争能力，甚至阻碍其进口，以达到保护本国经济发展的目的。保护关税是实现一个国家对外贸易政策的重要措施之一。

3. 按贸易待遇等级可分为普通税、最惠国待遇税、普惠税、特惠税、进口附加税（反补贴税、反倾销税）、差价税

（1）普通税。普通税税率最高，一般适用于没有贸易协定的国家。

（2）最惠国待遇税。最惠国待遇税（most-favored-nation treatment duty, MFNT tariff）是正常的关税，适用于签订有最惠国待遇条款的贸易协定的国家，一般邦交国家之间都是按这种关税征税。它既适用于双边贸易条约，也适用于多边贸易条约，WTO 成员方之间实行这种税率。

（3）普惠税。普惠制（generalized system of preferences duty, GSP）是指发达国家对从发展中国家或地区输入的商品，特别是制成品和半制成品，给予的普遍的、非歧视的和非互惠的优惠关税，即普惠税。

普惠税的原则是普遍的、非歧视的、非互惠的。普惠税的目的是增加发展中国家的外汇收入，促进其工业化和经济增长。普惠税具有两个特点：第一，普惠税是单向的，不需要受惠国

向给惠国提供同样的关税优惠。第二,普惠税税率低于最惠国税率,高于特惠税。

普惠税有以下主要规定:第一,对受惠国家和地区的规定;第二,对受惠商品范围的规定;第三,对受惠商品减税幅度的规定;第四,对给惠国保护措施的规定(免责条款、预定限额、竞争需要排除、毕业条款);第五,对原产地的规定(原产地标准、直接运输规则、原产地证明)。

(4) 特惠税。特惠税(preferential duty)全称为特定优惠关税,是指对从特定国家或地区进口的全部商品或部分商品,给予的特别优惠的低关税或零关税。其税率低于最惠国税率。特惠税一般在签订有友好协定、贸易协定等国际协定或条约的国家之间实施。任何第三国不得根据最惠国待遇条款要求享受这一优惠待遇。特惠税有的是互惠的,有的是非互惠的(单向的)。

① 非互惠的特惠税。目前,在国际上影响最大的非互惠特惠税是《洛美协定》(Lome Convention)规定的。它是欧洲共同市场(现为欧盟)向参加《洛美协定》的非洲、加勒比和太平洋地区的发展中国家单方面提供的特惠税。《洛美协定》关于特惠税方面的规定主要有:欧洲共同市场国家将在免税、不限量的条件下,接受这些发展中国家全部工业品和96%农产品进入欧洲共同市场,而不要求这些发展中国家给予反向优惠。又如,中国为扩大从非洲国家的进口,促进中非双边贸易的进一步发展,自2005年1月1日起,对贝宁、布隆迪、赞比亚等非洲25个最不发达国家的部分输华产品给予特惠税待遇,对涉及水产品、农产品、药材、石材石料、矿产品、皮革、钻石等10多个大类的190种商品免征关税,其中宝石或半宝石制品的关税由35%降至零。

② 互惠的特惠税,但不一定是对等的相同税率。互惠的特惠税主要是区域贸易协定或双边自由贸易协定成员间根据协定实行的特惠税,如欧盟成员之间、北美自由贸易协定成员之间、中国与东盟国家之间实行的特惠税。

(5) 进口附加税。进口附加税是指在征收了正常的进口关税之外,对进口商品再加征的一种附加税。通常把前者称为正税,后者称为进口附加税。征收进口附加税通常是为了限制商品进口和倾销,或者是为了应对国际收支困难,或者是对某国实行歧视性贸易政策。

进口附加税可以对所有进口商品征收,也可以对个别商品或者个别国家征收。进口附加税的形式主要有反补贴税和反倾销税。

① 反补贴税。反补贴税(anti-subsidy duty)是指为抵消进口商品在制造、生产或输出时直接或间接接受的任何奖金或补贴而征收的一种进口附加税,又称抵消关税,是差别关税的一种重要形式。

反补贴税最早出现于19世纪末,1897年欧洲几个国家对精制甜菜砂糖给予了高额的出口补贴,出口量大增,使其他国家甘蔗砂糖的销售受到很大损失。英国首先声称对其进口糖征收关税,美国也对从这些国家进口的精制糖另外征收与出口补贴额相等的关税,此后印度等国也加以效仿。

征收反补贴税的目的在于抵消国外竞争者得到奖励和补贴产生的影响,使他国补贴产品不能在进口国市场上进行低价竞争或倾销,以保护进口国同类商品的生产商。

征收反补贴税必须具备如下三个条件:一是必须有补贴的事实,即出口成员国对进口产品直接或间接地给予补贴的事实;二是必须有损害的结果,即对进口国国内相关产业造成损害或损害威胁,或严重阻碍进口国某相关产业的建立;三是必须有因果关系,即补贴与损害之间有因果关系存在。只有同时具备上述三个条件,WTO成员才能征收反补贴税。

② 反倾销税。反倾销税(anti-dumping duty)是对实行倾销的外国商品所征收的一种进口附加税,其目的在于抵制商品倾销,保护本国产业和国内市场。

倾销(dumping)是指出口商以低于正常价格的方法向国外销售商品的行为。所谓正常价格,是指相同产品在出口国用于国内消费时在正常情况下的可比价格;如果没有这种国内价格,则是相同产品在正常贸易情况下向第三国出口的最高可比价格,或产品在原产国的生产成本加合理的费用和利润。

倾销是在不同国家市场间进行的一种价格歧视行为,可分为掠夺性倾销、偶然性倾销和长期性倾销。偶然性倾销指销售旺季已过或转产,企业以低于成本的价格抛售库存或过剩商品;掠夺性倾销指为了侵占和垄断特定市场,企业以低于成本的价格销售商品,以便打垮竞争对手,等垄断市场后再提高价格;长期性倾销指企业一贯以低于国内市场的价格向国外销售商品。

WTO成员征收反倾销税必须符合下列要求:一是倾销存在;二是倾销对国内工业造成严重损害或威胁;三是严重损害是倾销所致。在征收反倾销税之前,应对倾销的进口产品对国内市场的同类产品和对国内同类产品的生产者的影响进行客观审查,并应考虑此种产品的进口数量是否显著增加等因素,进口国要证明倾销品的进口与对国内产业的损害之间有因果关系。

(6) 差价税。差价税(variable levy)是按国内市场和国际市场的价格差额对进口商品征收的关税。当某种本国商品的国内价格高于同类的进口商品的价格时,为了削弱进口商品的竞争能力,保护国内市场,按国内价格和进口价格间的差额征收关税,这种关税就叫差价税。

差价税有的是正税,有的是进口附加税。它是一种滑动关税。一个典型的例子是欧洲共同体国家对农产品进口征收的关税。欧洲共同体成立后为促进本地区农业的发展和保护农场主的利益,实施共同农业政策,制定了农产品的目标价格,作为干预农产品市场标准。目标价格高于世界市场价格。为了免受外来低价农产品的冲击,欧洲共同体对农产品实行差价税。具体做法是:用目标价格减去从内地中心市场到主要进口港的运费,确定可接受的最低进口价格,称为门槛价格(threshold price)。然后计算农产品从世界主要市场运至欧共体主要进口港的成本加运费加保费价(CIF价),通过比较确定差价税的征收幅度,即差价税 = 门槛价格 –CIF价。

(三) 关税征收标准和征收依据

1. 关税征收标准:从量税、从价税、复合税、选择税

(1) 从量税。从量税(specific duty)是以商品的重量、数量、容量、长度和面积等计量单位为标准计征的关税。其中重量是较为普遍采用的计量单位。从量税额计算的公式是:

$$税额 = 商品的数量 \times 每单位从量税$$

征收从量税的优点:① 课税标准一定,计税手续较为简便;② 对廉价进口商品抑制作用较大;③ 当商品价格下降时,其保护作用加强。

征收从量税的缺点：① 税负不合理，同种类的货物不论等级高下，均课以同税率的关税，使得课税有失公平；② 对质优价高的商品，其保护作用相对减弱；③ 当商品价格上涨时，税额不能随之变动，使税收相对减少，保护作用下降。

（2）从价税。从价税（ad valorem duty）是以商品的价格为标准计征的关税，保护效果随价格变化而变化。从价是各国征税时通用的一个原则，即征税时按商品价格的一定百分比确定税额。随商品价格的涨跌，税额增加或减少，是与"从量原则"对应的。

征收从价税的优点：① 税负合理。按货物的品质、价值等级比率课税，品质佳、价值高者，纳税较多，反之则较少。② 税负公平。物价上涨时，税款相应增加，财政收入和保护作用均不受影响。③ 税率明确，便于比较各国税率。④ 征收方式简单。对于同种商品，可以不必因其品质的不同再详细分类。

征收从价税的缺点：① 完税价格不易掌握，征税手续复杂。② 通关不易。在估定货物价格时，海关与进口商容易有争议。③ 调节作用弱，保护性不强。商品价格下跌时，会减少关税收入。

（3）复合税。复合税（compound duty）又称混合税，是对某一进出口货物既征收从价税，又征收从量税，即采用从量税和从价税同时征收的一种方法。

复合税可以分为两种：一种是以从量税为主加征从价税，另一种是以从价税为主加征从量税。这种税制有利于为政府取得稳定可靠的财政收入，也有利于发挥各种税的不同调节功能。混合税大多应用于耗用原材料较多的工业制成品。美国采用混合税较多，例如它对提琴除征收每把 21 美元的从量税外，还加征 6.7% 的从价税。混合税兼有从价税和从量税的优点，增强了关税的保护程度。

（4）选择税。选择税（alternative duty）是指对同一物品，同时订有从价税、从量税和混合税税率，征税时由海关选择，通常是按税额较高的一种征收。选择税具有灵活性的特点，可以根据不同时期经济条件的变化、政府征税目的以及国别政策进行选择。选择税的缺点是征税标准经常变化，令出口国难以预知，容易引起争议。

2. 关税征收依据：海关税则、税则目录

（1）海关税则。海关税则（customs tariff）是一国对进出口商品计征关税的规章和对进出口应税与免税商品加以系统分类的一览表。它是关税制度的重要内容，是国家关税政策的具体体现。

海关税则一般包括两个部分：一部分是海关课征关税的规章条例及说明，另一部分是关税税率表。其中，关税税率表主要包括税则号列、商品分类目录和税率。自 2022 年 1 月 1 日起，我国根据《中华人民共和国进出口关税条例》及相关规定，实施《中华人民共和国进出口税则（2022）》。

（2）税则目录。最初海关税则中的商品分类，是各国根据自身需要和习惯编制的，由于商品的分类非常复杂，其中包含了商品本身和各国贸易政策方面等原因，使得各国海关统计资料缺乏可比性。为了减少各国海关在商品分类上的矛盾和不方便，国际经济组织开始制定和完善国际通用的统一税则目录。

①《海关合作理事会税则商品分类目录》。《海关合作理事会税则商品分类目录》

(Customs Co-operation Council Nomenclature,CCCN)是 1950 年 12 月 15 日海关合作理事会在布鲁塞尔召开的国际会议上制定的公约,1953 年 9 月 11 日生效。该公约最初被称为《布鲁塞尔税则目录》,于 1975 年正式改名为《海关合作理事会税则商品分类目录》。该目录的分类原则是按商品的原料组成为主,结合商品的加工程度、制造阶段和商品的最终用途来划分。它把全部商品共分为 21 类、99 章、1 015 项税目号。每个商品税则号由四位数组成。

②《国际贸易标准分类》。与此同时,出于贸易统计和研究的需要,联合国经济和社会理事会下设的统计委员会在 1950 年编制并公布了《国际贸易标准分类》(Standard International Trade Classification,SITC),并在 1960 年、1972 年、1985 年及 2008 年进行了四次修订。2008 年修订本将商品分为 10 个部门、67 类、262 组、1 023 个分组、2 970 个基本项目。该标准目录使用 5 位数字表示。由于是由联合国主持编制的,有 100 多个国家采用。

③《商品名称及编码协调制度》。《商品名称及编码协调制度》(The Harmonized Commodity Description and Coding System)简称《协调制度》(HS)。CCCN 和 SITC 两种商品分类目录在国际上并存,虽然制定了相互对照表,但仍给报关等工作带来不便。为了更进一步协调和统一这两种国际贸易分类体系,1970 年,海关合作理事会决定成立协调制度委员会和各国代表团组成的工作团来研究探讨是否可能建立一个同时能满足海关税则、进出口统计、运输和生产等各部门需要的商品列名和编码的"协调制度"目录。60 个国家和 20 多个国际组织参加了研究工作。经过 10 多年的努力,终于制定出了一套新型的、系统的、多用途的国际贸易商品分类体系《商品名称及编码协调制度》,并于 1988 年 1 月 1 日正式生效实施。其后分别于 1992 年、1996 年、2002 年、2007 年、2012 年和 2016 年进行了六次修订。

《协调制度》基本上按商品的生产部类、自然属性、成分、用途、加工程度、制造阶段等进行编制,共有 21 类、97 章、1 241 个税目、5 019 个子税目。每个商品税则号由六位数组成。与《海关合作理事会税则商品分类目录》相比,《协调制度》使用更广泛,它不仅用于普惠制,还大量地用于航运业、国际经济分析及国际贸易中。《协调制度》自 1988 年 1 月 1 日起至现在,世界上包括欧盟、美国、加拿大、日本在内的绝大多数国家都采用《协调制度》。我国 1991 年以前使用的是联合国《国际贸易标准分类》,1992 年 1 月 1 日起使用海关合作理事会制定的《商品名称及编码协调制度》,并从 1994 年起公布按 SITC 大类转换的进出口数据。

(3) 海关税则的种类。海关税则中的同一商品,可以按一种税率征税,也可以按两种或两种以上税率征税。按照税率表的栏数,可将海关税则分为单式税则和复式税则两类。

单式税则又称一栏税则,是指一个税目只有一个税率,即对来自任何国家的商品均以同一税率征税,没有差别待遇。目前只有少数发展中国家如委内瑞拉、巴拿马、冈比亚等仍实行单式税则。

复式税则又称多栏税则,是指同一税目下设有两个或两个以上的税率,对来自不同国家的进口商品按不同的税率征税,实行差别待遇。其中,普通税率是最高税率,特惠税率是最低税率,在两者之间,还有最惠国税率、协定税率、普惠制税率等。目前大多数国家都采用复式税则,这种税则有二栏、三栏、四栏不等。我国也采取复式税则。

二、关税的经济效应分析

(一) 贸易小国的关税经济效应

1. 局部均衡

以图 6-1 为例考察关税对一个小国的经济效应和福利影响。在图 6-1 中,X 产品是该国的进口产品,S_X 是 X 产品的国内供给曲线,D_X 是 X 产品的国内需求曲线,那么 S_X 和 D_X 的交点 E 就是供需平衡点,此时 X 产品的国内需求正好等于国内供给,经济完全自给,无须进行贸易。P_X 是世界市场上 X 产品的价格,沿 P_X 的水平线实际上就是外国对该国的出口供给曲线,由于该国是小国,其市场对外国出口商而言微不足道,因而存在对这一小国的无限出口供给,使该曲线呈现出水平状。在没有征收关税前,按世界价格 $P_1 = 1$,将有 10 单位的 X 产品在国内生产,而在这一价格水平上,国内需求量却为 70 单位,供需缺口 60 单位就要靠外国进口来填补。

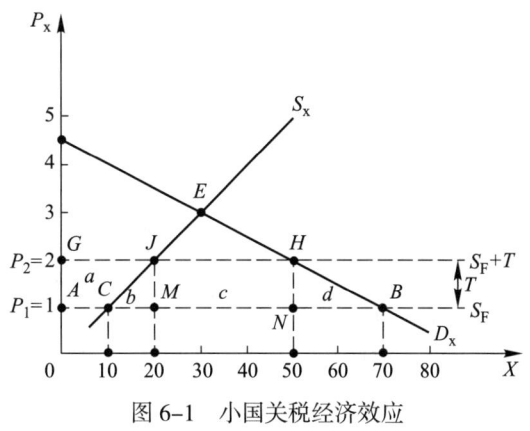

图 6-1　小国关税经济效应

现在该国政府决定对外国进口的 X 产品征收税率为 100% 的从价关税。由于该国是小国,对世界价格没有影响力,世界价格并不会因为征收关税而造成的进口需求下降而有所降低,仍维持在原有水平上,这样,关税所带来的产品价格的提高全部都反映了在该国 X 产品的国内价格上,国内价格上升到 $P_2 = 2$,在这样一个价格水平上,国内生产受到鼓励,由 10 单位提高到 20 单位;国内消费需求受到抑制,从 70 单位下降到 50 单位,进口也由没有征税前的 60 单位减至征税后的 30 单位,这体现出关税对进口的抑制。

关税对一国经济福利的影响是怎样的呢? 这种福利影响如何在各方进行分配呢?

对于消费者来说,在 P_1 的价格和 70 单位的需求数量下,其消费者剩余是 D_X 曲线以下和 P_1 水平线以上的面积,现在由于征税,提高了价格,减少了消费需求量,在新的国内价格 P_2 水平上,消费者剩余为 D_X 线下 P_2 线以上部分面积,故由于征税,消费者剩余减少了 $a + b + c + d$ 的面积。然而,价格的提高却刺激了生产,保护了国内产品和市场。在 P_1 价格水平上,国内生产者必须和众多外国制造商竞争,其生产者剩余仅为 S_X 线以上 P_1 线以下的部分面积,而现在由于征税导致产品国内价格的提高,生产者剩余增加到 P_2 线以下 S_X 线以上部分,净增 a 部分。所以 a 部分只不过是收入再分配而已,由消费者转移到生产者手中。对于该国政府,由于征收关税而获得了税收收入,其收益为进口数量乘以税率,也就是图中 c 部分的面积。这样,c 部分也是消费者到政府的收入再分配。最后还剩下的 b 和 d 部分虽然也是消费者损失,但其他人谁也没得到,因而是社会福利的净损失。我们可以把上述关税的福利效应简要概括如下("−"号代表福利损失,"+"号代表福利盈余):

消费者剩余减少：$-(a+b+c+d)$

生产者剩余增加：$+a$

政府关税收入：$+c$

社会总福利的变化：$-(b+d)$

分解 $-(b+d)$ 的社会福利净损失会发现，其中 b 部分是关税的生产影响，即在自由贸易下原先由高效率的国外生产商生产的产品，现在由于关税的保护作用转而由低效率的国内生产者供应所带来的效率损失。d 部分是关税的消费影响，即由于关税导致的国内价格的提高而使消费者被迫减少产品消费所造成的消费损失。

2. 一般均衡

图 6-2 中给出了一国的生产可能性曲线。在自由贸易条件下，该国的生产均衡点在贸易条件曲线 T_0 与生产可能性曲线相切的 P_0 点，消费均衡点在 T_0 线与消费无差异曲线相切的 C_0 点。显然，此时该国的贸易三角是 C_0GP_0，即该国将出口数量为 P_0G 的 X 产品，进口数量为 C_0G 的 Y 产品。

当该国对 Y 产品征收进口税后，国内 Y 产品相对于 X 产品的价格高于国际市场上 Y 产品的相对价格，国内贸易条件曲线变为比国际贸易条件曲线 T_0 平直的曲线 T_1（表示用较多的 X 产品才能换等量的 Y 产品）。由于受到关税保护，Y 产品的国内相对价格上升，X 产

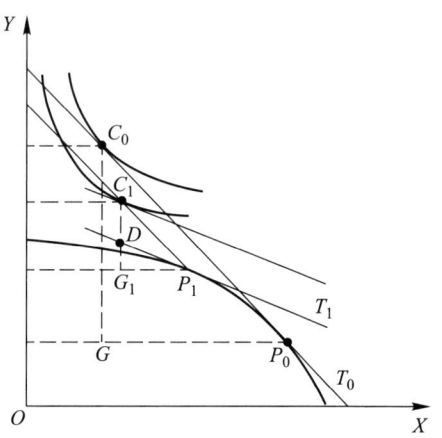

图 6-2　生产可能性曲线与关税效应

品国内相对价格下降，促使国内生产者把资源从 X 产品转向 Y 产品，直到生产 Y 产品的边际成本与 Y 产品的国内相对价格趋于一致，这种资源转移才会终止，即新的生产均衡点在国内贸易曲线 T_1 与生产可能性曲线相切的切点 P_1 处。同时，由于国内价格的变化也使国内消费做出相应调整，即增加价格相对下降的 X 产品的消费，减少价格相对上升的 Y 产品的消费，直到使两种商品的边际效用比率与国内相对价格趋于一致，也就是使国内贸易条件 T_1 与消费无差异曲线相切于 C_1 点，C_1 点就是新的消费均衡点。值得注意的是，由于消费无差异曲线有一组，与国内贸易条件曲线就有一组切点，最终唯一的均衡点 C_1 是在国际贸易条件曲线上的那一点（由于假设该国为贸易小国，故国际贸易条件曲线不因征收关税而变化）。此时，受关税影响的新的贸易三角形由征税前的 P_0GC_0 变为 $P_1G_1C_1$，表示该国出口的 X 产品由征税前的 P_0G 变为 P_1G_1，进口的 Y 产品由征税前的 C_0G 变为 C_1G_1。也就是说，征收关税使国内 Y 产品供给增加与需求减少造成进口减少，并使国内 X 产品供给减少与需求增加造成出口减少。

显然，从图 6-2 中可以看出，新的消费均衡点 C_1 所处的消费无差异曲线必然要比征税前的 C_0 点所处的消费无差异曲线低，表示征税使本国的福利水平下降。从各个利益集团所受的影响来看，政府通过税收获得了 C_1D 价值的收入（以 Y 产品数量表示）。国内 X 产业的生产减少，减少的数量由 P_1 点到 P_0 点的水平距离表示；Y 产业的生产增加，增加的数量由 P_1 点到 P_0 点的垂直距离表示。因此，X 产业的生产者遭受到价格下降、产量减少的损失，Y 产业的生产者则获得了价格上升、产量增加的收益。另外，国内消费者减少了 Y 产品的消费（数量由 C_1

点到 C_0 的垂直距离表示),增加了 X 产品的消费(数量由 C_1 点到 C_0 点的水平距离表示),总的消费效用水平则下降了(由 C_1 点低于 C_0 点表示)。而且,必须注意,这一消费均衡点 C_1,是在政府把所有税收都以某种形式交还消费者时才可能达到。否则,征收后的消费均衡点在 D 点。

(二)贸易大国的关税经济效应

如果征收进口关税的国家为贸易大国,其进口贸易量足以影响国际市场价格,那么,征收进口关税后,不仅会使本国价格上升,而且会因为进口商品的国内价格上升造成进口需求减少,从而使国际市场价格下降。

1. 局部均衡

如果进口国是一个贸易大国,即该国某种商品的进口量占了世界进口量的较大份额,能够影响世界市场价格变动,那么,大国征收关税的经济效应和小国的有所不同。

如图 6–3 所示,D 为国内需求曲线,S 为国内供给曲线;P_W 为自由贸易下的国际价格(也是国内价格),在自由贸易的条件下,由于本国生产数量小于消费数量,本国会从国外进口该种产品,进口量为 Q_SQ_D。

当大国征收进口关税时,由于征税必然导致进口数量的下降,减少对国际市场该商品的需求,使得该商品国际市场的出口价格降低,在图中表示为

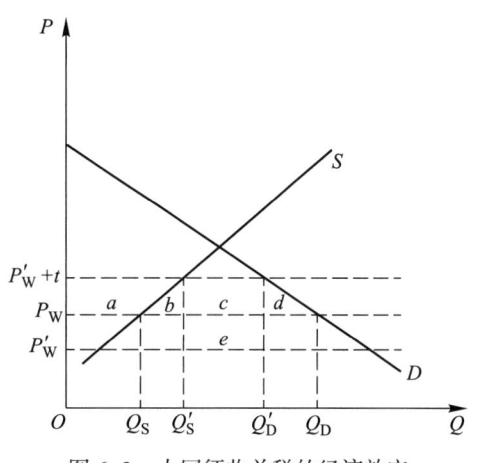

图 6–3　大国征收关税的经济效应

P'_W。同时,该国征收关税后的国内价格(等于进口价格加关税额)为 $P'_W + t$。价格的上升使得进口数量下降为 $Q'_SQ'_D$。消费者剩余减少了 $a + b + c + d$ 的面积,生产厂商获得 a 的面积,政府获得 $c + e$ 的面积,社会净福利损失为 $e - (b + d)$,与小国相比有了改善。同时,世界其他的出口国有净福利的损失,整个世界净经济效应也是损失,说明大国征收关税在给自己改善福利的同时,给出口国和世界带来的都是福利净损失。我们把上述大国关税的福利效应简要概括如下(+ 号表示福利盈余,– 号表示福利损失):

消费者剩余减少:$-(a + b + c + d)$

生产者剩余增加:$+a$

政府关税收入:$+(c + e)$

净经济效应:$e - (b + d)$

2. 一般均衡

当一国为贸易大国时,对 Y 产品征收进口关税会使本国的对外贸易条件改善。如图 6–4 所示,通过征收关税减少 Y 产品的进口需求,使国际市场上的 Y 产品相对价格曲线 T_0 变为 T_2(倾斜程度增加),而关税使国内相对

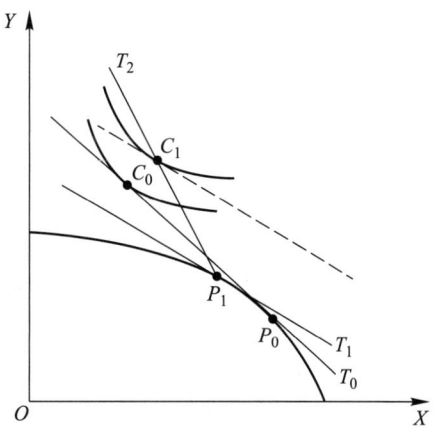

图 6–4　贸易大国关税效应的一般均衡

价格曲线由自由贸易时的 T_0（与国际市场一致）变为 T_1（倾斜程度减少）。这样，新的消费均衡点 C_1 就有可能高于征税前的 C_0 点，表示福利水平有可能因征收关税而提高。其他方面的影响则基本与贸易小国的情况相似。

（三）最优关税和报复关税

1. 最优关税

当大国征收关税后，虽然贸易量减少，其贸易条件却改善了。由自身原因导致的贸易量的减少，将减少该国的福利。而另一方面，贸易条件的改善，又会增加该国的福利。

最优关税（optimum tariff）是这样一种税率，它使得一国贸易条件的改善相对于其贸易量减少的负面影响的净所得最大化。以自由贸易为起点，当一国提高其关税率时，其福利逐渐增加到最大值（最优关税率），然后当关税率超过最优关税率时，其福利又逐渐下降。最终这个国家又将通过禁止性关税回到自给自足的生产点。因此，一国如果在最优关税的税率水平上征收关税将使本国的福利最大化。

图 6–5 中 A、B 两国自由贸易条件下的提供曲线分别是 OA 和 OB，由两条提供曲线的交点 E 和原点的连线确定了自由贸易条件下的贸易条件线 T。当 A、B 两国征收进口关税时，两国的提供曲线分别向本国的进口产品轴方向移动，使得国际交换比价线变得对本国有利。

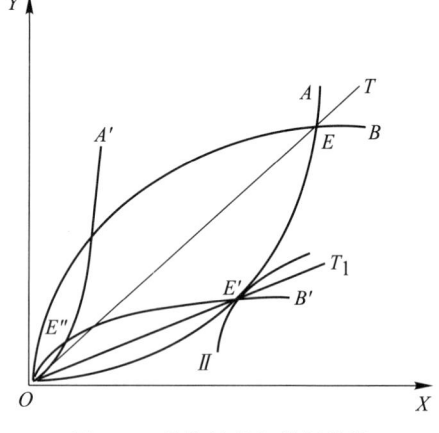

图 6–5   最优关税与报复关税

B 国的提供曲线逐步向本国的进口产品轴方向移动，使得贸易条件逐步改善，同时，贸易量也不断减少。当 B 国的提供曲线移动到图中 OB' 时，提供曲线 OB' 与 A 国的提供曲线相交，表明两国的贸易条件线为 T_1，同时，该国的贸易无差异曲线 II 与 A 国的提供曲线相切，表示这时 B 国贸易条件的变化使得 B 国能够达到最高的贸易无差异曲线，使 B 国由其贸易条件的改善而增加的福利超过了由于贸易量的减少而减少的福利，这时的关税代表了 B 国通过征收关税能获得的最大福利，即最优关税。

需要注意的是，小国的最优关税是零，因为关税不会影响其贸易条件，而只会导致贸易量的减少。因此，免收关税能使小国通过自由贸易增加其福利，即使在其贸易伙伴不报复的情况下也是如此。

2. 报复关税

随着关税的征收，一国的贸易条件改善了，而其贸易伙伴的贸易条件却恶化了，因为它们的贸易条件与征税国是相对的。面临着更低的贸易量和恶化的贸易条件，贸易伙伴的福利无疑会下降。结果是，其贸易伙伴极有可能采取报复行动，也对自己的进口产品征收最优关税。当它的贸易条件改善使其挽回大部分损失后，它的报复性关税无疑又会进一步减少其贸易量。此时第一个国家也会采取报复行动，如果这个过程持续下去，最终的结果通常是所有国家损失全部或大部分贸易所得。

由于贸易条件恶化和更小的贸易量,A 国肯定要比在自由贸易下更糟糕。结果,A 国可能采取报复行动,也对其进口商品征收最优关税,如图 6-5 所示,提供曲线 OA' 和 OB' 使均衡点移至 E''。现在 A 国的贸易条件更好,而 B 国的却要比自由贸易下更差,但贸易量却大大减少。在这点,B 国也可能采取报复行动。最终两国以回到图 6-5 的原始状态而结束,意味着两国都独立生产,自给自足。结果使得全部贸易所得都丧失了。

需要注意的是,即使当一国征收最优关税,其贸易伙伴并不采取报复行动时,征收关税国家的所得也要小于贸易伙伴所受的损失。这样,对整个世界总体而言,征收关税要比在自由贸易下情况糟糕。正是从这个意义上考虑,自由贸易使世界福利最大化。

(四)有效保护率和关税结构

1. 有效保护率的概念

名义保护率也叫名义关税率,是指某种进口商品进入该国关境时,海关根据海关税则所征收的关税税率。在其他条件相同和不变的条件下,名义关税率越高,对本国同类产品的保护程度也越高。

有效保护率(rate of effective protection)是指一国实行保护使本国某产业加工增值部分被提高的百分比。该概念于 1955 年由加拿大经济学家巴勃(C.L.Barber)提出。

名义保护只考虑了关税对某种成品价格的影响,而不考虑对其投入材料的保护;有效保护不但注意了关税对成品的价格影响,也注意了投入的原材料和中间产品由于征收关税而提高的价格。因此,有效保护率计算的是某项加工工业中受全部关税制度影响而产生的增值比。有效保护率是对一种产品的国内、外增值差额与其国外增值部分的百分比。这里所说的国外增值是指在自由贸易条件下该商品的增值。

2. 有效保护率的计算公式

$$T_e = \frac{V' - V}{V} \times 100\%$$

式中:T_e 为有效保护率;

V 为进口加工增值;

V' 为国内加工增值。

例如,在自由贸易条件下,美国汽车的价格为 300 美元,原料成本为 240 美元,增值 60 美元。当美国开始对进口商品征税后,10% 的汽车进口税使国内汽车价格上升到 330 美元,而 5% 的原料进口税使成本上升为 252 美元,增值额变为 78 美元,因此,汽车获得的有效保护率为:

$$T_e = \frac{V' - V}{V} \times 100\% = \frac{78 - 60}{60} \times 100\% = 30\%$$

具体计算时使用下面的公式:

$$T_e = \frac{t - \sum a_i t_i}{1 - \sum a_i}$$

式中:t 为某产品的名义关税率;

a_i 为自由贸易条件下,某项投入原料的价值占该产品价值的比例;

t_i 为该项投入原料的名义关税率。

3. 对有效保护率评价

从对公式的检验及其结果可以得出以下关于有效保护率和最终商品的名义关税(t)两者之间关系的重要结论：

(1) 如果 $a_i = 0$,有效保护率 $= t$。

(2) 对给定的 a_i 和 t_i 值,t 值越大,有效保护率越大。

(3) 对给定的 t 和 t_i,a_i 值越大,有效保护率越大。

(4) 当 t_i 小于、等于或大于 t 时,有效保护率大于、等于或小于 t。

(5) 当 $\sum a_i t_i$ 值大于 t 时,有效保护率是负的。

进口要素的关税是一项增加国内生产者生产成本的税收,对最终商品给定一个名义关税率,将减小有效保护率,因此对国内生产起抑制作用。在某些情况下,即使最终商品的名义税率是正的,国内生产的商品也要比自由贸易下更少。

为了避免负保护现象,并且尽可能提高有效保护率,目前各国普遍采用"升级式"关税结构,即产品的税率随着产品的加工程度而上升:最终产品的税率大于中间产品、零配件的税率,后者又大于原材料的税率,使得整个产业的有效保护率大大高于名义保护率。

三、非关税措施的主要形式

(一) 非关税措施的定义与特点

非关税措施指除关税以外的一切限制进口的措施。与关税相比,非关税措施更具灵活性和针对性,更具强制性和隐蔽性。

(二) 非关税措施的种类

1. 进口限额制

进口限额制是指一国政府在一定时期内,对某些商品进口的数量和金额事先作出规定,在限额内可以进口,超过限额的不准进口或征收较高的关税或罚款的制度,又称进口配额制。

进口配额(quota)主要有绝对配额和关税配额两种。绝对配额是指在一定时期内,对某些商品的进口数量或金额规定一个最高数额,达到这个数额后,便不准进口。绝对配额具体分为三种:一是全球配额,即对于来自世界任何国家和地区的商品一律适用,直到配额用完为止;二是国别或地区配额,即对来自不同国家和地区的进口商品分别规定不同的限额,超过配额的便不准进口;三是进口商配额,即按不同进口商分配给一定配额。关税配额是指对商品进口的绝对数额不加限制。在一定时期内,对规定的关税配额以内的进口商品给予低税、减税或免税的优惠待遇,对规定的关税配额以外的进口商品,则征收较高的关税、附加税和罚款。

2. 进口许可证制

进口许可证制是指商品的进口,事先要由进口商向国家有关机构提出申请,经过审查批准并发给进口许可证后,方可以进口,没有许可证,一律不准进口。

从进口许可证与进口配额的关系上看,进口许可证可分为定额的进口许可证和无定额的进口许可证两种形式。定额的进口许可证,即国家有关机构预先规定有关商品的进口配额,然后在配额的限度内,根据进口商的申请,在配额的限度内,对每一笔进口货物发给进口商一定数量的进口许可证,当进口配额用完时,即不再发放许可证。无定额的进口许可证是指国家不预先公布配额,而是根据进口商的申请,在个别考虑的基础上,决定对某种商品的进口是否发给许可证。由于没有公开的标准,因此起到更大的限制进口的作用。

从进口商品的许可程度上看,进口许可证一般可分为公开一般许可证(公开进口许可证或一般许可证)和特种进口许可证两种。公开一般许可证在通常情况下控制较宽,没有进口国别和地区的限制,进口商只要填写一般许可证申请,都可获得进口的许可。特种进口许可证一般控制较严,申请时必须经审查批准后才可获得进口的许可。

3. 自愿出口限制

自愿出口限制是出口国在进口国的政府或行业的要求或者压力下,自愿规定某些商品在一定时期内对进口国的出口数量或者金额。自愿出口限制是对所有限制出口的双方协议措施的通称。但是,严格说来,自愿出口限制是由出口国单方面采取和执行的行动,出口国具有取消或修改限制措施的权利。

4. 歧视性政府采购

歧视性政府采购政策是指国家通过法令和政策明文规定政府机构在采购商品时必须优先购买本国货。这种政策实际上是歧视外国产品,起到了限制进口的作用。

歧视性政府采购政策是对外国商品的歧视。目前,一些国家歧视性政府采购政策限定的货物主要有军火、办公设备、电子计算机和汽车等。

美国从 1933 年开始实行,并于 1954 年和 1962 年两次修改的《购买美国货物法案》是最为典型的政府采购政策。该法案规定,凡是美国联邦政府采购的货物,都应该是美国制造的,或是用美国原料制造的。凡商品的成分有 50% 以上是国外生产的就称外国货。以后又做了修改,规定只有在美国自己生产数量不够或国内价格过高,或不买外国货有损美国利益的情况下,才可以购买外国货。英国规定政府机构使用的通信设备和电子计算机必须是英国产品。日本也规定,政府机构需用的办公设备、汽车、计算机、电缆、导线、机床等不得采购外国产品。由于发达国家政府采购的数量非常庞大,因此,这是一种相当有效的限制进口的非关税壁垒措施。

5. 进出口的国家垄断

进出口的国家垄断是指国家对某些商品的进出口规定由国家直接经营,或者是把某些商品的进口或出口权给予某个垄断组织。各国国家垄断的进出口商品主要有烟酒、农产品、武器三大类。

6. 最低限价和禁止进口

进口限价是进口国政府规定进口商品必须在国家指定的价格水平之上进行销售,增加商品销售的难度。进口限价的极端措施是对某些商品完全禁止进口。

7. 外汇管制

外汇管制(foreign exchange control)是指一国政府对外汇的收支、结算、买卖和使用所采取的限制性措施,又称外汇管理。外汇管制的目的在于有效地使用外汇,防止外汇投机,限制资本流出和流入,改善国际收支,稳定汇率。

外汇管制按照管制的手段分为数量管制和成本管制。前者是指国家外汇管理机构对外汇买卖的数量直接进行限制和分配,通过控制外汇总量达到限制出口的目的。后者是指国家外汇管理机构对外汇买卖实行复汇率制,利用外汇买卖成本的差异,调节进口商品结构。

外汇管制按照管制的方法可分为直接管制和间接管制。前者由外汇管制机构对各种外汇业务实行直接、强制的管理和控制。后者则是通过诸如许可证制度、进口配额制度等间接影响外汇业务,从而达到外汇管制的目的。从另一角度,外汇管理的方法又可分为数量管制、汇价管制和综合管制三种,即或从外汇业务的数量上,或从汇价上,或从二者的结合上实行外汇管理。

8. 进口押金制

进口押金制(advanced deposit)又称进口存款制或进口预付款制,是限制进口的一种非关税壁垒和外汇管制的措施。在这种制度下,进口商在进口商品时,必须预先按进口金额的一定比率和规定的时间,在指定的银行无息存入一笔现金才能进口。这样就增加了进口商的资金负担,影响了资金的周转,从而起到了限制进口的作用。

意大利从1974年5月到1975年3月,曾对400多种进口商品规定,无论从任何一个国家进口,都必须先向中央银行交纳相当于进口货价半数以上的现款押金,无息存放3个月。据统计,这项措施相当于征收5%以上的进口附加税。意大利政府还规定:自1976年5月起,意大利进口商除对国外出口商付款外,还应将进口货款的5%无息缴存中央银行冻结3个月,被纳入预缴范围的进口商品范围广,除粮食外,其他如原料、石油等商品都包括在内,旨在进一步限制进口,改善国际收支。芬兰、新西兰和巴西也相继实行过这种措施。进口押金制的作用已逐渐受到怀疑。因为进口商可用存款收据作为进口付款的资金担保,或者用它作为在货币市场上获得优惠利率贷款的凭证,而国外出口商为保证其商品出口销路,愿意分摊存款金额,从而使之起不到应有的限制进口的作用。

9. 海关壁垒:专断的海关估价制、海关程序

专断的海关估价制是指某些国家通过专断的方法来高估进口商品的价格,从而增加进口商品的关税负担,以限制商品进口的措施。

海关程序是指在经过海关时,要求经过非常繁杂的清关手续,甚至故意制造麻烦,来增加进口阻力,限制进口。

10. 技术性贸易壁垒

技术性贸易壁垒主要是指货物进口国家所制定的那些强制性和非强制性的技术法规、标准以及检验商品的合格评定程序所形成的贸易障碍。即通过颁布法律、法令、条例、规定以及建立技术标准、认证制度、检验检疫制度等方式,对外国进口商品制定苛刻烦琐的技术、卫生检疫、商品包装和标签等标准,从而提高进口产品要求,增加进口难度,最终达到限制进口的目的。

根据世贸组织《技术性贸易壁垒协议》,技术性贸易壁垒可分为三类,即技术法规(规定强制执行的产品特性或其相关工艺和生产方法,包括适用的管理规定的文件)、标准(经公认机构批准的、非强制执行的、供通用或重复使用的产品或相关工艺和生产方法的规则、指南或特性

的文件)和合格评定程序(任何直接或间接用以确定是否满足技术法规或标准中相关要求的程序),并把符合《技术性贸易壁垒协议》原则的技术法规、标准和合格评定程序视为合理的、允许的,不构成贸易壁垒,而把不符合《技术性贸易壁垒协议》原则的技术法规、标准作为贸易壁垒,要求消除。

技术性贸易壁垒,其限制产品进口方面的技术措施主要有以下三种:

(1)严格、繁杂的技术法规和技术标准。利用技术标准作为贸易壁垒具有非对等性和隐蔽性。在国际贸易中,发达国家常常是国际标准的制定者。它们凭借着在世界贸易中的主导地位和技术优势,率先制定游戏规则,强制推行根据其技术水平定出的技术标准,使广大经济落后国家的出口厂商望尘莫及。而且这些技术标准、技术法规常常变化,有的地方政府还有自己的特殊规定,使发展中国家的厂商要么无从知晓、无所适从,要么为了迎合其标准付出较高的成本,削弱产品的竞争力。目前,欧盟拥有的技术标准就有 10 多万个,日本则有 8 184 个工业标准和 397 个农产品标准。美国的技术标准和法规更是多得不胜枚举。

(2)复杂的合格评定程序。在贸易自由化渐成潮流的形势下,质量认证和合格评定对于出口竞争能力的提高和进口市场的保护作用愈益突出。目前,世界上广泛采用的质量认定标准是 ISO9000 系列标准。此外,美、日、欧盟等还有各自的技术标准体系。

(3)严格的包装、标签规则。为防止包装及其废弃物可能对生态环境、人类及动植物的安全构成威胁,许多国家颁布了一系列包装和标签方面的法律和法规,以保护消费者权益和生态环境。从保护环境和节约能源来看,包装制度确有积极作用,但它增加了出口商的成本,且各国技术要求不一、变化无常,往往迫使外国出口商不断变换包装,失去不少贸易机会。

最近十几年来发达国家相继采取措施,大力发展绿色包装,主要有:① 以立法的形式规定禁止使用某些包装材料,如含有铅、汞和镉等成分的包装材料,没有达到特定的再循环比例的包装材料,不能再利用的容器等。② 建立存储返还制度。许多国家规定,啤酒、软饮料和矿泉水一律使用可循环使用的容器,消费者在购买这些物品时,向商店缴存一定的保证金,以后退还容器时由商店退还保证金。③ 税收优惠或处罚,即对生产和使用包装材料的厂家,根据其是否使用可以再循环的包装材料而给予免税、低税优惠或征收较高的税收,以鼓励使用可再生的资源。

(三)非关税措施的经济效应

非关税措施的种类有很多种,结合贸易现实,下面重点分析进口配额的局部均衡效应,并和进口关税做一比较。

1. 进口配额的局部均衡效应

进口配额的局部均衡效应用图 6-6 表示。图中 D_X 是该国对商品 X 的需求曲线,S_X 是供给曲线。在自由贸易下,世界均衡价格是 1 美元,该国消费 70 单位 $X(AB)$,其中 10 单位 $X(AC)$ 由国内生产,剩下 60 单位 $X(CB)$ 进口。进口配额 30 单位 $X(JH)$ 会将国内价格提至 $P_X = 2$ 美元,如同对商品 X 征收了 100% 的从价进口关税。原因是只有当 $P_X = 2$ 美元时,

需求数量 50 单位 X(GH) 才等于国内生产的 20
单位 X(GJ) 加上进口配额所允许的 30 单位 X
(JH)。这样消费减少了 20 单位 X(BN)，国内生
产增加了 10 单位 X(CM)，这是由于进口配额为
30 单位 X(JH) 而产生，这相当于征收了 100% 关
税产生的效果。如果政府在竞争性市场上将进
口许可拍卖给最高出价者，收入效应会是 30 美
元（每单位配额 × 1 美元，共 30 单位进口配额），
这由图中的 $JHNM$ 区域给出。30 单位 X 的进口
配额便相当于"隐含的"100% 的进口关税。

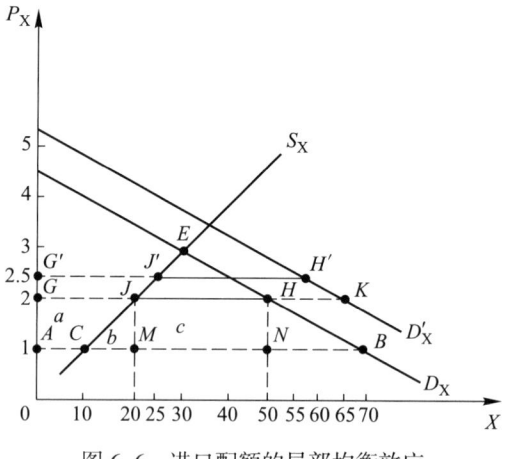

图 6-6   进口配额的局部均衡效应

2. 进口配额与进口关税的比较

如图 6-6 所示，随着 D_X 向上移动到 D'_X，给定
的进口配额 30 单位 X(JH) 将会导致国内 X 的价格上升到 P_X = 2.50 美元，国内生产增加到 25
单位 X($G'J'$)，国内消费从 50 单位 X 上升到 55 单位 X($G'H'$)。另一方面，如果征收 100% 的进
口关税（曲线从 D_X 上移到 D'_X），X 价格保持 P_X = 2 美元不变，国内生产 20 单位 X(GJ)，但国内
消费会上升至 65 单位 X(GK)，进口量为 45 单位 X(JK)。

图 6-6 中的 D_X 上移到 D'_X，表明了进口配额与等效（隐含）的进口关税的一个重要的不
同之处。即对于给定的进口配额，当需求增加时，会比等效的进口关税导致更高的国内价格
和更多的国内生产量；对于给定的进口关税，当需求增加时，会比等效的进口配额导致更高
的消费量和进口量，但对国内价格和国内生产量的影响较小。D_X 向下平移以及 S_X 的移动
可以进行类似的分析。既然通过调节进口配额，就可以有效地移动 D_X 和 S_X 以调节国内价
格，而不用通过关税来影响进口，那么，进口配额就完全可以取代市场机制，而不是简单地改
变它。

进口配额与进口关税之间的第二个重要区别，是配额制涉及进口许可的发放。如果政府
不是在一个竞争性市场上拍卖这些许可，得到这些许可的公司便可攫取垄断利润。在这种情
况下，政府必须决定发放给此种商品的潜在进口者的标准。这些决定可能出于官员的随便判
断，而没有深思熟虑，他们可能对不断变化的实际情况和潜在的商品进口者无动于衷。更甚
者，既然进口许可可以带来垄断利润，潜在的进口者便可能花费大量精力来游说甚至贿赂政府
官员以获得许可（所谓的寻租行为）。这样，进口配额不仅取代了市场机制，从整个经济来看还
造成了浪费，埋下了腐败的种子。

最后，进口配额将进口限定在一个确定的水平，而进口关税的贸易效果则不确定。原因是
D_X 和 S_X 的弹性或形状常常难以确定，从而很难将进口限定在要求水平上。再者，外国出口者
可以通过提高效率或接受低利润来全部或部分消化吸收关税，结果是进口的实际减少额比预
期的要少。而有进口配额限制时，进口者便不能这样做，因为允许进口到此国的数量由配额明
确限定。由于这个原因，还因为进口配额更加"可见"，国内生产者喜欢进口配额制更甚于进
口关税。

第三节　出口管理措施

一、出口鼓励措施

(一) 出口信贷

出口信贷是一种国际信贷方式,是一国为了支持和扩大本国大型机械、成套设备、大型工程项目等的出口,增强国际竞争能力,以对本国的出口给予利息补贴并提供信贷担保的办法,鼓励本国的银行对本国出口商提供利率较低的贷款以解决资金周转的困难,或满足国外进口商对本国出口商支付货款需要的一种融资方式。出口信贷是促进资本货物出口的一种手段。

出口信贷按借贷关系可以分为卖方信贷和买方信贷。

卖方信贷(supplier credit)是指为便于国外进口商延期付款,出口国银行向出口商提供的信贷。使用卖方信贷,进口商在订货时须交一定数额的现汇定金,具体数额由购买商品所决定。如成套设备和机电产品一般不低于合同金额的 15%,船舶则不低于合同金额的 20%。定金以外的贷款,要在全部交货或工程建成后陆续偿还,一般是每半年偿还一次。使用卖方信贷的最大好处是进口方无须亲自筹资,而且可以延期付款,有效地解决了暂时支付困难;不利的是出口商往往把向银行支付的贷款利息、保险费、管理费等都打入货价内,使进口商不易了解贷款的真实成本。

买方信贷(buyer credit)具体方式有两种:第一种是出口方银行直接向进口商提供贷款,并由进口方银行或第三方银行为该项贷款担保,出口商与进口商所签订的成交合同中规定为即期付款方式。出口方银行根据合同规定,凭出口商提供的交货单据,将贷款直接付给出口商,而进口商按合同规定陆续将贷款本利偿还给出口方银行。这种形式的出口信贷实际上是银行信用。第二种是由出口方银行贷款给进口方银行,再由进口方银行为进口商提供信贷,以支付进口货款。进口方银行可以按进口商原计划的分期付款时间陆续向出口方银行归还贷款,也可以按照双方银行另行商定的还款办法办理。而进口商与进口方银行之间的债务,则由双方在国内直接结算清偿。这种形式的出口信贷在实际中用得最多,因为它可以提高进口方的贸易谈判效率,有利于出口商简化手续、改善财务报表,有利于节省费用并降低出口方银行的风险。

(二) 出口信贷国家担保制

出口信贷国家担保制是一国政府设立专门机构,对本国出口商和商业银行向国外进口商或银行提供的延期付款商业信用或银行信贷进行担保,当国外债务人不能按期付款时,由这个专门机构按承保金额给予补偿。这是国家用承担出口风险的方法,鼓励扩大商品出口和争夺海外市场的一种措施。

出口信贷国家担保的业务项目,一般都是商业保险公司不承担的出口风险。主要有两类:一是政治风险;二是经济风险。前者是由于进口国发生政变、战争以及因特殊原因政府采取禁运、冻结资金、限制对外支付等造成的损失。后者是进口商或借款银行破产无力偿还、货币贬值或通货膨胀等原因所造成的损失。承保金额一般为贸易合同金额的 75%~100%。出口信贷国家担保制是一种国家出面担保海外风险的保险制度,收取费用一般不高。随着出口信贷业务的扩大,国家担保制也日益加强。英国的出口信贷担保署、法国的对外贸易保险公司等都是这种专门机构。

(三) 出口信贷保险

出口信贷保险指的是涵盖了国内出口商海外投资风险的一种保险。一般来说,出口信贷保险主要涵盖了与进口商不付款风险相关的多种风险,包括商业风险、进口商破产或会计状况恶化以及国家风险等。

1. 出口卖方信贷保险

出口卖方信贷保险又称延付合同保险,是在出口商以延期付款的方式向境外出口商品和服务时,如果延付期超过 1 年,出口信用机构(ECA)向出口商提供收汇风险保障的一种政策性信用保险。出口卖方信贷保险承保的风险包括政治险和商业险,赔付率一般为 90%。出口商可以将卖方信贷保险的赔款权益转让给银行作为保证,获得出口卖方信贷。

出口卖方信贷保险承保的是境外进口商和担保人不付款的风险,保险责任是基于商务合同项下的买家的支付货款的责任,出口卖方信贷保险标的是出口商务合同而不是出口卖方信贷协议。出口卖方信贷保险的投保人和被保险人都是出口商,保险货币通常与商务合同一致。承保外国进口方因商业和政治原因未按照商务合同的规定偿还应付款项的风险,信用期限一般不短于 1 年,不超过 10 年。

2. 出口买方信贷保险

出口买方信贷保险是指在出口买方信贷融资方式下,出口信用机构向贷款银行提供还款保障的一种政策性保险。出口买方信贷保险承保的风险包括政治风险和商业风险,赔付率一般均为 95%。出口买方信贷保险所依据的基础合同是出口买方信贷贷款协议,保险货币通常与贷款协议货币一致。出口买方信贷的被保险人是贷款银行,投保人一般为出口商或贷款银行。

(四) 出口退税

出口退税是指对出口货物退还国内生产、流通环节已经缴纳的商品税,包括产品税、增值税、营业税和特别消费税等。出口退税主要是通过退还出口货物在国内已缴纳的税款来平衡国内产品的税收负担,使本国产品的成本降低,利于本国产品进入国际市场与国外产品进行竞争,增强竞争能力,扩大出口。

我国出口退税有以下条件:① 必须是增值税、消费税征收范围内的货物。② 必须是报关离境出口的货物。③ 必须是在财务上作出口销售处理的货物。④ 必须是已收汇并经核销的货物。

（五）出口补贴及经济效应

1. 出口补贴的含义

出口补贴（export subsidies）指一国政府或同业公会，为了降低出口商品的价格，以增强其在国外市场的竞争力，而给予出口厂商的现金补贴或财政上的优惠待遇。

出口补贴的方式有：① 直接补贴。直接补贴是指政府在出口某种商品时，直接付给出口厂商的现金补贴。② 间接补贴。间接补贴是指政府对某些出口商品给予财政上的优惠。它包括：退还或减免出口商品所缴纳的国内税，暂时免税进口，退还进口税，对出口项目提供低成本资金融通或类似的物质补助（如美国通过商务部国际贸易管理局进行补贴税的实施）等。

2. 出口补贴的经济效应

出口补贴对国内生产与消费，乃至社会福利水平都会产生实质性影响。对于接受补贴的出口部门的生产商来说，出口补贴等同于负的税收，因而生产者实际得到的价格等于购买者所付的价格加上单位补贴金额。

如图 6-7 所示，在自由贸易下，世界价格为 P_0，某贸易小国国内消费和生产分别为 Q_2 和 Q_3，此时出口量为 Q_2Q_3。如果政府给予本国出口生产者每单位产品金额为 P_0P_1 的出口补贴，则本国出口生产者可以以高于市场价格的成本进行生产，如图 6-7 所示，出口生产者的生产由原来的 Q_3 扩大到 Q_4。出口生产者的产品一部分在国内销售，一部分在国外销售，国外销售的价格为 P_0，但在国内销售的部分不享受政府补贴，价格为 P_1，高于补贴前的价格 P_0，由于价格上升，国内消费减少至 Q_1。因此，出口补贴不仅有利于本国出口生产者，而且有利于国外的消费者。

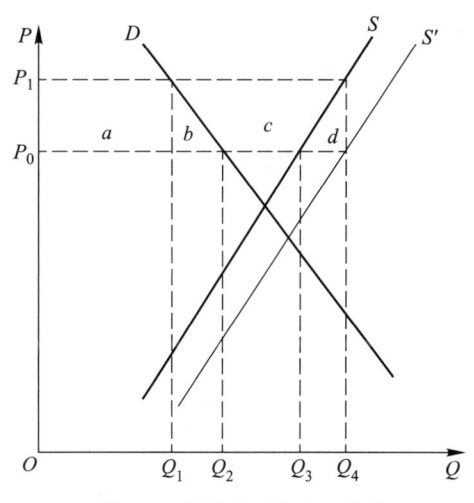

图 6-7　贸易小国的出口补贴

出口补贴对本国福利的影响效果，同样通过考察消费者剩余与生产者剩余的变动来确定。消费者剩余减少了 $a+b$，生产者剩余增加了 $a+b+c$，政府补贴支出为 $b+c+d$。综合起来，出口补贴的福利净效果 = 生产者剩余增加 − 消费者剩余损失 − 政府补贴 = $-(b+d)$，其中，b 和 d 分别为消费扭曲和生产扭曲。这一结果意味着出口补贴会导致本国社会福利水平下降。

既然出口补贴对一国的经济福利是负效应，为什么各国还要采取这种政策呢？实际上，在出口国政府看来，如果短暂的出口补贴损失，或消费者福利损失，能够促成该国生产规模的扩大，进而获得规模经济效应，或者能够促进本国经济的成长等长远利益，那么这种损失也许是值得的。

（六）成立经济特区

经济特区，是指一个国家或地区在其国境以内、关境以外所划出的一定区域，在该区域内建立良好的交通运输、通信联络、仓储等基础设施并实行关税等方面的优惠政策，吸引外国企业从事贸易与出口加工工业等业务活动。经济特区是一些国家或地区为促进经济和对外贸易的发展而采取的一项重要措施。经济特区具体包括以下三类。

1. 自由港或自由贸易区

自由港（free port）又称自由口岸，一般设在港口或港口地区；自由贸易区（free trade zone）亦称自由区或对外贸易区，一般设在邻近港口的地区或港口的港区。自由港和自由贸易区除名称不同，所设置的地理位置略有不同外，在性质、特征、作用等方面基本是一样的，所以一般都把它们并为一类。

自由港或自由贸易区一般有两种类型：一种是把整个港口或设区所在的城市都划为自由港或自由贸易区，如中国香港整个是自由港。在中国香港，除了个别商品外，绝大多数商品可以自由进出，免征关税，甚至允许任何外国商人在此兴办工厂企业。新加坡也是如此。另一种是把港口或设区的所在城市的一部分划为自由港或自由贸易区。例如，中国（上海）自由贸易试验区是在2013年8月22日批准、2013年9月29日正式挂牌设立的区域性自由贸易园区，属中国自由贸易区范畴，也是中国第一个自由贸易区。试验区总面积为28.78平方千米，范围涵盖上海市外高桥保税区、外高桥保税物流园区、洋山保税港区和上海浦东机场综合保税区4个海关特殊监管区域。

2. 保税区

保税区（bonded area）又称保税仓库，是海关所设置的或经海关批准注册的，在海港、机场或其他地点设立的允许外国货物不办理进口手续就可以连续长时间储存的区域。在储存期间，进口商品可暂时不缴纳进口税，如再出口，也不缴纳出口税。

3. 出口加工区

出口加工区（export processing zone）是一个国家或地区在其港口、国际机场附近划出一定的范围，新建和扩建码头、车站、道路、仓库和厂房等基本设施以及提供免税等优惠待遇，鼓励外国企业在区内进行投资设厂，生产以出口为主的制成品的加工区域。

出口加工区是在20世纪60年代后期和70年代初，在一些发展中国家或地区建立和发展起来的。其目的在于吸引外国投资，引进先进技术与设备，促进本地区的生产技术和经济的发展，增加外汇收入。

出口加工区是在自由港、自由贸易区的基础上发展起来的，因此，它与自由港虽均为经济特区，但二者仍有区别：一般说来，自由港或自由贸易区以发展转口贸易，取得商业方面的收益为主，是面向商业的，因而它属于贸易型经济特区；出口加工区则是以发展出口加工工业，取得工业方面的收益为主，是面向工业的，因而它属于生产型经济特区。

1979年7月，中共中央、国务院同意在广东省的深圳、珠海、汕头三市和福建省的厦门市试办出口特区。1980年5月，中共中央和国务院决定将深圳、珠海、汕头和厦门这四个出口特区改称为经济特区。1988年，我国设立海南省，建立海南经济特区。至此，我国共设立了5个经济特区。

（七）通关便利化

通关便利化也就是对外贸货物通关程序的简化与协调。它是指对通关程序的简化、适用法律和规定的协调、基础设施的标准化和改善等措施,目的是为外贸经济创造协调、透明、可预见的环境。

通关便利化的具体措施有:①"绿色通道",实现查验放行便利化;②"无纸化",实现单证报检便利化;③"预报即放",实现货物流通便利化;④"虚拟口岸",实现异地报检便利化。

二、出口管制措施

(一) 出口管制商品

出口管制是指在一些国家,特别是发达资本主义国家,为了达到一定的政治、军事和经济目的,通过法令和措施对某些商品,特别是战略物资与先进技术资料,实行限制出口或禁止出口。

出口管制一方面是出于政治与军事的目的。通过限制或禁止某些可能增强其他国家军事实力的物资,特别是战略物资的对外出口,来维护本国或国家集团的政治利益与安全。同时,也通过禁止向某国或某国家集团出售产品与技术,作为推行外交政策的一种手段。另一方面是出于经济的目的。对出口商品进行管制,可以限制某些短缺物资的外流,有利于本国对商品价格的管制,减少出口需求对国内通货膨胀的冲击。同时,出口管制有助于保护国内经济资源,使国内保持一定数量的物资储备,从而利用本国的资源来发展国内的加工工业。

出口管制的商品一般有以下五类:① 战略物资和先进技术资料,如军事设备、武器、军舰、飞机、先进的电子计算机和通信设备、先进的机器设备及其技术资料等。对这类商品实行出口管制,主要是从国家安全和军事防务的需要出发,以及从保持科技领先地位和经济优势的需要考虑。② 国内生产和生活紧缺的物资。其目的是保证国内生产和生活需要,抑制国内该商品价格上涨,稳定国内市场。如西方各国往往对石油、煤炭等能源商品实行出口管制。③ 需要"自愿"限制出口的商品。这是为了缓和与进口国的贸易摩擦,在进口国的要求下或迫于对方的压力,不得不对某些具有很强国际竞争力的商品实行出口管制。④ 历史文物和艺术珍品。这是出于保护本国文化艺术遗产和弘扬民族精神的需要而采取的出口管制措施。⑤ 本国在国际市场上占主导地位的重要商品和出口额大的商品。对于一些出口商品单一、出口市场集中,且该商品的市场价格容易出现波动的发展中国家来讲,对这类商品的出口管制,目的是稳定国际市场价格,保证正常的经济收入。比如,石油输出国组织(OPEC)对成员国的石油产量和出口量进行控制,以稳定石油价格。

(二) 出口管制的形式与手段

出口管制主要有以下两种形式:① 单边出口管制。它是指一国根据本国的出口管制法律,设立专门的执行机构,对本国某些商品的出口进行审批和发放许可证。单边出口管制完全由一国自主决定,不对他国承担义务与责任。② 多边出口管制。它是指几个国家的政府,通过一定的方式建立国际性的多边出口管制机构,商讨和编制多边出口管制的清单,规定出口管制的办法,以协调彼此的出口管制政策与措施,达到共同的政治与经济目的。1949 年 11 月成立的输出管制统筹委员会(巴黎统筹委员会,简称"巴统",1994 年解散),就是一个典型的国际性的多边出口管制机构。

出口管制的手段有很多种,最常见和最有效的手段是运用出口许可证制度。出口许可证分为一般许可证和特殊许可证。① 一般许可证又称普通许可证,这种许可证相对较易取得,出口商无须向有关机构专门申请,只要在出口报关单上填写这类商品的普通许可证编号,在经过海关核实后就办妥了出口许可证手续。② 特殊许可证。出口属于特种许可范围的商品,必须向有关机构申请特殊许可证。出口商要在许可证上填写清楚商品的名称、数量、管制编号以及输出用途,再附上有关交易的证明书和说明书报批,获得批准后方能出口,如不予批准就禁止出口。

第四节　贸易政策的政治经济学

自由贸易能够避免贸易保护带来的损失,但是任何一项经济政策都可能影响到一国的收入分配格局,不同的社会阶层或利益集团对此会有不同的反应,受益的一方自然支持这项政策,而受损的一方则会反对这项政策,各种力量交织在一起最终决定政策的制定或选择,因此,贸易政策的制定更多的是考虑利益集团而不是全社会利益。

一、利益集团与贸易政策

(一)利益集团的存在

尽管绝大部分的经济学家都认为自由贸易是一个"双赢"或"多赢"的安排,总体上能够促进各国经济发展,但现实世界中却存在着大量的贸易保护和反对贸易自由化的案例,很多国家都制定了相应的贸易保护政策,如欧美国家对中国某些产品进行贸易制裁,日本农民强烈反对中、日、韩自由贸易区谈判致使谈判破裂等。这些现实中的例子表明,贸易政策制定并不仅仅是通过经济学理论分析制定的,一项贸易政策的制定和实施更多反映的是利益集团之间的博弈和政治互动,因此,要全面理解贸易政策的形成、执行和变动,还必须从政治经济学的角度来进行分析。①

现代的政治经济学放弃了古典经济学中关于"仁慈的政府"(benevolent government)和"万能的政府"(omnipotent government)的假定。"仁慈的政府"是指政府是公正无私的,代表所有人的利益,没有自己的利益。"万能的政府"是指政府可以利用所有的信息,为全体人民的利益做出最优选择,不存在类似于市场失灵一样的"政府失败"。著名经济学家布坎南就认为,政府是自利的(malevolent),也是追求自身利益最大化的组织。政治经济学的一个核心概

---

① 此处的政治经济学和马克思主义政治经济学不是同一概念。此处指探讨的政治过程包括政治集团、政治程序等对经济影响的学科,不仅仅用于分析贸易政策,也可广泛用于分析宏观经济政策和产业政策,如汇率政策、移民政策、税收政策、国内金融政策、产业扶持政策等。

念是利益集团,是指具有共同利益和价值认同的人,为了维护或实现某种共同利益而结合在一起的团体,他们通过各种形式的活动,最大限度地参与政治过程,影响政府公共政策的制定,以实现团体成员的最大利益。

(二) 利益集团对贸易政策的影响

在现实中,每一项政府政策的出台总会使一部分人利益增加,一部分人利益受损。利益受损阶层就会对公共政策的执行施加影响,尽力维护本集团的利益。利益集团可以通过以下方式影响政府的政策决定,尽可能增加本集团的利益。

1. 影响政府选举

传统贸易理论假定政府的目标是实现社会福利最大化,但是贸易结果会影响不同的利益集团。对利益集团而言,有些可能赞成自由贸易,而有些利益集团则可能是贸易保护的支持者,社会总体的福利水平不是他们所关心的问题,他们关注的是自由贸易或贸易保护政策对本集团利益的影响。现实中对于政党而言是如何在竞选中获胜,贸易政策制定首要的目标是实现政治上的成功,即在竞选中获胜。在这种动机驱动下,就可能出现某项政策的制定会使社会整体的福利水平下降,只是可能有利于某些选民或者某些利益集团而得到通过,使得贸易集团的意图在一定程度上体现在政府的贸易政策取向之中。

2. 采取集体行动

为了使政策制定有利于自己一方,假设各个利益集团通过各种方式来游说政府部门政策制定者。由于活动需要一定的成本,并不是每个人都愿意负担这样的成本。只要有公司愿意花费一定的游说成本,就可以让决策部门通过某些政策措施来保护整个行业的所有公司。对于一些组织比较好、有一定的政治影响力的行业来说,政府都必须对它们加以重视,倾听它们的诉求。

从实际情况看,贸易政策政治经济学确实可以解释许多原来解释不了的现象。例如,发达国家劳动密集型行业的贸易保护程度相对较高,比如农业、纺织业。按照要素禀赋理论,发达国家在劳动密集型行业上处于比较劣势,面对发展中国家廉价劳动密集型产品的竞争,应该进口。但由于历史上一些原因,这些行业对政府的政策制定者有较强的影响力,再加上这些行业的劳工组织比较完善,所以这些行业往往能成功地促使政府采取较强的保护。

二、代表性理论和模型

(一) 关税形成模型

希尔曼(Hillman)认为,政府的目标是满足其政治支持最大化。政府为了最大限度地得到产业利益集团以及消费者的政治支持,需在利益集团与消费者之间作出权衡。关税过高,虽可得到利益集团的政治支持,却由于价格提高,伤害了消费者的利益;降低关税,虽可满足消费者,却无法让利益集团提供支持。因此,政府需选定一个均衡关税水平,使来自利益集团与消费者的总体政治支持最大化,即利益集团的边际政治支持与公众边际政治支持相等。

（二）游说支出模型

芬德雷和威尔茨（Findlay and Wellisz）认为，利益集团可通过游说并投入相应的游说支出，从而达到影响政府贸易政策的目的。代表进口竞争产业的利益集团游说政府以期得到关税保护，代表出口产业的利益集团为了阻止关税提高也需进行游说活动。假设 C_j^i 表示支持保护产业 j 的利益集团游说支出，C_j^e 表示反对保护产业 j 的利益集团游说支出，关税水平 $T_j(C_j^i, C_j^e)$ 为产业 j 的关税决定函数，是 C_j^i 的增函数，是 C_j^e 的减函数。

当关税水平为 T_j 时，支持保护的利益集团福利水平为 $W_j^i(T_j)$，反对保护的利益集团福利水平为 $W_j^e(T_j)$，则支持保护的利益集团的净收益为 $W_j^i(T_j) - C_j^i$，反对保护的利益集团的净收益为 $W_j^e(T_j) - C_j^e$。利益集团间进行非合作博弈，使各自净收益最大化，最终关税便为此非合作博弈情况下的纳什均衡解。

（三）中间选民模型

中间选民模型（median voter model）由迈耶（Mayer）提出。他认为，在多数表决制下，一国的贸易政策由数量最多的选民即中间选民确定的福利最大化政策决定，因此，一国中间选民的最优关税水平取决于该经济体的生产结构。以 2×2 的赫克歇尔－俄林模型为例，如果中间选民的资本 / 劳动比率低于全社会平均水平，而进口品为劳动密集型产品，则该国关税水平为正。反之，如果进口品是资本密集型产品，则最优关税为负，即提供补贴。这是因为，征收关税将提高劳动密集型进口产品的国内价格，提高劳动要素的价格，降低资本要素的价格，从而增加中间选民的收入。但该理论预测的进口补贴在现实中罕见，同时对贸易政策现实制定也是进行了极大简化。

（四）保护待售模型

保护待售模型（protection for sale model）由格罗斯曼和赫尔普曼（Grossman and Helpman）提出。他们认为，在位的政府在制定贸易政策时，不但考虑到利益集团的游说，同时也考虑到消费者的福利，因此，他们构建的政府目标函数为：

$$G = \sum_{i=1}^{L} C_i(p) + \alpha W(p)$$

式中：p 为进口（或出口）产品价格；

$C_i(p)$ 为行业 i 的捐资额，是价格 p 的函数；

L 为有组织的利益集团数量，虽然一国可能有超过 L 个行业，但有些行业没能够形成利益集团组织；

$W(p)$ 为消费者社会福利水平，是价格 p 的减函数；

α 为政府赋予消费者福利的权重。

利益集团和政府间形成两阶段非合作博弈，即利益集团之间首先提出纳什均衡下的政治捐献安排，然后政府在给定的捐献安排上再决定最优价格 p 和最优关税税率，使得目标函数最大化。最终的均衡关税表达式为：

$$\frac{t_i}{1+t_i} = \frac{I_i - \alpha_L}{\alpha + \alpha_L}\left(\frac{z_i}{e_i}\right)$$

式中：t_i 为商品 i 的从价贸易关税率或补贴率；

　　I_i 为虚拟变量，当产业 i 被组织起来时，$I_i = 1$，否则为 0；

　　α_L 为利益集团代表的选民占总人口的比例；

　　z_i 为本国产量对进口产量的比例；

　　e_i 为商品 i 的进口需求或出口供给弹性，进口时为正，出口时为负。

该模型结论表明，均衡关税取决于不同行业的进口弹性、进口渗透率、总体利益集团人数比例以及他们是否能够有效地组织起利益集团。只要产业组织起利益集团，向政府提供政治捐献，便可享受到关税保护，而未成立利益集团的产业部门，则需忍受负保护（进口补贴）。

保护待售模型已经成为贸易政策的政治经济学领域的基准模型，但该理论暗含的一些假定，包括完全竞争市场结构的假定、厂商规模相同、劳动力不流动等，以及该模型一些结论如提供进口补贴等，与现实情况并不一致。后来很多学者对该理论进行补充，不断放松模型假定，将垄断竞争（Pao-Li Chang，2005）、厂商规模差异性（Bombardini，2004）、劳动力流动和工会（Matschke and Sherlund，2006）、国外利益集团（Gawande 等，2006）、上下游产业的游说竞争（Gawande 等，2005）等因素引入，使得理论与现实进一步接近。一些实证研究也表明，如 Goldberg and Maggi（1999）、Gawande and Bandyopadhyay（2000）、Mitra 等（2002）、McCalman（2001），贸易保护确实是"出售"的，总体上支持了该理论。

基本概念

国际贸易政策（international trade policies）

关税（tariff）

反倾销税（anti-dumping duty）

反补贴税（anti-subsidy duty）

最优关税（optimum tariff）

有效保护率（rate of effective protection）

非关税措施（non-tariff trade barriers）

进口配额（quota）

外汇管制（foreign exchange control）

卖方信贷（supplier credit）

买方信贷（buyer credit）

出口补贴（export subsidies）

复习思考题

1. 对外贸易政策的目的是什么？

2. 普惠制的概念和原则是什么？

3. 作图分析贸易小国关税的经济效应。

4. 作图对进口配额与进口关税进行比较分析。

5. 有效保护率的概念是什么？分析有效保护率有什么意义？

6. 非关税措施有哪些？为什么在第二次世界大战后有很大发展？

7. 什么是技术性贸易壁垒？简述其包括的主要内容和发展原因。

8. 已知一辆自行车的进口价为 200 美元,生产每辆自行车需投入价值 120 美元的型钢和价值 20 美元的橡胶。计算:当自行车、型钢和橡胶的进口税分别为 10%、8%、5% 时,自行车的名义保护率与有效保护率各是多少？

即测即评

请扫描右侧二维码,在线测试本章学习效果。

第 七 章
经济增长与国际贸易

本章重点

1. 经济增长的概念和类型
2. 经济增长的生产效应、消费效应和贸易效应
3. 劳动和资本要素增长对贸易条件的影响
4. "荷兰病"和贫困型增长
5. 技术进步对贸易条件的影响

教学视频

请扫描右侧二维码观看本章精彩教学视频。

现实经济中,一国生产要素供给量会随着资本的积累、人口的增长以及科学技术的不断进步而增加。本章主要介绍的理论,是放松前面章节的静态分析的条件,采用动态分析法分析经济增长,分析原有的国际贸易均衡状态如何改变,探讨对国际贸易条件产生的影响。本章要求学生结合 20 世纪 90 年代以来亚洲四小龙以及我国经济增长的奇迹,分析经济增长对国际贸易、贸易条件及贸易福利的影响,在此基础上思考我国在新形势下构建国内国际双循环新发展格局的必要性。

第一节　经济增长的内涵和类型

一、经济增长的内涵

(一) 经济增长的概念

经济增长(economic growth)是指一个国家或地区生产商品和劳务能力的增长。如果考虑

到人口增加和价格变动情况,经济增长还应包括人均福利的增长。美国经济学家库兹涅茨给经济增长下了一个经典的定义:"一个国家的经济增长,可以定义为给居民提供种类日益繁多的经济产品的能力长期上升,这种不断增长的能力是建立在先进技术以及所需要的制度和思想意识相应调整的基础上的。"

库兹涅茨从其定义出发,根据历史和实践总结了经济增长的六个特征:① 按人口计算的产量的高增长率和人口的高增长率。经济增长最显著的特点就在于产量增长率、人口增长率、人均产量增长率三个增长率都相当高。② 生产率的增长率也是很高的。生产率提高正是技术进步的标志。③ 经济结构的变革速度提高了。④ 社会结构和意识形态结构迅速改革。⑤ 增长在世界范围内迅速扩大。⑥ 世界增长是不平衡的。

(二) 经济发展与经济增长

一般说来,经济增长是一个量的概念,经济发展不仅意味着国民经济规模扩大,更意味着经济和社会生活水平不断提高。所以,经济发展涉及的内容超过了单纯的经济增长,比经济增长更为深刻和广泛。从广泛的定义说,经济发展不仅包括经济增长,而且包括国民的生活质量,以及整个社会经济结构和制度结构的总体进步。总之,经济发展是反映一个经济社会总体发展水平的综合性概念。

二、经济增长的类型

通常,一国人口和劳动力的数量会随时间推移而增长,通过利用部分资源来生产资本设备,一国的资本存量也将增加。资本指所有由人制造的生产手段,如机器、工厂、办公楼、交通和通信工具,还包括劳动力的教育和培训,所有这一切都极大地提高了一国生产产品和劳务的能力。

虽然劳动和资本是不同质的,这里简单地假定所有劳动和资本都是同一类型的(也就是说相同的),这样,我们得到两个要素即劳动(L)和资本(K),以便能够方便地使用平面几何的方法进行分析。当然,现实中还有其他可被消耗尽的自然资源以及新发现或新投入使用的资源。我们假定国家的经济增长是在规模效益不变下生产两种产品(产品 X 为劳动密集型,产品 Y 为资本密集型)获得的。

随着时间推移,劳动与资本这两种生产要素的增长会导致生产可能性曲线向外推移,外移的形状和程度取决于劳动和资本的相对增长比率。根据劳动和资本增长的比率,可将生产要素的增长分为两种类型:平衡增长和不平衡增长。

(一) 平衡增长

平衡增长(balanced growth)是指劳动和资本增长比率相同,生产可能性曲线将按两要素的增长比率同时向两个方向外移。结果,新旧两条曲线(要素增长前后)与任何源于原点的射线相交时,两个交点的斜率相等。图7-1表明了 A 国生产要素平衡增长的情况。当 A 国劳动和资本要素都增长 1 倍时,在规模报酬不变的条件下,每种产品的产量也增加 1 倍。X 的最大化产量从 140 单位增加到 280 单位,Y 的最大化产量从 70单位增加到 140 单位。由于增长前后的生产可能性曲线的形状相同,因此过原点作一射线切两条生产可能性曲线于 B 和 B' 点,在这两点,生产可能性曲线的斜率或者说 P_X/P_Y 相同。当劳动和资本以相同比率增长并且两种商品生产具有不变的规模收益时,生产率及劳动和资本收益在发生增长前后仍会保持相等。如果相关比率(与总人口的相关比率)也保持不变,则增长前后该国人均实际收入和福利水平也将保持不变。

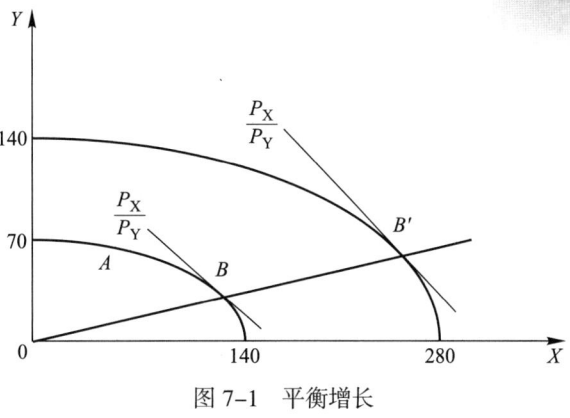

图 7-1　平衡增长

(二) 不平衡增长

不平衡增长(unbalanced growth)是指劳动和资本两种生产要素以不同的比率增长。为简单起见,我们只讨论一种要素增长而另一种要素不变的情形。如图 7-2 所示,当资本要素不变,而劳动要素增长 1 倍时,由于劳动投入于两种产品的生产过程中,劳动在一定程度上也替代了资本,故两种商品产量都有可能增加,但由于产品 X 是劳动密集型的,产品 Y 是资本密集型的,劳动供给的增长将导致产品 X 的最大化产量以更大的幅度增长,这时,生产可能性曲线表现为较多地向 X 轴方向扩张。当把资源全部用于生产产品 X 时,产量从 140 单位增长到

275 单位,当把资源全部用于生产产品 Y 时,Y 的最大化产量只从 70 单位增加到 80 单位。同样,当仅资本加倍时,Y 的最大化产量从 70 单位增加到 130 单位,X 的最大化产量从 140 单位增加到 150 单位。当仅有劳动增长(或劳动比资本增长比率快)时,虽然总产量会有增加,但劳动资本比率会上升,劳动生产率会因边际收益递减而下降,从而劳动报酬和人均收入会下降。当仅有资本增长(或资本比劳动增长比率快)时,资本劳动比率会上升,劳动生产率会上升,从而劳动报酬和人均收入都会提高。

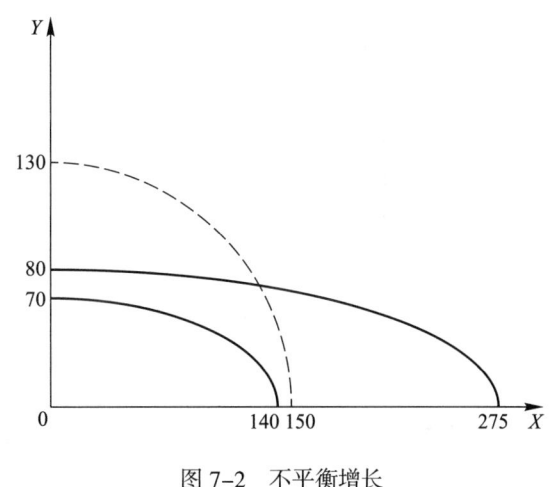

图 7-2　不平衡增长

第二节　经济增长对国际贸易的影响

贸易量是一国的生产量和消费量的差额,而经济增长主要表现为一国生产能力和国民收入的提高,后者又会使该国产品需求发生变化,因此一国经济增长对贸易量的影响主要是由经

济增长的生产效应和消费效应形成的综合效应。下面考察商品相对价格不变的前提下,一国经济增长的生产效应、消费效应和贸易效应。

一、经济增长的生产效应

一国的经济增长会对国际贸易产生重大影响,而不同类型的经济增长对国际贸易又会产生不同效果。经济增长造成产品结构的各种变化,主要表现在生产可能性曲线形状的各种变化,从而对国际贸易产生不同影响,这就称为经济增长的生产效应。一般可将经济增长的生产效应分为五种情况,对应的是生产可能性曲线的五种不同变化形态。

如图 7-3 所示,横坐标表示一国具有出口能力的 X 产品的产量,纵坐标表示与进口产品竞争的本国 Y 产品的产量。设一国的经济增长使生产可能性曲线由原来的 *TT* 向外扩展至 *T′T′*。而假设贸易条件不变,则原来的贸易条件线 *MN* 变为 *M′N′*,并且 *MN* 与 *M′N′* 平行。假设经济增长前生产可能性曲线 *TT* 与贸易条件线 *MN* 相切于 *Q* 点,则生产产品组合点为 *Q* 点;当经济增长后,均衡点为 *T′T′* 线与 *M′N′* 线的切点 *Q′*。下面具体分析这五种情况。

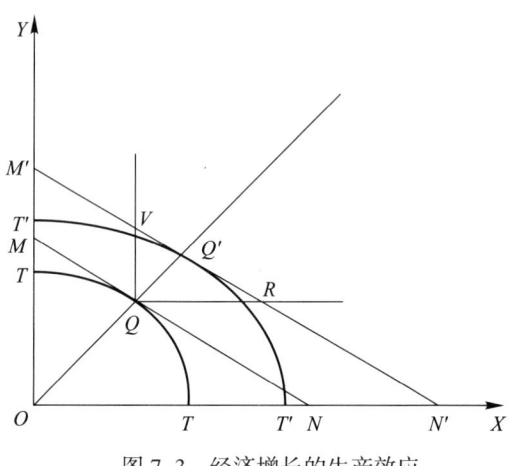

图 7-3   经济增长的生产效应

(一)中性增长

假设新的均衡点 *Q′* 落在 *OQ* 连线的延长线上,则这种经济增长为中性增长(neutral growth)。因为这种经济增长使出口产品 X 的增长率与进口产品 Y 的增长率相等,即 $\Delta X/X = \Delta Y/Y$。这个值就是本国可进口产品 Y 的供给收入弹性。其含义为经济增长使国民收入增加,这种增加会使可进口产品的国内产值发生变化。当经济增长为中性增长时,$\Delta NI/NI = \Delta Y/Y$ (*NI* 为国民收入),即可进口产品的供给收入弹性(ε)为 1,表示经济增长引起可进口产品产值同比率增长,具有引起贸易量按同比率增长的倾向。

(二)顺贸易倾向增长

假设新的均衡点落在 *Q′* 点与 *R* 点之间,这种经济增长使得可出口产品 X 的增长率大于可进口产品 Y 的增长率,即 $\Delta X/X > \Delta Y/Y$,也即 $\Delta NI/NI > \Delta Y/Y$,经济增长使得可进口产品供给的收入弹性($\varepsilon$)小于 1 且大于零。表示两种产品都有增长,但是可进口产品增长少,可出口产品增长多,就会产生一种促进对外贸易的倾向,使得本国对外贸易的增长率有可能超过经济增长率,所以这种增长方式称为顺贸易倾向增长(protrade-biased growth)。

(三)超顺贸易倾向增长

假设新的生产均衡点落在 *R* 与 *N′* 之间,经济增长使可出口产品 X 的增长较大,而可进口产品 Y 的产量反而减少,即可进口产品供给的收入弹性(ε)小于零。这种经济增长有极大的促进对外贸易增长的倾向,有可能使本国对外贸易量的增长率远远大于经济增长率,所以这种增长方式称为超顺贸易倾向增长(ultra-protrade-biased growth)。

(四)逆贸易倾向增长

假设新的均衡点位于 Q' 点与 V 点之间,则可出口产品 X 的增长率小于可进口产品 Y 的增长率,即 $\Delta X/X<\Delta Y/Y$,也即 $\Delta NI/NI<\Delta Y/Y$,经济增长使可进口产品的供给收入弹性(ε)大于1。说明可进口产品的数量增加多,可出口产品的数量增加少,就有抑制本国对外贸易量增长的倾向,有可能使本国对外贸易量的增长率小于经济增长率,所以这种增长方式称为逆贸易倾向增长(antitrade-biased growth)。

(五)超逆贸易倾向增长

假设新的均衡点位于 V 点与 M' 点之间,经济增长集中在可进口产品 Y 的增长上,可出口产品 X 的产量反而减少。这种经济增长使可进口产品供给的收入弹性(ε)远大于1,说明对本国的对外贸易有极大的抑制作用,可能造成一国经济增长后对外贸易量减少,所以这种增长方式称为超逆贸易倾向增长(ultra-antitrade-biased growth)。

上述经济增长造成的五种生产组合变化对贸易的效应整理归纳如表 7-1 所示。

表 7-1　经济增长的生产效应

新生产点范围	名称	进口供给的收入弹性(ε)	倾向
RN'	超顺贸易倾向增长	$\varepsilon<0$	贸易增长率远大于经济增长率
RQ'	顺贸易倾向增长	$0<\varepsilon<1$	贸易增长率大于经济增长率
Q'	中性增长	$\varepsilon=1$	贸易增长率等于经济增长率
$Q'V$	逆贸易倾向增长	$\varepsilon>1$	贸易增长率小于经济增长率
VM'	超逆贸易倾向增长	$\varepsilon\gg1$	经济增长,贸易减少

二、经济增长的消费效应

当一国的经济增长后,一般会使国民收入提高,消费水平也会随之提高,而经济增长对一国消费水平以及消费结构的影响程度,又会由于不同的经济增长类型而产生不同的效应,同时也取决于一国消费者的偏好(消费无差异曲线的形状)。为简单起见,我们只假设产品相对价格不发生变化,来考虑经济增长所产生的消费效应。也就是说,只考虑不同的消费者偏好特点对经济增长的影响。

如图 7-4 所示,假设在经济增长前,X 产品和 Y 产品的相对价格线 MN 与消费无差异曲线相切于 C 点。此时该国的国民收入总值以 Y 产品表示就是 OM,以 X 产品表示就是 ON,在这个国民收入水平上,以及产品相对价格为 MN 斜率的条件下,该国的消费特点决定了该国的消费组合点为 C,即消费 OX_1 的 X 产品和 OY_1 的 Y 产品。

若该国发生了经济增长,国民收入总值提高了,以 Y 产品表示的国民收入总值由原来的 *OM* 变为 *OM′*,以 X 产品表示的国民收入总值由原来的 *ON* 变为 *ON′*,根据相对价格不变假设,可得 *M′N′* ∥ *MN*。新的产品价格线 *M′N′* 与更高级的无差异曲线交于 *C′* 点。表示该国经济增长后,新的消费组合比原来的水平提高,而具体处在什么位置上,取决于消费无差异曲线的形状与方位,这表示消费者偏好的特点决定了经济增长的消费效应。

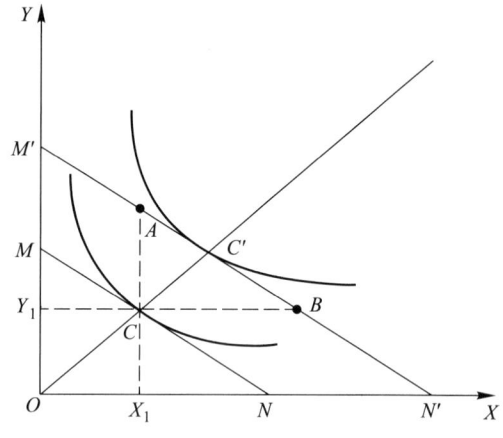

图 7-4　经济增长的消费效应

(一)中性消费效应

当新的组合点 *C′* 落在 *OC* 延长线上,这种经济增长造成的消费效应称为中性消费效应(neutral consumption effect)。因为,这表示一国经济增长后,X 产品与 Y 产品的消费量的增长率相等,即 $\Delta X/X = \Delta Y/Y$,$\Delta NI/NI = \Delta Y/Y$(*NI* 为国民收入)。像前面一样,还是假设 Y 是可进口产品,X 是可出口产品。本国可进口产品需求的收入弹性 $\eta = \dfrac{\Delta Y/Y}{\Delta NI/NI}$,其含义为经济增长使国民收入增加,国民收入增加会使本国可进口产品的消费量发生什么变化。当 $\eta = 1$ 时,表示经济增长引起本国可进口的产品消费量以与经济增长相同的比率增加,同时,也表示可进口产品需求与可出口产品需求的增长率相等。这种中性消费效应具有引起对外贸易与经济以相同比率增长的倾向。

(二)顺贸易倾向消费效应

在图 7-4 中,当新的组合点落在 *C′* 点与 *A* 点之间,表示经济增长后,人们把增加的收入更多地用于 Y 产品的消费上,使得 Y 产品消费增长率大于 X 产品的消费增长率,即 $\Delta Y/Y > \Delta X/X$,也即 $\eta > 1$。这样,经济增长后,人们对可进口产品的需求增加较大,对可出口产品的需求增加较小,会起到促进对外贸易增长的作用,所以这种效应称为顺贸易倾向消费效应。这种效果具有引起对外贸易增长率比经济增长率大的倾向。

(三)超顺贸易倾向消费效应

在图 7-4 中,当新的消费组合点落在 *A* 点与 *M′* 点之间,表示经济增长后,人们不仅把所有增加的收入都用于 Y 产品的消费上,而且会减少一部分 X 产品的消费以增加对 Y 产品的消费。这种现象的产生往往是由于 X 产品是"劣等产品"(inferior goods),因为人们的收入增加后,往往会减少对"劣等产品"的消费。这种现象较多发生在发展中国家。经济增长了,Y 产品的消费量增加了,而 X 产品的消费量反而减少了,即 $\eta > 1$。由于一国的可进口产品国内需求增加会促进进口贸易,而可出口产品国内需求减少也会刺激出口贸易,从而对本国对外贸易产生极大的推动作用,所以这种效应称为超顺贸易倾向消费效应。这种效果有使对外贸易增长率大大超过经济增长率的倾向。

（四）逆贸易倾向消费效应

在图 7-4 中，当新的消费组合点落在 C' 点与 B 点之间，表示经济增长后，人们把增长的收入更多地用于 X 产品的消费上，使得 X 产品的消费增长率大于 Y 产品的消费增长率，即 $\Delta X/X > \Delta Y/Y$，也即 $0 < \eta < 1$。这样，经济增长后，人们对可进口产品的需求增加较少，对可出口产品的需求增加较大，会起到抑制对外贸易的作用，所以这种效应称为逆贸易倾向消费效应。这种效应具有使对外贸易增长率比经济增长率小的倾向。

（五）超逆贸易倾向消费效应

在图 7-4 中，当新的消费组合点落在 B 点与 N' 点之间，表示经济增长后，人们不仅把所有增加的收入都用于 X 产品的消费上，而且会减少一部分 Y 产品的消费以增加 X 产品的消费。此时本国的可进口产品为"劣等产品"，收入增加，就会减少这种"劣等产品"的消费。这种现象多发生于发达国家。在这种情况下，经济增长了，Y 产品消费减少了，即 $\eta < 0$。由于一国的可出口产品的国内需求增加，就会抑制出口贸易，而可进口产品的国内需求减少，也会抑制进口贸易，从而对本国对外贸易有极大的抑制作用，所以这种效应称为超逆贸易倾向消费效应。这种效应具有使对外贸易的增长率大大小于经济增长率的倾向，甚至可能造成贸易减少。

上述五种经济增长造成的五种消费效应整理归纳如表 7-2 所示。

表 7-2　经济增长的消费效应

新消费点范围	名称	进口需求的收入弹性（η）	倾向
AM'	超顺贸易倾向消费	$\eta > 1$	贸易增长率远大于经济增长率
C'A	顺贸易倾向消费	$\eta > 1$	贸易增长率大于经济增长率
C'	中性消费	$\eta = 1$	贸易增长率等于经济增长率
C'B	逆贸易倾向消费	$0 < \eta < 1$	贸易增长率小于经济增长率
BN'	超逆贸易倾向消费	$\eta < 0$	经济增长，贸易减少

三、经济增长的贸易效应

从上面的分析可知，一国经济增长是由于该国的要素增长或技术进步造成生产能力的提高，而生产能力在可进口产业以及可出口产业的不同增长比率，又直接影响经济增长的形态，不同的经济增长形态对本国外贸量的增长又有不同的作用。同时，经济增长后，消费者偏好的特性又造成对可进口产品与可出口产品的需求量的不同程度增长。这也会直接影响本国对外贸易量的变化。简而言之，就是一国的可进口产品与可出口产品的供给与需求关系随经济增长发生变化，从而影响本国的对外贸易量的增长，进而对贸易条件产生影响。这种一般均衡过程可用图 7-5 加以说明。

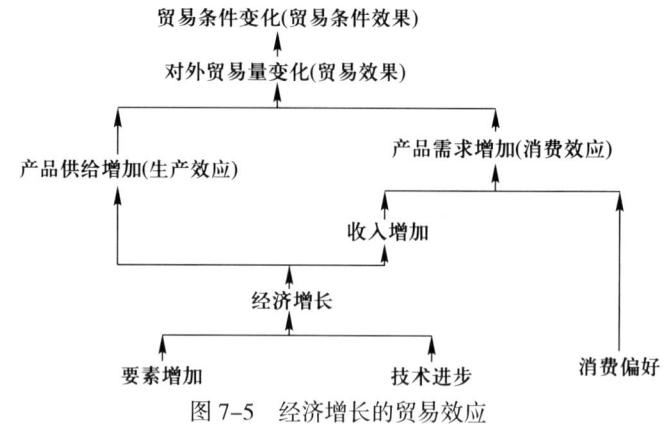

图 7-5 经济增长的贸易效应

从图中可知,经济增长后,对外贸易量的变化取决于经济增长的生产效应与消费效应。各种经济增长形态的贸易效应可归纳在表 7-3 中。

表 7-3 经济增长的各种贸易效应

消费效应、贸易效应、生产效应	超顺贸易倾向	顺贸易倾向	中性	逆贸易倾向	超逆贸易倾向
超顺贸易倾向	超经济增长	超经济增长	超经济增长	非逆经济增长	不确定
顺贸易倾向	超经济增长	超经济增长	超经济增长	不确定	逆经济增长
中性	超经济增长	超经济增长	中性	非超经济增长	逆经济增长
逆贸易倾向	非逆经济增长	不确定	非超经济增长	非超经济增长	逆经济增长
超逆贸易倾向	不确定	逆经济增长	逆经济增长	逆经济增长	逆经济增长

其中,中性贸易效应表示对外贸易量增长率与经济增长率相等。超经济增长贸易效应表示贸易增长率大于经济增长率。逆经济增长贸易效应表示经济增长后,对外贸易量反而下降。

表中的结果有些是显而易见的,有些是不确定的,可以对其中的部分结果进行推导,其他的结果就可以同样的方法类推。在以下推导中,仍与前面一样,假设 X 为可出口产品,Y 为可进口产品。

(一)中性生产效应与中性消费效应的经济增长

已知中性生产效应为 $\left(\dfrac{\Delta X}{X}\right)_s = \left(\dfrac{\Delta Y}{Y}\right)_s = \dfrac{\Delta N}{N}$,即可出口产品与可进口产品的供给增长率相等,并等于经济增长率。且中性消费效应为 $\left(\dfrac{\Delta X}{X}\right)_d = \left(\dfrac{\Delta Y}{Y}\right)_d = \dfrac{\Delta N}{N}$,即可出口产品与可进口产品的需求增长率相等,并等于经济增长率。综合起来看,X 产品的国内供求以相等比率增长,并等于经济增长率,X 产品的出口量也必然按经济增长率增长。同理,Y 产品的进口量也必然按经济增长率增长。从而使本国对外贸易量亦以经济增长率增长，即 $\frac{\Delta T}{T} = \frac{\Delta N}{N}$。这种情况还可以用图 7-6 加以说明。

图 7-6 中，BB' 是经济增长前的生产可能性曲线，Q 是生产均衡点，C 为消费均衡点，ACQ 为贸易三角，其大小反映该国对外贸易量的大小。显然，该国在经济增长前进口 CA 数量的 Y 产品，出口 AQ 数量的 X 产品，从而达到两种产品的供求平衡。经济发生中性增长后，生产可能性曲线扩延至 DD'，且形状完全保持不变。此时的贸易三角由原来的 ACQ 变为 $A'C'Q'$。$A'Q'$ 为 X 产品出口量，$A'C'$ 为 Y 产品进口量。通过相似三角形原理，很容易证明：$\frac{OB}{OD} = \frac{AQ}{A'Q'}$，也即 $\frac{\Delta T}{T} = \frac{\Delta N}{N}$，也就得出了对外贸易量与经济的增长率相等的中性贸易增长结果。

（二）顺贸易倾向生产效应与逆贸易倾向消费效应的经济增长

顺贸易倾向的生产效应为 $\left(\frac{\Delta X}{X}\right)_s > \frac{\Delta N}{N}$，$\left(\frac{\Delta Y}{Y}\right)_s < \frac{\Delta N}{N}$，即可出口产品供给的增长率大于经济增长率，可进口产品供给的增长率小于经济增长率。逆贸易倾向的消费效应为 $\left(\frac{\Delta X}{X}\right)_d > \frac{\Delta N}{N}$，$\left(\frac{\Delta Y}{Y}\right)_d < \frac{\Delta N}{N}$，即可出口产品需求增长率大于经济增长率，可进口产品的需求增长率小于经济增长率。综合起来看，X 产品的国内需求与供给都增加，且都大于经济增长率。这样，在无法确定二者增长率的幅度时，X 产品的出口量发生什么变化就难以确定。同理，Y 产品的进口量发生什么变化也不确定。这种情况可用图 7-7 来说明。

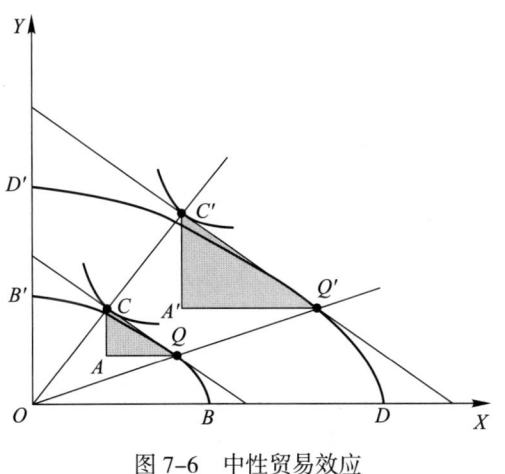

图 7-6　中性贸易效应

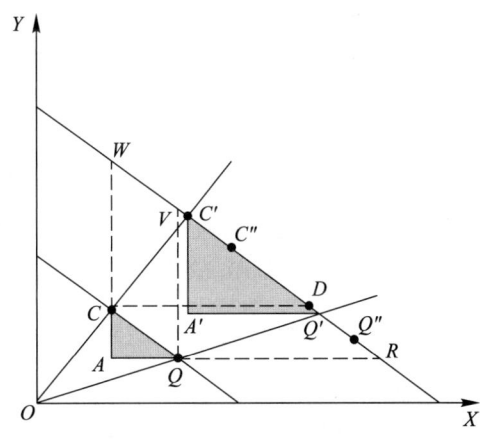

图 7-7　经济增长贸易效应

图中省略了生产可能性曲线与消费无差异曲线，只画出经济增长前的贸易三角 ACQ 及中性贸易增长后的贸易三角 $A'C'Q'$。顺贸易倾向的生产效应是使新的生产均衡点落在 Q' 点与 R 点之间的 Q'' 点。逆贸易倾向的消费效应是使新的消费均衡点落在 C' 点与 D 点之间的

C'' 点。最后的贸易效应是看 $C''Q''$ 与 $C'Q'$ 的比较。如果两者相等,就是中性贸易效应;如果 $C''Q''>C'Q'$,就是超经济增长的贸易效应;如果 $C''Q''<C'Q'$,就是亚经济增长的贸易效应;如果 $C''Q''<CQ$,就表示经济增长后,对外贸易反而减少了。可见这种经济增长对贸易的影响是不确定的。

(三)顺贸易倾向生产效应与超逆贸易倾向消费效应的经济增长

超逆贸易倾向消费效应为 $\left(\dfrac{\Delta X}{X}\right)_{\mathrm{d}}>\dfrac{\Delta N}{N}$,$\Delta Y_{\mathrm{d}}<0$,即进口需求减少,而顺贸易倾向生产效应使可进口产品 Y 的供给增加,这必然导致进口贸易量减少。而由于假设价格不变,进口贸易量减少也意味着出口贸易量减少。也就是说,经济增长后,对外贸易反而减少,造成逆经济增长的贸易效应。

从图 7-7 中也可知,顺贸易倾向的生产效应使新的生产均衡点落在 $Q'R$ 之间,而超逆贸易倾向的消费效应使新的消费均衡点落在 DR 之间,由于 $DR=CQ$,故新的生产均衡点与消费均衡点距离必然小于 CQ,说明新的贸易三角小于 ACQ,即经济增长后,对外贸易量反而减少,即为逆经济增长的贸易效应。显然,我们可推论,顺贸易倾向生产效应与中性、顺贸易倾向及超顺贸易倾向的消费效应的综合作用,都会使贸易增长率大于经济增长率,即为超经济增长的贸易效应。

(四)超顺贸易倾向生产效应与逆贸易倾向消费效应的经济增长

超顺贸易倾向生产效应为 $\left(\dfrac{\Delta X}{X}\right)_{\mathrm{S}}>\dfrac{\Delta N}{N}$,$\Delta Y_{\mathrm{s}}<0$;逆贸易倾向消费效应为 $\left(\dfrac{\Delta X}{X}\right)_{\mathrm{d}}>\dfrac{\Delta N}{N}$,$0<\left(\dfrac{\Delta Y}{Y}\right)_{\mathrm{d}}<\dfrac{\Delta N}{N}$。可进口产品需求增加,而供给减少,必然促使进口量增加。但是,贸易量增加是否大于经济增长率不能确定。如图 7-7 所示,超顺贸易倾向生产效应使新的生产均衡点落在 R 点的右边,逆贸易倾向消费效应使新的消费均衡点落在 $C'D$ 之间,两者的距离必然大于 CQ 的距离,但是,是否大于 $C'Q'$ 的距离则是不确定的。即这种经济增长导致的贸易效应是介于亚经济增长效应与超经济增长效应之间。显然,超顺贸易倾向生产效应与中性、顺贸易倾向以及超顺贸易倾向的消费效应的综合作用,都会使贸易增长率大于经济增长率,即为超经济增长的贸易效应。至于超顺贸易倾向生产效应与超逆贸易倾向消费效应的综合作用,只能根据具体给定的数据来判断,故为不确定的。

(五)中性生产效应与超逆贸易倾向消费效应的经济增长

这种情况是国内可进口产品的供给增加,而对可进口产品的需求减少,势必造成该产品进口量减少。如图 7-7 所示,这种经济增长的新消费均衡点落在 D 点的右方,新生产均衡点落在 Q' 点上。由于 $DR=CQ$,故显然有 $DQ'<CQ$,即经济增长后的贸易量小于增长前的贸易量。显然中性生产效应与超逆贸易倾向消费效应的综合作用会使贸易量增长率小于经济增长率,而是否小于零则不确定。另外,中性生产效应与顺贸易倾向以及超顺贸易倾向的消费效应的综合作用,必然产生超经济增长的贸易效应。

第三节　要素增长与国际贸易

一、生产要素增长与贸易条件

（一）贸易条件

贸易条件是一国出口产品的价格除以进口产品的价格,它反映的是两种商品的交换比率。一个国家的贸易条件变化对其贸易利得具有重要影响。

假定世界由两个国家组成,本国(出口 X)和外国(出口 Y)。本国的贸易条件由$\dfrac{P_X}{P_Y}$来衡量,外国的贸易条件由$\dfrac{P_Y}{P_X}$来衡量。Q_X 和 Q_Y 是本国生产的 X 和 Y 的数量,Q_X^* 和 Q_Y^* 是外国生产的 X 和 Y 的数量。

为了确定$\dfrac{P_X}{P_Y}$,我们要找到 X 的世界相对供给曲线和相对需求曲线的交点。如图 7-8 所示,世界相对供给曲线 RS 是一条向上倾斜的曲线。这是因为$\dfrac{P_X}{P_Y}$上升使各国都增加 X 的生产,减少 Y 的生产。世界相对需求曲线 RD 是一条向下倾斜的曲线,这是因为$\dfrac{P_X}{P_Y}$的上升使各国的消费点向靠近 Y 背离 X 的方向移动。两条曲线的交点 A 确定了均衡的世界相对价格$\left(\dfrac{P_X}{P_Y}\right)_1$。

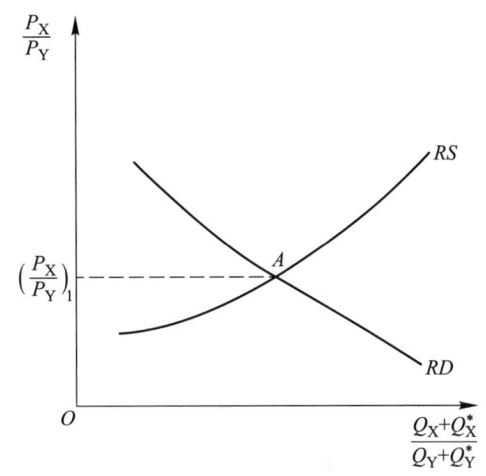

图 7-8　世界相对供给和相对需求

注:X 的相对价格$\left(\dfrac{P_X}{P_Y}\right)$越高,X 对 Y 的世界相对供给量($RS$)就越大,X 对 Y 的世界相对需量($RD$)就越小。相对价格的均衡点(该图为$\left(\dfrac{P_X}{P_Y}\right)_1$)由世界相对供给和世界相对需求曲线相交而得。

假设本国出现了偏向于 X 的经济增长,而且偏向的幅度很大。在 X 的相对价格给定时,X 的产出增加,Y 的产出减少。从整体上来说,在任何相对价格水平上,X 对于 Y 的世界相对产出增加了。如图 7-9(a)所示,世界相对供给曲线也就从 RS_1 向右移到 RS_2。这一移动使 X 的均衡相对价格从$\left(\dfrac{P_X}{P_Y}\right)_1$下降到$\left(\dfrac{P_X}{P_Y}\right)_2$,意味着本国贸易条件恶化,外国贸易条件改善。

我们要注意,一方面,这里的“偏向”指的是经济增长对某个生产部门的偏向,而不是指哪个国家的经济增长了,哪个国家的经济没有增长。如果外国发生了偏向于 X 的经济增长,对 X 的世界相对供给曲线的影响以及由此引起的对贸易条件的影响是一样的。另一方面,无论是本国还是外国发生了偏向于 Y 的增长,如图 7-9(b)所示,都会使 RS 曲线向左移动(从 RS_1 到 RS_2),并因此使 X 的相对价格从 $\left(\dfrac{P_X}{P_Y}\right)_1$ 提高到 $\left(\dfrac{P_X}{P_Y}\right)_2$。本国的贸易条件随之改善,外国的贸易条件恶化。

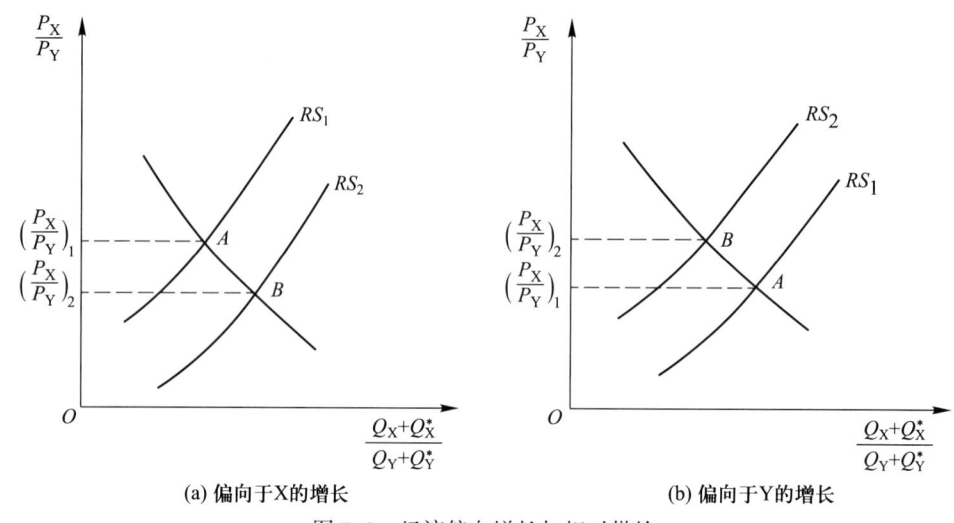

(a) 偏向于 X 的增长   (b) 偏向于 Y 的增长

图 7-9   经济偏向增长与相对供给

将使一国的生产可能性边界的扩张偏向于出口产品(本国的 X 产品,外国的 Y 产品)的经济增长称为出口偏向型增长。而将使一国的生产可能性边界的扩张偏向于进口产品的经济增长称为进口偏向型增长。我们的分析得出以下的结论:出口偏向型增长会使本国的贸易条件发生恶化,但对世界其他国家有利;进口偏向型增长有利于改善本国的贸易条件,但世界其他国家则为此付出代价。

(二) 贸易小国情形

如果一国为贸易小国(它在国际市场上是价格接受者),那么,其贸易不会对国际市场价格比率(这也是该国的贸易条件)产生影响。图 7-10 中的各图代表了对小国经济增长的全面分析。在每种情况下,国家都从增长中受益,即都达到了更高的社会无差异曲线(消费分别于点 C_2、C_3 或 C_4 达到更高的效用水平,具体位置取决于增长类型)。

(三) 贸易大国情形

如果一国为贸易大国,该国要素积累导致经济增长偏向进口部门,其对进口商品需求的下降会降低进口的价格。这种国际均衡价格的改变,改善了该国的贸易条件。此时,供给可以从增长中取得两种收益:① 随着生产可能性曲线的外移,生产受益于增长;② 该国出口品的价格相对于其进口品价格上升,进而使该国受益于贸易条件的改善。在图 7-11 中,贸易条件的改善体现为一条更陡峭的价格线。相应地,该国将其生产点移至新生产可能性曲线上的点 S_5,并决定在点 C_5 消费,因此达到了更高的社会无差异曲线,该国从经济增长中得到更多的收益。

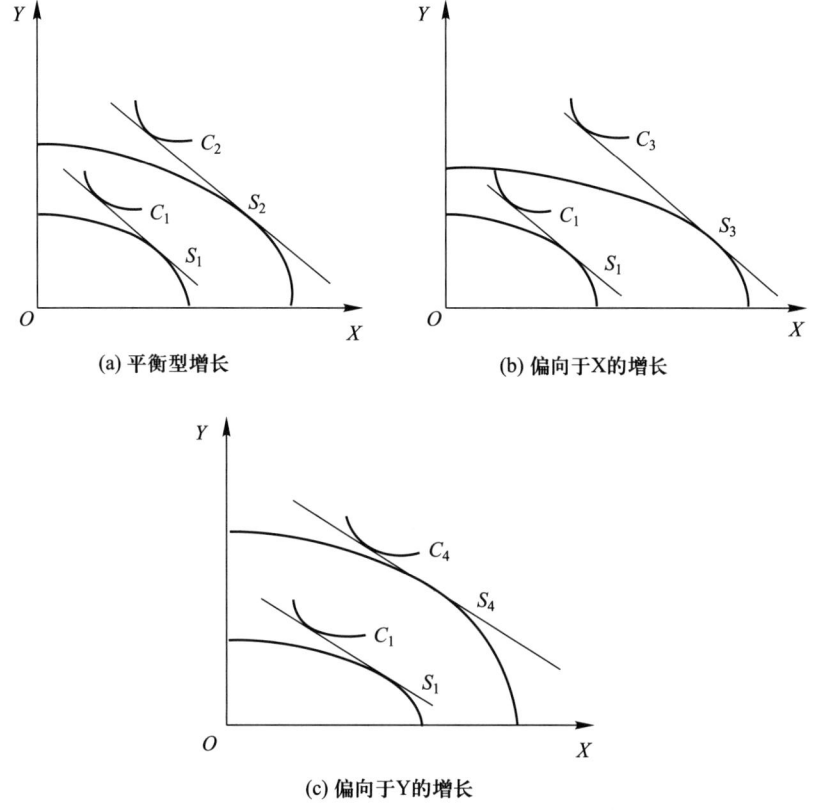

(a) 平衡型增长　　　　　　　　　(b) 偏向于X的增长

(c) 偏向于Y的增长

图 7-10　贸易小国经济增长对贸易的影响

如果一国要素积累导致经济增长偏向出口部门,那么经济增长对增长国的福利会产生两种截然不同的影响。一方面,经济增长意味着国民收入水平提高,国民福利改善;另一方面,经济增长又可能恶化本国的贸易条件,对本国福利产生不利影响。在这种情况下,经济增长的净福利效应取决于上述两种影响的对比。

经济增长前,A 国的福利水平由通过点 C_1 的社会无差异曲线所代表的效用水平衡量,增长后,通过点 C_6 的社会无差异曲线表示增长后 A 国的福利水平。在图 7-12 中,画一条与原来贸易条件线平行的

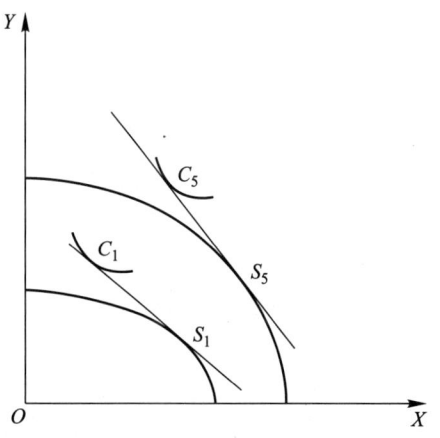

图 7-11　贸易大国偏向进口促进的经济增长

直线,并与增长后的生产可能性边界相切于点 S',这条新的相对价格线与社会无差异曲线相切于点 C'。该社会无差异曲线表示在不考虑贸易条件的情况下,经济增长对 A 国福利的改善,我们称之为纯粹的增长利益。当考虑贸易条件变化时生产均衡点由 S_1 移至 S_6,消费均衡点由 C_1 移至 C_6,通过 C_6 的社会无差异曲线位于通过 C' 的社会无差异曲线之下,所以贸易条件恶化,抵消了部分经济增长利益。那么,损失的部分

经济增长利益流向何处？事实上，这部分利益以"转移支付"的形式为他国所享有。

如果转移至他国的利益部分超出了经济增长利益，那么 A 国的福利水平将低于经济增长前，这种情形首先由巴格瓦蒂进行了详细分析，并被称为"贫困型增长"（immiserizing growth）。

一般来说，贫困型增长的出现需要以下前提条件：① 经济增长偏向增长国的出口部门；② 增长国在世界市场是一个大国，即其出口供给的变动足以影响世界价格；③ 增长国的进口边际倾向较高，即增长国对进口的需求会因经济增长而显著增加；④ 增长国的出口产品在世界市场上的需求价格弹性非常低。

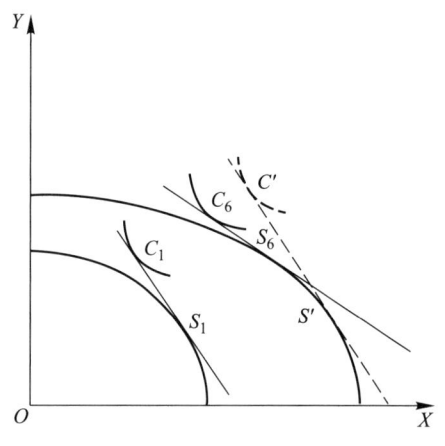

图 7–12　贸易大国偏向出口促进的经济增长

二、经济增长的放大效应与消极影响

（一）放大效应

从罗伯津斯基定理可知，在产品价格不变的情况下，一种生产要素的增长会增加该要素的产品生产。但如何确定这种产品产量的增幅？如果一国的劳动力增长了 10%，该国的劳动密集型产品产量会增加多少呢？是少于 10%、等于 10%，还是超过 10%？琼斯通过建立一个贸易与增长的总体均衡模型来分析，在此主要从经济学逻辑上说明这种效应。

假设大米是劳动密集型产品，钢铁是资本密集型产品。现在假定该国劳动力增长了 10% 而资本不变。在产品相对价格不变的情况下，大米生产增加，钢铁生产减少（罗伯津斯基定理）。钢铁生产量的绝对下降意味着不仅新增加的劳动全部用于生产大米，原有钢铁生产中的一部分劳动也转移到了大米生产部门。作为劳动密集型产品生产部门，大米生产中雇用劳动的增长幅度会超过劳动供给总量增长的幅度（10%）。

在大米部门劳动力增长的同时，该部门用来雇用这些劳动的资本也会增长。由于一国资本总量并没有增加，所以这部分资本是从钢铁部门转移过来的。在生产技术给定不变的情况下，大米生产所需的资本增长幅度应与劳动增长幅度一致。由于钢铁部门是资本密集型产业，减少一单位钢铁产量能转移到大米部门的资本大大超过转移的劳动，而大米部门本来就是劳动密集型产业，所用的资本并不很多。当转移到大米部门的资本足以雇用该部门新增的劳动力时，这种转移也就会停止。此时，大米部门的资本增长率也应超过 10%，等于劳动增长率。

根据新古典贸易模型关于固定规模报酬的假设，生产要素投入增加会产生相同比例的产出增加。换句话说，如果大米部门的劳动投入和资本投入的增长率都超过了 10%（比如说 15%），那么大米产量增长率也会超过 10%，与投入同比例增长，达到 15%。

总之，如果劳动供给增长 10%，劳动密集型部门的劳动供给和资本供给的增长会超过 10%。在固定规模报酬下，劳动密集型部门的产出增长率等于要素投入增长率，所以劳动密集型产品产出的增长率会超过 10%。根据琼斯的模型，我们把这一关系写成：

$$Q_\mathrm{r}>L>K>Q_\mathrm{s}$$

即产品价格不变时,如果一种生产要素相对另一种要素增加,那么密集使用这种要素的产品生产会以更大的比例增长,同时另一种产品的生产会相对于其密集使用的要素下降。如果$K=0,L>0$,那么$Q_\mathrm{r}>L>K=0>Q_\mathrm{s}$;如果$L=0,K>0$,那么$Q_\mathrm{s}>K>L=0>Q_\mathrm{r}$。

(二) 消极影响

一般来说,不管是哪一类的经济增长,都会给社会或多或少带来一定利益,但在某种特殊条件下,不平衡的经济增长会给本国经济带来不利的影响。

一种情况是"荷兰病",即一个行业的增长扩张导致其他行业萎缩。20世纪70年代发生在荷兰和欧洲其他国家的情况是一个典型的例子。当时,荷兰大规模开发和出口北海的石油和天然气,使得大量的劳动力和资本流向石油和天然气行业,从而造成荷兰制造业的生产和出口变得相对萎缩。经济学家将这种现象称为"荷兰病"。这种情况后来也在挪威、英国等国发生过。"荷兰病"是罗伯津斯基定理在实践中的一个典型案例。

另一种可能带来不利影响的经济增长是福利恶化型增长。这种经济增长不但对本国经济没有好处,反而使社会的经济福利水平下降,故美国经济学家巴格瓦蒂称之为"贫困型增长"。

"贫困型增长"的主要原因是贸易条件的恶化。如果经济增长后贸易条件恶化所造成的利益损失超过增长本身带来的利益,就会出现这种情况。在图7-13假设的例子中,A国有生产大米的比较优势,且是出口大国。劳动要素的过度增长使其出口能力大增。过度的出口使大米的价格下降,贸易条件恶化。虽然A国能比以前生产更多的大米和钢铁(比较图7-13(b)中的S_2和S_1),但由于贸易条件的恶化使其实际消费水平(C_2)低于增长前的状况(C_1),社会的经济福利水平也不如以前(比较U_1与U_2两条社会无差异曲线)。

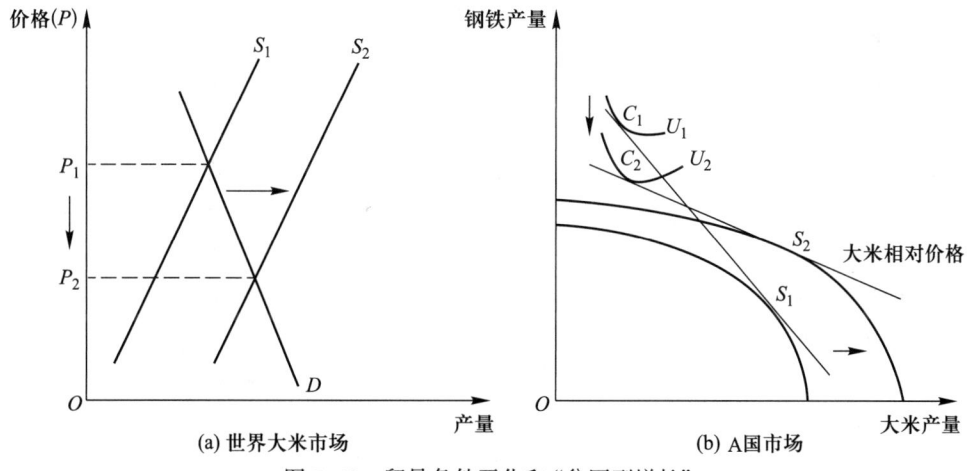

图7-13　贸易条件恶化和"贫困型增长"

当然,这种情况很少出现。造成"贫困型增长"至少要具备两个条件:第一,这种经济增长必须发生在出口部门,而该国的出口产业在国际市场上又必须是举足轻重的,因为只有大国才会出现出口增加、价格下跌的情况。第二,国际市场对此种商品的需求价格弹性必须是较低的,需求量不会因为价格上升而下降多少,也不会因价格下跌而增加多少,因此,当出口供给增加、价格下跌时,需求量并没因此而增加多少,过剩商品会使价格猛跌到很低的水平。

在现实国际贸易中,虽然不少国家出现过由于出口工业增长造成贸易条件恶化的情况,但真正使整个社会经济利益受损的例子还很少。"福利恶化型增长"的分析主要从理论上指出了这种情况出现的可能性,也在实践中为各国制定经济发展战略提出了一种应当避免的结果。

三、技术进步与国际贸易

经验研究显示,发达国家实际人均收入的增长主要是依靠技术进步,而资本积累的作用比较有限。然而,由于技术进步存在许多不同类型,并且它们在每一种或同时在两种商品的生产过程中有着不同的比率,技术进步对国际贸易的影响分析远比生产要素增长分析复杂。

下面我们采用 1972 年诺贝尔经济学奖获得者英国经济学家约翰·希克斯对几种技术进步类型的定义,介绍技术进步对一国生产可能性曲线的影响。在讨论中,假设技术进步前后具有不变的规模经济效益,并且技术进步一旦产生就会持续下去。技术进步分为中性、劳动节约型和资本节约型三种类型。我们重点讨论中性的技术进步,其他类型的技术进步比较复杂,这里仅作简单的介绍。

(一)中性技术进步

当发生中性技术进步(neutral technical progress)时,劳动和资本同比例增加,因而资本/劳动的相对要素价格不变。也就是说,由于工资率/利率比率未变,生产过程中不会发生劳动资本相互替代的情况,因而劳动/资本比率保持不变,保持原来产量现在只需投入较少的劳动和较少的资本。

当两种商品生产的中性技术进步速度相同时,一国的生产可能性曲线按照技术进步发生的速度向所有方向均匀延伸,这与生产要素平衡增长时的效应相同。这样,当旧的和新的(技术进步前后)生产可能性曲线与源自原点的射线相交时,各点都有着相同的切线斜率。

1. 中性技术进步的生产可能性边界

图 7-14(b)表明在技术进步发生后,A 国仅在 X 生产中或仅在 Y 生产中(虚线)的劳动、资本效率增加一倍的情况。当仅有 X 的劳动和资本生产效率倍增时,对每一水平的 Y 产出来说,X 的产出都增加一倍。例如,Y 的产出保持 45 单位始终不变,X 的产出则从技术进步前的 60 单位上升为技术进步后的 120 单位。当所有资源都用于生产 X 时,X 的产量也加倍(由100 单位到 200 单位)。但是当所有资源都用于生产 Y 时,Y 的产量仍保持 50 单位不变,因为技术进步仅发生在 X 的生产过程中。

最后,必须指出,在缺乏贸易的情况下,所有类型的技术进步都会增加国家福利,其原因在于有了较高水平的生产可能性曲线,而劳动和总人口不变,在合理的再分配政策下,每人都可以比以前更富有。

图 7-14(a)表示当两种商品生产中的中性技术进步速度相同时,一国的生产可能性曲线按照技术进步发生的速度向所有方向均匀外移,这与生产要素平衡增长时的效应相同。图7-14(b)表示 A 国技术进步前后的生产可能性曲线,实线和虚线分别表示技术进步仅在 X 和仅在 Y 的生产中发生的情况。注意,一方面,如果 A 国把所有资源用在劳动和资本的生产效率倍增的商品生产中,则该商品的产量也增加一倍。另一方面,如果 A 国把所有资源用于无

技术进步的商品生产中,则这种商品的产量保持不变。

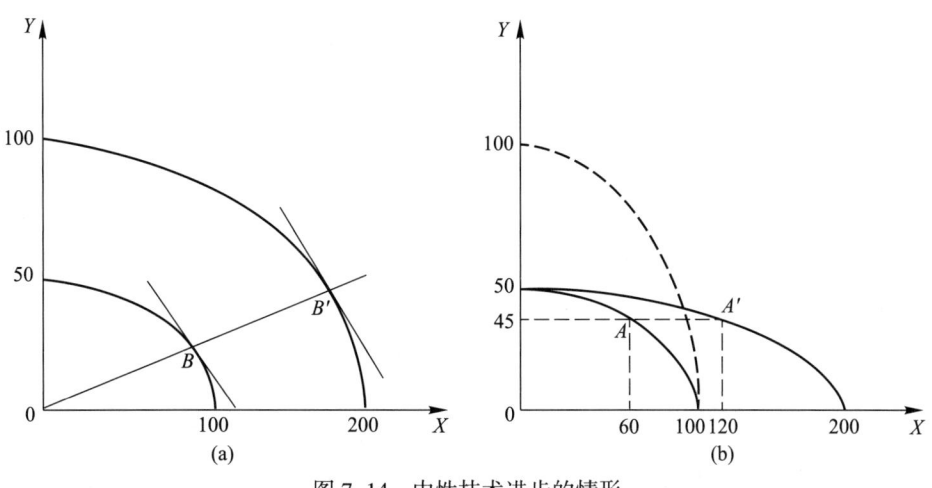

图 7-14 中性技术进步的情形

2. 贸易小国情形

如果一国为贸易小国(它在国际市场上是价格接受者),那么,其对外贸易就不会对国际市场价格比率(该国的贸易条件)产生影响。图 7-15 中的各图代表了对技术进步的全面分析。在其中的每种情形,小国都从技术进步中获得收益,达到了更高的社会无差异曲线(这取决于技术进步类型,分别于点 C_8、C_9 和 C_{10} 达到新的均衡)。

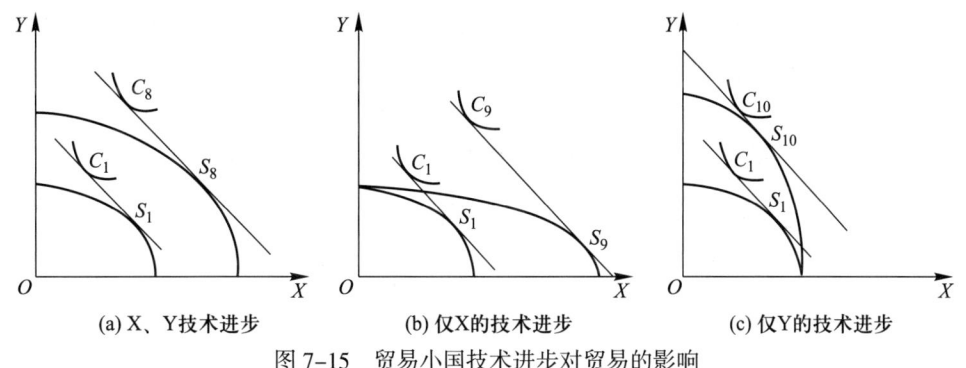

图 7-15 贸易小国技术进步对贸易的影响

3. 贸易大国情形

假设一国为贸易大国,如果该国技术进步发生在进口部门,国家对进口商品需求就会下降,从而会降低进口商品的价格。这种国际均衡价格的改变,改善了该国的贸易条件。这与要素积累的情况比较相似。

如果一国技术进步发生在出口部门,那么技术进步对该国的福利会产生两种截然不同的影响,与要素积累的情况相似。

(二) 劳动节约型技术进步

发生劳动节约型技术进步(labor-saving technical progress)时,生产中资本要素的生产效率的增加大于劳动的生产效率的增加。结果就是资本替代劳动,在工资率/利率比率保持不变的情况下,资本/劳动比率上升,由于对每单位劳动来说,现在使用更多的资本,因而这种技术进步称为劳动节约型技术进步,这样,达到原来的产量现在可使用较少的劳动和资本。

1. 贸易小国情形

如图 7-15 所示,在技术进步发生之前,贸易小国在点 S_1 生产,在点 C_1 消费,中性技术进步以统一的或中性的方式将生产可能性曲线外推。非中性技术进步则以偏向一种产品或另一种产品的方式将生产可能性曲线向外扩张。如果价格比率保持不变,生产的增长(从点 S_1 至点 S_8、S_9、S_{10})将增加国民收入,会同时增加两种商品的消费(在点 C_8、C_9、C_{10})。

2. 贸易大国情形

贸易大国可能以两种方式受益于进口替代商品(这里为 Y)生产能力的提高。除了能够生产更多产品外,它还可以改变国家的贸易条件。通过进口需求的下降,该国可以使 Y 的国际市场价格下降。在图 7-16 中,在技术进步发生后,Y 的相对价格下降,该国继续进口的成本下降。进而随着消费点由 C_1 移至 C_{11},达到了更高的社会无差异曲线,该国则从技术进步中可以得到更多的收益。

(三) 资本节约型技术进步

发生资本节约型技术进步(capital-saving technical progress)时,劳动要素的生产效率的增加大于资本的生产效率的增加,结果,在工资率/利率比率保持不变的情况下,发生了以劳动替代资本及劳动/资本比率上升(或资本/劳动比率下降)的情况。由于每单位资本使用更多的劳动,这种技术进步就被称为资本节约型技术进步。这样,达到原有产量现在只需较少的劳动和资本,但劳动/资本比率上升(资本/劳动比率下降)了。出口部门技术进步的福利效应可分解为两部分。如图 7-17 所示,技术进步发生前,生产和消费均衡点分别为 S_1 和 C_1;技术进步发生后,新生产和消费均衡点分别是 S_{12} 和 C_{12}。技术进步发生前后,A 国的贸易条件分别为 $\dfrac{P_X}{P_Y}$ 和 $\dfrac{P_X^*}{P_Y^*}$,其中 $\dfrac{P_X^*}{P_Y^*}$ 比 $\dfrac{P_X}{P_Y}$ 更平坦,表示 A 国贸易条件恶化。

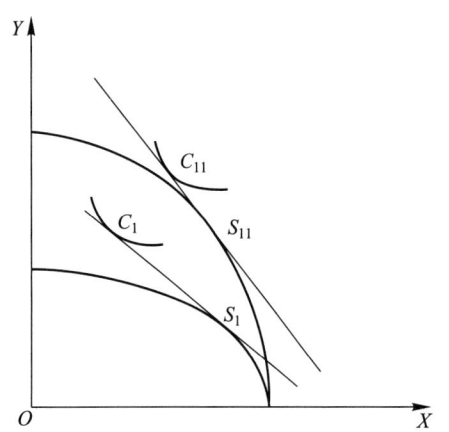

图 7-16　贸易大国偏向进口部门的技术进步

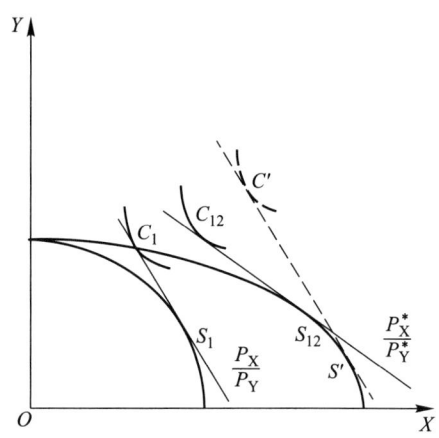

图 7-17　贸易大国偏向出口部门的技术进步

基本概念

经济增长（economic growth）

平衡增长（balanced growth）

不平衡增长（unbalanced growth）

贫困型增长（immiserizing growth）

中性技术进步（neutral technical progress）

劳动节约型技术进步（labor-saving technical progress）

资本节约型技术进步（capital-saving technical progress）

复习思考题

1. 经济增长产生的生产效应、消费效应和贸易效应分别有什么类型？各自具有什么特点？

2. 假设 X 为劳动密集型产品，Y 为资本密集型产品，已知一国在经济增长前的生产可能性曲线为一条向外凸起的曲线，试在此基础上画出以下情形的生产可能性曲线：

（1）劳动力和资本的存量都增加一倍。

（2）劳动力存量增加一倍，而资本存量保持不变。

（3）资本存量增加一倍，而劳动力存量保持不变。

3. "贫困型增长"的主要原因是什么？

4. 分析中性技术进步条件下贸易大国和贸易小国贸易条件的变化。

5. 试分析人口红利消失会对我国的对外贸易和贸易条件产生哪些影响。

即测即评

请扫描右侧二维码，在线测试本章学习效果。

第八章

区域经济一体化和国际经贸组织

本章重点

1. 区域经济一体化的类型
2. 区域经济一体化的经济效应
3. 世界贸易组织的基本原则

教学视频

请扫描右侧二维码观看本章精彩教学视频。

双边与区域合作对应的组织形式是区域经济一体化组织,多边合作则是以世界贸易组织为主要载体、辅之以其他国际经贸机构共同推进的合作形式。区域经济一体化组织与国际经贸组织相辅相成,共同推进全球范围的贸易自由化。党的二十大报告指出,"我们实行更加积极主动的开放战略,构建面向全球的高标准自由贸易区网络",意味着参与区域经济一体化将是我国构建"双循环"新发展格局的重要内容。本章首先介绍区域经济一体化的类型、经济效应及其实践,然后介绍关税与贸易总协定、世界贸易组织、联合国贸易和发展会议、国际货币基金组织以及世界银行等国际经贸组织。

第一节　区域经济一体化

区域经济一体化最早可以追溯到 1921 年成立的比、卢经济同盟,起初发展比较缓慢。第二次世界大战后,区域经济一体化开始迅速发展,并形成三个标志性的阶段:第二次世界大战后初期至 20 世纪 70 年代初,区域经济一体化进入迅速发展阶段;20 世纪 70 年代至 20 世纪 80 年代中期,区域经济一体化进入缓慢发展甚至停滞阶段;20 世纪 80 年代中期以来,区域经济一体化进入迅猛发展阶段。目前,世界上绝大多数国家和地区为了维护自身利益和政治经济安全,都不同程度地加入了一个或多个区域经济一体化组织或区域性贸易集团,区域经济一体化的趋势进一步加强。

一、区域经济一体化的内涵

(一)区域经济一体化的概念

区域经济一体化可定义为:两个或两个以上的国家或地区通过协商或缔结国际协议,逐步降低或取消各自的贸易壁垒,推动成员国间商品和生产要素的自由流动,逐步实施统一的社会经济政策,建立超国家的管理机构,以集团的力量参与国际竞争,对成员国和非成员国采取差别待遇。

(二)区域经济一体化的主要形式

按组织性质和经济贸易壁垒取消的程度划分,区域经济一体化的形式主要有优惠贸易安排、自由贸易区、关税同盟、共同市场、经济同盟和完全经济一体化。

1. 优惠贸易安排

优惠贸易安排(preferential trade arrangements)是指成员国之间相互给予对方出口的全部或部分商品特别的优惠关税。这是经济一体化最低级、最松散的组织形式。如1932年的英帝国关税特惠制,成员国之间相互减让关税,但对非成员国依旧维持较高的关税。

2. 自由贸易区

自由贸易区(free trade area)是指成员国间相互取消关税和非关税壁垒,商品自由流动,但对非成员国仍然保持独立的贸易壁垒,如1960年成立的欧洲自由贸易联盟、1966年成立的拉丁美洲自由贸易协会、1994年成立的北美自由贸易区(NAFTA)等。

3. 关税同盟

关税同盟(customs union)是指在自由贸易区的基础上,对非成员国实施统一贸易壁垒的区域经济一体化组织。在关税同盟内部,各成员国不仅取消相互间的贸易障碍,还实现了成员国对外贸易政策的统一,从而完全取消各成员国间的海关,这也使得超国家机构变得必要,如欧洲经济共同体、安第斯条约组织以及海湾关税联盟等。

4. 共同市场

共同市场(common market)是指在关税同盟的基础上,成员国间实现了人员、资本、服务等生产要素的完全自由流动。1992年12月31日,欧洲共同体基本建成了内部大市场。

5. 经济同盟

经济同盟(economic union)是指在共同市场的基础上,成员国之间逐步消除经济政策的差异,通过协商制定和执行某些共同的经济政策和社会政策。成员国间的财政政策、货币政策和汇率政策的协调,意味着国家经济主权让渡给超国家的机构进行统一管理。欧盟是经济同盟最典型的代表。

6. 完全经济一体化

完全经济一体化(complete economic integration)是指各成员国在经济同盟的基础上,实现经济政策和社会政策等方面的完全一致,建立超国家的中央机构和执行机构对所有事务进行控制,等同于一个扩大的国家。这是经济一体化的最高形式,迄今尚未出现这种类型的区域经济一体化组织。

上述六种区域经济一体化组织由低级向高级排列,并且高一级组织总是包含低一级组织的所有特点(见表 8-1)。但是这并不意味着现实中的区域经济一体化组织必须以优惠贸易安排为起点,并按这个顺序演进,现实中的一体化组织是可以跨越式发展的。

表 8-1　区域经济一体化的类型

类型	特征					
	关税减让	商品自由流动	统一对外关税	生产要素自由流动	经济政策协调	经济政策一致
优惠贸易安排	√					
自由贸易区	√	√				
关税同盟	√	√	√			
共同市场	√	√	√	√		
经济同盟	√	√	√	√	√	
完全经济一体化	√	√	√	√	√	√

区域经济一体化的形式除了以上的分类方法外,还可以根据参与成员国的规模、地理位置的差异以及各国之间联系的紧密程度,将区域经济一体化分为区域主义、复边主义、双边主义以及单边主义四大类,这四大类也对应着不同的具体表现形式,如表 8-2 所示。该种分类方式和上述分类方式在某种程度上是相互交叉的。

表 8-2　区域经济一体化的表现形式

类型	表现形式
区域主义	区域贸易协定(regional trade agreements,RTAs) 自由贸易协定(free trade agreements,FTAs) 经济合作协定(economic partnership agreements,EPAs)
复边主义	服务贸易协定(trade in service agreement,TiSA) 政府采购协定(government procurement agreement,GPA)
双边主义	自由贸易协定(free trade agreements,FTAs) 双边投资协定(bilateral investment treaties,BITs)
单边主义	中国上海自由贸易试验区(China(Shanghai)Pilot Free Trade Zone)

资料来源:盛斌.全球价值链如何改变了贸易政策[C].广州:第 12 届全国高校国际贸易学科协作组会议,2013.

区域主义可以理解为在具有某些共性和地理邻近的区域范围内(通常包括两个或两个以上行为主体),在区域性和歧视性原则基础上,以区域性经济组织为载体,以实现区域整体利益为目的,协调区域内部成员之间关系,并以区域组织为单位对外协调国际关系。中国参与的中国－东盟自贸区、"10+3"(东盟＋中、日、韩)等都属于该范畴。由于地理位置的原因,中国与上述国家和区域经济集团达成协定,不仅使中国顺应了区域经济一体化的潮流,还促进了东亚地区一体化进程。

复边主义是介于多边主义和双边主义之间的"准多边"主义。与多边主义要求所有成员国必须遵守不同,复边主义允许成员国自愿加入并仅对加入国有效,对没有批准协定的多边体制内的其他国家不具有约束力。其中服务贸易协定(TiSA)和政府采购协定(GPA)是复边主义的典型代表。中国于2019年年底签署了中国加入世界贸易组织《政府采购协议》申请书,中国常驻WTO代表团当日将申请书和中国加入《政府采购协议》的初步出价清单递交给WTO秘书处,这标志着中国正式启动加入世界贸易组织《政府采购协议》谈判。

双边主义可理解为单个国家之间的合作,或是单个国家与某个区域经济集团间的合作,或是两个区域经济集团间的合作。该种区域经济一体化形式具有很大的灵活性,突破了地域的限制。20世纪80年代以来,随着区域经济一体化迅猛发展,中国也逐步顺应该潮流,积极参与双边合作,典型的有中国与东盟、智利、新西兰、新加坡、巴基斯坦、秘鲁等国家达成的双边协定。

单边主义可以理解为在单个国家内部推行的、有助于提高该国对外开放度的政策和措施。中国于2013年9月29日挂牌成立的上海自由贸易试验区就是单边主义的典型代表,是中国积极主动对外开放的"试验田"。

对于上述四种区域经济一体化形式,各国可以根据自身情况参与其中一种或几种形式。

(三) 区域经济一体化产生的原因

1. 第二次世界大战后科技和社会生产力的迅速发展

第二次世界大战后,以原子能、电子计算机、空间技术和生物工程的发明和应用为主要标志的第三次产业革命的出现,极大地推动了社会生产力和国际分工的发展,加深了各国间经济的相互依赖程度,这在很大程度上推动了区域经济一体化的形成和发展。二战后科技和社会生产力的迅速发展是区域经济一体化的客观基础。

2. 抵御外部强大压力、提高国际地位和加强对外谈判实力的需要

联合一致抵御外部强大压力是区域经济一体化的直接动因。例如,经过两次世界大战的蹂躏后,再加之第二次世界大战后美苏两国在欧洲的对峙,展开对欧洲市场的争夺,欧洲呈现的是政治不稳定和经济混乱。欧洲各国感到有必要进行一系列的经济与政治的整合,走一体化道路,增强与美苏的抗衡力量,恢复和提高其国际地位。

区域经济一体化组织对外以集团的力量参与国际竞争,这样经济实力较弱的国家便可借助区域集团内其他成员国的力量,与其他成员国形成优势互补来提高国际地位,增强对外谈判力量。第二次世界大战后,许多发展中国家为了维护民族经济利益,纷纷组建一体化组织。

3. 克服世界贸易组织多边贸易体制的局限性

虽然世界贸易组织旨在推动全球贸易自由化,但由于其成员较多,各国在国情等方面的差异较大,在进行多边谈判时很难达成一致意见,且耗时较长,成本较高,效率较低。多哈回合就是典型代表,其被评价为"收获的仅仅是口水"。随着世界贸易组织多边贸易体制自身局限逐渐暴露,区域经济一体化加快了步伐。

二、区域经济一体化的经济效应

随着区域经济一体化的产生和发展,越来越多的学者开始对这一现象进行研究和解释,形成了很多区域经济一体化理论,目前比较流行的是关税同盟理论。关税同盟理论是由美国的经济学家范纳(J.Viner)首先提出的,后由李普西(K.G.Lipsey)进一步完善。关税同盟的经济效应包括静态效应和动态效应。

(一) 关税同盟的静态效应

关税同盟的静态效应包括贸易创造效应、贸易转移效应以及贸易扩大效应。

1. 贸易创造效应

贸易创造效应(trade creation effect)是指成立关税同盟后,某成员国的部分国内产品被生产成本最低的其他成员国的出口产品取代,从而导致贸易规模扩大。产生这种效应的前提条件是非成员国被征税后的某种产品价格应高于同盟内的其他成员国价格。从世界角度看,低成本生产取代了高成本生产,即高效率替代了低效率,同盟内资源得以重新优化配置,获得生产利益;从进口国的角度看,产品价格降低了,消费者获益。因此,贸易创造效应是一种"正效应"。

在图 8-1 中,假设成立关税同盟前,X 商品在 A 国的价格为 100 美元,在 B 国的价格为 80 美元,在 C 国的价格为 60 美元。A 国对外征收 100% 的关税,那么 A 国从 B 国和 C 国进口 X 产品的价格分别为 160 美元和 120 美元,这样 A 国消费者会选择本国生产的 X 产品。假设后来 A 国与 B 国成立关税同盟,那么 A 国与 B 国间相互取消关税壁垒,对非成员国 C 国仍然保持 100% 的关税水平,A 国将会从 B 国进口 X 产品,贸易规模得以扩大,高效率生产也就取代了低效率生产,资源得到优化配置。同时由于进口价格低于国内生产成本,消费者将节约消费支出,获得消费利益。

2. 贸易转移效应

贸易转移效应(trade diversion effect)是指成立关税同盟后,由于对非成员国实施差别待遇,导致某成员国从生产成本较低的非成员国进口的产品,被生产成本较高的成员国的出口产品取代。从世界整体角度看,高成本生产替代了低成本生产,即低效率取代了高效率,降低了资源的配置效率,损失了生产利益。因此,贸易转移效应是一种"负效应"。

在图 8-2 中,假设成立关税同盟前,A 国实行自由贸易,不对其他国家征税,那么 A 国肯定会从生产成本最低的 C 国进口 X 产品。而当 A 国与 B 国结成关税同盟后,A 国与 B 国将会相互取消关税,而对非成员国 C 国征收 50% 统一关税,那么 A 国从 C 国进口单位 X 产品的价格将会变成 90 美元,因此 A 国将会从 B 国进口 X 产品。贸易方向由非成员国 C 国转向成员国 B 国。这样,低效率替代了高效率,同时也降低了资源配置的效率,降低了社会福利。

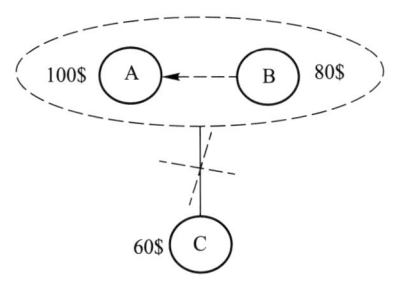 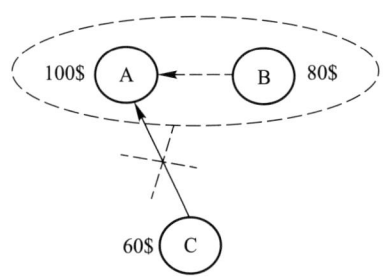

图 8-1 贸易创造效应

注:实线表示成立关税同盟前;虚线表示
成立关税同盟后。

图 8-2 贸易转移效应

注:实线表示成立关税同盟前;虚线表示
成立关税同盟后。

3. 贸易扩大效应

贸易扩大效应(trade expansion effect)是指成立关税同盟后,关税取消,成员国进口价格下降导致贸易量增加。

此外,关税同盟的静态效应还包括减少行政开支,改善贸易条件,减少走私以及提高经济地位,增强谈判能力等。

(二) 关税同盟的动态效应

动态效应是指关税同盟的成立对成员国的贸易以及经济增长的间接推动作用,主要表现在以下四个方面。

1. 规模经济

关税同盟成立后,国内市场向扩大了的区域性市场延伸,使得生产者可以扩大生产规模,进行大批量生产,降低生产成本,从而获得规模经济带来的利益。

2. 加剧竞争

成立关税同盟前,各国之间推行狭隘的贸易保护主义,形成多个封闭狭小市场。关税同盟成立后,由于成员国之间的商品可以自由流动,市场相互开放,使得各国企业面临着其他成员国同类企业的竞争,竞争进一步加剧。

3. 吸引外资

由于关税同盟的成员国之间相互取消关税,商品自由流动,而对非成员国采取差别待遇的共同关税,这会促使一部分非成员国的投资者为了避免关税而对关税同盟内的成员国进行投资。

4. 技术进步

关税同盟的成立会加剧成员国同类企业的竞争,为了获取竞争优势,各企业必须增加技术研发投入,加快技术进步,不断提高劳动生产率。

三、区域经济一体化的实践

(一) 主要的区域经济一体化组织

1. 欧洲联盟

欧洲联盟,简称欧盟(European Union,EU),是目前一体化程度最高的区域经济组织,也是区域经济一体化最成功的典范。欧盟在国际上的地位和影响力与日俱增,成为世界经济增长的重要一极。

(1) 欧盟一体化的主要进程。欧盟的前身是欧洲共同体(简称欧共体),由欧洲煤钢共同体、欧洲经济共同体和欧洲原子能共同体三大机构合并而成。1967年7月1日,欧共体正式成立。1991年12月11日,欧共体首脑会议在荷兰马斯特里赫特通过了建立欧洲经济货币联盟和欧洲政治联盟的《欧洲联盟条约》,即《马斯特里赫特条约》(简称《马约》)。《马约》于1993年11月1日正式生效,从此,欧洲共同体更名为欧盟。

(2) 欧盟的扩展。欧共体的创始国是法国、联邦德国、意大利、荷兰、比利时和卢森堡六国;1973年,英国、丹麦和爱尔兰加入;1981年,希腊加入;1986年,西班牙和葡萄牙先后加入。1993年,欧盟成立。1995年,奥地利、瑞典和芬兰加入;2004年,塞浦路斯、匈牙利、捷克、爱沙尼亚、拉脱维亚、立陶宛、马耳他、波兰、斯洛伐克和斯洛文尼亚10个中东欧国家加入;2007年,保加利亚和罗马尼亚加入;2013年,克罗地亚加入。截至2013年年底,欧盟共拥有28个成员国。

2016年6月23日,英国就脱离欧盟举行全民公投。24日上午综合全部计票结果显示,"脱欧"一方支持率为51.89%,而赞成"留欧"的投票者占48.11%。2017年3月29日,英国正式向欧盟递交"脱欧"信函,成为首个寻求退出欧盟的成员国。在经过多轮谈判之后,2020年1月23日,英国正式"脱欧"。

(3) 欧盟一体化的成果。

① 成立关税同盟。欧共体的六个创始国之间工业品和农产品分别于1968年7月和1969年1月建立关税同盟,在关税同盟内取消关税,统一对外关税以及取消数量限制等非关税壁垒。

② 实施共同农业政策。1962年7月1日,欧共体开始实施共同农业政策(CAP);1968年8月,欧共体开始统一农产品价格,取消农产品内部关税,使农产品在共同体内自由流通;从1971年起,欧共体对农产品出口进行补贴。

③ 基本建成内部统一大市场。根据《单一欧洲法令》所确定的目标,欧共体12国将实现统一大市场目标的282项指令的大多数都转为国内法,逐步取消了各种非关税壁垒。1993年1月1日,欧盟宣布基本建成统一大市场,实现了商品、人员、资本在共同体范围内的自由流动。

④ 统一货币政策。1999年1月1日,欧元正式发行,并成为11国的法定货币。2002年1月1日,欧元正式流通,并成立了欧盟中央银行。截至2015年1月,欧元区已包括19个欧盟国家,并一直延续到2022年。欧盟基本统一了货币政策,形成了经济货币联盟。

⑤ 建立超国家机构。当区域经济一体化组织发展到一定程度的时候,便需要建立超国家机构来对区域内的所有事务进行控制,以推进区域内一体化能够快速有效。欧盟目前所建立的超国家机构包括:欧洲议会、欧洲理事会、部长理事会、欧盟委员会、欧洲法院、欧洲审计院以及欧洲中央银行。

2.《美墨加协定》

《美墨加协定》(U.S.–Mexico–Canada Agreement,USMCA)的前身是《北美自由贸易协定》(North American Free Trade Agreement,NAFTA)。1992 年 12 月,美国、加拿大、墨西哥三国签署了《北美自由贸易协定》,并于 1994 年 1 月 1 日正式生效。

《北美自由贸易协定》主要涉及降低与取消农业、汽车工业、纺织品服装、能源开采等行业的关税和非关税壁垒,以及开放金融、保险投资市场和知识产权保护等方面的内容,形成一个贸易、投资、金融和劳动力自由流动的一体化共同市场。通过优势互补促进区内各成员国经济的快速发展,使得北美自由贸易区在国际上的地位不断提升,同时也加强了集团的对外谈判能力。其南北合作性的特点值得很多发达国家和发展中国家借鉴。

2017 年年初,美国总统特朗普上台后,致力于重新打造美国对外贸易格局。NAFTA 成立多年来,虽然三方贸易额显著提升,但特朗普认为 NAFTA 严重损害了美国的制造业就业。2017 年 1 月 22 日,特朗普宣布将与加拿大和墨西哥重新谈判《北美自由贸易协定》。2017 年 8 月 16—20 日,美国、墨西哥和加拿大三国在华盛顿开启了新《北美自由贸易协定》的首轮重新谈判。2020 年 7 月 1 日,《美墨加协定》正式生效,取代了《北美自由贸易协定》。《美墨加协定》在汽车和乳制品条款、争端解决机制等方面都有较大改变,也被称为《北美自由贸易协定》的 2.0 版本。

3. 亚太经合组织

亚太经合组织(Asia–Pacific Economic Cooperation,APEC)是亚太地区级别最高、影响最大的区域性经济合作组织,成立于 1989 年,旨在促进区内成员方经济的持续发展,加强成员方之间经济的相互依存度,减少关税和非关税壁垒,促进区内的贸易投资自由化,加强区内经济技术合作。目前 APEC 包括 21 个成员方:澳大利亚、文莱、加拿大、智利、中国、中国香港、中国台湾、印度尼西亚、日本、韩国、墨西哥、马来西亚、新西兰、巴布亚新几内亚、秘鲁、菲律宾、新加坡、泰国、美国、俄罗斯和越南。从 1993 年起,每年举行一次成员方领导人的非正式会议,推动了亚太地区贸易投资自由化和经济技术合作。

APEC 的精神是开放、渐进、自愿、协商、发展、互利与共同利益,其中涵盖了 APEC 所具有的特点,即开放性、灵活性、多层次性以及渐进性。

4. 东盟

东盟(Association of Southeast Asian Nations,ASEAN)是东南亚国家联盟的简称,其前身是马来西亚、菲律宾和泰国在 1961 年 7 月 31 日成立的东南亚联盟。1967 年 8 月 8 日,菲律宾、印度尼西亚、马来西亚、泰国、新加坡五国外长在曼谷召开会议,发表《曼谷宣言》,成立东南亚国家联盟。目前组织的成员有 10 个:印度尼西亚、马来西亚、新加坡、菲律宾、泰国、文莱、越南、老挝、缅甸和柬埔寨。东盟自贸区于 2002 年 1 月 1 日正式启动,目标是实现区域内的零关税。

在 1997 年东南亚金融危机中,东南亚国家深刻认识到在金融全球化的时代,遇到困难时难以独善其身,只有协调与合作,才能抗御金融风暴和经济动荡。因此,东南亚国家积极寻求区内合作,逐步形成了"10 + 3"(东盟 + 中、日、韩)和三个"10 + 1"(东盟 + 中国,东盟 + 日本,东盟 + 韩国)机制,加强了与中、日、韩的合作。"10 + 3"机制建立在东盟 10 国与中、日、韩三国领导人非正式会议的基础上,旨在推动东亚经济一体化进程,但"10 + 3"机制并未取得预期效果。

2010 年 1 月 1 日,中国 – 东盟自由贸易区正式建成,这是目前"10 + 1"机制的典范。

5.《跨太平洋伙伴关系协定》

《跨太平洋伙伴关系协定》(Trans–Pacific Partnership Agreement,TPP)由《跨太平洋战略经济伙伴关系协定》(TPSEP)演变而来。TPSEP 是由新西兰、新加坡、智利和文莱四国于 2005 年 7 月签署的并于 2006 年 5 月 28 日正式生效的协议,又称为 P4 协议。TPP 将突破传统的自由贸易协定(FTA)模式,达成包括所有商品和服务在内的综合性自由贸易协议。随着 2009 年美国高调宣布加入 TPP 后,TPP 引起国际社会的广泛关注,除新西兰、新加坡、智利、文莱、美国五国外,澳大利亚、秘鲁、越南、马来西亚、墨西哥、加拿大和日本等国家也加入了 TPP 谈判。

2013 年 12 月 7 日,《跨太平洋伙伴关系协定》谈判部长级会议在新加坡举行。本轮 TPP 谈判涉及贸易、投资等 20 多个领域,其中,关税、国有企业和知识产权保护三个领域是本轮谈判的重点。但由于会议未能就农产品关税、市场准入、知识产权保护、国有企业、政府采购、环境以及药品等问题达成一致,因而未能达成协议。其中,美国和日本在农产品以及市场准入方面的分歧是导致该轮谈判陷入僵局的主要原因。

2014 年 2 月 17 日,新一轮 TPP 谈判正式开启,会议围绕取消关税、知识产权等难点展开。美、日在农产品关税方面分歧依旧;在专利权等知识产权领域,美国与越南、马来西亚意见相左。2014 年 2 月 22 日,TPP 部长级会谈在新加坡召开,此轮谈判虽然取得了进展,但最终未达成任何协议。2015 年 10 月 5 日,美国、日本、澳大利亚等 12 个国家已成功结束 TPP 谈判,达成协议。12 个参与国占全球经济的比重达到了 40%。

(1) TPP 谈判的议题。主要包括: 货物与服务贸易自由化、原产地规则、技术性贸易壁垒、竞争政策、知识产权保护、政府采购、动植物检验检疫标准、贸易救济、政策的透明性以及劳工和环保两个敏感领域。

(2) TPP 的特点。① 跨度大。TPP 的成员国分属三大洲,形成了横跨太平洋两岸的自由贸易区。② 开放性。TPP 为新成员敞开大门,还专门设立了接纳新成员的条款。该条款规定,APEC 成员和"其他国家"都可以申请加入。但是由于其谈判的内容之多、范围之广、标准之高,无形中提高了加入 TPP 的门槛,将很多愿意加入的国家拒之门外。③ 网络化。虽然 TPP 内部市场比较小,但其开放程度高,通过自由贸易协定网络与外部市场联系广泛。TPP 成员都或多或少缔结了双边或多边的自由贸易协定,这样成员间可相互利用自由贸易协定,进而开拓亚太及国际市场。④ 高质量。TPP 谈判的议题包含的范围很广,除了传统的关税减让外,还涵盖了知识产权保护、技术性贸易壁垒以及劳工和环保等领域。因此,TPP 具有高标准和高质量。

然而 TPP 的进展却并非一帆风顺。在奥巴马时代,美国力推 TPP 谈判的主要意图是欲从经济上重返亚太。而特朗普却认为 TPP 并不利于美国,比如在市场开放中给发展中国家保留了较长的过渡期显然是不对等的,因此特朗普上任第一天就宣布退出了 TPP。没有了美国的主导,日本意欲成为 TPP 新的主导者却并不为其他国家所认同。2017 年 11 月 11 日,启动

TPP 谈判的 11 个亚太国家共同发布了一份联合声明,宣布"已经就新的协议达成了基础性的重要共识",并决定协定改名为《全面与进步跨太平洋伙伴关系协定》(CPTPP)。2018 年 12 月 30 日,《全面与进步跨太平洋伙伴关系协定》正式生效。

CPTPP 新架构将保留原 TPP 超过 95% 的项目,仅搁置 20 项条款,其中 11 项与知识产权有关。由于 CPTPP 不仅需要各方达成共识,还需要各国立法机构批准,其推进仍存在较大的不确定性。2021 年 9 月 16 日,中国正式提出申请加入《全面与进步跨太平洋伙伴关系协定》(CPTPP)。

6.《区域全面经济伙伴关系协定》

《区域全面经济伙伴关系协定》(Regional Comprehensive Economic Partnership,RCEP) 是由东盟在 2012 年发起,2020 年 11 月 15 日由东盟 10 国、中国、日本、韩国、澳大利亚、新西兰共 15 个亚太国家共同签署的贸易协定。该协定的签署意味着世界上最大的自由贸易区诞生。但是根据协定规则,只有东盟 10 国中至少 6 国、5 个东盟外伙伴国中至少 3 国完成各国立法机构批准程序,RCEP 才算正式生效。2021 年 4 月 15 日,中国正式完成 RCEP 核准程序。

2022 年 1 月 1 日,RCEP 正式生效,文莱、柬埔寨、老挝、新加坡、泰国、越南 6 个东盟成员国和中国、日本、新西兰、澳大利亚 4 国正式开始实施协定。2 月 1 日起 RCEP 对韩国生效,3 月 18 日起对马来西亚生效。作为多边贸易体制的有效补充,RCEP 一定程度上缓解了疫情、通货膨胀、战争与冲突带来的不利影响,有效促进了区域内成员的贸易投资便利化和一体化市场的深入融合,以泰国为例,协定生效第一季度,泰国对区域内成员国的贸易同比增长了 23%。韩国 3 月出口额同比增长 18.2%,是 1956 年有贸易统计以来的最大增幅。对于中国而言,在目前生产成本和物流成本高企、贸易保护主义抬头、供应链遭受较大冲击的严峻形势下,加入 RCEP 意味着外部营商环境的极大改善,提振了中国企业对外贸易和投资的信心,拓展了和 RCEP 成员国进一步合作的空间。中国与 RCEP 成员国贸易额占中国贸易总额约三分之一,RCEP 具有的全面、现代化、高质量和互惠的特点,为中国高水平对外开放奠定了良好的制度基础。

在世界贸易摩擦不断、新冠疫情负面影响较大的情况下,RCEP 的推进对于促进亚太地区各国经济合作不断深化,促进国际贸易尽快从疫情中恢复具有重要的现实意义。对于中国来说,加入 RCEP 后能够加快与亚太地区其他国家的产业合作,减少对欧美市场的过度依赖。

(二) 中国签署的区域经济一体化协定

改革开放以来,中国逐步对外开放,积极参与区域性经济合作,顺应了 20 世纪 80 年代中期以来区域经济一体化迅猛发展的潮流。除了积极参与 APEC、亚欧会议、上海合作组织以及"10+3"等合作和对话外,还积极参与双边贸易自由的谈判。中国已经和多个国家、地区或一体化组织签署了自由贸易协定。内地与香港、澳门特区签署的有关安排也属于自由贸易协定范畴,故在此一并介绍。

1. 内地与香港特区、内地与澳门特区关于建立更紧密经贸关系的安排

2003 年 6 月 29 日,内地与香港特区签署《内地与香港关于建立更紧密经贸关系的安排》(简称 CEPA),内容主要包括:① 两地实现货物贸易零关税;② 扩大服务贸易市场准入;③ 实行贸易投资便利化。CEPA 的签订减少了内地与香港在经贸交流中的体制性障碍,提高了相互间货物、资本、人员等要素流动的便利性。为了促进澳门特区经济的发展,适度保持港澳间

的平衡,内地与澳门特区也于 2003 年 10 月 17 日签署了《内地与澳门关于建立更紧密经贸关系的安排》。2004—2006 年又分别签署了一系列补充协议。

2. 中华人民共和国政府和巴基斯坦伊斯兰共和国政府自由贸易协定

中国与巴基斯坦的经贸关系一直稳定发展,双边贸易额在 2000 年以后有较大幅度增长,但贸易总量较小。为了推动两国经贸关系的发展,中国与巴基斯坦于 2003 年 11 月 3 日签订了《中国与巴基斯坦优惠贸易安排》,(2004 年 1 月 1 日正式实施),双方承诺相互给予对方全部或部分商品关税减让的优惠待遇。这是我国与外国签订的第一个双边优惠贸易安排,对于我国开展与南亚的区域经济合作有重大意义。

为了进一步发展中巴双边经贸关系,中国和巴基斯坦于 2005 年 12 月 9 日签署了《中国－巴基斯坦自由贸易协定早期收获协议》,从 2006 年 1 月 1 日起中巴双方共同对以蔬菜、水果为主的产品实施降税,到 2008 年上述产品的关税全部降为零。

2005 年 8 月,中巴自贸区全面降税的谈判正式启动,历经 6 轮谈判,中巴双方在 2006 年 11 月签订了《中华人民共和国政府和巴基斯坦伊斯兰共和国政府自由贸易协定》。根据该协定,中巴两国于 2007 年 7 月 1 日起对全部货物产品分两个阶段实施降税。该协定一方面强化了中巴双方的经贸关系,另一方面有助于我国开拓南亚市场,加强与南亚地区的经济合作。

3. 中国－东盟全面经济合作框架协议

2002 年 11 月,中国与东盟签署《中国－东盟全面经济合作框架协议》,决定在 2010 年建成中国－东盟自由贸易区,并正式启动自贸区建设进程。2010 年 1 月 1 日,中国－东盟自贸区正式建成,涵盖 19 亿人口,国内生产总值达 6 万亿美元,贸易额达 4.5 万亿美元,它是发展中国家间最大的自由贸易区,对推动东亚经济一体化进程有重大意义。自贸区建立后,双方对超过 90% 的产品实行零关税。中国对东盟平均关税从 9.8% 降到 0.1%,东盟六个老成员国对中国的平均关税从 12.8% 降到 0.6%。关税水平大幅降低有力推动了双边贸易快速增长。

4. 中华人民共和国政府和新加坡共和国政府自由贸易协定

始于 2006 年 8 月,历经 8 轮谈判和磋商,中国和新加坡于 2008 年 10 月 23 日签署了《中华人民共和国政府和新加坡共和国政府自由贸易协定》。同时,双方还签署了《中华人民共和国政府和新加坡共和国政府关于双边劳务合作的谅解备忘录》。该协定涵盖了货物贸易、服务贸易、人员流动、海关程序等诸多领域,是一份内容全面的自由贸易协定。双方在中国－东盟自由贸易区的基础上,进一步加快了贸易自由化进程,拓展了双边自由贸易关系与经贸合作的深度与广度。根据该协定,新加坡承诺在 2009 年 1 月 1 日取消全部自华进口产品关税,中方承诺在 2012 年 1 月 1 日前对 97.1% 的自新进口产品实现零关税。双方还在医疗、教育、会计等服务贸易领域做出了高于 WTO 的承诺。该协定将进一步全面推进中新双边经贸关系的发展,也将对东亚经济一体化进程产生积极影响。

5. 中华人民共和国政府和新西兰政府自由贸易协定

始于 2004 年 11 月,历经 15 轮谈判,中国和新西兰于 2008 年 4 月 7 日签署了《中华人民共和国政府和新西兰政府自由贸易协定》。该协定涵盖了货物贸易、服务贸易、人员流动、投资、知识产权、海关、检验检疫等领域,是我国与发达国家签署的第一个自由贸易协定。新西兰承诺将在 2016 年 1 月 1 日前取消全部自华进口产品关税,其中 63.6% 的产品从该协定生效时起即实现零关税；中方承诺将在 2019 年 1 月 1 日前取消 97.2% 自新西兰进口的产品关税，其中 24.3% 的产品从该协定生效时起立即实现零关税。此外，该协定还对服务贸易、人员流动、投资等方面做出了具体规定，旨在推动双方的贸易自由化和投资便利化。

6. 中华人民共和国政府和智利共和国政府自由贸易协定

始于 2004 年 11 月 18 日，历经 5 轮谈判，中国和智利于 2005 年 11 月 18 日正式签署了《中华人民共和国政府和智利共和国政府自由贸易协定》。它是中国与拉丁美洲国家签署的第一个自由贸易协定。该协定的签订不仅有助于推动两国经贸关系的发展，还将为中国开拓拉丁美洲市场提供便利。根据该协定，两国从 2006 年 7 月 1 日开始，全面启动货物贸易的关税减让进程。其中，占两国税目总数 97% 的产品将于 10 年内分阶段降为零关税。两国还将在经济、中小企业、文化、教育、科技、环保、劳动和社会保障、知识产权、投资促进、矿产、工业等领域进一步开展合作。

7. 中华人民共和国和瑞士联邦自由贸易协定

历时两年多，经过 9 轮谈判，中国和瑞士于 2013 年 7 月 6 日正式签署《中华人民共和国和瑞士联邦自由贸易协定》，其于 2014 年 7 月 1 日正式实施。这是中国与欧洲大陆和世界经济 20 强国家签署的首个自贸协定。协定的内容不仅涵盖货物贸易、服务贸易，而且包含了环境保护、劳工就业、知识产权、市场竞争等新时期的新议题。双方同意给予对方绝大多数产品零关税或低关税待遇，瑞方将对中方 99.7% 的出口立即实施零关税，中方将对瑞方 84.2% 的出口最终实施零关税，共同推进服务贸易自由化和便利化进程。该协定是近年来中国对外达成的水平最高、最为全面的自贸协定之一。自贸协定的签订不仅有助于扩大双方经贸合作，还会为中欧贸易开启新的机会，并为中国与欧盟建立更加紧密的经贸关系起到示范作用。

此外，中国与秘鲁于 2009 年 4 月 28 日在北京签署了《中国 – 秘鲁自由贸易协定》，这是中国与拉丁美洲国家签订的第一个一揽子贸易协定。中国与哥斯达黎加签订的《中国 – 哥斯达黎加自由贸易协定》于 2011 年 8 月 1 日正式生效。中国与冰岛于 2013 年 4 月 15 日在北京签署了《中华人民共和国政府和冰岛政府自由贸易协定》，这是中国与欧洲国家签署的第一个自由贸易协定。近年来，中国与韩国、澳大利亚、格鲁吉亚等国家也达成了自由贸易协定。

亚太经贸合作对中国参与全球价值链有积极的推动作用。近年来，中美贸易摩擦日益频繁，美国对中国进行技术封锁并针对中国产品大幅加征进口关税，对中国参与全球价值链、分享全球化利益造成了较大的压力。同时，中国参与了多个区域贸易协定谈判，与亚太地区其他国家之间的经贸合作日益紧密，对缓解中国的贸易压力起到了一定的作用。亚太地区本身具有较大的发展差异，不仅包括美、加、日、澳、韩、新西兰、新加坡等发达国家，也包括中、朝和南北美洲、俄罗斯远东地区、东盟等国家和地区。由于地域广泛、资源丰富，涵盖了较多的贸易大国，亚太地区已经成为全球贸易的中心，2020 年中国外贸总额全球第一，价值链布局已经把各国经济紧密结合在一起。

由于美国对中国的贸易限制较多，一定程度上影响了中国部分行业的关键部件供给，"断链"风险在智能手机、汽车等行业尤为明显。加快参与区域贸易协定步伐、与亚太地区其他国家构建更多高端价值链，对于提升中国的全球价值链地位、规避贸易保护主义对中国的不利影响将有积极的作用。

第二节　国际经贸组织

　　20 世纪 30 年代初期,随着世界经济陷入危机,资本主义国家为了保护本国经济,纷纷提高进口关税,引发了激烈的关税战,导致国际贸易大幅萎缩,经济进一步恶化。第二次世界大战以后,包括美国在内的大多数国家都遭受战争的重创,国际经济秩序混乱。为了尽快恢复国民经济,1944 年 7 月,在美国的极力倡导下,联合国成员举行了货币和金融会议,试图从金融、投资和贸易三方面重建国际经济新秩序。各国经过协商,同意成立国际货币基金组织、国际复兴开发银行(世界银行),并倡导建立国际贸易组织。为了促进贸易自由化,在国际贸易组织筹建失败的情况下,关税与贸易总协定(The General Agreement on Tariffs and Trade,GATT)随之产生,并于 1948 年 1 月 1 日正式生效。1995 年,GATT 被世界贸易组织取代。前两个组织以及GATT 的建立对于第二次世界大战后各国经济的重建以及贸易自由化的发展都起到了巨大的推动作用。

一、关税与贸易总协定

　　关税与贸易总协定简称关贸总协定,是协调和规范缔约方之间关税与贸易政策方面权利和义务的多边国际协定。

(一) 关贸总协定的产生

　　第二次世界大战后,主要国家经济陷入危机,国际经济秩序混乱。1945 年底,美国呼吁建立国际贸易组织。1946 年 10 月,在伦敦召开的第一次筹备委员会会议对美国起草的《国际贸易组织宪章》进行讨论,并决定成立宪章起草委员会对草案进行修改。1947 年 4 月到 10 月,美国、英国、中国等 23 个国家在日内瓦召开了第二次筹备委员会会议,会议就具体产品的关税减让达成协议,并签署了《关税与贸易总协定临时适用议定书》。1947 年 11 月,在哈瓦那举行的联合国贸易与就业会议上,审议并通过了《国际贸易组织宪章》(又称《哈瓦那宪章》),准备组建正式的国际贸易组织。但由于该宪章部分内容并不符合美国利益,因此未获美国和其他一些国家的批准,国际贸易组织未能建立。由于建立国际贸易组织的计划未能实现,《关税与贸易总协定临时适用议定书》就成为各缔约方在关税和贸易政策方面共同遵守的多边国际贸易协定。关贸总协定于 1948 年正式实施,并于 1995 年 1 月 1 日被世界贸易组织取代,在此期间,对世界范围的贸易自由化起到了积极的推动作用。但从性质上看,关贸总协定始终是“临时”适用的一项多边国际贸易协定,而非正式的国际贸易组织。

(二) 关贸总协定的宗旨及组织机构

1. 关贸总协定的宗旨
关贸总协定的宗旨是:提高生活水平,保证充分就业,保证实际收入和有效需求的巨大持续增长,扩大世界资源的充分利用以及发展商品生产和交换。

2. 关贸总协定的组织机构

关贸总协定的组织机构主要包括缔约方全体、代表理事会、委员会、工作组、总干事和秘书处。

(1) 缔约方全体。缔约方全体是关贸总协定的最高决策机构,每年举行一次缔约方大会。

(2) 代表理事会。代表理事会在大会休会期间负责处理关贸总协定的日常和紧急事务,并监督下属机构的工作。

(3) 委员会。委员会包括常设委员会和根据需要产生的专门委员会。

(4) 工作组。工作组是为处理一些更具体的技术事务而成立的。

(5) 总干事。关贸总协定直到 1965 年才设立总干事,而且没有对总干事的权力作出明文规定。

(6) 秘书处。秘书处在总干事领导下工作,负责关贸总协定的日常事务。

(三) 关贸总协定的八轮多边谈判

从 1947 年起,关贸总协定共主持了八轮多边贸易谈判。谈判主要围绕贸易自由化的目标进行,随着时间的推移,谈判的成员不断增加,谈判的议题也不断扩展。前五轮谈判的主要议题都是关税,第六轮首次涉及非关税措施。

1947 年 4 月至 10 月,美国、法国、中国等 23 个国家在日内瓦举行了第一次多边谈判,谈判的主要议题是关税减让。23 个成员国就 123 项双边关税减让达成协议,涉及 45 000 种商品,平均下调关税 35%。

1949 年 4 月至 10 月,在法国安纳西举行了第二次多边谈判,参加国增至 33 个。该轮谈判达成了 147 项双边协议,就 5 000 项商品达成新关税减让,使占应征税进口值 56% 的商品平均降低关税 35%。

1950 年 10 月至 1951 年 4 月,在英国托奎举行了第三次多边谈判,参加国有 39 个,就近 9 000 项商品达成新关税减让,使占进口值 11.7% 的商品平均降低关税 26%。

1956 年 1 月至 5 月,在瑞士日内瓦举行第四次多边谈判,参加国有 28 个。由于美国国会对其政府授权有限,这一轮谈判的成效大打折扣。该轮谈判就 3 000 项商品达成新关税减让,使占进口值 16% 的商品平均降低关税 15%,仅涉及 25 亿美元的贸易额。

1960 年 9 月至 1962 年 7 月,在日内瓦举行了第五轮多边贸易谈判,该轮谈判是由美国负责经济事务的副国务卿道格拉斯·狄龙建议发起的,因而又称 "狄龙回合"。参加国有 45 个,就 4 400 多项商品达成关税减让,涉及 49 亿美元的贸易额,使占应税进口值 20% 的商品的平均关税下降 20%。

1964 年 5 月至 1967 年 6 月,在瑞士日内瓦举行了第六轮多边贸易谈判。由于该轮谈判是当时美国总统肯尼迪根据 1962 年通过的美国《贸易拓展法》提议发起的,所以又称 "肯尼迪回合"。该轮谈判的参加国有 54 个,谈判的主要议题除了关税减让外,还首次涉及了反倾销问题的非关税措施。涉及关税减让商品项目合计达 60 000 项之多,工业制成品进口关税税率平均降低 35%,影响了 400 亿美元的商品贸易额。该轮谈判还制定了第一个反倾销协议,同时还为发展中国家新增了贸易和发展部分。

1973 年 9 月至 1979 年 4 月,在日内瓦举行了第七轮多边关税贸易谈判。这轮谈判因始于日本东京,故称"东京回合"。此轮谈判有 99 个国家参加,其中包括 29 个非缔约方。谈判的主要议题除了关税减让,减少、消除非关税壁垒,还涉及了框架协议。谈判涉及 3 000 多亿美元的贸易额的关税减让,平均关税下降 35%;达成多项非关税壁垒协议,包括补贴与反补贴措施、技术性贸易壁垒、进口许可程序、政府采购、海关估价、反倾销、牛肉、奶制品、民用航空器等方面的协议;通过了给予发展中国家优惠待遇的"授权条款"。

1986 年 9 月至 1993 年 12 月,在乌拉圭进行了第八轮多边贸易谈判。此次谈判从参加成员的规模上、谈判议题的多样性上、对世界经济贸易的影响上都远远超过了前七轮的谈判,成为关贸总协定最重要的一轮谈判。

(四) 乌拉圭回合

乌拉圭回合从 1986 年 9 月启动到 1994 年 4 月最终协议的签署,共历时 8 年。参加乌拉圭回合谈判的国家和地区从最初的 103 个,增加到 1993 年年底的 117 个、1994 年 4 月摩洛哥的马拉喀什谈判结束时的 128 个。我国也参加了乌拉圭回合所有议题的谈判。这是关贸总协定成立以来参与国家和地区最多、议题最多、范围最广以及成果最大的一次多边贸易谈判。

1. 乌拉圭回合谈判的目标

在 1986 年启动乌拉圭回合谈判的部长宣言中,明确了此轮谈判的主要目标:一是为了所有缔约方的利益特别是欠发达缔约方的利益,通过减少和取消关税、数量限制和其他非关税措施,改善进入市场的条件,进一步扩大市场。二是加强关贸总协定的作用,改善建立在关贸总协定原则和规则基础上的多边体制,将更大范围的世界置于有效的多边规则之下。三是增加关贸总协定体制对不断演变的国际经济环境的适应能力,特别是促进必要的结构调整,加强关贸总协定同有关国际组织的联系。四是促进国内和国际合作以加强与其他影响增长和发展的经济之间的内部联系。

2. 乌拉圭回合谈判的议题

乌拉圭回合谈判的议题包括传统议题和新议题。

传统议题包括 12 个,分别为:关税、非关税措施、热带产品、自然资源产品、纺织品与服装、农产品、关贸总协定条款、保障条款、多边贸易谈判协议与安排、补贴和反补贴措施、争端解决问题以及关贸总协定体制的作用。

新议题主要有 3 个,分别为:服务贸易、与贸易有关的知识产权问题以及与贸易有关的投资措施。

3. 乌拉圭回合谈判的成果

乌拉圭回合谈判在推进贸易自由化方面取得了丰富的成果,主要表现在以下几个方面:

(1) 关税减让。该轮谈判时的工业品关税大幅度下降,发达国家和发展中国家平均降税 1/3,近 20 个产品部类实行了零关税。其中发达成员对产品的关税减让幅度达 40%,加权平均税率从 6.3% 减为 3.8%;发展中成员对产品的关税减让水平低于发达成员,加权平均税率由 15.3% 减为 12.3%。

(2) 农产品。各缔约方达成《农业协议》,在市场准入方面,要求所有缔约方将一切非关税措施全部关税化,并进行约束和减让。在各参加方中,发达国家在 6 年内将农产品关税和出口补贴全面削减 36%;发展中国家在 10 年内削减 24% 的关税。在出口补贴方面,《农业协议》不禁止成员对农产品出口进行补贴,但要逐步削减出口补贴,从 1995 年起,发达国家在 6 年内减少 36%,发展中国家在 10 年内减少 24%。

(3) 纺织品和服装。各缔约方达成了《纺织品与服装协议》,有效期 10 年。该协议规定:在 10 年内逐步取消纺织品与服装的贸易限制;在发达国家逐步取消数量限制的同时,发展中国家也必须开放国内市场;规定过渡性保障条款。

(4) 服务贸易。服务贸易作为新议题纳入了乌拉圭回合的谈判中,并签订了《服务贸易总协定》(General Agreement on Trade in Services, GATS)。该协定由三个部分组成:一是协定条款本身,包括服务贸易的定义、服务贸易适用的原则、市场准入和逐步自由化;二是部门协议,包括航空运输服务协议、电信服务协议等;三是关于各国的初步承诺减让表。该协定强调了服务贸易的非歧视性、透明度和市场准入等原则,同时承认发达国家和发展中国家在服务业发展上的差距,允许发展中国家在开放服务贸易市场方面有更大的灵活性。

(5) 与贸易有关的投资措施。《与贸易有关的投资措施协议》(《TRIMs 协议》)是乌拉圭回合在新议题方面的重要成果。该协议主要包括两方面内容:一是规定各成员采用的投资措施,不论是针对外国投资企业,还是针对本国企业,都不得违反 1994 年关贸总协定中的国民待遇原则和取消数量限制原则。二是对发展中国家的特殊优惠,发达国家与发展中国家和最不发达国家的过渡期是不同的。

(6) 与贸易有关的知识产权方面。《与贸易有关的知识产权协议》(《TRIPs 协议》)主要内容包括:对知识产权的界定,成员方必须遵守国民待遇原则、最惠国待遇原则等,规定知识产权获得、维持的相关程序,详细规定了提供保护的法律程序和救济措施。

(7) 成立世界贸易组织取代关贸总协定。计划建立一个正式的世界贸易组织,取代关贸总协定,成为一个常设机构。这一贸易组织和国际货币基金组织、世界银行具有同等的法律地位,从而共同构成世界经济发展的三大支柱。

二、世界贸易组织

世界贸易组织(World Trade Organization, WTO)成立于 1995 年 1 月 1 日,是一个专门协调国际经济与贸易关系的国际经济组织。WTO 是在 GATT 的基础上建立的,是对 GATT 的继承和发展。

(一) 世界贸易组织的宗旨、职能、组织机构与争端解决机制

1. WTO 的宗旨

WTO 的宗旨是:提高生活水平,保证充分就业,大幅度稳步地提高实际收入和有效需求;扩大货物、服务的生产和贸易;坚持走可持续发展道路,促进对世界资源的最优利用,保护环境;积极努力确保发展中国家,尤其是最不发达国家在国际贸易增长中获得与其经济发展需要相适应的份额;通过实质性削减关税等措施,建立一个完整的、更具活力的、持久的多边贸易体制;以开放、平等、互惠的原则,逐步调降各成员方关税与非关税贸易障碍,并消除各成员

方在国际贸易上的歧视待遇。

2. WTO 的职能与组织机构

(1) WTO 的职能：制定和规范多边贸易规则，组织多边贸易谈判，解决成员方之间的贸易争端。

(2) WTO 的组织机构。WTO 是根据《维也纳条约法公约》正式批准生效成立的国际组织，具有独立的法人资格，是一个常设性、永久性存在的国际组织。为了执行其职能，世贸组织建立了完整的组织机构，主要包括部长级会议、总理事会、各专门委员会以及秘书处和总干事。其中，部长级会议是世界贸易组织的最高权力机构和决策机构，一般每两年举行一次会议；总理事会在部长级会议休会期间，行使部长级会议的职能，履行其解决贸易争端和审议各成员贸易政策的职责；部长级会议下设立各专门委员会，以处理特定的贸易及其他有关事宜；世贸组织的秘书处设在日内瓦，负责处理日常事务，受总干事的领导，部长级会议明确了总干事的权力、职责、服务条件及任期规则。

3. WTO 争端解决机制

《关于争端解决规则与程序的谅解》规定，当 WTO 成员间发生争端时，当事方应诉诸且遵守 WTO 争端解决的各项规则和程序，禁止采取任何单边的、未经授权的报复性措施。

世界贸易组织解决贸易争端的基本程序为：磋商、专家小组和上诉审查等。除此之外，在当事方自愿的基础上，还可采取仲裁、斡旋、调解和调停等方式解决争端。

(二) 世界贸易组织的基本原则

世界贸易组织的基本原则贯穿于其所有协定、协议中，构成了多边贸易体制的基础。这些基本原则主要包括以下方面。

1. 非歧视原则

非歧视原则规定，一缔约方在实施某种限制或禁止措施时，不得对其他缔约方实施歧视待遇。它是世界贸易组织最重要的原则，是各国平等地进行贸易的重要保证。非歧视原则主要通过最惠国待遇原则和国民待遇原则来体现。

(1) 最惠国待遇原则。最惠国待遇原则是指缔约方一方现在和将来给予任何第三方的优惠、特权和豁免，也同样给予缔约方对方。此原则又分为无条件的最惠国待遇和有条件的最惠国待遇，而在 GATT 和 WTO 中适用的都是无条件的最惠国待遇，即一缔约方给予第三方的一切优惠待遇立即无条件地、无补偿地、自动地适用于缔约方对方。WTO 可通过最惠国待遇将双边互惠推广到多边互惠。

最惠国待遇主要适用于进出口商品的关税和费用的征收、进出口规章手续以及 WTO 外汇管制等方面。同时为了维护发展中国家和少数群体的特殊利益，WTO 还规定了最惠国待遇的例外。主要包括四种情形：① 以关税同盟和自由贸易区等形式出现的区域经济安排；② 对发展中成员方实行的特殊和差别待遇，如普遍优惠制；③ 边境贸易；④ 在知识产权领域允许成员方就一般司法协助国际协定中享有的权利等方面保留例外。

(2) 国民待遇原则。国民待遇原则是指一国给予其他缔约方的公民、船舶、企业的权利和优惠不应低于本国公民、船舶、企业享有的权利和优惠。其根本目的是保证从缔约方进口的商品和本国商品能在同等条件下进行公平竞争。同时国民待遇原则还存在一些例外,如本国公民享有的沿海航行权、领海捕鱼权、土地购买权等。

2. 互惠原则

互惠原则要求加入 WTO 的成员为 WTO 的其他成员方开放本国市场,以获得本国产品或服务进入其他成员方市场的机会。

3. 关税保护与关税减让原则

世界贸易组织主张各成员方通过关税这一手段来保护本国市场,不得采取非关税壁垒来进行保护。同时,世界贸易组织还要求各成员方在互惠基础上通过多边谈判逐步降低关税税率,削减关税。

4. 一般禁止数量限制原则

世界贸易组织只允许在某些例外情况下实行进出口产品数量限制,禁止其他非关税壁垒尤其是以配额和许可证为主的数量限制。

5. 透明度原则

要求各成员方必须事先公布有关对外贸易的贸易措施、法律、法规、条例以及与其他成员方达成的影响国际贸易政策的条约和协定等,否则不得实施。

6. 公平贸易原则

公平贸易原则又称为公平竞争原则,是指各成员方在国际贸易中不应采取不正当的贸易手段进行竞争,尤其是不应以倾销和补贴方式出口商品,在货物贸易、服务贸易和与贸易有关的知识产权领域,创造公开、公平和公正的市场环境。WTO 强调,针对倾销和出口补贴行为,在对进口成员方同类产品造成实质性威胁损害时,进口成员方可采取反倾销和反补贴的措施来抵制不公平竞争。同时,WTO 也反对各成员方滥用反倾销和反补贴措施达到贸易保护主义目的。

7. 市场准入原则

市场准入是指成员方允许其他成员方的货物、服务与资本进入本国市场的程度。市场准入原则要求各成员方根据自身的经济发展水平,在一定期限内对其他成员方的货物、服务与资本逐步开放本国市场,并不断加大开放程度。

8. 对发展中国家特殊优惠原则

WTO 继承和发展了 GATT 对发展中国家特殊优惠的原则,具体表现在:

(1) 允许发展中国家在履行义务时有较长的过渡期。比如在具体的关税减让上,发展中国家可以比发达国家拥有更长的减让时间。

(2) 允许发展中国家在履行义务时有较大的灵活性。

(3) 规定发达国家为发展中国家提供技术援助,以使得发展中国家更好地履行义务。

9. 例外与免责原则

考虑到突发因素的破坏作用,为减少经济发展中出现的不稳定,允许成员方采取例外和保障措施,即不承担或不履行已经承诺的义务,对进口采取紧急保障。

（三）多哈回合

2001 年 11 月,在卡塔尔首都多哈举行的世界贸易组织第四次部长级会议启动了新一轮多边贸易谈判,即多哈回合。多哈回合旨在促进世界贸易组织成员削减贸易壁垒,通过更公平的贸易环境来促进全球特别是较贫穷国家的经济发展。多哈回合是世界贸易组织自 1995 年成立以来,影响最广泛、议题最多、成员参与最多的一场多边贸易谈判。

1. 多哈回合谈判的目标

多哈回合谈判的目标包括:抑制全球经济下降中出现的贸易保护主义,加大贸易在促进经济发展和消除贫困方面的作用,处理最不发达国家出现的边缘化问题,理顺与区域贸易协定之间的关系,把多边贸易体制的目标和可持续发展有机地结合起来,改善世界贸易组织外部形象,实现《马拉喀什建立世界贸易组织协定》的原则和目标。

2. 多哈回合谈判的议题

多哈部长级会议拟订的谈判议题相当广泛,包括"立即谈判事项""未来谈判事项"以及"其他事项"三大类。

(1) 立即谈判事项主要包括农业、非农产品市场准入、服务贸易、规则谈判、争端解决、知识产权、贸易与发展以及贸易与环境(重点是反倾销、反补贴和区域贸易安排)。

(2) 未来谈判事项即"新加坡议题",主要包括贸易与投资、贸易与竞争政策、政府采购透明度和贸易便利化。

(3) 其他事项主要包括电子商务、小型经济体、贸易与债务及融资、贸易与技术转让、技术合作与能力培训、低收入发展中国家成员、对发展中国家成员的特殊与差别待遇、谈判规划的组织与管理等。

3. 多哈回合的谈判进展

多哈回合启动后,按计划应在 2005 年 1 月 1 日前结束。但因涉及各方利益冲突,多哈回合启动以来,谈判进程一波三折。

2003 年 9 月,在墨西哥坎昆举行的世界贸易组织第五次部长级会议上,由于各成员在农业等问题上无法达成共识,多哈回合谈判陷入僵局。

2004 年 8 月,世界贸易组织总理事会议上达成《多哈回合框架协议》,同意将结束时间不设期限延长。协议明确规定美国及欧盟逐步取消农产品出口补贴及降低进口关税,为全面达成协议跨出了重要一步。

2005 年 12 月 13 日,世界贸易组织第六次部长级会议在中国香港开幕,本次会议重点是推进世界贸易多哈回合谈判,使之能够在 2006 年年底最后期限前结束。但是由于各方利益的冲突和矛盾,2006 年 7 月 27 日,多哈回合谈判全面中止。

2007 年 1 月,谈判再次恢复,但依旧无果而终,谈判再次陷入僵局。

2008 年 7 月 21 日,来自 35 个主要世界贸易组织成员的贸易和农业部长在日内瓦聚会,试图在一周时间内就多哈回合谈判农业和非农产品市场准入问题取得突破。但几天来,谈判难以取得进展,原定一周的会期被迫延长。旨在寻求多哈回合谈判关键性突破的世界贸易组织小型部长级会议在经过 9 天的努力后,7 月 29 日还是以失败告终。

2011 年 1 月 29 日,世界贸易组织小型部长级会议在达沃斯举行,与会代表希望恢复谈判。贸易谈判委员会在农业、非农产品市场准入、贸易便利化、贸易规则等具体领域展开密集谈判,争取 2011 年结束谈判。为推进谈判,时任 WTO 总干事拉米在 2011 年 5 月底的贸易谈判会议上提出以贸易便利化、农业和发展三大议题为核心的"多哈回合早期收获路线图"计划,得到各成员同意。2011 年 12 月在日内瓦召开的 WTO 第八届部长级会议没有就此达成协议。

2012 年,各成员继续就"早期收获"计划进行谈判。在 2012 年 12 月 11 日举行的 WTO 总理事会会议上,时任 WTO 总干事拉米表示,贸易便利化协议谈判已取得积极进展,有成员提出在 2013 年将其作为"早期收获"协议签署。

2013 年 12 月 7 日,世界贸易组织第九届部长级会议在印度尼西亚巴厘岛闭幕,会议发表了《巴厘部长宣言》,达成"早期收获协议",即《巴厘一揽子协定》。该协定包括贸易便利化、部分农业议题以及发展三个部分。会议同时明确,在未来 12 个月内,对所有多哈未决议题,尤其是农业、发展中国家和最不发达国家关心的议题制定工作计划。多哈回合谈判 12 年僵局终获历史性突破,使得世界贸易组织自 1995 年成立以来实现了多边贸易谈判"零"的突破。《巴厘一揽子协定》并非终结,它是完成多哈发展议程的重要基石。

2015 年 12 月 19 日,162 个 WTO 成员的贸易部长汇聚肯尼亚内罗毕召开会议。尽管发达国家和发展中国家关于是否取消多哈回合争议颇大,但该会议也有一些重要进展,在达成的一揽子协议中各成员首次承诺,全面取消农产品出口补贴。根据协定,发达国家必须立即取消补贴政策,发展中国家必须在 2018 年年底前终结对农产品的直接出口支持,但一些成员被允许放宽到 2023 年。截至 2018 年 3 月,多哈回合没有出现新的进展。发展的差异化和利益的分歧使得多哈回合的推进依然困难重重。

三、其他国际经济贸易组织

(一)联合国贸易和发展会议

联合国贸易和发展会议(United Nations Conference on Trade and Development,UNCTAD,简称联合国贸发会议)建立于 1964 年,总部位于日内瓦,是联合国大会在贸易和发展领域的一个主要机构。它是联合国系统内在贸易、金融、技术、投资、可持续发展、南南合作和最不发达国家领域处理有关发展问题的协调中心,是一个通过贸易促进发展中国家经济发展的全球性国际经济组织。我国于 1972 年开始参加联合国贸发会议。

1. 联合国贸易和发展会议建立的原因

(1)以美国为首的西方发达国家主导控制的国际经济秩序及其规则体系严重忽视了贸易与经济发展的关系以及发展中国家的利益。这是联合国贸发会议建立的基本因素。

(2)国际贸易条件以及经济发展状况的持续恶化促使发展中国家开始密切关注贸易与发展的关系问题。这是联合国贸发会议建立的激励因素。

(3)第三世界的形成及其联合的加强为发展中国家寻求建立新的国际发展机构奠定了广泛的政治基础。这是联合国贸发会议建立的决定性因素。

2. 联合国贸易和发展会议的宗旨和目标

(1)宗旨。联合国贸易和发展会议的宗旨是:为加速经济发展而促进国际贸易,特别是促进发展中国家的贸易,制定有关国际贸易和经济发展的原则和政策,并提出实施计划;推进和开展有关国际贸易和经济发展的协作活动,商定多边贸易协定;协调各国政府和区域性经济集团的有关贸易和发展政策。

(2)目标。联合国贸易和发展会议的目标是:最大限度地扩大发展中国家的贸易、投资和发展机遇,帮助它们面对全球化带来的挑战,在平等的基础上使它们融入世界经济。

3. 联合国贸易和发展会议的组织机构

联合国贸发会议由贸易与发展大会、贸易与发展理事会、秘书处等机构组成,每4年举行一次。其中,贸易与发展大会是联合国贸易和发展会议的最高权力机构;贸易与发展理事会是常设机构,理事会下设三个委员会,即货物和服务贸易及商品委员会,投资、技术和相关资金问题委员会,企业、商业便利和发展委员会。秘书处负责处理日常事务,同时也为贸易与发展大会、理事会以及其他附属机构服务。

4. 联合国贸易和发展会议的职能

联合国贸发会议的职能是在国际贸易、投资、企业发展、技术、南南合作和最不发达国家领域开展政策研究和分析、能力建设活动和技术合作。其中包括:规范的标准制定活动;有关投资趋向与政策的分析研究和数据收集活动,如联合国贸发会议每年出版《贸易和发展报告》《世界投资报告》和《最不发达国家报告》,这些报告在全世界具有广泛的影响和声誉,既是被国际社会广泛引用的权威资料,也是各国特别是发展中国家制定经济和社会发展政策的重要参考;为政府和企业提供竞争法律和政策咨询活动;在贸易支持技术领域开展能力建设和培训;在重要的贸易、投资和服务领域,开展支持最不发达国家的能力建设;为微观金融计划创造新的渠道,加强发展中国家利用电子商务的能力。

5. 联合国贸易和发展会议的经济影响

联合国贸发会议自成立以来,在促进发展中国家的经贸发展、推动南北对话和南南合作方面发挥了重要作用,并为此规定了一系列指导贸易与经济发展的政策原则,如国际经济关系领域的主权平等原则、初级产品贸易与价格稳定原则、普遍优惠制原则、国际技术转让原则和发展中国家经济合作原则等,从而为国际经济新秩序的提出奠定了基础。近年来,由于一系列原因其谈判能力逐渐削弱,但在帮助发展中国家制定经济发展战略和贸易、投资、金融政策,加强它们参与多边经济贸易事务的能力方面,仍然发挥着独特而重要的作用,被誉为"发展中国家的良心"和"南方知识库"。

(二) 国际货币基金组织

国际货币基金组织(International Monetary Fund,IMF)成立于1945年12月27日,总部设在华盛顿,为世界两大金融机构之一。其职责是监察货币汇率和各国贸易情况、提供技术和资金协助,确保全球金融制度运作正常。国际货币基金组织的资金来源于各成员认缴的份额。中国是该组织的创始国之一。近年来,随着份额改革的完成,中国在该组织中拥有了更大的话语权。

1. 组织宗旨

该组织宗旨是:通过一个常设机构来促进国际货币合作,为国际货币问题的磋商和协作提供方法;通过国际贸易的扩大和平衡发展,把促进和保持成员国的就业、生产资源的发展、实际收入的高水平,作为经济政策的首要目标;稳定国际汇率,在成员国之间保持有秩序的汇价安排,避免竞争性的汇价贬值;协助成员国建立经常性交易的多边支付制度,消除妨碍世界贸易的外汇管制;在有适当保证的条件下,基金组织向成员国临时提供普通资金,使其有信心利用此机会纠正国际收支的失调,而不采取危害本国或国际繁荣的措施;按照以上目的,缩短成员国国际收支不平衡的时间,减轻不平衡的程度等。

2. 组织机构

目前,国际货币基金组织的内部机构由理事会、执行董事会、总裁、副总裁以及一系列业务部门组成。具体情况见图8-3。

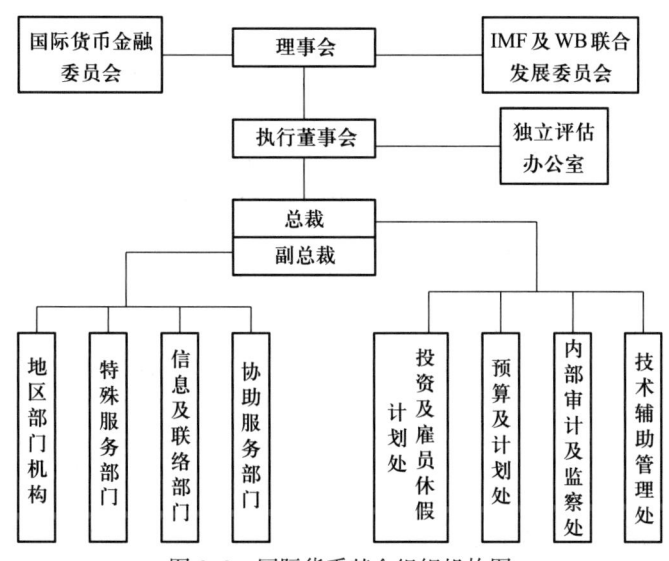

图8-3　国际货币基金组织机构图

（1）理事会。理事会是国际货币基金组织的最高决策机构,由每个成员国任命的一位理事和一位副理事组成,通常由成员国的财政部部长或中央银行行长担任。每年9月举行一次会议,各理事单独行使本国的投票权(各国投票权的大小由其所缴基金份额的多少决定)。理事会的主要职责是讨论IMF的重大制度问题,如接纳成员国、决定份额、分配特别提款权等方面。

（2）执行董事会。执行董事会是IMF的常设决策机构,负责日常工作,行使理事会委托的一切权力,由24名执行董事组成。执行董事每两年选举一次。

（3）总裁。总裁由执行董事会推选,是执行董事会的主席,负责IMF的业务工作,任期5年,可连任。总裁平时没有投票权,只有在执行董事会表决双方票数相等时,才可以投决定性的一票。

3. 组织职能

（1）制定成员国间的汇率政策和经常项目的支付以及货币兑换等方面的规则,并进行监督;

(2) 对发生国际收支困难的成员国在必要时提供紧急资金融通,避免其他国家受其影响;

(3) 为成员国提供有关国际货币合作与协商等会议场所;

(4) 促进国际金融与货币领域的合作;

(5) 促进国际经济一体化的步伐;

(6) 维护国际汇率秩序;

(7) 协助成员国之间建立经常性多边支付体系。

4. 国际货币基金组织的经济影响和改革

国际货币基金组织的使命,是为陷入严重经济困境的国家提供协助。对于严重财政赤字的国家,基金组织可能提出资金援助,甚至协助管理国家财政。以实现国际货币体系的稳定为主要职责,在稳定国际金融秩序方面发挥了重要作用。

但 IMF 在亚洲金融危机期间的表现说明,在经济、金融全球化进程不断加快、全球资本流动日益频繁和规模越来越大的情形下,以 IMF 为代表的国际货币合作机制已明显不能满足现实的需要。因此,要想更好地贯彻其宗旨,IMF 就必须进行改革,尤其是改变发展中国家在国际货币基金组织中意见得不到重视的现状。2010 年 11 月 5 日,国际货币基金组织总裁卡恩宣布,IMF 执行董事会当天通过了份额改革方案。份额改革完成后,中国的份额将从 3.72% 升至 6.39%,投票权也将从 3.65% 升至 6.07%。中国成为仅次于美国和日本的第三大股东,使中国在国际上获得更大的话语权,这同时也可以为广大发展中国家和新兴经济体争取更多的利益。2016 年 10 月 1 日,人民币正式被 IMF 纳入特别提款权(SDR)货币篮子。这一举措有利于增强 SDR 的代表性,完善现行国际货币体系。

(三) 世界银行

世界银行(World Bank,WB)即国际复兴开发银行(International Bank for Reconstruction and Development),成立于 1945 年 12 月 27 日,1946 年 6 月开始运营,总部设在华盛顿,是向全世界发展中国家提供金融和技术援助的国际金融组织。世界银行与国际货币基金组织、世界贸易组织共同构成国际经济体制中最重要的三大支柱。中国是世界银行的创始国之一。

1. 世界银行的宗旨

按照《国际复兴开发银行协定条款》的规定,世界银行的宗旨是:

(1) 通过对生产事业的投资,协助成员国经济的复兴与建设,鼓励不发达国家对资源的开发。

(2) 通过担保或参加私人贷款及其他私人投资的方式,促进私人对外投资。当成员国不能在合理条件下获得私人资本时,可运用该行自有资本或筹集的资金来补充私人投资的不足。

(3) 鼓励国际投资,协助成员国提高生产能力,促进成员国国际贸易的平衡发展和国际收支状况的改善。

(4) 在提供贷款保证时,应与其他方面的国际贷款配合。

2. 世界银行的组织机构

世界银行的组织机构主要由理事会、执行董事会及其行政管理机构构成。

(1) 理事会。理事会是世界银行的最高权力机构,由每一会员国选派理事和副理事各一人组成。任期 5 年,可以连任。副理事在理事缺席时才有投票权。理事会每年举行一次会议,一般与国际货币基金组织的理事会联合举行。理事会的主要职权包括:批准接纳新会员国、增加或减少银行资本、停止会员国资格、决定银行净收入的分配,以及其他重大问题。

(2) 执行董事会。执行董事会是负责组织日常业务的机构,行使由理事会授予的职权。

(3) 行政管理机构。行政管理机构由行长、若干副行长、局长、处长、工作人员组成。行长由执行董事会选举产生,是银行行政管理机构的首脑,负责银行的日常行政管理工作,没有投票权,只有在执行董事会表决中双方的票数相等时,才可以投关键性的一票。

3. 世界银行与国际货币基金组织的关系

(1) 世界银行与国际货币基金组织的联系。世界银行和国际货币基金组织是两个重要的国际金融机构,都是国际经济体制的重要支柱。凡是加入世界银行的国家必须首先是国际货币基金组织的会员国。

(2) 世界银行与国际货币基金组织的区别。国际货币基金组织通过提供短期贷款为主的方式,帮助成员国解决外汇资金的短期需要,其宗旨在于调整其国际收支的暂时失调,使成员国的国际收支状况得以改善,特别是那些有严重国际收支困难的国家。而世界银行是通过提供长期贷款实现国际收支平衡以及国际贸易长期均衡增长,努力缩小贫富差距。

基本概念

自由贸易区(free trade area)
关税同盟(customs union)
共同市场(common market)
经济同盟(economic union)
贸易创造效应(trade creation effect)
贸易转移效应(trade diversion effect)

复习思考题

1. 区域经济一体化的主要类型有哪些?
2. 世界贸易组织的基本原则有哪些?
3. 简述关税同盟的静态效应和动态效应。

即测即评

请扫描右侧二维码,在线测试本章学习效果。

第九章

要素国际流动与国际贸易

本章重点

1. 资本国际流动的形式
2. 对外直接投资理论
3. 资本国际流动对贸易国的影响
4. 劳动力国际流动对贸易国的影响
5. 技术国际流动的原因、形式和内容
6. 跨国公司国际化经营的动机、作用

教学视频

请扫描右侧二维码观看本章精彩教学视频。

　　要素的国际流动包括资本、劳动和技术等要素在国家间的流动。随着跨国公司不断发展壮大以及经济全球化深入,要素的国际流动已经成为影响世界经济的关键因素。本章分别介绍了资本、劳动力和技术国际流动的概况、理论以及对贸易国的福利分析。

第一节　资本的国际流动

一、资本国际流动的内涵

（一）资本国际流动的方式

　　正如劳动力一样,资本在国家间的流动也会对贸易产生影响。与劳动力不同的是,资本流动的形式多样,主要可以分为两大类:单纯的货币资本流动,或称资产组合投资(portfolio investment);伴随着技术管理等流动的外国直接投资(foreign direct investment,FDI)。

1. 资产组合投资

资产组合投资是国际资本流动的一种主要方式,具体又可分为国际借贷和国际证券投资两种形式。

(1) 国际借贷。许多国家和企业不愿外国资本控制本国经济但又缺乏资本,通常采用从国外借款的方式获得资本。同时,国际上有许多资本在寻找投资机会,也愿意通过借贷的方式获得收益。一些国际组织和发达国家为了帮助落后国家发展经济,也常常进行贷款。国际借贷根据贷款的来源和性质可分为外国政府贷款、国际金融组织贷款、外国商业银行贷款等。外国政府贷款,其条件由双边协议予以一定约束,且资金成本较低,期限较长。国际金融组织主要包括国际货币基金组织、世界银行及其附属机构(国际金融公司和国际开发协会)、亚洲开发银行、泛美开发银行和欧洲投资银行等。这些机构的贷款具有半官方贷款性质,有软硬之分,软贷款指低息长期贷款,硬贷款指利率较高、期限较短的贷款。外国商业银行贷款是由国际金融市场上的私人银行提供的商业性贷款,借款人可以自由使用,但贷款的利率较高,还需要支付有关费用。

(2) 国际证券投资。国际货币资本流动也可以通过国际证券投资的方式进行。国际证券投资又可分为国际股票投资和国际债券投资。国际股票投资包括让境外投资者直接购买本国上市或境外上市公司的股票,以及本国投资者利用海外存托凭证获得对非本国公司股票的所有权。国际债券投资是指投资者在国际债券市场上购买外国企业或政府发行的债券,并按期获取债息收入和到期收回本金而进行的投资活动。国际债券有两种基本类别,即外国债券和欧洲债券。前者是指一国发行者在另外一个国家的证券市场发行的债券,一般以市场所在国的货币为计值货币,由该国国内证券商承销发行,投资者大多是该国居民,有关发行的程序和申请手续等都要依据市场所在国对证券发行的有关规定办理。欧洲债券最初是指以美元为计值货币,在欧洲发行的美元债券。这种国际债券形式产生的历史背景是:一方面,由于美国国内的限制性金融举措使国外借款者很难在美国发行美元债券或获得美元贷款;另一方面,许多国家,尤其是欧洲国家有大量美元盈余,需要在债券市场上寻求投资机会。

2. 外国直接投资

除了货币资本投资以外,资本要素国际流动的另一种方式是外国直接投资。外国直接投资指的是母国企业通过对东道国企业并购或直接在东道国设立新企业的方式取得企业的所有权和控制权的投资行为。在东道国创立新企业和并购东道国的企业是国际直接投资的两种基本方式。新企业的创立既可以是由外国投资者投入全部资本,在东道国创立一个拥有全部控制权的独资企业,也可以由两个或两个以上的投资者共同创立一个国际合资企业,投资合作者可以是东道国的投资者,也可以是第三国的投资者。目前在发展中国家的外国投资主要采取合资企业的形式。并购的一般做法是从证券市场购买企业的股票,或者在企业增资时以适当的价格取得企业增发的股票,或者是同企业直接谈判购买条件以取得企业的所有权。

(二) 资本国际流动的现状

第二次世界大战后,尤其是 20 世纪 90 年代之后,国际资本流动有了巨大的发展和变化。从规模上看,国际金融市场上债券和股票交易数量有了大幅增加。从结构上看,外国直接投资和证券投资已经取代商业银行贷款占据了国际资本流动的主导地位。从资本流向来看,发展中国家逐渐超过发达国家,成为对外投资的领头羊。

国际资本流动的发展是世界经济变化的结果。首先,技术进步降低了国际投资的成本,为国际资本流动的发展提供了必要的条件。其次,主要工业化国家金融市场的放松管制和许多发展中国家进行的宏观经济改革,为国际资本流动的自由化创造了有利的条件。

近年来,对外直接投资出现了新的变化。主要表现在以下几方面:

从资本流向看,全球整体对发达经济体的投资流入量持续增加,但自 2019 年年底新冠疫情爆发以来,新冠疫情导致的封锁减缓了现有投资项目,加之当前全球经济衰退的拖累,发达国家吸引外国直接投资出现了大幅下降。联合国贸发会议发布的《世界投资报告 2021》数据显示,2020 年全球外国直接投资额约为 1 万亿美元,相比于 2019 年的约 1.5 万亿美元下降了 35%。其中,发达经济体吸引外国直接投资规模下降了 58%。相较而言,转型经济体的外国直接投资更有弹性,2020 年仅下降 8%,主要受益于亚洲的外国直接投资较为强劲。2020 年,发展中经济体的外国直接投资占全球总量的 2/3,而 2019 年其占比不到全球总量的一半。

从地域分布来看,2020 年,欧洲外国直接投资额同比下降幅度最大,达到 80%,北美下降42%,拉丁美洲下降 45%,非洲下降 16%,而亚洲地区则上升了 4%,是唯一实现正增长的地区,约占 2020 年全球吸引外国直接投资额的一半。

从投资国别看,得益于中国较好的疫情防控和经济强劲恢复,2020 年,中国吸引外国直接投资额达 1 490 亿美元,同比增长 6%。目前中国是全球第二大外国直接投资流入国,同时也是全球第一大外国直接投资流出国,投资总额达 1 330 亿美元。2020 年美国的外国直接投资额为 1 560 亿美元,较 2019 年的 2 610 亿美元出现大幅下滑,但仍稳居全球第一;中国香港吸引外国直接投资额为 1 190 亿美元,超越新加坡居全球第三。此外,印度、卢森堡等国 2020 年吸引外国直接投资增长显著,而新加坡、德国、荷兰、英国等国家(地区)的对外直接投资规模均呈现明显下降趋势。

从资本流入行业看,2020 年以金融、商贸及通信行业为主的服务业对外直接投资流量虽然相较 2019 年下降了 1 070 亿美元,但占 2020 年全球对外直接投资的比重为 55%,仍处在领头位置,其中绿地投资交易主要集中在能源和电力服务行业。另外,有 42% 的资金流向制造业,呈持续增长状态,究其原因是依靠电气和电子产品、食品及烟草等行业的大宗绿地投资交易带动。农业仅占 3%,仍处低位,这是由于初级商品价格低,导致原材料、能源产业的跨国企业海外投资继续收紧。

从投资模式看,2020 年全球跨境并购为 4 750 亿美元,较 2019 年 5 070 亿美元下降 6%,其中,初级产业下降 31%,制造业下降 6%,服务业下降 3%。绿地投资规模为 5 640 亿美元,比2019 年下降达 33%,其中,初级产业下降 47%,制造业下降 41%,服务业下降 25%。在发展中国家中,疫情对制造业的冲击最为明显。2020 年,非洲、拉丁美洲和亚洲的制造业绿地投资分别下降 75%、46% 和 40%。可以看出,在新冠肺炎疫情冲击下,全球外国直接投资的前景高度不确定,将取决于经济复苏速度和疫情卷土重来的可能性等因素,跨国公司在全球的生产经营活动拓展速度放缓。

二、资本国际流动的利益变动分析

我们可以通过分析资本市场供求变动来考察国际资本流动带来的利益变动和社会福利变化。在这部分里同样采取局部分析的方法，如图9-1所示。

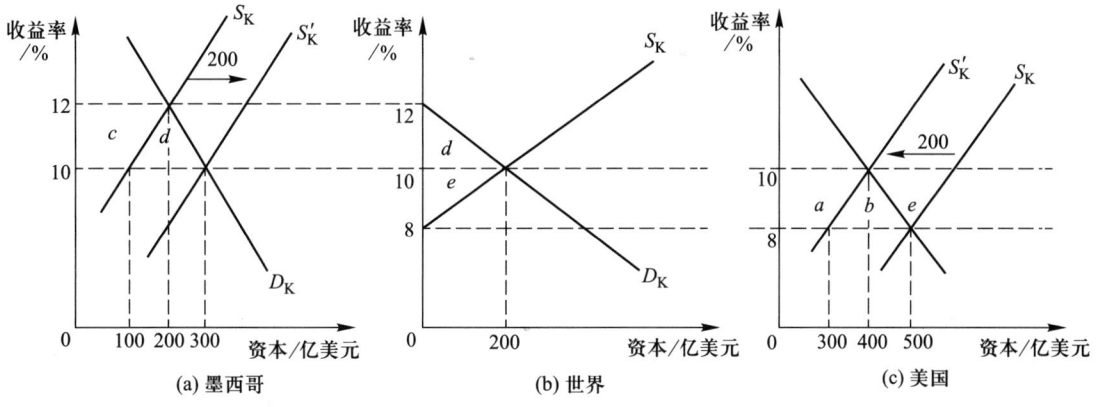

图9-1　国际资本流动的利益变动

假设墨西哥是劳动充裕的国家，美国是资本充裕的国家，墨西哥的劳动力将会流向美国。在资本要素不可流动的前提下，美国由于资本比较充裕，资本的收益率比较低，只有8%，墨西哥的资本相对匮乏，资本的收益率比较高，达到12%。现在，两国的资本市场相互开放，资本可以在两国间自由流动。此时美国的投资者为了追求更高的回报，会把资本投到墨西哥，同时墨西哥经济发展也需要大量相对廉价的资本。美国的资本会源源不断地流入墨西哥，直到资本的收益率在两国完全相等为止，此时世界资本市场达到均衡状态，资本回报率为10%，有200亿美元的资本从美国流入墨西哥。尽管如此，美国国内市场上还有400亿美元的资本，这是因为随着美国投资者面对的收益率提高，更多（100亿美元）的国内资本会进入市场，使得国内资本的绝对量只是减少了100亿美元。同时墨西哥国内资本市场只有300亿美元的资本，其原因在于墨西哥投资者面临的资本收益率降低，原来国内的资本会部分（100亿美元）撤出市场，使得资本的绝对量仅增加了100亿美元。当然，需要指出的是，资本要素绝对自由的流动也是不可能的，比如很多发展中国家会鼓励资本流入，限制资本流出，所以资本的收益率在不同的地方也并非绝对相等。

首先来考察资本的国际流动对美国的影响，再考虑对墨西哥的影响。如图9-1(c)所示，在美国，资本收益率提高，国内有部分资本新进入市场，美国国内市场拥有资本的投资者得益，面积为a。同时美国投资的部分资金在墨西哥也会得益，面积为$b + e$。美国国内的资本需求者，比以前面临着更高的资本使用成本，其损失为$a + b$。从整个国家的角度来说，美国资本流出的纯收益为e。

再考虑资本的国际流动对墨西哥的影响，如图9-1(a)所示，在墨西哥，大量的美国资本进入，资本收益率降低，原有的一部分国内投资者退出资本市场，国内资本市场的投资者受到损失，面积为c。另外，由于国内的资本需求方能够以更低的成本得到资本，他们便会从中得益，

面积为 $c+d$。显然,墨西哥从美国的资本流入中得到的净收益为 d。

在上面的分析中还没有具体考虑资本和劳动的替代性问题,但是资本的流动对于劳动力影响是强烈的。从资本输出国的角度看,对外投资使留在国内的资本变得相对稀缺,平均收益上升,而且对于资本输出国的工人来说,本国资本的外流则会减少他们的工作机会,使本国劳动力的平均工资下降。近年来,美国等发达国家中的许多大公司因国内劳动力成本太高,纷纷将工厂搬至发展中国家进行生产,引起这些发达国家工人的强烈反对。由此可见,资本输出会使本国劳动力利益受损。但是,从整体来看,资本的收益会大于劳动力的损失,整个社会从资本流动中获得正的净收益。此时,如果政府能通过适当的税收转移支付政策来分配收益,也有可能使劳动力保持其在资本输出前的收益而资本获得额外收益,从而使整个社会的福利水平上升并减少社会矛盾。

对于资本输入国来说,劳动力也会得到好处。资本和技术的流入使就业水平和劳动生产率都得到提高,因此劳动力的收益增加。当然,这只是一种不考虑资本流动外部效应的静态分析结果。事实上,吸引资本还会产生许多外部经济效应。如果引进外资的同时引进了先进的技术等,使本国的许多未开发资源或闲置劳动力得到更为充分的利用,由此带动的经济发展和经济起飞不仅使外来资本和本国劳动力的收益提高,也会使国内资本的收益增加。

总之,资本的国际流动会使资本输出国和输入国都获得净收益,因此提高了整个世界的福利水平。

三、对外直接投资理论

(一)发达国家对外直接投资理论

1. 垄断优势理论

垄断优势理论的基本观点是投资国企业进行对外直接投资,而不是进行国际贸易,主要是因为其在产品差异化、技术知识、经营管理、商标、销售经营等方面具有其他企业所没有的垄断优势,进行对外投资可以获得因垄断优势产生的全部收益。美国学者海默(Hymer)在其博士论文《国内企业的国际化经营:一项对外直接投资的研究》中提出了垄断优势理论,开创了对外直接投资理论的先河。他通过研究美国 1914—1956 年对外直接投资数据,以微观经济学的垄断竞争理论为分析工具,论述了跨国公司之所以进行国际化生产经营,是因其在技术、资金、经营管理等方面的优势,可以在东道国形成垄断优势,从而获得较高的市场利润。后来一些西方学者从其他视角研究了垄断优势的来源,发展了该理论,如凯夫斯(Caves,1971)的产品差异论、约翰逊(Johnson,1970)和赫什(Hirsh,1976)的占有能力论等。

2. 内部化理论

随着跨国公司在全球范围内组织国际生产,形成全球生产体系,海默的垄断优势理论已经不能很好地解释这种现象,英国里丁大学教授巴克莱、卡森和加拿大学者拉格曼共同提出了内部化理论。该理论认为如果企业生产所需的生产要素、原材料等由于市场信息的不对称和中间产品的信息模糊等原因,市场交易成本过高,企业为了降低成本,提高利润,就会与上游的生产商进行合作,或者将其内部化,用内部生产替代外部交易较为理性,企业跨国进行内部化生产的行为其实就是企业对外直接投资的过程,从而解释了跨国公司在 20 世纪 90 年代后进行全球投资、国际兼并的现象。

3. 产品生命周期理论

在前两种对外投资理论研究的基础上,跨国公司出现的各种新现象引起了更多的学者关注和讨论这个问题。美国经济学家弗农把产品的发展周期分为起始阶段、成熟阶段和标准化三个阶段,认为产品在不同的阶段具有不同的经济特征,企业应该采取不同的投资策略,当产品处于成熟或者标准化阶段时企业应该在生产成本较低的地区进行对外投资,从而把垄断优势和区位选择结合起来,提出了产品生命周期理论。

4. 国际生产折中理论

以上几个对外投资理论从不同视角解释了各自国家或地区在特定的经济时期进行对外直接投资的动因,但不具有解释各国投资的普遍意义。20 世纪 70 年代后期,随着日本和欧洲的兴起,跨国公司对外直接投资也出现了快速发展和繁荣的景象,为以后学者创新理论打下了基础。英国研究跨国公司行为的著名学者邓宁(Dunning)继承了海默的垄断优势理论以及巴克莱和卡森的内部化理论,并结合国际贸易理论中的区位优势理论,提出了国际生产折中理论。该理论认为企业只有在所有权、内部化和区位方面都具有优势,才能进行对外投资,否则只能采取对外贸易和技术转让的方式达到国际化,从而解释了进行对外投资的原因、内部化的原因和投资区位和方向问题。

(二) 发展中国家对外直接投资理论

发达国家对外直接投资理论很好地解释了 20 世纪以来发达国家对外直接投资问题。随着发展中国家经济的发展,它们也开始进行对外直接投资。由于和发达国家在经济发展阶段、企业优势等方面的差异,发展中国家对外投资也呈现出不同的特点,发达国家的理论已经不能全面、科学地解释发展中国家的对外直接投资问题:即使没有所谓的垄断优势,也可以对外进行直接投资。由此发达国家的对外直接投资理论受到了严重的挑战,因此研究发展中国家对外直接投资的理论应运而生。

1. 小规模技术理论

小规模技术理论是研究发展中国家对外直接投资的开创性成果。该理论由威尔斯(Wells)提出,认为即使是发展中国家技术不够先进、生产规模较小的企业,但因其适合国际市场上的小产品、多样化的需求也可以进行对外直接投资,参与国际市场上的竞争,从而获得较高的利润。发展中国家之所以可以进行对外直接投资,其优势主要在于:第一,技术水平和管理经验更加符合东道国的经济、社会和文化发展水平,在东道国市场上具有比发达国家更加贴近东道国地方化的优势;第二,投资国企业的小规模生产以及提供的技术可以为东道国市场多样化低水平的市场需求提供服务;第三,企业在进行规模生产时,可以利用东道国相对廉价的劳动力和生产设备进行生产,从而获得较高的利润水平。

2. 技术地方化理论

英国经济学家拉奥(Lall)在对印度跨国公司的竞争优势和投资动机进行深入研究之后,提出了适用于发展中国家跨国公司的技术地方化理论。该理论认为,虽然发展中国家企业的市场规模小,采用的是标准化技术,但其不只是一个简单的技术模仿,而在于技术的消化、吸收和创新,是利用自身的竞争优势集合技术创新形成的一种特有的国际竞争能力,进而形成对外直接投资的国际竞争优势,不仅可以在发展中国家进行,而且在不断创新的基础上对发达国家进行投资。

3. 投资发展周期理论

邓宁在沿袭国际生产折中理论的基础上,结合发展中国家的特点,提出了投资发展周期理论,动态描述了发展中国家对外直接投资行为与本国经济发展水平的关系,认为发展中国家进行对外直接投资除了所有权优势、内部化优势和区位优势,还和具体的经济发展阶段紧密相关。他以人均 GNP 数值为指标把经济发展分为四个阶段,把投资周期与企业优势和经济发展阶段结合起来,解释了企业投资地位是如何随着企业的竞争优势而发生变化的。

四、资本的国际流动与国际贸易的关系

(一) 资本的国际流动与商品贸易的替代

1999 年诺贝尔经济学奖获得者美国哥伦比亚大学教授罗伯特·蒙代尔(Robert Mundell)是最早研究国际贸易与要素流动之间关系的经济学家。他在赫克歇尔 – 俄林理论的基础上得出国际贸易与要素流动之间是替代关系的结论。他进一步推断,对国际贸易的阻碍会促进要素的流动,而对要素流动的限制则会促进国际贸易。二者都能实现商品价格均等化和要素价格均等化:即使要素不能流动,自由贸易除了使商品价格均等化外,也能使要素价格均等化;同样,即使无法贸易,要素的自由流动除了使要素价格均等外,也会使商品价格趋同。

为说明要素流动和商品流动的关系,蒙代尔建立了一个模型。这个模型的基本假设是:

(1) 两种生产要素:劳动和资本。

(2) 两种可贸易商品:棉花和钢铁。假定棉花是劳动密集型产品,钢铁是资本密集型产品。

(3) 两个国家:A 国和 B 国。A 国是劳动充裕的小国,B 国是资本充裕的大国(可以看成 A 国以外的所有其他国家):A 国的生产条件和要素禀赋变动不会影响 B 国的价格,但 B 国的任何变动会影响 A 国的价格。

(4) 生产技术假定:两国生产技术相同,而且边际收益递减,规模报酬不变。资本和劳动的边际生产率由生产中所使用的两种要素的配置比例决定。这是基本的新古典贸易模型假设。

(5) 要素假定:劳动和资本可以在国内各部门间自由流动,各国要素禀赋的相对充裕程度排除了完全专业化生产的可能。

在上述假定下,蒙代尔分四步来证明关于国际贸易与要素流动之间具有替代关系的假说。

第一步,先假设要素在国际上不能自由流动,但贸易是自由的。这是我们熟悉的情况。A 国出口棉花、进口钢铁,两国商品和要素的价格都相等。均衡结果如图 9-2 所示,自由贸易下钢铁的相对价格用 Y_1Y_2 曲线表示。在这一价格下,A 国进口 RS 单位的钢铁、出口 PR 单位的棉花。

第二步，假设资本在国际上可以自由流动。但是，自由贸易下两国资本的边际生产率是相等的，所以资本不会跨国流动，均衡不变。

第三步，假设 A 国对钢铁征收关税。为简单起见，假设关税水平高到使贸易完全停止（禁止型关税），即关税使钢铁的相对价格上升以致使均衡点退回到自给自足的状况（点 Q）。产品价格的变动对要素价格的影响如何呢？根据斯托尔帕－萨缪尔森定理，A 国的钢铁相对价格提高会使生产要素由棉花部门向钢铁部门流动：棉花生产下降和钢铁生产增加会产生过度的劳动供给和过度的资本需求，劳动边际生产率下降，资本边际生产率上升，最终导致劳动的实际报酬下降和资本的实际收入上升。

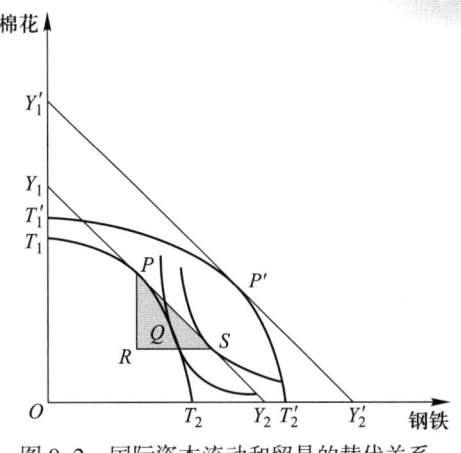

图 9-2　国际资本流动和贸易的替代关系

但是资本在国际上是可以流动的，A 国较高的资本报酬会促使资本由 B 国向 A 国流动，从而使 A 国资本变得更加充裕，A 国的生产可能性曲线外移，在图 9-2 中表现为从 T_1T_2 移到 $T_1'T_2'$（类似进口替代型增长）。资本的流入会对 A 国产生两方面的影响：首先，随着资本流入，A 国国内的资本存量增加，在商品价格不变的条件下（A 国是小国）国内钢铁的生产不断增加，而棉花的产量不断减少。其次，资本不断流入会使得 A 国资本的边际产量不断下降，最终使两国的要素边际生产率相等，实现两国之间要素价格均等。

因为假设 B 国足够大，所以资本流出不会影响它的边际劳动生产率；又因为资本流动的最终结果是 A 国和 B 国资本的边际劳动生产率相等，所以资本的国际流动一定会使 A 国劳动和资本的边际生产率恢复到征收关税前的水平。在新的均衡点上，A 国的要素边际生产率与征收关税前相同，因此，A 国商品的相对价格等于 B 国产品的相对价格，也会与没有关税时一样，Y_1Y_2 的斜率等于 $Y_1'Y_2'$ 的斜率。A 国在新的均衡点 P' 从事生产。A 国和 B 国的商品价格相等意味着 A 国没有必要再从 B 国进口钢铁，从而两国间贸易中止。这是一种由外国资本流入而产生的进口替代型增长。

与本国资本积累产生的进口替代型增长的不同之处是，A 国必须支付 B 国资本的利息。A 国的生产点为 P'，但消费点必须低于 P' 点，因为 A 国支付 B 国资本的利息（B 国资本在 A 国获得的收益）不能用于 A 国的消费。这部分收入可以用 $(Y_1' - Y_1)$ 来表示。也就是说，在支付了 B 国资本的利息以后，A 国的实际收入约束线是 Y_1Y_2，而不是 $Y_1'Y_2'$，即与原来的生产可能性曲线 T_1T_2 相切的相对价格曲线。这样的话，A 国的要素收入和价格都与没有关税时一样，消费与原来一样，仍在 S 点。

假设关税不是禁止型的，在征收关税后的钢铁相对价格仍然低于自给自足时的价格，贸易仍然会存在。但是，我们会很快发现，只要允许资本自由流动，这种情况跟禁止型关税的结果是一样的。因为，只要有关税存在，钢铁的国内价格就会高于国际价格，就会出现生产要素从棉花部门向钢铁部门的移动，就会出现要素边际生产率的变化和要素收益的变化。本国资本收益提高就会吸引外国资本流入，直到两国要素的边际生产率相等，两国价格趋同，贸易消失。

这时,关税也不再需要了。因为两国的价格和边际生产率均等了,关税可以取消而不能使资本回流。虽然关税最初限制了贸易,但是造成了资本流动。资本流动后即使取消关税,贸易也变得不再必要。至此,蒙代尔证明了国际贸易与要素流动之间存在着替代关系。

第四步,蒙代尔进一步扩展了这个模型。他在放松假定 3 之后,又证明了上述结论对同样规模的两国也成立。

当然上述分析不局限于关税,它也适用于运输成本的变化。运输成本上升会提高稀缺要素的真实报酬,降低充裕要素的真实报酬,从而鼓励充裕要素出口。任何对贸易的阻碍都会提高稀缺要素的稀缺性,这样使得生产要素在国际范围内的流动和重新配置变得更加有利可图。

他还证明了增加要素流动障碍会刺激贸易。假设这种障碍是对外资征税,则税收会使外资的收益下降,则所有的外资将撤回,生产可能性曲线重新回到 T_1T_2。如果 A 国物价不变,由罗伯津斯基定理可知,棉花产量增加,钢铁产量下降,生产回到 P。由于要素收入和物价不变,所以国内消费点仍在 S 点。产量的变化会使钢铁的相对价格上升,但是自由贸易抑制了这种价格的变化。在外资撤出后,本国在 P 点上生产,S 点上消费,出口 PR 单位棉花,进口 RS 单位钢铁。总之,对外资征税遣返了外资,刺激了贸易。

综合以上,蒙代尔认为在世界范围内有效配置资源,不需商品和要素同时自由流动,只要生产满足一定条件,商品或要素之一完全流动就可以了。

(二) 资本的国际流动与商品贸易的互补

蒙代尔关于要素流动和商品贸易之间的替代关系主要是建立在赫克歇尔 – 俄林理论基础上的。马库森(Markuson)改变了赫克歇尔 – 俄林理论中两国技术相同的假设条件,结果发现国际贸易与要素流动之间不仅存在替代性而且存在互补关系。

在马库森的模型中,假设两国(比如美国和中国)之间要素禀赋相同但在生产技术上存在差距,并假设两国都生产钢铁和棉布两种产品,钢铁是资本密集型产品,棉布是劳动密集型产品。美国生产钢铁的技术比中国高,而中国生产棉布的技术高。美国具有生产钢铁的比较优势,中国有生产棉布的比较优势。两国发生贸易时,美国出口钢铁而中国出口棉布。

贸易后两国各自增加本国有比较优势产品的生产,从而造成各国不同要素回报率的差异。在美国,资本密集型钢铁生产增加和劳动密集型棉布生产减少,导致对资本相对需求增加,资本收益率提高和劳动收益率下降。在中国,情况则正好相反,劳动收益率提高而资本收益率下降。这时,如果允许生产要素的国际流动,中国的资本就会流向美国,而美国的劳动力就会流向中国。美国资本增加和中国劳动力增加都会进一步加强各自的比较优势,更多地生产和出口本国具有比较优势的产品,进口本国没有比较优势的产品。要素流动增加了国际贸易,两者呈现互补关系。

这方面的研究者还有不少,包括默瑞·肯普、罗纳德·琼斯(Jones)、道格拉斯·普尔维斯(Purvis)、拉斯·斯文申(Svensson)等。在考虑了国家之间的技术差异后,他们发现要素的国际流动会促进贸易的增长。在引入了生产税、垄断市场结构、外部规模经济和要素市场扭曲等因素后,贸易和国际资本流动之间也会出现互补关系。

第二节 劳动力的国际流动

一、劳动力国际流动的内涵

劳动力流动的主要形式有移民和外籍劳工两种。一般来说,移民是指到别的国家定居,最终成为该国居民的人员。而外籍劳工只是在别国临时工作的人员。从流动的性质看,到美国、加拿大、澳大利亚等地的多数是永久性移民,到日本、欧洲或中东国家的,多是外籍劳工。从流动的方向看,基本上是从人口较多的国家流向人口相对少的国家,从经济落后、工资低的发展中国家流向经济发达、工资高的国家。

据史学家考察,世界人口迁移大约在4万年以前就开始了。15世纪哥伦布发现美洲大陆后,世界人口迁移的数量开始迅速增加。此后,世界人口主要经历了三次大规模的迁移浪潮。

第一次浪潮从15世纪初延续到19世纪上半叶,发达国家的殖民扩张导致人口向新大陆的大规模迁移,包括大量的非洲人被贩卖到美洲。据估计,被拐运到南、北美洲的非洲人口有3 500万~4 000万人,不过实际到达目的地的只有大约1 000万人,大部分人在途中死亡。这些非洲的奴隶主要分布在巴西(365万人),加勒比海的英、法、荷、丹殖民地(380万人),西属美洲(155万人)和英属北美洲(40万人)。第二次浪潮发生在19世纪下半叶到20世纪初,这一时期的人口迁移主要由欧洲工业化国家的经济扩张引发,生产率增长和医学进步导致这一时期欧洲人口急剧增加,快速增加的人口压力需要通过人口向外迁移来缓解。在19世纪20年代,仅有14.5万人离开欧洲,而到1900年至1910年间,移民人数已高达900万人,每年有近100万人移民。第二次世界大战前后发生了人口迁移的第三次浪潮。躲避战争的难民、战败国被遣返战俘和平民以及许多民族国家的新建与独立,在欧洲和亚洲引发了两个庞大的人口迁移流。

从20世纪后半叶至今,世界人口迁移的规模保持着较快速度的增长。国际移民组织的官方数据统计显示,2013年世界移民总量达2.3亿人,占世界总人口3.2%,打破了之前的最高纪录。而大部分移民的选择都是欧洲,在欧洲生活着7 200万外来移民。此外,外来移民总量位居世界第一的国家是美国,达到4 580万。俄罗斯以1 100万外来移民数量位居第二。

从移民流向来看,从发展中经济体向发达经济体移民仍占据主流,美国是最大的移民目的地国。移民为美国的经济和社会发展作出了重要贡献。美国在早期经济发展中技术主要来源于欧洲,特别是英国,而实现技术引进的方式主要是通过移民。第二次世界大战期间,希特勒在德国实行种族迫害政策,包括爱因斯坦在内的一大批高级科技人才逃至美国定居。20世纪70年代中期,越南战争结束后,大量的越南难民通过各种途径到了美国。90年代初苏联解体后,又有许多苏联和东欧国家的科技人才、艺术人才和第二次世界大战时逃到苏联的犹太人移民到了美国。第二次世界大战后,美国利用其在经济与科技上的优势地位,在体制、法律、政策等方面进一步建立与完善了人才引进模式,从而使移民的总体素质比较高。

近年来,从发达经济体向发展中经济体移民呈现快速增长趋势,中国越来越成为具有吸引力的移民目的地国。第七次全国人口普查数据显示,截止到 2020 年年底,中国共居住着约 85 万外国人,中国成为越来越具有吸引力的移民目的地国,原因是中国经济的快速增长以及较低的生活成本。还有一个现象,就是在中国的外国留学生数量增长迅速,主要来自韩国、美国、日本、缅甸以及越南等国。与此同时,中国前往海外留学人员数量继续增长,"海归"人数也在增加。

二、劳动力国际流动的福利变动分析

移民对各方利益究竟会产生什么样的影响,各国和世界的净福利到底会如何变化呢? 我们下面分两步讨论这个问题:首先分析移民对贸易、劳动力供求各方以及各国福利的影响,然后分析国际劳动力流动的种种外在成本和收益。

假设墨西哥代表劳动力充裕的国家,人均收入低;美国则代表资本充裕的高收入国家。在允许国家间劳动力流动之前,墨西哥有劳动密集型产品(玉米)的比较优势,出口玉米,进口钢铁。美国则相反,有资本密集型产品(钢铁)的比较优势,出口钢铁,进口玉米。

如果允许劳动力自由流动,墨西哥就会向美国移民从而造成墨西哥劳动力减少。图 9-3 表示的是墨西哥、美国两国的劳动力市场。横坐标表示劳动力数量,可以是人数,也可以是劳动时间;纵坐标是工资,即劳动力的价格。S_L 是劳动力的供给曲线,工资越高,愿意工作的人越多或时间越长,反之则减少。D_L 是劳动力的需求曲线,劳动力的需求由厂商决定。一般来说,工资越高,厂商愿意并有能力雇用的人数就越少,而工资低时,厂商对劳动力的需求量就增加。

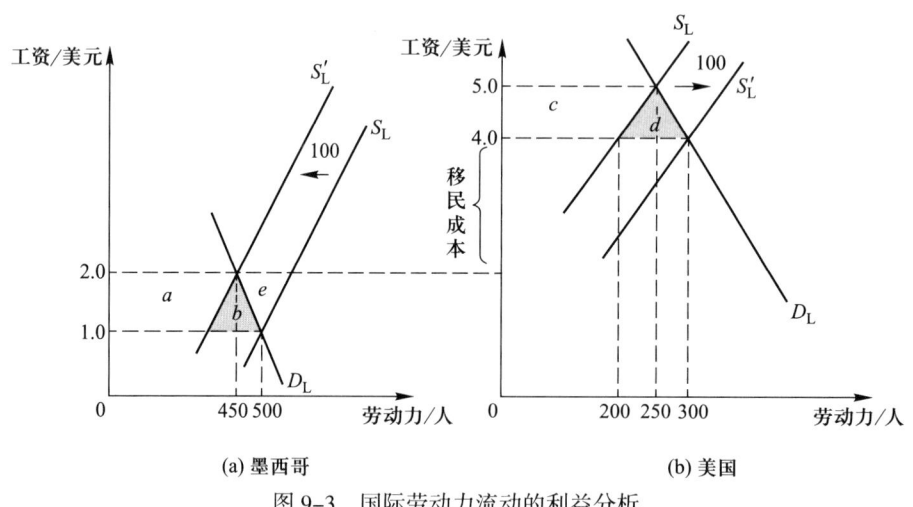

图 9-3　国际劳动力流动的利益分析

劳动力的工资水平是由劳动力市场的供求决定的。两国劳动力允许流动之前,墨西哥的工资由于劳动力供给相对充裕而较低,假设相当于每小时 1 美元。美国的工资则因为劳动力相对缺乏而较高,假定为每小时 5 美元。如果两国都放宽移民政策,墨西哥的劳动力就会向美国流动,假定为100人。结果是,墨西哥的劳动力减少,供给曲线内移,而美国劳动力的供给增加,供给曲线外移。在墨西哥,新的劳动力供给曲线(S'_L)表示的只是留在墨西哥的劳动力,美国的新劳动力供给曲线(S'_L)包括了美国原有的劳动力和从墨西哥来的移民。在对劳动力需求不变的情况下,这种移民的结果是:墨西哥工人的工资上升了,美国的工资下降了。

这种劳动力的流动什么时间能够停止下来?两国的工资水平什么时候才能达到新的均衡点呢?如果我们假设劳动力完全自由流动,再假设移民完全没有代价,那么墨西哥的劳动力会一直不断地向美国迁移。墨西哥剩下来劳动力的工资会越来越高,美国工人的工资则越来越低,以致最后达到两国的工资水平相等。两国的工资越接近,劳动力的流动就越缓慢。当两国的工资一样时,墨西哥劳工也就没有了高工资的引诱和刺激而不移居美国了。至此,劳动力的流动才会停下来,两国的劳动力市场才会稳定下来。这一点,又与"要素价格相等"理论所预测的结果相同。

但事实上这种两国工资完全相等的情况不大可能出现,即使是完全自由的劳动力流动政策(如在欧盟内),仍然会有一个移民成本的问题,从而造成两国工资不等。对于移民来说,到异国他乡去谋生并不是一件轻而易举的事,无论从经济上还是心理上都会付出一定的代价。文化的差异、语言的障碍、背井离乡的痛苦,再加上可能存在的种族歧视,使得劳动力在移民之前会认真比较所得的差异(假设信息是完全的)。除非美国的工资高到足以弥补这种移民的代价,否则墨西哥的劳工不会轻易到美国去。因此,自由移民的结果不是两国的工资相等,而是美国的工资等于墨西哥工资加上移民成本。在这个例子中,假设这种成本用工资来计算,是每小时2美元,那么,当墨西哥的工资上升到与美国工资只差2美元时,移民就会停止。在新的劳动力市场均衡点上,墨西哥实际就业是450人,工资水平是每小时2美元。美国的实际就业水平是300人,其中100人是墨西哥移民,200人是美国工人。在没有发生移民之前,美国的就业人数是250人,由于墨西哥移民使得工资水平下降,一部分美国工人因为工资降低而不愿参加工作。在墨西哥由于一部分人移民国外,造成国内劳动力市场供给相对短缺,引起工资上升,一些本来不工作的人也进入劳动力市场。因此虽然移走了100人,而最终就业是450人,只比原来少了50人。

三、移民的其他外在成本和收益

除了通过劳动力市场的供求变化对贸易和社会福利产生影响以外,移民还会附带很多其他的成本和收益,包括对财政、人才和社会等方面的影响。

(一) 财政影响

移民在接收国获得国防、治安以及公立教育等公共服务的同时承担相应的公民义务,包括缴纳所得税、销售税、财产税(直接或间接征收)等,而他们与输出国的其他权利与义务关系,诸如失业保险、社会保险及一般福利支出等转移支付的种种权利也随之转移。所有这些变化对移民、移民输出国以及移民接收国会产生什么影响呢?

从移民的角度分析,由于移居到一个新的国家,他们会丧失某些已经积累起来的权利,如政府养老金和社会保险等;移民多数在工资收入较高的国家能获得更好的公共服务。从总体上来看,移民的净收益应该是提高的,否则他们不会轻易移民。

对于移民输出国来说,各项税收以及兵役义务的损失可能超过移民移居国外而减少的公共服务成本。由于年轻人尤其是受教育程度较高的年轻人容易在国外找到工作,移居国外的多数是受过良好教育的中青年,从而更增大了输出国遭受损失的可能性。因为这些移民大多是净纳税人,对输出国的税收贡献往往超过他们所获得的社会福利和补贴,所以移民造成净财政损失的可能性增大。

对于遭受净财政损失的移民输出国来说,一个可能的政策反应是阻止本国居民离境或阻止他们把资产转移到国外。巴格瓦蒂和其他一些经济学家针对移民问题提出了一些政策建议,包括向移居国外的人征税。他们认为,向移居国外的公民所征的税额应大致相当于社会在公共教育及其他方面为他们花费的净税款。具体地说,巴格瓦蒂建议对因技能离境的移民征收一种“人才外流税”。征收“移民税”或“人才外流税”的目的不仅仅是减少财政损失,同时也是给潜在的移民们的一种信息,让他们在做决策时对移民的成本收益有所考虑,移居国外给他们自己以及国内亲友将带来的收益是否足够高以至超过他们需要支付的这种补偿。

对于移民接收国来说,入境移民既享受社会福利,使用公共教育和公共卫生服务,又使治安费用增加。这些费用可能超过他们所缴纳的各项税收,从而增加移民接收国或地区的财政负担。为此,美国加利福尼亚州选民曾于1994年通过了一个反对非法移民的法案《187号提案》,规定非法移民不能享受社会福利、公共教育和公共卫生服务。此项法案引起很大的争议,也反映了移民接收国公民对移民所带来的财政问题的某种看法。不过从许多研究资料看,这种认识很可能是错误的。入境移民缴纳的税收可能大于其入境后给其他纳税人增加的负担。主要的原因与上面关于对移民输出国影响的论据密切相关:入境移民的年龄分布以年轻的成人移民为主,他们正进入或处于纳税高峰期,已经在移民输出国完成了某种程度的教育,他们对各种社会福利支出并不构成额外负担,也不会成为高失业率的人口集团(许多移民做的一般是当地人不愿做的那些工作),而且要过许多年后才需要领取养老金。即使那些非法移民,比如非法进入美国的大批墨西哥移民,也属于净纳税集团。作为非法入境者,他们可以享受到的公共物品和服务很有限,但消费税和预扣的所得税等都很难因为没有合法身份而幸免。结果我们看到,移民作为一个整体,往往会给移民接收国带来一定的净财政收益。

(二) 人才流失

对于发展中国家来说,向外移民往往伴随着人才流失。这些移居国外的人不仅仅是普通的劳动力,其中很大一部分是这些发展中国家需要的人才。如前所述,菲律宾、印度、巴基斯坦等国家留学和定居美国的人中,受过高等教育的占了相当大的比例,甚至高达60%(如印度)。中国最著名的大学如北京大学、清华大学中出国留学最后定居欧美国家的学生比例也相当高。这种高级专门人才在国内完成学业或奠定学业基础之后,迁移到其他国家的国际性迁移活动被称为“智力外流”(brain drain)。由于这些人才是由其原居住国花费大量基础教育投资而培养出来的,这种“智力外流”显然使原居住国的教育投资效益下降甚至丧失。对于移民输出国来说,作为重要的生产要素之一,高级专门人才或具有企业家才能的人移居他国还会对本国的经济发展造成许多损失。仍然留在国内的一些劳动力和其他自然资源有可能因为缺乏企业家和高级专门人才而无法充分发挥作用。

当然，人才外流对发展中国家并不完全是损失。由于种族、文化、语言及血缘等关系，这些人才与本国的关系不会完全割断。从长远看，发展中国家也存在着人才回流的可能性。一旦发展中国家的经济和政治体制有利于发挥企业家和高级专门人才才能的时候，一旦这些国家的经济发展出现很多机会的时候，许多移居国外的人才会回到自己的祖国，成为这些国家经济增长和科技发展的重要力量。20 世纪五六十年代许多人从韩国等地留学和移居国外，80 年代以后则大量回归。中国从 80 年代开始每年有大量留学生和移民出国，但从 90 年代中期起也逐渐形成了大批科学技术人才回国创业和从事科研教学的热潮，成为中国走向世界和赶超发达国家中不可缺少的人力资源。2009 年美国杜克大学的一份研究报告也指出，许多移民认为回国发展有更好的前景，并且可以获得更多的家庭温暖。2008 年国际金融危机后，美国的中国学生反向移民的现象更加突出了。

（三）社会影响

除了上述直接的经济影响和人才流失以外，移民还可能带来其他的成本和收益。下面的三种可能的外在收益和成本值得一提。

1. 知识收益

新移民的到来也带来了知识，而且无论是商业关系、食品烹饪方法、艺术才能、务农经验还是专门技术，都具有相当的价值。以美国为例，就有"美国工业革命之父"塞缪尔·斯莱特（Samuel Slater）、工业巨富和慈善家安德鲁·卡内基（Andrew Carnegie）、科学奇才阿尔伯特·爱因斯坦（Albert Einstein）以及许多古典音乐方面的艺术名家移民到美国，给美国的社会进步和科技发展带来了巨大的贡献。美国的黑人运动员为美国的田径、篮球等体育项目争得了无可争议的霸主地位，罗马尼亚的体操教练为美国培养了许多明星，美国的芭蕾舞剧团里不乏俄罗斯的杰出演员，美国信息产业的发展离不开硅谷里的中国人和印度人，美国商界的犹太人在美国经济中举足轻重。遍布全美各地的中餐馆、墨西哥餐馆、意大利餐馆等使美国人不用远行就可品尝世界各地的美味佳肴。

移民所具有的知识带来的经济收益不仅为移民自身和其劳务购买者所分享，同时也会传播给移民接收国的其他居民，从而直接或间接地帮助他们提高收入水平。

2. 拥挤成本

像任何其他人口增长一样，移民可能带来与人口拥挤相关的外在成本，如过多的噪声、冲突与犯罪。1959 年古巴革命后美国接收的近 80 万名难民和移民，主要分布在佛罗里达州。迈阿密是位于佛罗里达州东南的港口城市，这一地区在接纳了大量的中南美洲移民的同时，也接收了许多外国的犯罪分子。不少古巴的犯罪分子以政治避难的名义到了佛罗里达州并继续从事贩毒、走私等犯罪活动，从而使这一地区成为有名的犯罪率高的地方。1975 年美国在越南撤军后，60 多万名越南难民以及老挝、柬埔寨的难民涌向美国，在美国加利福尼亚州迅速形成了一个个的新移民区。此外，每年有大量的墨西哥移民进入加利福尼亚州，使加利福尼亚州的人口增长速度过快。加利福尼亚、佛罗里达、新泽西等移民较多的州不时起诉美国联邦政府没有有效控制移民人数而造成这些地方的拥挤和过多的财政负担。

3. 社会摩擦

对移民来说,在陌生的国家生活,除了离乡背井、远别亲朋,也许还不得不忍受其他人的敌视、偏见和刁难。接收移民较多的国家往往有种族歧视和种族冲突问题。对移民自由的各种限制,比如 19 世纪末 20 世纪初美国对亚洲移民的歧视,20 世纪 50 年代初美国反共恐怖时期对移民入境的全面限制,以及 20 世纪 60 年代以来英国对许多英联邦国家入境免签特权的撤销——主要就是对移居入境民族的一些偏见造成的,也反映了新移民与本国原有的主要民族之间的社会摩擦程度。

由于移民可能增加社会成本,政治家必须在决定批准多少移民入境和哪种移民入境时对这些可能发生的社会摩擦与成本加以权衡,这也往往使移民问题染上政治的色彩。这一点在欧洲的表现就很突出。第二次世界大战结束初期,欧洲的劳动力严重不足,移民受到欢迎,出现了欧洲现代史上的第一个移民潮。苏联解体和东欧剧变后,欧洲接收了大量的政治难民,同时其他移民也由于美国、加拿大等国对非法移民打击力度的加大而不断地涌向欧洲,导致欧洲国家移民数量大大增加。移民与政治难民数量的剧增使欧洲各国对移民的态度开始变化。"反移民"一度成为欧洲各国极右翼势力争取选民支持的有力武器,荷兰、法国、奥地利等国的极右翼势力都利用这一武器而在政治上频频得手。例如,欧盟自 2015 年起开始实施"索菲亚"行动,目的在于打击非法移民问题,在新冠疫情爆发后,又进一步加大了非法移民的打击力度。

第三节　技术的国际流动

一、技术国际流动的内涵

技术是指用于生产的工艺、程序和方法。它是科学思想和理论在生产中的体现。技术水平的高低直接影响着产品的竞争力。技术的国际流动指方法、程序等系统知识在国家间的转移和传播。当今,随着经济全球化深入发展,技术作为一种重要的生产要素,通常包含在人力资本、机器设备以及生产的产品之中,因此商品流动和劳动力流动,都会引起技术流动,技术的国际流动成为国际经济的一个重要方面。

(一) 技术国际流动的原因

经济利益是促进技术国际流动的根本原因。技术在国家间的流动,可以促进各国的生产力的提高,从而增加世界福利。对于技术引进国而言,技术的引进可以提高引进企业的经济效益,还可以促进该国的产业结构升级,缩小和先进国家的技术差距,促进该国的经济发展;对于技术输出国而言,通过向其他国家转移即将过时的技术,可以延长该技术的生命周期,从而获得更多的利润。

（二）技术国际流动的形式

技术国际流动的形式包括专利的使用、技术的秘密使用以及制造技术的传播等，具体的流动形式可分为垂直型和水平型技术流动。垂直型技术流动指一国的基础性研究成果被另一国在应用性研究中采用，或一国的应用性研究成果被另一国在生产中采用；水平型技术流动是指一国已经应用的技术被另一国的生产采用。在实践中，可能同时伴随着垂直型和水平型的技术流动。

（三）国际技术贸易的内容

技术的国际流动一般分为非商业性技术转让和商业性技术转让两类。前者包括学术交流、技术考察、政府援助等形式；后者通常指以营利为目的的技术转让，即国际技术贸易。技术贸易的内容主要包括以下四类。

1. 版权

版权是指出版物作者对出版物所拥有的出版权利。除了印刷出版物外，还包括音像出版物等内容。

2. 商标

商标是指企业用于区别商品的一种标记。商标使用者必须向国家主管部门申请，经核准后才能被授予商标权。取得商标权的条件，各国采用不同原则：

（1）先使用原则。最先使用商标才能获得商标权。法国就采取这种商标原则。

（2）先注册原则。最先申请并注册的商标使用者可取得商标权。日本、德国等采用这种原则。

（3）无异议注册原则。商标权授予先注册人，但是先使用者可以在规定期间提出异议，请求撤销先注册者的商标权并取得商标权。如超过期限无人提出异议，商标权归还先注册者。有关期限美国规定为 5 年，英国为 7 年，西班牙为 3 年。

3. 专利权

专利权是指政府有关机构根据申请发给的一种文件，文件规定一项发明必须在该文件的持有授权下，方能予以利用。专利权受到法律保护时间限制一般为 15~20 年。一项发明取得专利权的条件是新颖性、创造性和实用性，并且通过向国家专利机构申请获得有关文件。

4. 专有知识

专有知识是指为达到某种生产与经营目的所必须具有的秘密性质的技术、知识、经验或方法。专有知识由于具有秘密性质，一般无法公开申请专利，不受国家专利法保护。

（四）国际技术贸易的交易形式

1. 许可贸易

许可贸易（licensing trade）是指某项技术所有者作为许可方向被许可方有偿转让该项技术的使用权。按许可协议的权限划分，许可贸易可分为五种：

（1）一般许可（simple licensing）。许可方允许被许可方在一定区域内使用合同指定的技术。

（2）独家许可（sole licensing）。在合同指定的区域内，只与一家被许可方签订合同。

（3）独占许可（exclusive licensing）。在指定区域内，被许可方是唯一可以使用许可方技术的人，其他人包括许可方都不能使用。

（4）交叉许可（cross licensing）。交叉许可是指许可协议双方相互转让所需要的技术。

（5）分许可（sub licensing）。分许可是指被许可方向第三者转让该项技术使用权。分许可必须获得许可方授权并向其缴纳授权费用。

2. 技术服务（technical service）

技术服务是指一方受另一方委托，利用自身的知识、经验及技术，协助另一方达到某个经济预定目标。技术服务包括各种工程、管理以及销售等方面的技术咨询和技术培训等。

3. 工程承包（turn key project）

工程承包也称交钥匙项目，是指一方受另一方委托，按规定的要求完成某项工程任务，在该项工程正常运作后，交付委托方。这实际上是一种商品贸易与技术贸易的结合。

二、技术国际流动理论

（一）技术差距论

20世纪60年代，波斯纳（Posner）和克拉乌斯（Klarvas）最先提出技术差距理论。根据该理论，已经完成技术创新的国家，在某种产品的生产方面居垄断地位，于是会出口该产品到没有技术创新的国家。随着该产品出口的扩张，为了进一步追求特殊利润，创新国会通过多种途径和方式进行技术转让，其他国家则因为该产品（技术）在经济增长中的示范作用，或进行技术引进，或通过研发，最终获得该项技术，从而缩小与创新国的差距。

（二）新经济增长理论

20世纪80年代中期，罗默（Romer）和卢卡斯（Lucas）等人提出新经济增长理论。根据该理论，一国经济增长的源泉是国内企业的自主技术创新和从国际投资资本中内生模仿的技术进步。作为资本形态的外国直接投资，通常伴随着技术溢出、信息溢出、管理制度溢出和人力资本溢出，并内生模仿为创新的技术进步；作为技术形态的外国直接投资，能通过直接技术转移增加东道国的知识存量，并通过消化吸收产生模仿创新的技术进步。因此，外国直接投资已成为开放经济中东道国内生技术进步的重要变量。

（三）外国直接投资的技术转移思想

奎因是最早从事外国直接投资技术转移研究的学者。他认为技术转移的各种渠道中，国际直接投资日益成为最重要的一种，发达国家向发展中国家的技术转移尤为如此，因为这样可以避免各种壁垒和限制。在国际直接投资技术转移过程中存在两种矛盾：一是母国和东道国政府政策的矛盾；二是跨国公司战略目标和东道国国家目标之间的矛盾。东道国要对国际直接投资技术转移的作用给予足够重视，应对跨国公司施加压力，迫使其把设备技术全套转移过来。

当今外国直接投资技术转移研究的代表人物是邓宁。他的观点与奎因的不同之处在于：

首先,技术的内涵不同。邓宁把技术的内涵从生产领域扩展到包括技术知识和组织知识。其次,邓宁认为技术转移不是仅仅发生在技术开发的尾端,而是发生在技术创新的全过程。最后,国际直接投资技术转移过程的不确定因素增多,因为技术转移过程中的高技术成分增加,以及存在技术开发创新网络范式,技术扩散和技术转移的成本增加,想获得满意的技术转移效果往往很难。

三、外国直接投资对东道国技术进步的作用

外国直接投资通过垂直型关联、水平型关联、劳动力流动以及研发的国际化四种基本途径,对东道国的技术进步带来直接效应和间接效应。

(一)直接效应

直接效应是指外国直接投资企业作为东道国企业整体的一部分,在当地进行生产和研发活动,其本身就是东道国技术水平的一种体现。对于发展中国家来说,这些外资企业的技术水平一般要比国内企业的技术水平高,那么这些外资企业的生产研发活动本身就促进了发展中国家的技术进步。

(二)间接效应

间接效应是指外商投资企业进入东道国后,它们的生产和研发等活动会对东道国国内企业产生影响,从而间接提高东道国的技术水平。这种间接效应也称为技术外溢。技术外溢的传播途径主要有以下四种。

1. 示范和竞争

由于跨国公司母公司向其子公司转移的技术比向公司外转让的技术先进得多,对当地竞争者产生了示范作用。当地企业为了同跨国公司子公司竞争,纷纷模仿它们的产品和技术,引进或自行开发新技术,最终促进其劳动生产率的提高和东道国的技术进步。

2. 人力资源流动

跨国公司母公司不仅要向子公司提供机器设备、专有权、管理人员及技术专家,而且要对子公司所雇用的当地员工进行培训。而这些员工后来被当地企业雇用或自办企业时,可能把获得的技术、营销、管理知识扩散出去。相比而言,管理技能比技术性技能更易于产生溢出效应,更能促进东道国技术进步。

3. 生产价值链

当地企业通过与跨国公司的前、后向关联得到技术。前向关联指由当地厂商为跨国公司提供成品市场营销服务,半成品、零部件或原材料的再加工或各种其他服务,这有助于尽快形成当地的生产体系,开发其制成品市场,促进当地研发的发展;后向关联指由当地厂商为跨国公司子公司提供原材料、零部件或各种服务,这促进了跨国公司子公司与当地供应商间的接触和信息流动,使当地厂商有可能获得先进的产品、工序技术或市场知识,产生溢出效应。

4. 研发国际化

外商研发机构通过与国内科研机构、大专院校以及国内企业的各种联系,可以促进国内配

套企业的技术水平,促进当地人才的国际化流动,并通过示范和竞争作用,对国内研发活动和科技水平的提高产生积极影响。

第四节　跨 国 公 司

跨国公司在世界经济中一直扮演着极其重要的角色,除了在贸易方面发挥着重要作用之外,它们还是跨国投资的主体,是国际资本流动的决定性力量。

一、跨国公司的形式

跨国公司(multinational corporations,transnational corporation,multinational enterprises 或 multinationals)是指在两个或两个以上国家(或地区)拥有矿山、工厂、销售机构或其他资产,在母公司统一决策体系下从事国际性生产经营活动的企业。它可以由一个国家的企业独立创办,也可以由两个或多个国家企业合资、合作经营或控制当地的企业使其成为子公司。

跨国公司的内部结构是:通过外国直接投资,在世界范围内进行生产和资源配置;使研究与发展、采掘、提炼、加工、装配、销售以及服务等生产过程和流通过程遍及世界各地;把最高决策权保留在总公司,总公司承担确定整个公司的投资计划、生产安排、价格制度、市场安排、利润分配、研究方向以及其他重大决策的职能。

联合国国际投资和跨国公司委员会认为一个跨国公司应具备下述三个要素:

第一,跨国公司本质上是一个工商企业,组成这个企业的实体在两个或两个以上的国家内经营业务,而不论其采取何种法律经营形式,也不论其经营所涉及的领域。

第二,跨国公司的管理决策着眼于全球,尽管它的管理决策机构的设立以某国或某个地区为主。哪里有市场或资源,它就根据需要到哪里投资建工厂。在跨国公司的全球决策中,市场占据主导地位,市场决定了工厂、企业的经营策略和经营状况。

第三,跨国公司的经营范围很广,从研究与开发、原料开采、工业加工到批发、零售等再生产的各个环节都纳入了它的经营范围。它是资本运作的全过程,而不是某个行业或再生产的某个环节。

二、企业跨国经营的主要动机

(一) 市场寻求型

联合国贸发会议指出,市场寻求型的对外直接投资是发展中国家跨国公司国际化进程中的最常见形式,以市场寻求为动机进行对外直接投资的企业往往具有以下特征:企业进行规模化生产,可以获得由规模生产带来的经济效益,但是此类产品的国内市场需求趋于饱和,即国内需求落后于产品供给的增加,出现产能过剩的状态。为了消化过剩的产能,寻找新的市场需求,从而维持企业在行业的竞争力,持续获得利润。随着区域性贸易组织的建立和贸易保护主义日益抬头,企业出口会遇到各种贸易和非贸易壁垒,出口贸易的交易成本大大提高,此时企业可以绕过国际贸易壁垒,直接到国外进行跨国投资,利用东道国具有比较优势的生产要素和优惠的投资政策,在东道国生产并销售产品是一种理性选择。

(二) 资源寻求型

以资源寻求为动机进行对外投资的企业,大都发生在一个国家工业化时期,产业发展急需大量关键性资源,这些关键性资源包括矿产资源、农产品资源、资金以及非熟练型的劳动力,而国内市场无法大量供应该类产业发展的关键性资源。如果通过国际贸易获得该类资源的成本较大,国内企业就可以到关键性资源比较丰富的国家进行投资,建立子公司或者分支机构,以有利价格获得国内产业发展所需的关键性资源。企业生产有了稳定的生产要素和自然资源的供应,就可以实现规模生产,逐渐提高劳动生产率,增强企业的竞争力,同时也可以促进投资国资源稀缺产业的发展。

(三) 技术寻求型

技术水平是产业升级的直接动力,通过技术研发可以提升生产效率,增强企业的竞争力。因此跨国企业除了进行跨国生产以外,靠近技术先进的国家进行投资设立研发机构是获取技术实现开放性创新的一种路径。一般说来,跨国公司进行技术寻求型的对外直接投资有以下几种路径:一是通过并购具有先进技术的东道国企业获取核心和先进的技术,利用发达国家的研发机构来分摊企业研发费用;二是购买东道国有潜质和竞争实力的公司股票,与东道国企业建立较为密切的关系,消除东道国企业设置的技术壁垒,较快获得生产的技术信息以及国际市场上最新的业界动态;三是直接在东道国设立研发机构,通过与当地企业通力合作,利用先进企业的反向技术溢出效应,学习核心的生产技术和成熟的管理经验,从而消化、吸收并加以创新。

(四) 战略资产寻求型

战略资产一般是指企业发展所需的专有技术、品牌、营销渠道、市场渠道等无形资产。战略资产寻求型的对外直接投资,是有实力的大企业在积累了一定的资源禀赋的基础上,为了增强企业竞争力,做大做强企业,积极对外投资,利用国外资源获取企业深度发展所需的战略资产,如企业品牌、营销渠道、管理经验等不易模仿和替代的资产。在经济全球化和竞争日益激烈的今天,企业之间的竞争是以具有独特、专有性的资产为竞争优势,来建立企业垄断竞争力、获取持续经济利润的,因此对外直接投资是跨国公司充分利用海外市场信息、技术、管理经验等逐渐形成企业战略资产尤其是知识性资产的重要途径。

三、跨国公司在世界经济中的作用

跨国公司的迅猛发展是当代经济的一个重要特征,它的发展直接推动了国际贸易的发展和国际资本流动。21世纪初,跨国公司已经控制了世界工业生产总值的 40%~50%,国际贸易的 60%~70%,外国直接投资的 90% 和全球 90% 的技术转让份额。截至目前,全球跨国公司已经超过 8 万家,拥有 79 万家国外分支机构,跨国公司已然成为当代世界经济发展中一支不容忽视的重要力量。

(一) 跨国公司促进了全球的商品生产和流通

在当代,国际贸易三分天下,即 1/3 是在跨国公司内部进行的,1/3 是在跨国公司之间进行的,1/3 是在非跨国公司之间进行的。也就是说,与跨国公司有关的贸易已占世界贸易的 2/3。由此可见,跨国公司已经在国际贸易中占据了举足轻重的地位。

跨国公司的内部贸易是指跨国公司的总公司与国外子公司之间以及国外子公司之间在产品、技术和服务方面的交易,是国际贸易的重要组成部分之一。跨国公司的内部贸易对国际贸易的突出贡献在于它不仅扩大了国际贸易的规模,而且改变了国际贸易的结构。

与跨国公司之间的国际贸易相比,跨国公司内部贸易有以下特点:

(1) 跨国公司内部贸易一般集中在研发密集度较高的产业部门中。呈现这种特点的原因主要是,跨国公司从事跨国生产和贸易活动的基础是它在技术和管理上具有一定的优势,而这些优势的获得和维持往往需要投入高额的研发资金。为了保证自身的垄断利益,将一些与研发相关的外溢性很强的交易放到公司内部进行,不失为一种理性的选择。

(2) 最终产品是跨国公司内部贸易的最主要产品,其次才是需要加工和组装的中间产品。经系统的研究证明,公司贸易的内部化率与产品的加工程度成正比,即产品的加工程度越高,其内部化率越高;反之,则内部化率越低。

(3) 跨国公司内部贸易的价格不依赖国际市场供求关系而变化,采用的是转移价格的方式。这是跨国公司内部贸易区别于跨国公司间贸易的一大特点,也是跨国公司问题的一个重要的研究课题。

跨国公司对全球商品生产和流通的促进作用主要有两个渠道:

一是横向渠道。横向渠道是指跨国公司对东道国出口的直接贡献,以及跨国公司通过自己在各国的分公司生产销售自己的最终产品。例如,美国的可口可乐公司在中国、日本、欧洲等都设立子公司,就地生产和销售可口可乐,这样不仅能够节约运输成本、降低商品价格,而且能从市场上及时得到信息,改进生产和服务质量从而提高竞争能力。在国外市场有很大的发展潜力,或者有竞争者进入时,跨国公司为了获得竞争优势往往愿意采取这种方式。此外,在许多国家实行贸易保护的情况下,这种方式还能起到绕过关税和非关税壁垒将自己的产品销售到别国市场的作用。而跨国生产、销售活动的发展也对降低关税和取消非关税壁垒等贸易保护措施提出了越来越强烈的要求,从而加速了国际贸易自由化的进程。

二是纵向渠道。纵向渠道是指跨国公司根据自己的生产过程在别国投资设厂生产所需的原材料或半成品。各个子公司之间的关系,或与总公司之间的关系反映了生产过程中的投入产出关系。例如,美国的几家大石油公司都在中东有子公司开采石油,然后将原油运回美国提炼加工,再向各国销售汽油或石油产品。日本的日立、松下等电器公司都在东南亚设立子公司或与当地合资设厂生产一些零部件,产品的关键部分则在日本本土生产,然后运到东南亚各国的子公司进行装配,并就地销售。这样做的好处是,既利用了其他国家廉价的资源和劳动力,又保证了生产的连续性,从而促进了全球的商品生产和流通。

（二）跨国公司促进了资本的国际流动

跨国公司通过直接投资的方式将资本从收益率低的国家转移到收益率高的国家,使资本在全球的配置更加有效率。与单纯的货币流通不同,跨国公司的直接投资是一种生产资源的转移。当可口可乐或其他公司来华投资设厂时,带来的并不只是资金和就业,还带来了先进的生产技术和设备。另外,跨国公司业务的发展还推动了东道国的银行、保险、证券、会计等现代金融服务部门的国际化进程。

跨国公司的投资渠道包括内外两个方面。内部投资主要是跨国公司总公司与子公司间的资金流动,如子公司从母公司获得股权或贷款形式的资金。外部投资涉及跨国公司总公司、子公司与外部金融市场间的资金流动,包括从母国的资本市场或金融机构获得外部融资,从东道国或国际市场获得外部融资。联合国的《世界投资报告》数据显示,目前跨国公司外部投资约为其内部投资的四倍。与以往跨国公司的外部资金多来源于母国资本市场的情形不同,如今跨国公司外部融资的范围有所扩大,形式也更趋多样。同时,跨国公司的投资决策对东道国的资本市场发育、发展乃至成熟会产生有效的促进作用。

（三）跨国公司促进了技术的国际转移

跨国公司在高、中技术部门的集中倾向显示了它在生产、获得、掌握和组织技术性资源方面的突出优势。跨国公司通过其国际化生产网直接转移软、硬件生产技术,使得国际技术转移具有了动态的特征。

1. 技术的直接转移

跨国公司在其他国家设立子公司,独资或合资生产其最终产品或部分半成品,一部分技术必须向这些子公司转让。许多先进技术从发达国家转移到发展中国家,都是通过跨国公司进行的。为了降低生产成本,提高在当地的竞争能力,许多跨国公司都有研究和发展机构,不断研制新的生产技术,然后转让到子公司。对于跨国公司来说,这是提高收益的必要手段。而对于许多发展中国家来说,这是引进技术的重要途径。

2. 技术的外溢

技术通常具有外溢的特性。虽然跨国公司的有些技术并不直接转让,但只要这种技术在发展中国家出现,就很容易被模仿和扩散。例如,美国的肯德基在中国开设了分店,中国各地不久就出现了各种各样的炸鸡店,其炸鸡技术与肯德基不相上下。美国、德国的汽车巨头跟中国的汽车制造商合作以后,中国汽车制造业的技术也有了很大的发展。

跨国公司直接对外投资的技术外溢有三种主要形式:

（1）示范和模仿效应。跨国公司在东道国展示它先进的产品、技术和管理方式。这种展示对当地企业是一种示范作用,使当地企业在对外开放中了解国外的先进技术、管理水平,增强危机感和竞争意识,并通过模仿当地跨国公司使用的某些技术来提高本企业的技术水平。

（2）联系效应。跨国公司通常拥有技术或信息上的优势,当其子公司与当地的供货商或客户发生联系时,当地企业就有可能从跨国公司子公司先进的产品、工序技术或市场知识中"搭便车",于是就产生了技术外溢效应。另外,跨国公司先进的质量水平、笃实的信誉和高效的市场分销技术也有可能成为潜在的溢出资源。

（3）人力资本流动效应。人力资本流动也是技术溢出的一种重要方式。经过跨国公司培训的技术工人和管理人员如果从跨国公司流向一国的企业或自创企业，其在跨国公司受雇时所学的各种技术也将随之外流，从而引发了技术的外溢。

很长时间以来，跨国公司比较典型的技术转移战略是：首先，把研制的专利技术应用于母国的国内生产，垄断国内市场，并通过产品出口满足国外市场的需要；其次，经过若干年后，再将新技术转让给设在其他发达国家里的子公司，取得当地市场的技术优势；最后，又经过若干年后，再向发展中国家的子公司转让技术。

然而，由于现代高新技术产业投资额巨大，投资回收期长，而技术生命周期则越来越短，即使是实力雄厚、规模庞大的跨国公司也难以单独承担技术创新所需要的巨额资金以及由此所带来的巨大风险。于是，共同投资、联合开发、共担风险、共享成果的技术及经营联姻的战略越来越受到跨国公司的青睐。由于联姻的跨国企业大都在全球性行业竞争中占据重要地位，所以通过这种强强战略联盟，不仅可以相互交换彼此拥有的专利技术等优势要素，充分吸收和利用当今世界各国的先进科技成果，提高创新产品的技术含量，延长创新产品的生命周期，获得高额的投资回报，而且能够在分担新产品的开发成本和风险以及共同进入市场等问题上达成一致协议，使结盟双方最终能够获得"1＋1＞2"的投资效应。因此，在技术研究、开发及经济上的跨国战略联盟，作为跨国公司在经济全球化背景下的一种发展模式正在不断得到加强。

基本概念

外国直接投资（foreign direct investment，FDI）

许可贸易（licensing trade）

技术服务（technical service）

工程承包（turn key project）

跨国公司（multinational corporations）

复习思考题

1. 进入 21 世纪，对外直接投资出现哪些新变化？

2. 假设墨西哥是劳动力丰裕国家，美国是资本丰裕国家。北美自由贸易区建立后，美国的资本大量到墨西哥投资，请用局部分析的方法分析两国资本市场的利益变动。

3. 跨国公司进行国际化经营的动机是什么？

4. 下列行为是否属于外国直接投资？

（1）一个美国企业家购买了 50 万元的长虹 B 股。

（2）一个法国人在东京购买了一套住宅。

（3）一个韩国人在中国投资开办了一家皮鞋厂，并将产品销售到中东地区。

（4）一家中国企业与瑞典企业合并，合并后瑞典企业拥有控股权。

（5）一家中国企业通过股票市场购买了一家美国企业的多数股权。

5. 外国直接投资对东道国技术进步的直接效应和间接效应有哪些？

即测即评

请扫描右侧二维码，在线测试本章学习效果。

第二部分
开放经济下的宏观经济学

第 十 章
汇率与汇率决定理论

本章重点

1. 汇率的基本概念
2. 汇率的表示方法
3. 外汇交易的主要形式
4. 汇率决定理论

教学视频

请扫描右侧二维码观看本章精彩教学视频。

国际经济交易包括大量的金融市场交易,如日本投资者购买美国国债,欧洲居民购买美国纳斯达克上市的股票等,进行这些交易需要将日元或欧元转换成美元。国际贸易中商品交易也需要兑换货币,如中国出口商出口产品到美国或欧洲获得了美元或欧元,但对于这些出口商来说,所获得的美元或欧元还需要兑换成人民币。在这些过程中,交易者不但需要经过外汇市场,还需要关心本币与相应外币兑换的比率。随着经济全球化水平越来越高,外汇市场及汇率的作用也愈发重要。那么,什么是外汇及外汇市场? 什么因素决定了汇率水平? 这些是本章将要讨论的问题。

随着中国深度融入全球经济体系,人民币汇率制度市场化改革稳步推进和资本与金融项目有序开放,全球汇率变动尤其是人民币汇率变化对中国金融机构、企业和家庭的影响也越来越大。因此,学习汇率制度以及汇率变化背后的原因,对于理解国家的外汇政策和参与外汇市场、规避外汇风险都具有重要意义。

本章将介绍外汇及汇率的概念,考察外汇市场的功能;讨论外汇风险和各种类型的外汇交易,包括即期和远期外汇交易、套汇和套利交易的过程;讨论外汇期货与期权的不同点,并介绍套期保值和投机业务;介绍汇率理论。

第一节 外汇和外汇汇率

一、外汇

(一) 外汇的定义

外汇的定义有动态和静态两种表述形式,而外汇的静态定义又有广义和狭义之分。

外汇的动态定义是指一个国家的货币借助于各种国际结算工具,通过特定的金融机构,兑换成另一个国家的货币,以清偿国际债权债务关系的一个交易过程。

外汇的静态定义是指以外币表示的在国际经济交易中的支付手段。广义的静态外汇定义,通常用于国家的管理法令之中,它指一切用外币表示的资产。包括:① 外国货币,包括钞票、铸币等;② 外币有价证券,包括政府公债、国库券、公司债券、股票、息票等;③ 外币支付凭证,包括票据、银行存款凭证、邮政储蓄凭证;④ 其他外汇资金。狭义的静态外汇定义是指以外币表示的可用于国际结算的支付手段。按照这一概念,只有存放在国外银行的外币资金,以及将对银行存款的索取权具体化了的外币票据,才构成外汇。具体来看,外汇主要包括以外币表示的银行汇票、支票、银行存款等。人们通常所说的外汇是指狭义的定义。

(二) 外汇的特点

外汇具有三个特点:① 国际性。外汇是用外币表示的国外资产,用本国货币表示的信用工具和有价证券不是外汇。② 可偿性。外汇是能在国外得到补偿的债权。空头支票等拒付的汇票不能视为外汇。③ 可兑换性。外汇是能兑换成其他支付手段的外币资产。不可兑换货币表示的支付手段一般不能视为外汇,只是一种记账单位。

(三) 外汇的作用

外汇具有以下作用:① 促进国际贸易的发展,扩大国际经济合作;② 作为一种支付手段,促进投资活动与国际资本的流动;③ 衡量一国的经济地位。

二、汇率的标价方法

汇率(exchange rate)又称外汇行市或汇价,是一国货币兑换另一国货币的比率,是以一种货币表示另一种货币的价格。

(一) 直接标价法

直接标价法(direct quotation)是以一定单位的外国货币为标准,来计算应该付出多少单位本国货币的表示方法,相当于计算购买一定单位外币所应付多少本币,所以又叫应付标价法。

在国际外汇市场上,包括中国在内的世界上绝大多数国家目前都采用直接标价法。

在直接标价法下,若一定单位外币折合的本币数额较前期增多,则说明外币升值或本币贬值(depreciation),叫作外汇汇率上升;反之,若一定单位的外币折合的本币数额较前期减少,则说明外币贬值或本币升值(appreciation),叫作外汇汇率下跌。即外币的价值与汇率的涨跌成正比。

(二)间接标价法

间接标价法(indirect quotation)是以一定单位的本国货币为标准,来计算能兑换到多少单位的外汇货币。在国际外汇市场上,美元、欧元、英镑、澳元等一般采用间接标价法。

在间接标价法中,本国货币的数额保持不变,外国货币的数额随着本国货币币值的变化而变化。如果一定数额的本币能兑换的外币数额比前期少,则表明外币币值上升,本币币值下降,即外汇汇率下跌;反之,如果一定数额的本币能兑换的外币数额比前期多,则说明外币币值下降、本币币值上升,即外汇汇率上升。即外汇的价值和汇率的升跌成反比,与直接标价法相反。

三、外汇汇率分类

(一)按国际货币制度的演变可分为固定汇率和浮动汇率

(1)固定汇率。它是指由政府制定和公布,并只能在一定范围内波动的汇率。

(2)浮动汇率。它是指由市场供求关系决定的汇率。其涨落基本自由,一国货币当局原则上没有维持汇率水平的义务,但必要时可进行干预。

(二)按制定汇率的方法可分为基本汇率和套算汇率

(1)基本汇率。各国在制定汇率时必须选择某一国货币作为主要比对对象,则该国货币称为关键货币。根据本国货币与关键货币实际价值的对比,制定出对它的汇率,这个汇率就是基本汇率。关键货币是指在国际收支中使用较多、通常可以自由兑换、在世界上被普遍接受、在该国外汇储备中占较大比重的货币。

(2)套算汇率。它也叫交叉汇率(cross exchange rate),是指各国按照基本汇率套算出的直接反映其他货币之间价值比率的汇率。

(三)按银行买卖外汇的角度可分为买入汇率、卖出汇率、中间汇率

(1)买入汇率。买入汇率也称买入价,即银行向同业或客户买入外汇时所使用的汇率。采用直接标价法时,外币折合本币数较少的那个汇率是买入价,采用间接标价法时则相反。

(2)卖出汇率。卖出汇率也称卖出价,即银行向同业或客户卖出外汇时所使用的汇率。采用直接标价法时,外币折合本币数较多的那个汇率是卖出价,采用间接标价法时则相反。

汇差,即外汇买入卖出之间的差价,这个差价是银行买卖外汇的收益,一般为 1‰~5‰。银行同业之间买卖外汇时使用的买入汇率和卖出汇率也称同业买卖汇率,实际上就是外汇市场买卖价。

(3) 中间汇率。中间汇率是买入价与卖出价的平均数。媒体报道汇率消息时常用中间汇率,套算汇率也用有关货币的中间汇率套算得出。

(四) 按外汇交易交割期限可分为即期汇率和远期汇率

(1) 即期汇率。即期汇率也称现汇汇率,是指外汇买卖双方成交两个交易日以内进行交割的汇率。

(2) 远期汇率。远期汇率是指在未来一定时期进行交割,而事先由买卖双方签订合同、达成协议的汇率。到了交割日期,由协议双方按预定的汇率进行交易。

(五) 按对外汇管理的宽严可分为官方汇率和市场汇率

(1) 官方汇率。官方汇率是指国家机构(财政部、中央银行或外汇管理当局)公布的汇率。官方汇率又可分为单一汇率和多重汇率。多重汇率是一国政府对本国货币规定一种以上的对外汇率,是外汇管制的一种特殊形式。其目的在于鼓励出口、限制进口,限制资本的流出,以改善国际收支状况。

(2) 市场汇率。市场汇率是指在自由外汇市场上买卖外汇的实际汇率。在外汇管理较松的国家,官方宣布的汇率往往只起到中心汇率作用,实际外汇交易则按市场汇率进行。

(六) 按照外汇汇率总体程度可分为双边汇率和有效汇率

(1) 双边汇率。双边汇率是一国货币与某国货币的名义汇率,如人民币对美元汇率、人民币对日元汇率。

(2) 有效汇率。有效汇率是反映一国货币对世界其他货币总体变动状况的汇率。由于随着时间推移,一种货币可能相对于某些货币贬值了,而相对于另一些货币却升值了,所以要算出有效汇率,才能判断一国汇率相对于世界其他货币的总体走势。有效汇率分为名义有效汇率(nominal effective exchange rate,NEER)和实际有效汇率(real effective exchange rate,REER)两种。一国的名义有效汇率等于其货币与所有贸易伙伴国货币双边名义汇率的加权平均数,如果剔除通货膨胀对各国货币购买力的影响,就可以得到实际有效汇率。实际有效汇率不仅考虑了所有双边名义汇率的相对变动情况,而且剔除了通货膨胀对货币本身价值变动的影响,能够综合地反映本国货币的对外价值和相对购买力。当然在实际应用中,并不一定对所有贸易伙伴的汇率进行加权平均,可选取重要的贸易伙伴,权重由这些国家与本国贸易关系的重要程度而定。由于有效汇率需要加权计算,并主要用于反映一国货币总体汇率变动状况,因此在计算时需要确定一个基期。

国际清算银行(Bank for International Settlements,BIS)建立了一套计算名义和实际有效汇率的方法,并定期更新各国的有效汇率水平,该指数经常被政府、媒体和研究者使用,具体可参见国际清算银行官方网站(www.bis.org)。图 10-1 反映了国际清算银行根据 61 个经济体数据计算出的人民币名义和实际有效汇率变动情况。可以看到,1994 年以后,人民币名义和实际有效汇率总体上不断提高,说明人民币相对于世界其他货币来说,总体上在不断升值。

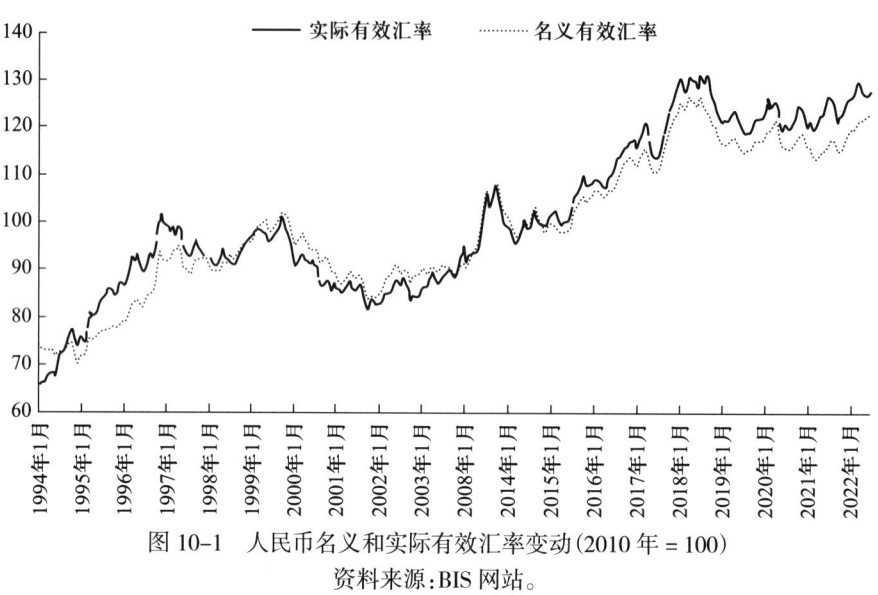

图 10-1   人民币名义和实际有效汇率变动(2010 年 = 100)
资料来源:BIS 网站。

第二节   外 汇 市 场

一、外汇市场的含义与性质

(一) 外汇市场的含义

外汇市场(foreign exchange markets)是个人、公司、银行买卖外币或外汇的交易场所。如果一个外汇市场的交易者不限定于本国居民,这个外汇市场就是一个国际性外汇市场,如伦敦、苏黎世、法兰克福、新加坡、中国香港、东京和纽约等。不同国家的外汇市场通过网络实时联系,构成一个统一的国际外汇市场。

(二) 外汇市场的性质

外汇市场已经发展成为一个真正的全球 24 小时市场,因为外汇交易只需要通过电话和网络即可进行,而外汇市场遍布全球,它们的营业时间是交错的。当旧金山和洛杉矶完成一天的交易时,新加坡开市了,香港、悉尼、东京也开市了,而当这些地方收市时,伦敦、巴黎、苏黎世、法兰克福、米兰又开市了,而它们收市前,纽约、芝加哥又开市了。

二、外汇市场的参与者

(一) 进出口商及其他外汇供求者

进出口商从事进出口贸易活动,是外汇市场上重要的外汇需求者和供给者。出口商出口后要把外汇收入卖出,进口商则要为进口商品的支付需求购买外汇,这些都要在外汇市场上进行。外汇供求者还包括除银行和进出口商之外的客户,主要指因运费、保险费、旅费、学费、赠款、外国有价证券买卖、外债本息收付、政府及民间私人贷款以及其他原因引起的外汇供求者。当然还包括外汇投机者。

(二) 外汇银行

外汇银行又称外汇指定银行,是指经过本国中央银行批准,可以经营外汇业务的商业银行或其他金融机构。外汇银行可以分为三种类型:一是专营或兼营外汇业务的本国商业银行;二是在本国的外国商业银行分行;三是其他经营外汇买卖业务的本国的金融机构,如信托投资公司等。外汇银行在外汇市场上既可以代客户进行外汇买卖,对客户提供尽可能全面的服务并从中获益,也可以用自身的外汇资金或银行信用在外汇市场上直接进行买卖,调整本身的外汇头寸或进行外汇投机买卖,使外汇资产保持在合理的数量水平上,或赚取投机的利润收入。

(三) 外汇经纪人

外汇经纪人是指为外汇交易双方介绍交易以获得佣金的中间商人,其主要任务是利用其已掌握的外汇市场各种行情和与银行的密切关系,向外汇买卖双方提供信息,以促进外汇交易的顺利进行。外汇经纪人一般有两类:① 一般经纪人,即那些既充当外汇交易的中介又亲自参与外汇买卖以赚取利润的经纪人;② 经纪公司,指那些资本实力较为雄厚,既充当商业银行之间外汇买卖的中介又从事外汇买卖业务的公司。

(四) 中央银行

各国政府为了防止国际短期资金大量的流动对外汇市场的猛烈冲击,往往通过中央银行对外汇市场进行干预,从而使本币汇率不致发生过于剧烈的波动。因此中央银行不仅是外汇市场的参与者,而且是外汇收支失衡时的重要调节者。

三、外汇市场的功能

(一) 转移和交易功能

外汇市场的基本功能是转移和交易功能(transfer and transaction),是把资金和购买力从一个国家和一种货币转移到另一个国家和另一种货币。它常常通过电汇实现。通过外汇市场,一家国内银行可以指令它在某个外汇中心的外汇代理行支付一定数额的当地货币给某个人、某个公司或账户。旅游者出国旅游、国内公司需要从外国进口物资、某人想在国外投资等,国际经济交易的结果需要债务人向债权人进行支付。若债务人以债务国货币支付,则债权人需要在外汇市场上将其兑换成债权国货币;若债权人只接受债权国货币,则债务人需要先将债务国货币在外汇市场上兑换成债权国货币再进行支付。由此可见,外汇市场为这种国际清算提供了便利。

(二) 套期保值功能

套期保值(hedging)就是通过卖出或买入等值远期外汇,轧平外汇头寸来保值的一种外汇业务。进出口商从签订进出口合约到实际支付或收款,通常都要经过一段时间。由于外汇市场中汇率的易变性,外币债权人和债务人都要承担一定的风险,例如合同的计价货币汇率下跌会使收款人遭受损失,而计价货币汇率上升则会使付款人蒙受损失。他们若不愿投机,只想用本币保持资产,就需要对这些货币资产进行套期保值,以确保该项资产没有净头寸。收款人可以卖出远期外汇,而付款人则可以买入远期外汇,通过套期保值业务使交易风险降到最低。

(三) 投机功能

外汇的投机(speculation)是指根据对汇率变动的预期,有意保持某种外汇的多头或空头,希望从汇率变动中赚取利润的行为。它的主要特征是,投机者进行外汇交易,并没有商业或金融交易与之相对应。外汇投机利润具有不确定性,当投机者预期准确时可以赚取利润,但如预期失误则要蒙受损失。例如,若某投机商预期两个月以后某种货币汇率会下跌,就在期货市场上卖出该种货币的两个月期汇。两个月以后,该货币汇率若真下跌,则投机商可以用低价补进现汇以交割期汇,但如果该货币汇率不降反升,则要遭受损失。

第三节　外　汇　交　易

一、外汇风险的概念

外汇风险(foreign exchange risk),是指一定时期的国际贸易中,以外币计价的资产(或债权)与负债(或债务),由于汇率的变动而引起其价值涨跌的不确定性。狭义的外汇风险是指汇率风险,主要有三种类型,即交易风险、会计风险和经济风险。广义的外汇风险还包括利率风险、信用风险、国家风险等。下面从狭义的角度来讨论外汇风险。

交易风险,又称营业风险,是指由于外汇汇率变化而引起的应收外汇资产或应付外汇债务的本币价值发生变化所产生的风险。它是国际经济活动中最主要的一种风险,即在运用外币进行计价收付的交易中,在合同签订之日到债权债务得到清偿这段时间内,由于汇率变动而使这项交易的本币价值发生变动的可能性。这些外汇债权债务在汇率发生变化之前就已经产生,并在汇率变化之后进行实际收付。

会计风险又称折算风险,是指经济主体在对资产负债进行会计处理的过程中,由于汇率变动而产生的账面上的损益。会计风险在跨国公司中表现得尤为突出。跨国公司的海外分公司或海外子公司,一方面在日常经营中使用的是东道国的货币,另一方面它属于母公司,需要将东道国货币折算为母国货币,编制资产负债表呈报给母公司。某些外汇项目因换算的外汇汇率不同,计算的结果也不一样。

经济风险又称经营风险,指意料之外的汇率变动使国际企业未来收益产生变化的一种潜在风险。意料之外的汇率变动通过对企业生产成本、销售价格,以及产销数量等的影响,使企业的最后收益发生变化。外汇经济风险的特点具体表现在:经济风险不能被准确识别和测量,经济风险在很大程度上取决于销售量、价格或成本的变动对汇率变动的反应程度;经济风险在长期、中期和短期内都存在,而不像交易风险和折算风险是短期的、一次性的;经济风险是通过间接渠道产生的,即使是纯粹的国内企业也会面临经济风险。

二、外汇交易的类型

外汇市场上的外汇交易类型很多。此处主要介绍即期外汇交易和远期外汇交易、套汇、外汇期货和期权交易、外汇互换以及利差交易等。

(一)即期外汇交易和远期外汇交易

1. 即期外汇交易

即期外汇交易(spot exchange transactions)是外汇交易中最普通的一种,是交易达成后,在成交后的两个交易日内完成货币收付的外汇交易。在这里,要遵守交割地的交易原则,如果交割地的银行不营业,交割日应向后顺延;如果交割日是交割双方任何一方的休假日,就顺延一天。

即期外汇交易所依据的汇率也叫即期汇率(spot rate)。

2. 远期外汇交易

远期外汇交易(forward exchange transactions)是买卖双方现在签订买卖契约,买方仅提供若干保证金,约定在未来某日依照约定的汇率进行交割的外汇交易。例如,发生在 1 月 10 日的一笔交易,其即期交割日为 1 月 12 日,那么一个月远期交割日就应该是 2 月 12 日。如果 2 月 12 日在那个交易中心正好是一个假日,或者交割地的银行恰好不营业,那么顺延一日。但是不能把日期推延到下一个月,如果正好赶上月末,则应提前到该交付日期前的第一个工作日。

远期交易中的汇率也叫远期汇率(forward rate)。

3. 远期升水和远期贴水

如果远期汇率高于即期汇率,则是外币对于本币有一个远期升水(forward premium)。相反,如果远期汇率低于即期汇率,就是外币对于本币有一个远期贴水(forward discount)。例如,如果即期汇率为 2 美元 = 1 英镑,三个月远期汇率为 1.98 美元 = 1 英镑,就是英镑兑美元三个月远期要贴水 0.02 美元,或贴水 1%(年贴 4%)。而如果即期汇率不变,三个月远期汇率为

2.02 美元 = 1 英镑，则是英镑兑美元三个月远期要升水 0.02 美元或升水 1%，或年升 4%。

（二）套汇

套汇（arbitrage）是利用不同外汇市场的外汇差价，在某一地买进，另一地卖出该种货币，以此赚取利润。套汇分为两角套汇、三角套汇和多角套汇。

1. 两角套汇

两角套汇又叫两点套汇，就是利用两个外汇市场的外汇差价，低买高卖，赚取利润。

例如，如果在纽约 A 银行英镑的美元卖出价为 2.00 美元 / 英镑，买入价为 1.99 美元 / 英镑，伦敦 B 银行英镑的卖出价为 2.02 美元 / 英镑，买入价为 2.01 美元 / 英镑，则套汇者（常为外汇交易商或商业银行）将会在纽约 A 银行约以 2.00 美元 / 英镑购买英镑，再马上在伦敦 B 银行以 2.01 美元 / 英镑卖掉，这样，每英镑可以从中赚得 0.01 美元。尽管每英镑的利润看来很小，但数额大时，例如 100 万英镑，短短几分钟便可赚得 1 万美元。当然，套汇利润还要减去相关的交易成本，但由于费用很小，我们可以忽略掉它。

由于套汇的存在，两种货币之间的汇率在不同货币中心之间将趋于相等。继续上面的例子，可以发现套汇将增加纽约的英镑需求，这会给纽约的英镑价格施加向上的压力，同时，伦敦市场由于有英镑卖出，英镑价格将受到向下的压力。这种压力将一直持续，直至两地英镑的价格趋于一致（例如 2 美元 = 1 英镑），这样英镑在两地之间的套汇就无利可图了。

2. 三角套汇

当有三种货币和三个货币中心时，便存在三点套汇或三角套汇。三角套汇不太常见，因为它需要三种货币在三个货币中心的间接汇率或交叉汇率。例如，假设汇率如下：

纽约：1 美元 = 0.8 英镑　　伦敦：1 英镑 = 1 欧元　　法兰克福：0.8 欧元 = 1 美元

交叉汇率是一定的，因为 1 美元 = 0.8 英镑 = 0.8 欧元，没有套利机会。但若是英镑的美元价格在纽约为 1.24 美元 / 英镑，其余的都不变，那么在纽约可用 1.24 美元买 1 英镑，再用这 1 英镑在伦敦购买 1 欧元，再把这 1 欧元在法兰克福换成 1.25 美元，这样每英镑可以赚 0.01 美元。而如果英镑的美元价格在纽约为 1.26 美元 / 英镑，则与上面的操作正好相反，即在法兰克福用 1.25 美元买 1 欧元，再在伦敦换成 1 英镑，再在纽约换成 1.26 美元，每英镑仍可以赚 0.01 美元。

像两角套汇一样，三角套汇会增加货币中心便宜货币的需求，增加较贵货币的供给，这样可以很快消除各地交叉汇率的不一致，从而消除套汇的机会。于是，套汇迅速使各种货币在不同地点的汇价趋于相等，使各种交叉汇率也一致起来，从而使得各个国际货币中心成为一个单一的市场。

3. 多角套汇（multi-point arbitrage）

当有三种以上货币和三个以上货币中心时，便存在多角套汇。多角套汇的原则和三角套汇一样，只是过程更加复杂。随着交易技术的发展尤其是电子交易的广泛使用，现在市场上几乎很难有三角或多角套汇的机会。

(三) 外汇期货交易

1972 年 5 月 16 日,美国芝加哥商品交易所(CME)推出的其他货币对美元的外汇期货交易是最早的金融期货。当时由于布雷顿森林体系崩溃,浮动汇率刚刚出现,各国货币汇率大起大落,为保值、投机,最终产生了外汇期货交易。外汇期货交易有力地促进了资本在国际上的流动,使金融市场出现了新的繁荣。

1. 外汇期货交易的概念

外汇期货交易(foreign exchange futures)是指在一个有组织的市场(交易所)中交易的,金额与到期日都标准化的外汇远期合约。

2. 外汇期货交易与外汇远期交易的区别

(1) 外汇期货交易合同规模标准化,是合同额的倍数,例如,CME 的英镑合约为每份 62 500 英镑,加拿大元合约为每份 100 000 加元,日元合约为每份 12 500 000 日元。外汇远期交易的数额不限,由交易双方根据需要而定。

(2) 外汇期货合同有固定的到期日,如 CME 每年交易只有 4 天可以交割,合同只在 3 月、6 月、9 月、12 月的第三个星期三到期,远期外汇则可以在任何工作日到期。但期货交易是一种"场内"交易,即在一个交易系统内交易,投资者可以在期货交易系统上随时卖掉自己的期货合约,真正在交割日交割的合约数量极少,合约的流动性和变现能力很强。远期合约主要是一种"场外"交易,如果投资者不想持有该合约,寻找购买自己合约的交易对象是比较困难的,合约的流动性较差。

(3) 定价方式不同。外汇期货价格由公开竞价方式确定,CME 对合约的每日汇率波动作出了限制,合约的买卖双方都要交纳佣金和保证金(保证金约为合约金额的 4%)。与 CME 相似的市场还有伦敦国际金融期货交易所(LIFFE),它成立于 1982 年 9 月。远期外汇交易则由银行以卖价和买价方式报出。

(4) 外汇期货合同的买卖双方均需交纳保证金,市价与合同价之间的差额每天在合同买卖双方之间以现金划拨支付,每天支付的款额称为变动额(variation margin)。而远期外汇交易无须交纳保证金,也不必每日进行现金交割。

(5) 外汇期货交易有固定的交易场所,交易只在几个特定的地点进行,如芝加哥、纽约、伦敦、新加坡。期货市场只交易几种货币。远期外汇交易没有固定场所,货币种类也由买卖双方自定。

(6) 期货交易需支付佣金;远期外汇交易不必向银行支付佣金,银行从买卖差价中获利。期货合约通常比远期合约金额小,因此,它对于小公司比大公司更有用,但也更贵。

(四) 外汇期权交易

期权交易 1978 年产生于荷兰。1982 年加拿大蒙特利尔、美国费城等相继开办。20 世纪 80 年代中期以后,期权交易在主要国际金融中心盛行起来,如费城股票交易所、芝加哥期权交易所等。

1. 外汇期权交易的含义

外汇期权交易(foreign exchange option)是期权交易的一种,是一个合约,它给购买者一个在事先约定的日期,按规定的价格买卖一定标准化金额外汇的权利。期权的持有者可以在该项期权规定的时间内,实施该权利或放弃该权利,而期权的出卖者则只负有执行期权合约规定的义务。

如果得到的为"买"的权利,就称作看涨期权;如果得到的为"卖"的权利,则称作看跌期权。如果期权只有在到期日才可以执行,就称为欧式期权;如果期权在到期日之前都可以执行,则称为美式期权。

2. 外汇期权交易与外汇期货交易的区别

(1) 两者相同点:在规范化、制度化的交易所进行交易;目的在于转移风险,进行保值或投机,不在于实现所有权的转移。

(2) 两者不同点:① 交易对象不同。外汇期货可进行外汇资产实物交割;外汇期权只是权利的买卖,可执行也可放弃。② 权利和义务不同。外汇期货是双向合约,双方各自享有权利并承担义务;外汇期权是单向合约,只赋予买方权利,卖方接受期权费后无任何权利,只承担相应的义务。③ 费用不同。外汇期货是交易双方都交纳保证金,并随时追加保证金;外汇期权是买方交纳期权费。④ 盈亏和风险。外汇期货是双方承担无限的盈亏风险,当外汇期货为看涨期货时,价格无限上涨,看多方盈利无限,看空方亏损无限。价格无限下跌,看空方盈利无限,看多方亏损无限。但当亏损额超过保证金水平时,期货将被强制平仓。而看涨期权是价格无限上涨,买方盈利无限,卖方亏损无限;价格无限下跌,买方亏损有限,卖方盈利有限。看跌期权是价格无限上涨,买方亏损有限,卖方盈利有限;价格无限下跌,买方盈利无限,卖方亏损无限。

(五) 外汇互换

外汇互换(foreign exchange swap),又称外汇掉期,是结合外汇现货及远期交易的一种合约,合约双方约定某一日期按即期汇率交换一定数额的外汇,然后在未来某一日期,按约定的汇率(远期汇率)以相等金额再交换回来。实际上,合约双方是各自获得交换回来的货币一定时间的使用权。外汇互换的条件,反映了合约双方对所交换的两种货币的汇率走势及各自对利率的看法。

(六) 利差交易

利差交易(carry trade)也称为融资套利交易,是一种外汇市场的套利方式,是指投资者借入低利率货币,然后投资到高利率货币及资产上,以此获取投资收益。利差交易发生的前提是两种货币的利率水平有一定差异。如 2021 年 1 月 1 日日本国内的贷款利率水平为年利率1%,而同期美国银行的存款利率为 3%,某投资者 A 从日本银行贷款 100 万日元,按照即期汇率兑换成一定数量的美元,存放在美国银行中,一年后的 2022 年 1 月 1 日,A 将本金和利息从美国银行取出,再按照当天的即期汇率兑换成日元,并偿还日本银行的本金和利息,从而获取利差收益。利差的存在并不一定保证投资者赚钱,因为投资者在获取利差收益的同时,还需要承担汇率波动的风险。如 2021 年 1 月 1 日美元兑日元即期汇率为 1 美元 = 100 日元, 2022 年 1 月 1 日美元兑日元即期汇率为 1 美元 = 90 日元, 则投资者一年后的美元收益为 1.03 万美元, 可兑换成 1.03 × 90 = 92.7 万日元, 但应还日本银行 101 万日元, 亏损 8.3 万日元。但如果 2022 年 1 月 1 日美元兑日元即期汇率为 1 美元 = 110 日元, 则投资者不但可以获取利差收益, 还可以获得外汇收益, 共计获益 12.3 万日元。

利差交易在 1993 年日本实行 "零利率", 尤其是 2001 年实施 "量化宽松" 货币政策以后得到快速发展。由于日本实行非常宽松的货币政策, 融资利率水平很低, 大量投资者从日本银行贷出日元, 投资到美元、欧元、澳元等市场上, 进行利差交易。不但很多大型机构投资者如银行、对冲基金等从事利差交易, 大量个人投资者也参与其中。据日本外汇交易提供商 Gaitame 的数据, 2003 年年初其管理的利用日本贷款融资进行外汇交易的个人投资者账户数量只有 4 000 个, 而 2007 年 6 月时数量增加到近 120 000 个, 账户余额达到 900 亿日元。[①] 大量日本家庭主妇也参与其中, 这些投资者也被市场称为 "渡边夫人"。由于 2003 年到 2008 年之间, 日元兑美元汇率波动程度较小, 汇率波动风险较低, 从日本融资的利差交易投资者总体获得较好的收益。

第四节　汇率制度分类和人民币汇率制度

一、汇率制度分类

从大类上, 一国的汇率制度 (exchange rate regime) 可以分为固定汇率制和浮动汇率制, 但是这两种制度只是汇率制度的两极, 在完全浮动汇率制和完全盯住汇率制之间还存在很多不同的状态和制度安排。如中国虽然名义汇率每天也在波动, 但波动范围较窄, 中央银行在具体汇率水平决定上有较大的影响。此外, 马来西亚、菲律宾等国家虽然也实行浮动汇率制度, 但很多研究发现, 这些经济体的汇率水平是参考一篮子货币汇率来变动的, 政府也经常对外汇市场进行干预, 所以需要对汇率制度进行更为细致的分类。

从 1950 年开始, 国际货币基金组织 (IMF) 根据各国官方宣布和向其报告的内容将全世界的汇率制度分为 8 种。很多学者认为, IMF 的分类是依据各国汇报的资料, 但这些资料可能和实际运行并不一致, IMF 的分类只是 "法定" 的 (de jure), 因此, 不同学者构建了不同的分类体系, 比较有影响力的有伊泽茨基、莱因哈特和罗戈夫 (Ilzetzki, Reinhart and Rogoff, 2019) 以及列维 – 耶亚迪和斯图泽内格 (Levy–Yeyati and Sturzenegger), 这些分类被称为 "事实" 的 (de facto)。由于其分类方法受到批评, IMF 在 2009 年进行了调整, 主要依据事实的汇率表现进行分类。虽然这些分类方法被称为 "事实" 的, 但也存在很多争议, 而且这些分类之间差异很大。如表 10–1 所示。

[①]　转引自: Gabriele Galati et.al. Evidence of carry trade activity. BIS Quarterly Review, 2007.

表 10-1　汇率制度分类

制度类型	IMF 的汇率制度分类 (2009)	伊泽茨基、莱因哈特和罗戈夫	列维－耶亚迪和斯图泽内格
盯住	无法定独立货币的汇率安排 (13)① 货币局制度 (12) 传统的盯住汇率安排 (43)	• 没有独立法定的通货 • 事先宣布的盯住或货币局安排	事实上的硬盯住
中间状态	稳定化安排 (16) 爬行盯住 (3) 爬行带安排 (3) 水平带内盯住 (1) 其他有管理安排 (24) 浮动 (35)	• 事先宣布的幅度小于或等于 ±2% 的水平带 • 事实上的盯住 • 事先宣布的爬行盯住 • 事先宣布的幅度小于或等于 ±2% 的爬行带 • 事实上的爬行盯住 • 事实上的幅度小于或等于 ±2% 的爬行带 • 事先宣布的幅度大于或等于 ±2% 的爬行带 • 事实上的幅度小于或等于 ±5% 的爬行带 • 幅度小于或等于 ±2% 的非爬行带 • 管理浮动	• 事实上的软盯住 • 爬行盯住 • 肮脏浮动
浮动	自由浮动 (31)	自由浮动	自由浮动

注：① 括号内数字为采用该汇率制度的经济体数量。

资料来源：IMF.Annual Report on Exchange Arrangements and Exchange Restrictions, 2012.

　　根据 IMF 2012 年的《汇兑安排与汇兑限制年报》，目前绝大部分发达经济体采用自由浮动汇率制度；很多发展中国家和经济体采用盯住汇率制度；有些小型经济体采取货币局制度，严格盯住某种国际货币，如中国香港的港元严格盯住美元；还有相当多的发展中国家和经济体采用介于自由浮动和完全固定之间的中间状态汇率制度，如目前中国就被归类为爬行带安排。

二、人民币汇率制度现状

　　改革开放后的人民币汇率制度发展以 2005 年 7 月 21 日"汇率制度改革"（简称第一次汇改）为界，可以分为两个阶段。

（一）第一阶段

改革开放后，人民币汇率经历了挂牌价和调剂价的双轨制阶段、汇率并轨后的柔性盯住美元制阶段、亚洲金融危机后的刚性盯住美元制阶段。1979—1994 年的汇率双轨制阶段是人民币贬值幅度最大的时期，由 1979 年的 1 美元兑换 1.555 元贬至 1994 年的 8.619 元。在汇率双轨制期间，还存在面额与人民币等值的外汇兑换券。由于外汇汇率与官方挂牌价格之间存在极大的利差，其间存在被政府禁止的外汇黑市。初期以炒卖外汇兑换券为主，之后直接炒卖外币。改革开放初期，人民币定价过高，外汇（外汇兑换券与外币）黑市价大大高于官方规定的汇率，前期最高相差近一倍；随着官方对人民币的大幅度贬值，渐渐回落直至接近官方挂牌价；进入 1990 年以后，场外交易的（黑市）外汇价格转向略低于官方挂牌价，与此同时，外汇兑换券渐渐淡出市场。从 1997 年东南亚金融危机爆发后到 2005 年汇率制度改革以前，人民币兑美元一直维持在 1 美元兑换 8.27 元人民币的水平上。

（二）第二阶段

2005 年 7 月 21 日，中国人民银行发布了《中国人民银行关于完善人民币汇率形成机制改革的公告》。该公告提出，自 2005 年 7 月 21 日起，我国实行以市场供求为基础、参考一篮子货币进行调节、有管理的浮动汇率制度。人民币汇率不再盯住单一美元，形成更富弹性的人民币汇率机制。当日美元交易价格调整为 1 美元兑 8.11 元人民币，并规定中国人民银行于每个工作日闭市后，公布当日银行间外汇市场美元等交易货币兑人民币汇率的价格，作为下一个工作日该货币兑人民币交易的中间价格。该方法一直延续至今。

自 2005 年"汇改"后，中国人民银行数次调整每日汇率波动幅度。2007 年 5 月 21 日，中国人民银行决定银行间即期外汇市场人民币兑美元交易价浮动幅度由 3‰扩大至 5‰，即当日外汇市场交易价可在中间价上下 5‰的范围内波动。2012 年 4 月 16 日，银行间即期外汇市场人民币兑美元交易价浮动幅度由 5‰扩大至 1%。2014 年 3 月 17 日起，银行间即期外汇市场人民币兑美元交易价浮动幅度由 1% 扩大至 2%。

从"汇改"到 2008 年 8 月国际金融危机爆发，人民币呈现出单边升值状态，兑美元汇率从 2005 年 7 月 22 日的 1 美元兑 8.11 元人民币升值到 2008 年 8 月 14 日的 6.86 元人民币。2008 年 8 月，美国雷曼兄弟公司破产后，金融危机全面爆发。为了抵御金融危机的影响，中国人民银行开始停止人民币的升值步伐，将汇率维持在 1 美元兑 6.86~6.81 元人民币的狭窄区域内，直到 2010 年 6 月。2010 年 6 月 20 日中国人民银行宣布，"将进一步推进人民币汇率形成机制改革，增强人民币汇率弹性，对人民币汇率浮动进行动态管理和调节"，人民币又一次开始缓慢升值，但是汇率波动性明显增加，甚至出现过阶段性贬值。1994 年以来的人民币兑美元中间价变动情况如图 10-2 所示。

图 10-2　人民币兑美元中间价变动状况（1994 年 8 月 31 日—2021 年 9 月 7 日）

资料来源：国家外汇管理局网站。

第五节　汇率决定理论

汇率决定理论是货币经济理论的国际延伸，它主要研究汇率是如何决定和变动的。金本位制度下汇率是由两国货币的法定含金量决定的，黄金成为两种货币汇率的中介。几百年来，人们在汇率理论方面不断取得突破和进展，形成了许多富于特色的学说和流派。汇率决定理论主要有国际借贷理论、购买力平价理论、利率平价理论、资产市场理论、市场微观结构理论等。资产市场理论又分为货币主义理论与资产组合平衡理论，其中货币主义理论又分为弹性价格货币分析法和黏性价格货币分析法。

一、汇率决定的贸易论与弹性论

（一）国际借贷理论

国际借贷理论（theory of international indebtedness）（又称贸易论），以金本位制度为背景，较为完善地阐述了汇率与国际收支的关系，是在金本位制度下阐述汇率理论的重要学说，由英国经济学家戈森于 1861 年提出。

国际借贷学说主要观点是：外汇汇率是由外汇的供给与需求所决定。外汇供求产生的原因是国与国之间存在借贷关系。借贷关系是产生外汇收支的原因，因而是汇率变动的主要依据。国际借贷关系并不仅仅是由于商品的输出或输入而发生，其他如股票、公债的买卖，利润与捐赠的收支，旅游收支以及资本交易等都会引起国际借贷关系。国际借贷分为固定借贷与流动借贷。前者指借贷关系已形成,但未进入实际支付阶段的借贷;后者指已进入支付阶段的借贷,只有流动借贷的变化影响外汇的供求关系。流动借贷与外汇汇率的关系是:流动借贷中的债权大于债务,外汇的供给就会大于外汇的需求,引起本币升值、外币贬值。相反,如果一定时期内进入实际支付阶段的债务大于债权,外汇的需求就会大于外汇的供给,最终导致本币贬值、外币升值。戈森认为物价水平、黄金存量、利率水平和信用关系等也对汇率产生影响,但它们都是次要因素。

该学说以金本位制度为前提,把汇率变动的原因归结为国际借贷关系中的债权与债务变动导致的外汇供求变化,在理论上具有重要意义,在实践中也有合理之处。不足之处在于,戈森仅仅说明了国际借贷差额不平衡时,外汇供求关系对汇率变动的影响,而未说明国际借贷平衡时汇率是否会变动,更没有说明汇率的变动是否存在着一个中心,即汇率的本质是什么。因此,在金本位制度转变为纸币本位制度后,国际借贷学说的局限性就日益显现出来了。

(二) 弹性论

凯恩斯学派对国际借贷学说进行了发展,充分研究了汇率变动对价格的反作用,指出货币对外贬值会引起进出口商品相对价格的变化,有利于国际收支的改善,而国际收支的改善又会形成新的均衡汇率,这就是调整国际收支的弹性论的主要观点。凯恩斯学派不但从外汇供求的局部均衡考察汇率变动的原因,还从国民收入与支出的一般均衡关系考察汇率变动的原因。该学派认为,国内总产值的增长会使国民收入与支出增加,支出的增加又会导致国际收支逆差,从而使本币汇率下降;反之,则会紧缩国内消费与投资,改善国际收支,促使本国货币汇率上升。紧缩国内消费与投资就是减少国内"吸收",降低对外汇的需求,这就是国际收支调节论的主要内容。

凯恩斯学派汇率理论的主要观点之一,就是肯定了国际收支状况对汇率变动的影响,肯定了国家干预对汇率变动的作用。这与戈森的国际借贷论是有共同之处的。或者说,凯恩斯学派汇率理论是国际借贷论的进一步发展。虽然该理论指出了汇率与国际收支之间存在的联系,但它是一种关于汇率决定的流量理论,对于存量和市场结构方面的因素关注不够,它对很多汇率现象解释力不足,如很多国家货币在本国国际收支状况变动不大,而且外汇市场交易流量变动很小的情况下,汇率却发生了大幅变动。

二、汇率决定的购买力平价理论

购买力平价理论(theory of purchasing power parity, PPP)是第一次世界大战以来诸多汇率理论中最有影响力的理论之一。其代表人物是瑞典的经济学家卡塞尔(G.Cassel)。1922 年,卡塞尔出版了《1914 年以后的货币和外汇》一书,系统地阐述了购买力平价学说,被认为是购买力平价理论的创立者。购买力平价理论分为两种形式:绝对购买力平价和相对购买力平价。

卡塞尔认为,本国人之所以需要外国货币,是因为这些货币在外国市场上具有购买力,可以买到外国人生产的商品和劳务;外国人之所以需要本国货币,是因为这些货币在本国市场上具有购买力,可以买到本国人生产的商品和劳务。因此,货币的价格取决于它对商品的购买力,两国货币的兑换比率就由两国货币各自具有的购买力的比率决定。购买力比率就是购买力平价理论。进一步说,汇率变动的原因在于购买力的变动,而购买力变动的原因又在于物价的变动。这样,汇率的最终变动取决于两国物价水平变动的比率。

(一) 绝对购买力平价

绝对购买力平价(absolute purchasing power parity)是指本国货币与外国货币间的均衡汇率等于本国货币购买力与外国货币购买力之间的比率。绝对购买力平价认为:一国货币的价值及对它的需求是由单位货币在国内所能买到的商品和劳务的量决定的,即由它的购买力决定的,因此两国货币之间的汇率可以表示为两国货币的购买力之比。而购买力的大小是通过物价水平体现出来的。

由于货币的购买力可表示为一般物价水平(通常以物价指数表示)的倒数,绝对购买力平价的公式可以写为:

$$E = \frac{\sum P_A}{\sum P_B} \tag{10.1}$$

式中:E 为绝对购买力平价形式下的汇率;

　　P_A 为 A 国的一般物价水平;

　　P_B 为 B 国的一般物价水平。

公式中的一般物价水平,是指国家的价格总水平,即一个国家在市场上出售的全部商品的价格总水平。价格总水平代表一国货币的购买力,如果仅仅限于进出口商品的价格水平,那是不能代表一国货币的购买力的。

假设各国的同类商品之间差异很小,具有均质性,而且没有任何贸易关税和运输等费用,那么本国价格水平就等于以外国货币表示的本国货币价格与外国价格水平的乘积。这就是一价定律(law of one price)。它表示在自由贸易条件下,世界市场上的每一件商品不论在什么地方出售,扣除运输费用,其价格都是相同的。例如,一种衬衫在美国卖 10 美元,在英国卖 4 英镑,如按当时的汇率 1 英镑 = 2.5 美元计算,英国衬衫的价格与美国衬衫的价格是相同的,等于10(2.5 × 4 = 10)美元。

一价定律的公式可表示为:

$$P = EP^*$$

式中:P 表示贸易商品的国内价格;

　　P^* 表示同一商品用外币表示的价格。

绝对购买力平价理论的局限性:① 绝对购买力平价理论只考虑了货币供给量、利率、国民收入等决定一般价格水平的因素对汇率的影响,忽略了相对价格变动和成本等因素的影响;② 一国的商品并非都在国际商品市场上交易,但价格水平显然包含了所有商品的价格。实际上,非贸易品价格的变化并不影响外汇的供求关系,因此对汇率没有影响。

(二) 相对购买力平价

相对购买力平价(relative purchasing power parity)是指在一定时期内,汇率的变化要与该时期两国物价水平的相对变化成比例。相对购买力平价在表示一个时期内汇率的变动时考虑到了通货膨胀因素，认为两国物价水平的变化影响汇率的变化；变化后的汇率取决于两国货币购买力的相对变化率；汇率的变化率是由本国通货膨胀率与外国通货膨胀率之比决定的。

假设 E_0 代表过去或基期的汇率，E_t 代表 t 时期的汇率，$P_{A(0)}$ 代表 A 国基期物价指数，$P_{A(t)}$ 代表 A 国经过 t 时间后变动的物价指数，$P_{B(0)}$ 代表 B 国基期物价指数，$P_{B(t)}$ 代表 B 国经过 t 时间后变动的物价指数，相对购买力平价的汇率公式是：

$$E_t = E_0 \times \frac{P_{A(t)}/P_{A(0)}}{P_{B(t)}/P_{B(0)}} \tag{10.2}$$

如果假设 $i_{A(t)}$ 为 A 国物价在经过 t 时间后，比基期物价水平上升的幅度（通货膨胀率），$i_{B(t)}$ 为 B 国物价在经过 t 时间后，比基期物价水平上升的幅度，则有：

$$\frac{P_{A(t)}}{P_{A(0)}} = 1 + i_{A(t)}, \quad \frac{P_{B(t)}}{P_{B(0)}} = 1 + i_{B(t)} \tag{10.3}$$

这样，由相对购买力平价决定汇率的公式又可表示为：

$$E_t = E_0 \times \frac{1 + i_{A(t)}}{1 + i_{B(t)}} \tag{10.4}$$

对于 E_0 的选择，卡塞尔指出，不是过去任何一个时期都是可以用来做基期的。必须选择"正常"的时期，即汇率等于绝对购买力平价的时期。如果基期选择不当，对目前均衡汇率 E_t 的计算就会发生系统偏离。

（三）对购买力平价理论的评价

购买力平价理论产生于第一次世界大战刚刚结束时，是世界经济动荡不安的产物。当时各国相继从金本位制改行纸币流通制度，通货膨胀现象十分严重。此时提出该理论是适时并有一定道理的。购买力平价理论在提出后的几十年中，一直受到国际学术界的高度重视。人们围绕它争论不休，证明了这个理论既有合理的一面，也有不足的一面。

1. 贡献

（1）解释了长期汇率变动的原因。该理论较令人满意地解释了长期汇率变动的原因，通过物价与货币购买力的关系去论证汇率的决定及其基础，这在研究方向上是正确的。由于纸币代表一定的价值，并且有一定的购买力，在给定商品价值的条件下，纸币购买力的国际差异实际上就是纸币所代表的价值量的差异。

（2）引入了通货膨胀因素。该理论直接把通货膨胀因素引入汇率决定的基础之中，这在物价剧烈波动、通货膨胀日趋严重的情况下，有助于合理地反映两国货币的对外价值。相对购买力平价理论在物价剧烈波动、通货膨胀严重时期具有相当的意义。因为它是以两国货币各自对一般商品和劳务的购买力比率，作为汇率决定的基础，能相对合理地体现两国货币的对外价值。

（3）对国家制定经济政策有参考意义。该理论把物价水平与汇率相联系，对讨论一国汇率政策具有重要的参考意义。

2. 不足

(1) 把汇率变动的原因完全归结于购买力的变化,忽视了其他因素。该理论强调货币数量或货币购买力对汇率变动的影响,而忽视了生产成本、投资储蓄、国民收入、国际资本流动、生产成本、贸易条件、政治经济局势等因素对汇率变动的影响。同时,该理论也忽视了汇率变动本身对货币购买力的影响。事实上,货币的购买力只是影响汇率变动的重要因素之一,而不是全部。

(2) 该理论的运用有严格的限制。该理论在计算具体汇率时,存在一定的困难。它要求两国的经济形态相似,生产结构和消费结构大体相同,价格体系相当接近,否则两国货币的购买力就没有可比性。同时,在物价指标的选择上,是以参加国际交换的贸易商品的价格为指标,还是以国内全部商品的价格为指标,很难确定。即使能够确定,由于经济活动千变万化和商品权重在各国不一致,在计算汇率时也会面临一些技术性的困难。

(3) 该理论的推论一价定律没有现实基础。因为现实生活中的关税、运输费用、产业结构和技术进步的变化等都会引起国内物价的变化,使得一价定律无法实现,被称为"未经证明的经济假设"。

案例 10-1

巨无霸汉堡指数

《经济学人》杂志从 1986 年开始推出巨无霸汉堡指数(the Big Mac index)。该杂志比较麦当劳巨无霸汉堡(Bid Mac)在世界各地的价格,作为各国币值是否被低估或高估的指南。该方法是建立在购买力平价假设基础上,即相似的食品无论在哪里销售,其价格应当是相同的,价格有差别意味着币值出现异常情况。例如,一个巨无霸汉堡在华盛顿的价格为 1 美元,而在鲁利坦尼亚(Ruritania,假想国)为 20 比索,那么,1 美元等于 20 比索。如果汇率偏离这一水平,根据购买力平价理论,比索的币值要么偏低,要么偏高。

如表 10-2 所示,购买同样的一个汉堡包,在美国需要 4.07 美元,在瑞士需要 8.06 美元,在巴西需要 6.16 美元,而在中国需要 2.27 美元,在印度只需要 1.89 美元。按照该指数推论,瑞士法郎和巴西雷亚尔对美元汇率被高估了,而人民币和印度卢比汇率被低估了。

表 10-2 2011 年 7 月巨无霸汉堡指数情况

经济体	当地价格	折合美元价格（市场汇率）	经济体	当地价格	折合美元价格（市场汇率）
美国	4.07 美元	4.07 美元	新西兰	5.10 新元	4.41 美元
阿根廷	20 阿根廷比索	4.84 美元	印度	84.0 卢比	1.89 美元
澳大利亚	4.56 澳元	4.94 美元	印度尼西亚	22 534 印尼盾	2.64 美元
巴西	9.50 雷亚尔	6.16 美元	俄罗斯	75.0 卢布	2.70 美元
加拿大	4.73 加元	5.00 美元	韩国	3 700 韩元	3.50 美元
英国	2.39 英镑	3.89 美元	瑞士	6.50 瑞士法郎	8.06 美元
中国	14.7 元人民币	2.27 美元	菲律宾	118 菲律宾比索	2.78 美元

资料来源:《经济学人》杂志。

很多政治人物尤其是美国议员喜欢用该指数来要求人民币升值。自 2005 年"汇改"后到 2011 年 7 月,人民币对美元升值了 22%。但是根据《经济学人》的"巨无霸汉堡指数",人民币仍被低估 40% 以上。

该指数由于只是选取一种产品作为购买力平价对比的基准,存在很多问题,如不同国家之间消费者对待商品的偏好不一致,不同国家的税收、利润水平和原材料价格等不一样,以及人均收入水平不一致等,所以很多经济学家并不认为该指数能够合理地衡量两种货币的购买力水平。大家更倾向于使用世界银行国际比较项目(ICP)发布的购买力平价指数。根据该购买力平价指数,2012 年 4 月,1 美元等于 4.238 元人民币,而名义汇率为 1 美元等于 6.31 元人民币。[①] 但该方法和购买力平价理论一样也有缺陷和争议。

三、汇率决定的利率平价理论

购买力平价理论关注于商品流动带来的套利,但在现实生活中商品市场流动不但缓慢,而且受到贸易壁垒、产品(如服务)的可移动性等诸多因素限制,并不能够对短期的汇率变动产生明显影响。在经济全球化的时代中,金融市场之间的联系更为紧密,资金价格即利率的变动会带来国际资本流动,进而影响到汇率水平,这种通过资金利率角度分析汇率决定的理论被称为利率平价说。

利率平价理论基本思想可以追溯至 19 世纪下半叶,在 20 世纪 20 年代由凯恩斯等人予以完整阐述。利率平价理论可以分为抛补(或套补的)利率平价(covered interest rate parity,CIP)和无抛补利率平价(uncovered interest rate parity,UIP)两种。

(一) 抛补利率平价

1. 基本假定

假设资本自由流动,资金的流动不存在交易成本,并存在远期外汇市场。

2. 模型分析

在资本可以自由流动的情况下,投资者可以在国内外金融市场上进行资金配置,投资者将资金投资于无风险资产,如国债,其中本国金融市场上无风险资产年投资收益率为 i_d,外国金融市场上无风险年投资收益率为 i_f,当前的即期汇率为 e(采用直接标价法)。如果投资于本国资产,则 1 单位本币一年后可获得资产 $1 + i_d$;若投资于外国资产,则投资者首先将 1 单位本币兑换成 $\frac{1}{e}$ 单位外币,然后将其投资于国债上,一年后可获得 $\frac{1}{e}(1 + i_f)$,然后再将外币资产转化成本币。此时投资者在市场上有两个选择:一是按照一年后的即期汇率 e_f 进行兑换,可得 $\frac{e_f}{e}(1 + i_f)$ 单位本币,将其与国内投资所得 $1 + i_d$ 进行比较。在 e_f 无法确定的情况下,很难判断投资于哪个市场的收益更高,即投资者面临着汇率风险。二是购买一份一年期的外汇远期合

---

① IMF 的世界经济展望数据库。

约,合约规定,投资者可在一年后按照约定的远期汇率 f 进行兑换,即得到 $\dfrac{f}{e}(1+i_f)$ 单位的本币,投资者的汇率风险被远期合约"覆盖"(cover)了。此时,投资者具体投资于哪个市场取决于国内和国外市场的收益对比。如果 $\dfrac{f}{e}(1+i_f)$ 大于 $1+i_d$,则投资者投资于外国资产;如果 $\dfrac{f}{e}\cdot(1+i_f)$ 小于 $1+i_d$,则投资者投资于本国资产;如果 $\dfrac{f}{e}(1+i_f)$ 等于 $1+i_d$,两个市场是等价的。

其他的投资者也面临同样的选择,由于不存在汇率风险,当 $\dfrac{f}{e}(1+i_f)$ 大于 $1+i_d$ 时,大量的投资者会购买远期合约,资本将流出到外国金融市场。一方面会导致即期外汇市场上本币卖出压力,促使本币贬值(e 增大);另一方面,卖出外币的远期合约需求增加,使得远期合约的提供者——银行等机构上调远期合约汇率(f 变小),直到 $\dfrac{f}{e}(1+i_f)$ 等于 $1+i_d$,市场才能恢复到均衡状态。类似地,$\dfrac{f}{e}(1+i_f)$ 小于 $1+i_d$,导致投资者将资本投入本国金融市场,最终也只有当 $\dfrac{f}{e}\cdot(1+i_f)$ 等于 $1+i_d$ 时,市场才恢复到均衡状态。因此,在有远期合约的条件下,市场即期汇率、远期汇率之间会形成下面等式:

$$\frac{f}{e}(1+i_f)=1+i_d \tag{10.5}$$

设即期汇率与远期汇率之间的升(贴)水率为 ρ,则:

$$\rho=\frac{e_f-e}{e} \tag{10.6}$$

经过简单计算,可得:

$$\rho+\rho i_f=i_d-i_f \tag{10.7}$$

由于 ρi_f 是个极小的值,可以省略掉,进而得到:

$$\rho=i_d-i_f \tag{10.8}$$

可以看到,汇率的远期升(贴)水率等于两国利差。

3. 基本结论

当本国利率高于外国利率时,远期汇率升水,本币在远期将贬值;如果本国利率低于外国利率,远期汇率贴水,本币在远期将升值。最终金融市场处于均衡状态,抛补的利率平价成立。

此外,投机性套利也可以促使抛补利率平价成立。当 $\dfrac{f}{e}(1+i_f)$ 与 $1+i_d$ 两者不相等时,投机者可以通过套利获取无风险收益。当 $\dfrac{f}{e}(1+i_f)$ 小于 $1+i_d$ 时,投资者从本国以 i_d 的利率融资,然后投资于外国金融市场,同时购买卖出外币的远期合约,一年后可获得无风险收益 $\dfrac{f}{e}\cdot$

$(1 + i_f) - (1 + i_d)$，大量的套利行为将最终使得$\frac{f}{e}(1 + i_f)$等于$1 + i_d$，抛补利率平价成立。

一般情况下，抛补利率平价都是成立的，只有在外汇市场波动十分剧烈的情况下，才会出现一些偏差，如 2008 年金融危机后就曾出现过明显的偏离现象。不过，总体上外汇市场上的做市商——大型国际银行主要依据各国的利差来设定远期汇率水平。

（二）无抛补利率平价

1. 基本假定

假设投资者是完全理性（fully rational）、同质的（homogenous）和风险中性的（risk neutral），金融市场是有效（efficient market）的，并且抛补的利率平价成立。

2. 模型分析

投资者可以通过购买远期合约来覆盖掉汇率风险，也可以根据自己对未来汇率变动的预期来进行交易，并承担一定的汇率风险。由于没有进行远期交易，投资者投资国外金融市场时，需要对未来的即期汇率做出预期。设投资者 A 对于 1 年后的即期汇率预期为 Ee_f，当投资于外国市场的预期收入$\frac{Ee_f}{e}(1 + i_f)$大于本国收入 $1 + i_d$ 时，他将投资于外国市场，反之则投资于本国市场。假定投资者是同质的和相似的，即所有的投资者具有同样的市场预期，当$\frac{Ee_f}{e} \cdot (1 + i_f)$大于 $1 + i_d$ 时，投资者将资金输出，产生本币贬值的压力，反之类似，最终当$\frac{Ee_f}{e}(1 + i_f) = 1 + i_d$ 时，市场恢复均衡。同样地，设 $E\rho = \frac{Ee_f - e}{e}$ 为预期的汇率变动率，则可以得到 $E\rho = i_d - i_f$，即在无抛补的利率平价成立条件下，如果本国利率高于外国利率，意味着市场预期未来本币将贬值，反之，则意味着未来本币将升值。当市场对未来汇率的预期不变时，本国利率提高将导致资金流入，本币即期汇率升值。

无抛补利率平价很难直接进行检验，因为很难测量投资者的预期，因此，现有的研究一般是结合远期外汇市场来进行。在完全理性、风险中性和有效市场的假定下，投资者对于未来即期汇率的预期 Ee_f 等于未来实际发生的即期汇率 e_f，此时有：

$$E\rho = \frac{Ee_f - e}{e} = \frac{e_f - e}{e} = \Delta e = i_d - i_f \tag{10.9}$$

式中：Δe 为汇率的实际变动率，即汇率预期变动率等于实际变动率，并且等于两国利差。

又因为在正常情况下，抛补的利率平价是成立的，即$\frac{f - e}{e} = i_d - i_f$，此时我们可以得到：如果无抛补的利率平价成立，则 $\Delta e = \frac{f - e}{e}$，$Ee_f = f$。

3. 基本结论

无抛补利率平价下，汇率的远期升（贴）水率等于汇率的实际变动率，投资者对于未来即期汇率的预期应该等于远期汇率。

4. 远期溢价之谜和解释

为了检验无抛补利率平价理论，通常我们设定 e_t 为 t 期即期汇率，e_{t+1} 为第 $t+1$ 期即期汇率，$f_{t,t+1}$ 为 t 期设定期限为 1 年的远期汇率，回归方程式为：

$$e_{t+1} - e_t = \alpha_1 + \beta_1 (f_{t,t+1} - e_t) + \varepsilon_{t+1} \tag{10.10}$$

式中：ε_{t+1} 为随机扰动项。

如果 UIP 成立，应该有 $\alpha_1 = 0$，$\beta_1 = 1$，但大量的实证检验表明，β_1 不但不等于 1，很多情况下为负值，即如果远期市场上本币汇率升值，现实中即期汇率却发生了贬值，这种现象也被称为远期溢价之谜（forward premium puzzle）。

造成 UIP 不成立的最主要原因是该理论的假定和现实有很多不符之处，如人是完全理性的和同质的，外汇市场是有效的等，在此简要介绍两个相关解释。

一是风险溢价的变动性（time-varying risk premia）。上文分析中假定当外国市场的预期收入 $\dfrac{Ee_f}{e}(1 + i_t)$ 等于本国收入 $1 + i_d$ 时，投资者投资于两个市场是一样的。但现实中，人们对于未来的预期收入不是一个确定的值，更可能符合某种分布，在数学上，不但存在期望值，也存在方差等。根据现有经济学研究，大部分人都是风险厌恶者，这意味着相对于固定收入，人们对于风险收入要求一个风险补偿，即风险溢价，正如高风险债券收益率高于国债等无风险债券收益率一样。在不同的环境下，人们对于风险溢价程度的要求是不一样的。一般来说，在市场恐慌的时候，人们偏好于安全资产，压低安全资产收益率，抛售风险资产，提高风险资产收益率，从而增加风险溢价；反之亦然。

二是比索问题（peso problems）。比索问题是预期的系统性偏差（system error）的一种，指当市场预期未来政策会发生明显调整，但在样本期间内却没有发生的情况。米尔顿·弗里德曼最早使用该术语，用来解释为什么在 20 世纪 70 年代墨西哥比索采用盯住美元的汇率制度，但是墨西哥比索的存款利率一直高于美国国内的美元存款利率。在固定汇率制下，套利行为理论上将导致两国的利率持平。弗里德曼解释说，尽管墨西哥采取了固定汇率制，但当时墨西哥国内糟糕的经济环境，使得市场预期不久的将来，墨西哥比索将出现贬值，因此需要更高的利率补偿，从而导致远期汇率贬值。事实表明，在 20 世纪 70 年代后期，墨西哥比索确实出现了大幅贬值，印证了市场的猜测，但在其保持固定汇率制时期，并没有汇率波动，导致回归方程中的系数 $\beta_1 = 0$，从而使得 UIP 不成立。

（三）对利率平价理论的评价

1. 贡献

利率平价理论从资金流动的角度指出了汇率与利率之间的密切关系，有助于正确认识现实外汇市场上汇率的形成机制，具有特别的实践价值。它主要应用于短期汇率的决定。利率平价理论不是一个独立的汇率决定理论，与其他汇率决定理论之间是相互补充而不是相互对立的。

2. 不足

（1）利率平价理论没有考虑交易成本。然而交易成本却是很重要的因素。如果各种交易成本过高,就会影响套利收益,从而影响汇率与利率的关系。如果考虑交易成本,国际抛补套利活动在达到利率平价之前就会停止。

(2) 利率平价理论假定不存在资本流动障碍,假定资金能顺利、不受限制地在国际上流动。但实际上,资金的国际流动会受到外汇管制和外汇市场不发达等因素的阻碍。目前,只有在少数国际金融中心才存在完善的外汇市场,资金流动所受限制也少。

(3) 无抛补利率平价理论假定市场是有效的、人是完全理性的和风险中性的等。现代经济学尤其是行为经济学大量理论和实践证明,这些假设条件在很多情况下是不成立的。另外,无抛补利率平价理论对金融市场结构包括金融资产之间的替代性、外汇市场参与人信息特征等因素没有重视,导致在现实世界中,无抛补的利率平价理论往往难以成立。

四、汇率决定的货币主义理论

货币主义理论(monetary approach)最早可追溯到 18 世纪休谟的货币数量论,而直到 20 世纪 70 年代实行浮动汇率制度以后,货币主义汇率决定模型才真正建立,并一度成为国际货币基金组织、世界银行等重要经济组织制定汇率政策、分析和预测汇率变化的主要依据之一。

与传统理论相比,货币主义学者认为汇率是两国货币的相对价格,而不是两国商品的相对价格,它运用了一般均衡的分析方法来分析汇率的决定。根据不同市场在受到冲击后价格调整快慢的不同假定,货币主义模型可以分为弹性价格模型和黏性价格模型。

(一) 货币主义的弹性价格模型

货币主义的弹性价格模型(flexible price monetary approach)形成于 20 世纪 70 年代中期,是由芝加哥大学以约翰逊为首的一批经济学家提出的,并由弗兰克等人加以系统阐述。

1. 内容

该理论是在绝对购买力平价基础上发展起来的,强调货币市场在汇率决定过程中的作用,把汇率看成两国货币的相对价格,而不是两国产品的相对价格。它认为,汇率是由货币市场上存量均衡条件,即由各国货币供给与需求的存量均衡决定的。当两国货币的存量同人们愿意持有的量相一致时,两国货币的汇率可达到均衡。

弹性价格模型的许多内容实际上是对购买力平价理论的补充,但它与购买力平价理论有着显著的区别。它可以很好地避免购买力平价检验中选择不恰当的物价指数或不恰当的基期带来的误差,将难以真实测量的物价因素考虑在货币的需求之中。

2. 公式

该理论的研究方法是把货币数量论与购买力平价理论结合起来,分析汇率决定和变动的主要原因。它的假设是:① 存在着自由的资本市场和较强的资本流动性,使国内外资产具有充分的替代性;② 存在着有效的市场,使人们对未来汇率的预期可以强烈地影响汇率;③ 存在着充分的国际资金和商品套购套买活动,使"一价定律"得以实现,并且各国的名义利率将等于实际利率加预期通货膨胀率,各国的实际利率也将是相同的;④ 市场参与者能够根据信息和理论模式,对汇率作出合理的预测。

在不考虑货币机会成本的情况下,货币数量方程可表示为:

$$M = KPY \tag{10.11}$$

式中:M 为货币供应量;

Y 为实际产出;

P 为商品价格水平;

K 为以货币形式持有的现金量占名义总收入的比例(可以看成货币流通速度的倒数)。

上式即为著名的剑桥方程式,又称为狭义的货币数量方程式,由英国经济学家庇古于1920 年最早提出。若上述货币数量方程式对外国来说同样成立,以带星号的变量表示相应的外国变量,则:

$$M^* = K^*P^*Y^* \tag{10.12}$$

代入购买力平价公式,最终它的数学公式是:

$$E = \frac{K^*}{K} \cdot \frac{M_S}{M_S^*} \cdot \frac{Y^*}{Y} \cdot \frac{i_r + E(P)}{i_r^* + E(P)^*} \tag{10.13}$$

上式说明,一国汇率的变动取决于三个方面的因素:一是本国货币供给存量相对于外国货币供给存量的变化;二是外国实际收入相对于本国实际收入的变化;三是本国预期的通货膨胀率相对于外国预期的通货膨胀率的变化。当本国国内货币供给增加时,国内的价格水平就会上涨,由于购买力平价的关系,本币汇率必然下跌。当本国实际国民收入增长时,国内就会出现对货币的超额需求,在名义货币供给存量不变的情况下,使得国内价格下跌,并通过购买力平价的作用,最终导致本币汇率上涨。当本国名义利率上升时,本币汇率趋于下跌。因为名义利率上升,表明本国有较高的预期的通货膨胀率(根据假设,名义利率等于实际利率加预期的通货膨胀率),这会使国内对货币的需求降低,抬高国内物价水平,进而迫使本币汇率下跌。如果是外国经济变量发生变化,对本国货币的汇率则会有相反的影响,即外国货币供给增加,实际收入下降,或名义利率上升时,本国货币的汇率趋于上升。

(二) 货币主义的黏性价格模型

货币主义的黏性价格模型(sticky price monetary approach)又称为汇率超调模型(overshooting model),是由美国经济学家多恩布什(Dornbusch)提出的。与弹性价格模型相比,这一模型的最大特点在于它认为商品市场与货币市场价格的调整速度是不同的,商品市场上的价格水平具有黏性的特征,购买力平价在短期内不能成立,经济存在着由短期平衡向长期平衡的过渡过程。由于在一个时期后,价格才开始调整,所以长期平衡就是价格充分调整后经济的平衡。可以看出,弹性价格模型中所得出的结论实际上是超调模型中长期平衡的情况。

1. 超调模型的基本假定

黏性价格模型的大部分假定条件与弹性价格模型的假定条件相同。但由于该理论认为商品市场价格存在黏性,这导致它在假定前提下,在以下两个方面与弹性价格模型不同:第一,购买力平价在短期内不成立。作为一种资产价格,汇率的调整是迅速的,而价格水平的调整是滞后的,这样在短期内不能满足购买力平价的要求,实际汇率会在短期内发生变化。在长期,价格水平可以充分调整,购买力平价则可以较好地成立。第二,总供给曲线在短期内不是垂直的。由于价格黏性的存在,总供给曲线在不同时期内有着不同的形状。

2. 超调模型的调整过程

黏性价格模型的一个最大特点就是认为货币市场与商品市场对外部冲击的调整速度存在差异,汇率对外部冲击的反应较快,几乎是立刻完成的,而商品价格的反应较慢,呈黏性状态。由于商品价格黏性,汇率对外部冲击做出了过度调整,即汇率预期变动偏离了在价格完全弹性情况下调整到位后的购买力平价汇率,这种现象叫作汇率超调。而随着时间推移,商品价格会逐步调整到位,汇率也就从初始的均衡水平变化到新的均衡水平。图 10-3 简要显示了超调模型中汇率变动状况。

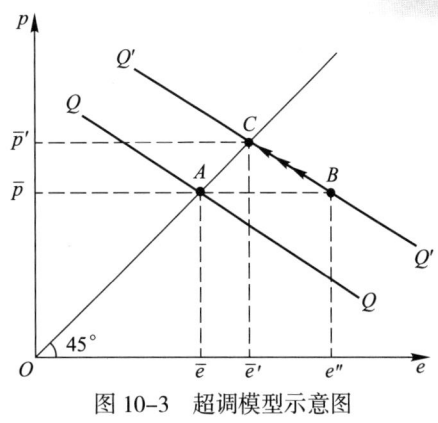

图 10-3 超调模型示意图

假设某国在发生外部冲击前经济处于长期均衡状态,国内价格为 $\bar{p}$,汇率为 $\bar{e}$,利率为 $\bar{i}$。现在该国进行了一次性货币增发,在货币供给增加而价格、产出水平不发生变动的情况下,该国利率水平将从 $\bar{i}$ 下降到 i''。当国外利率水平不变时,根据无抛补利率平价理论,金融市场上资本流出,汇率贬值,$\bar{e}$ 迅速变为 e''。汇率变动后,国内物价不变导致出口竞争力增加,净出口上升,实际产出高于充分就业条件下的产出水平,根据奥肯定律和菲利普斯曲线,本国出现通货膨胀,价格水平不断上升。物价上升导致货币市场上实际货币供应下降,而产出增加导致货币实际需求增加,进而导致利率上升以实现货币市场均衡。根据无抛补利率平价理论,本国利率上升会引致汇率升值,本币升值加上国内物价上升,减少了本国净出口,实际产出下降,向充分就业水平调整。长期来看,汇率由购买力平价理论决定,新的均衡汇率为 $\bar{e}'$,价格为 $\bar{p}'$,只要汇率没有调整到均衡水平,上述过程就不断进行。因此,一次性货币增发导致汇率开始发生超调,之后向新的均衡水平调整。

和其他汇率理论相比,超调模型首次涉及汇率的动态调整问题,并创立了汇率理论的重要分支——汇率动态学(exchange rate dynamics),丰富了汇率理论。

(三)对货币主义理论的评价

1. 贡献

(1)该理论突出地强调了货币因素在汇率决定过程中的作用,这是很有见地的。因为作为货币的一种特殊价格比例,汇率与货币本身的价值及其影响这种价值的诸多因素有着直接和紧密的联系。忽略和回避货币因素,就不可能正确解释汇率的决定与变动。

(2)该理论指出,一国的货币政策和通货膨胀水平与该国的货币汇率走势直接相关,这是符合实际情况的。货币供给过多,通货膨胀严重,正是 20 世纪 70 年代实行浮动汇率制后一些西方国家货币汇率不断下跌的主要原因。

(3)该理论把一价定律放在汇率研究的重要位置上,有其合理之处。由于世界市场的形成,各个国家生产的同样产品,在世界市场上都被当作具有相同的国际价值量,并在此基础上形成它们的世界市场价格。从长期看,不同国家生产的同样产品,将具有相同的国际市场价格。

2. 不足

（1）这两个模型都是建立在购买力平价理论和利率平价理论的基础之上的,但随着现实经济的改变,购买力平价理论和利率平价理论本身在检验中受到很大挑战,这也就使得货币主义模型的可信度有所降低。

（2）货币主义理论还假设本国和外国资产完全替代,且本国居民只持有本国货币,这一严格的假定条件在现实中也是很难成立的。

（3）货币主义理论在分析过程中认为货币需求函数是稳定的,并且本国和外国的货币需求函数及货币需求函数中的系数都是相同的。而在现实经济中,自 20 世纪 80 年代以来,发达国家出现了金融自由化趋势后货币需求函数不再稳定,并且不同发展程度、不同制度的国家之间货币需求的主要决定因素及货币需求的表现形式也有所差别。这也使得货币主义理论的成立受到质疑。

*五、汇率决定的资产组合平衡理论

尽管货币主义理论有其道理,但它总的来说仍不能解释 1973 年以来主要货币的汇率变动情况。它过分强调了货币的作用,低估了贸易对汇率的重要作用,特别是长期作用。而且,它假设国内外的金融资产如债券等具有良好的替代性,而实际情况并非如此。

资产组合平衡理论（portfolio balance approach）出现于 20 世纪 70 年代中后期,由布朗逊（Branson）提出了一个初步模型,后经霍尔特纳（Halttune）和梅森（Masson）等人进一步充实和修正。资产组合平衡理论在现代汇率研究领域中占有重要地位。

（一）资产组合平衡理论的内容与特点

1. 资产组合平衡理论的内容

该理论综合了传统的和货币主义的分析方法,把汇率水平看成是由货币供求和经济实体等因素诱发的资产调节与资产评价过程所共同决定的。它认为,国际金融市场的一体化和各国资产之间的高度替代性,使一国居民既可持有本国货币和各种证券作为资产,又可持有外国的各种资产。该理论假定本币资产与外币资产是不完全替代的,风险等因素使无抛补利率平价理论不成立,从而需要对本币资产与外币资产的供求平衡在两个独立的市场上进行考察。该理论还将本国资产总量直接引入了模型。本国资产总量直接制约着对各种资产的持有量,而经常账户的变动会对这一资产总量造成影响。这样,这一模型将流量因素与存量因素结合了起来。各种资产之间（本币资产和外币资产之间）并不是可以完全替代的,因此,存在着资产收益率的差别。人们一般最愿意选择的是三种资产：本国货币、本国债券、外国债券。当然这三种资产在各投资者财富总额中所占的比例大小,则取决于各种资产收益率和财富总量的大小。汇率是在两国资本相对流动过程中在有价证券市场达到均衡时决定的,一切影响资产收益率的因素都会通过影响证券市场上资产的组合而决定汇率水平及其变动。一旦利率、货币供给量以及居民愿意持有的资产种类等发生变化,居民原有的资产组合就会失去平衡,进而引起各国资产之间的替代,促使资本的国际流动。国家间的资产替代和资产流动,势必会影响外汇供求,导致汇率的变动。

2. 资产组合平衡理论的假定

第一,必须是可以自由兑换的货币;第二,该国具有比较发达的国际金融市场且拥有提供全能金融服务、保证金融工具高度流动性的设施;第三,在金融市场上,存在着多种金融工具、多种金融机构和比较健全的监督管理部门;第四,各种金融资产之间可以相互替代(但不要求完全替代);第五,市场参与者可以自由选择他们各自的资产组合,而不受任何外来强制性因素的干扰;第六,对国外投资者不存在外汇管制、税收歧视或其他形式的歧视。资产组合平衡理论的假定与当今发达国家的具体情况比较符合,也表明理论必须随着客观实际情况的变化而变化。

3. 资产组合平衡理论的特点

资产组合平衡理论与货币主义理论的不同之处在于:它认为国内外的债券不是良好的替代品,并且汇率被认为是由每个国家在平衡其全部金融资产(货币仅仅是其中一种)的总供求过程中决定的。它还把贸易作为直接因素来分析。这样,资产组合平衡理论可以被认为是一种更现实、更令人满意的汇率决定理论。

由资产组合或金融与贸易的平衡状态开始,资产组合平衡理论假设货币发行国的货币供应增加会导致该国利率下降,资金会由国内债券流向国外债券,或由债券形式转化为本国货币。流向外国的债券会使本币贬值。一段时间后,这一贬值会刺激该国的出口,抑制进口,导致贸易盈余,货币升值,从而抵消掉一部分原来的贬值。这样,这一理论也解释了汇率的过度变动,但与前一个理论不同,它把贸易作为一个直接的长期原因来考虑。

(二) 对资产组合平衡理论的评价

1. 贡献

(1) 一方面承认经常项目失衡对汇率的影响,另一方面也承认货币市场失衡对汇率的影响。这在很大程度上摆脱了传统汇率理论和货币主义汇率理论中的片面性,具有积极的意义。

(2) 它提出的假定,如各国资产间的"高度"替代性,而不是"完全"替代性等,与其他汇率理论中的假定相比,更加贴近现实,具有较大的普遍性。

2. 不足

(1) 在论述经常项目失衡对汇率的影响时,只注意到资产组合变化所产生的作用,而忽略了商品和劳务流量变化所产生的作用。

(2) 它只考虑目前的汇率水平对金融资产实际收益产生的影响,而未考虑汇率将来的变动也会对金融资产的实际收益产生影响。因此,尽管资产组合平衡理论已经成为分析汇率决定的重要理论,但就它现有的形式来说,仍不能提供一个完整的、成体系的汇率理论,来全面、一致地解释金融和商品市场的长期与短期行为。

(3) 实践性较差,因为有关居民持有的财富数量及构成的资料,是有限的和不容易取得的。特别是由于汇率变动的幅度和频率都超过商品价格,要预测一个月、半年或是一年后的汇率水平很难实现。在很大程度上,汇率是随机的、不可预测的,它的短期变动受到新闻事件的影响很大,而长期水平的预测只受到购买力平价理论的部分影响。

*六、外汇市场微观结构理论

传统的汇率决定理论主要从宏观经济变量入手,而忽视了外汇市场微观结构如市场参与者的信息传递、市场主体行为、订单流对交易量和汇率波动性的影响。近些年来,以弗伦克尔(Frankel)、奥哈拉(O'Hara)、利昂司(Lyons)为代表的一些经济学家,发展出外汇市场微观结构理论(foreign exchange market microstructure theory),试图通过分析外汇交易过程这个"黑箱"来进一步解开汇率决定之谜。

(一) 外汇市场微观结构理论的主要观点

微观结构理论的主要观点包括以下两方面:

(1) 强调私有信息的作用,以买卖委托的订单流(order flow)作为关键分析变量。微观结构模型认为与汇率相关的某些信息并不总是公开可得的,它有以下两个鲜明的特征:一是它不能被所有的人共享;二是它能比公开信息更好地预测未来价格的走势。埃文斯(Evans)和利昂司利用日数据发现,外汇交易的订单流汇集了各个交易者的私有信息,与几乎没有说明力的宏观经济指标相比,它能很好地决定国际金融市场上主要外汇的短期走势。在目前外汇市场上,外汇交易商特别是大型做市商是市场的主要定价者,每个交易商可以从客户订单流获取私有信息,并根据私有信息向其他交易商主动发起交易(买入或卖出)。之后,客户订单流中的信息在交易商市场传播与交换,成为做市商报价调整的依据。经过多轮交易后,这些私有信息被所有交易商吸收,市场形成新的均衡汇率。由于外汇市场的交易是连续的,交易商能够从日内接受的大量订单里获得很多信息,这使得订单流与超短期汇率波动存在显著的相关性。一些交易商利用其信息中心的地位优势,如花旗银行、德意志银行、汇丰银行等都投入大量资源分析订单流中的信息以获取商业利益。

(2) 重视市场交易者的异质性,将基本面分析和技术分析结合起来。市场参与者对信息的处理方法比较多样化,比如有按照基本面分析的结果进行投资的基本面分析者(fundamentalists),也有利用数据的变化结构和图表(尤其是蜡烛图)来预测价格走势的技术分析者(chartists),究竟哪种预测方法比较准确,就要看市场上哪种性质的交易者占多数。在很多时候,投资者交替使用不同的分析方法,如在短期汇率预测上使用较多的方法是技术分析,而长期汇率预测上可能是基于经济基本面或传统汇率模型的分析。当一种分析方法的效果降低时,其信奉者比例就会降低,如果市场上非基本面分析者增多,汇率将更多地由技术分析决定。

(二) 对外汇市场微观结构理论的评价

外汇市场微观结构理论无论从研究的方法上还是从研究的视角上都和传统的以宏观经济学分析方法为主的汇率理论有着明显的不同,从微观角度对现实的汇率运动和很多宏观结构汇率理论无法解释的汇率现象都能够提供较好的解释,并且在经验分析上也取得了较好的结果,已经发展成为汇率决定理论的重要流派。但微观结构理论并非对传统宏观汇率理论的否定,二者之间存在互补而非替代的关系。

1. 贡献

(1) 理论的分析基础更加贴近现实,具有较强的微观基础。同传统的汇率决定理论相比,市场微观结构理论放弃了传统理论中的信息完美和信息对称、市场有效性、参与者的同质性等假设,从真实外汇市场交易出发,从而更具合理性。

(2) 该理论对于汇率中短期交易特别是短期交易具有更强的实用性。目前国际外汇市场上大部分的交易者从事中短期交易尤其是投机性交易,相对于关注于长期汇率走势分析的宏观经济理论,市场微观结构理论对于短期汇率预测实用性无疑更大。

2. 不足

(1) 市场微观结构理论将订单流作为关键研究对象,但现有订单流分析中还很难确定各种因素尤其是宏观因素的影响。一种代表性的观点认为,宏观经济变量能够解释一部分汇率的变动,之所以订单流具有很强的解释能力,而宏观经济数据的变化在考虑订单流数据后对汇率变动无解释能力,是因为包括宏观经济变量在内的众多因素对汇率的影响最终通过人们对汇率需求的心理意愿绝大部分反映在订单流上,订单流只是一个易于观测的载体。

(2) 虽然订单流有助于解释短期汇率波动,但是订单流数据主要被国际上大型外汇交易商掌握,外界难以获得。出于保守商业秘密的考虑,目前相关研究所使用的原始数据不允许对外公布,导致实证结果难以被其他学者验证,不能通过样本外数据或采用其他方法进行重复检验。

(3) 现有的市场微观结构理论还未形成一套统一的理论分析体系,造成其理论较为分散,缺乏理论完整性和统一性。

案例 10-2

危机时期内的美元汇率

虽然关于汇率决定有各种理论,但在某些特定情况下,市场情绪和观念对于汇率变化似乎有着更为重要的影响,并以此形成了一些经验法则。下面以美元指数(US Dollar Index,USDX)和VIX指数的关系为例进行说明。

美元是世界外汇市场上的主要交易货币,因此美元涨跌对于外汇交易者来说至关重要。但是外汇交易都是在单个货币之间进行的,需要一个综合反映美元总体动向的指标。1985年,纽约棉花交易所成立了金融部门,推出了美元指数期货。1998年,该交易所和其他交易所合并成纽约期货交易所,现在大家所说的美元指数均指纽约期货交易所美元指数。美元指数类似于美国股票市场的道琼斯工业平均指数,计算原则是以全球各主要国家与美国之间的贸易结算量为基础,以加权的方式计算出美元对这些国家货币(必须是汇率自由浮动的货币)的整体强弱程度。最初推行时有10种货币,欧元成立后在2000年降为6种,计算基期为1973年3月。目前,这些货币的权重分别为:欧元,57.6%;日元,13.6%;英镑,11.9%;加拿大元,9.1%;瑞典克朗,4.2%;瑞士法郎,3.6%。

VIX指数全称为芝加哥期权交易所波动率指数(Chicago Board Options Exchange Volatility Index),该指数衡量标准普尔500指数(S&P 500 Index)期权的隐含波动率。VIX指数每日计算,代表市场对未来30天的市场波动率的预期。当VIX较高时,表示市场参与者预期后市波动程度会更加激烈,同时也反映其不安的心理状态;相反,当VIX较低时,则反映市场参与者预期后市波动程度会趋于缓和。[①] 该指数被市场广泛使用,作为衡量美国乃至全球金融市场风险和恐慌程度的指标。影响 VIX 指数变化的原因可以是美国的也可以是其他重要区域的。如图 10-4 所示,2003 年以来,VIX 指数出现三次大的波动。第一次由于 2008 年金融危机爆发,尤其是雷曼兄弟公司破产引发金融市场重挫,市场情绪极为低落,VIX 指数大幅上升;第二次是 2010 年 4 月,以希腊为首的欧洲债务危机开始出现,2010 年 5 月,欧债危机升级,欧美股市全线大跌,市场恐慌加剧;第三次是 2011 年 8 月,美国非农就业数据增长为零,远低于市场预期的 6.8 万人,引发金融市场对美国经济复苏的担忧,再加上 9 月份市场担心希腊、意大利等国债务违约再次上演,金融市场再次出现恐慌。

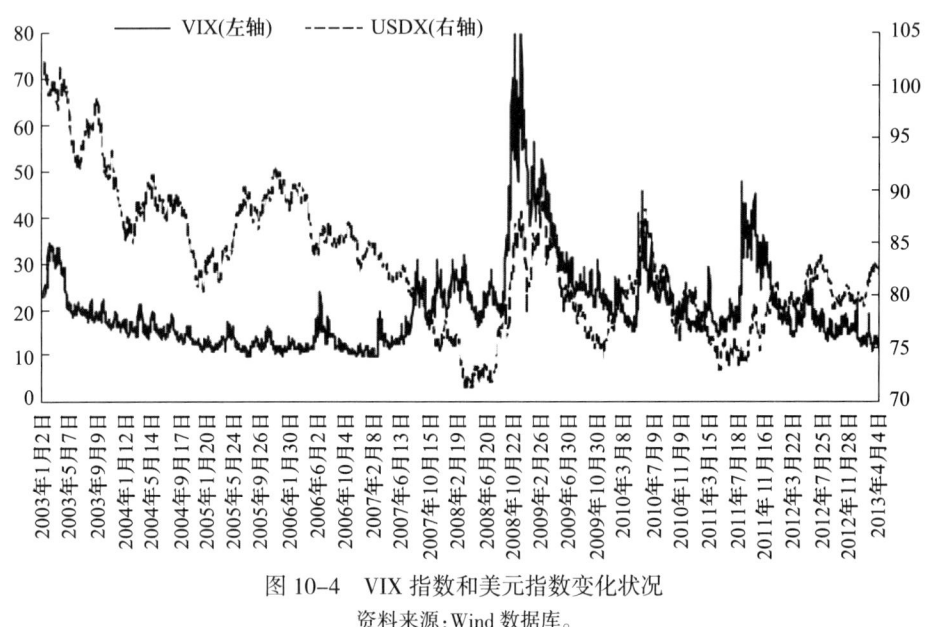

图 10-4　VIX 指数和美元指数变化状况

资料来源:Wind 数据库。

从图 10-4 可以看到,金融危机之前,VIX 指数和美元指数之间关联性很弱,但金融危机爆发后,两者呈现出明显的正相关关系,VIX 指数增加带来美元升值,而 VIX 指数下降伴随着美元贬值,这种关系在第一次和第二次 VIX 大幅波动时期表现得尤为明显。

为什么危机时期,市场恐慌会引发美元升值呢? 一般认为,这是由美元的"安全天堂货币"(safe heaven currency)特性决定的。由于美元自身的国际地位以及在流动性和可接受性上的巨大优势,使得许多外国投资者认为持有美元是安全的选择。在一个市场动荡的时期,收益的稳定性和安全性明显要更重要,市场避险情绪升温,风险偏好程度下降,投资者倾向于购买安全资产。目前金融市场一般认为,世界上最安全的资产是美国的国债,所以在金融危机爆发后,大量投资者抛售股票和大宗商品,购买美元和美国国债,导致美元升值。当市场情绪稳定,对未来经济前景乐观时,投资者风险偏好增强,抛售美元和美国国债等资产,购买其他货币和大宗商品、股票等资产,导致美元贬值。

---

①　VIX 指数计算比较复杂,具体可参见芝加哥期权交易所网站。

虽然目前国际经济学界形成了各种各样的汇率决定理论,但汇率的预测仍是非常困难的,尤其是在短期汇率的解释和预测上,似乎还没有哪个理论能够具有令人信服的解释力和准确性,因此,在实际交易中,市场参与者更多地综合使用各种理论。理论与现实的差距不断调整着经济学家研究的视角,并推动着汇率决定理论不断地向前发展,我们期待着未来新的突破和发展对汇率决定问题给出更加全面和深刻的阐释。

*第六节 外汇干预

一、外汇干预的概念

外汇干预(foreign exchange intervention)指一国货币当局基于本国宏观经济政策和外汇政策的要求,为控制本币与外币的汇率变动,而对外汇市场实施的直接或间接的干预活动,以使汇率的变动符合本国汇率变动政策的目标。

二、外汇干预的分类

(一)口头干预和实际干预

口头干预(oral intervention)指政府官员尤其是中央银行官员发出的针对汇率变化的看法和观点,希望通过口头方式引导汇率走向。一些研究者如朴和宋在 2008 年发表的一篇文章中,定义日本银行的口头干预为日本财务省和日本银行高级官员在一些主流媒体上(如路透社、《亚洲华尔街日报》《金融时报》等)发表的有关汇率的看法。典型例子是 2011 年 8 月中旬,日元兑美元汇率持续升值,引发日本政府担忧,所以日本财务大臣野田佳彦 8 月 22 日表示:"我已经对日元的单边升值态势变得越来越担忧,如果需要,我将采取果决措施,并不排除任何政策选择。"同日,《日经新闻》报道称,如果日元汇率持续走高,那么日本政府将再次对汇市进行干预。

实际干预(actual intervention)是指中央银行直接通过在外汇市场买卖外汇进行干预。如 1998 年 4 月 10 日,日本银行直接在外汇市场上卖出 203 亿美元,买入日元,使得该日成为历史上中央银行外汇干预规模最大的一天。

(二)单边干预和联合干预

单边干预(unilateral intervention)指一家中央银行单独对外汇市场进行干预。联合干预(joint intervention)指多家中央银行按既定计划同时干预外汇市场,影响市场汇率变动。代表性的联合干预是"广场协议"(Plaza Accord)。1985 年 9 月,美国、日本、联邦德国、法国、英国等发达工业国家财政部部长及中央银行行长在纽约广场饭店(Plaza Hotel)举行会议,达成联合干预外汇市场的协议,使美元对主要货币有秩序地下调,以解决美国巨额的贸易赤字,即著名的"广场协议"。"广场协议"签订后,各国联合干预外汇市场,开始抛售美元,继而形成市场投资者的抛售狂潮,导致美元持续大幅度贬值。

(三) 冲销式干预和非冲销式干预

冲销式干预(sterilized intervention)是指政府在外汇市场上进行交易的同时,通过其他货币政策工具(如国债市场上的公开市场业务)来抵消前者对货币供应量的影响,从而使货币供应量维持不变的外汇市场干预行为。以中国人民银行为例,假设其为了维持汇率水平,不断买入美元,卖出人民币(假设2 000亿元)给各个商业银行,导致市场上人民币存量增加,提高了市场的货币流动性,可能会压低利率、引发通货膨胀等,不符合国家宏观经济管理目标,此时,中国人民银行可通过公开市场业务,向银行卖出价值2 000亿元的政府债券,回收2 000亿元资金,从而抵消外汇市场干预带来的货币供应量增加。

非冲销式干预(unsterilized intervention)包括完全不冲销干预和不完全冲销干预。前一种是指中央银行没有采取相应措施来抵消外汇干预带来的货币供应量的变化;后一种是指中央银行虽然采取了部分措施,但规模不足以抵消外汇干预带来的货币供应量的变化,如上例中,假如中国人民银行只卖出了1 000亿元的债券,则没有完全抵消2 000亿元货币供给量增加。

三、外汇干预的影响渠道

国际金融理论一般认为,政府在外汇市场上的干预可以通过两个途径发挥效力。

一是通过外汇市场及相关的交易来改变各种资产的数量及结构,从而对汇率产生影响,称为资产组合渠道。回顾汇率决定的资产组合平衡理论,各种资产之间(本币资产和外币资产之间)并不是可以完全替代的,而汇率是在两国资本相对流动过程中有价证券市场上达到均衡时决定的,一切影响资产收益率的因素都会通过影响证券市场上资产的组合而决定汇率水平及其变动。外汇干预通过改变市场上的不同资产数量和不同资产收益率,最终影响到汇率水平。

二是通过干预行为本身向市场上发出信号,表明政府的态度及可能将采取的措施,以影响市场参与者的心理预期,从而达到实现汇率相应调整的目的,称为信号渠道。此外,萨尔诺和泰勒建议了另外一种渠道——协调渠道(coordination channel)。当由于非基本面的影响导致出现汇率明显和持续的失调时,市场上交易者之间可能存在协调失败,从而影响汇率恢复到均衡水平,此时中央银行外汇干预可以作为一个协调信号,鼓励具有稳定性作用的投机者进入市场,从而缓解汇率失调。如2011年日本大地震后,由于短期内日本本土企业、金融机构等资金短缺,需要海外分支机构将海外资金不断回流支持重建,导致日元汇率短期内不断升高。到2011年3月16日,日元兑美元汇率一度升至76.25日元兑1美元,即日元在地震后4个交易日内累计升值8.9%,为第二次世界大战后的最高水平。但从其他国家的经验来看,由于本国发生了大规模的自然灾难,其货币汇率通常会应声下跌,所以此次日元升值是一次由于非基本面影响导致的汇率失调。为了平息这次意外带来的汇率波动,日本中央银行于3月18日卖出了大量日元,以防止日元进一步升值,随后欧洲中央银行,尤其是德国、法国、意大利三个欧元区成员国中央银行和英国中央银行,以及美国联邦储备委员会也卖出了日元。这次外汇干预是一次成功的联合干预,主要通过"信号渠道"影响投资者心理预期,同时也通过"协调渠道"鼓励稳定性投机者进入市场,从而促使汇率恢复到均衡水平。

四、外汇干预的效果

一般认为,外汇干预至少是部分有效的,干预效果呈现阶段性,但干预效果期限较短。联合干预或大规模干预明显增加了干预效果,外汇干预和财政、货币政策的不协调和不一致也会影响到外汇干预效果。在干预类型上,口头干预效果可能不明显,这是由于干预的效果大小取决于能否使市场参与者信任中央银行干预中所包含的信息,而同实际干预相比,口头干预的成本很低,但由此带来的可信度会成一定的问题。不过很多研究也发现,外汇干预虽然在短期内有一定效果,但也会带来汇率大幅波动,影响市场正常秩序,所以 20 世纪 90 年代以后,除了日本之外,大部分发达国家很少进行外汇干预,而 2004 年以后,日本也很少进行外汇干预。只在2008 年金融危机爆发后,发达国家为了防范汇率大幅波动尤其是本币大幅升值,才进行了一些外汇干预。对于很多发展中国家来说,尤其是实行非完全浮动汇率制度的发展中国家,为了维持现有的汇率制度,则经常对外汇市场进行干预。

基本概念

汇率(exchange rate)

名义有效汇率(nominal effective exchange rate)

实际有效汇率(real effective exchange rate)

即期外汇交易(spot exchange transactions)

远期外汇交易(forward exchange transactions)

外汇期货交易(foreign exchange futures)

外汇期权交易(foreign exchange option)

套汇(arbitrage)

套期保值(hedging)

外汇互换(foreign exchange swap)

利差交易(carry trade)

汇率制度(exchange rate regime)

购买力平价理论(theory of purchasing power parity)

抛补利率平价理论(covered interest rate parity)

无抛补利率平价理论(uncovered interest rate parity)

远期溢价之谜(forward premium puzzle)

比索问题(Peso problems)

货币主义理论(monetary approach)

资产组合平衡理论(portfolio balance approach)

外汇市场微观结构理论(foreign exchange market microstructure theory)

外汇干预(foreign exchange intervention)

冲销式干预(sterilized intervention)

复习思考题

1. 假设 3 个月远期汇率为 2.00 美元/英镑,一投机者预测 3 个月后的即期汇率将会是 2.05 美元/英镑,他该如何在市场上投机? 如果他投资 100 万美元,且预测正确,将获利多少?

2. 简述外汇市场的参与者。

3. 简述外汇市场的功能。

4. 简述购买力平价理论的内容及其评价。

5. 简述利率平价理论的内容及其评价。

6. 简述货币主义理论的内容及其评价。

7. 简述资产组合平衡理论的内容及其评价。

8. 简述外汇市场微观结构理论的内容及其评价。

即测即评

请扫描右侧二维码,在线测试本章学习效果。

第十一章

国际收支

本章重点

1. 国际收支的概念
2. 国际收支平衡表的构成
3. 国际收支平衡表的记账方法
4. 国际收支失衡
5. 国际收支差额的含义

教学视频

请扫描右侧二维码观看本章精彩教学视频。

随着经济全球化不断发展,国与国之间的经济联系越来越紧密,对外经济活动日益频繁,直接影响一国的经济增长、就业和国民收入。作为对外经济往来的系统记录,国际收支反映了由对外经济交往引起的国与国之间的债权债务关系以及国际货币收支关系。国际收支统计可以为政府制定经济管理政策提供一些重要信息和依据。本章首先介绍国际收支平衡表的相关知识,然后讨论国际收支平衡与失衡问题,最后结合我国国际收支平衡表分析国际收支差额的含义。通过本章学习,不仅可以掌握国际收支相关知识,还将对我国国际收支发展变化有更加深刻的认识。

第一节　国际收支平衡表

一、国际收支的概念

国际收支(balance of payments,BOP)是一定时期(通常为一年)内一国(或地区)居民与非居民之间全部经济交易的系统记录。这些经济交易既包括商品和服务交易,也包括金融交易。

在国际收支的定义中,"居民"是指在某个国家或地区从事一年以上经济活动的个人或机构单位。居民既可以是自然人,也可以是公司、非营利机构以及政府。官方外交使节、驻外军队一律算是所在国的非居民,国际性机构如联合国、国际货币基金组织、世界银行等是任何国家的非居民。

国际收支概念有狭义与广义之分。狭义的国际收支概念仅以现在或将来具有外汇收支的经济交易为对象,并不包括没有外汇收支的交易。由于定义的局限性,这一概念在第二次世界大战之后基本不再使用了。广义的国际收支概念范围较为广泛,不仅包括具有外汇交易的国际经济交易,而且包括一定时期内全部国际经济交易以及非国际经济往来。

IMF 编制的《国际收支和国际投资头寸手册》对国际收支所下的定义如下:"国际收支是某一时期的统计,它表明:① 某一经济体同世界其余国家或地区之间在商品、劳务以及收益方面的交易;② 该经济体所持有的货币黄金、特别提款权以及对世界其余国家或地区的债权、债务的所有权变化和其他变化;③ 为平衡不能相互抵消的上述交易和变化的任何账目所需的无偿转让和对应项目。"IMF 对国际收支的定义,概括了国际收支的全部内容,属于广义的国际收支概念,使各国在计算国际收支时有了明确依据。

理解国际收支应该注意以下几点:① 国际收支是一个流量指标,不同于存量指标,流量指标是指在一定时期内发生的变量变动的数值;② 国际收支记录的是一个国家居民与非居民之间进行的交易;③ 国际收支不是以支付为基础而是以交易为基础的系统货币记录;④ 国际收支记录的是全部经济交易,主要包括交换、转移、移居和根据推论存在的交易。

二、国际收支平衡表的构成

国际收支平衡表是反映一定时期内,一国居民与非居民全部国际经济交易的收支流量表,是国际收支核算的重要工具。一个国家与其他国家进行经济交往过程中会产生贸易、资本往来、储备资产变动等交易活动。为了对本国国际收支状况及其变化有一个系统的了解,必须对这些信息进行收集、整理,并编制国际收支平衡表。

《国际收支和国际投资头寸手册》(第六版)对国际收支平衡表的内容有明确规定。按照这一规定要求,国际收支平衡表标准构成部分主要包括两大类账户:反映货物、服务进出口及净要素支付等实际资源流动的经常账户,反映资产所有权流动的资本与金融账户。除了这两大类账户外,还有错误与遗漏账户。表 11-1 为 2020 年我国国际收支平衡表。

表 11-1　2020 年我国国际收支平衡表　　　　　　　　单位:亿美元

项目	差额	贷方	借方
1. 经常账户	2 488	30 204	−27 716
1.A 货物和服务	3 586	27 389	−23 803
1.A.a 货物	5 111	25 100	−19 989
1.A.b 服务	−1 525	2 289	−3 814
1.A.b.1 加工服务	127	132	−5

项目	差额	贷方	借方
1.A.b.2 维护和维修服务	43	77	−34
1.A.b.3 运输	−380	567	−947
1.A.b.4 旅行	−1 211	100	−1 311
1.A.b.5 建设	45	126	−81
1.A.b.6 保险和养老金服务	−94	30	−124
1.A.b.7 金融服务	8	48	−40
1.A.b.8 知识产权使用费	−293	86	−379
1.A.b.9 电信、计算机和信息服务	64	390	−326
1.A.b.10 其他商业服务	195	698	−503
1.A.b.11 个人、文化和娱乐服务	−20	10	−30
1.A.b.12 别处未提及的政府服务	−11	25	−36
1.B 初次收入	−1 182	2 455	−3 637
1.B.1 雇员报酬	2	147	−145
1.B.2 投资收益	−1 204	2 279	−3 483
1.B.3 其他初次收入	20	28	−8
1.C 二次收入	85	360	−276
1.C.1 个人转移	4	42	−38
1.C.2 其他二次收入	81	319	−238
2. 资本和金融账户	−901		
2.1 资本账户	−1	2	−2
2.2 金融账户	−900	—	—
资产	−6 752	—	—
负债	5 852	—	—
2.2.1 非储备性质的金融账户	−611	—	—
资产	−6 463	—	—
负债	5 852	—	—
2.2.1.1 直接投资	994	—	—
2.2.1.1.1 资产	−1 537	—	—
2.2.1.1.1.1 股权	−1 347	—	—
2.2.1.1.1.2 关联企业债务	−190	—	—
2.2.1.1.1.a 金融部门	−237	—	—

项目	差额	贷方	借方
2.2.1.1.1.1.a 股权	−238	—	—
2.2.1.1.1.2.a 关联企业债务	1	—	—
2.2.1.1.1.b 非金融部门	−1 300	—	—
2.2.1.1.1.1.b 股权	−1 108	—	—
2.2.1.1.1.2.b 关联企业债务	−192	—	—
2.2.1.1.2 负债	2 531	—	—
2.2.1.1.2.1 股权	2 208	—	—
2.2.1.1.2.2 关联企业债务	323	—	—
2.2.1.1.2.a 金融部门	171	—	—
2.2.1.1.2.1.a 股权	109	—	—
2.2.1.1.2.2.a 关联企业债务	62	—	—
2.2.1.1.2.b 非金融部门	2 360	—	—
2.2.1.1.2.1.b 股权	2 099	—	—
2.2.1.1.2.2.b 关联企业债务	261	—	—
2.2.1.2 证券投资	955	—	—
2.2.1.2.1 资产	−1 512	—	—
2.2.1.2.1.1 股权	−1 314	—	—
2.2.1.2.1.2 债券	−199	—	—
2.2.1.2.2 负债	2 468	—	—
2.2.1.2.2.1 股权	803	—	—
2.2.1.2.2.2 债券	1 664	—	—
2.2.1.3 金融衍生工具	−108	—	—
2.2.1.3.1 资产	−51	—	—
2.2.1.3.2 负债	−58	—	—
2.2.1.4 其他投资	−2 452	—	—
2.2.1.4.1 资产	−3 363	—	—
2.2.1.4.1.1 其他股权	−5	—	—
2.2.1.4.1.2 货币和存款	−1 463	—	—
2.2.1.4.1.3 贷款	−1 352	—	—
2.2.1.4.1.4 保险和养老金	−32	—	—
2.2.1.4.1.5 贸易信贷	−371	—	—

项目	差额	贷方	借方
2.2.1.4.1.6 其他	−141	—	—
2.2.1.4.2 负债	911	—	—
2.2.1.4.2.1 其他股权	0	—	—
2.2.1.4.2.2 货币和存款	922	—	—
2.2.1.4.2.3 贷款	−183	—	—
2.2.1.4.2.4 保险和养老金	31	—	—
2.2.1.4.2.5 贸易信贷	78	—	—
2.2.1.4.2.6 其他	62	—	—
2.2.1.4.2.7 特别提款权	0	—	—
2.2.2 储备资产	−289	—	—
2.2.2.1 货币黄金	0	—	—
2.2.2.2 特别提款权	−4	—	—
2.2.2.3 在国际货币基金组织的储备头寸	−23	—	—
2.2.2.4 外汇储备	−262	—	—
2.2.2.5 其他储备资产	0	—	—
3. 净误差与遗漏	−1 588	—	—

注：本表根据《国际收支和国际投资头寸手册》(第六版)编制。经常账户、资本账户采用全额方式记录贷方和借方发生额，金融账户采用净额方式记录资产负债的净变动。贷方金额减借方金额与差额不等系由四舍五入导致。

资料来源：国家外汇管理局网站(www.safe.gov.cn)。

（一）经常账户

经常账户(current account)又称经常项目，主要反映一国与他国之间实际资源的转移，是国际收支中最重要的项目。经常项目包括居民与非居民间发生的所有涉及经济价值的交易，主要包括货物(有形贸易)、服务(无形贸易)、初次收入和二次收入四个项目。

1. 货物

货物(goods)项目主要包括一般商品(包括非货币黄金)、加工品、商品修理以及运输工具在港口获得的货物四项。国际货币基金组织规定，在国际收支统计中，进口价格均按离岸价格计算，把原价中的运费、保险费扣除，并将这些扣除分别列入劳务收支项目。

(1) 一般商品(general merchandise)。一般商品，除极个别例外，是指绝大多数居民对非居民进行的可移动商品的进出口，表现为所有权的变更(实际或估算)。

(2) 加工品(goods for processing)。加工品是指以在国外加工为目的的商品的出口及加工后的商品再进口，或是以本国加工为目的的商品的进口以及加工后的商品再出口。按照加工前后商品的总价值统计。

(3) 商品修理(repair on goods)。商品修理是指为来自非居民的船舶、飞机等商品提供的维修活动。虽然这些商品的物理移动与上述加工品比较类似,但在统计上按照修理费用的收支计算,而不像加工品那样按照加工前后商品的总价值计算。

(4) 运输工具在港口获得的货物(goods procured in ports by carriers)。运输工具在港口获得的货物是指居民和非居民的运输工具(如船舶、飞机等)在国外获得的商品(如燃料、供给、仓储、供应)。但不涉及辅助性供应(如牵引、维修等),这些内容被置于"运输"一栏中。

(5) 非货币黄金(nonmonetary gold)。非货币黄金是指所有不以官方储备资产(货币黄金)为目的的黄金进出口。非货币黄金的统计处理如同一般商品。

2. 服务

服务(services)涉及看不见的事物的劳动,又称无形贸易(invisible trade)。服务项目主要包括加工服务,维护和维修服务,运输,旅行,建设,保险和养老金服务,金融服务,知识产权使用费,电信、计算机和信息服务,其他商业服务,个人、文化和娱乐服务,别处未提及的政府服务等。

(1) 加工服务(processing service)。加工服务又称"对他人拥有的实物投入的制造服务",指货物的所有权没有在所有者和加工方之间发生转移,加工方仅提供加工、装配、包装等服务,并从货物所有者处收取加工服务费用。

(2) 维护和维修服务(maintenance and repair services)。维护和维修服务指居民或非居民向对方所拥有的货物和设备(如船舶、飞机及其他运输工具)提供的维修和保养工作。贷方记录居民向非居民提供的维护和维修服务,借方记录居民接受的非居民提供的维护和维修服务。

(3) 运输(transportation)。运输几乎包括所有居民与非居民间相互提供的运输服务。值得注意的是,货物保险不再属于运输的一部分,而单列于保险服务栏目中。运输包括所有形式的货运和客运,以及其他分配性和辅助性服务,同时也包括运输设备的租金。

(4) 旅行(travel)。旅行指旅行者在其作为非居民的经济体旅行期间消费的物品和购买的服务。贷方记录居民向在该国境内停留不足一年的非居民以及停留期限不限的非居民留学人员和就医人员提供的货物和服务。借方记录居民境外旅行、留学或就医期间购买的非居民货物和服务。

(5) 建设(construction)。建设指建筑形式的固定资产的建立、翻修、维修或扩建,工程性质的土地改良,道路、桥梁和水坝等工程建筑,相关的安装、组装、油漆、管道施工、拆迁和工程管理等,以及场地准备、测量和爆破等专项服务。

(6) 保险和养老金服务(insurance and pension services)。此类服务指各种保险服务,以及同保险交易有关的代理商的佣金。贷方记录居民向非居民提供的人寿保险和年金、非人寿保险、再保险、标准化担保服务以及相关辅助服务。借方记录居民接受非居民提供的人寿保险和年金、非人寿保险、再保险、标准化担保服务以及相关辅助服务。

(7) 金融服务(financial services)。金融服务指金融中介和辅助服务,但不包括保险和养老金服务项目所涉及的服务。金融服务包括信用卡、信用证、金融租赁服务、换汇交换、消费和商务信贷服务、经纪人服务、包销服务以及为各种形式的套期保值提供安排等发生的手续费和费用。辅助服务包括金融市场操作和管理服务、抵押保管服务等。

(8) 知识产权使用费(intellectual property royalty)。此类服务指居民和非居民之间经许可使用无形的、非生产(非金融)资产和专有权,以及经特许安排使用已问世的原作或原型的行为。

(9) 电信、计算机和信息服务(telecommunications,computer and information services)。此类服务指居民和非居民之间的通信服务以及与计算机数据和新闻有关的服务交易,但不包括以电话、计算机和互联网为媒介交付的商业服务。

(10) 其他商业服务(other business services)。此类服务指居民和非居民之间其他类型的服务,包括研发服务、专业和管理咨询服务、技术和贸易相关服务等。

(11) 个人、文化和娱乐服务(personal,cultural and entertainment services)。此类服务指居民和非居民之间与个人、文化和娱乐有关的服务交易,包括视听和相关服务(电影、收音机、电视节目和音乐录制品),以及其他个人、文化娱乐服务(健康、教育等)。

(12) 别处未提及的政府服务(government services)。此类服务指在其他货物和服务类别中未包括的政府和国际组织提供和购买的各项货物和服务。政府服务包括所有与政府部门(诸如使馆和领事馆的开支)、国际或区域性组织有关的,不能列入上述其他项目的服务。

3. 初次收入

《国际收支和国际投资头寸手册》(第六版)将初次收入(initial income)纳入经常账户。初次收入指由于提供劳务、金融资产和出租自然资源而获得的回报,包括:① 雇员报酬,即根据企业与雇员的雇佣关系,因雇员在生产过程中的劳务投入而获得的酬金回报;② 投资收益,指因金融资产投资而获得的利润、股息(红利)、再投资收益和利息,但不包括金融资产投资的资本利得或损失;③ 其他初次收入,指将自然资源让渡给另一主体使用而获得的租金收入,以及跨境产品和生产的征税和补贴。

4. 二次收入

二次收入(secondary income)指居民与非居民之间的经常转移,包括现金和实物。贷方记录居民从非居民处获得的经常转移,借方记录居民向非居民提供的经常转移。经常转移与资本转移完全不同,后者包括在资本和金融项目中。经常转移是指商品、劳务和金融资产在居民和非居民之间转移之后,并未得到补偿和回报,包括政府(如不同政府间的经常性国际合作、收入和财富的经常性课税支付等)和其他转移(如服务收费很低的工人汇款和奖金、非生命保险的权益)。

(二) 资本和金融账户

资本和金融账户(capital and financial accounts)又称资本和金融项目,是对资产所有权在居民与非居民之间流动行为进行记录的账户,包括资本账户与金融账户两大部分。

1. 资本账户

资本账户(capital account)包括资本转移和非生产、非金融资产的收购与放弃。资本转移包括:固定资产所有权的转移;与固定资产的获取或处置有关,或以固定资产的获取或处置为条件的资金转移;债权人对债务进行豁免而不要求任何补偿。非生产、非金融资产的收购与放弃是指各种无形资产如专利、版权、商标、经销权以及租赁和其他转让合同的交易。

2. 金融账户

金融账户(financial account)记录居民与非居民之间对外资产和负债所有权变更的交易。

《国际收支和国际投资头寸手册》(第六版)将金融账户分为两部分：非储备性质的金融账户和储备资产。

(1) 非储备性质的金融账户包括直接投资、证券投资、金融衍生工具和其他投资四个组成部分。

① 直接投资(direct investment)。直接投资是指投资者以在本国以外运行企业并获取有效发言权为目的的投资，包括直接投资资产和直接投资负债两部分。相关投资工具可划分为股权和关联企业债务。股权包括股权和投资基金份额，以及再投资收益。关联企业债务包括关联企业间可流通和不可流通的债权和债务。

② 证券投资(portfolio investment)。证券投资包括证券投资资产和证券投资负债，相关投资工具可划分为股权和债券。股权包括股权和投资基金份额，记录在证券投资项下的股权和投资基金份额均应可流通(可交易)。股权通常以股份、股票、存托凭证或类似单据作为凭证。投资基金份额指投资者持有的共同基金等集合投资产品的份额。债券指可流通的债务工具，是证明其持有人(债权人)有权在未来某个(些)时点向其发行人(债务人)收回本金或收取利息的凭证，包括可转让存单、商业票据、公司债券、有资产担保的证券、货币市场工具以及通常在金融市场上交易的类似工具。

③ 金融衍生工具(financial derivatives)。金融衍生工具又称金融衍生工具和雇员认股权，用于记录居民与非居民金融工具和雇员认股权交易情况。

④ 其他投资(other investment)。此项目记录除直接投资、证券投资、金融衍生工具和储备资产外，居民与非居民之间的其他金融交易，包括其他股权、货币和存款、贷款、保险和养老金、贸易信贷和其他。

(2) 储备资产(reserve assets)是指一国货币当局可用于平衡国际收支或其他用途的资产，包括货币黄金、特别提款权、在国际货币基金组织的储备头寸、外汇储备(现金、存款和证券)及其他储备资产。

(三) 净误差与遗漏

净误差与遗漏账户(net errors and omissions account)是人为设置的，用于平衡国际收支平衡表的借方和贷方。按照复式记账原则，国际收支平衡表的借方总额和贷方总额应该相等，但在实际中由于种种原因可能导致二者并不相等，如存在走私商品、统计资料不全、统计资料本身的错误或遗漏、银行和海关记录时间不一致等，都会导致一国国际收支平衡表处于非平衡状态。为了将一切统计上的误差纳入账户内，就人为地设立了这一抵消账户——净误差与遗漏。如果经常项目、资本和金融项目两个账户总计出现余额，在净误差与遗漏账户的相反方向记入相同的金额。

三、国际收支平衡表的编制原则和案例说明

(一) 记账准则

国际收支平衡表按照复式记账原则，即"有借必有贷，借贷必相等"的原则编制，每一笔对

外经济交易要分别记借方(debit)和贷方(credit)。这意味着每笔对外交易都被等额地记录两次,一次记入贷方,一次记入借方,这是因为每笔交易都有买卖两个方面。当交易属于单向转移而记账项目只有一方时,就要求使用某个特种项目(如"转移"类项目)记账,以符合复式记账的要求。

一笔具体对外经济交易在什么情况下列入贷方,在什么情况下列入借方,其处理原则是:凡属于收入或负债增加(资产减少)的项目均列入贷方或称正号方;相反,凡属于支出项目或者负债减少(资产增加)的项目均列入借方或称负号方。直观的理解是:凡是引起从国外获得外汇流入的业务记入贷方,凡是引起本国对外国货币支出的业务记入借方。前者包括货物和服务的出口、获得收益、国外资产的减少、国外负债的增加等,后者包括货物和服务的进口、支付收益、国外资产的增加、国外负债的减少等。当然,这里的外汇流入和外汇支出是象征性的,在绝大多数情况下外汇并没有真实地流入或流出。虽然在名称上都称为"复式记账",但完全不同于会计学的记账。例如,如果一个国家的国外资产增加,需要支付一定数额的外汇,这就导致了外汇的流出,所以应该记入借方。此外,在国际收支记账过程中,需要从借方和贷方分别去理解外汇流入和流出。

(二) 记账实例

现以中国为例,列举 6 笔交易来说明国际收支的记账方法。通过实例对具体记账方法的分析,加深掌握国际收支平衡表的记账原理,进一步了解各账户之间的关系。

【例1】 中国一家公司出口一批价值 100 万美元的货物给美国,并且这家公司将这笔货款存入其在美国银行的活期存款账户。

分析:商品出口会带来外汇流入,货物账户下进账 100 万美元,因此贷记商品出口。同时,国外资产增加时需要支付一定数额的外币,导致外汇流出,记入借方。

这笔交易准确记录为:

借:中国在国外的银行存款　　　　　　　　　　　　100 万美元
　贷:商品出口　　　　　　　　　　　　　　　　　　100 万美元

【例2】 中国某居民在英国旅游共花了 50 万美元,这笔费用使用该居民在伦敦银行的存款账户支付。

分析:中国居民在英国旅游,相当于从英国进口了旅游服务,需要支付一定数额的外汇,导致外汇流出,因此借记服务进口。这笔费用是从该居民在伦敦银行存款账户支付的,中国的国外资产减少,带来外汇流入,记入贷方。

借:服务进口　　　　　　　　　　　　　　　　　　50 万美元
　贷:中国在外国银行的存款　　　　　　　　　　　　50 万美元

【例3】 中国政府向巴西提供价值 170 万美元的小麦和 250 万美元外汇无偿援助。

分析:一国对外国提供无偿援助的实物形式可以看成该国的出口,而援助的外汇来源于该国对其官方的外汇储备存款取回的隐含行为,因此属于"外汇流入",贷记官方储备项目。由于这一对外无偿援助属于单方面对外无偿转移,隐含"外汇流出",因此将其记入经常转移和资本转移项目的借方。整个交易在平衡表中做如下记录:

借：二次收入（经常转移）   170 万美元
　　资本转移   250 万美元
　贷：官方出口   170 万美元
　　官方储备   250 万美元

【例 4】 中国居民动用其在国外的存款在国际资本市场上购买了韩国政府为筹集外汇储备而出售的期限为 20 年的政府债券,价值 1 000 万美元。

分析:这笔购买国外债券的支付业务属于资本账户下的业务,是资本账户下的证券投资项目。购买后,中国证券类的国外资产增加,含有"货币流出"的性质,因此借记证券投资。同时,中国居民是用其在国外的存款进行支付,意味着中国存款类的国外资产减少,隐含"货币流入",因此贷记中国在国外银行的存款。整个交易在平衡表中做如下记录:

借：证券投资   1 000 万美元
　贷：在国外银行的存款   1 000 万美元

【例 5】 德国某跨国公司以价值 3 000 万美元的技术与设备投入其在中国的子公司。

分析:投入中国的设备可看成中国的商品进口。而这一业务属于国外对中国本土的投资,并且隐含"外汇流入"的性质,因此贷记资本与金融账户下外国对中国的直接投资。整个交易在平衡表中做如下记录:

借：商品进口   3 000 万美元
　贷：外国对中国的直接投资   3 000 万美元

【例 6】 中国某跨国公司将其在阿根廷投资所得 800 万美元中的 300 万美元用于当地再投资,500 万美元存入其在国外银行的存款账户中。

分析:中国企业在国外投资获得利润,这一业务隐含"外汇流入",因此贷记国外投资利润收入;其中 300 万美元的再投资属于对外长期投资项目,500 万美元的存款业务,均是中国在国外的资产增加,隐含"外汇流出",因此要借记。整个交易在平衡表中做如下记录:

借：中国在国外银行的存款   500 万美元
　　对外长期投资   300 万美元
　贷：中国海外投资利润收入   800 万美元

我们将上述各笔交易编制成国际收支平衡表,如表 11-2 所示。

表 11-2　国际收支平衡表   单位: 万美元

项目	借方	贷方	差额
商品贸易	3 000	100 + 170	-2 730
服务贸易	50		-50
收入		800	800
二次收入（经常转移）	170		-170
经常账户合计	3 220	1 070	-2 150

续表

项目	借方	贷方	差额
资本转移	250		−250
直接投资	300	3 000	2 700
证券投资	1 000		−1 000
其他投资(存款)	100 + 500	50 + 1 000	450
官方储备		250	250
资本与金融账户合计	2 150	4 300	2 150
总计	5 370	5 370	0

第二节 国际收支平衡与失衡

一、国际收支平衡的含义

一国的国际收支状况在很大程度上反映了其外部均衡情况,但由于国际收支平衡表是按照复式记账原则编制的,其借方和贷方总额一定是相等的。那么,我们如何理解国际收支恶化、国际收支失衡等问题? 实际上,国际收支平衡表上的平衡只是形式上的,判断一国的国际收支是否平衡,不能仅看平衡表中的借贷余额。理解这一问题首先需要将国际经济交易分为自主性交易(autonomous transactions)和调节性交易(accommodating transactions)。

自主性交易项目是指那些基于商业动机,为追求利润或其他利益而独立发生的交易。这些交易所产生的货币收支并不一定能够完全相抵,由此产生的对外汇超额供给或超额需求会引起外汇价格(汇率)的变动。调节性交易是指国际收支的自主性交易各项目发生缺口时,为补偿这个缺口而需要进行的交易。经常项目和资本项目都属于自主性交易。而金融当局为了弥补自主性交易产生的外汇供求不平衡,动用黄金、外汇等官方储备弥补这一缺口时的交易属于调节性交易。当然,错误与遗漏也属于调节性交易。

如果一国国际收支中的自主性交易收支自动相抵或基本相抵,不必依靠调节性交易来补偿,说明该国的国际收支是平衡的;如果自主性交易收支不能自动相抵,而需要依靠调节性交易来补偿才能维持平衡,则这种平衡是被动的、形式上的平衡,而事实上是不平衡的。因此,判断一国的国际收支是否平衡主要看自主性交易所产生的借方和贷方余额是否相等。

二、国际收支差额分析

通过计算国际收支平衡表的差额,能够帮助准确把握一国在一定时期内的国际收支状况。常用的差额指标包括以下四种。

(一) 贸易收支差额

贸易收支差额(trade balance)是指包括货物与服务在内的进出口贸易之间的差额。如果这一差额为正,代表该国存在贸易顺差;如果这一差额为负,代表该国存在贸易逆差;如果这一差额为零,代表该国贸易收支平衡。在分析一国国际收支状况时,贸易收支差额具有特殊的重要性。对许多国家来说,由于贸易收支在全部国际收支中所占的比重较大,同时贸易收支的数字尤其是货物贸易收支的数字易于通过海关的途径及时收集,因此贸易收支差额能够比较快地反映出一国对外经济交往的情况。贸易收支差额在国际收支中具有特殊重要性的原因还在于,它表现了一个国家(或地区)自我创汇的能力,反映了一国(或地区)的产业结构和产品在国际上的竞争力及在国际分工中的地位,是一国对外经济交往的基础,影响和制约着其他账户的变化。

(二) 经常账户差额

经常账户差额(current account balance)是一定时期内一国货物、服务、初次收入和二次收入贷方总额与借方总额的差额。当贷方总额大于借方总额时,经常账户为顺差;当贷方总额小于借方总额时,经常账户为逆差;当贷方总额等于借方总额时,经常账户收支平衡。经常账户差额与贸易收支差额的主要区别在于收入项目余额的大小。由于收入项目主要反映的是资本通过直接投资或证券投资所取得的收入,因此,如果一国净国外资产数额越大,从外国得到收益也就越多,该国经常账户就越容易出现顺差。相反,如果一国净国外负债越大,向国外付出的收益也就越多,该国经常账户就越容易出现逆差。

经常账户差额是国际收支分析中最重要的收支差额之一。如果出现经常账户顺差,则意味着由于存在货物、服务、初次收入和二次收入的贷方净额,该国的海外资产净额增加,换句话说,经常账户顺差意味着该国对外净投资增加。如果出现经常账户逆差,则意味着由于存在货物、服务、初次收入和二次收入的借方净额,该国的海外资产净额减少,亦即经常账户逆差表示该国对外净投资减少。

(三) 资本和金融账户差额

资本和金融账户差额是国际收支账户中资本账户与直接投资、证券投资、金融衍生工具、其他投资项目以及储备资产的净差额。该差额具有以下两层含义:第一,它反映了一国为经常账户提供融资的能力。根据复式记账的原则,国际收支中的一笔贸易流量通常对应一笔金融流量,当经常账户出现赤字时,必然对应着资本和金融账户的相应盈余,这意味着一国利用金融资产的净流入为经常账户提供了融资。因此,该差额越大,代表一国为经常账户提供融资的能力越强。第二,该差额还可以反映一国金融市场的发达和开放程度。随着经济和金融全球化不断发展,资本和金融账户已经不局限于为经常账户提供融资,或者说国际资本流动已经逐步摆脱了对国际贸易的依赖,而表现出具有相对独立的运动规律。资本和金融账户差额将能够反映该国金融市场的开放程度以及这种独立的资本运动规律。

（四）总差额

将经常账户差额与资本和金融账户中的非储备性质的金融账户差额进行合并,或者把国际收支账户中的官方储备与错误和遗漏剔除以后所得的余额,称为国际收支总差额(overall balance)。它是全面衡量一国国际收支状况的综合指标,通常所说的国际收支差额就是指国际收支总差额。如果总差额为正,则称该国存在国际收支盈余(surplus in the balance of payments),也可以说存在国际收支顺差;如果总差额为负,则称该国存在国际收支赤字(deficit in the balance of payments),也可以说存在国际收支逆差;如果总差额为零,则称该国国际收支平衡。国际收支总差额具有非常重要的意义,可以根据这一差额判断一国外汇储备的变动情况以及货币汇率的未来走势。如果总差额为正,该国外汇储备就会不断增加,本国货币将面临升值的压力;如果总差额为负,该国外汇储备就会下降,本国货币将面临贬值的压力。中央银行可以运用这一差额判断是否需要对外汇市场进行干预,政府也可以根据这一差额确定是否应该进行经济政策的调整。

三、国际收支失衡的原因与类型

按照造成国际收支失衡的原因,可以将国际收支失衡分为以下几种类型。

（一）周期性失衡

经济周期对一国国际收支有重要影响,而经济周期呈现危机、萧条、复苏、繁荣四个阶段性特征。在经济衰退时收入减少,需求下降,进口减少,可能引起贸易收支顺差。但经济衰退也可以造成外资流出,引起资本项目逆差。而在繁荣时期可能出现相反的情况。由于各国经济周期所处的阶段不同,在全球经济联系日益密切的今天,国际收支周期性不平衡会使各国之间相互传播景气和衰退。

（二）结构性失衡

结构性失衡是指由于国内生产结构的变化难以适应世界市场的变化而引起的国际收支的不平衡。在国际市场发生急剧变化的情况下,一国的生产结构一时难以适应,对外贸易和国际收支就会产生失衡的现象。例如大多数发展中国家出口以初级产品为主,进口以制成品为主,近年来,由于国际市场上制成品价格大幅上扬,而初级产品的价格增长缓慢,导致这些国家的贸易条件趋于恶化,从而使其国际收支平衡困难。

（三）货币性失衡

由一国的价格水平、成本、汇率、利率等货币性因素变动所造成的国际收支失衡,称为货币性失衡。如一国货币发行过多,该国的成本与物价普遍上升,由此导致出口减少,进口增加。另外,本国利息率也会下降,造成资本流出增加,流入减少,使国际收支出现赤字。货币性失衡与经常账户和资本账户收支均有关。

（四）收入性失衡

收入性失衡是指受国民收入变化的影响而出现的国际收支失衡。一般而言,一国的经济增长率高,其国民收入增长,自主性交易的支出则可能随之增加,从而导致国际收支逆差;反之,一国的经济增长率低,其国民收入减少,自主性交易的支出则可能随之减少,从而导致国际收支逆差得到缓解。

（五）偶发性失衡

除以上各种经济因素之外,政局动荡和自然灾害等偶发性因素,也会引起贸易收支的不平衡和巨额资本的国际流动,而使一国国际收支出现不平衡。国际金融市场上巨额短期资本即游资（hot money）的频繁流动,常常造成一国国际收支的不稳定。

就上述各个原因来说,经济结构性因素和经济增长率变化所引起的国际收支失衡,具有长期、持久的性质,因而被称为持久性失衡;其他因素所引起的国际收支失衡,仅具有临时性,因而被称为非持久性失衡。

第三节　国际收支平衡表分析

通过分析一国国际收支平衡表,可以判断该国在全球国际经济交易中所处的地位,该国整体的国际收支状况如何,该国货币汇率的未来走势如何,以及政府是否需要对外汇市场进行干预等。本节在理解国际收支差额的经济学含义上,对我国国际收支平衡表进行分析。

一、国际收支差额的经济学解释

（一）经常项目差额

在开放经济中,有一部分国内生产的商品和服务被出口到国外,而同时一部分国外生产的商品和服务被进口到国内,国民收入恒等式为:

从支出看:　　　　　　　　　$Y = C + I + G + EX - IM$

从收入看:　　　　　　　　　$Y = C + S_p + T + Kr$

式中:Y代表国内生产总值;C代表消费;I代表投资;S_p代表私人储蓄;G代表政府购买;T代表政府净收入;$EX - IM$代表净出口;Kr代表本国居民对非居民的转移支付。

假定经常项目差额为CA,包括该国商品、服务、初次收入和二次收入项目,那么有:

$$S_p + (T - G) = I + CA \tag{11.1}$$

式11.1左边为私人储蓄和政府储蓄$(T - G)$。进行简单的变换则有:

$$CA = (S_p - I) + (T - G) \tag{11.2}$$

式11.2告诉我们,在开放经济中,私人部门的净储蓄（私人储蓄大于投资）和政府部门的赤字是影响经常项目差额的两个重要因素。在2020年中国国际收支平衡表中,经常项目顺差达到了2 488亿美元,主要是由货物贸易的顺差造成的。这与我国一直以来居高不下的储蓄率是密切相关的。

(二) 总差额

资本和金融项目包括直接投资、证券投资、金融衍生工具、其他投资、储备资产等。经常项目差额反映了实际资源在国家间的转移,而资本与金融项目差额反映了相应的金融资产的流动。经常项目差额(CA)与私人资本项目差额(KA)、直接投资差额(DIA)、证券投资差额(STA)、金融衍生工具差额(FDA)、其他投资项目差额(OTA)之和应该等于国际收支总差额(TA),即有:

$$TA = CA + KA + DIA + STA + FDA + OTA \tag{11.3}$$

由国际收支记账原则可知,在忽略净误差与遗漏项目情况下,国际收支总差额和官方储备交易差额(GOV)之和应该等于0,即:

$$TA + GOV = 0 \tag{11.4}$$

式11.4告诉我们,如果一国国际收支总差额为正,央行需要购进储备资产,从而导致官方储备资产增加;国际收支总差额为负,央行需要出售储备资产,从而导致官方储备资产减少。持续的负的国际收支会导致官方储备资产耗尽,通常被认为是危险的,但国际收支盈余持续过高从而导致储备资产的持续增加对一国的经济也不完全是有益的。过高的外汇储备需要央行增加基础货币的投放,从而导致流动性过剩和通货膨胀,同时央行还面临如何管理外汇储备以增加储备资产的安全性和获得较高投资回报的问题。因而,国际收支总差额具有非常重要的意义。

二、国际收支平衡表的分析方法

对一国国际收支平衡表的分析,通常可以采用以下方法。

(一) 对表内各个项目逐项进行分析

国际收支平衡表中的每一个项目及其差额数字都代表特定含义,分析它们可以了解该国与他国各种不同的经济交往情况。

(二) 对表内各项目局部差额进行分析

各项目局部差额影响着整个国际收支的情况,因此应从局部差额来分析出现国际收支不平衡的原因。如一个国家国际收支平衡表中的经常账户为小额顺差,资本账户为巨额逆差,从而导致其整个国际收支为逆差,若不分析其局部差额,就很难看出对外经济扩张(资本项目逆差说明输出多于输入)是引起其国际收支逆差的真正原因。

(三) 对国际收支总差额进行分析

国际收支总差额是除储备资产以外的所有国际收支项目差额,是国际收支平衡表中的经常账户与资本账户、直接投资、证券投资、金融衍生工具以及其他投资项目相加后得出的差额。分析这一差额的大小以及在平衡项目中是如何获得平衡的,能较全面地、细致地了解该国国际收支的真实情况。

(四)对一个国家不同时期的国际收支平衡表综合起来进行分析

一个国家某一时期的国际收支平衡表有时不能反映其对外贸易和对外金融的全貌及特征。如由于突发性的战争而导致某国国际收支逆差,就不能说明该国出口减少或经济衰退,很可能是因大量进口军火应付战争而造成的。此外,由于战争而使该国资本外逃也可能对该国国际收支产生重大影响。所以,要掌握某一国对外经济交往的全貌和特征,必须连续分析该国不同时期的国际收支平衡表。

三、我国国际收支平衡表分析

在开放经济下,国际收支均衡作为对外经济的目标,与充分就业、物价稳定和经济增长等国内经济目标具有同等的重要地位。如果出现总差额赤字,会产生本币对外价格向下浮动的压力,而一国进行干预,就会耗费国际储备,引起本国货币供应减少,影响本国生产和就业,进而影响对外金融实力,降低国家信用。反之,长期的巨额盈余就会带来国际储备增加,造成货币供应增加,加剧通货膨胀,还可能引起国际摩擦,不利于国际经济关系。表 11-3 为 2000—2020 年我国国际收支平衡表。下面将利用上述知识分析我国国际收支的发展趋势。

表 11-3　2000—2020 年我国国际收支平衡表　　　　单位:亿美元

项目	2000 年	2005 年	2010 年	2015 年	2017 年	2018 年	2019 年	2020 年
1. 经常账户	204	1 324	2 378	2 930	1 887	241	1 029	2 488
贷方	2 725	8 403	18 484	26 199	27 471	29 473	29 304	30 204
借方	−2 521	−7 080	−16 105	−23 269	−25 585	−29 231	−28 275	−27 716
1.A 货物和服务	288	1 246	2 230	3 579	2 170	879	1 318	3 586
贷方	2 531	7 733	16 564	23 602	24 293	26 510	26 310	27 389
借方	−2 243	−6 487	−14 334	−20 023	−22 123	−25 631	−24 992	−23 803
1.A.a 货物	299	1 243	2 381	5 762	4 759	3 801	3 930	5 111
贷方	2 181	6 890	14 781	21 428	22 162	24 174	23 866	25 100
借方	−1 881	−5 647	−12 400	−15 666	−17 403	−20 374	−19 936	−19 989
1.A.b 服务	−11	3	−151	−2 183	−2 589	−2 922	−2 611	−1 525
贷方	350	843	1 783	2 174	2 131	2 336	2 444	2 289
借方	−362	−840	−1 934	−4 357	−4 720	−5 257	−5 055	−3 814
1.A.b.1 加工服务	48	133	251	203	179	172	154	127

项目	2000 年	2005 年	2010 年	2015 年	2017 年	2018 年	2019 年	2020 年
贷方	48	133	252	204	181	174	157	132
借方	0	0	−1	−2	−2	−3	−4	−5
1.A.b.2 维护和维修服务	0	0	0	23	37	46	65	43
贷方	0	0	0	36	60	72	102	77
借方	0	0	0	−13	−23	−25	−37	−34
1.A.b.3 运输	−67	−130	−290	−467	−560	−669	−590	−380
贷方	37	154	342	386	373	423	462	567
借方	−104	−285	−633	−853	−933	−1 092	−1 052	−947
1.A.b.4 旅行	31	75	−91	−2 049	−2 193	−2 369	−2 188	−1 211
贷方	162	293	458	450	386	404	358	100
借方	−131	−218	−549	−2 498	−2 579	−2 773	−2 546	−1 311
1.A.b.5 建设	−4	10	94	65	36	49	51	45
贷方	6	26	145	167	123	136	144	126
借方	−10	−16	−51	−102	−86	−86	−93	−81
1.A.b.6 保险和养老金服务	−24	−67	−140	−38	−74	−66	−62	−94
贷方	1	5	17	50	41	49	48	30
借方	−25	−72	−158	−88	−115	−116	−110	−124
1.A.b.7 金融服务	0	0	−1	−3	18	12	15	8
贷方	1	1	13	23	34	33	39	48
借方	−1	−2	−14	−26	−16	−21	−24	−40
1.A.b.8 知识产权使用费	−13	−52	−122	−209	−239	−302	−278	−293
贷方	1	2	8	11	48	56	66	86
借方	−14	−53	−130	−220	−287	−358	−344	−379
1.A.b.9 电信、计算机和信息服务	12	1	64	131	75	65	80	64
贷方	17	23	105	245	269	300	349	390
借方	−5	−22	−41	−114	−194	−235	−270	−326
1.A.b.10 其他商业服务	4	34	89	189	169	191	194	195
贷方	74	199	432	584	593	662	692	698

续表

项目	2000 年	2005 年	2010 年	2015 年	2017 年	2018 年	2019 年	2020 年
借方	−70	−165	−343	−395	−424	−470	−498	−503
1.A.b.11 个人、文化和娱乐服务	0	0	−2	−12	−20	−24	−31	−20
贷方	0	1	1	7	8	10	10	10
借方	0	−2	−4	−19	−27	−34	−41	−30
1.A.b.12 别处未提及的政府服务	1	−1	−2	−15	−18	−27	−21	−11
贷方	3	5	10	11	17	18	16	25
借方	−2	−6	−11	−26	−35	−45	−37	−36
1.B 初次收入	−147	−161	−259	−522	−165	−614	−392	−1 182
贷方	126	393	1 424	2 238	2 897	2 685	2 735	2 455
借方	−272	−554	−1 683	−2 760	−3 062	−3 299	−3 127	−3 637
1.B.1 雇员报酬	−5	15	122	274	149	82	31	2
贷方	2	33	136	331	217	181	143	147
借方	−7	−18	−15	−57	−68	−99	−112	−145
1.B.2 投资收益	−142	−176	−381	−803	−319	−713	−434	−1 204
贷方	123	359	1 288	1 899	2 673	2 483	2 575	2 279
借方	−265	−536	−1 669	−2 701	−2 992	−3 196	−3 008	−3 483
1.B.3 其他初次收入	0	0	0	7	4	18	11	20
贷方	0	0	0	8	7	21	18	28
借方	0	0	0	−2	−3	−3	−7	−8
1.C 二次收入	63	239	407	−126	−119	−24	103	85
贷方	69	277	495	359	282	278	259	360
借方	−5	−39	−88	−486	−400	−302	−157	−276
1.C.1 个人转移	—	—	—	—	−25	−4	1	4
贷方	—	—	—	—	70	62	40	42
借方	—	—	—	—	−95	−66	−40	−38
1.C.2 其他二次收入	—	—	—	—	−93	−20	102	81
贷方	—	—	—	—	212	216	219	319

项目	2000 年	2005 年	2010 年	2015 年	2017 年	2018 年	2019 年	2020 年
借方	—	—	—	—	−305	−236	−117	−238
2. 资本和金融账户	−86	−1 553	−1 849	−912	179	1 532	263	−901
2.1 资本账户	0	41	46	3	−1	−6	−3	−1
贷方	0	42	48	5	2	3	2	2
借方	0	−1	−2	−2	−3	−9	−5	−2
2.2 金融账户	−86	−1 594	−1 895	−915	180	1 538	266	−900
资产	−666	−3 352	−6 536	95	−4 239	−3 620	−2 605	−6 752
负债	580	1 758	4 641	−1 010	4 419	5 158	2 871	5 852
2.2.1 非储备性质的金融账户	20	912	2 822	−4 345	1 095	1 727	73	−611
资产	−561	−845	−1 819	−3 335	−3 324	−3 432	−2 798	−6 463
负债	580	1 758	4 641	−1 010	4 419	5 158	2 871	5 852
2.2.1.1 直接投资	375	904	1 857	681	278	923	503	994
2.2.1.1.1 资产	−9	−137	−580	−1 744	−1 383	−1 430	−1 369	−1 537
2.2.1.1.1.1 股权	−6	−92	−622	−1 039	−1 363	−1 129	−1 090	−1 347
2.2.1.1.1.2 关联企业债务	−3	−46	43	−705	−20	−301	−279	−190
2.2.1.1.1.a 金融部门	—	—	—	—	−178	−208	−175	−237
2.2.1.1.1.1.a 股权	—	—	—	—	−176	−200	−191	−238
2.2.1.1.1.2.a 关联企业债务	—	—	—	—	−2	−8	16	1
2.2.1.1.1.b 非金融部门	—	—	—	—	−1 205	−1 223	−1 194	−1 300
2.2.1.1.1.1.b 股权	—	—	—	—	−1 186	−930	−898	−1 108
2.2.1.1.1.2.b 关联企业债务	—	—	—	—	−18	−293	−296	−192
2.2.1.1.2 负债	384	1 041	2 437	2 425	1 661	2 354	1 872	2 531
2.2.1.1.2.1 股权	369	917	2 256	2 118	1 406	1 859	1 623	2 208
2.2.1.1.2.2 关联企业债务	15	125	181	307	255	495	249	323
2.2.1.1.2.a 金融部门	—	—	—	—	121	176	184	171
2.2.1.1.2.1.a 股权	—	—	—	—	90	149	159	109

项目	2000 年	2005 年	2010 年	2015 年	2017 年	2018 年	2019 年	2020 年
2.2.1.1.2.2.a 关联企业债务	—	—	—	—	32	26	25	62
2.2.1.1.2.b 非金融部门	—	—	—	—	1 539	2 178	1 688	2 360
2.2.1.1.2.1.b 股权	—	—	—	—	1 316	1 710	1 463	2 099
2.2.1.1.2.2.b 关联企业债务	—	—	—	—	223	468	225	261
2.2.1.2 证券投资	−40	−47	240	−665	295	1 069	579	955
2.2.1.2.1 资产	−113	−262	−76	−732	−948	−535	−894	−1 512
2.2.1.2.1.1 股权	0	0	−84	−397	−328	−177	−293	−1 314
2.2.1.2.1.2 债券	−113	−262	8	−335	−620	−358	−601	−199
2.2.1.2.2 负债	73	214	317	67	1 243	1 604	1 474	2 468
2.2.1.2.2.1 股权	69	206	314	150	362	607	449	803
2.2.1.2.2.2 债券	4	9	3	−82	881	997	1 025	1 664
2.2.1.3 金融衍生工具	0	0	0	−21	4	−62	−24	−108
2.2.1.3.1 资产	0	0	0	−34	15	−48	14	−51
2.2.1.3.2 负债	0	0	0	13	−12	−13	−37	−58
2.2.1.4 其他投资	−315	56	724	−4 340	519	−204	−985	−2 452
2.2.1.4.1 资产	−439	−447	−1 163	−825	−1 008	−1 418	−549	−3 363
2.2.1.4.1.1 其他股权	0	0	0	0	0	−15	−15	−5
2.2.1.4.1.2 货币和存款	−60	−103	−580	−550	−571	−150	−1 017	−1 463
2.2.1.4.1.3 贷款	−184	−130	−210	−475	−435	−818	260	−1 352
2.2.1.4.1.4 保险和养老金	0	0	0	−32	0	−6	−12	−32
2.2.1.4.1.5 贸易信贷	−130	−229	−616	−460	−194	−653	368	−371
2.2.1.4.1.6 其他	−64	15	244	692	191	224	−132	−141
2.2.1.4.2 负债	123	502	1 887	−3 515	1 527	1 214	−437	911
2.2.1.4.2.1 其他股权	0	0	0	0	0	0	0	0
2.2.1.4.2.2 货币和存款	−1	163	603	−1 226	1 079	514	−557	922
2.2.1.4.2.3 贷款	−24	53	791	−1 667	501	321	425	−183
2.2.1.4.2.4 保险和养老金	0	0	0	24	7	2	18	31

续表

项目	2000年	2005年	2010年	2015年	2017年	2018年	2019年	2020年
2.2.1.4.2.5 贸易信贷	182	254	495	−623	−12	408	−288	78
2.2.1.4.2.6 其他	−35	32	−3	−24	−47	−31	−35	62
2.2.1.4.2.7 特别提款权	0	0	0	0	0	0	0	0
2.2.2 储备资产	−105	−2 506	−4 717	3 429	−915	−189	193	−289
2.2.2.1 货币黄金	0	0	0	0	0	0	0	0
2.2.2.2 特别提款权	−1	0	−1	−3	−7	0	−5	−4
2.2.2.3 在国际货币基金组织的储备头寸	4	19	−21	9	22	−7	0	−23
2.2.2.4 外汇储备	−109	−2 526	−4 696	3 423	−930	−182	198	−262
2.2.2.5 其他储备资产	0	0	0	0	0	0	0	0
3. 净误差与遗漏	−118	229	−529	−2 018	−2 066	−1 774	−1 292	−1 588

注：本表根据《国际收支和国际投资头寸手册》(第六版)对国际收支平衡表的部分账户进行了调整,并对以前年度数据进行了追溯调整。

资料来源:国家外汇管理局网站(www.safe.gov.cn)。

由表 11-3 可知,2000—2020 年我国国际收支经常账户一直是顺差,而资本和金融账户没有表现一致特征,有些年份是逆差,有些年份是顺差。从内部构成来看,我国货物贸易一直处于顺差,2015 年高达 5 762 亿美元,而服务贸易一直处于逆差,2018 年高峰时接近 −3 000 亿美元,2020 年降至 −1 525 亿美元。随着我国服务贸易竞争力不断提高,"货物贸易顺差、服务贸易逆差"格局将会有所改变。由于资本账户还没有开放,我国资本和金融账户主要体现在金融账户,直接投资和证券投资对该账户差额的影响较大。

按照判断国际收支是否平衡的标准,我国的自主交易项目,即经常账户 + 资本和金融账户,在此期间我国国际收支存在一定程度失衡,总体处于顺差地位,但顺差的金额处于下降之中,主要得益于我国纠正外部失衡的一些措施得到有效发挥。

近年来,在经常账户顺差、非金融储备性质的金融资产账户顺差的有力支撑下,我国储备资产持续回升,国际收支状况更加稳健。2017 年,我国外汇储备增加 930 亿美元,扭转了 2016 年外汇储备的下降趋势,外汇流出明显减少,此后几年外汇储备变化趋于稳定,减轻了我国中央银行干预外汇市场的压力。

基本概念

国际收支(balance of payments,BOP)

经常账户(current account)

资本账户(capital account)

自主性交易（autonomous transactions）

调节性交易（accommodating transactions）

国际收支盈余（surplus in the balance of payments）

国际收支赤字（deficit in the balance of payments）

复习思考题

1. 简述国际收支平衡表的记账方法。

2. 简述国际收支平衡表的基本构成和各组成部分之间的关系。

3. 论述国际收支平衡表的内容和分析方法。

4. 简述国际收支失衡的原因及类型。

5. 简述判断国际收支平衡的标准。

6. 分析比较 2000 年以来的中国国际收支平衡表。

7. 某国政府推行赤字财政政策，2020 年财政决算，其开支赤字为 200 亿美元，当年该国形成私人储蓄 2 500 亿美元，发生私人投资 2 650 亿美元。根据国民收入恒等式，如果不考虑经常转移和国际要素收入，则该国 2020 年的经常账户差额是多少？

即测即评

请扫描右侧二维码，在线测试本章学习效果。

第十二章
国际收支调节理论

本章重点

1. 国际收支调节的弹性分析法
2. 国际收支调节的收入分析法
3. 国际收支调节的货币分析法

教学视频

请扫描右侧二维码观看本章精彩教学视频。

通过国际商品和资本的流动,国内外商品市场之间、金融市场(包括证券市场和货币市场)之间连为一体,相互影响。当一国经济失衡时,会通过国际收支途径传递到与之联系的其他各国。同样,当外国的商品市场和金融市场失衡时,也会通过国际收支的途径传递给国内的经济。长期以来,国际收支调节理论一直是国际经济学的重要组成部分,最早的国际收支调节理论可以追溯到大卫·休谟(David Hume)的价格 – 黄金流动机制学说。此后,形成了三种主要的国际收支调节理论:弹性分析法、收入分析法和货币分析法。其中,弹性分析法和收入分析法分析对象是经常项目,而货币分析法则是针对整个国际收支的分析。

第一节　国际收支调节的弹性分析法

国际收支调节的弹性分析法(elasticity approach to the balance of payments)是指在收入不变的情况下,根据进出口需求弹性来分析如何利用货币贬值改善国际收支。弹性论最先由英国经济学家马歇尔提出。后来勒纳(Abba Lerner)、罗宾逊(Joan Robinson)、哈伯勒(A.C.Harberger)等人经过探索,将弹性分析法发展成为国际收支调节的重要分析方法。

一、弹性的基本概念

（一）弹性的定义

由经济学基本原理可知,价格变动会影响需求和供给数量的变动。需求数量变动率与价格变动率之比即为需求的价格弹性,简称需求弹性。供给数量变动率与价格变动率之比即为供给的价格弹性,简称供给弹性。

（二）进(出)口需求(供给)弹性

$$进口需求弹性 = \frac{进口商品需求量的变动率}{进口商品的价格变动率}$$

$$出口需求弹性 = \frac{出口商品需求量的变动率}{出口商品的价格变动率}$$

$$进口供给弹性 = \frac{进口商品供给量的变动率}{进口商品的价格变动率}$$

$$出口供给弹性 = \frac{出口商品供给量的变动率}{出口商品的价格变动率}$$

由上述公式可知,进出口需求(供给)弹性作为一种比例关系,说明了当价格变化时,进出口总量的变化。在国际经济中,进出口的价格变动可以通过汇率的贬值或者升值发生改变。根据需求法则,汇率贬值导致进口下降、出口增加。同时,弹性越高,说明汇率变化对进出口的影响越大。因而,汇率贬值(升值)对进出口的影响取决于需求弹性。

二、马歇尔－勒纳条件

一国货币贬值的时候,虽然能够带来出口数量上升和进口数量减少,但同时也意味着出口价格下降和进口价格上升。这时,经济学常识显示,贬值对贸易收支余额影响的方向是不确定的。马歇尔－勒纳条件(the Marshall-Lerner condition)研究的就是在什么情况下贬值能够改善贸易收支。

（一）马歇尔－勒纳条件的前提假定

马歇尔－勒纳条件(简称 ML 条件)能够改善贸易收支,但必须满足以下假定:
(1) 两国国内收入水平和物价水平不变且充分就业;
(2) 两国初始国际收支是平衡的;
(3) 没有资本流动;
(4) 贸易商品的供给弹性无穷大;
(5) 其他条件不变,只考虑汇率变化对进出口商品的影响;

(6) 贸易对象国不进行报复,即不采取同样的货币贬值行动;

(7) 本币的对外贬值速度必须快于对内贬值的速度,即国内通货膨胀速度不能快于本币对外贬值的速度。

(二) 马歇尔 – 勒纳条件的具体表述

马歇尔、勒纳、罗宾逊等人在上述假设条件下,探讨了汇率变动对国际收支的调节作用。由于其理论主要围绕进出口商品的供求弹性展开,所以被称为弹性分析法。他们将调整汇率作为调节国际收支的手段,考察汇率变动对国际收支的影响。在满足以上假定的情形下,马歇尔 – 勒纳条件可以表述为:当出口需求弹性和进口需求弹性之和的绝对值大于 1 时,一国货币的自然贬值或者法定贬值能够改善其国际收支;当等于 1 时,贬值对国际收支没有影响;当小于 1 时,贬值反而会恶化国际收支。

(三) 马歇尔 – 勒纳条件的数理推导

用 X 和 M 分别表示实际出口量和进口量,P_X 和 P_M 分别为出口品的本币价格和进口品的外币价格,E_X 和 E_M 分别为出口需求价格弹性和进口需求价格弹性,R 为汇率,CA 为以本币表示的贸易收支差额。则有:

$$CA = X \cdot P_X - M \cdot P_M \cdot R \tag{12.1}$$

对式 12.1 两边同时关于 CA 取微分,则有:

$$dCA = P_X dX - R \cdot P_M dM - M \cdot P_M dR$$

$$= M \cdot P_M \left(\frac{R}{X} \cdot \frac{dX}{dR} \cdot \frac{XP_X}{RMP_M} - \frac{R}{M} \cdot \frac{dM}{dR} - 1 \right) \cdot dR \tag{12.2}$$

$$= M \cdot P_M \left(E_X \cdot \frac{XP_X}{RMP_M} + E_M - 1 \right) \cdot dR$$

注意到原来的贸易收支是平衡的,即 $CA = X \cdot P_X - M \cdot P_M \cdot R = 0$,从而有:

$$X \cdot P_X = M \cdot P_M \cdot R$$

即:

$$\frac{X \cdot P_X}{M \cdot P_M \cdot R} = 1 \tag{12.3}$$

从而

$$dCA = M \cdot P_M (E_X + E_M - 1) \cdot dR \tag{12.4}$$

若想 $\dfrac{dCA}{dR} > 0$,则有:

$$|E_X + E_M| > 1 \tag{12.5}$$

式 12.5 就是马歇尔 – 勒纳条件。马歇尔 – 勒纳条件表明,在进出口商品的供给弹性趋于无穷大的前提下,如果出口需求弹性和进口需求弹性之和的绝对值大于 1,则一国货币的自然贬值或者法定贬值能够改善其国际收支。

（四）马歇尔－勒纳条件的作用机制

马歇尔－勒纳条件通过汇率贬值调节国际收支的机制是这样的：一国货币贬值后，从出口商品来看，以外币表示的价格下降，根据供需法则，出口增加。当出口数量增加抵消出口价格下降有余时，则出口总值增加，其增加的程度取决于国外的需求弹性。国外的需求弹性越高，出口总值增加越多。而从进口商品来看，贬值后国内价格上升，进口数量减少，以外币表示的进口总值随之下降。综合起来，货币贬值后，出口总值增加，进口总值减少，从而国际收支得以改善。事实上，不同国家不同商品的需求弹性不同，大多数发展中国家出口的多是低弹性商品，因而，希望通过货币贬值来改善国际收支有一定困难。同时，需要指出的是，一国即使满足了马歇尔－勒纳条件，贬值也并不意味着能够立即改善国际收支，因为还存在着J曲线效应。

（五）有关马歇尔－勒纳条件中进出口需求弹性的估计

当一国出口需求弹性和进口需求弹性之和的绝对值大于1时，由马歇尔－勒纳条件可以判定外汇市场是稳定的。这时，可以通过贬值来调节国际收支。因而，确定进出口需求弹性的实际值就显得比较重要。

第二次世界大战前，人们普遍认为外汇市场是稳定的，即进出口需求的弹性之和绝对值远大于1。战后，一些学者进行了国际贸易中价格弹性测度的实证研究。他们的分析表明，进出口需求弹性之和的绝对值要么小于1，要么非常近似于1。这样，战前的"弹性乐观主义"就被战后的"弹性悲观主义"（elasticity pessimism）取代。

对于弹性估计的偏差，后来有一些学者提出了识别国际贸易中对价格变动数量反应的五个可能滞后的观点，以解释对弹性估计的长期和短期差异。具体包括：

(1) 认识时滞：货币贬值后，本国出口商品的新价格的信息还不能立即为需求方所了解。

(2) 决策时滞：供求双方都需要一定时间判断价格变化的重要性。

(3) 生产时滞：供给方国内对商品和劳务的供应不能立即增加。

(4) 替代时滞：供给方和需求方都需要一定的时间处理以前的存货。

(5) 交货时滞：把商品运至国际市场还需要一段时间。

三、J曲线效应

现实中，国际贸易的短期弹性比长期弹性小得多，而且在货币贬值后，一国的国际收支在得到改善之前，反而会先恶化。

经济学家把一国货币贬值后，其国际收支先恶化再改善的趋势，称作J曲线效应（J-curve effect）。也就是说，贬值对国际收支的有利影响要经过一段时滞后才会显现。因为贬值对国际收支影响的轨迹类似于英文大写字母J，所以将货币贬值对国际收支初期恶化、长期改善的时滞效应称为J曲线效应。如图12-1所示。

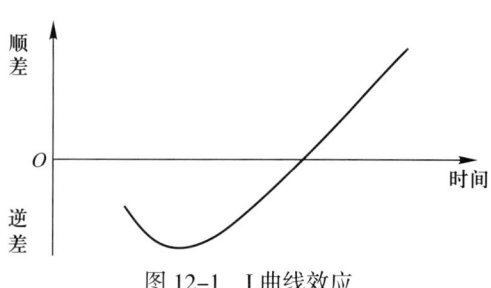

图12-1　J曲线效应

（一）J 曲线效应发生的原因

J 曲线效应发生的原因在于贬值后出口额和进口额的短期反应较慢,长期反应较快。存在这种不同反应的原因是消费者、生产者都具有反应时滞,不完全竞争的存在更是使得这些时滞延长了。

1. 消费者反应滞后

汇率贬值后,消费者需要经过一段时间来调整自己的消费行为。

2. 生产者反应滞后

汇率贬值虽然增强了本国出口商品的竞争力,但生产者也需要时间来调整生产扩大出口。进出口合同的执行也存在滞后,原先的合同只能按照原来的数量和价格进行交易。

3. 不完全竞争

在国外市场上获得一席之地需要耗费时间和成本,在这种情况下,外国出口商就不会轻易放弃他们在贬值国家已经占有的市场份额。他们也许会通过降低出口商品的价格来对他们可能丧失的竞争力做出反应。与此类似,外国进口竞争行业也会针对出口国货币贬值的冲击,而做出降低在国内市场上出售商品的价格的反应。从某种程度上讲,这些努力取决于不完全竞争状态,即外国厂商是否有超额利润可以削减,以使他们能降低商品的价格。如果厂商处在高度竞争状态而仅能获得正常利润,那么,他们就无力降低商品的价格。

（二）J 曲线效应和修正的弹性估计

J 曲线效应提出后,一些经济学家对此进行了实证检验。这些研究总的来说确认了 J 曲线效应的存在,但也提出了长期弹性值大约是 20 世纪 40 年代那些研究结果的两倍。因而,他们的研究结论修正了弹性估计:现实世界的弹性很有可能足够大,马歇尔－勒纳条件在大多数情况下能够得到满足。

四、本币贬值对贸易条件和国内价格的影响

（一）本币贬值对贸易条件的影响

贸易条件（term of trade）又称交换比价,是指一个国家出口商品单位价格指数与进口商品单位价格指数之比,即 $T = P_X/P_M$。其中,T 为贸易条件,P_X 为出口商品单位价格指数,P_M 为进口商品单位价格指数。贸易条件反映了一国在国际贸易中价格变动对实际资源的影响程度。当贸易条件 T 上升时,称该国的贸易条件改善,它表明该国出口相同数量的商品可以交换更多数量的进口商品;当贸易条件 T 下降时,称该国的贸易条件恶化,它表明该国出口相同数量的商品可以交换的进口商品数量减少。因此得出结论:贸易条件恶化时,实际资源流失。

一般情况下,货币贬值后,一方面以本国货币表示的进口商品价格上升,而以外币表示的出口商品价格下降,以本币表示的国内商品价格上升。以本币表示时,本币的贬值将导致进出口价格都上升,从而贸易条件是否改变不确定。也就是说,贸易条件可能上升、下降或者不变。贸易条件的改变取决于进出口价格上升的相对百分比幅度,这个幅度由商品的供给和需求弹

性决定。经数学推导,可以得出表 12-1 所示的三种情况。

表 12-1   本币贬值对贸易差额和贸易条件影响的分析

需求弹性	供给弹性	贸易差额	贸易条件
$\|E_X + E_M\|>1$	$S_X S_M>E_X E_M$	改善	恶化
	$S_X S_M = E_X E_M$		不变
	$S_X S_M<E_X E_M$		改善

一般说来,货币贬值会导致一国贸易条件恶化,贸易条件改善的情形不多见。

(二)本币贬值对国内价格的影响

一国货币的贬值除了影响一国的贸易条件外,对以本币表示的国内价格同样有着重要的影响。随着本币贬值,进口商品价格相对上升,导致进口减少,引起进口替代产品生产增加。同时,以外币计价的出口商品价格下降,导致出口需求增加,引起出口商品生产增加。这一过程由于进口替代品和出口品的生产增加引起国内需求增加,在供给不变的情况下必然导致国内物价上升,从而可能产生通货膨胀。这一过程持续下去,会部分抵消本币贬值的价格优势。

1997 年东南亚金融危机期间,韩国、泰国、马来西亚和印度尼西亚面临严重的金融和经济危机,其货币迅速贬值,但同时也出现了通货膨胀。表 12-2 清楚地显示,这些国家通过货币贬值所取得的价格优势的 1/3 又被通货膨胀抵消了。当然,经济学告诉我们,通货膨胀是由多种原因引起的。

表 12-2   东南亚国家货币贬值和通货膨胀

国家	货币贬值率 /%	通货膨胀率 /%
印度尼西亚	67.4	49.0
马来西亚	40.0	8.6
韩国	25.4	8.1
泰国	32.1	9.3

注:期限为 1997 年第二季度—1999 年第三季度。

资料来源:IMF.International Financial Statistics,2000.

五、简要评价

(一)贡献

国际收支调节的弹性分析法引进的进出口弹性,对于本币贬值是否能够改善一国国际收支问题给出了清楚明确的答案,澄清了经济学界长期争论不休的问题,对国际收支理论作出了重要贡献。

（二）不足

弹性分析法出现在凯恩斯主义宏观经济学产生之前，只能运用微观经济学作为其分析的基础。其局限性主要体现在：

（1）弹性分析法是建立在局部均衡分析的基础上，只考虑汇率变化对贸易收支的影响，而没有考虑其他因素。实际上，收入、资本流入流出、一国经济发展、消费者偏好等都会对贸易收支产生影响。在对外经济联系日益密切的今天，贸易收支不可能只受汇率变动的影响，更受收入等重要因素影响。

（2）弹性分析法将贸易收支等同于国际收支，不考虑劳务进出口和国际资本流动。这个假定把汇率变动的影响效果只局限于经常项目中的有形贸易，而没有考虑贬值对劳务进出口和资本流动的影响。但是在经济全球化的情况下，各国经济往来密切，经济联系越来越复杂，无形贸易占经常项目的比重日益提高，而且资本流动，特别是短期资本流动在国际收支调节中的作用日益显著，所以，忽视贬值对劳务和资本流动的影响是一个重大的缺陷，这也是后来弹性分析法遭货币分析法抨击的主要原因。

（3）弹性分析法忽视了预期的作用。该理论事实上假定贬值是一次性的，但在现实生活中，一旦政府采取贬值政策，便会造成人们对汇率变动的预期，而这样的预期对贬值的效果会产生很大的影响。

（4）弹性分析法的有些假定不是很合理。弹性分析法以小于充分就业为条件，做出了供给具有完全弹性的假定。这个只符合萧条时期的情况，因为这个时期国内有大量的闲置资源，出口供给和进口供给基本上可以在成本不变的条件下扩大或缩小，但是在经济周期复苏到高潮阶段，这种假定就不合适了。由于许多产品的资源是有限的，除了规模经济成本递减或不变的情况外，大多数产品的成本是随产量的扩大而递增，这种上升的生产成本会在很大程度上抵消贬值带来的有利影响。此外，贸易收支初期是平衡的假定也不符合实际情况。

第二节 国际收支调节的收入分析法

国际收支调节的收入分析法主要有两种常用的方法：一是吸收分析法；二是乘数分析法。本节重点介绍这两种方法，考察它们如何调节国际收支失衡。

一、国际收支调节的吸收分析法

吸收论（absorption approach）又称支出分析法，1952年由詹姆士·爱德华·米德和当时在国际货币基金组织工作的西德尼·亚历山大（Sidney Stuart Alexander）提出。吸收论推进了弹性论关于贬值效应的研究，同时又指出，不能仅仅用贬值作为应付国际收支逆差的政策工具，而要把贬值与通货紧缩相结合。为此，就需要考虑贬值国以及世界其他各地的整个经济结构。

（一）吸收分析法的基本内容

吸收论是从凯恩斯的国民收入均衡公式出发,研究调整支出对稳定一国收入的作用。根据凯恩斯的理论,国民收入 = 消费 + 投资 + 政府支出,即 $Y = C + I + G$。它表明在封闭条件下,收入水平依赖于支出水平,在开放经济条件下,应该将本国产品供给外国和本国消费者对外国产品的需求因素考虑进来,即将对外贸易包括进来,国民收入的均衡公式变为:

$$Y = C + I + G + (X - M) \tag{12.6}$$

式中:Y 表示一国的国民收入水平;C 表示该国的消费需求水平;I 表示私人投资需求水平;G 表示政府支出水平;X 表示出口值;M 表示进口值。

其中 $C + I + G$ 表示国内的吸收或需求水平(E),$X - M$ 表示贸易收支差额(TB)。因此还可以将公式写成:

$$Y = E + (X - M) = E + TB \quad 或 \quad TB = Y - E \tag{12.7}$$

这就是国际收支调节吸收论的表达公式。它表明,一国国际收支差额(假设没有资本流动)或贸易收支差额等于国民收入减去国内吸收(或国内的总支出)的差额。在调节吸收的过程中,主要是针对国内需求的调节,通过调节国民收入,进而增加或减少国内吸收。根据式 12.7 可以得到:

$$\Delta TB = \Delta Y - \Delta E \tag{12.8}$$

式中吸收的变化可以分为两部分:一部分是收入效应,可记作 $a\Delta Y$,其中 a 为边际吸收倾向,它等于边际消费倾向和边际投资倾向之和。另一部分是除收入变动之外其他因素的变动对吸收的直接影响或直接效应,记作 Ed。因此上述公式也可推出:

$$\Delta TB = (1 - a)\Delta Y - Ed \tag{12.9}$$

由式 12.8 可以看出,要改善国际收支,需要调节本国收入,进而调节本国的消费需求和投资需求。

（二）货币贬值与吸收

货币贬值是怎样在调节机制中发挥作用并影响国际收支的呢? 亚历山大认为,如果货币贬值影响贸易差额,那么,它只可能通过两种方式进行: 第一,货币贬值导致该国商品和劳务生产的变化,这些变化将与引致的商品和劳务的吸收变化相联系,从而导致外贸差额被收入变化和收入引致的吸收变化的二者差额改变。第二,货币贬值可改变与任一既定实际收入水平相联系的实际吸收量。

1. 贬值的收入效应

货币贬值对收入的直接效应至少有三个渠道:闲置资源效应、贸易条件效应、资源配置效应。如果一国存在闲置资源,当需求转向国内生产的商品时,货币贬值的效应将是提高收入。这与贬值国增加的出口有关,并通过乘数联系而与引致的国内需求有关。包括亚历山大在内的多数经济学家都认为货币贬值还将恶化贬值国的贸易条件。他们的理由是:一国的出口一般比进口更加专业化,而货币贬值导致以外币计算的出口价格下降,大于以外币计算的进口价格下降。而贸易条件的恶化又将影响国民收入和吸收。另外,货币贬值可以通过生产资源充分利用、改善贸易条件等达到优化资源配置的效应。

贬值国如果存在闲置资源,那么贬值促成的总需求各部分的增加为这些资源的进一步利用创造了条件。贬值提高了本国出口商品本币价格,从而使该行业更有利可图,导致生产要素向出口部门转移。国民收入的增长反过来又要对贸易收支施加影响,这个影响取决于实际收入增量和引致的总吸收增量之间的差额。

一方面,当边际吸收倾向大于 1 时,贬值通过收入而产生的对吸收的作用是不利于国际收支改善的,此时,为使贬值能促进国际收支改善,只能指望贬值对吸收的直接作用是压抑吸收,从而改善国际收支。另一方面,若边际吸收倾向小于 1,一国在调节过程中进行的成功贬值必须立于本国吸收不足的基础上。但是,由于以出口带动一国总需求的扩大是以增加其他国家总供给并相对缩小其总需求的形式出现的,故一国贬值可能引起各国竞相贬值,从而形成恶性循环。

2. 贬值的吸收效应

货币贬值对吸收的直接影响有三个方面:

第一,从货币方面来看,如果一国政府采取贬值政策,那么根据 $P = eP^*$ 这一关系式,在国外价格(P^*)保持不变的情况下,由贬值所导致的汇率(e)上升必导致本国价格(P)上升,即本国将出现通货膨胀的现象。这时,本国的货币当局假设能够同时实行紧缩的货币政策,即控制货币供给量不随本币的贬值而增加,那么贬值后的实际货币供给 H/P 将随 P 上升而下降(这里的 H 为 holding money),并由此导致国内利率(R)上升,国内的投资就会趋于减少。与此同时,消费者也会由于实际货币余额的减少而设法恢复他们的流动资产,而这又将引起消费下降。由此而产生的最终结果便是全社会吸收减少与国际收支改善。

第二,贬值存在着收入再分配效应。分配的渠道则涉及两个方面:一方面是贬值以后政府对私人收入的再分配,另一方面是贬值后企业利润对工人工资的再分配。由贬值引起的政府对私人收入的再分配过程可以描述为:按照上述原理,贬值在 P^* 不变的情况下将导致本国货币的通货膨胀。随着本国货币的通货膨胀,在一个实施累进所得税制度的国家里,纳税人将因通货膨胀与随之而来的名义收入增加而升入较高的纳税等级。这时,若存在财政拖曳(fiscal drag)现象,即政府的实际支出并不因为其税收收入增加而增加,从而全体纳税人因通货膨胀而增加的税收支出不能通过政府增加转移支付而得到等量的补偿,那么与全体纳税人的收入并无太大的关系,因此,由全体纳税人缴纳通货膨胀税而增加的政府收入的边际储蓄倾向将趋于 1,而这又意味着全社会吸收水平下降,结果本国的国际收支将因此而得到改善。

企业利润对工资再分配的机理大致如下:随着政府贬值政策的实行与通货膨胀的出现,物价会趋于上升。由于工资合同签约在先,且不可能作瞬间的调整(这被叫作工资增长的滞后效应),因而厂商就可在成本基本不变的情况下,利用贬值所造成的物价上涨的机会来增加企业的利润。然而厂商所增加的利润实际上是来源于对工资的再分配,这是因为,在工资因其增长的滞后效应而不能立即调整时,工资收入在其名义工资收入不变的情况下所要面对的却是不断趋于上升的国内价格,从而实际工资是下降的。因此,物价的上升一方面造成利润增加,另一方面又导致实际工资减少,从这一现象来看,确实产生了以上所说的再分配。正是因为有了这种再分配,国际收支调整才得以实现。

第三，"货币幻觉"也是影响总吸收的重要因素。传统的凯恩斯主义者对"货币幻觉"的影响是很注意的。他们认为："对一个没有货币幻觉的人来说，即使他的货币持有额突然有了增加，但如果他所面临的所有商品的货币价格也等比例上涨的话，那他没有任何理由改变对商品的需求量。"但是，现实中与这种"货币幻觉"完全隔离的人似乎很少。在上述情况中，消费者的支出总是多少要受些影响的。

贬值后的"货币幻觉"从以下两个方面影响吸收：① 如果贬值仅仅使人们注意到货币价格上涨，而忽略了自己持有的货币收入提高，那么这种幻觉可能要推动人们去恢复本来并未减少的实际余额，从而促使了总吸收下降，这有利于充分就业条件下贬值对国际收支的改善。② 同①相反，若贬值后人们仅仅沉醉于货币收入增加而忘却了价格上涨，那么这种"货币幻觉"可能要使人们维持原有货币形式的储蓄，从而带动了总吸收上升，这要进一步恶化国际收支。

（三）简要评价

1. 贡献

吸收分析法是建立在宏观、一般均衡的基础上的，比微观、局部的弹性分析法有所进步，并强调了政策配合的意义。吸收论特别重视从宏观经济的整体角度来考察贬值对国际收支的影响，并且推动了对国际收支与国内经济联系的分析。

2. 不足

（1）吸收分析法忽略了相对价格在国际收支调节中的作用。在贬值作用的分析中，由于贬值后价格的变化导致国内资源的重新配置，贬值后对进口的需求不一定减少。吸收分析法没有对此给予回应。

（2）吸收分析法是在接受充分就业作为主要经济政策目标以后出现的。它把弥补国际收支逆差的希望寄托于增税和减少国民收入上。这实际上等于在国内实行紧缩政策，与充分就业目标不相容。

（3）吸收分析法忽视了资本移动。与弹性分析法相同，吸收分析法将国际收支简化为贸易收支，没有考虑资本项目。

二、国际收支调节的乘数分析法

国际收支调节的乘数分析法（income approach），是运用乘数分析法（multiplier approach）来分析一国自主性支出变动的收入效应以及其对贸易收支的影响。它是随着凯恩斯主义的诞生而逐步形成的。凯恩斯主义宏观经济理论诞生后，经济学家很自然地把凯恩斯主义的宏观经济分析方法推广到开放经济领域，用于分析国际贸易、国民收入以及吸收之间的关系。乘数分析法主要侧重从收入的角度分析国际收支调节问题，而上述的吸收分析法则侧重从吸收角度分析国际收支调节问题。

（一）乘数分析法的假设前提

乘数分析法主要有以下假设：

（1）不考虑国际资本流动，因而国际收支等同于贸易收支；

（2）固定汇率；

（3）价格水平保持不变；

（4）初始国内经济处于均衡状态（国际收支未必平衡）。

（二）乘数分析法的贸易小国模型

1. 封闭经济中的收入决定

在不包括政府部门的封闭经济中，均衡国民收入水平或产量（Y）等于预期或者计划的消费支出（C）加上预期或计划的投资支出（I），即：

$$Y = C(Y) + I \tag{12.10}$$

式中：C 是国民收入水平的函数，且 $C(Y) = C_0 + c \cdot Y$；I 是外生的，即独立于国民收入水平。

进一步，我们定义边际消费倾向（marginal propensity to consume，MPC）为消费变动 ΔC 除以收入变动 ΔY。由于消费者储蓄部分收入，因而消费增加小于收入增加，所以 $MPC<1$。

在图 12-2 中，上图 $C(Y)$ 为消费函数（consumption function），边际消费倾向 MPC 为消费函数 $C(Y)$ 的斜率。把上述消费函数的每一收入水平加上一个假设的预期投资支出，得到图中总支出函数 $C(Y)+I$，$C(Y)+I$ 与 45° 线相交于 E 点。在 E 点，总消费及投资支出等于收入或产量水平，因此 Y_E 就是均衡的国民收入水平。

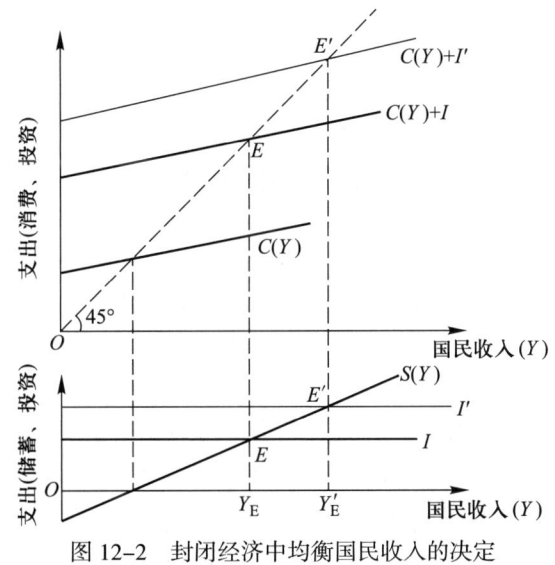

图 12-2　封闭经济中均衡国民收入的决定

在图 12-2 的下半部分，预期储蓄是收入的函数，储蓄函数（saving function）为 $S(Y) = Y - C(Y)$。当收入增加时，预期储蓄也增加。但是预期投资水平是外生的，即无论收入水平怎么变化，预期投资水平总为 I。进一步，我们定义边际储蓄倾向（marginal propensity to save，MPS）为储蓄变动（ΔS）除以收入变动（ΔY）。在封闭经济条件下，由于收入的任何变动（ΔY）总是恒等于消费变动（ΔC）加上储蓄变动（ΔS），因而 $MPS + MPC = 1$。

从图 12-2 可以看出,收入的均衡水平在储蓄函数与投资函数的交点 E 处。当 $Y>Y_E$ 时,过度的预期储蓄超过预期投资,代表着存在非预期或非计划的存货投资。因此,产量与收入向 Y_E 下降方向移动。相反,当 $Y<Y_E$ 时,预期投资超过预期储蓄,代表着非预期或未计划的存货投资减少,收入与产量向 Y_E 上升方向移动。从而,国民收入的均衡水平由图中 $C(Y)+I$ 函数与 $45°$ 线的交点 E 或图中下半部分 $S(Y)$ 与 I 函数的交点 E 确定。在两种情况下,均衡的国民收入水平都是 Y_E,而且我们假定它低于充分就业的收入水平。

2. 封闭经济中的乘数

如果因为某种原因,投资从图 12-2 中的 I 上升至 I',总支出函数从 $C(Y)+I$ 变成 $C(Y)+I'$。此时,有新的均衡点 E'(上图),决定了新的均衡的国民收入 Y'_E。同样,投资函数与储蓄函数交于 E'(下图),同样决定了新的均衡的国民收入 Y'_E。在封闭经济条件下,新增的投资和新增的储蓄相等,即:

$$\Delta I = \Delta S = MPS \times \Delta Y \tag{12.11}$$

因此,

$$\Delta Y = \frac{1}{MPS}\Delta I \tag{12.12}$$

定义封闭经济中的乘数为:

$$k = \frac{\Delta Y}{\Delta I} = \frac{1}{MPS} = \frac{1}{1-MPC} = \frac{1}{1-c} \tag{12.13}$$

即封闭经济中的凯恩斯乘数(k)等于边际储蓄倾向的倒数,或是 1 减去边际消费倾向的倒数。由于 $0<MPS<1$,所以封闭经济中的凯恩斯乘数大于 1。

3. 小型开放经济中的收入决定

开放经济的国民收入均衡恒等式可表示成如下形式:

$$Y = C + I + G + X - M \tag{12.14}$$

恒等式的左边和右边分别代表总收入 Y 和总支出 E,其中 I、G、X 为外生变量,C 与 M 为内生变量,并且均为国民收入 Y 的线性函数,具体表达式分别为:

$$C = \bar{C} + cY \tag{12.15}$$

$$M = \bar{M} + mY \tag{12.16}$$

式中:$\bar{C}$ 为自发的消费;c 为边际消费倾向,为既定的常数;cY 为收入诱发的消费量;$\bar{M}$ 为自发的进口;m 为边际进口倾向,是一个既定的常数;mY 为收入诱发的进口量。

为便于分析,将式 12.14 移项变换为:

$$Y - (C + I + G) = X - M \tag{12.17}$$

等式左边表示国民收入减去本国居民对所有商品(包括本国和外国的)的总支出,而等式右边则表示本国的净出口盈余。令 $A = C + I + G$,即 A 为吸收部分,则均衡条件可重新表述为:

$$Y - A = X - M \tag{12.18}$$

又由于 $Y - C - G$ 为一国总储蓄 S,因而等式 12.18 左边等于 $S - I$,即净储蓄,于是可得:

$$S - I = X - M \tag{12.19}$$

由式 12.18 和式 12.19 可知,在均衡时,收入与本国居民支出之差,即净储蓄,等于出口与进口之差,即贸易盈余。而重要的是 Y 与 A 的均衡差取决于整个经济体系的运行,即内生变量 C 和 M,再加上外生变量 I、G 和 X 一起决定了 Y 和 A,如图 12-3 所示。

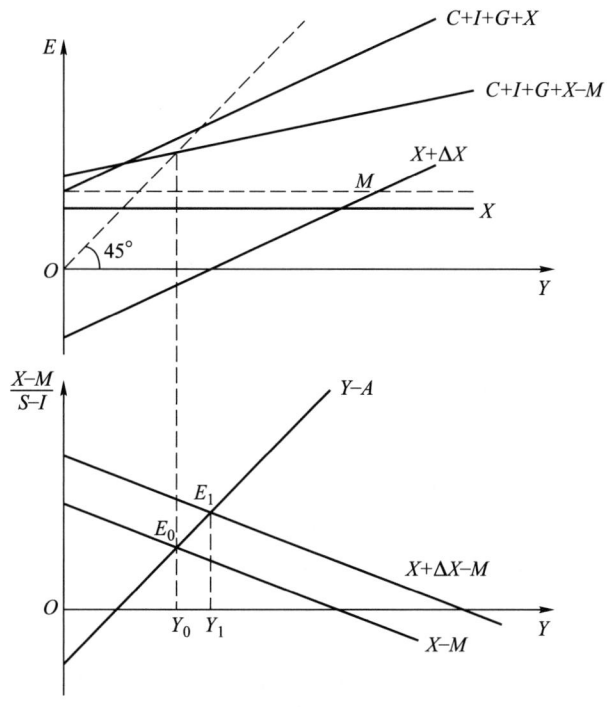

图 12-3　小型开放经济中均衡国民收入的决定

由图 12-3 可知,经济处于均衡时,一国获得净出口盈余,则该国为净储蓄国。

4. 贸易小国的对外贸易乘数

凯恩斯主义的乘数分析可帮助理解本国或外国居民的支出变动如何影响均衡的国民收入,以及国际收支与收入的关系。下面根据上面的基本模型来推导开放经济下的乘数表达式。将式 12.15 和式 12.16 两式代入式 12.14 可得:

$$Y = (\overline{C} + cY) + I + G + X - (\overline{M} + mY) \tag{12.20}$$

上式整理变为:

$$(1 - c + m)Y = \overline{C} + I + G + X - \overline{M} \tag{12.21}$$

等式两边同时除以 $(1 - c - m)$,得到:

$$Y = \frac{1}{1 - c + m}(\overline{C} + I + G + X - \overline{M}) \tag{12.22}$$

由式 12.22 可知,开放经济乘数 $k' = \dfrac{1}{1 - c + m}$。定义 B 为贸易差额,则有:

$$B = X - M = X - \overline{M} - \frac{m}{1 - c + m}(\overline{C} + I + G + X - \overline{M}) \tag{12.23}$$

由于 $1 - c$ 就是边际储蓄倾向 s,所以有:

$$B = X - \overline{M} - \frac{m}{s+m}(\overline{C} + I + G + X - \overline{M}) \tag{12.24}$$

从上式可以看出小国的对外贸易乘数的含义：如果一国出现国际贸易逆差，政府可以通过紧缩性的货币政策和紧缩性的财政政策来减少国民收入（减少$\overline{C} + I + G$），借助于乘数效应减少进口支出，从而减少贸易逆差。反之，当出现国际贸易顺差的时候，政府可以通过扩张性的货币政策和扩张性的财政政策增加国民收入，借助于乘数效应增加进口支出，减少贸易顺差。

（三）贸易大国的对外贸易乘数

现在放松对贸易小国的假定。实际上，一国的商品进口就是其他国家的商品出口。因而本国的进口增加就意味着别国的出口增加，从而使出口国国民收入水平提高。如果外国进口的自主增长代替了国内生产，外国的收入将下降。这会引起外国的进口下降，因而抵消掉一部分自主进口的最初自主增长。这意味着外国对本国的反应抵消了一部分其出口的最初自主增长。因此，本国的对外贸易乘数在有外国反应（foreign repercussion）的情况下小于没有外国反应的情况，其贸易余额的改善也变小了。

用"＊"表示外国的变量，定义本国的所有自主增长代替了外国的国内生产，则有外国反应的条件下，本国相对于出口自主增长的对外贸易乘数 k'' 为：

$$k'' = \frac{s^*}{ss^* + s^*m + sm^*} \tag{12.25}$$

有外国反应时，本国相对于投资自主增长得到的对外贸易乘数 k' 为：

$$k' = \frac{s^* + m^*}{ss^* + s^*m + sm^*} \tag{12.26}$$

显然，$k' > k''$。

最后，存在外国的投资自主增长时，有外国反应的条件下，本国相对于外国自主投资增长的对外贸易乘数 k^{**} 为：

$$k^{**} = \frac{m^*}{ss^* + s^*m + sm^*} \tag{12.27}$$

此时可发现，$k' = k'' + k^{**}$。（推导过程见本章末附录）

存在外国反应的对外贸易乘数的经济含义是：本国的经济活动扩张推动了进口，由于本国的进口就是外国的出口，本国的扩张传递到了外国。外国出口的上升扩大了其经济活动，并通过从本国进口增长，把这种经济增长反馈回本国。反之亦然。

（四）简要评价

1. 贡献

乘数分析法运用一般均衡分析法，克服了弹性分析法的局部均衡分析的局限性，依托凯恩斯主义乘数原理阐释了国际收支与国民收入之间的关系，这在当时是一大进步。

乘数分析法揭示了对外贸易对于一国经济增长的重要性，把对外贸易视为经济增长的发动机是有一定道理的,在存在需求约束的情况下尤其如此。此外,乘数分析法特别是有外国反应的乘数表明,国际经济的传导不仅是经济的传导,也是经济增长的传导,各国经济的发展是相互联系、相互依赖、相互促进的。

2. 不足

乘数分析法也有着很大的局限性。主要表现在以下两方面:

(1) 它仍然忽略了国际资本流动,把国际收支等同于贸易收支。

(2) 它假定价格水平和汇率固定不变,这些假定是为了满足应用乘数原理的需要,但因此也造成了它的局限性,即不能分析通货膨胀情况下的贸易收支调节问题。

第三节 国际收支调节的货币分析法

国际收支调节的货币分析法(the monetary approach to the balance of payments,MABP)是在 20 世纪 60 年代末 70 年代初随着货币主义发展起来,并占支配地位的一种国际收支调节理论,代表学派是以波拉克为代表的国际货币基金组织派和以 R. 蒙代尔、H. 约翰逊和 J. 弗兰克尔为代表的美国芝加哥大学派。

国际收支调节的货币分析法不同于国际收支调节的吸收分析法和弹性分析法(这两种方法把研究重点只放在国际收支贸易项目),货币分析法是以国际收支平衡表的平衡项目(将经常项目与资本项目结合起来加以分析)为研究对象,强调国际收支的整体均衡。

一、货币分析法的基本内容

(一) 货币分析法的假设条件

货币分析法的假设条件是运用货币分析法分析问题的基础,也是构造货币理论的基石,故有必要加以阐述。

(1) 一国在长期内处于就业的均衡状态,并且货币需求函数是关于价格、收入水平、利率等相互独立变量的稳定的函数。实际收入水平对实际货币余额有正向影响,该结论可由费雪方程式推导得出:

$$M_d = P \cdot L(Y, i) \tag{12.28}$$

式中:M_d 为名义货币需求,它是实际收入和利率的稳定函数;

P 为用本币表示的国内价格水平;

Y 为实际收入;

i 为利率;

$L(Y, i)$ 为实际货币余额需求。

名义货币需求与实际收入同方向变动,与利率反方向变动。

(2) 在完全竞争的世界市场中,长期内购买力平价理论成立,商品的价格和利率趋同于国际市场水平。

（3）货币供给量的变化不会影响实际的产量。

（4）假设货币供给的来源由国外资产和国内资产组成。由 $R = M_d - D$ 知道国际收支不平衡是由货币需求与货币供给之间失衡引起的，货币市场失衡通过国际收支失衡来表现。比如，在一价定律成立的条件下，当国内信贷大幅度扩张引致货币供给量超出居民对货币需求的期望持有量时，居民会将超出预期部分的货币用于购买外国商品或者外国金融资产，继而国际收支会出现逆差；反之，当居民的货币需求预期超出了货币供给时，国际收支出现顺差。总之，货币供给中国内资产部分的变化会引起国际储备等量相反的变化。

（二）货币分析法的基本模型

为了更好地理解货币分析法，首先建立一个简化的货币理论模型。令 $L(Y, i) = kY$，其中，k 是一个参数，Y 为国内实际收入水平，P 代表国内价格水平，则货币需求函数（demand for money）等式可以写成：

$$M_d = kPY \tag{12.29}$$

式中：PY 表示名义的国民收入或总产值（GNP）；k 表示所期望的名义货币余额与名义国民收入之比，在 V 为货币流通速度时，k 等于 $\dfrac{1}{V}$，V 取决于制度因素，一般假设它是常数。

另一方面，一国的货币供给（supply of money）可以用下式表示：

$$M_s = m(D + F) \tag{12.30}$$

式中：M_s 是名义货币供给量；m 是货币乘数；D 是一个国家基础货币的国内部分；F 是一个国家基础货币的国外部分。$D + F$ 被认为一个国家的基础货币（monetary base），或者叫作"高能货币"。在目前的银行准备金制度下，存入商业银行的每一单位货币 D 和 F 都会通过乘数 m 导致该国货币供给量的数倍扩张。货币市场均衡意味着 $M_d = M_s$。

根据以上的简化模型，在开放经济中，解决货币不平衡的途径可以表现为国际收支的变动。假设我们所考虑的对象是一个贸易小国，该国经济处于充分就业状态，并且实行固定汇率，商品、劳务和金融资产具有完全的国际流动性。在此情形下，货币需求是长期稳定的，因此货币市场的不均衡主要通过货币供给的变化调整，即通过调整基础货币来实现货币市场均衡。

假设最初的货币市场是均衡的，即 $M_d = M_s$。由式 12.29 和式 12.30 可得：

$$m(D + F) = kPY \tag{12.31}$$

式中 k、P、Y 均不变，由式 12.31 可以得出：$dF = -dD$。这意味着，如果货币当局增加基础货币中的国内部分 D，货币供给就会超过货币需求，为恢复货币市场均衡，F 就要减少，即 D 的增加会导致国际储备减少，于是国际收支出现逆差；如果货币当局减少基础货币中的国内部分 D，那么在货币需求不变的条件下，为了恢复货币市场均衡，F 将上升，即国际储备增加，因而国际收支出现顺差。

因此，从货币供求均衡角度看，一国贸易收支或国际收支逆差实际上来源于该国货币存量的过度供给。即当一国的国内货币量供应过多时，国际储备资产减少或本国国际收支逆差是自动实现本国货币供给和需求达到均衡状态的内在机制。相反，一国国际收支顺差来源于该国货币存量的过度需求,贸易收支顺差是实现这种货币供求平衡的内在机制。从这个意义上说,国际收支失衡的根本原因是国内货币供给失衡。

(三) 固定汇率制下的货币分析法

在固定汇率制下,即使一国的货币当局不采取任何措施,货币市场的不平衡也是不可能长期存在的,它可以通过货币供给的自动调节机制自行消除。于是有人会说,在固定汇率制下,货币政策无效。

具体来说,当 $M_s > M_d$ 时,国际收支出现逆差,表现为一部分国际储备资产流出,于是该国基础货币 $D + F$ 下降,导致 M_s 以基础货币下降数额的倍数下降,直到 $M_s = M_d$ 为止,用公式表示为 $M_s = m(D + F)$。当 F 减少时,M_s 减少 mF 倍,最后使 $M_s = M_d$。此时,由于货币供给降回到货币需求的水平,所以国际收支逆差消除。当 $M_s < M_d$ 时,对货币需求超过货币供给的部分,可以通过国际储备资产的流入加以调整。用公式表示为 $M_d > m(D + F)$。此时,在 D 保持不变的情况下,F 增加使 M_d 增加 mF 倍,这种国际储备的流入只有在 $M_s = M_d$ 时才会停止,此时国际收支顺差消除。

在现代银行制度下,银行系统短期内能够抵消国际收支失衡对国内货币供应量的影响。当出现顺差时,货币当局可以通过实施紧缩的货币政策,减少基础货币中的国内部分,或降低货币乘数 m 等手段来抵消国际储备资产 F 的增加对货币供应量 M_s 的影响。相应地,货币当局也可以通过采取宽松的货币政策,增加国内部分的货币供应量,即增加 D 或增加乘数 m 等措施来抵消国际收支逆差对 M_s 的影响。其结果是,国际收支差额难以影响国内的货币供应量,从而该国通过货币供应量的变化自动调整国际收支状况的机制就会失去效应。

在固定汇率制下,银行系统难以使本国的货币供应量免受国际收支的影响。在固定汇率制下,如果一国试图通过削减国内部分的货币供应抵消贸易收支顺差对货币供应量的影响,那么它的整个基础货币部分都由国际储备构成。这一原理的基本过程用公式表示就是:$M_s = m(D + F)$。其中,在固定汇率之下,如果 F 增加,D 保持不变,则 M_s 就会增加,因而本国的物价水平就会上升,商品的竞争力下降,进而进口增加、出口减少,F 就会逐步减少。但是如果在 F 增加的同时 D 相应减少,从而使本国的货币供应量保持不变,则本国的出口竞争力仍然很高,进口产品不具备较强的竞争力,结果是出口继续增加,进口不变,贸易收支仍然是顺差,F 会继续增加。本国为保持国内货币供应量不变,仍然减少基础货币中的国内部分。其结果是使本国贸易收支继续改善,要保持国内货币供应量,需继续减少基础货币中的国内部分,最终基础货币只能由国际储备组成。当基础货币中不再有国内部分时,银行也同时失去了用本国部分抵消国际储备增加的能力,听任货币供应量随国际储备增加而增加。相反,如果一国一直保持贸易收支逆差,并且试图用国内货币供应量的增加来保持市场上货币供应量的稳定,那么该国就会用掉其全部的国际储备,以致全部的基础货币都由国内供应部分构成,从而失去了用国际储备调节贸易收支的能力。因此,从长期看,在固定汇率制下,国际收支或者贸易收支失衡迟早要影响到本国的货币供应量,并且在国际储备资产流动机制的作用下最终改善国际收支。

(四) 浮动汇率制下的货币分析法

在浮动汇率制下,国际收支失衡可以由汇率的变化,即本国货币升值或贬值加以自动调整,不需要国家间的货币或国际储备的流动。

当一国的国际收支出现逆差时,在外汇市场上会表现为外汇的供给小于需求,使外汇的价格相对于本国货币升值。本国货币贬值一方面可以起到鼓励出口、抑制进口的作用;另一方面,它会提高外汇需求方获得外汇的成本,当这种成本较大时,同样会抑制市场上对外汇的需求,同时鼓励外汇的供应,这一过程直到该国的国际收支平衡实现才能停止。其基本过程是:国际收支逆差→货币贬值→出口增加、进口减少→贸易收支或国际收支改善→国际收支恢复平衡。相反,当一国的国际收支出现顺差时,在外汇市场上表现为外汇的供给大于需求,从而外汇的价格相对于本国货币贬值。本国货币升值会起到抑制外汇供给、增加外汇需求的作用,结果外汇相对于本国货币又会恢复平衡。其过程是:国际收支顺差→货币升值→出口减少、进口增加→贸易收支或国际收支改善→国际收支恢复平衡。

由于各国希望自己的币值保持相对稳定,并非在所有的外汇市场上与本国货币供求有关的不平衡都要通过货币的上浮或下浮来恢复平衡,有时也采取某种程度的干预。在此情况下,汇率就不是完全浮动汇率。

浮动汇率的一个重要的负面效应是国际性通货膨胀。在浮动汇率制下,一国能够控制自己的货币发行量,一般而言,增加货币的供应对经济有某种刺激作用。在固定汇率制下,这种刺激不能无限进行。然而在浮动汇率制下,如果一国因刺激经济导致本国货币供应过多,造成国际收支逆差,该国货币的自动贬值会修正这种国际收支逆差,既不需要动用国际储备,也无须停止对经济的刺激活动。但是如果每个国家都这样,就会出现全球性的货币供给超过货币需求的情况。

二、货币分析法的政策主张

第一,所有国际收支不平衡本质上都是货币现象。从这个角度看,国际收支的结构性顺差或者逆差实际不存在。只有在实际变化与国际储备同时减少的时候,实际变化才会导致国际收支差额发生变化。所以不存在所谓"结构性"的国际收支盈余或赤字。

第二,国际收支失衡必然是暂时的。货币论认为国际收支取决于一国的货币供求状况,并且它的失衡可以通过货币的国际流动而自动得到纠正,因此从长期来说,国际收支必然自动达成均衡,失衡只是短期内存在的现象。因此,长期来看,国际收支政策是不必要的。某些调节政策,仅仅是加速了国际收支的调节而已。

第三,汇率变动只是国内信贷控制的替代方法。贬值相当于国内信贷紧缩,升值相当于国内信贷扩张。贬值的结果是:以本国货币表示的该国贸易商品的价格首先会上升,以后由于生产的相互替代性,非贸易商品的价格也会上升。国内一般物价上涨,提高了人们对名义货币余额的需求,这诱发了货币从国外流入。同时,贬值还减少了人们手中现有的货币余额的实际数额,从而迫使人们增加手中所持有的货币量。这两方面的原因,促使该国国际收支转而出现盈余。与此道理相同,升值通过降低国内价格,减少了人们对名义货币余额的需求并提高了实际货币余额的数量,从而使该国货币供应超过了货币需求,出现国际收支赤字。但是,汇率变动不能够产生持续的国际收支状况的变动。它只是通过影响国内价格水平而引起了货币市场暂时的存量不均衡,从而可使国际收支短暂地出现盈余或赤字。由于所有国际收支失衡都能够自我纠正,所以汇率变动事实上是不必要的,其作用不过是加速了调节。

第四,关税、进出口限额、外汇管制等,只是由于其能影响到国内货币需求,所以才会改善国际收支。关税会使国内价格提高,从而提高名义货币余额需求。如果这一需求没有从国内来源得到满足,就将产生一种暂时的国际收支盈余,直至货币市场恢复存量均衡。进口限额直接限制了进口数量,于是国内的价格会上升,名义货币余额需求增加,国际收支随之出现盈余。外汇管制是一种定量供应外汇的机制。通过限制进口,政府得以使进口数量减少,这就会使本国进口商品价格提高,进而使一般物价上升,于是提高了货币需求的存量,产生国际收支盈余。

三、国际收支调节货币分析法的特点

货币分析法与传统的国际收支调节理论有着较多的不同之处,主要体现在以下四个方面。

(一)不同国际收支调节理论的研究侧重点不同

传统的国际收支调节理论中具有代表性的有弹性分析法和吸收分析法,这两者的研究重点放在了商品市场,并且假设没有资本流动,也就是说不考虑资本和金融项目,而只建立关于贸易收支或者是经常项目收支的方程式进行实证检验,考察国际收支失衡的原因;国际收支调节的货币分析法将研究的重点转向了货币市场,并且通过官方储备项目来研究国际收支总体的变化。

(二)运用的分析方法不同

传统的国际收支调节理论侧重于运用流量分析的方法对国际收支中短期均衡条件加以考察,忽略了国内货币市场与国际收支间的关系;货币分析法采用存量分析方法,综合流量理论与存量理论,侧重对国际收支的长期考察。

(三)政策主张不同

传统国际收支调节理论中的弹性分析法与吸收分析法认为国际收支的调节需要政府进行干预。弹性分析法相对偏向于将汇率政策作为调节国际收支失衡的有效政策;吸收分析法则侧重总需求管理政策的运用,强调各个政策之间的相互配合,如财政政策、货币政策和支出转换政策;国际收支调节的货币分析法则强调可以通过调节货币市场中的货币供求量来自动调节国际收支使之达到均衡,为了达到这一效果,只需要政府创造比较有利的市场环境即可,而不需要政府的直接干预。

(四)在同一变量影响国际收支的问题上得出的结论不同

1. 收入水平对国际收支的影响

在这一问题上,吸收分析法认为进口与收入水平是一个正向关系,所以收入水平提高,会增加进口,恶化贸易收支,不利于国际收支的平衡。在同一问题上,货币分析法认为收入水平与货币需求是正向关系,即当居民收入水平提高后对货币需求的量也会增加,在政府不实行"封存"政策的情况下,当国内不能满足增加的这部分货币需求时,就会由国外流入部分满足,继而形成了国际收支顺差。

2. 物价水平对国际收支的影响

弹性分析法认为对于非货币扩张(比如世界市场石油价格上涨)引致的国内物价上涨,将会导致出口量下降、进口量增加,从而会恶化本国国际收支。不同于弹性分析法,货币分析法认为本国物价上涨会导致货币需求增加,即物价对货币需求函数的影响为正向影响,货币需求增加引致了本国储备增加,从而有利于国际收支改善。

3. 利率因素对国际收支的影响

传统国际收支调节理论认为本国利率提高,会吸引国外资本流入国内,从而可以改善国际收支;货币分析法认为本国利率上升会引起人们对持有的资产结构进行重组,将货币投向高利率的金融资产,从而使得货币需求量下降,并且多余的货币存量流到了国外,致使本国国际储备减少,国际收支出现逆差。

四、简要评价

(一) 贡献

货币分析法强调了人们在国际收支研究中长期忽视的货币因素,从货币需求与供给的独特视角对国际收支问题进行了分析研究。货币分析法除了可以弥补传统理论的缺陷外,还强调了国际收支差额将诱导货币存量的变化,而货币存量的变化至少在短期将影响经济行为。

总之,货币分析法考虑了国际资本流动对国际收支的影响,并且在国际收支中强调了货币因素,使得凯恩斯主义兴起以来已经被人淡忘的货币因素在调节国际收支中的重要作用得到了应有的重视。

(二) 不足

(1) 货币分析法假定一国货币需求是其价格水平、利率和实际收入的稳定函数,这一假设不一定成立。因为经济学家的实证研究表明,这一假设只有在长期时才可能成立,而短期甚至中期来看,货币需求函数是很不稳定的。实际上,货币分析法的货币函数稳定假设、购买力平价假设和利率稳定假设等都是从长期来看才能近似成立,其短期动态分析未必符合实际情况,从而无法得出令人信服的解释。

(2) 货币论的分析,只集中于国际收支总的状况,而不涉及国际收支各个具体项目的失衡及其纠正。这对极其复杂的国际收支调节过程来说是不够的,在相当多的场合这种研究方法很难说明问题。

(3) 货币分析法关于实际收入始终保持不变的假设也只具有中短期意义,而不具有长期意义。这是因为,从长期来看,实际收入一般是会增长的。实际收入增长后,就会影响货币需求。

(4) 货币分析法在强调货币作用的同时,又走上了极端,以致实际上否认了其他因素也会对国际收支发生作用,这是十分片面的。作为一国所有对外经济活动的总记录,国际收支虽然总是表现为一定的货币收支,但引起货币收支的原因却是多种多样的。

基本概念

马歇尔 – 勒纳条件（the Marshall–Lerner condition）

J 曲线效应（J–curve effect）

贬值的收入效应（the income effect of depreciation）

贬值的吸收效应（the absorption effects of the depreciation）

贸易条件（term of trade）

复习思考题

1. 马歇尔 – 勒纳条件及其经济学含义是什么？
2. 弹性分析法的基本理论、政策主张及其局限性有哪些？
3. 简述影响货币贬值效应的因素。
4. 简述乘数理论及其总体评价。
5. 试解释 J 曲线效应及其形成原因。
6. 简述吸收分析法的基本理论和政策主张。
7. 简述货币分析法的基本理论和政策主张及其评价。
8. 你认为上述理论哪个适合中国的现状？
9. 作图说明 J 曲线效应。
10. 作图说明贸易小国均衡国民收入的决定。
11. 作图说明小型开放经济中均衡国民收入的决定。

即测即评

请扫描右侧二维码，在线测试本章学习效果。

附录

贸易大国对外贸易乘数的推导

用 "*" 表示外国的变量，假定：① 只有本国和外国两个国家，两国均为贸易大国；② 本国的出口等于外国的进口。则本国和外国的国民收入恒等式分别为：

$$Y = \frac{1}{1 - c + m}(C_0 + I_0 + G_0 + X_0 - M_0)$$

$$Y^* = \frac{1}{1 - c^* + m^*}(C_0^* + I_0^* + G_0^* + X_0^* - M_0^*)$$

由假定② 有：$X = M^*$，又 $M^* = M_0^* + m^* Y^*$，$X = X_0$，所以，$X_0 = M_0^* + m^* Y^*$。同理有：

$$X_0^* = M_0 + mY$$

又因为 $s = 1 - c$，同理，$s^* = 1 - c^*$。

将 $X_0^* = M_0 + mY$ 代入 $Y^* = \dfrac{1}{1 - c^* + m^*}(C_0^* + I_0^* + G_0^* + X_0^* - M_0^*)$ 有：

$$Y^* = \frac{1}{1 - c^* + m^*}(C_0^* + I_0^* + G_0^* + M_0 + mY - M_0^*)$$

将该式代入 $X_0 = M_0^* + m^* Y^*$ 有：

$$X_0 = M_0^* + \frac{m^*}{1 - c^* + m^*}(C_0^* + I_0^* + G_0^* + M_0 + mY - M_0^*)$$

再将该式代入 $Y = \dfrac{1}{1 - c + m}(C_0 + I_0 + G_0 + X_0 - M_0)$，有：

$$Y = \frac{s^* + m^*}{ss^* + s^*m + sm^*}(C_0 + I_0 + G_0 + M_0^* - M_0) + \frac{m^*}{ss^* + s^*m + sm^*}(C_0^* + I_0^* + G_0^* + M_0 - M_0^*)$$

对其分别求导有：

$$\frac{\partial Y}{\partial C_0} = \frac{\partial Y}{\partial I_0} = \frac{\partial Y}{\partial G_0} = \frac{s^* + m^*}{ss^* + s^*m + sm^*} = k'$$

$$\frac{\partial Y}{\partial C_0^*} = \frac{\partial Y}{\partial I_0^*} = \frac{m^*}{ss^* + s^*m + sm^*} = k^{**}$$

$$\frac{\partial Y}{\partial X_0} = \frac{\partial Y}{\partial M_0^*} = -\frac{\partial Y}{\partial M_0} = \frac{s^*}{ss^* + s^*m + sm^*} = k''$$

第十三章
开放经济下的宏观经济均衡

本章重点

1. 内部均衡、外部均衡及其相互关系
2. 开放经济下的政策工具
3. 蒙代尔 – 弗莱明模型
4. 固定和浮动汇率制下的财政政策与货币政策效果
5. 经济内外失衡的调整
6. 国际经济政策协调的理论依据

教学视频

请扫描右侧二维码观看本章精彩教学视频。

在开放经济下,宏观经济的主要目标包括经济增长、充分就业、物价稳定和国际收支平衡四个方面。市场经济的有效运行离不开政府的宏观调控,因此宏观经济均衡的目标实现需要政府的政策干预。在经济全球化背景下,国家之间的分工与合作越来越密切,一国政府政策的制定面临内部和外部同时平衡的问题。也就是说,政府通过经济政策保持内部物价稳定和经济增长的同时,还要保持外部国际收支平衡。为此,一国可以选择不同的财政政策、货币政策、汇率政策和管制政策并进行有效的组合来实现这些目标。本章主要阐述开放经济下的宏观经济政策与经济均衡。

第一节　开放经济下的宏观经济目标与政策工具

一、宏观经济目标

在封闭经济下,政府宏观经济目标包括充分就业、物价稳定和经济增长。其中,经济增长属于长期目标,其余两项为短期目标。实现充分就业和物价稳定即可称为内部均衡。在开放经济下,政府还要考虑国际收支平衡,即外部均衡。通常,各国把内部均衡放于首位,但若出现长期的严重外部失衡,政府也要调整主次。除以上目标外,政府也兼顾其他目标,如国民收入分配合理。虽然这些目标亦会影响国际经济政策的制定,但本章的讨论范围仅限内外部均衡。

(一)内部均衡

内部均衡(internal equilibrium)涵盖充分就业和物价稳定两项目标。前者是指在一定工资水平下,所有愿意工作的人都得到了就业机会;后者是指物价保持不变或以较低的可预测的水平缓慢上升。但内部均衡的概念远不止如此简单,因为就业和物价是彼此联系的。根据英国经济学家米德的定义,内部均衡是指使总需求水平保持足够高以维持充分就业,但又不至于高到使货币价格和生产成本持续上升而出现通货膨胀。自菲利普斯曲线出现后,经济学家发现,失业与通货膨胀之间存在持续的均衡,而不简单是非此即彼。因此,内部均衡被定义为菲利普斯曲线上的某一个最优点。在该点,减少失业的边际收益等于增加通货膨胀的边际成本。在费尔普斯和弗里德曼提出自然失业率假说后,内部均衡则在某种程度上成了与自然失业率(或非加速通货膨胀的失业率)意义相同的概念。可以说,人们对内部均衡的理解是随着通货膨胀相关理论的发展而不断深化的。米德在比较各种通货膨胀理论后,将内部均衡定义为:与谨慎控制的通货膨胀相一致的最高水平的需求或国民产出。

(二)外部均衡

外部均衡(external equilibrium)是指国际收支平衡的状态,既无逆差,也无顺差。但与内部均衡一样,人们对外部均衡的理解也随着国际经济体系的变化而不断调整。在布雷顿森林体系下,资金的跨国流动受到严格管制,经常账户逆差很难通过汇率变动或吸引资金注入的方法解决,因此这时的外部均衡等同于经常账户平衡。20世纪70年代以来,汇率可自由浮动,同时在国家间流动的资金数量日益增加,大多数人认为可通过外汇市场的自发调节来弥补经常账户差额,因此外部均衡不存在了,或者说,将外部均衡视为总差额的平衡。20世纪80年代以来,外部均衡的含义发生了深刻变化。国际资金流动问题日益突出,资金在国家间自发流动过程中出现了汇率剧烈波动、诱发债务危机与货币危机等严重问题,国际收支总差额的平衡并不能说明问题。于是,一国可以根据其经济特点和发展阶段来确定相应的经常账户余额目标,进而确定合理的国际收支结构。因而,外部均衡可定义为一国与宏观经济相适应的合理的国际收支结构。简而言之,外部均衡是指与一国宏观经济相适应的合理的经常账户余额。

什么是合理的经常账户余额呢?通常认为,只要满足经济理性和可持续性两个条件,就可以说经常账户余额是合理的。经常账户余额可表示为储蓄与投资的差额。经常账户顺差对应资本流出,经常账户逆差对应资本流入。假定一国能按世界利率无限制地借款或贷款,那么当该国存在收益率高于世界利率的投资机会而国内储蓄无法满足时,符合经济理性的行为就是在国际金融市场借款以使本国投资大于储蓄,经常账户逆差。可持续性一般针对经常账户逆差而言。在经常账户逆差时,资本流入形成的债务必须在将来某一时期偿还,经济面临跨期预算约束。若资本流入在跨期预算约束内,经常账户逆差就是可持续的。从动态角度看,外部均衡目标不应追求经常账户的简单均衡,而应重视可持续性。

(三) 内部均衡与外部均衡的关系

内、外部均衡的关系取决于初始的内、外部经济状况(如表 13-1 所示)。初始内部经济状况可分为经济衰退、失业增加和通货膨胀两种,外部经济状况则可分为国际收支顺差和逆差两种。若一国经济衰退失业增加,且国际收支为顺差,为实现内部均衡,政府应实施使社会总需求增加的政策。在该政策下,边际进口倾向上升,进口增加。在出口保持不变时,经常账户顺差会相应减少。从而,初始的国际收支顺差状况得到改善而趋于平衡。同样,若一国通货膨胀且国际收支逆差,为实现内部均衡,政府应采取削减社会总需求的措施。在该政策下,进口减少。在出口保持不变时,经常账户逆差减少,国际收支逆差状况得到改善而趋于平衡。在这两种情况下,政府在采取措施实现内部均衡的同时,也解决了外部失衡。因此,在这两种情况下内外均衡目标是一致的。

表 13-1　固定汇率制下的内、外部均衡关系

序号	内部经济状况	外部经济状况	内外均衡的目标
1	经济衰退、失业增加	国际收支逆差	冲突
2	经济衰退、失业增加	国际收支顺差	一致
3	通货膨胀	国际收支逆差	一致
4	通货膨胀	国际收支顺差	冲突

若一国经济衰退、失业增加,且国际收支逆差,为实现内部均衡,政府应实施使社会总需求增加的政策。在该政策下,边际进口倾向上升,进口增加。在出口保持不变时,经常账户顺差会相应减少。从而,初始的国际收支逆差状况不但未得到改善,反而趋于恶化。类似地,若一国通货膨胀且国际收支顺差,为实现内部均衡,政府应采取削减社会总需求的措施。在该政策下,进口减少,在出口保持不变时,经常账户逆差减少,国际收支顺差状况更加恶化。这两种情况下内外均衡目标是相互冲突的,被称为米德冲突。

二、政策工具与政策搭配

(一) 开放经济下的政策工具

同时实现内、外部均衡,将使一国经济处于最适宜的发展状态。但这种状态在现实中很难达到,一国经济往往是在失衡—调整—均衡—再失衡的循环中,以及国内外经济的相互矛盾和制约中发展的。为实现内、外部均衡的目标,政策制定者可以实施支出增减政策、支出转换政策和直接控制政策。

1. 支出增减政策

支出增减政策又称支出调整政策(expenditure changing policy),它改变一国对国内生产及外国进口的商品和劳务的总需求水平,包括财政政策和货币政策。财政政策是调整政府支出和税收的政策。货币政策是指一国央行(如中国人民银行和美联储)改变货币供给的政策。如果通货膨胀是个问题,可能是因为在现有价格水平下,相对于国内资源所能支撑的产出水平,总需求(总支出)水平过高。这种情况下,政策制定者的标准做法是降低总需求,实施减少支出的政策,如削减政府开支、增加税收或减少货币供给。这些政策能够抵消超额总需求引起的价格上涨压力。如果失业过多,政策制定者一般会采用增加支出的政策,提高对商品和劳务的总需求。

2. 支出转换政策

支出转换政策(expenditure switching policy)是指调整需求的方向,使之在本国产品与进口产品之间转移。汇率调整是最常用的支出转换政策。在固定汇率制下,国际收支逆差的国家可以使本币贬值,使国外产品相对国内产品的价格提高,从而使需求转向国内产品,并刺激国内出口行业的发展,改善国际收支逆差。但这也会使国内产出增加并引起进口需求增加,从而抵消掉部分贸易收支的改善效果。当国际收支顺差时,则可使本币升值,本币升值使国内产品相对于国外产品的价格提高,从而会使需求转向国外产品,并使国内出口行业减缩生产,这可用于调整国际收支盈余。然而,这也将减少国内产值,相应地减少进口,因此会抵消掉一部分货币升值对国际收支盈余的影响。在浮动汇率制度下,一国可以在外汇市场买入和卖出本币来影响本币汇率。支出转换政策能否成功改善国际收支,在很大程度上取决于需求转移的方向和数量是否适当,以及本国经济是否有能力提供更多产品以满足额外需求。

3. 直接控制政策

直接控制政策包括政府对市场的各种行政干预。在国内经济方面,具体包括行政条例、物价管制、法律限制等。当其他政策失效时,直接对价格进行管制和对工资进行调控可用以缓解国内的通货膨胀。在国际经济方面,则包括关税、非关税措施、外汇管制以及其他限制国际贸易和国际资本流动的做法。直接控制的目的也是要改变国内的需求结构,以实现内外经济均衡,因而本质上也属支出转换政策。但是与上文提到的支出转换政策不同的是,直接控制不可避免地使市场产生扭曲,降低资源配置效率。例如,进口关税可减少进口改善国际收支逆差,但也会扭曲消费者和生产者的激励,造成无谓损失。此外,直接控制很可能招致他国报复。所以经济学家和国际经济组织大多不赞成采用直接控制政策来调控经济,但在历史上发达国家和发展中国家都不同程度地采用过直接控制政策。

(二) 开放经济下的政策搭配原理

1. 丁伯根法则

丁伯根法则(Tinbergen's rule)是由首届诺贝尔经济学奖获得者丁伯根提出的。其基本内容是,一国可以运用的独立的政策工具数至少要与所要实现的经济政策目标数相等。即要达到一个经济目标,至少需要一种独立的政策工具。推而广之,要达到 N 个独立的经济目标,至少需要使用 N 种独立的政策工具。丁伯根法则对于经济政策制定具有深远意义,但也存在缺陷:一是假定各种政策工具可以供决策当局集中控制,从而通过各种工具的紧密配合实现政策目标;二是没有明确指出每种工具有无必要在调控中侧重于某一目标的实现。这两点与实际情况是不相符合的。

2. 米德的政策搭配理论和斯旺模型

假定在经济达到充分就业之前物价水平保持不变,同时贸易收支即代表整个国际收支,不考虑资本流动的影响,则政府可以运用支出增减政策和支出转换政策的配合来实现内外同时均衡的目标。

当存在失业时,可通过扩张性财政政策和货币政策扩大总支出、减少失业;当经济存在通货膨胀时,则可运用紧缩性财政政策和货币政策降低总需求水平、降低通货膨胀率。同样,国际收支顺差时,可通过本币升值减少出口、增加进口,从而减小顺差;当国际收支逆差时,可通过本币贬值刺激出口抑制进口,从而减小逆差。因此,当经济中存在内部和外部不平衡时,可以通过支出调整政策和支出转换政策的搭配来实现内部和外部同时平衡。具体搭配情况如表13-2 所示。

表 13-2 米德的政策搭配

经济状况	支出调整政策	支出转换政策
失业和顺差	扩张性	本币升值
失业和逆差	扩张性	本币贬值
通货膨胀和顺差	紧缩性	本币升值
通货膨胀和逆差	紧缩性	本币贬值

米德提出的实现内外均衡的政策搭配组合可由图13-1 的斯旺模型[①] 予以说明,如图13-1 所示。图中横轴表示国内支出水平,代表支出调整政策,扩张性支出调整政策会拉动国内支出水平沿横轴右移;纵轴表示直接标价法下的汇率,代表支出转换政策,汇率上升意味着本币贬值,汇率下降则意味着本币升值。

EB 线代表国内支出和汇率的各种组合下的外部平衡曲线。该曲线的斜率为正,是因为扩张性支出调整政策使国内支出增加,从而增加进口,为维持外部平衡,需要将汇率提升,本币贬值,从而刺激出口、抑制进口。IB 线代表国内支出和汇率的各种组合下的内部平衡曲线。该曲线

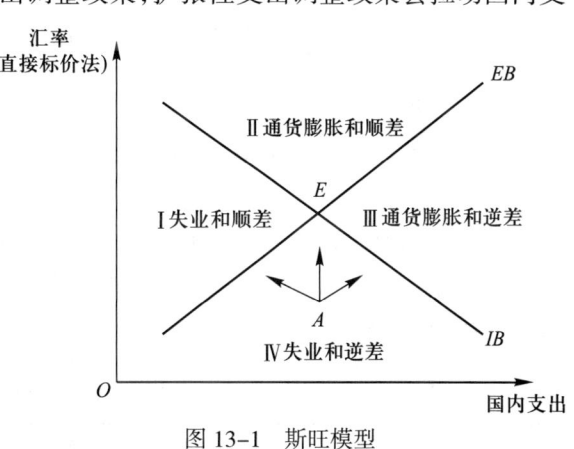

图 13-1 斯旺模型

向右下方倾斜,是因为汇率下降本币升值会导致出口减少、进口增加,为维持内部平衡,必须增加国内支出。EB 线和 IB 线的交点 E 代表内部和外部同时均衡。

EB 线左侧的点代表外部顺差,右侧的点代表外部逆差。IB 线左侧的点代表内部存在失业,右侧的点则表示内部存在通货膨胀。IB 线与 EB 线将平面划为四个区域:区域 I 内任意

---

① 斯旺模型以其创造者澳大利亚经济学家特雷弗·斯旺的名字命名。

一点所表示的汇率和国内支出的组合都将导致失业和顺差并存,区域Ⅱ内任意一点意味着通货膨胀和顺差并存,区域Ⅲ内任意一点意味着通货膨胀和逆差并存,区域Ⅳ内任意一点意味着失业和逆差并存。政府可以通过支出调整政策和支出转换政策的不同组合来实现内外同时平衡。例如,当经济处于 A 点,存在失业和逆差时,可采取扩张性支出调整政策和货币贬值的政策组合,使经济趋向 E 点,从而实现内外同时均衡。

3. 蒙代尔"有效市场分类原则"(the principle of effective market classification)

1962 年,蒙代尔在《恰当运用财政、货币政策以实现内外稳定》一文中提出以财政政策实现内部均衡、以货币政策实现外部均衡的观点。

蒙代尔认为,不同的政策工具实际上被不同的决策者掌握。货币政策通常由中央银行制定,而财政政策主要由财政部控制。在这种情况下,倘若决策者无法紧密协调而只是独立决策,那么政策效果很难达到最佳。如果不同工具被合理地指派给不同目标,并且在目标偏离最佳水平时按规则调控,那么分散决策下仍可能实现最佳调控目标。这一原则的含义是:每一目标应指派给对这一目标有相对更大影响力的工具。如果指派错误,经济就难以达到稳定,并且距均衡点越来越远。这一原则实际上是比较优势理论在政策指派中的运用。

那么,究竟哪些目标应该由哪些工具来实现呢?蒙代尔的观点是,财政政策更适用于实现内部均衡,货币政策更适用于实现外部均衡。首先看财政政策对内部均衡的影响:若政府采取扩张性财政政策,社会总需求增加,在乘数效应下产出和国民收入增加,失业减少。再看财政政策对外部均衡的影响:在扩张性财政政策下,一方面需求增加引起进口增加,导致经常项目收支恶化;另一方面利率上升,资本流入增加,国际收支资本和金融项目改善。综合这两方面,扩张性财政政策对国际收支和外部平衡的影响方向不明确。因此财政政策对实现内部均衡的效果更明显。同样,先看货币政策对内部均衡的影响:若采取扩张性货币政策,货币供给量增加,利率下降,私人消费和投资支出增加,国民收入水平提高,就业增加。再看货币政策对外部均衡的影响:在扩张性货币政策下,一方面利率下降会通过刺激私人消费和投资支出增加而引起国民收入增加,国民收入增加导致进口增加,从而使贸易收支恶化;另一方面利率下降也会导致资本流出,从而使国际收支资本和金融项目恶化。因此扩张性货币政策会导致国际收支恶化。由此可见,货币政策对实现内外均衡都适用。按照比较优势的原则,货币政策应该用来实现外部均衡,财政政策应该用来实现内部均衡。表 13-3 列出了在四种经济状况下实现内外均衡的政策组合。

表 13-3　蒙代尔的政策配合

经济状况	财政政策	货币政策
失业和顺差	扩张性	扩张性
失业和逆差	扩张性	紧缩性
通货膨胀和顺差	紧缩性	扩张性
通货膨胀和逆差	紧缩性	紧缩性

第二节 蒙代尔－弗莱明模型及其扩展

在封闭经济中,我们用 *IS－LM* 模型来描述整个经济系统实现短期均衡时各种变量之间的关系,并分析某一变量的变动对均衡的影响。在开放经济中,我们扩展该模型,引入 *IS－LM－BP* 模型(又称蒙代尔－弗莱明模型)来探讨产品市场、货币市场与国际收支同时达到均衡的情况。

一、产品市场和 *IS* 曲线

IS 曲线描述了产品市场均衡时收入 Y 和利率 i 的关系。*IS* 曲线可从国民收入恒等式中推导出。在封闭经济下,国民收入恒等式为 $Y = C + I + G$。其中,Y、C、I、G 分别为国民收入、消费、投资和政府支出。在开放经济中还要考虑净出口,国民收入恒等式变为:$Y = C + I + G + NX$。其中,NX 代表净出口,即总出口与总进口之差。

与封闭经济中的 *IS－LM* 模型一样,假定消费和投资的函数形式分别为:

$$C = \alpha + \beta (Y - T)$$
$$I = e - di \tag{13.1}$$

式中:α 和 e 分别是自发消费和自发投资;β 和 d 分别是边际消费倾向和边际投资倾向;T 是税收;i 是利率。

假设净出口是关于总收入和实际汇率的函数:

$$NX = q - \gamma (Y - T) + nEP_f/P \tag{13.2}$$

式中:q、γ 和 n 是外生给定的参数,γ 是边际进口倾向;EP_f/P 是用间接法标价的实际汇率。

将消费、投资和净出口函数代入国民收入恒等式中,则有:

$$Y = \alpha + \beta (Y - T) + (e - di) + G + q - \gamma (Y - T) + nEP_f/P \tag{13.3}$$

整理后可得到:

$$i = \frac{1}{d}(\alpha + e + q + G - (\beta - \gamma) T + nEP_f/P) - \frac{(1 - \beta + \gamma)}{d} Y \tag{13.4}$$

式 13.4 就是开放经济中的 *IS* 曲线。该曲线的斜率 $-(1 - \beta + \gamma)/d<0$,因此在 $i - Y$ 平面上它是一条向右下方倾斜的直线。其斜率的影响因素包括边际消费倾向 β、边际进口倾向 γ 和投资系数 d。前两个参数通常不会发生大的变化,因此 *IS* 曲线的斜率主要由投资系数 d 决定。d 越大,即投资对利率的反应越灵敏,斜率越小,*IS* 曲线越平缓。*IS* 曲线的位置由截距项决定,影响截距大小的因素包括投资系数、自发消费、自发投资、政府支出、税收、边际消费倾向、边际进口倾向和实际汇率。这些变量的变化都会使 *IS* 曲线移动。例如,当实际汇率上升时,*IS* 曲线右移;当税收增加时,*IS* 曲线左移。*IS* 曲线上的每一点都意味着总供给等于总需求,*IS* 曲线右边的点代表总供给大于总需求,*IS* 曲线左边的点代表总供给小于总需求。具体如图 13-2 所示。

二、货币市场和 *LM* 曲线

LM 曲线是货币市场达到均衡时的国民收入和利率组合的轨迹。开放经济中的 *LM* 曲线与封闭经济中的 *LM* 曲线基本无区别。当货币需求等于货币供给时，货币市场达到均衡。货币需求可分为交易需求、预防需求和投机需求。交易需求和预防需求取决于收入，投机需求取决于利率，因此，货币的总需求函数可表示为：

$$L(Y,i) = L_1(Y) + L_2(i) = kY - hi \qquad (13.5)$$

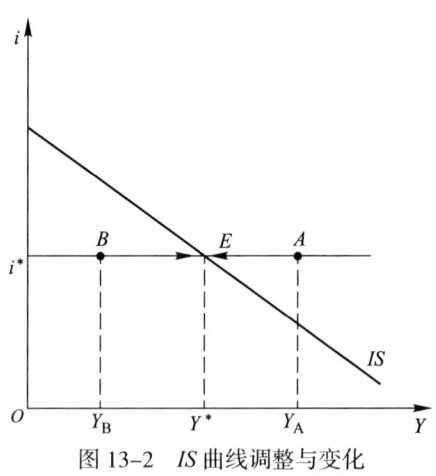

图 13-2　*IS* 曲线调整与变化

式中：L_1 是交易需求和预防需求之和。L_2 是投机需求。k 和 h 是外生参数，k 衡量收入增加时货币需求增加多少，这是货币需求关于收入变动的系数；h 衡量利率提高时货币需求变动多少，这是货币需求关于利率变动的系数。

由于货币供给量是由国家用货币政策来调节的，因而是一个外生变量，其大小与利率高低无关。实际货币供给函数可表示为：

$$\frac{M}{P} = L(Y,i) = kY - hi \qquad (13.6)$$

联合货币需求函数，可求出 *LM* 曲线的函数：

$$i = \frac{k}{h}Y - \frac{1}{h}\frac{M}{P} \qquad (13.7)$$

从上式可以看出，*LM* 曲线的斜率为 $\frac{k}{h} > 0$，因此 *LM* 曲线向右上方倾斜。

影响 *LM* 曲线位置的因素主要有国内货币供给与汇率。例如，国内货币供给增加，*LM* 曲线将右移，这是因为对应于既定的利率水平，只有国民收入增加才能保证过剩的货币余额被吸收；本币贬值将导致 *LM* 曲线左移，因为贬值后进口商品价格上升会抬高国内整体物价水平，从而增加国内居民对货币的需求，那么对应于既定的利率水平，只有实际国民收入下降才能维持货币市场的均衡。

三、国际收支均衡与 *BP* 曲线

BP 曲线是使国际收支维持均衡的所有利率与产出的组合。国际收支由经常项目和资本项目组成。经常项目差额，即净出口，是出口额减去进口额。净出口通常是关于总收入和实际汇率的函数：

$$NX = q - \gamma Y + \frac{nEP_{\mathrm{f}}}{P} \qquad (13.8)$$

式中：NX 是净出口；q、γ 和 n 是外生给定的参数，γ 是边际进口倾向；$\frac{EP_{\mathrm{f}}}{P}$ 是实际汇率。

当本国总收入 Y 增加时，净出口减少；本币实际汇率上升时，净出口增加。

资本项目差额,即净资本流出,是利率差异的函数:

$$NF(i) = \sigma(i^w - i) \tag{13.9}$$

式中:NF 是净资本流出;

　　i 是本国利率;

　　i^w 是世界市场利率;

　　σ 是资本的流动性,较高的 σ 反映国内外的极小利率差都会引起大量的资本流动。

　　给定世界市场利率 i^w,本国利率 i 越高,净资本流出越少。

　　净出口等于资本净流出时国际收支达到均衡:

$$NX = NF \tag{13.10}$$

即

$$q - \gamma Y + \frac{nEP_f}{P} = \sigma(i^w - i) \tag{13.11}$$

　　由此可推导出 $i(Y)$,即为 BP 线:当资本完全自由流动,即 σ 趋向无穷大时,BP 曲线为 $i = i^w$,平行于横轴。当资本完全不可自由流动,即 $\sigma = 0$ 时,BP 曲线为 $y = \dfrac{q}{\gamma} + \dfrac{nEP_f}{\gamma P}$,垂直于横轴。当资本流动性介于两个极端之间,即 $0 < \sigma < +\infty$ 时,BP 曲线为:

$$i = \frac{\gamma}{\sigma} Y + \left(i^w - \frac{n}{\sigma} \frac{EP_f}{P} - \frac{q}{\sigma} \right) \tag{13.12}$$

　　在这种情形下,BP 线的倾斜程度由边际进口倾向和资本流动程度决定。边际进口倾向越小,资本流动性越强,BP 曲线越平坦;边际进口倾向越大,资本流动性越弱,BP 曲线越陡峭。如图 13-3 所示,影响 BP 线移动的因素包括:BP 线上的每一点(如 E 点)都代表国际收支平衡时利率和产出的组合,BP 线上方所有的点(例如 A 点)意味着国际收支盈余,BP 线下方所有的点(例如 B 点)意味着国际收支赤字。我们以 A 点为例来说明其中的道理。与均衡点 E 相比,A 点对应的产出水平为 Y^*,与 E 点相同,故经常账户贷方余额与 E 点相同;A 点对应的利率为 i^A,高于 E 点对应的水平 i^*,资本净流出较少,故资本账户贷方余额低于 E 点;E 点国际收支是平衡的,故 A 点国际收支经常账户贷方余额高于资本账户贷方余额,因此国际收支是盈余的。

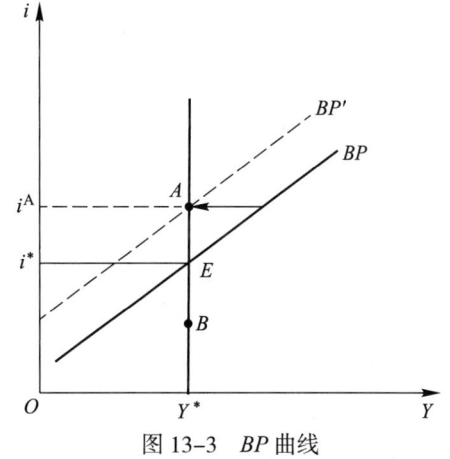

图 13-3　BP 曲线

　　BP 线在平面中的位置由其截距项决定。假定外生参数不变,那么截距主要由名义汇率决定。名义汇率上升(本币贬值)时,截距变小,BP 线右移。这是因为,汇率上升本币贬值,导致出口增加;出口增加后,必须提高产出增加进口才能恢复均衡。

四、三元悖论

通过蒙代尔－弗莱明模型可以分析得出结论:当资本完全不流动时固定汇率与浮动汇率

下的货币政策能有效影响一国收入；当资本流动
介于完全不流动与完全流动之间时货币政策的影
响效应与完全不流动的效果基本一致；当资本完
全流动时固定汇率下的货币政策不能影响一国的
收入，但在浮动汇率下则能有效影响。由此得出
了三元悖论：货币政策的独立性、汇率稳定与资
本完全流动这三个政策目标不可能同时达到。为
此，美国经济学家保罗·克鲁格曼在 1999 年画出
了如图 13-4 所示的三角，又称"不可能三角"。

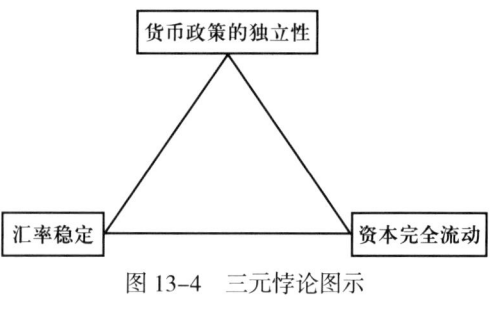

图 13-4　三元悖论图示

不可能三角形象地说明了三元悖论，即在资本完全流动、货币政策的独立性和汇率稳定三
者之间只能进行以下三种选择：

（1）保持本国货币政策的独立性和资本的完全流动性，必须牺牲汇率的稳定性，实行浮动
汇率制。这是由于在资本完全流动条件下，频繁出入的国内外资金带来了国际收支状况的不
稳定，如果本国的货币当局不进行干预，亦即保持货币政策的独立性，那么本币汇率必然会随
着资金供求的变化而频繁地波动。利用汇率调节将汇率调整到真实反映经济现实的水平，可
以改善进出口收支，影响国际资本流动。虽然汇率调节本身具有缺陷，但实行汇率浮动确实较
好地解决了"三难选择"。但对于发生金融危机的国家来说，特别是发展中国家，信心危机的
存在会大大削弱汇率调节的作用，甚至起到恶化危机的作用。当汇率调节不能奏效时，为了稳
定局势，政府的最后选择是实行资本管制。

（2）保持本国货币政策的独立性和汇率稳定，必须牺牲资本的完全流动性，实行资本管
制。在金融危机的严重冲击下，在降低汇率无效的情况下，唯一的选择是实行资本管制，实际
上是政府以牺牲资本的完全流动性来维护汇率的稳定性和货币政策的独立性。大多数经济不
发达的国家实行的就是这种政策组合。这一方面是由于这些国家需要相对稳定的汇率制度来
维护对外经济的稳定，另一方面是由于他们的监管能力较弱，无法对自由流动的资本进行有效
的管理。

（3）维持资本的完全流动性和汇率的稳定性，必须放弃本国货币政策的独立性。根据蒙代
尔－弗莱明模型，资本完全流动时，在固定汇率制下，本国货币政策的任何变动都将被所引致的
资本流动的变化而抵消其效果，本国货币丧失自主性。在这种情况下，本国或者参加货币联盟，
或者更为严格地实行货币局制度，基本上很难根据本国经济情况来实施独立的货币政策对经济
进行调整，最多是在发生投机冲击时，短期内被动地调整本国利率以维护固定汇率。可见，为实
现资本的完全流动与汇率的稳定，本国经济将会付出放弃货币政策独立性的巨大代价。

第三节　固定汇率制下的宏观经济政策

在开放经济中，一国经济一旦发生国际收支顺差或逆差，就需要调整。一般来说，任何影

响 IS、LM、BP 线变动的因素,都可能直接或间接导致国际收支的变动。如果通过宏观经济政策来影响或改变那些因素,则能调节国内经济均衡,此外还有汇率政策可对国际收支失衡进行调节。但是,一国政府采取汇率政策来调节国际收支失衡的条件是采用浮动汇率制。在固定汇率制下,由于不能经常变动汇率,所以不考虑汇率政策。下面根据不同的资本流动性来讨论开放经济条件下宏观经济政策的调节作用。

一、资本完全流动时的经济政策

(一) 资本完全流动时的货币政策

资本完全流动意味着,很小的利率变化都会导致实际上无限大的国际资本流动。如果国际资本流动对微小的、暂时性的利率变化都高度敏感,那么它会主导国家的货币供给,甚至在短期内亦如此。假设中央银行减少货币供给,那么由此导致的利率的微幅上升都会吸引大量的资本流入。为维持固定汇率,中央银行必须卖出本币来扩大货币供给。相反,如果国家稍微扩大货币供给并降低利率,便会有几乎是无限量的资本流出。资本流出促使货币供给回到其初始水平,进而抵消了利率的微幅下降。在这里,国际收支决定了货币供给。固定汇率制下的完全资本流动使货币政策失去了影响利率或本国经济的能力。

如图 13-5 所示,假设经济的初始状态处于 E_0 点,这时国内利率水平 i 与国际均衡利率水平 i^* 一致,国际收支达到平衡。由于资本完全流动,BP_0 曲线成为一条水平线。现在假定中央银行执行扩张性货币政策增加货币供给,使得 LM_0 曲线右移至 LM_1,内部均衡点移至 E_1。但在 E_1 上,由于利率降低,资本大量外流,这导致国际收支赤字,带来汇率贬值的压力。为稳定汇率,央行需在外汇市场上抛售外币回购本币。如此一来,本币供给减少,LM_1 曲线向左移动,利率上升。这一过程一直持续到回到 E_0 点的均衡状态为止。由此可见,在固定汇率制下,当资本完全流动时,采用货币政策调节国民收入是无效的。

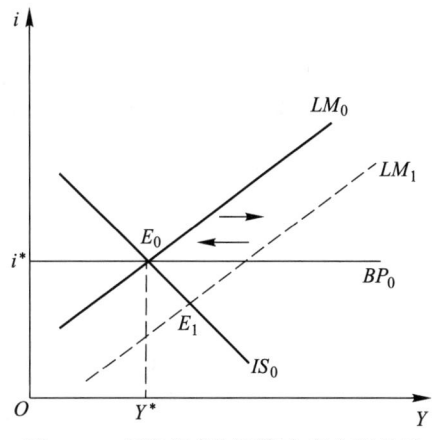

图 13-5　固定汇率制下资本完全流动时的货币政策效果

(二) 资本完全流动时的财政政策

如图 13-6 所示,假定经济最初处于均衡点 E_0。当政府采取扩张性财政政策时,IS 曲线右移到 IS_1,短期均衡点为 E_1,国民收入暂时提高到 Y_1,利率暂时上升到 i_1。国民收入提高会使进口增加,经常账户逆差增加。利率

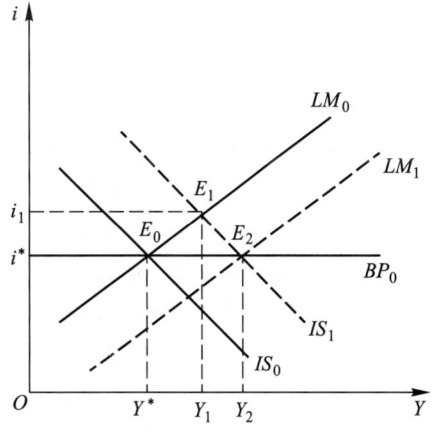

图 13-6　固定汇率制下资本完全流动时的财政政策效果

上升则会使国外资本流入增加,资本账户顺差增加。最终的国际收支情况取决于二者的相对变化程度。一般而言,资本账户顺差的增加会大于经常账户逆差的增加,国际收支出现顺差。这时,本币升值压力上升,中央银行必须介入外汇市场,购入外汇,抛出本币。这会使 LM_0 曲线向右移到 LM_1,最终在 E_2 点达到经济的内外同时均衡,此时产出为 Y_2,利率不变。

由上述分析可见,固定汇率制下,资本具有完全流动性时,扩张性财政政策可以大幅提高国民收入。因为资本完全流动时,扩张性财政政策所导致的利率上升会吸引大量的资本流入,使得国际收支顺差,本币趋于升值。中央银行为维持汇率固定,必须购入外汇增加货币供给,使利率恢复至初始水平。由此形成的货币供给增加会增强财政政策的效果。

二、资本完全不流动时的经济政策

(一)资本完全不流动时的货币政策

当资本完全不流动时,本国利率的变化不会直接影响到国际收支,BP 曲线成为一条垂直线,如图 13-7 中 BP_0 所示。假设经济的初始均衡点为 E_0,若央行实施扩张性货币政策增加货币供给,LM_0 曲线右移动到 LM_1,使国民收入暂时提高到 Y_1,利率降至 i_1,均衡点从 E_0 移至 E_1。在新的均衡点上,利率降低,但由于资本完全不流动,资本不会流出。同时收入增加,使进口增加,形成国际收支逆差,本币趋于贬值。为维持固定汇率,中央银行必须在外汇市场上抛售外币购回本币。这样,货币

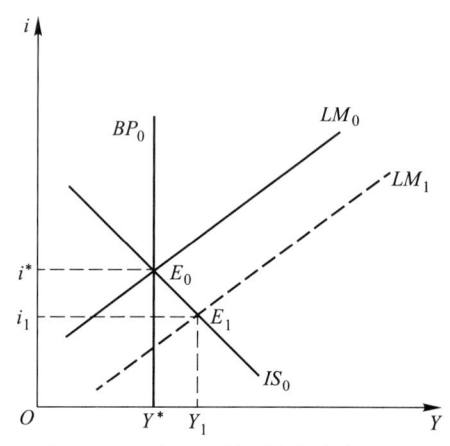

图 13-7　固定汇率制下资本完全不流动时的货币政策效果

供给量减少,使得 LM_1 曲线回移到初始位置,经济重回到内外均衡的状态。可见,在固定汇率制和资本完全不流动条件下,货币政策也是完全无效的。

(二)资本完全不流动时的财政政策

如图 13-8 所示,假设经济的初始均衡点为 E_0,政策当局认为当前国民收入水平过低,试图用扩张性财政政策来增加产出和扩大就业。扩张性财政政策会使 IS_0 曲线右移到 IS_1,均衡点从 E_0 移至 E_1。在 E_1 上,利率上升到 i_1,收入水平暂时提高到 Y_1。由于资本完全不流动,利率上升不会带来资本流入。收入增加则会使进口增加,造成国际收支逆差,本币趋于贬值。在本币贬值的压力下,货币当局必须在外汇市场上抛售外币购回本币,以维持固定汇率。这会减少本币供给量,使 LM_0 曲线向左移动至 LM_1,直至到达新的均衡点 E_2。在该点上,利率上升,但收入没有增加。这是因为,政府支出的增加使得利率上升,挤出私人投资使得总产出最终保持

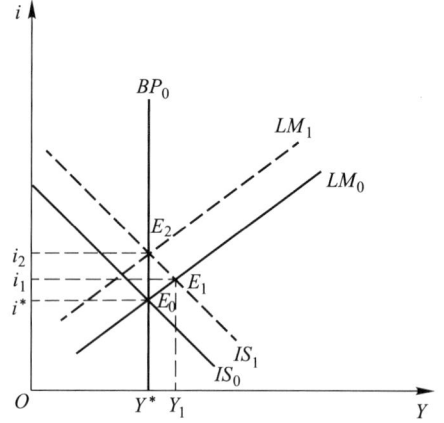

图 13-8　固定汇率制下资本完全不流动时的财政政策效果

不变。可见,在固定汇率制和资本完全不流动的条件下,扩张性财政政策除使利率上升、外汇流失外,对国民收入和就业水平不产生任何影响。

三、资本不完全流动时的经济政策

(一)资本不完全流动时的货币政策

现实世界中,资本的流动性大多处于完全流动与完全不流动两个极端之间,BP 线向右上方倾斜。如图 13-9 所示,假设 IS_0、LM_0、BP_0 线最初交于 E_0。当中央银行采取增加货币供给的扩张性货币政策时,LM_0 曲线右移至 LM_1,与 IS_0 曲线交于 E_1。在新的均衡点上,利率降低,产出暂时增加。利率下降使资本流出,资本账户逆差增加;收入增加导致进口增加,经常账户逆差增加。在二者的共同作用下,国际收支出现逆差,本币贬

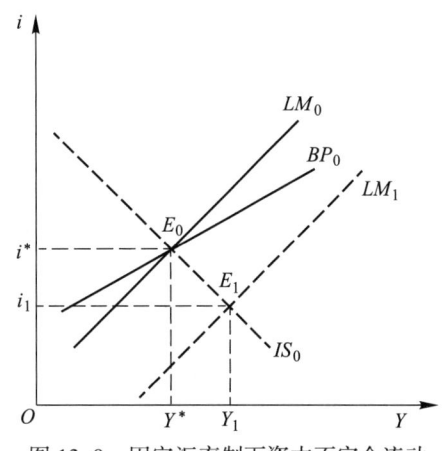

图 13-9　固定汇率制下资本不完全流动时的货币政策效果

值压力上升。为维持固定汇率,中央银行不得不在外汇市场抛出外汇购回本币。这会使货币供给减少,LM_1 曲线向左移动,直至回到初始位置,与 IS_0 曲线和 BP_0 曲线交于初始均衡点 E_0。此时,外汇储备减少,基础货币的内部构成发生变化,货币的供应量、利率、收入和国际收支都恢复到原来的均衡水平。

可见,在固定汇率制下,当资本不完全流动时,扩张性货币政策的效果是:短期内,利率暂时下降,收入暂时增加,国际收支出现赤字;长期内,利率、收入和国际收支均恢复到期初水平,但基础货币的内部结构发生变化,外汇储备减少。

(二)资本不完全流动时的财政政策

假设政府实施扩张性财政政策,IS 曲线右移,与 LM 曲线交于新的短期均衡点。在该点,利率上升,国民收入增加。利率上升导致资本顺差增加;收入增加则使进口增加,经常账户逆差增加。最终,国际收支状况取决于两种效应的相对大小。在边际进口倾向不变的情况下,资本流动性越高,利率上升就能吸引越多的资本流入,就能越多地抵消经常账户逆差。资本流动性反映在 BP 曲线的斜率上,流动性越高,BP 曲线越平缓。

当 BP 曲线斜率大于 LM 曲线斜率时,也就是资本流动性较弱时,扩张性财政政策会有一定的效果。如图 13-10 所示,扩张性财政政策使 IS_0 曲线向右移至 IS_1,与 LM_0 曲线交于 E_1,暂时使收入提高到 Y_1,利率提高至 i_1。内部均衡点 E_1 位于 BP_0 曲线右方,国际收支逆差使本币趋于贬值。在固定汇率制下,央行在外汇市场抛售外汇

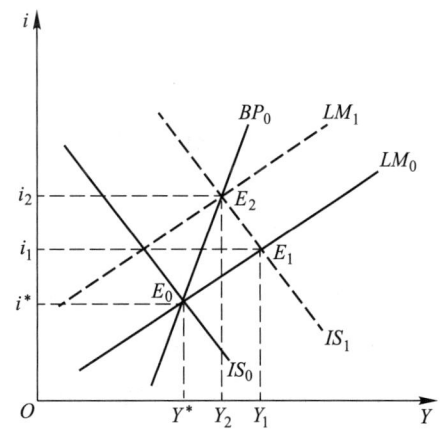

图 13-10　固定汇率制下资本流动性较弱时的财政政策效果

收回本币,导致货币供给减少,LM_0 曲线左移到 LM_1,最终在 IS_1、LM_1 和 BP_0 曲线的共同交点 E_2 点恢复均衡。在新的均衡点 E_2,收入和利率水平都上升了。

当 BP 曲线斜率小于 LM 曲线的斜率,即资本流动性较强时,财政政策也是有效的,不同的是均衡时的利率水平。如图 13-11 所示,扩张性财政政策使 IS_0 右移动到 IS_1,形成新的暂时性的均衡点 E_1。E_1 位于 BP_0 曲线左方,国际收支处于顺差,本币有升值压力。在固定汇率制下,中央银行会在外汇市场上抛出本币购买外币,这会导致本币供给增加,LM_0 右移到 LM_1,最终在 IS_1、LM_1 和 BP_0 的共同交点 E_2 点恢复均衡。在长期均衡点 E_2,收入从 Y_1 增加到 Y_2,利率从 i_1 下降到 i_2。

最后一种情况是 BP 曲线与 LM 曲线的斜率相等。如图 13-12 所示,此时 BP_0 曲线与 LM_0 曲线重合,扩张性财政政策使 IS_0 曲线向右移至 IS_1,形成新的短期均衡点 E_1。E_1 点恰好位于 BP_0 之上,利率上升与收入增加对国际收支的影响相互抵消,国际收支始终处于平衡状态。所以,短期均衡点也是长期均衡点,经济不会进一步调整。

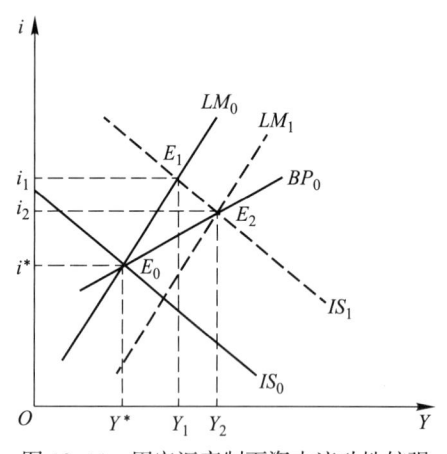

图 13-11　固定汇率制下资本流动性较强
时的财政政策效果

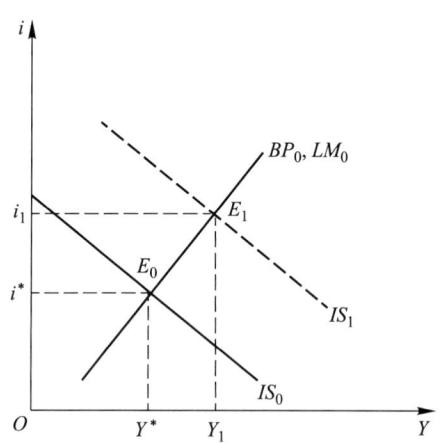

图 13-12　固定汇率制下 LM 和 BP 曲线
重合时的财政政策效果

第四节　浮动汇率制下的宏观经济政策

上节讨论了固定汇率制下的宏观经济政策,本节将视角转向浮动汇率制下的宏观经济政策。如果允许汇率在没有政府干预的情况下完全自由浮动,那么汇率的变化就会导致外部平衡。也就是说,汇率变化成为一种为实现外部平衡的自动调节机制。

一、浮动汇率制下的货币政策

在浮动汇率制下,货币政策对国内产出和收入具有非常大的影响,无论资本是否完全自由

流动。下面以资本完全流动的情况为例加以分析。如
图 13-13 所示,假设初始均衡点为 E_0,在央行实施扩张
性货币政策增加货币供给时,LM_0 曲线右移到 LM_1,内
部均衡点由 E_0 移至 E_1。在该点,国民收入提高到 Y_1,
利率降至 i_1。利率下降使资本项目因资本流出而恶化,
收入上升使经常项目因进口增加而恶化,从而国际收支
总差额恶化。在固定汇率制下,政府必须通过卖出外汇
买入本币来维持固定汇率。但在浮动汇率制下,国际收
支总差额的恶化会导致本币贬值。本币贬值会使出口
增加进口减少,净出口增加。净出口增加意味着总收入
增加,IS_0 曲线右移。只要国际收支未达到平衡,本币就
会继续贬值,净出口和总收入就会继续增加,IS_0 曲线就
会继续右移,直至与 LM_1 和 BP_0 两条曲线交于新的均

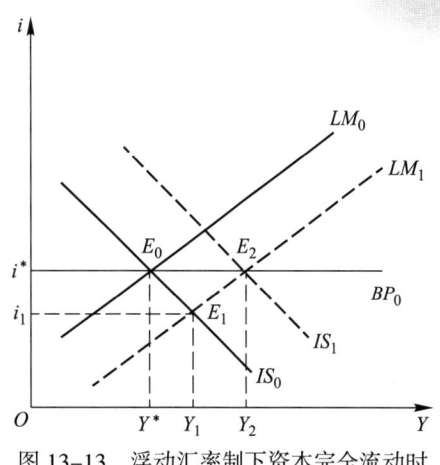

图 13-13 浮动汇率制下资本完全流动时
的货币政策效果

衡点 E_2。在该点,利率不变,收入上升至 Y_2。可见,在浮动汇率制下,货币政策引起的汇率变
化会进一步加强其对国内产出的影响。

在资本不完全流动时,货币政策不仅会影响国内均衡产出,也会改变均衡利率。利率的变
动程度由资本流动性决定,资本流动性越强,利率变动越小。

二、浮动汇率制下的财政政策

在浮动汇率制下,当资本完全流动时,BP 曲线成为一条水平线。假设经济的初始均衡点
为 E_0,如图 13-14 所示,若政府采取扩张性财政政策,
IS_0 曲线右移至 IS_1,国民收入暂时提高至 Y_1,利率升至
i_1。收入增加虽然会使进口增加,但由于资本具有完全
的流动性,利率上升会使资本大幅度流入,超过进口的
增加。新的内部均衡点 E_1 位于 BP_0 曲线的上方,国际
收支顺差。在浮动汇率制下,本币升值,出口减少进口
增加,净出口减少。这会使 IS_1 曲线向左移动,直至回
到初始位置。最终,经济重新在 E_0 点恢复内外均衡。
可见,在浮动汇率制和资本完全流动的条件下,财政政
策完全无效。

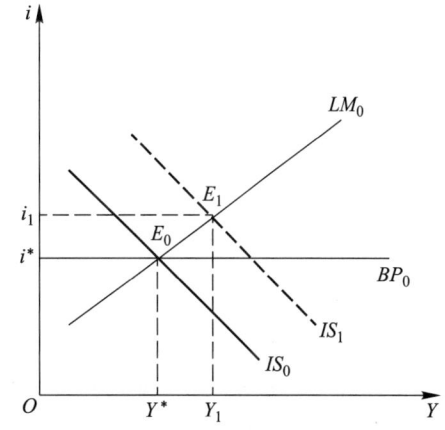

图 13-14 浮动汇率制下资本完全流动时
的财政政策效果

对于资本不完全流动的情况,财政政策的作用取决
于 LM 曲线和 BP 曲线斜率的相对大小。假设政府实
施的扩张性财政政策使得利率上升,产出增加。利率上
升使资本流入增加,资本项目顺差增加;产出增加使进口需求增加,经常项目逆差增加。国际
收支的最终变化取决于二者的相对大小。当 LM 曲线斜率大于 BP 曲线斜率时,后者占主导。
如图 13-15 所示,扩张性财政政策使 IS_0 右移至 IS_1,经济均衡点从 E_0 移至 E_1。由于 E_1 在 BP_0
曲线左方,国际收支顺差,本币升值。本币升值一方面使 BP_0 曲线左移,一方面使净出口减少,

IS_1 曲线左移,均衡点从 E_1 回到 E_2。与 E_0 相比,在最终均衡点 E_2 上,利率上升,产出增加。但与 E_1 相比,在 E_2 上利率和产出都有所下降。这意味着,在这种情况下,财政政策的扩张作用被部分弱化了。弱化的程度取决于 LM 曲线和 BP 曲线斜率的差距。后者相对前者越小,弱化程度越高。

当 LM 曲线斜率小于 BP 曲线斜率(包括资本完全不流动的特殊情况)时,后者占主导。如图 13-16 所示,由于 E_1 在 BP_0 曲线右方,国际收支逆差,本币贬值。本币贬值一方面使 BP_0 曲线右移,一方面使净出口增加,IS_1 曲线右移,均衡点从 E_1 进一步右移至 E_2。与 E_0 和 E_1 相比,在最终均衡点 E_2 上,利率和产出都上升了。这意味着,在这种情况下,财政政策的扩张作用被加强了。加强的程度取决于 LM 曲线和 BP 曲线斜率的差距。后者相对前者越大,加强程度越高。

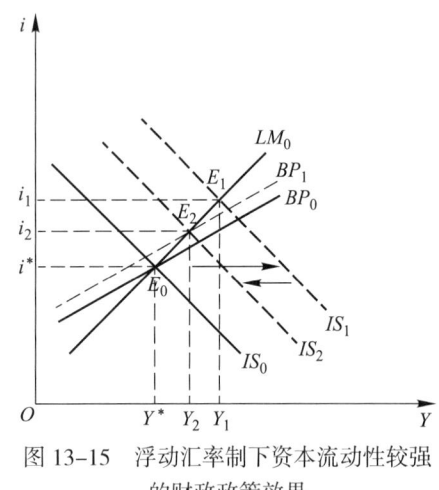

图 13-15　浮动汇率制下资本流动性较强
的财政政策效果

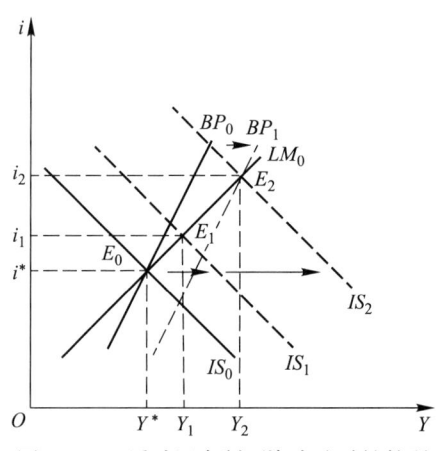

图 13-16　浮动汇率制下资本流动性较弱
时的财政政策效果

第五节　宏观经济政策的调整与国际协调

一国独立制定的经济政策会对其他国家产生溢出效应,若其他国家针对这一溢出效应采取相应的政策措施,则这些措施反过来又可能对该国的经济运行产生不利影响。因此一国在考虑内外均衡的实现时,必须将政策的溢出效应考虑进去。

一、国际经济政策协调的必要性

从前两节可知,在浮动汇率和资本高度流动的情形下,财政政策无效,而货币政策比较有效。但这一结论是在不考虑别国影响情况下得出的。如果考虑别国经济政策的影响,那么一国的货币政策能否达到目标就值得怀疑了。例如,当本国经济面临有效需求不足时,政府采取宽松的货币政策来刺激经济,可若与本国经济密切相关的国家采取紧缩的货币政策使得利率提高,本国增加的货币供给将会大量外流。这一方面使本国宽松的政策因为资金流出而被抵消,另一方面也使对方国家紧缩的货币政策因为资金流入而难以发挥作用。由此可见,各国宏观经济及其政策的相互联系会使各国经济政策的效果大打折扣。在一国资本完全自由流动的条件下,政府所实施的经济政策甚至可能完全失效。因此,为确保经济政策的有效性,各国有必要协调国际经济政策。

同时,为避免"以邻为壑"政策的出现,也需要国家间经济政策的合作和协调。如图13-17所示,本国实施扩张性货币政策,使得 LM_0 曲线右移至 LM_1。这一扩张性政策会推动本国利率下降,利率下降进而使得本国产出扩张,经济均衡点由 A 点移至 B 点。另一方面,本国产出的扩张会通过进口的拉动作用使得外国的产出扩张、外国利息率提高,图中表现为外国的 IS 曲线由 IS_0^* 右移至 IS_1^*,经济均衡点由 D 点变为 E 点。

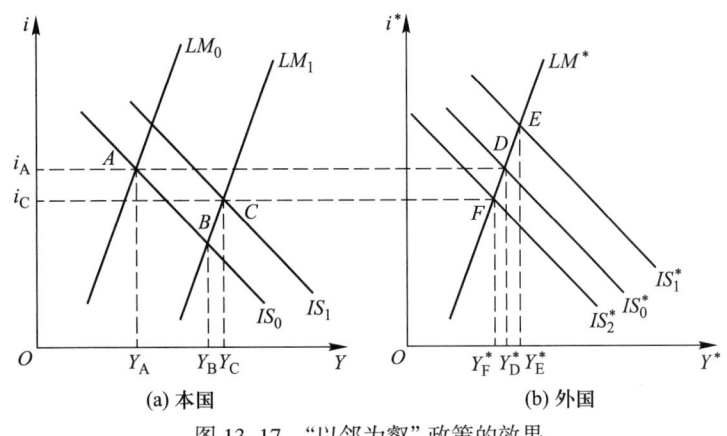

图 13-17 "以邻为壑"政策的效果

但是,此时本国和外国的均衡点 B 和 E 都不是最终的,经济会继续进行调整。这是因为,随着本国利率下降,本国资本外流,B 点会出现国际收支逆差,在浮动汇率制下会导致汇率贬值,而同时外国由于国际收支顺差而会出现汇率升值。本国汇率贬值会刺激出口、抑制进口,从而使得产出进一步扩张,IS_0 曲线右移至 IS_1;由于本国货币贬值和两国相对价格的变化,本国和外国居民都会用本国产品替代外国产品,从而导致外国产出下降,图中表现为 IS_1^* 左移至 IS_2^*。由于汇率的变动导致本国和外国的最终均衡点分别为 C 点和 F 点,本国的货币扩张最终导致外国产出下降。这通常被看作"以邻为壑"政策的一个典型例证,本国产出扩张是以外国产出下降为代价的。为避免这种"以邻为壑"政策的出现,客观上也要求国家间加强经济政策制定和实施的国际协调。

另外,为维护各国间汇率的稳定也需要进行国际经济政策的合作和协调。很多学者强调汇率稳定有非常重要的意义。如麦金农认为,将汇率稳定在一个固定的水平或限制在狭窄的"目标区"内波动,有助于降低国际贸易和国际投资的波动性。我们知道,在浮动汇率和资本完全流动下,货币政策会引发汇率的波动,扩张性货币政策会导致本国货币贬值,而紧缩性货币政策则导致本国货币升值。例如,如果美国对于日本和德国实行相对扩张性的货币政策,那么美元对日元和欧元就有贬值的趋势。如果日本和德国的货币当局也采取扩张性货币政策，在外汇市场上抛出本币，购进美元，那么这种联合行动就可以阻止美元的贬值，维持美元汇率的稳定。由此可见，即使在浮动汇率下，各国货币政策的协调和配合也可以实现汇率的相对稳定，从而为国际贸易和国际投资的顺利进行提供良好的环境条件。

二、国际经济政策协调的理论依据

（一）博弈论

利用一个假想的"囚徒困境"博弈模型，可以说明国际经济政策协调的必要性。假设有"本国"和"外国"两个国家，皆实行浮动汇率制。两国都试图针对通货膨胀的冲击确定其货币政策的最优水平。用失业率与通货膨胀率之和——"痛苦指数"来衡量两国的货币政策效果。表13-4为本国和外国货币政策战略选择博弈，表中支付矩阵的4个方格分别表示本国与外国货币政策不同组合条件下的两国"痛苦指数"的数值。两国制定货币政策的目标是使"痛苦指数"最小。

表 13-4　本国和外国货币政策战略选择的"囚徒困境"

本国	外国	
	扩张性货币政策	紧缩性货币政策
扩张性货币政策	(−8,−8) Ⅰ	(−10,−7) Ⅲ
紧缩性货币政策	(−7,−10) Ⅱ	(−9,−9) Ⅳ

在封闭条件下，两国决策者只需根据通货膨胀和失业之间的短期替代关系就可确定最优的本国货币政策。然而，在开放经济中，一国在制定货币政策时还须考虑货币政策的外溢效应。如果每个国家都奉行使自己的"痛苦指数"最小的货币政策，同时假定另一国的货币政策保持不变。那么，在表13-4所假定的支付矩阵条件下，对于本国来说，无论外国采取扩张性还是紧缩性货币政策，本国的最优反应都是选择紧缩性货币政策，因为这使得本国在每一种情况下的"痛苦值"都最小（分别为−7和−9），所以选择紧缩性货币政策是本国的占优策略。同理，根据对称性原则，外国选择紧缩性货币政策也是其占优策略。因而，博弈的最终均衡是本国选择紧缩性货币政策，外国选择紧缩性货币政策，两国的"痛苦指数"都为−9。这一均衡解是唯一的，是该博弈的纳什均衡。

但是对于两国来说方格Ⅳ的结果并不是最优的。如果两国能够得到方格Ⅰ的结果，则可以实现帕累托改进。假如两国制定货币政策时能够进行合作和协调，都实行扩张性货币政策，它们就会达到方格Ⅰ，两国的"痛苦指数"都为−8，比不合作时的结果都有所改善，这实际上就是两国进行货币政策协调的收益。当然，要使方格Ⅰ成为长期的或持久的均衡，两国就必须做出约束性承诺，制定严厉的惩罚措施和严格的监督机制，否则两国都会有欺骗的动机。

由此可见，在经济完全开放的条件下，一国经济必然会受到其他国家经济政策溢出效应的影响。如果各国在制定经济政策时不进行协调，则最终的结果可能对各国都不是最优的。

（二）滨田图示

与上述简单的"囚徒困境"博弈所得出的结论一样,滨田宏一用图形直观地说明了存在溢出效应时,国际政策协调有助于改善各国福利。滨田图示以两国情形为例,但可推广到多国情况。

假设有相互依存度很高的两个国家(本国和外国),两国政策皆以社会福利最大化为目的。如图 13-18 所示,横轴代表本国的政策工具 I,纵轴代表外国的政策工具 I^*。沿坐标轴移动,两国政策趋向扩张。由于两国相互依存,对一方而言,其最优政策必然受到对方政策选择的影响。显然,对本国来说,必然存在这样一点 B,它表示本国最愿意采取的政策与外国的政策构成的组合,即 B 点为本国的最佳福利点。同样对于外国来说,也存在这样一个最佳福利点 B^*。两组无差异曲线 U 和 U^* 分别表示本国和外国产生相同效用水平的政策组合。对于本国,越接近 B 点的政策组合效用越大,即 $U_1>U_2>U_3>U_4$。对于外国,越接近 B^* 点的政策组合效用越大,即 $U_1^*>U_2^*>U_3^*>U_4^*$。两组无差异曲线的一系列切点代表两国最优的、最有效率的政策选择组合,将这些切点连接起来的 BB^* 线称为帕累托契约线。

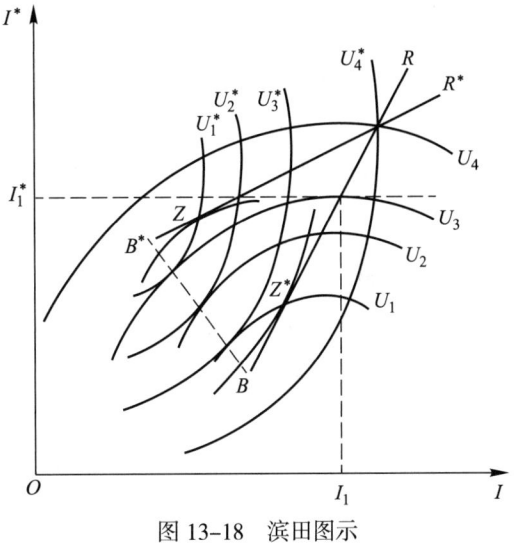

图 13-18　滨田图示

若两国的政策互不影响,不存在溢出效应,则本国的无差异曲线为垂线,而外国的无差异曲线为水平线,两国只需调整自身的政策工具就可实现最优福利水平,而不必考虑对方的选择。若两国政策相互影响,各国都面临着在给定对方政策选择下如何选择自己的最佳政策问题。例如,给定外国选择 I_1^*,本国要选择与其水平线相切的无差异曲线 U_3,因为这是本国所能达到的最接近 B 点的效用水平,这意味着本国的最优政策选择为 I_1。通过这种方法可以找到其他的给定外国不同政策选择情况下本国最优的政策选择点,将这些点连接起来就形成了本国的反应曲线 R。同理,外国的反应曲线为 R^*。

若两国无政策协调,则可能产生两种不合作均衡——纳什均衡和斯塔克尔伯格均衡。在前一种情况下,两国都独立行动,从而最终均衡点为两国反应曲线 R 和 R^* 的交点 N。N 点为纳什均衡点。在该点,两国都在对方政策给定的情况下选取自己的最优政策,而没有一个国家希望改变其政策。在后一种情况下,一方为先行者,另一方为追随者。先行者意识到一旦自己采取某种政策时,追随者将根据反应曲线选择其最佳政策。考虑到自己的政策选择对追随者的影响,先行者将根据追随者的反应曲线选择最高效用水平的无差异曲线。因此,若本国是先行者,则最终均衡点为 Z;若外国是先行者,则均衡点为 Z^*。Z 和 Z^* 为斯塔克尔伯格均衡点。在这两点,先行者的无差异曲线与追随者的反应曲线相切,因此是先行者在考虑到追随者的反应时所能实现的最佳政策选择。

通过分析不存在两国之间政策协调情况下的两种非合作均衡发现,其均衡点都不在帕累托契约线 BB^* 上,所以都不是帕累托最优点。若两国进行政策协调,使得均衡点达到契约线 BB^*,则双方都可以达到比非合作均衡更高的无差异曲线,从而实现帕累托改进。当然,均衡点在契约线 BB^* 上的确切位置,取决于双方的谈判力量:若本国的谈判力量较强,则均衡点在契约线上的位置更靠近 B 点;若外国的谈判力量较强,则均衡点更靠近 B^* 点。

总之,滨田图示说明了在各国间经济政策存在溢出效应时,不合作均衡是无效率的,而通过国际政策协调可达到帕累托效率,提高各国福利水平。虽然上述分析由于假定各国都了解对方可能采取的政策类型,并且能够计算出不同政策组合对其自身福利的影响而过于简单,但还是对国际经济政策协调所能产生的潜在收益进行了较为直观的说明。

三、国际经济政策协调的内容

随着经济全球化趋势的发展,世界上一些国家提出了双边或多边的经济政策协调方式。这些协调主要包括货币政策协调、财政政策协调和汇率政策协调三个方面。

各国货币政策的协调主要包括有关国家利率的协调。这种协调主要针对利率调整方向。一旦一国希望通过利率的调整来干预经济,以达到控制经济过热或经济衰退之时,该国不仅要确定一个利率调整的方向,还要同有关国家协商,协调他们之间利率调整的基本方向。因为在资本高度流动的情况下,如果各国利率调整的方向大相径庭,那么其中任何一个国家的政策目标都不能顺利实现。各国不仅要协调他们之间的利率变动方向,而且要协调各国利率调整的幅度。在前面的论述中,我们已经看到,各国利率水平之间的差异将带来资金在各国之间的流动,这种流动将一直持续到各国间的利率差被完全消除为止。

在一些经济学家看来,政府与其控制利率,还不如控制货币的增长量。因此各国货币政策的协调还可以采取协调货币供应增长率的方式。一般而言,货币主义经济学家主张通过控制货币供应量调节经济,甚至在他们看来,在确定了稳定的货币供应增长率之后就不必干预经济的增长过程(政府应实行单一货币规则)。总之,无论一国是控制货币供应量,还是控制利息率,都需要与其他国家进行协调,特别是与同本国有密切经济联系的国家协调货币政策。

在经济关系比较密切的国家之间,不仅要协调它们的货币政策,还要协调财政政策,因为货币政策协调的效果在很大程度上还依赖于财政政策的协调。如果一国的财政支出过度,政府就需要通过货币政策加以配合(如财政赤字的货币化),这种配合意味着货币发行量增加,或者物价上涨率比较高,这将导致一国货币供应增长率上升,从而出现因没有协调财政政策使各国之间货币政策协调难以维持的现象。因此成功的货币政策协调常常伴随着财政政策协调,或者说,各国之间只有同时协调它们的货币政策和财政政策,一国经济政策的目标才能顺利实现。

在各国将内部均衡和外部均衡作为经济干预的最佳目标时,它们之间不仅要协调货币政策和财政政策,还要协调汇率政策。在开放经济条件下,尽管一国可以采取完全浮动的汇率制度,从而政府只需顾及自己的内部平衡,但是各国为了维持本国经济的稳定发展,特别是减少对外贸易的风险,还是趋向于采用有管理的浮动汇率制。这意味着一国不仅要顾及本国的内部均衡,还要照顾外部均衡。我们知道,一国在干预经济以维持自身经济的稳定和增长时,不仅可以采用货币和财政政策工具,还可以通过汇率政策加以调整。当一国经济中的有效需求不足时,政府可以采取货币贬值的政策,以刺激出口、限制进口,但是如果各国政府都这样做,就会出现各国竞相采取货币贬值政策的现象,结果是各国货币之间的兑换率可能回到原来的出发点,如果任何一国的货币贬值幅度超过其他国家,各国之间的贸易风险也就随之产生。如果一些国家采取货币贬值或预期货币贬值政策,而其他国家采取货币升值或预期升值政策,这些国家货币的汇率就会发生变化,从而引起投机和资金的转移。这种单纯由于汇率变动引起的资金转移不利于各有关国家经济的稳定和正常增长。

实际上,各国货币政策和财政政策,进而是汇率政策协调的最高阶段是统一各国的货币,用一种货币代替各国自行使用的本国货币。当各国使用统一货币时,各国不能自行增加或减少货币供应,也不能提高或降低本国的利率。同样地,统一货币意味着各国必须有协调一致的财政政策,否则,统一货币之下,不可能给财政政策的实施提供条件。因为扩张性财政政策的有效实施有赖于信用的扩张,否则,在货币供应量不变的情况下,政府支出增加将引起利率上升,从而产生挤出效应,同样会抵消财政政策的作用。当然,统一各国的货币以后,汇率协调将不复存在。因此统一货币是各国经济政策协调的最高级形式。

然而,由于各国经济发展情况的差异,特别是各国经济波动的程度有差异,他们在协调经济政策方面有许多困难。而且,各国偏好的差异、政策协调利益的分配以及不愿放弃政策自主独立性等因素也使得各国在协调经济政策方面难以达成一致意见。因此在多边协调中,各国一般选择比较松散的协调方式(如信息交换、临时性的危机管理等),除非他们之间的经济关系已达到十分密切的程度。

四、国际经济政策协调的实践

在实践中,国际经济政策协调有全球性和区域性两种。前者主要是由国际货币基金组织以及西方一些主要发达国家参与进行的;后者是在一些区域经济一体化组织内部进行的,其中政策协调比较成功且协调水平比较高的区域组织是欧洲联盟。

第二次世界大战以后,美国和英国为了避免出现战前那种国际金融秩序的混乱,积极倡导建立新的国际金融秩序。1945 年 12 月,国际货币基金组织正式成立。

在汇率制度方面,在布雷顿森林体系发挥作用的时期,各国的汇率不能随意调整。即使在浮动汇率制度普遍实施以后,国际货币基金组织仍然要对成员国的汇率政策进行全面评估和监督。这种监督作用不仅是针对经济发达国家的,也是针对发展中国家的。因为它们的货币政策、财政政策与汇率政策也一样会对世界经济产生影响。

国际货币基金组织的汇率监督主要采取两种形式。一种是多边监督,主要分析各成员国国际收支和汇率政策的相互作用,并估计这些政策对世界经济的影响。该组织试图在讨论和协商的基础上,促进各成员国在国际货币金融领域的合作和加强其宏观经济政策上的协调。另一种是个别监督,主要是检查成员国的汇率政策,要求各成员国将其汇率调整的安排通知给该组织,以便于成员国之间的政策协调。

然而由于国际货币基金组织所涉及的成员国过多(目前为 186 个),并且它们经济发展的程度也有差别,因此从总体上看,这种协调是有限的,特别是一些国家与其他国家之间的经济联系不像另外一些国家那样大,所以各国对这种协调的重视程度是不同的。

1976 年,美国、联邦德国、日本、法国、英国、意大利和加拿大七个主要工业国家形成了七国集团,以加强发达国家之间的经济政策协调。七国集团认识到,它们之间宏观经济政策的协调与合作不仅关系到世界经济的稳定和发展,更关系到它们各自经济的稳定和发展,因为其中一国任何一种宏观经济政策的调整都会影响到其他国家经济的稳定增长。因此它们商定,每年就它们共同关心的各国经济及世界经济中的主要问题进行协商。

1985 年,五个主要工业国家美国、日本、联邦德国、法国和英国的财政部部长和中央银行行长一起召开了著名的"广场会议",提出协调各国经济政策、促进汇率稳定的改革建议,并实现美元对日元贬值。1986 年,七国集团财政部部长在东京召开会议,提出了 10 项具体指标来实现各国政策协调。1987 年,七国集团首脑在威尼斯会议上,对实现各国经济政策协调做出了具体规定。同年,七国集团财政部部长在法国卢浮宫召开会议,提出要求美国减少财政赤字,德国、日本扩大内需,以消除汇率不稳的根源。1987 年爆发全球股市危机后,七国集团财政部部长联合发表声明,强调为稳定汇率进行国际干预。1994 年年底,七国集团财政部部长会议协商对策以稳定墨西哥比索的币值。1998 年 10 月,七国集团首脑和财政部部长会议又针对东南亚金融危机的蔓延和扩散提出了一系列旨在稳定日益动荡的国际金融局势的建议。

2003 年以来,为促进发达国家与发展中国家在人类面临的共同挑战和重大国际问题上的沟通和了解,八国集团(七国集团 + 俄罗斯)加强了同发展中国家的联系,多次召开八国集团同发展中国家领导人对话会议,就全球化进程中世界经济、全球能源安全、气候变化和其他重大的国际问题进行磋商和政策协调,对世界经济和政治产生了重要的影响作用。

基本概念

内部均衡(internal equilibrium)
外部均衡(external equilibrium)
支出调整政策(expenditure changing policy)
支出转换政策(expenditure switching policy)
丁伯根法则(Tinbergen's rule)
有效市场分类原则(the principle of effective market classification)
$IS - LM - BP$ 模型($IS - LM - BP$ model)

复习思考题

1. 开放经济下的宏观调控目标有哪些? 它们之间的关系如何?
2. 什么是支出变动政策和支出转移政策?
3. 请简述开放经济条件下宏观调控政策协调的原理。
4. 开放经济下的宏观政策工具有哪些种类?
5. 在固定汇率制下,为改善内部均衡,采用货币政策好还是财政政策好? 为什么?

6. 在浮动汇率制下,为改善内部均衡,采用货币政策好还是财政政策好? 为什么?

7. 在固定汇率制下,扩张性货币政策对一国的国际收支有什么影响? 紧缩性货币政策呢?

8. 在固定汇率制下,扩张性财政政策在何种情况下能够改善一国的国际收支? 何种情况下会使国际收支恶化?

9. 阻碍国际经济政策协调成功的因素有哪些?

即测即评

请扫描右侧二维码,在线测试本章学习效果。

第十四章
国际货币体系

　　国际货币体系（international monetary system）是指影响国际收支的一系列规则、惯例、制度和组织结构的总称。国际货币体系包含的主要内容有：① 国际本位货币或国际储备资产的确定，国际本位货币的确定是国际货币体系的核心；② 各国的汇率制度，包括各国货币比价的确定依据、比价的市场波动界限及调整幅度；③ 各国货币的可兑换性和国际结算原则的确定；④ 国际货币金融的协调、磋商和有关管理工作；⑤ 国际收支的调节方式，包括逆差国和顺差国应承担的责任。

　　国际货币体系可以根据汇率制度或国际储备资产的形式进行分类。按照汇率制度，可以分为固定汇率制、有管理的浮动汇率制和完全自由浮动的汇率制度；按照储备资产的形式，可以分为金本位制、信用货币本位制和介于两者之间的金汇兑本位制。一个良好的国际货币体系应该包括三个方面：① 可以保持货币之间汇率的稳定，保证世界经济的顺畅发展；② 具有一定的国际收支调节机制，能够在最短时间内以最低成本调节国际收支失衡；③ 保持国际储备货币币值稳定和适量有序的货币供给。

　　19 世纪末期以来，国际货币体系主要经历了三大变化：金本位制→美元本位（布雷顿森林体系）→"一超（美元）多强（欧元、英镑、日元）"的货币体系（牙买加体系）。伴随着国际货币体系的演变，相应地，不同的国际货币体系对世界经济的影响也存在较大差异。

第一节　金本位制

金本位制是指以黄金作为本位货币,实行以金币流通为主的货币制度。金本位制有广义和狭义之分。广义的金本位制是指以一定重量和成色的黄金作为本位货币的货币制度,狭义的金本位制仅指金币本位制。

一、金本位制的产生

英国于 1816 年制定《金本位制法》,1821 年在世界上首次实行金本位制,这是促使黄金转化为世界货币的关键一步。随后,德国于 1871 年发行以黄金为准备基础的货币单位马克,开始进入金本位制时代。丹麦、瑞典、挪威等国于 1873 年,日本在 1897 年也相继实行金本位制。美国 1875 年颁布《恢复硬币支付法》,1879 年确立了金本位制,1900 年正式实行金本位制。法国虽然是 1928 年正式实行金本位制,但在 1873 年限制银币自由铸造时,就已经在事实上实行了金本位制。到 19 世纪末,资本主义各国已经普遍实行了这一货币制度,最终形成了覆盖全球多数国家的国际金本位制。作为首次出现的国际货币体制,金本位制的诞生并非各国商议的结果,而是随着经济形势的变化由各国自发选择的结果。

二、金本位制的类型

在历史上,曾有过三种形式的金本位制:金币本位制(gold specie standard)、金块本位制(gold bullion standard)、金汇兑本位制(gold exchange standard)。其中金币本位制是最典型的形式。

(一) 金币本位制

金币本位制是金本位制的最早形式,亦称古典的或纯粹的金本位制,盛行于 1870—1914 年。自由铸造、自由兑换及黄金自由输出与输入是该货币制度的三大特点。

在该制度下,各国政府规定货币的法定含金量,每单位的货币价值等同于若干重量的黄金(货币含金量);当不同的国家使用金本位时,国家之间的汇率由两国货币的法定含金量之比来决定,即铸币平价(mint parity)。实际汇率则是以铸币平价为中心,因外汇供求关系的变化而上下波动,但波动幅度被自动限制在黄金输送点以内。

黄金输送点是金本位制下黄金输出点和黄金输入点的总称。汇率波动的最高界限为铸币平价加上在两个货币中心之间运输一单位外汇的黄金量的运输成本,即黄金输出点。当汇率波动超过这个界限时,黄金就会从国内输出,流到外汇发行国直接铸造外国货币。汇率波动的最低界限是铸币平价减去黄金的运输成本,即黄金输入点。当汇率波动低于这一界限时,黄金就会从外汇发行国流入本国直接铸造本国金币。由于黄金可以自由输出、输入,因此汇率的波动幅度很小。

例如,当时 1 英镑的含金量是 113.001 6 格令^①(grain)的纯金,1 美元的含金量是 23.22 格令的纯金,因此可知两国货币的兑换比率是 1 英镑 =4.87 美元。这是英镑和美元的铸币平价,即基础汇率。但是由于外汇供求的作用,外汇市场上的实际汇率是以铸币平价为基础、在黄金输送点以内上下小幅波动的。假如纽约和伦敦之间运送价值 1 英镑的黄金需 0.03 美元成本,则汇率将会在 4.90 和 4.84 之间波动。在美国的外汇市场上,没有人愿意用多于 4.90 美元的成本来兑换 1 英镑外汇,因为他随时可以在纽约购买价值 4.87 美元的黄金,然后花 0.03 美元的成本把它运到伦敦,在英国的中央银行英格兰银行把它兑换成 1 英镑。此时美国的英镑供给曲线在 4.90 美元 /1 英镑处变得具有无限弹性,因此 4.90 就是美国的黄金输出点,汇率的波动将无法超出这一上限。黄金输入点对应的情况正好相反。

1914 年第一次世界大战爆发后,为了满足战争需要,各国政府加强对黄金的控制,禁止黄金输出。同时为了筹措军费,各国纷纷发行不兑现的纸币,金币本位制随之告终。

(二) 金块本位制

第一次世界大战以后,一些资本主义国家经济受到通货膨胀、物价上涨的影响,加之黄金分配的极不均衡,已经难以恢复金币本位制。1922 年在意大利热那亚城召开的世界货币会议上决定采用“节约黄金”的原则,实行金块本位制和金汇兑本位制。

金块本位制是指以具有无限法偿能力的纸币代替金币进行日常流通,只有支付和流通的规模达到一定数量时,作为本位货币的金币或金块才能参与流通和支付的货币制度。实行金块本位制的国家主要有英国、法国等。金块本位制的主要特征是:

(1) 货币单位仍然规定含金量,但黄金只作为货币发行的准备金集中于中央银行,而不再铸造金币和实行金币流通,流通中的货币完全由纸币代替。

(2) 纸币不能自由兑换黄金,只有达到一定数额才可以按含金量与黄金兑换。英国兑换黄金的最低限额为相当于 400 盎司黄金的纸币(约合 1 700 英镑),低于限额不予兑换。法国规定银行券兑换黄金的最低限额为 21 500 法郎,等于 12 千克的黄金。

(3) 中央银行掌管黄金的输出和输入,禁止私人输出和输入黄金。

(三) 金汇兑本位制

金汇兑本位制是指以黄金或金本位制国家的货币为基础,以具有无限法偿能力的纸币代替金币流通的货币制度。实行该制度的主要有德国、意大利等国。该制度的主要特征是:

(1) 国内虽有法定的金币单位,但既不铸造也不流通金币,只流通规定有含金量的纸币。

(2) 纸币不能直接兑换黄金,只能兑换实行金块本位制或金币本位制国家的货币。

(3) 国际储备除黄金外,还有一定比重的外汇,外汇在国外才可兑换黄金,黄金是最后的支付手段。

(4) 实行金汇兑本位制的国家,要使其货币与另一实行金块或金币本位制国家的货币保持固定比率,通过无限制地买卖外汇来维持本国货币币值的稳定。

---

① 1 格令 =64.798 9 毫克。

无论是金块本位制还是金汇兑本位制,都是削弱了的金币本位制度。这是因为:第一,国内没有金币流通,流通中的货币又不能自由兑换黄金,黄金不再起自动调节货币流通的作用,从而使得自动调节国际收支的机制被严重削弱;第二,实行金汇兑本位制的国家使本国货币依附于英镑和美元,一旦英美两国经济发生动荡,依附国家的货币也发生波动,因此是一种不稳定的货币制度。

三、金本位制下的国际收支自动调节机制

当国际收支发生失衡时,金本位制下的自动价格调整机制会自动地使失衡重归平衡,这一调整机制即大卫·休谟提出的价格–铸币流动机制(又称价格–黄金流动机制)。价格–铸币流动机制调节国际收支失衡的过程如下:

金本位制下国家的货币供给由黄金或以黄金为基础的纸币构成,当一国发生国际收支逆差时,货币供给下降,相应地引起逆差国的国内价格下跌。价格下跌提高了逆差国出口产品的竞争力,促进了出口同时抑制了进口,直到国际收支逆差被消除。当一国发生国际收支顺差时,情形正好相反。

价格–铸币流动机制对国际收支失衡的自发调节依赖以下前提条件。首先,国际上没有大量的资本流动,一国国际收支失衡时就导致黄金的流出或流入;其次,逆(顺)差国黄金的流失(流入)引起货币供给减少(增加),导致其国内物价下跌(上涨)。这一传导过程是由货币数量论决定的。在货币数量论的公式 $MV=PQ$ 中,假定了货币周转速度 V 不变,同时又假定了 Q 是处于充分就业水平的,因此货币供给 M 的变化导致物价 P 成比例地变化。再次,物价变化进一步影响了一国的进出口量,从而使得国际收支失衡逐渐回归平衡,这一调节过程还依赖于国际收支失衡国较高的进出口价格弹性。最后,失衡国政府不能通过货币政策抵消顺差或逆差的货币供给效应,即国家不进行干预。

四、金本位制的崩溃及原因

在历史上,自英国于 1816 年率先实行金本位制以后,主要资本主义国家都纷纷实行了金本位制,而且是典型的金本位制——金币本位制。到 1914 年,金币本位制由于第一次世界大战的爆发而终止。

第一次世界大战以后,在 1924 年至 1928 年,资本主义世界出现了一个相对稳定的时期,主要资本主义国家的生产都先后恢复到大战前的水平,并有所发展,各国试图恢复金本位制。当时除美国以外,其他大多数国家只能实行没有金币流通的金本位制,即金块本位制和金汇兑本位制。

金块本位制和金汇兑本位制由于不具备金币本位制的一系列特点,因此也称为不完全或残缺不全的金本位制。该制度在 1929—1933 年的世界性经济大危机的冲击下,也逐渐被各国放弃。各国转而都纷纷实行了不兑现信用货币制度。

金本位制通行了约 100 年,崩溃的原因很多,其中最重要的原因有:

第一,有限的黄金数量使得黄金供给不足,无法满足日益扩大的商品流通需要,从而极大地削弱了黄金铸币流通的基础。这是金本位制的固有缺陷。

第二,黄金存量在各国的分配不平衡。1913 年年底,美、英、德、法、俄五国占有世界黄金存量的 2/3。黄金存量大部分为少数强国所掌握,多数国家的货币发行没有足够的黄金储备,国内纸币对黄金的兑换日益困难,黄金的国际流动日益受到了限制。这一因素必然导致金币的自由铸造和自由流通受到破坏,削弱其他国家金币流通的基础。

第三,金本位制的游戏规则在 20 世纪 30 年代的经济大危机中遭到了破坏。如前所述,金本位制的规则之一,是各国的黄金与金币的流出流入应不受限制。在危机期间,由于资本外逃,黄金大量外流,许多国家限制黄金自由输出,导致这一规则遭到破坏。各国金融当局应按规定的官价,无限制地买卖黄金或外汇的做法也无人响应了。这一切表明,由于世界经济情况的变化,迫使各国不能遵守金本位制游戏规则,因此金本位制的崩溃是必然的。

五、金本位制的作用

金本位制作为最早出现的国际货币制度,对世界经济的发展起到了积极作用,主要表现在:

第一,有利于保持各国货币对外汇率和对内价值的稳定。在金本位制下,一方面,各国货币都规定含金量,由此决定了各国货币的对外汇率,而实际汇率的波动也受到黄金输送点的限制;另一方面,各国货币的发行要以一定的黄金为基础,这客观上限制了纸币的发行数量,不易造成通货膨胀,有利于保证货币对内价值的稳定。

第二,推动了国际贸易和各国经济的发展。在金本位制度下,黄金能自由发挥世界货币职能,各国汇率的基本稳定有利于对外贸易和对外信贷安全,有利于资本的流动和国际贸易的发展;另一方面,也促进了商品流通和信用扩大,从而推动了各国的经济增长和充分就业。

第三,有利于各国经济政策的协调。一国管理经济的目的是实现对内平衡和对外平衡的统一。对内平衡是指国内物价、就业和国民收入的稳定增长,对外平衡是指国际收支和汇率的稳定,但二者通常是矛盾的。在二者发生矛盾时,实行金本位制的国家会首先考虑对外平衡,这客观上有利于这些国家经济政策的协调。

第二节   布雷顿森林体系

布雷顿森林体系(Bretton Woods system)是指第二次世界大战之后,在美国主导下建立的以美元为中心的国际货币体系。

一、布雷顿森林体系的产生

第二次世界大战尚未结束的时候,英美便开始协商重建战后的世界经济秩序。1943 年 4 月 7 日,英国和美国分别在伦敦和华盛顿公布了英国财政部顾问凯恩斯拟订的"国际清算同盟计划"(又称凯恩斯方案)和以美国财政部部长助理怀特为首起草的"国际稳定基金计划"(又称怀特方案)。凯恩斯方案提议建立一个类似世界中央银行的国际清算同盟(International

Clearing Union, ICU)并创造一种具有固定黄金价值的货币"班柯"(Bancor),各成员方在"同盟"开立往来账户并用"班柯"进行对外债权债务的清算等;怀特方案建议设立一个国际货币稳定基金,各成员方根据规定缴纳一定的资金,以认缴份额决定各方的投票权。

第二次世界大战后,英国的黄金储备从战前 1937 年的 41.47 亿美元下降到 1945 年战争结束时的 19.18 亿美元,对外债务高达 120 亿美元,国际收支逆差严重,而同期美国的黄金储备则从 127.9 亿美元增加到 200.8 亿美元,是世界最大的债权国,国际收支具有大量顺差。凯恩斯方案认为黄金储量会限制世界经济的发展,提倡用国际信用货币来代替黄金执行国际清算功能,主张逆差国可以通过向同盟国申请透支的方式来弥补逆差,这样通过透支英国可以缓解其国库黄金储备不足的压力;怀特方案则强调黄金可以带来的稳定作用,提倡用黄金作为货币体系基础,这样美国可以掌握战后世界的金融领导权。

经过两国代表团在华盛顿的长期磋商,双方决定以怀特方案为主,适当吸收凯恩斯方案的部分内容。1944 年 7 月 1 日至 22 日,美、英、中、法等 44 个国家在美国新罕布什尔州的布雷顿森林市召开国际货币金融会议,商讨战后国际货币体系的重建问题。由于会议在布雷顿森林市召开,因此会议决定建立的国际货币体系便被称为布雷顿森林体系。会议代表签署了《联合国货币金融会议最后议定书》,达成了《国际货币基金协定》和《国际复兴开发银行协定》两个附件。参加会议的国家同意建立一个国际货币制度,由新成立的国际货币基金组织及其辅助机构国际复兴开发银行来加以管理。

二、布雷顿森林体系的内容

(一)确立了美元在国际货币体系中的中心地位

布雷顿森林体系确立了以美元为中心的固定汇率制,即美元与黄金挂钩、其他货币与美元挂钩的"双挂钩"制度。

1. 美元与黄金挂钩

国际货币基金组织各成员国政府均承认美国 1934 年 1 月规定的 1 盎司黄金为 35 美元的官价,并有义务协助美国维持美元与黄金的这一官价。美国政府要承担其他成员国用美元兑换黄金的义务。美元与黄金挂钩,奠定了稳定汇率的基础。

2. 各国货币与美元挂钩

各成员国货币与美元保持固定汇率,汇率按各国货币的含金量确定,或者不规定含金量而直接规定对美元的直接汇率。各国货币对美元的固定汇率只能在上下各 1% 的幅度内波动,超过这一幅度时各成员国政府有义务对外汇市场进行干预。国际货币基金组织允许成员国在国际收支出现根本性失衡时,经过基金组织的批准,改变本国货币的比值。国际收支的根本性失衡没有明确定义,泛指那些大额的、长期的国际收支逆差或顺差。实际上,本国货币贬值或升值 10% 以内成员国可以自行决定,超过 10% 则需要国际货币基金组织的批准。

双挂钩制度下,各国货币通过美元与黄金建立起了联系,使得美元取得了等同黄金的世界货币地位。布雷顿森林体系下的货币制度实质上是一种以美元–黄金为基础的国际金汇兑本位制,其汇率制度则是可调节的盯住美元的固定汇率制度。

（二）建立国际货币基金组织和国际复兴开发银行

国际货币基金组织（International Monetary Fund，IMF）是为保持国际汇率的稳定、多边贸易和货币的可兑换性而设立的永久性国际金融机构。国际货币基金组织的宗旨是稳定汇率，促进国际贸易的发展，提高就业水平和国民收入的增长，有效支持各国国内经济增长，维持金融稳定。国际货币基金组织的建立在一定程度上维护了国际金融和外汇交易的秩序，具有监督国际汇率、提供国际信贷、协调国际货币关系三大职能。国际复兴开发银行（International Bank for Reconstruction and Development，IBRD），通称世界银行（World Bank，WB），其宗旨是从长期资金方面配合 IMF 的活动，促进国际投资，协助战后受灾国家经济的复兴，协助不发达国家的经济发展，解决国际收支长期失衡问题。

（三）国际储备资产的确定

在布雷顿森林体系中，外汇与黄金并列，共同构成国际储备资产的主要部分。"协定"中关于货币平价的规定，使美元处于等同黄金的地位，成为各国外汇储备中最主要的国际储备货币。除黄金和美元外，各国的国际储备还包括少量的可兑换货币和特别提款权。

（四）国际收支的调节

在布雷顿森林体系中，各国国际收支的暂时不平衡由各国用官方储备或从国际货币基金组织借款等方式消除，根本性失衡则采取调整汇率的方式平衡。

国际货币基金组织会员国份额的 25% 以黄金或可兑换成黄金的货币缴纳，另外的 75% 则以本国货币缴纳。会员国发生国际收支逆差时，可用本国货币向基金组织按规定程序购买（借贷）一定数额的外汇，并在规定时间内以购回本国货币的方式偿还借款。会员国所认缴的份额越大，得到的贷款也越多。贷款只限于会员国用于弥补国际收支赤字，即用于经常项目的支付。为调整国际收支，基金组织对贷款的档次、方法进行过多次调整，以适应日益复杂的国际经济交易。

三、布雷顿森林体系的崩溃及原因

（一）布雷顿森林体系的崩溃过程

布雷顿森林体系从 1944 年建立后，一直到 1957 年都处于稳定运行阶段，这种以美元为中心的国际货币体系实际上也是一种金汇兑本位制，美国国内不流通金币，但允许其他国家政府以美元向其兑换黄金，美元是其他国家的主要储备资产。而从 20 世纪 50 年代末开始，由于美国相继经历了两次经济危机，动摇了美元国际信用的基础，布雷顿森林体系开始不断动荡。进入 70 年代，由于美国对外贸易状况急剧恶化，美国经济进一步衰落，布雷顿森林体系失去了稳定的基础，最终在 1973 年崩溃了。在布雷顿森林体系不到 30 年的发展中，作为中心货币的美元也从早期的稳定逐渐发展到危机频发，最终美国不得不取消美元与黄金的兑换。

1. 从美元荒到美元过剩

布雷顿森林体系确立了美元作为国际货币和国际储备的职能。第二次世界大战后,日本和西欧国家急需经济恢复与重建,从美国大量进口而对美国很少出口,这导致美国国际收支出现大量顺差而其他各国大多为逆差,各国需要向美国支付大量美元,从而导致了"美元荒"。与此同时,美国的黄金储备也在急剧上升,从 1945 年的 201 亿美元上升到 1949 年的 246 亿美元,占西方发达国家黄金储备的 70% 以上。

从 20 世纪 50 年代后期开始,美国国际收支趋向恶化,再加上西欧、日本的经济逐渐恢复,生产率提高,出口增加,导致美元流入过多,各国纷纷抛出美元兑换黄金,出现了全球性"美元过剩"情况,美国黄金开始大量外流,黄金储备下降。但由于美国强大的经济实力,布雷顿森林体系从建立后直到 1957 年一直能够平稳运行。

2. 美元危机爆发

1958—1968 年是美国国际收支不断恶化的时期,也是美元的国际信用严重动摇的时期。1957—1961 年,美国先后经历了两次经济危机,资本大量外流,国际收支不断恶化,黄金储备继续下降。经济基础的削弱动摇了美元的国际信用,1960 年国际金融市场出现了大量抛售美元、抢购黄金的风潮,美元汇率下跌,出现了第一次美元危机。欧美为了稳定国际货币关系,采取了一系列措施。主要发达国家组成 10 国集团,共同筹资 60 亿美元贷款来平抑美元危机。同时美国邀请英国、法国、意大利、荷兰、比利时和瑞士建立了黄金总库来共同维持黄金官价。另外,美国与 14 个主要发达国家的中央银行签订了双边"互惠信贷协议",目的是在美元发生危机时相互提供短期借贷资金来干预市场稳定美元。通过以上措施的实施,美元危机暂时被平息。

20 世纪 60 年代中后期,由于对越战争开支过高,美国财政连年赤字,国际收支状况恶化。到 1968 年 3 月,美国黄金储备仅余 121 亿美元,从而再度引发了抛售美元、抢购黄金的风潮,黄金在欧洲一度涨到了 44 美元 / 盎司。美国在两周内流失黄金 14 亿美元,再也无力维持黄金官价,只好解散黄金总库并改行"黄金双价制"。美国只承担官方按 1 盎司兑换 35 美元的官价进行的黄金兑换,自由市场的黄金价格则随市场供求波动。由于自由市场的黄金价格不断上涨,美元实际上变相贬值,以美元为中心的国际货币体系的基础严重动摇。

3. 美元停止兑换黄金

20 世纪 70 年代,美国经济进一步衰落,并在 1971 年出现了对外贸易逆差,美国的黄金储备下降到 102 亿美元,美国的黄金储备再也支撑不住日益泛滥的美元了。尼克松政府被迫于 1971 年 8 月宣布实行"新经济政策",放弃按 35 美元 / 盎司的官价兑换黄金,实行黄金与美元比价的自由浮动,并暂时征收 10% 的进口附加税。美元停止兑换黄金严重动摇了布雷顿森林体系的基础。1971 年 12 月,10 国集团达成《史密森协议》,力图保住固定汇率制。协议决定美元对黄金贬值 7.89%,从 35 美元上调为 38 美元 / 盎司,其他各国货币对美元汇率的波动幅度从不超过平价的 1% 上调为 2.25%。美元贬值未能扭转美元危机的势头,而是更加动摇了人们对美元的信心。1973 年 1 月,新的美元危机再次爆发,市场出现抛售美元购入日元、德国马克、瑞士法郎等货币的风潮。1973 年 2 月 12 日,美国宣布美元再次对黄金贬值 10%,每盎司黄金价格从 38 美元提高到 42.22 美元。此后几乎所有国家均无法维持固定汇率制,黄金价格大涨,3 月份最高在伦敦市场曾经达到 96 美元 / 盎司,多个主要金融市场被迫关闭。随后欧洲共同体和日本、加拿大等国宣布实行浮动汇率制,不再承担维持美元固定汇率的义务,美元也不再成为各国货币兑换的中心。由于这标志着布雷顿森林体系的基础已全部丧失,该体系终于完全崩溃。

(二) 布雷顿森林体系崩溃的原因

布雷顿森林体系崩溃的原因是多方面的,包括直接原因和根本原因。

1. 直接原因

美国经济在 20 世纪 70 年代初期的巨额国际收支逆差和不断爆发的美元危机是该体系崩溃的直接原因。

2. 根本原因

从该体系的制度设计来看,制度设计缺陷导致了特里芬难题这一不可克服的内在矛盾,造成了其内在的不稳定性,使得该体系在流动性、调节能力和可靠性方面存在着一系列相关联的问题,这是导致其崩溃的根本原因。

美国耶鲁大学教授特里芬 1960 年在《黄金与美元的危机》中提出了布雷顿森林体系存在着自己无法克服的缺陷,后人称之为特里芬悖论(Triffin dilemma),又称特里芬难题。书中的描述是这样的:"由于美元与黄金挂钩,而其他国家的货币与美元挂钩,美元虽然因此而取得了国际核心货币的地位,但是各国为了发展国际贸易,必须用美元作为结算与储备货币,这样就会导致流出美国的货币在海外不断沉淀,对美国来说就会发生长期贸易逆差;而美元作为国际货币核心的前提是必须保持美元币值稳定与坚挺,这又要求美国必须是一个长期贸易顺差国。这两个要求互相矛盾,因此是一个悖论。"

第二次世界大战极大地削弱了西欧和日本的经济实力,战后美国利用在战争中积累起来的财富向西欧、日本和其他地区输出大量商品,国际收支出现了巨额顺差,而到 20 世纪 60 年代,随着西欧、日本经济快速增长,出口贸易不断扩大,美国逐渐成为贸易逆差国。在布雷顿森林体系下,美国的外贸逆差造成美元大量流失,绝大部分流动性是由美国的国际收支逆差导致的世界外汇增长创造出来的,但是美元外流也使得美元的可靠性不断下降。并且由于美元要维持与黄金兑换的官价,不能贬值,使得美元无法消除其持续的高额国际收支逆差。在布雷顿森林体系下,过分强调汇率的稳定,缺乏一种各国愿意并可以作为各自政策实施的、适当的调节机制。在固定汇率制下,各国不能利用汇率的变动达到调节国际收支平衡的目的,只能消极地实行贸易管制或放弃稳定国家经济的政策目标,但各国也不愿为了保持对外平衡而牺牲内部平衡。布雷顿森林体系因汇率体系缺乏弹性,造成国际收支调节能力较差。

四、"三元悖论"与国际货币体系

关于"三元悖论"的详细介绍请见第十三章第二节,此处不再赘述。古典金本位制度是公认的"三元悖论"的典范——资本完全流动、汇率稳定、货币政策完全具有独立性。第二次世界大战后,各国中央银行逐渐意识到货币政策独立性的重要,英美两国开始争夺国际货币体系主导权,导致了布雷顿森林体系的诞生。在该体系下,各国普遍实行固定汇率制度,国际资本流动水平较金本位时期明显降低,各国货币政策的自主性明显增强。布雷顿森林体系解体后,国际货币体系的主要特征表现为:发达国家逐渐转向浮动汇率制度,经济自主调节能力增强;发展中国家倾向于固定汇率制度和走中间道路(包括固定汇率制度和浮动汇率制度以外的所有汇率制度),承受汇率波动的能力较弱,货币政策往往服从于汇率稳定的目标。

可以看出,从金本位时期到后布雷顿森林体系时期,"三元悖论"原则都表现出了有效性,与国际货币体系的发展联系密切。美国经济学家奥布斯特费尔德甚至认为"三元悖论"原则是对国际货币体系演变历程的归纳总结。

五、布雷顿森林体系的作用

布雷顿森林体系的建立和运转,对第二次世界大战后国际贸易和世界经济的发展起到了一定的积极作用。主要表现在以下几方面:

第一,确立了美元与黄金、各国货币与美元的双挂钩原则,结束了第二次世界大战前混乱的国际金融秩序,维持了第二次世界大战后世界货币体系的正常运转,推动了世界经济的发展。

第二,实行可调整的固定汇率制度,保持了相对稳定的货币汇率,有利于国际贸易的扩大以及国际投资和国际信贷的发展。

第三,美元成为最主要的国际储备货币,弥补了国际清偿能力的不足,在一定程度上解决了由于黄金不足所带来的国际储备短缺问题。

第四,通过国际货币基金组织、世界银行向成员方提供中短期贷款,一定程度上缓解了成员方的国际收支困难,维持了金融稳定,支持了经济增长。

第五,要求各成员方取消外汇管制,客观上推动了第二次世界大战后国际贸易合作和国际货币合作体系的建立和发展。

第三节 牙买加体系

牙买加体系(Jamaica system)是指在布雷顿森林体系崩溃之后根据《牙买加协定》建立的国际货币体系。牙买加体系没有规定本位货币、没有统一的汇率制度和国际收支调节机制,因此也被称为"无体系的体系"。

一、牙买加体系的产生

布雷顿森林体系崩溃后,由于国际社会没有立即建立新的国际货币体系,导致国际货币领域出现监管真空。各国实行浮动汇率制,致使各国汇率不稳定,造成国际金融动荡。对汇率稳定和弹性的追求使得国际社会对汇率制度争论不休。

国际货币基金组织在 1971 年 10 月提出修改 IMF 协定的意见,开始研究国际货币体系的改革问题。1972 年 7 月,由 11 个发达国家和 9 个发展中国家的代表组成"20 国委员会",

对国际货币体系改革进行具体研究。该委员会于 1974 年 6 月提交了《国际货币体系改革纲要》。1974 年 9 月,国际货币基金组织成立了"国际货币制度问题临时委员会",接替"20 国委员会"对国际货币制度改革等问题继续进行研究。1975 年下半年,主要发达国家经济好转,加快了建立新货币体系的步伐。1976 年 1 月 8 日,国际货币基金组织临时委员会第 5 次会议在牙买加举行,会议通过了关于国际货币制度改革的协定。1976 年 4 月 30 日,经国际货币基金组织理事会通过,后又经 60% 以上成员国的 85% 以上投票通过,《国际货币基金协定第二次修正案》(《牙买加协定》)于 1978 年 4 月 1 日正式生效。《牙买加协定》的生效,标志着继布雷顿森林体系后,一个新的货币体系诞生了,这一体系被称为牙买加体系。

二、牙买加体系的主要内容

(一) 实行以浮动汇率制为中心的多种汇率制度

《牙买加协定》正式确认了浮动汇率制的合法化,取消法定平价和中心汇率,承认固定汇率制与浮动汇率制并存的局面,成员国可自由选择汇率制度。同时,IMF 继续对各国货币汇率政策实行严格监督,并协调成员国的经济政策,促进金融稳定,缩小汇率波动范围。

(二) 推行黄金非货币化

《牙买加协定》作出了逐步使黄金退出国际货币的决定。并规定:废除黄金条款,取消黄金官价,成员国中央银行可按市价自由进行黄金交易;取消成员国相互之间以及成员国与 IMF 之间须用黄金清算债权债务的规定。IMF 逐步处理其持有的黄金,其中 1/6 出售,1/6 由缴纳国购回,2/3 由 85% 的投票权决定其处理方式。

(三) 增强特别提款权的作用,增加成员国基金份额

《牙买加协定》提高特别提款权的国际储备地位,使之与黄金、外汇共同构成国际储备。扩大其在 IMF 一般业务中的使用范围,并适时修订特别提款权的有关条款。成员国的基金份额从原来的 292 亿特别提款权增加至 390 亿特别提款权,增幅达 33.6%,并且各国所占比例也有所调整。

(四) 扩大信贷额度,以增加对发展中国家的融资

IMF 利用出售黄金所得利润建立信托基金,援助发展中国家,信用贷款部分的总额从占成员国份额的 100% 增加到 145%,出口波动补偿贷款的限额从占份额的 50% 提高到 75%。

三、牙买加体系的特点

(一) 国际储备资产多元化

与布雷顿森林体系下国际储备结构单一、美元地位十分突出的情形相比,在牙买加体系下,国际储备呈现多元化局面,美元虽然仍是主导的国际货币,但美元地位相较于布雷顿森

林体系明显削弱了,由美元垄断外汇储备的情形不复存在,国际储备货币已日趋多元化。随着 1999 年作为欧盟单一货币欧元的启动,德国马克、法国法郎等货币退出历史舞台,美元、欧元、英镑、澳元、日元等成为主要的国际储备货币。黄金、特别提款权也是国际储备资产的构成部分。

(二) 汇率安排多样化

在牙买加体系下,浮动汇率制与固定汇率制并存。一般而言,发达国家多数采取单独浮动或联合浮动,但有的也采取盯住自选的货币篮子。对发展中国家而言,多数是盯住某种国际货币或货币篮子,单独浮动的很少。不同汇率制度各有优劣,浮动汇率制度可以为国内经济政策提供更大的活动空间与独立性,而固定汇率制则减少了本国企业可能面临的汇率风险,方便生产与核算。各国可根据自身的经济实力、开放程度、经济结构等一系列相关因素去权衡得失利弊。

《牙买加协定》实施后,发达国家均实行了浮动汇率制,其中美、日、澳、加、新西兰实行单独浮动,欧洲共同体国家大多实行联合浮动。其他国家实行多种汇率制度,主要有盯住单一货币、盯住一篮子货币等多种形式。

(三) 多种渠道调节国际收支

1. 通过汇率变动调节国际收支

在浮动汇率制或可调整的盯住汇率制下,汇率是调节国际收支的一个重要工具,当一国经常项目赤字较大或持续时间较长时,本币趋于下跌。本币下跌则导致外贸竞争力增加,使得出口增加、进口减少,国际收支得以改善。相反,在经常项目顺差时,本币币值上升会削弱出口商品的竞争力,从而减少经常项目的顺差。实际经济运行中,汇率的调节作用受到“马歇尔－勒纳条件”以及“J 曲线效应”的制约,其功能往往令人失望。

2. 借助国际融资

在布雷顿森林体系下,这一功能主要由国际货币基金组织向逆差国提供贷款来完成。在牙买加体系下,IMF 的贷款能力有所提高,同时国际货币基金组织也监督指导国际收支失衡国进行调整,包括制定一系列调整政策并帮助落实,避免对世界经济的冲击。

伴随石油危机的爆发和国际金融市场的迅猛发展,各国逐渐转向国际金融市场,利用市场比较优惠的贷款条件融通资金,调节国际收支不平衡。

3. 加强国际协调

这主要体现在:一是以 IMF 为桥梁,各国就国际金融问题达成共识与谅解,共同维护国际金融形势的稳定与繁荣。二是新兴的七国首脑会议也发挥了一定的协调作用。西方七国通过多次会议,多次合力干预国际金融市场,主观上是为了各自的利益,但客观上也促进了国际金融与经济的稳定与发展。

4. 运用国内经济政策

国际收支作为一国宏观经济的有机组成部分,必然受到其他因素的影响。一国往往运用国内经济政策,改变国内的需求与供给,从而消除国际收支不平衡。比如在资本项目逆差的情况下,可提高利率,实行紧缩性货币政策,以此吸引外资流入,弥补缺口。不过,运用财政或货币政策调节外部均衡时,往往会受到米德冲突的限制,在实现国际收支平衡的同时,牺牲了其他的政策目标,如经济增长、财政平衡等,因而内部政策应与汇率政策相协调,才不至于顾此失彼。

四、牙买加体系的作用与缺陷

20 世纪 70 年代后期以来,牙买加体系在维持世界经济稳定、推动世界经济发展方面起到了积极的作用,但同时也存在着无法克服的缺陷。

(一) 牙买加体系的积极作用

1. 一定程度上缓解了特里芬难题

多元化的储备结构为国际经济提供了多种清偿货币,这在一定程度上克服了美元作为单一国际储备货币和国际清算及支付手段的特里芬难题,使国际货币制度进入了一个相对稳定时期。

2. 打破了汇率体制过于僵化的局面

布雷顿森林体系下汇率制度的安排过于僵化,各国汇率实际上缺乏灵活性。牙买加体系下多样化的汇率安排适应了多样化的、不同发展水平的各国经济,为维持经济发展与稳定提供了灵活性与独立性,同时有助于保持国内经济政策的连续性与稳定性。各国货币的汇率可以根据市场供求状况进行调整,各国也可以减少为了维持汇率稳定所必须保留的应急性外汇储备。这种以浮动汇率为主的体制可以协调一国宏观经济政策,不会为维持汇率稳定而放弃国内经济目标。

3. 缓解了布雷顿森林体系下调节机制失灵的问题

布雷顿森林体系下的国际收支调节渠道有限、调节机制经常失灵,导致长期出现全球性国际收支不平衡。牙买加体系下的多种调节机制相互结合、相互补充,在一定程度上解决了布雷顿森林体系调节机制失灵的困难。

(二) 牙买加体系的缺陷

1. 内在不稳定性

牙买加体系的内在不稳定性主要包括两方面:一是汇率制度极不稳定。国际货币基金组织在放弃固定汇率制度的同时,也放弃了干预成员国汇率的责任和义务,导致国际汇率的经常性波动,也使国际货币体系外围国家面临巨大的汇率风险。二是各国储备管理的难度加大。由于国际汇率制度的不稳定以及国际收支形势的变化,外汇储备面临的不确定性增大,积累的外汇储备数额越多,其面临的汇率风险也越大,各国外汇储备资产的币种选择方面也面临着较高风险。

2. 内在不对称性

牙买加体系的内在不对称性主要体现在两方面:一是各国在国际货币体系中的责任和利益不平衡。储备货币发行国尤其是美国通过征收铸币税攫取巨大的经济利益,却没有承担相应的责任和义务,其他国家尤其是广大发展中国家,既无力影响国际货币的发行,又难以防范汇率风险,在国际货币体系中十分被动。二是美国单方面的政策加剧了国际经济波动。美元本位使得美国的货币政策可以产生较大的政策溢出效应。长期以来美国大量发行美元,让其他国家分担了美国经济发展的成本和风险,进一步加剧了世界经济的波动。

3. 国际收支调节机制不健全

牙买加体系虽然有多种渠道调节国际收支,但各种渠道都有各自的局限,牙买加体系并没有消除全球性的国际收支失衡问题。另外,国际协调机制也并不平衡。发达国家在国际货币基金组织、世界银行和世界贸易组织等国际机构中拥有较大份额和话语权,而占成员绝大多数的发展中国家却处于弱势地位。

五、牙买加体系的改革

近年来,尤其是 2008 年世界金融危机以后,针对现行国际货币体系的缺陷,国际社会对牙买加体系进行了一系列的改革。主要做法有以下四方面。

(一) 改革国际货币基金组织和世界银行的内部治理结构

国际货币基金组织和世界银行作为全球两大金融机构,在国际货币体系的发展中有着重要作用。一直以来,两大金融机构的话语权主要掌握在以美国为首的少数发达国家手中,而随着世界经济的动荡和新兴经济体的崛起,原有的治理结构表现出极大的不合理性,对二者的改革已经迫在眉睫。

在 2006 年新加坡峰会上,IMF 提出了一个两年内的份额改革计划,针对份额被严重低估的四国即中国、韩国、墨西哥和土耳其进行特别增持,并重新构建一个在制度上更加透明的份额计算公式,在此公式下进行第二轮的增持份额改革。此轮增持过后,四国的份额有了明显提升,中国也从原来的第八名(份额占 2.98%)上升至第六名(份额占 3.72%)。2008 年IMF "份额与发言权改革"中指出,第二轮特别增持旨在增加新兴经济体的份额,以反映其在全球经济中的地位变化情况。2010 年 11 月,IMF 宣布就份额和改革一揽子方案达成一致。根据该方案,发达国家整体份额将降至 57.7%,发展中国家升至 42.3%,发达国家向新兴市场和发展中国家整体转移 2.8% 的份额。此次改革之后,"金砖四国"(中国、巴西、俄罗斯、印度)全部进入前十位,中国份额占比将从 3.72% 升至 6.39%,跃居世界第三,位列美国和日本之后。

2010 年 4 月,世界银行发展委员会春季会议通过了发达国家向发展中国家转移投票权的改革方案。根据该方案,发达国家向发展中国家转移 3.13% 的投票权,使发展中国家的整体投票权从 44.06% 升至 47.19%,我国的投票权从 2.77% 升至 4.42%,成为仅次于美国和日本的第三大股东国。

(二) 成立金融稳定理事会

金融稳定理事会(Financial Stability Board, FSB)的前身是七国集团(G7)为促进金融体系稳定而成立的合作组织——金融稳定论坛(Financial Stability Forum, FSF)。2009 年 4 月 2 日,

在伦敦举行的 20 国集团(G20)峰会决定将 FSB 成员扩展至包括中国在内的所有 G20 成员,并将之更名为金融稳定理事会。

成立金融稳定理事会的主要目的在于对全球宏观经济和金融市场上的风险进行监督。它的主要任务是制定国际金融监管政策和标准,协调不同标准制定机构,通过专题评估和国别评估确保对各国金融部门改革进程的问责,通过在不同部门和辖区一致推进执行标准以建立公平竞争环境等。

(三)将 G20 峰会作为协调全球经济的平台

20 国集团(又称 G20),是一个国际经济合作论坛,1999 年 12 月成立于德国柏林,属于布雷顿森林体系框架内非正式对话的一种机制,由八国集团和 12 个新兴市场经济体组成,旨在推动国际金融和货币体系的改革。论坛参加者主要是各国的财政部部长和中央银行行长。

2008 年开始的全球金融危机使得金融体系成为全球的焦点,2008 年 20 国集团决定将原来的财长会议升级为首脑会议,即 G20 峰会,并从 2009 年起每年举行两次。20 国集团在世界经济中举足轻重,GDP 占全球经济的 90%,贸易额占全球的 80%,因此 G20 峰会已成为协调全球经济的主要平台。G20 峰会旨在通过加强相互合作,推动全球经济的恢复和发展,实现必要的金融改革。G20 峰会已就可持续的经济增长、金融监管、布雷顿森林机构的改革、国际货币体系改革、资本和流动性以及应对全球失衡等多方面达成了有效共识并产生了积极成果。

(四)制定《巴塞尔协议Ⅲ》

《巴塞尔协议》是国际清算银行(BIS)的巴塞尔银行业条例和监督委员会的常设委员会——巴塞尔委员会于 1988 年 7 月在瑞士的巴塞尔通过的《关于统一国际银行的资本计算和资本标准的协议》的简称,旨在通过规定银行资本充足率,减少各国规定的资本量差异,加强对银行资本及风险资产的监管,消除银行间的不公平竞争。该协议第一次建立了一套完整的国际通用的、以加权方式衡量表内与表外风险的资本充足率标准,有效地扼制了与债务危机有关的国际风险。2004 年,巴塞尔委员会发布《巴塞尔新资本协议》,又称《巴塞尔协议Ⅱ》。新协议对原有协议进行了较大幅度修改,将风险扩大到信用风险、市场风险、操作风险和利率风险,并提出"三大支柱",要求资本监管更为准确地反映银行经营的风险状况,进一步提高金融体系的安全性和稳健性。受国际金融危机的影响,巴塞尔委员会于 2010 年提出了《巴塞尔协议Ⅲ》的草案,旨在遏制与债务有关的国际风险。该协议在 2010 年 11 月韩国首尔举行的第五次 G20 峰会上获准实施,几经波折,最终于 2013 年 1 月 6 日出台了最新规定。新规定放宽了对高流动性资产的定义和实施时间,确立了微观审慎和宏观审慎相结合的金融监管新模式,大幅度提高了商业银行资本监管要求,建立全球一致的流动性监管量化标准,对商业银行经营模式、银行体系稳健性乃至宏观经济运行产生了深远影响。

第四节　欧洲货币一体化与欧元

一、欧洲货币一体化进程

1957 年,在欧洲煤钢共同体的基础上,法国、联邦德国、意大利、荷兰、比利时和卢森堡 6 国的政府首脑签署了《罗马条约》,关于欧共体货币政策的思想初现萌芽。1969 年,欧共体首脑会议召开,提出建立欧洲经济与货币联盟计划,标志着欧洲货币体系建设的真正起步。1970 年签订的《维也纳计划》旨在分三个阶段逐步实现货币联盟,虽然这一计划后来由于美元危机所引发的经济波动以及各成员国之间的分歧而搁置,但对于欧洲货币一体化意义重大。20 世纪 70 年代,为应对布雷顿森林体系崩溃之后的全球经济波动,欧共体开始实行联合浮动汇率并建立了欧洲货币合作基金,进一步推动了欧洲货币一体化进程。1993 年《马斯特里赫特条约》(简称《马约》)签订,《马约》计划分三个阶段实行欧洲的货币一体化,为欧元的诞生奠定了坚实的基础。1999 年 1 月,欧元正式启动。2002 年 1 月,欧元现钞正式流通,7 月原有货币停止流通。至此,欧洲货币一体化进程初步实现。

欧元的诞生对于国际货币体系的发展有着重要意义。欧洲强大的经济实力为欧元挑战美元的霸主地位提供了坚实基础,使国际货币体系从单一的美元独大走向双本位乃至多本位的新货币体系成为可能。1999—2011 年,美元外汇储备占比从 71.01% 下降到 62.12%,而欧元的外汇储备占比则从 17.90% 上升至 25.04%,即美元流失的份额基本流入了欧元。但自 2012 年欧债危机爆发以来,欧元占比总体不断下降,到 2021 年降为 20.5% 左右,不过,在国际货币体系中依然占据重要地位。

二、欧元诞生的理论基础:最优货币区理论

最优货币区是指一种“最优”的地理区域,在这个区域内一般的支付手段是一种单一共同货币,或者是具有无限可兑换性的几种货币,其汇率在进行经常性交易和资本交易时互相盯住,保持不变;区域内的国家与区域外的国家之间的汇率保持浮动。“最优”是根据同时维持内部和外部均衡的宏观经济目标来定义的,包括内部的通货膨胀和失业之间的平衡以及区域内部和外部的国际收支平衡。

最优货币区理论是 20 世纪 60 年代在经济学界进行的对固定汇率和浮动汇率制度孰优孰劣的争论中由蒙代尔首先提出的。蒙代尔 1961 年在《最优货币区理论》一文中指出,在价格、工资刚性的前提下,是否能组成最优货币区主要取决于相关地区的要素流动程度。如果劳动力和资本在区域内能够自由流动,则组成单一货币区既可以提高微观效率(如降低交易成本),又有利于抵抗外部冲击,维护宏观经济稳定。随着时间的推移,蒙代尔的观点受到了越来越广泛的关注,许多经济学家从不同角度对该理论进行了补充,重点分析了最优货币区的判断标准,包括经济开放度、金融一体化、政策一体化等因素。伴随着欧洲一体化进程的不断加深,最

优货币区理论逐渐在欧洲生根发芽,为欧元的诞生奠定了坚实的理论基础。1999 年欧元的问世,第一次在真正意义上实现了最优货币区理论所描述的单一货币通过货币联盟的成员国让渡部分主权、由超越国家的机构发行的取代国家货币进入流通领域的非国家货币。蒙代尔也在 1999 年因其对不同汇率体制下货币与财政政策以及最优货币区理论的研究与发展所做出的贡献,获得了诺贝尔经济学奖,并被人们称为"欧元之父"。

三、欧债危机与欧元的未来

(一) 欧债危机的爆发

欧债危机全称欧洲主权债务危机,是指 2009 年以来在欧洲部分国家爆发的主权债务危机。2009 年,希腊新政府上台之后宣布该年财政赤字水平将达到国内生产总值的 12.7%,远高于欧盟《稳定与增长公约》规定的 3% 上限,希腊政府债务问题开始浮出水面,拉开了欧债危机的序幕。政府财政赤字超标引发了国际社会对希腊无法偿还巨额国债的担忧,之后不久,国际三大评级机构纷纷下调对希腊的主权信用评级,进一步加剧了市场对希腊债务偿还能力的担忧。2010 年 4 月,希腊向欧盟与 IMF 申请援助,希腊债务危机正式爆发。

危机迅速从希腊向整个欧洲扩散。2009 年 12 月起,标普和惠誉两大评级机构先后下调对葡萄牙的主权信用评级,进一步印证和强化了市场对欧元区债务问题的负面预期,与葡萄牙存在类似问题的还有爱尔兰、意大利和西班牙。此外,处于类似境况的还有 2009 年 8 月已经遭遇主权信用评级调降的立陶宛、拉脱维亚和爱沙尼亚,以及在 2008 年年底和 2009 年年初接受 IMF 资金救助的乌克兰、土耳其、匈牙利等。至此,欧洲大多数国家都面临债务问题的考验,危机呈席卷欧洲之势。

欧债危机的爆发来源于欧洲国家公共财政的不断恶化。欧盟《稳定与增长公约》规定,为了保证欧元的稳定,维持欧元区合理的通货膨胀水平,欧元区各国政府财政赤字不得超过当年 GDP 的 3%,政府债务不得超过 GDP 的 60%,但在危机之前,欧洲各国几乎无一国符合规定。2009 年,希腊、葡萄牙和西班牙的政府赤字占 GDP 比重分别为 15.6%、10.2% 和 11.2%,居欧元区赤字前列,即使是债务状况最好的德国,其占比也达到了 3.2%。到 2011 年,各国财政赤字水平都有所降低,但除德国外,欧洲主要国家的财政赤字仍无法达到《稳定与增长公约》的要求。政府债务方面,2009 年欧元区政府债务占 GDP 平均比例为 80%,远超所规定的 60%,希腊和意大利分别高达 129.4% 和 116%,居欧元区各国前列,除西班牙外,其他主要国家在 2009 年无一合格。由于政府赤字不断增加,政府债务总规模持续攀升,到 2011 年,欧元区各国政府债务占 GDP 平均比例已达 87.4%,政府债务已成为欧元区各国的普遍问题。

债务危机爆发之后,欧洲各国政府融资出现困难,融资成本急剧上升,国债收益率不断提高。一般认为,7% 是国债收益率的上限,如果超出该值,便意味着该国通过债券市场融资会出现一定的困难,因此 7% 成为判断一国是否爆发主权债务危机的重要指标。随着希腊债务问题逐渐恶化,政府债券收益率不断提高,2010 年 4 月,希腊国债收益率突破 7%,说明希腊政府已经很难在市场上进行融资,不得不向国际社会寻求援助;到 2011 年年底,债券收益率已经突破 30%,希腊在国债市场上已再无融资可能,只能靠国际救援度日。

西班牙银行业问题是希腊债务问题之后欧债危机新的爆发点。与希腊单纯表现为政府偿付能力受限不同,西班牙更大的问题在于银行业在危机中受到冲击。受房地产市场泡沫破裂和政府债券资产质量不断下降影响,西班牙银行业坏账率不断提高。2012 年 5 月,西班牙政府宣布向其第四大银行 Bankia 提供 90 亿欧元援助,标志着西班牙银行业危机全面爆发;6 月,西班牙向欧盟寻求 1 000 亿欧元资金以帮助本国银行破产重组。西班牙银行业问题标志着欧债危机进入一个新阶段。由于银行业是政府债券市场的主要购买力量,银行业出现问题进一步加剧债券市场的紧张,而债券市场不断恶化进一步加剧银行业运行困难,危机将逐渐演变为债务与银行业双重危机,欧元区各国面临越来越大的考验。

(二) 欧债危机的主要原因

1. 主权信用评级下降

国际信用评级机构对欧元区国家的主权信用评级下调是欧债危机爆发的直接原因。信用评级机构的基本职责是利用评级技术对债券发行方的违约风险做出客观、公正、负责的专业判断,信息不对称使得投资者或债权人主要依赖权威信用评级机构进行决策,因此信用评级机构负责与否直接关系到金融市场的安全性与稳健性。国际信用评级机构对希腊、葡萄牙等国的信用评级下调直接导致了欧债危机的爆发。

2. 欧元区的制度缺陷

欧元区的建立基于最优货币区理论,欧洲各国试图通过货币一体化来实现经济的加速发展,同时假定欧元区成员国经济发展水平基本一致。目前看来,欧洲并不完全符合最优货币区的条件。在强行推进欧洲共同货币的进程中,欧元区内部各国竞争力的差异和宏观失衡日益显现。实现共同货币后,南欧国家在失去货币和汇率政策,同时财政政策受限的情况下,经济增长日益疲弱,经济结构失衡不断加剧,国际竞争力不断下降,政府偿债能力越来越弱,最终爆发债务危机。

3. 原有经济结构不均衡

一国发生金融危机或经济危机多与该国的经济结构有关。此次主权债务危机较为严重的“欧猪五国”经济结构失衡问题突出,缺少支柱产业,尤其是制造业。如希腊、葡萄牙主要依赖农业、旅游业,对外部经济环境的依赖程度过高,一旦受到冲击极易陷入经济衰退且恢复缓慢,降低了债务偿还能力,引发主权债务危机。

4. 高水平的福利政策

实施与经济实力不相匹配的高水平的福利政策是此轮爆发主权债务危机国家的共同特点。20 世纪 70 年代,欧洲就建立了高福利的社会保障制度。欧元区各国建立了包括养老保险、失业救济、高水平劳动薪酬等在内的福利政策,政府因而承担很大的财政压力,促使政府扩大财政赤字和政府债务,而危机国经济基础相对较为薄弱,当美国次贷危机的负面影响传导过来时,这些国家的经济也随着全球经济的衰落而大幅度下滑,最终导致入不敷出,诱发主权债务危机。

5. 金融监管的缺失

本轮危机发生国的金融市场大都较为成熟,拥有金融自由化和开放的金融运营机制,这样的机制有利于吸引投资者离开金融监管严格的国家和地区来债务国开展业务,但同时也形成了欧洲金融市场及其他金融业高度发达的债务国金融监管缺失的问题。危机国没有规范扰乱金融市场秩序和安全的行为,如制止对冲基金做空本国国债;没有打击投资银行的欺诈和转移风险的行为,如高盛集团掩饰希腊的巨额债务帮其加入欧元区,并通过购买信用违约互换将风险转移给德国银行。欧元区也没有完善的金融法律,如制定政策规定不符合欧元区标准的国家如何退出欧元区,最终使得危机国金融系统的脆弱性迅速上升,导致主权债务危机。

(三) 欧元的未来

欧债危机给欧元区实体经济和金融体系都带来了巨大破坏,使得欧元的国际货币地位受到一定冲击。虽然欧元仍是除美元外的全球第二大国际货币体系,但欧元未来的发展面临着重大挑战。主要包括以下三方面。

1. 欧元区经济实力相对下降

经济实力是影响一国货币国际地位的重要因素,欧债危机沉重打击了欧元区的实体经济,为欧元国际货币地位的提升蒙上了阴影。欧元正式流通之后,欧元区经历了较为快速的经济增长。美国金融危机之前,欧元区整体经济增长连续两年保持在3%左右,与美国的经济差距不断缩小。2008年,欧元区经济总量为13.6万亿美元,美国经济总量为14.3万亿美元。之后随着全球经济的萎缩和欧债危机的出现,欧元区经济增长接近停滞,2012年和2013年连续两年呈负增长,欧美经济差距逐渐呈扩大趋势。根据世界银行数据,2020年欧元区GDP为13.02万亿美元,占全球产出的15%,而同期美国GDP占比超过25%,中国超过17%。经济实力相对下降,不可避免地会影响欧元在全球货币体系中的地位。

2. 欧债危机影响深远

国际货币基金组织的数据表明,截至2021年第四季度,各国持有的欧元外汇储备资产为2.487万亿美元,占全球外汇储备资产的比重为20.64%,这与2009年最高峰时约28%的占比相比,下降了接近7.5个百分点,说明欧债危机对欧元国际储备资产地位带来了一定的冲击。金融危机以来,与各国纷纷减持欧元形成鲜明对比的是美元占比的稳步上升,欧元与美元呈现出此消彼长的局面,说明欧元与美元仍存在较大的竞争替代效应。在国际债务市场上,受欧债危机持续发酵的负面影响,欧元债券的持有比重也从2011年的26.2%下降到2012年年底的25.5%,而同期美元债券的持有比重则上升了5个百分点,这从另一方面说明了欧债危机对欧元的不利影响。

欧债危机的形成是欧元区长期以来不平衡发展模式的必然结果,欧债危机的解决依赖于欧元区内增长模式的调整,依赖于相关国家的经济发展和政治发展战略的调整,等等。欧债危机的前景直接关系到欧元未来的发展。

3. 欧洲一体化的进程

欧元的诞生与发展是欧洲一体化进程不断深化的产物,欧洲一体化的进程与欧元的未来息息相关。首先,要推行欧元区的财政一体化。只有财政一体化,才可以解决各国政府过度负债的问题,有利于维护欧元区良好的信誉,这是欧元进一步发展的信用基础。其次,欧洲中央银行要能够有效行使欧元区中央银行的职能,这有助于维持欧元区的金融秩序稳定。最后,要继续推进欧洲的政治一体化进程。吸引更多的国家加入欧元区,不断扩张欧元的使用范围,可以增加欧元的网络效应,而建立充分让渡主权的欧洲政治共同体则有助于更好地从整体层面推进欧元的发展。

第五节　国际货币体系的实践与未来

如果说在布雷顿森林体系下,国际金融危机是偶然的、局部的,那么,在牙买加体系下,经过一段较为平稳的运行后,随后国际金融危机就成为经常的、全面的和影响深远的了。牙买加体系虽然发挥了一定的作用,但对国际范围内频繁出现的金融危机却无能为力。1973 年浮动汇率普遍实行后,西方外汇市场货币汇价的波动、金价的起伏经常发生,小危机不断出现,大危机时有发生。1978 年 10 月,美元对其他主要西方货币汇价跌至历史最低点,引起整个西方货币金融市场的动荡,这就是著名的 1977—1978 年西方货币危机。1990 年以后,金融危机的发生更为频繁。到 2002 年,先后爆发了 6 次区域性的金融危机,包括:1994—1995 年的墨西哥金融危机、1997—1999 年的亚洲金融危机、1998 年的俄罗斯金融危机、1999 年巴西金融危机、2001—2002 年土耳其和阿根廷金融危机。2007 年,在美国次贷危机的影响下,进一步引致了席卷全球的金融危机,影响的广度与深度远远超过了以往任何一次危机。

牙买加体系虽然具有多元化的国际储备结构,并且欧元自启动以后地位不断上升,但当前美元储备资产占全部储备资产的比例长期以来一直稳定在 60% 以上,过高的美元比例使得世界经济发展的风险与美国经济的波动紧密相连。国际货币体系本身的不完善,对 2008 年开始的席卷全球的金融危机起到了推波助澜的作用,使得经济进一步低迷。在上述背景下,国际社会对国际货币体系改革的呼声越来越高,也将对国际货币体系改革的讨论推向了一个高潮。

一、国际货币体系进一步改革面临的困境

(一)国际储备货币问题

美国金融危机暴露了现行国际货币体系过度依赖单一主权货币充当国际储备货币的缺陷,虽然世界经济发生了巨大变化,但特里芬难题的本质并没有改变,美元本位仍然是国际货币体系改革面临的最大问题。目前国际上对于该问题主要有两种改革路线:一种是通过货币多元化来约束和制约美元(也包括国际货币之间的相互制约);一种是建立超主权货币,从根本上终结主权货币充当国际货币的历史。

国际货币走向多元化,不仅是约束和制约美元、提升国际货币体系稳定的需要,也与世界经济发展的格局相适应。多元化从某种程度上来说,并不是要打压美元在国际货币体系中的地位,而是提升新兴国际货币在世界经济中的话语权。一国货币的国际地位受到多种因素的影响,但根本上由自身的经济实力决定。从历史经验来看,国际货币地位的转换都伴随着经济

实力的转移。然而国际货币多元化将是一个长期过程,国际货币的更替往往滞后于国际经济地位的变化,如果一国货币已占据国际主导地位,由于其拥有的规模经济、网络效应以及公众的持有习惯等因素,往往会在国际货币体系中形成黏滞性,因此,中短期看来,美元国际货币的地位不会发生根本改变。

超主权货币是指一种与主权国家脱钩,并能保持币值长期稳定的国际储备货币。建立超主权货币取代国家主权信用货币,是弥补当前国际货币体系缺陷最有效但也最激进的方案。"超主权货币不仅克服了主权货币的内在风险,也为调节全球流动性提供了可能。由一个全球性机构管理的国际储备货币将使全球流动性的创造与调控成为可能,当一国主权货币不再作为全球贸易的尺度和参照基准时,该国汇率政策对失衡的调节效果会大大增强。这些能极大地降低未来危机发生的风险、增强危机处理的能力。"[①] 黄金可以看作最早出现的超主权货币。不同的学者曾提出不同的超主权货币构想。目前看来,超主权货币的实现主要存在两个困难:一是技术上的难题,即超主权货币如何创造(发行)、如何分配、如何管理等。二是政治上的可接受性。超主权货币对现在国际货币的替代势必会遭到相关国家的反对和抵制。超主权货币的建立需要各国一定程度上让渡货币控制权,也会对各国的宏观经济政策产生一定约束。这些都阻碍了超主权货币的推行。

(二) 汇率制度问题

现行体系下的汇率制度,难以建立起稳定的汇率形成机制,存在发达国家对汇率制度的主动安排和发展中国家被动选择的矛盾。发达国家以市场经济充分发展为基础,一般实行浮动汇率制,并能左右国际汇率水平及其变动趋势。而大多数发展中国家由于其经济与金融发展的依附性,只能被动地选择盯住美元等少数几种货币的盯住汇率制,汇率缺乏弹性,且极具脆弱性,汇率水平难以反映发达国家和发展中国家的实际水平,削弱了汇率杠杆对经济发展的调节作用。另外,在大规模无序的国际资本流动中,维持盯住汇率制度的成本很大,也破坏了发展中国家货币政策的独立性。

(三) 话语权问题

一国在国际货币体系中的话语权表现为该国在世界两大金融机构 IMF 和世界银行尤其是在 IMF 中的地位。以 IMF 为例,各国在 IMF 的话语权包括份额和投票权,而投票权主要由份额决定。2006 年份额改革前的份额公式实际上主要反映了各成员国在第二次世界大战后的基本格局,并没有考虑改革前十几年来新兴经济体的发展情况。IMF 有一项规定,有关国际货币体系改革的任何重要问题,如修改协定、调整份额等,必须有 85% 以上的投票权才能通过。而美国目前在 IMF 的投票权接近 17%,欧盟作为一个整体拥有近 30% 的投票权,导致美国和欧盟具有一票否决权。尽管近年来 IMF 先后进行了一些改革,增加了新兴经济体和发展中国家的份额,但并没有改变发达国家在国际货币体系中的主导地位。在世界银行中也存在

[①]　周小川. 关于改革国际货币体系的思考 [EB/OL]. (2009–03–23) .http://www.gov.cn/gzdt/2009–03/23/content_1266412.htm.

着类似的问题。发展中国家在国际金融机构中难以发挥应有的作用，发展中国家的利益也难以得到体现，这就增加了货币体系改革的难度。

二、人民币国际化与未来国际货币体系构建

关于货币国际化，哈特曼（Hartmann）认为当一国货币被该货币发行国之外的国家的个人或机构接受并用作交换媒介、记账单位和价值贮藏手段时，该国货币国际化就开始了。他还对国际货币的职能进行了细分，具体见表 14-1。

表 14-1　国际货币的职能

货币功能	私人用途	官方用途
交易媒介	贸易和金融交易结算	外汇干预载体货币
记账单位	贸易和金融交易计价	盯住的锚货币
价值贮藏	货币替代（私人美元化）和投资	国际储备

日本财政部给日元国际化下的定义为：提高海外交易及国际融资中日元使用的比例，提高非居民持有的以日元计价的资产的比例，特别是发挥日元在国际货币体系中的作用以及提高日元在经常交易、资本交易和外汇储备中的地位。

国际货币的多元化是历史趋势，多极化的世界要求多元化的国际货币结构。1999 年欧元正式发行，成为美元强有力的竞争对手。2021 年欧元储备资产占全球外汇储备资产 20.5% 左右，并保持相对稳定。"入世"之后，在中国经济实力快速提升的同时，人民币的国际地位也逐渐上升。2010 年，中国取代日本成为全球第二大经济体，人民币国际化也被中国政府提上了议事日程，中国政府提出了一系列促进人民币国际化的措施，人民币的发展逐步从区域化向国际化推进。

2003—2004 年，中国人民银行先后分别为中国香港和澳门的银行办理人民币业务提供清算安排；2005 年，中国台湾在金门、马祖"试办"人民币兑换业务，2008 年 6 月，人民币和新台币的双向兑换拓展到台湾全岛；2006 年 12 月，人民币首先被菲律宾规定为储备货币，此后，马来西亚、韩国、柬埔寨先后将人民币作为其储备货币；2007 年，人民币债券首次在中国香港地区发行；2008 年，国务院决定对广东和长三角地区与港澳地区、广西和云南与东盟的货物贸易进行人民币结算试点。此外，中国已与包括蒙古、越南、缅甸在内的多个国家签订双边货币结算协议，人民币区域化进程大大加快。2008 年 12 月，中国人民银行与韩国银行签署双边货币互换协议；2009 年 1 月，内地与香港签署货币互换协议；2009 年 2 月，中国与马来西亚签署双边货币互换协议；2009 年 3 月，中国先后与白俄罗斯、印度尼西亚以及阿根廷签署双边货币互换协议；2010 年 6 月，中国与冰岛签署双边货币互换协议；2010 年 7 月，中国与新加坡签署双边货币互换协议。2010 年 6 月，中国人民银行、财政部等六部门发布《关于扩大跨境贸易人民币结算试点有关问题的通知》，跨境贸易人民币结算试点地区范围将扩大至沿海到内地的 20 个省、区、市，境外结算地扩至所有国家和地区；2011 年 8 月，跨境贸易人民币结算扩展至全国。2012 年 11 月，中国和南非达成协议，南非和中国的贸易可以直接将兰特兑换成人民币进

行结算,这标志着人民币国际化进程的正式起步。2013 年 10 月,中国先后与英国和新加坡就人民币与英镑、新加坡元直接交易达成一致意见。2020 年,中国人民银行与老挝央行新签双边本币互换协议,与埃及、瑞士、蒙古、阿根廷、新西兰、韩国、冰岛、俄罗斯、中国香港等国家和地区中央银行或货币当局续签双边本币互换协议;扩大与巴基斯坦、智利、匈牙利等国中央银行双边本币互换协议的规模。截至 2020 年末,中国人民银行共与 40 个国家和地区的中央银行或货币当局签署双边本币互换协议,互换总金额超过 3.99 万亿元。截至 2020 年末,中国人民银行已在 25 个国家和地区授权了 27 家境外人民币清算行。

离岸市场的发展是人民币国际化的重要进程。人民币离岸市场是指在中国境外经营人民币存放款业务的活动场所。当前的跨境贸易人民币结算是在资本项下、人民币没有完全可兑换的情况下开展的,通过贸易流到境外的人民币不能够进入国内的资本市场,而离岸人民币市场则为人民币在境外的流通提供了平台,创造了便利条件,有助于进一步推动人民币国际化进程。目前离岸人民币市场发展迅速,逐渐建立了中国香港、中国台湾、新加坡、伦敦等数个离岸人民币市场,其中香港离岸人民币市场规模最大,功能也最完备。香港人民币离岸市场的萌芽源于内地和香港之间两个重要性的制度安排与合作协议,即《内地与香港关于建立更紧密经贸关系的安排》(CEPA)以及中国人民银行和香港金管局的《合作备忘录》。《合作备忘录》于 2003 年 11 月 19 日在北京签署,中国人民银行决定开始为香港的个人人民币存款、汇兑和汇款等业务提供清算安排,清算银行由中银香港来担任。中国人民银行和香港金管局的《合作备忘录》为香港开展离岸人民币存款业务提供了重要的条件。2004 年 2 月 24 日,香港持牌银行开始提供人民币个人业务,标志着人民币离岸市场的起步。经过长期发展,离岸人民币市场取得了明显进步。

2020 年末,主要离岸市场人民币存款余额超过 1.27 万亿元,人民币贷款余额为 5 285.49 亿元,中国香港地区在各离岸市场中均位居第一。离岸人民币债券市场稳步发展。据不完全统计,2020 年有境外人民币清算安排的国家和地区共发行人民币债券 3 319.56 亿元。截至 2020 年末,有人民币清算安排的国家和地区人民币债券未偿付余额 2 648.72 亿元,人民币存单(CD)发行余额 1 221.49 亿元。但目前人民币离岸市场总体规模有限,并存在诸如离岸人民币产品不够丰富,市场广度和深度有待增加等问题。

据环球银行金融电信协会(SWIFT)发布的数据显示,2021 年 6 月,人民币支付金额占所有货币支付金额的 2.5%,人民币在主要国际支付货币中排在第五位,居美元、欧元、英镑、日元之后。除使用 SWIFT 系统外,我国也高度重视人民币跨境支付系统(CIPS)的建设和运行。自2015 年上线运行以来,CIPS 保持安全稳定运行,境内外接入机构数量增多,类型更为丰富,系统的网络覆盖面持续扩大,业务量逐步提升。截至 2020 年末,共有境内外 1 092 家机构通过直接或间接方式接入 CIPS,其中直参 42 家,较 2015 年 10 月上线初期增加 23 家;间参 1 050 家,较 2015 年上线初期增加了约 5 倍。通过直参和间参,CIPS 实际业务可触达全球 171 个国家和地区的 3 300 多家法人银行机构,其中 1 000 多家机构来自“一带一路”沿线国家(不含中国大陆及港澳台地区)。自上线至 2020 年末,CIPS 累计为各类参与者处理业务 751.35 万笔,金额 125.04 万亿元,为跨境支付结算清算领域的参与主体提供了安全、便捷、高效和低成本的服务。

2016年,人民币正式加入特别提款权货币篮子,国际储备货币格局因此发生了改变。2021年第一季度,在国际货币基金组织(IMF)官方外汇储备货币构成(COFER)中人民币排在第五位,人民币在全球外汇储备中的占比为2.5%,较2016年人民币刚加入特别提款权(SDR)篮子时上升1.4个百分点。虽然近年来人民币的国际化进程加快,但人民币的国际化道路还很长,任何一种国际货币的形成都需要经历一个漫长的过程。反过来,随着中国经济的发展,中国在世界经济中的地位会不断增强,这将成为人民币国际化最重要的基础。在可以预见的将来,人民币必将成为一种新的世界货币,为新的国际货币体系的建立创造条件。

基本概念

国际货币体系(international monetary system)

布雷顿森林体系(Bretton Woods system)

牙买加体系(Jamaica system)

复习思考题

1. 金本位制的三种类型是什么?
2. 简述金本位制下的国际收支自动调节机制。
3. 布雷顿森林体系的主要内容是什么? 该体系崩溃的主要原因是什么?
4. 牙买加体系的特点是什么?

即测即评

请扫描右侧二维码,在线测试本章学习效果。

第十五章
世界经济危机及其影响

本章重点

1. 经济危机的特点、原因和主要表现
2. 大萧条的原因和解决方案
3. 美国次贷危机的原因和解决方案
4. 国际经济格局的变化和政策协调

教学视频

请扫描右侧二维码观看本章精彩教学视频。

　　纵观全球经济的发展,世界经济危机随着人类社会的发展不断演化,不同的历史时期,经济危机的主导因素以及所呈现出的特征均有所不同。2008 年经济危机爆发迫使人们再次反思应该如何理解经济危机,经济全球化的进程使得国家或区域的经济联系越来越紧密,故此更加剧了经济危机对世界经济的影响。本章将基于经济危机理论对以往经济危机爆发的历程进行简要回顾,形成经济危机的应对策略及路径选择,同时阐述了发生经济危机前后国际经济格局的变化以及国家间政策协调的发展思路。

第一节　经济危机概述

　　当国民经济在内在或外在因素的作用下,供给与需求、生产与消费严重失衡,使社会生产和再生产发生困难无法进行,经济运行处于混乱和衰退甚至萧条状态时,就可以认为经济危机爆发了。

一、经济危机的特点

经济危机通常具有如下四个特点。

（一）经济危机的影响具有普遍性

这首先表现在受影响国家和地区的普遍性。危机一般从最大的资本主义国家爆发（因为这些国家是技术、工业、贸易和金融的国际交往活动的中心，是世界经济运行的中枢），然后通过贸易往来、资本纽带等方式向其他国家转嫁和扩散。其次表现在影响行业的普遍性。危机一般从某个行业和部门开始，而后迅速向其他行业传导，最后几乎牵连所有行业部门。1873年的危机源于农业部门，却给工业部门带来沉重的打击，使美国 1/3 的企业倒闭，造船业下降了 60%，采煤业、纺织业等直到 1876 年才恢复过来。最后表现在影响群体的普遍性。危机不仅给资本所有者以沉重的打击，也给工人带来灾难。如 1929—1933 年的大萧条中，世界工业产量下降了 44%，大约后退到 1908—1909 年的水平，危机的沉重负担向广大劳动人民转嫁。1932—1933 年在工业、运输业及建筑业中，工人的实际工资比 20 年代后期下降了约 1/4，退到了 1900 年的水平。1987 年不断恶化的经济预期，造就了华尔街的大崩溃，并造成了世界主要股市的巨大损失，总损失额相当于第一次世界大战直接和间接经济损失的 5.3 倍。1997 年的亚洲金融危机首先席卷泰国，不久便波及马来西亚、新加坡、日本和韩国、中国等地。泰国、印度尼西亚、韩国等国的货币大幅贬值，同时造成亚洲大部分主要股市的大幅下跌。2008 年的国际金融危机始于美国的次贷危机，并随着雷曼公司的破产而爆发，最终传播到全球。

（二）经济危机的爆发具有周期性

自从 1825 年英国爆发第一次普遍性的工业生产过剩的危机后，危机每隔若干年就会爆发一次，伴随着资本主义的成长与繁荣，也伴随着经济全球化进程，整个世界都卷入其中。从上次危机爆发到下次危机开始的这个时期，构成再生产的一个周期（经济周期），包括危机、萧条、复苏、高涨四个阶段。从周期的长度来说，有时表现得较为规则，如第二次世界大战以前，每隔 7~8 年爆发一次；有时表现不规则，如第二次世界大战之后的时期。从周期的各个阶段来说，有时危机、萧条、复苏和高涨四个阶段很不明显，如 1973—1975 年大危机之后，只相隔 4 年多就接着爆发了 1980—1982 年世界性经济危机，使周期急剧缩短。当然，危机的周期性并不意味着危机会定期爆发，只是指危机的不可避免性和暂时性。

（三）经济危机的爆发具有累积性

经济危机既是一定时期矛盾累积的释放，又是多次局部性危机累积的集中爆发，只有经过经济危机的调整，许多潜在的矛盾才能得到重新梳理，许多新的技术才会被重视和推广，寻找到新的支撑点和突破点的经济开始新一轮的增长。第二次世界大战前，在 1857 年和 1873 年世界经济危机之间夹杂着 1866 年危机，在 1873 年和 1929 年经济危机之间又有 1900 年、1907年、1920—1921 年等几次规模不一的经济危机；第二次世界大战后，除了几次规模较大的世界经济危机外，许多国家还发生了规模不等的局部性经济危机，如美国有 1973—1975 年、1980—1982 年、2007—2008 年等，日本有 1954 年、1962 年、1965 年、1981 年等，英国有 1951—1952年、1961—1962 年、1979—1982 年等，联邦德国有 1952 年、1961 年、1980—1982 年等。可见，各国共同具有的世界性顽疾经过局部性的调整是不能解决的，各国局部性危机的爆发是累积爆发更大规模世界性经济危机的前奏。

（四）经济危机具有很强的破坏性

经济危机对经济体本身产生巨大的破坏，最直接的是造成工业生产的大幅下降。如1857年经济危机使美国采煤量倒退两年，生铁产量倒退四年，出口额倒退两年；1929—1933年经济危机中法国工业产量降低了32.9%，大约后退到1911年的水平，德国降低了40.6%，大约后退到1896年的水平，英国降低了23.8%，大约后退到1897年的水平；1979—1982年经济危机期间，美国工业下降了11.9%，企业破产数将近2万家；1990年的经济危机，英国工业生产下降了7.4%，加拿大下降了7.3%。除了对经济的破坏，经济危机更会直接影响社会的安定，最典型的就是大量企业倒闭引起的失业率上升，1929—1933年的危机使32个资本主义国家中失业人数从1929年的590万增加到1932年的2640万；1979—1982年经济危机期间，资本主义国家失业率在10%以上；1997年亚洲金融危机使日本失业率从1990年的2.1%上升到1998年的4.3%；2008年金融危机也带来了各国失业率的高涨，英国2009年2—4月的失业率为7.2%，德国2009年6月的失业率为8.3%，法国和俄罗斯2008年第四季度的失业率分别达8.7%和7.1%。失业人口的增多又会引发社会的动荡，工人不满失业和低工资，组织罢工和游行示威等。社会犯罪率也会上升，英国的一项犯罪调查显示，2008年金融危机使公司董事长犯罪从198起上升到818起，比以往升高了313%，信用卡诈骗升高了4%，达到280万起，小偷小摸上升了25%，商店盗窃上升了10%。

二、经济危机的类型

经济危机目前没有统一的分类方法。部分学者将其分为古典型周期性经济危机与增长型周期性经济危机两种类型。古典型周期性经济危机是指生产水平出现绝对下降，经济增长率下滑到零以下，出现负增长。西方发达国家在第二次世界大战以前的经济危机大多属于此种类型。古典型周期性经济危机往往造成国民经济的剧烈震荡和生产水平的严重倒退。增长型周期性经济危机是指国民经济生产水平相对降低，经济增长率相对下降，但不是绝对下降，或者说经济仍保持一定的增长水平，只是增长速度相对减慢，是"增长性的衰退"。第二次世界大战后，西方发达国家经济发展的不稳定性主要表现在正增长率上的变化，所出现的经济危机都属于增长型的危机。我国改革开放以来出现的四次经济波动也都是在正增长率上的波动，没有出现过国民经济水平绝对下降和衰退的现象，说明我国改革开放后所发生的经济波动也都属于增长型的经济危机。

波斯纳在其著作《资本主义的失败》中将经济危机分为三类：偶然型、政府诱导型和泡沫破灭型。偶然型经济危机是指"市场常规运行之外的某种未预见到的经济冲击打破了市场均衡"。最典型的当属2001年"9·11"事件导致的经济短期衰退。2000年后的互联网泡沫破裂在"9·11"事件后被加速放大。整体来看，这类危机的危害时间最短，危害程度最小。政府诱导型经济危机是指在政府的主动干预下，经济出现一定的衰退，最典型的例子是20世纪80年代前的美国。当时美国联邦储备委员会为了打破长期的高通货膨胀，大幅提高美元利率，导致短期内经济出现一定的衰退，失业率在1982年甚至一度超过10%。这种经济危机不能归责于任何人和机构,同时,对于经济的长期健康运行也有一定益处。泡沫破灭型经济危机由投资泡沫的破灭引起,是一种由内部发生的经济萧条,包括 1929 年的大萧条和 2008 年金融危机都属于这种类型。这里的"泡沫"是指某类资产的价值骤然升高,而这一变化又不能通过任何基本面的变化予以解释。同时,这类泡沫往往是由错误的信念造成的,人们错误地相信基本面正在发生变化。例如,人们会错误地相信基于人口增长或产品质量提高,需求出现了根本性的增长。

三、经济危机的根源

对于经济危机成因的解释,不同的宏观经济学派存在较大差别。下面对这些学派的主要观点做简要介绍。

凯恩斯学派把经济危机的原因归于市场经济内在的不稳定性,这主要源于私人投资的不稳定性。投资不稳定性的原因则是有效需求不足,包括投资需求不足和消费需求不足。有效需求不足是由边际消费倾向递减、资本边际效率递减和流动偏好三个基本心理规律决定的。因而,市场机制不能使总需求与总供给在充分就业水平上达到均衡,于是必然出现失业和萧条。

货币主义学派对经济危机的成因的解释完全不同于凯恩斯学派,他们将经济危机的成因归于外生的货币扰动。凯恩斯学派和早期纯货币成因论都强调市场经济本身具有不稳定性,凯恩斯突出的是私人投资的不稳定性,而早期纯货币成因论则强调货币信用的不稳定性。货币主义学派反对这些观点,认为外生的货币扰动不是产生于私人部门或市场经济本身,而是来源于政府政策的冲击。弗里德曼认为货币需求取决于人们的持久性收入,而持久性收入由人口、生产技术水平和社会资源的利用状况决定。因此货币需求相对稳定,由于政府的货币政策是不稳定的,这就不可避免地造成货币供给量和需求量的差异。如果供给大于需求,公众持有的货币量多于愿意持有的货币量,就会用这部分多余的货币购买各种金融资产及商品和劳务。这样一来,就会引起总需求扩大,价格上升,经济趋于繁荣。相反,如果货币供给小于需求,人们的购买力就会降低,总需求下降,经济陷入衰退和萧条。可见,弗里德曼认为经济危机是由货币供给和需求的不平衡造成的,而货币供求的不平衡是由于政府盲目干预经济,无规则地变动货币供给量造成的。

从 20 世纪 70 年代开始,供给学派成为现代宏观经济学的一个组成部分。我们知道,宏观经济可以从需求方面进行分析,也可以从供给方面进行分析。凯恩斯主义和货币主义都是从需求方面入手的。与此不同,供给学派的经济学家则强调经济的供给方面。这一学派的代表人物是美国南加州大学的教授拉弗等人。该学派对经济危机成因的解释可概括为以下三方面:其一,造成滞胀和经济衰退的原因不是有效需求不足而是供给方面的问题,即否定凯恩斯定律,而肯定萨伊定律。其二,国民产量增长率的主要决定因素,无论短期还是长期,都是劳动和资本的有效配置和利用。因此,供给学派集中注意力于解决生产要素的供给障碍和有效利用。其三,政府过度干预经济生活是造成滞胀和经济衰退的主因。政府长期以来一直采用凯恩斯主义刺激需求的政策,导致消费膨胀、储蓄下降、经济增长缓慢、通货膨胀加剧。同时政府干预过多还使经济中形成了诸多障碍,导致了市场失灵,阻碍了企业投资的积极性和资本的形成。政府大量增加的社会福利支出亦削弱了私人生产性投资,这些都使得经济陷入衰退。

从 20 世纪 80 年代开始,理性预期学派成为现代宏观经济学的一个重要组成部分。这个学派也强调古典主义经济自身调整的作用,而且比货币主义有过之而无不及,其代表人物为萨金特和卢卡斯等人。他们将经济周期波动和经济危机的成因归于外生的货币冲击,特别是该派提出并论证了政府政策的无效性定理,为反对凯恩斯主义的政府干预理论提供了有力的理论依据。理性预期学派与货币主义学派和供给学派一样认为经济周期波动的主要成因在于政府对经济的过度干预,其依据是,政府的财政政策和货币政策在理性预期下均是无效的,在错误预期下是有害的,会引起经济波动。市场本身是竞争均衡的,不需要政府过多的干预。从理性预期学派的这些观点可以看出,其危机成因理论建立在两个前提假设之上,即理性预期假设和市场连续出清竞争均衡假设。与理性预期理论不同,实际经济周期理论认为经济波动或经济危机的原因是真实经济而非货币冲击。该学派的主要代表人物是基德兰、普雷斯科特、普洛瑟和约翰·朗。该学派强调,随机的实际因素的冲击导致了经济的周期波动和经济危机。实际因素,既包括来自需求方面的因素,如个人需求偏好的变化和政府需求的变化等,也包括供给方面的因素,如技术进步带来的生产率变动、生产要素供给变动等。当原来可利用的技术出现衰落时,若没有进一步的技术冲击,生产者会发现资本存量比保持稳态增长所必需的资本存量多很多,于是便减缓投资,使经济增长的速度稳定或减缓。可见,总产量和总就业波动是由可利用的生产技术大量随机变动而驱动的,而种种传播机制则推进最初冲力的影响。

在 20 世纪 70 年代滞胀局面中兴盛起来的经济自由主义思潮使传统的凯恩斯主义从正统的经济学地位上掉了下来。然而,凯恩斯的追随者认为,放弃国家干预经济是行不通的。因此,他们试图使主张政府干预经济的凯恩斯主义在更新颖的理论基础上以新面目出现。在这样的背景下,在 20 世纪 80 年代前后,一个主张政府干预经济的新学派——新凯恩斯主义经济学在西方经济学界逐渐形成。它的出现使凯恩斯主义从困境中走了出来,重新获得生机。新凯恩斯主义一方面继承了传统凯恩斯主义学派的基本观点,坚持认为经济周期波动和危机的原因在于市场经济本身的缺陷,即存在不稳定性,并且市场机制的调节存在失效的可能性;另一方面,他们为传统凯恩斯主义学派的危机成因论提供了微观经济理论的基础论证,寻找市场经济本身缺陷的微观机制,从而弥补了传统凯恩斯主义学派危机成因论缺陷。该学派分别考察了商品、劳动和信贷市场,论证了价格、工资和利率黏性与产量、就业及经济波动的内在关系。首先,由于市场不完全,在厂商追求利润最大化条件下,其调整价格特别是向下调整受风险成本和实际成本的制约,所以价格有黏性,特别是价格下降有黏性。如此,若需求不足,厂商一般不会轻易降价,而是降低产量和减少就业,进而引起产量和就业的波动。其次,该学派通过对劳动市场工资与就业的联系的分析,说明了工资变动规则与就业波动的内在关系。由于劳动力市场的不完全竞争性,在厂商和工人都追求收益最大化的条件下,工资的调整受劳动合同固定性、低薪重雇工人成本和提高效率工资激励现有工人的有效性等的制约,工资调整特别是工资的下调具有黏性。这样,当商品需求不足和劳动力供给过剩时,厂商一般不会用降低工资增加就业的方法来解决劳动力过剩问题,因此导致失业加剧和波动。最后,该学派分析了信贷市场的利率变化与经济波动的关系。他们认为,由于高利率往往迫使企业去进行高利润的风险投资,也会使大批企业被挤出信贷队伍,使私人投资萎缩,这样,由高利率带来的信贷风险加剧了信贷规模萎缩,使得风险规避的贷款人为使资产组合更安全而提高金融中介的真实成本。由此进一步引起借贷人发现信贷过于昂贵或难以获得导致破产。高利率带来的高风险投资增加了违约的可能性,风险回避的金融机构采取信贷配给方式,这使大多数企业的资金来源受到限制,企业资产不足,影响到投资不足,甚至使更多的企业破产倒闭。这是导致经济衰退的重要原因。

第二节 经济危机的处理与应对

一、应对经济危机的理论主张

由于不同的学派对经济危机的成因有不同的解释,因此对于危机的应对,他们也有不同的主张。在凯恩斯看来,由于经济中存在着工资刚性等制度约束以及工会和其他垄断力量,古典主义理论所强调的市场机制自发调整在短期甚至在长期都无法发挥作用,换言之,经济无法恢复充分就业均衡。在市场自发调整机制失灵的情况下,凯恩斯主张政府应该采取相机处置的宏观经济政策,尤其是财政政策,来促使经济恢复充分就业的均衡。在经济萧条期,政府就应该实行预算赤字政策来增加总需求。货币主义经济学家继承了古典主义强调市场机制自发调整思想的传统。他们认为,凯恩斯主义提倡的相机处置的宏观经济政策只会产生不确定性,加剧经济自发调整的困难,不利于充分就业均衡的恢复。他们相信市场机制本身具有促使经济恢复充分就业均衡的力量,主张政府实行平衡预算的财政政策,同时中央银行应该执行货币供给的规则,保持货币存量增长的稳定和可预测性。供给学派解决失业和通货膨胀等经济问题的主导思想是提高劳动生产率和增加投资。因此主张政府减税,放松行业管制,减少对污染的限制以及实行平衡预算政策等。在他们看来,这些政策有助于激励工人就业的积极性,能够增加储蓄和投资,促使厂商开展技术培训,从而使失业率降低。同时,随着失业率降低和产出增加,通货膨胀率必然会下降。

在理性预期学派的经济学家看来,人们会知道政策的最终效果,并对政策做出理性的反应。例如,假定政府准备通过增加预算赤字来增加总需求,从而增加产出,但是人们根据以前的经验已经知道预算赤字增加将会引起通货膨胀,于是人们就会立即根据预期到的结果调整自己的行为,在理性预期的情况下,政策是无效的,所以最好的政策就是不实施政策。只有当政府实施的政策没有被公众预期到时,这种"意外"的政策才会产生一定的效果。为了保持经济的稳定性,理性预期学派的经济学家主张货币供给应该保持稳定的增长率,税率也应当保持稳定性,同时财政政策应该具有公开性并取信于民。新凯恩斯主义认为,在当代市场经济中信息是不对称的,而且工资和价格的变动具有黏性,这样,在短期仍然会出现偏离自然失业率的现象,出现有效需求不足,因此,需求管理政策仍然是必要的和起作用的。新凯恩斯主义并不仅仅是坚持传统凯恩斯主义短期需求管理的主张,他们还特别强调供给学派从供给方面调节经济的思路,主张从长期着手、从供给方面着手来考虑经济政策。新凯恩斯主义还强调巩固性的财政政策,认为财政赤字对经济是有害的,它会引起投资减少(基础效应)和贸易逆差增加。此外,新凯恩斯主义者还研究了一些新的现象和机制,如提出了在货币政策起作用的机制方面,不应只考虑利率,还应该考虑普遍存在的信贷配给机制。新凯恩斯主义同传统凯恩斯主义相比,已经发生了一些重大的变化,他们所主张的宏观经济政策更全面,也更深入。他们既考虑需求方面,也考虑供给方面;既考虑长期,又考虑短期;既注重微调政策在短期的作用,又重视结构性政策在长期的效果。可以说,新凯恩斯主义者继承了传统凯恩斯主义者关于国家应该干预经济的基本主张,既吸收了新古典经济学的一些合理的理论和政策主张,又在吸取20世纪80年代以来一些宏观经济政策实践中的经验教训的基础上,发展了国家干预经济的理论,使得国家干预经济的政策体系发展到了一个新的水平。

二、国家应对经济危机的政策选择

为什么国际金融危机后发展中国家比发达国家更倾向于推动贸易自由化? 一种解释认为,随着全球化的深入,大多数发展中国家采取了出口导向型经济战略,对国际市场的依赖程度显著提高。在深度融入全球价值链的状况下,发展中国家实施贸易保护可能对本国产业造成更大损害,因此更有动力单方面降低关税、推进贸易自由化。例如,在20世纪90年代的亚洲金融危机后,遭遇危机的国家都大幅降低关税,签署更多的自由贸易协定,进一步开放国内市场。另一种解释则聚焦于国内政治和利益集团。金融危机的爆发可能增强支持开放的利益集团的力量,削弱反对开放的利益集团的力量。许多发展中国家之所以在遭受国际支付危机后反而选择进一步的金融和贸易开放,正是因为危机扫清了市场开放的障碍。但是,这些观点尽管可以解释为什么某些发展中国家在危机后会继续开放市场,但却无法解释国际金融危机以来发达国家和发展中国家在贸易政策上的巨大反差。

(一) 贸易政策

彼得·古勒维奇(Peter Gourevitch)发现,在欧美资本主义国家经历的三次经济危机时期(1873—1896年、1929—1933年、20世纪70年代中期),国家的应对政策主要可以分为五种:进一步开放的自由主义、政府控制和计划经济、限制外来竞争的保护主义、增加投资的需求刺激以及强调出口的重商主义。就贸易政策来说,危机反应基本可以被分为两类:一类是采取保护主义手段限制进口,减少对国内市场和特定行业的冲击;另一类是进一步开放市场,通过增加出口来改善国际收支。如果经济危机是由国际收支失衡、外债负担过高等外部原因造成的,调整贸易政策就成了必要的应对手段。一种选择是采取贸易保护政策,通过提高关税和非关税壁垒限制进口,减少外汇流出,保护国内产业,扭转国际收支不平衡的局面;另一种选择是进一步开放市场,通过扩大出口来增加外汇收入,从而实现国际收支平衡。贸易保护政策主要是保护和补贴在自由贸易中受到损失的行业和企业。开放市场政策则是利用经济危机削弱阻碍改革的利益集团,进一步推动贸易自由化。

国家会在什么情况下选择贸易保护? 经济学家普遍认为自由贸易能够通过专业分工提高生产效率,从而给所有参与国都带来好处。但是贸易收益和成本的分配在国家内部却是不均衡的,由此产生了自由贸易的支持者和反对者。一般认为,出口行业从贸易中获益较大,倾向于支持自由贸易,而进口替代行业面临国际竞争者的挑战,倾向于反对自由贸易。经济危机通常会伴随着国际收支恶化,从而加剧自由贸易的支持者和反对者的对立。一方面,出口企业希望扩大开放增加出口;另一方面,进口替代企业希望通过贸易保护政策来保障其国内市场份额。自由贸易的支持者和反对者之间的博弈将影响政府在贸易政策上的选择。

贸易保护也可分为积极保护和消极保护两类。如果经济危机的波及面较小,政府可能采用积极保护手段。一方面通过增加补贴支持遭受严重损失的行业;另一方面通过进一步的自由化措施来吸引更多外资,增加出口,改善国际收支状况。但是如果经济危机波及面较大,产生了大量失业人口,政府就无法继续实施定向补贴。相关利益集团就可能游说政府对国内行业和市场进行消极保护,在政治上支持限制自由贸易的政治家。从历史上看,保护主义通常盛行于经济危机之后。在 20 世纪 30 年代的大萧条时期,美国通过了《斯姆特－霍利关税法》(Smoot–Hawley Tariff Act),大幅提高了上千种进口商品的关税,由此引发了各国之间的贸易战。各国筑起贸易保护的高墙,导致国际贸易急速萎缩,从而加剧了危机。全球贸易因此出现了断崖式下跌,贸易总量在短短三年时间萎缩了 2/3。

(二) 社会政策

经济危机不仅会引起对外贸易政策的调整,也会推动国内社会政策的改革。危机往往会导致旧的经济社会关系破裂,为建立新的社会经济关系提供动力。卡尔·波兰尼(Karl Polanyi)的经典著作《大转型》揭示了市场机制与社会机制之间的关系:自由市场的运行不可能独立于社会制度,而必须是相互嵌入的"双向运动"(double movement)。市场整合力量最强的时候,正是社会保障需求最大的时候。一旦市场力量与社会政策脱节,资本扩张的进程就将中断,社会就会陷入动荡和衰退。欧洲持续百年的经济繁荣局面因为第一次世界大战的爆发而中断,并陷入了长达 30 年的危机和战乱。这一看似偶然的危机其实是市场机制过度扩张的产物。一方面,资本扩张要求打破国家的界线,整合全球市场;另一方面,市场开放的冲击会让个人生活变得更加脆弱,对社会保护的需求更加强烈,势必要求政府发挥更大的保护和救助作用。波兰尼的理论指出了全球化的悖论:全球化的扩张如同一根被不断拉伸的橡皮筋,拉得越长就绷得越紧,最后结果不是弹回就是断裂。

市场和社会的"双向运动"意味着经济危机难以避免,但国家如何应对经济危机却充满变数。一方面,国家在应对经济危机时既要考虑短期目标,也要考虑长期目标。在经济危机爆发初期,政府的应对通常是被动的,通常采用反周期的财政刺激政策以避免危机蔓延,稳定市场信心。在经济危机的持续期,政府要面对修复市场与社会关系的长期目标,需要在对外贸易政策和对内社会政策上做出选择。另一方面,国家在应对经济危机时既受到资源和能力的限制,也受到国内政治和经济结构的影响。

2008 年国际金融危机前,发达国家面临着同大萧条前相似的局面:市场与社会严重脱节,其重要表现就是国内收入差距达到 20 世纪 80 年代以来的最高水平。人口中收入最高的 10% 和最低的 10% 群体之间的收入差距从 7 倍扩大到了 9.5 倍。在危机的冲击下,民众的不满情绪上升并转化为要求变革的政治诉求。经济危机爆发通常也会迫使政府回应民众的需求,重塑市场与社会的关系。除了贸易政策外,国家也必须在社会政策上做出回应。社会和贸易政策的选择并不是完全独立的,而是相互关联的。国家在社会政策上的应对会影响贸易政策上的选择,反之亦然。

在波兰尼看来,自由市场和社会保障似乎是完全对立的两种机制,社会保障是对过于强大的市场力量的被动反应。因此,政府会在经济危机时大幅增加社会福利支出以缓解外部经济冲击。按照这种观点,现代福利国家的兴起正是市场力量过强后导致的反向运动的结果。两次世界大战给西方国家造成了巨大创伤,对战争和危机的恐惧使得公众强烈希望政府能在复苏经济和保障民生方面发挥更大作用。工会力量也因此不断壮大,在同资本家的谈判中逐渐占据上风,从而使得工人的福利保障水平显著提高。与此同时,第二次世界大战后发达国家的经济迅速复苏并持续增长,到了20世纪50年代已基本从战争的创伤中恢复,关注的重点开始转向财富分配。

另一些学者则认为,福利国家并非只是波兰尼所说的面对现代资本主义的"保护性反应",其本身就是现代资本主义的核心组成部分。约翰·鲁杰(John Ruggie)提出了"嵌入式自由主义"(embedded liberalism)的概念,解释了第二次世界大战后发达国家的经济体制,即在国内政治中追求工业化、充分就业和社会福利,在国际政治中则反映为基于协调的自由多边主义。换而言之,对内福利保障和对外市场开放相互促进。自由主义建立的基础不是小政府大市场的新自由主义。恰恰相反,只有在具备良好的福利制度的情况下,民众才会更加支持经济全球化。如果国内福利保障不足,就会后院起火,民众对全球化的态度也会趋于负面。因此,自由主义和福利国家是相辅相成的关系,而不是一对矛盾。

从这个角度来看,福利国家是社会发展必然产生的结果。一方面,工业化摧毁了前工业化时代家庭、教堂、行会等传统的生产组织方式,而市场本身又无法承担社会保障的功能,因此更加依赖政府提供的福利保障;另一方面,现代官僚体制以其更高效的组织形式使得广泛的社会福利分配成为可能。社会福利是一个旨在降低社会贫富差距的转移支付过程。富人承担大部分福利政策的成本,穷人享受更多福利政策的收益。在没有强大的国家机器时,政府的征税和分配能力都会受到很大限制,很难在全国范围内推行高福利政策。只有现代高效的官僚制度才具备强大的税收能力,才能建立覆盖全民的福利国家。

福利国家的概念有广义和狭义之分。广义的福利国家涵盖广泛,既包括不同类型的政府干预(如转移支付、社会服务、监管等),也包括政府干预的对象(低收入人群、退休人群、全体公民等)。狭义的福利国家则主要指政府的社会保障功能。其中,医疗、养老和劳工政策是最为重要的福利领域。医疗和养老是发达国家社会福利支出中最大的两部分,也是国内政治争论的主要议题。但是,并非所有国家都有能力建立广泛覆盖、充分保护的福利制度。尤其是在经济危机时,政府会面临保护需求剧增和保障资源不足的矛盾,需要在社会保障和贸易保护之间寻找平衡点。如果社会保障整体水平较高,刚性福利支出很多,调整福利制度的灵活性就较小。在财政资源不足的情况下,政府无法通过增加公共开支提高社会的整体保障水平,只能通过限制进口等贸易保护措施来减少外部冲击。

如果社会保障整体水平较低,刚性福利支出相对较少,政府就可以有一定的灵活性来调整公共开支项目的优先组合,并采用多样化的福利保障方式。对特定行业进行补贴和扶助,是在不增加财政支出的情况下的理性政策选择。尽管这种予以补贴的做法曾经被称为"新保护主义",但其同限制进口的关税和配额等措施仍然有较大区别。此外,政府还可以采用公私合作的方式来提供社会保障,从而减轻政府面临的财政和政治压力。

总之,经济危机造成的内外压力会让发达国家和发展中国家都面临平衡贸易政策和社会政策的难题。国家在贸易政策上的倾向在很大程度上会受到其在社会政策上的立场的影响。社会保障水平的提升会让国家更倾向于贸易开放,而社会保障水平的降低会让国家更可能选择贸易保护。

第三节　主要经济危机及其影响

在资本主义的发展过程当中,经济危机的发生未曾间断过,从 20 世纪 30 年代的经济大萧条、70 年代的石油危机和通货膨胀危机以及 90 年代的金融危机等来看,资本主义的经济危机发生频率以及次数似乎越来越密集。本节以其中几个典型经济危机为例,简要介绍经济危机发生的原因、政府的应对方法及经济危机所造成的影响。

一、大萧条

(一) 大萧条的发生及传导

发生于 20 世纪 30 年代的经济大萧条(the Great Depression),是美国经济史上最惨痛的一页。即使在这一事件过去近一个世纪的今天,经济学家仍在争论大萧条的原因。20 世纪 20—30 年代被称为"新时代",整个社会对新技术和新生活方式趋之若鹜,"炫耀性消费"成为时代潮流。时任总统胡佛也认为,"我们正在取得对贫困战争决定性的前夜,贫民窟将从美国消失"。1929 年 10 月 24 日,美国迎来了"黑色星期四"(美国华尔街股市暴跌事件)。这一天,美国金融界崩溃了,股票一夜之间从顶巅跌入深渊,价格下跌之快连股票行情自动显示器都跟不上。从 1929 年 10 月 29 日到 11 月 13 日短短的两个星期内,共有 300 亿美元的财富消失,相当于美国在第一次世界大战中的总开支。但美国股票市场崩溃不过是一场灾难深重的经济危机爆发的火山口。

股票市场的大崩溃导致了持续四年的大萧条,这次经济危机很快从美国蔓延到其他工业国家。对千百万人而言,生活成为吃、穿、住的挣扎。各国为维护本国利益,加强了贸易保护的措施和手段,进一步恶化了世界经济形势,这也是第二次世界大战爆发的一个重要根源。

(二) 大萧条的影响

大萧条中美国经济的主要表现可概括为以下五点:一是产量和物价大幅下降。1929 年中期,美国部分主要产品的产量开始下降。到同年秋季,无论制造业还是建筑业,皆大幅度减产。1929 年到 1934 年,美国 GDP 从 3 147 亿美元下降到 2 394 亿美元,5 年累计下降24%。消费价格指数(CPI)在大萧条期间也呈下降趋势,1933 年的 CPI 与 1929 年相比下降了

24.66%。二是股市崩盘。1929 年 9 月到 1932 年 6 月期间,股市暴跌 85%。这意味着在股市高峰价值 1 000 美元的股票到 1932 年年底仅值 150 美元。三是失业率居高不下。1929 年到 1933 年,失业率从 3% 升至 25%。1931—1940 年,平均失业率为 18.8%,最低的是 1937 年年底的 14.3%,最高的是 1933 年的 24%。四是私人投资急速下降。1931—1935 年的净投资大幅下跌。五是对外贸易和资本输出锐减。1929 年美国出口总值是 52 141 亿美元,进口总值是 43 199 亿美元。到 1932 年分别下降为 16 111 亿美元和 13 123 亿美元。1930 年,美国国外投资新增额为 1 011 亿美元,1932 年减至 2 600 万美元,1933 年更跌至仅 10 万美元。

虽然大萧条起于美国,但其波及范围远不止美国。大萧条实际上是世界性质的。从某种程度上讲,它是国际金融系统崩溃的产物,也是各国互相采取以邻为壑的贸易保护主义政策的产物。危机期间,各国都试图损害贸易伙伴而扩大自身出口,输出失业。20 世纪 30 年代,几乎每个国家都遭受了或大或小的经济衰退。

(三)大萧条的救助方案

1933 年年初,罗斯福成为美国第 32 届总统。针对危机,他实施了一系列措施,史称“罗斯福新政”。新政的主要内容可以概括为:复兴(recover)、救济(relief)和改革(reform)。由于大萧条是由疯狂投机活动而触发的,新政也从整顿金融开始。在“百日新政”期间制定的 15 项重要立法中,有关金融的法律就占了 5 条。罗斯福于 1933 年 3 月 4 日宣誓就任总统时,美国几乎没有一家银行营业,支票在华盛顿已无法兑现。在罗斯福的要求下,3 月 9 日,美国国会通过《紧急银行法》,决定对银行采取个别审查颁发许可证制度,对有偿付能力的银行,允许尽快复业。从 3 月 13 日至 15 日,已有 14 771 家银行领到执照重新开业,与 1929 年危机爆发前的 25 568 家相比,淘汰了 10 797 家。

在整顿银行的同时,罗斯福政府还采取了加强美国对外经济地位的行动。从 1933 年 3 月 10 日宣布停止黄金出口开始,采取一个接一个的重大措施:4 月 5 日,宣布禁止私人储存黄金和黄金证券,美钞停止兑换黄金。4 月 19 日,禁止黄金出口,放弃金本位;6 月 5 日,公私债务废除以黄金偿付。1934 年 1 月 10 日,宣布发行以国家有价证券为担保的 30 亿美元纸币,并使美元贬值 40.94%。通过美元贬值,加强了美国商品对外的竞争能力。这些措施,对稳定局势、疏导经济生活的血液循环,产生了重要的作用。

新政的另一项重要内容是救济工作。1933 年,美国国会通过《联邦紧急救济法》,成立联邦紧急救济署,后又改为“以工代赈”,给失业者提供从事公共事业的机会。新政期间,美国政府在全国范围内兴建了 18 万个小型工程项目,先后吸引了 400 万人工作,美国政府借此修筑了近 1 000 座飞机场,12 000 多个运动场,800 多座校舍与医院,是迄今为止美国政府执行的最宏大、最成功的救济。1935 年,美国国会通过了《社会保险法》,1938 年又通过了《工资与工时法》,明确规定工人工资的下限和工时的上限。这些措施大大改善了下层劳动群众的处境,使他们有了基本的生活保障。

(四)大萧条的原因

对于大萧条的根本原因,经济学家提出了多种解释。

一是支出假说,认为大萧条的罪魁祸首是产品和服务支出减少。支出减少有很多原因,一些经济学家认为,1929 年的股市崩盘减少了消费者的财富并增加了他们对美国经济未来的不确定性,因而使他们更愿意将收入用于储蓄而非消费。

二是一些人认为,20 世纪 20 年代的住房投资过度高涨和 30 年代的移民减少了住房投资需求。危机开始后,进一步减少支出的事件也发生了。例如,银行破产导致投资支出减少,紧缩性财政政策也大幅减少了政府支出。

三是货币假说。1929—1933 年货币供给减少了 25%,而失业率上升了 22%。该假说最著名的倡导者是弗里德曼和施瓦茨。他们认为,货币供给紧缩造成了大部分经济衰退,大萧条是一个特别生动的例证。

二、亚洲金融危机

1997 年 7 月爆发了一场始于泰国,后迅速扩散到整个东南亚并波及亚洲的金融危机,使许多东南亚国家和地区的汇市、股市轮番暴跌,金融系统乃至整个经济系统受到重创。1997 年 7 月至 1998 年 1 月仅半年时间,东南亚绝大多数国家和地区的货币贬值幅度高达 30%~50%,最高的印度尼西亚卢比贬值达 70% 以上。同期,这些国家和地区的股市跌幅达 30%~60%。据估算,此次危机中,仅汇市和股市下跌给东南亚造成的经济损失就达 1 000 亿美元以上。受累于汇市和股市暴跌,这些国家和地区经历了严重的经济衰退。

(一) 亚洲金融危机的发生及传导

危机始自国际炒家对东南亚地区货币的狙击。综合各方说法,泰铢是第一种遭抛售的货币。早在 1996 年 7 月,继曼谷商业银行倒闭、泰国银行(泰国中央银行)注入流动资金以支撑当地的金融体系后,泰铢就遭到明显压力。当时,IMF 已提醒泰国注意其国际收支问题,建议增加泰铢汇率灵活性(当时泰铢与以美元为主的一篮子货币挂钩)。泰铢在 1996 年年底到 1997 年年初遭受到更大的压力。泰国金融业原本已有不良资产过多的问题,再加上 1996 年第四季度的政府财政和出口数据欠佳,引起外界关注。不少地产商无力偿还债务利息。由于房地产业估计占金融业的放款的 30%,后者的安危令人忧虑。与泰国金融业有大量往来的外资银行和基金经理开始收紧银根。与此同时,对冲基金也开始抛空泰铢。

泰铢在 1997 年 5 月遭受很严重的狙击。市场消息披露,泰国银行、财务公司和其他公司纷纷买入美元。与此同时,资金有外流迹象。接着,泰铢遭受到更严重的狙击,压力主要来自对冲基金和外资银行。泰国银行起初主要通过远期外汇市场进行干预,在远期市场上抛出约 260 亿美元。但自 5 月 15 日起,泰国中央银行停止干预市场,任由利率上扬,改为以资金管制来捍卫泰铢。

泰国一出问题,令银行和投资基金关注到亚洲其他各地的问题。不久后,亚洲其他货币也遭受狙击,包括马来西亚林吉特、印度尼西亚卢比、韩元、菲律宾比索及港元等。事件起初只是针对亚洲货币的投机狙击和汇率调整。但其后几个月内,情况迅速恶化,酿成区域性的货币和金融危机,甚至波及全球。

(二)亚洲金融危机的影响

韩元在 1997 年 12 月底反弹,而泰铢、马来西亚林吉特、新加坡元、新台币和菲律宾比索均在其后一个月内跌至新低点后反弹。但印度尼西亚卢比仍大幅波动,继而跌至 1998 年 6 月才反弹,显示当地的政治、经济局面继续恶化。亚洲的货币危机看似缓和,但同期金融业问题加速恶化,整体经济成长放缓,经济严重紧缩的迹象日益明显。在下列因素交互作用下,不少地区受到打击:第一,由于金融业持续出问题及外资撤出,企业的融资能力大受影响。1996 年,净流入泰国、印度尼西亚、马来西亚、韩国和菲律宾的外资合共 729 亿美元,但一年后逆转为净流出 110 亿美元。第二,为捍卫货币,各地纷纷加息、紧缩财政预算,令经济大受打击。第三,股票和地产价格急跌,导致严重的负财富效应,大大削弱了总需求。与 1996 年相比,1997 年区内实际 GDP 增长率大为放缓,尤以几个重灾区为然。泰国的实际 GDP 增长率由 5.5% 降至 –0.4%,印度尼西亚由 8% 降至 4.7%,韩国由 7.1% 降至 5.5%。

亚洲危机对中国经济也造成一定的负面影响。首先,由于爆发危机的国家经济下行,对外需求减少,中国出口增长明显放缓。出口增长自 1998 年第二季度开始放缓,到年底更逆转为负数,以致全年出口与 1997 年相比停滞。1999 年上半年,出口继续下跌。直到下半年,随着亚洲各地经济开始复苏,中国出口始有起色。其次,危机期间中国的资金流动也受到影响。1998 年全年和 1999 年上半年,无论是贸易还是非贸易,每月累计的银行结汇收入与过去一年相比都有所下降。资本账户收入自 1998 年年中起也呈现负增长。1998 年全年实际利用外商直接投资为 455.8 亿美元,较上年仅微增 0.6%,显示出投资者对中国经济的担心。最后,中国经济自 1994 年通货紧缩以来进一步放缓增长步伐。1998 年和 1999 年实际 GDP 增长率先后降至 7.8% 和 7.1%。总体来讲,与其他亚洲国家相比,中国经济受危机影响有限,很大程度上是因为中国未开放资本市场。

(三)亚洲金融危机的救助方案

金融危机来临时,各地政府反应不一。有些政策有效,另一些反而火上浇油。由于危机恶化,局面失控,一些政府要求 IMF 协助。泰国、印度尼西亚和韩国分别在 1997 年 8 月、10 月和 12 月与 IMF 达成救助方案。但马来西亚未向 IMF 求助,自行处理。

IMF 处理这场危机的方法,是向每个遭受危机的国家提供数十亿美元的一揽子"紧急援助"。作为交换条件,这些国家被要求从多个方面重建其经济。在银行危机非常严重的国家(例如泰国),其货币当局着手关闭部分受重创的机构,对那些能够恢复元气的机构给予帮助,并解决坏账问题。所有部门都需要提高透明度:广大投资者,无论在国内还是国外,必须完整而又准确地了解公司行为。

除了结构性改革外,IMF 也要求受援国实施紧缩的财政和货币政策。其基本依据是:紧缩政策能减少进口,改善经常账户。然而,这一政策也成为争论焦点,一些经济学家对紧缩政策的必要性提出疑问。倘若遭受危机的国家正陷于严重衰退,而且危机前其政策状况良好,那就应该采用凯恩斯式的扩张性政策。另一争议问题是马来西亚在危机期间的外汇管制,该管制于 2000 年取消。

(四) 亚洲金融危机的原因

亚洲金融危机的根本原因是什么呢? 问题起因于亚洲的银行体系。多年来,亚洲国家的政府对资源配置特别是金融资源管理的介入比其他发达国家深入得多。随着时间的推移,日益显而易见的是,许多亚洲银行贷款给那些有政治权势的人,而非那些拥有最有利的投资项目的人。一旦拖欠率上升开始暴露出所谓的"裙带资本主义",国际投资者就开始对这些经济的未来失去信心。亚洲资产风险贴水的上升,使利率大幅上升和通货崩溃。这是有关亚洲金融危机的一种观点:银行体系的问题削弱了国际上对这些经济体的信心,信心的丧失提高了风险贴水和利率,利率的上升与信心的丧失共同压低了股票和其他资产的价格,资产价格的下降降低了为银行贷款提供的抵押品的价值,抵押品价值的减少提高了银行贷款的拖欠率,越来越多的拖欠加剧了银行体系的问题。如此循环往复,最终酿成危机。

亦有学者将这场危机的主因归于当地的货币政策。危机前,当地为维持本币对美元的汇率而采取的货币政策,令本币因外资大量流入而增长过速,造成经济过热。再加上外贸条件恶化,及日本持续衰退,亚洲地区开始呈现经济危机。一旦当地的金融业和工商业出现问题,危机的引线点燃后,国际资本市场内在的不稳定性也就导致资金大量外流,各地彼此感染、互相牵连,导致整个地区陷入严重衰退。

三、美国次贷危机

美国次贷危机(subprime lending crisis)全称为美国次级房屋抵押贷款危机,始于2007年美国次级抵押贷款机构破产,引起投资基金被迫关闭,导致股市剧烈震荡,最终演变成一场全球金融危机。

(一) 次贷危机的发生及传导

2008年的国际金融危机始于2007年8月美国次级房贷问题。2008年9月,因雷曼兄弟公司宣告倒闭,美国经济陷入混乱局面,并以惊人的速度由美国向外蔓延,由工业国家波及新兴市场经济体及发展中国家,演变成一场百年罕见的国际金融危机。

基准利率上升和房地产价格下降引爆了危机。次级抵押贷款的证券化、金融机构以市定价的会计记账方法,以及以在险价值为基础的资产负债管理模式,导致危机从信贷市场传导至资本市场,造成资产价格泡沫破灭,而去杠杆化在资本市场的危机深化中扮演了至关重要的角色。资产支持商业票据市场萎缩导致商业银行被迫向特别投资载体提供信贷支持,以及受损商业机构不得不通过降低风险资产比重来重新满足资本充足率要求,导致危机从资本市场再度传导至信贷市场,造成持续的信贷紧缩。财富效应、托宾Q效应、金融加速器机制、持续的信贷紧缩、次贷危机直接造成房地产投资下降等因素,导致危机从金融市场传导至实体经济。在经济和金融全球化的背景下,危机又通过贸易和投资渠道,从美国传导至全球。

(二) 次贷危机的影响

2008年国际金融危机是20世纪30年代大萧条以来最严重的经济衰退,且发达国家经济衰退总体比发展中国家程度更深。2007 年第二季度美国次贷危机爆发后,全球经济增长即开始减缓,2008 年 9 月雷曼兄弟破产后,经济增长由相对减速进一步恶化成为绝对萎缩。与此同时,经济衰退又不可避免地殃及全球贸易。全球化和贸易分工的深化发展拉长了供应链,增加了生产环节,换言之提高了在危机之下蒙受冲击的风险概率和幅度。由于各国内需下降,贸易信贷急剧枯竭,世界贸易大幅萎缩,2008 年 9 月至 2009 年 1 月,世界实际出口和进口分别下降 16% 和 15%。2009 年第二季度之后,各国力度空前的反危机干预政策效果初显,金融市场环境大为改善,流动性恐慌消除,贸易信贷有所恢复,世界贸易和制造业等实体经济部门开始从低谷回升,世界贸易回升尤为显著,世界商品出口当季环比增速从第一季度的 −21.6% 升至第二季度的 7.6%,第三季度为 10.4%,市场主体信心逐步回归,世界经济开始复苏,美、日、欧盟、中国等主要经济体 GDP 环比增速均有所回升。但从总体上看,发达国家的复苏仍较微弱,欧盟经济复苏尤为乏力。

(三) 次贷危机的救助方案

为应对危机,美国政府、财政部和美联储联手推出力度空前的金融救援和财政刺激计划。在危机发展的不同阶段,连续出台一系列救市措施,从金融救援到实体解困,从应急式的"危机处理"到长期性的"结构调整",其使用频率之高、政策范围之广、实施力度之大实属罕见,对遏制经济下滑、提振美国经济起到了积极作用。总体而言,美国政府的政策可概括为危机中的救援和危机后的改革。

在危机中,美国政府推出了一系列金融救援与经济刺激计划。在金融救援方面,为挽救金融系统,美国当局"三管齐下",从金融机构的资产、负债和所有者权益三方入手,实施全面的金融救市方案。从资产方来看,危机之后金融机构亏损严重,不得不低价抛售金融资产,导致金融资产价格进一步下跌,救助的办法是政府出资购买金融机构的不良资产。从负债方来看,危机之后金融机构纷纷"惜贷",导致金融市场流动性短缺,救助的办法是央行通过各种形式向金融机构提供贷款,以缓解信贷紧缩的困境。从所有者权益来看,遭受损失的金融机构不得不减少自有资本金,甚至出现了资不抵债的情况,救助的办法是通过直接向有问题的金融机构注入资本金,实施"国有化"控股。主要救助计划是美国政府规模达 7 000 亿美元的《2008 年紧急经济稳定法案》,及高达 1.5 万亿美元的新一轮综合金融援助计划。

次贷危机之后,尽管实施了大规模的金融救援和问题资产救助计划,但美国金融市场风险溢价仍居高不下,信贷市场紧缩严重,以短期利率为主的传统货币政策传导机制不畅。在此特殊情况下,以"量化宽松,流动性援助"为特点的超常规货币政策成为美联储应对危机的主要工具。2007 年 9 月至 2008 年年底,美联储连续 10 次降息,将联邦基金目标利率从 5.25% 下调至 0~0.25%,在一年多时间里,将利率政策发挥到极致。同时,美联储通过再贴现率工具适时调整再贴现率及利率,明确再贴现票据选择,实现货币信贷总量调控目标,合理引导资金流向和信贷投向,为缓解金融机构资金压力提供了较好的支持。除此之外,美联储的措施还包括:启动"信贷与流动性计划",直接救助房地美和房利美等金融机构,向商业银行准备金支付利息,启动"国债和 MBS"购买计划及扩大货币互换规模。

除救助金融系统外,美国也推出一系列计划以振兴实体经济。2008 年 2 月 14 日,美国总

统签署以减税为核心的《一揽子经济刺激法案》,减税总额高达 1 680 亿美元,该计划使 1.17
亿户美国家庭获得退税支持。2009 年 2 月,美国政府通过名为《美国恢复与再投资法案》的
财政刺激计划。该计划具有三个显著的特点:一是用于经济刺激的财政资金规模非常庞大;
二是减税和政府支出并举;三是刺激经济复苏与实现美国经济结构的战略转型相结合。该刺
激计划的目标是,"不仅要振兴经济,还要为持久的经济繁荣奠定新的基础"。因此,在促进经
济复苏的同时,美国政府也着眼于改革与长远规划。改革涉及金融、医疗、能源和对外贸易等
多个方面。

除美国外,为对抗金融风暴和经济衰退,多国中央银行也在通货膨胀压力减缓下,纷纷调
降利率,实施宽松货币政策。欧洲中央银行 2008 年 12 月 4 日宣布将再融资利率从 3.25% 降
至 2.5%,降幅之大为欧洲中央银行成立 10 年间首见。中国人民银行自 2008 年 9 月起,亦连
续降息 5 次,累计降幅达 2.16 个百分点。除降息外,各国亦积极推出提振经济的方案。如德
国通过规模达 320 亿欧元的振兴经济方案,英国降低增值税税率(由 17.5% 降至 15%)一年,
欧盟通过 2 000 亿欧元的振兴经济方案;在亚洲,日本陆续推出规模高达 26.9 兆日元的"生活
对策"和 43 兆日元的"生活防卫紧急对策",韩国公布规模达 14 兆韩元的"克服经济困境综
合对策",中国也推出高达 4 万亿元人民币的振兴经济 10 大措施,新加坡宣布提供 23 亿新加
坡元协助企业解决贷款问题。

(四) 次贷危机的原因

联合国《2009 年世界经济形势与展望》指出,2008 年 9—10 月全球金融动荡的加剧反映
了系统危机和全球金融崩溃的风险。虽然这些问题起源于主要发达国家,日益加剧的金融危
机是与 2000 年以来不可持续的全球经济增长模式紧密相关的,全球经济增长在一个重要程度
上是由强劲的美国消费需求驱动,并由宽松的信贷和不断高企的房地产价格支撑的。与之相
对应的是发展中国家的高投资和强劲的出口增长。在此期间,美国的赤字由中国、日本和其他
国家的盈余和外汇储备所支撑。

与此同时,越来越宽松的金融管制,以及一系列新的金融工具和风险管理技术(住房抵押
贷款证券、抵押债务、信用违约互换等),鼓励美国金融资产大规模增长,家庭、企业和公共部门
债务不断积累。在一些国家,包括发达国家和发展中国家,国内债务与国民收入比重比 20 世
纪 80 年代初已上升 4~5 倍。传统的"买进—持有"(房贷)银行模式转变为"放贷—卖出"模
式(资产证券化),促使债务迅速膨胀。一些金融机构的杠杆率高达 30 倍,远远高于对存款银
行 10 倍的上限。而"退杠杆率"过程则导致金融机构崩溃和全球流动性迅速蒸发,威胁实体
经济的正常运作。尽管《2009 年世界经济形势与展望》一再警告美国和其他国家的家庭、公
共部门和金融部门注意债务风险,但并未引起应有的重视。

四、欧债危机

欧债危机(European debt crisis)又称欧洲主权债务危机,是在 2008 年国际金融危机发生
后,以希腊为首的部分欧盟国家所引发的主权债务危机。欧洲国家的主权债务危机有其历史、
体制和自身的原因,但最根本的原因是这些国家的经济失去了"生产性"。

（一）欧债危机的发生及传导

2009 年 10 月初,正当全球经济艰难摆脱美国次贷危机的最初冲击走向缓慢复苏之际,希腊突然宣布,预计该国政府 2009 年财政赤字和公共债务占 GDP 的比例将分别达到 12.7% 和 113%,远超出欧盟《稳定与增长公约》规定的 3% 和 60% 之上限。消息一出,全球三大信用评级机构,即标准普尔、穆迪和惠誉,立即相继调低希腊主权信用评级,希腊债务危机自此拉开帷幕,并迅速蔓延至欧元区其他国家。随后,欧洲主权债务危机不断扩大和升级,并引发全球金融市场动荡。

截至 2010 年 4 月底,其已蔓延到欧元区内经济实力较强的葡萄牙、意大利、爱尔兰和西班牙。此后,法国和德国两个欧元区核心国家也受到危机的影响。2012 年年初,标准普尔公司将法国等 9 国主权信用评级下调,法国主权信用降至 AAA 级以下。至此,由希腊开始的主权债务危机彻底演变成一场席卷全欧洲的主权债务危机。

（二）欧债危机的影响

危机对欧元区的影响主要表现在以下方面:首先,欧盟各国失业率上升。为应对危机,欧盟各国努力推行削减政府财政开支的政策,加之之前的次贷危机的影响还未完全恢复,将在短期内恶化本已严重的失业问题。其次,主权信用评级降低,打击投资者信心。再次,危机使欧洲各大银行陷入困境。欧洲 90 家最大银行持有约 980 亿欧元希腊主权债务,若依照救助方案削债 21%,这些银行将承担 206 亿欧元的损失。最后,欧元区经济增长放缓。危机对其他国家也造成了较大的负面影响,特别是欧盟的主要贸易伙伴。

（三）欧债危机的救助方案

为了避免危机失控,德国与法国终于抛开国内民众的压力与相互之间的利益分歧,最终就出台救援方案达成一致。2010 年 5 月 10 日,欧盟财长会议和 IMF 推出了欧洲金融稳定救助计划,为期 3 年,救助资金的总规模为 7 500 亿欧元,其中欧盟各国政府承诺出资 5 000 亿欧元,IMF 承诺 2 500 亿欧元。该计划的主要受援主体是欧元区成员国。6 月,欧洲创立了总规模为 4 400 亿欧元的欧洲金融稳定基金(EFSF),这是 7 500 亿欧元计划的核心部分。欧洲第一轮救援就此正式出台。

随着欧盟第一轮救援计划的实施,希腊等国的债务问题得到一定程度的缓解,希腊政府也采取了紧缩财政开支的计划。进入 2011 年,已经接受 530 亿欧元救助的希腊政府,又面临近 140 亿欧元的到期债务,其债务占国内生产总值的比重非但没有下降,反而上升至 140% 以上。同时希腊国内罢工频频发生,希腊债务危机有进一步恶化的倾向。在内外交困的背景下,希腊政府要求欧盟降低对其援助计划的贷款利率,同时要求债权人延迟债务偿还期限。2011 年 5 月 23 日,希腊总理帕潘德里欧表示,希腊无法在 2012 年重返资本市场进行再融资。同时,欧盟、IMF 和欧洲中央银行则认为希腊政府没有按照 2010 年第一轮援助计划的要求进行有效的财政紧缩和经济改革,因此援助计划没有按照预定计划实施。2011 年 6 月初,评级机构穆迪公司将希腊的主权信用评级再次下调,未来 5 年债务违约风险上调至 50%。在国际金融市场上,希腊政府 10 年期国债收益率飙升至 16.4%,与收益率为 2.96% 的德国 10 年期国债形成鲜明对照。希腊债务危机再次引起世人关注,欧元区启动了第二轮救助计划。欧元区国家将向希腊提供 1 090 亿欧元的融资,另外私人部门提供 370 亿欧元的融资。

(四)欧债危机的原因

欧债危机的主要原因可参见第十四章第四节,此处不再赘述。

五、新冠疫情对经济的冲击

进入 21 世纪的第二个 10 年后,经济危机的表现形式变得更加具有突发性且难以预测,纳西姆·尼古拉斯·塔勒布(Nassim Nicholas Taleb)在其著作《黑天鹅》中将此类事件统称为"黑天鹅"事件。一般来说,"黑天鹅"事件是指满足以下三个特点的事件。① 此类事件具有意外性;② 此类事件会产生重大影响;③ 虽然此类事件具有意外性,但人的本性促使我们在事后为它的发生编造理由,并且或多或少认为它是可解释和可预测的,即事后可预测性。此外,在描述危机事件时米歇尔·渥克(Michele Wucker)所提出的"灰犀牛"事件也值得警惕。这类事件是指太过于常见以至于人们习以为常的风险,比喻大概率且影响巨大的潜在危机。

新冠疫情发生在世界经济充满不确定性的时刻,是"灰犀牛"遇见"黑天鹅"性质的事件,对世界各国及世界经济产生的冲击是史无前例的。随着 2020 年 1 月 31 日世界卫生组织宣布将新冠疫情列为国际关注的突发公共卫生事件,并把级别提升为最高的"严重",3 月 9 日发出警告,全球性流行病威胁已经变成现实。世界各国都陆续宣布进入紧急状态,部分国家开始封锁城市、交通,关闭商场等大型公共设施,学校停课,限制人员与货物的出入境,等等。这一系列举措对世界上的主要经济体造成了巨大的冲击,新冠疫情对全球经济的影响主要体现在以下三个方面。

(一)金融市场动荡

在新冠疫情肆意蔓延的美国,金融市场剧烈动荡,多个市场指标的变化值创造了历史峰值。2020 年 3 月 9 日到 18 日的 8 个交易日中,美国股市一共发生了 4 次一级熔断。自从 1987 年美国股市建立熔断机制以来,这是第二次发生熔断,而连续发生 4 次熔断更是史无前例。3 月中旬一周股市的跌幅创下了 2008 年国际金融危机以来的新高,并且纳斯达克指数、道琼斯工业指数、标普 500 指数跌回到 2016 年年底的水平。在债券市场,美国 1 年期和 3 个月期国债收益率一度接近 0,而 10 年期国债收益率也是从 1953 年以来首次降到 1% 以下。在外汇市场,美元指数也发生了剧烈震荡,从 2 月下旬开始下跌,直到 3 月中旬又开始上涨。而在大宗商品市场,黄金的牛市结束,伦敦金价在 3 月份一周下跌 8.59%;石油价格更是大跌特跌。事实上股市的暴跌、熔断不只发生在美国,欧、日、韩等主要经济体也经历了金融市场的剧烈动荡。美、日、英、法、德、韩等国股指半个月内跌幅超过 20%,相继进入技术性熊市。这一场由新冠疫情带来的金融市场冲击席卷了几乎全世界的主要经济体。

（二）全球供应链、产业链中断

新冠疫情在全球范围内的蔓延导致一些国家开始限制人员、货物以及服务的流动，甚至关闭生产工厂停工歇业。疫情已经造成许多美国国内和国际供应链的广泛中断，大多数消费者业务的关闭，许多公司的大规模裁员和休假，导致消费者需求立即减少。而航空运输是全球运输的核心，它形成了全球供应链中的关键环节，是多式联运无缝运输系统的一部分。疫情使得各国陆续缩减乃至关闭航空线路，国际航空业务萎靡不振，严重影响了全球供应链。相关产业链的上下游行业和企业之间出现中断，这使得原本因为限流措施而大幅减少的国际贸易量进一步萎缩。疫情爆发以来，英国、德国、韩国、阿联酋、日本、美国等国率先实施旅行和入境管制，这直接导致了这些国家的旅游业及航空业严重下滑，继而使得交通、购物、住宿、餐饮、金融等相关服务业开始收缩，对全球服务贸易造成较大冲击。另外，疫情也造成中国、日本、韩国的汽车、金属、电子、化工、纺织等产业被迫停工减产，导致相关全球供应链出现脱钩、断裂的现象，抑制了商品贸易和工业生产的发展。

（三）经济全球化进程遭遇冲击

关于新冠疫情对经济全球化进程的影响，各界看法不一。全球化是世界经济发展的必然趋势，新冠疫情确实对经济全球化造成了不可忽视的冲击，但是其影响是有限的。有观点认为2008年国际金融危机后世界经济格局呈现东升西降、国际力量再平衡局面，而这次疫情可以进一步调整国际力量对比，导致全球供应链深度调整并且更加趋于公平合理。新冠疫情在全球范围内的蔓延短期内可能给经济全球化"降温"，打击人们的信心，但是全球化有其内在动力，不会因为本次疫情而倒退，世界经济的发展不会回到过去的孤立状态。还有一部分观点则认为这次疫情使得经济体之间互为依存的关系开始逐渐转变为恐惧的来源。相互依存的体系下，一旦其中某个成员发生变故就会威胁自己的利益。经济全球化在经历了2008年国际金融危机后再次面临重大挑战，各国对制造业的争夺愈演愈烈，逆全球化的趋势可能进一步加剧。如同"蝴蝶效应"，经济全球化的发展使全世界的人员、资源紧密联系，加剧了新冠病毒的迅速传播。另一方面，疫情在一定程度上也加剧了各发达国家对经济全球化的怀疑和不安，再加上封闭取向、种族歧视、大民族主义的兴起，以及近年来国际上不断爆发的贸易摩擦和冲突，经济全球化的基础遭到动摇。

第四节　国际经济格局的变化与政策协调

一、国际经济格局的变化

历次重大金融危机爆发后，世界各国的货币制度、汇率体系、国际贸易结构、分工格局都会发生巨大变化，从而改变世界经济格局。20世纪30年代大萧条后，各国重新确立了它们的相对经济地位,以美国为首的发达经济体建立了新的国际经济与金融体系。1992 年欧洲货币体系危机推动了欧元区和欧元的诞生,改变了世界货币体系。1997 年亚洲金融危机加快了东盟区域经济一体化,形成了区域内不同新兴经济体共同发展的格局,中国成为"世界工厂"。2008 年国际金融危机打破了美国主导的经济全球化进程,新兴市场国家提高了在国际经济中的地位和对国际事务的话语权。

美国金融危机和欧洲债务危机后,国际经济格局的变化可概括为以下五个方面:

第一,世界经济增长格局变化。增长重心进一步向新兴经济体转移,新兴发展中国家将成为与发达国家并驾齐驱,甚至是更主要的全球增长发动机。2001 年 11 月 20 日,高盛证券公司首席经济学家吉姆·奥尼尔发明了一个全球热词"金砖四国"(BRICs)。2003 年 10 月,高盛题为"与 BRICs 一起梦想:通往 2050 年的道路"的全球经济报告中预言,BRICs 将于 2050 年统领世界经济风骚,其中:巴西将于 2025 年取代意大利的经济位置,并于 2031 年超越法国;俄罗斯将于 2027 年超过英国,2028 年超越德国;如果不出意外的话,中国可能在 2041 年超过美国从而成为世界第一经济大国;印度可能在 2032 年超过日本;BRICs 合计的 GDP 可能在 2041 年超过西方六大工业国(G7 中除去加拿大),这样,到 2050 年,世界经济格局将会大洗牌,全球新的六大经济体将变成中国、美国、印度、日本、巴西和俄罗斯。

第二,国际金融格局变化。控制金融风险,加强金融监管成为政策主流,全球金融业发展和创新能力严重削弱;美元主导的国际货币体系酝酿变革。20 世纪 90 年代以来,全球金融业迅猛发展,至 2007 年年底,全球金融资产的名义价值达到实体经济的 16.4 倍,远高于 1998 年的 6.2 倍。危机爆发后,随着商业银行、保险公司和投资银行等一批欧美金融巨头的倒闭,金融业规模大幅度收缩。在反思危机成因的同时,金融监管而不是金融自由化成为危机后主导全球金融市场发展的重要制度内容,监管范围从金融机构的资本金、流动性到金融衍生产品的创设,乃至对冲基金的活动和金融机构薪酬体系的改革等包罗万象。奥巴马政府推动的金融监管体系改革和欧盟金融监管改革,都预示着以杠杆化、混业化和大型化为突出标志的金融业发展方式将面临严格的制度束缚。危机后,美元地位的相对削弱成为全球金融格局变化的另一主题。随着次贷危机的蔓延,以美元为本位的国际货币体系表现出明显的弱点,美国以外的国家和地区的经济政策独立性不同程度受到影响,不得不以牺牲国内经济均衡为代价进行被动调整,美国赤字靠美元霸权支撑,美元地位又靠世界储备支撑的现行格局备受质疑。一些国家开始调整外汇储备结构,减持美元资产,转向多货币取向。中国也在 2009 年 4 月正式启动跨境贸易人民币结算的试点工作,迈出了人民币国际化的关键一步。

第三,国际贸易格局变化。发达市场主导的全球贸易转向,新兴市场的国际贸易拉动作用有所上升,贸易领域的逆全球化势头凶猛。受金融危机影响,2009 年全球贸易量减少 12.2%,是 70 年来下滑幅度最大的一次。发达国家贸易下降尤为显著。与 2008 年相比,2009 年美国进出口分别减少 25.9% 和 17.9%。相比之下,新兴经济体在全球贸易中的作用则显著上升。1985 年,发展中国家占美国出口总额的 32.8%,占进口总额的 34.5%。到 2009 年,这两个比例分别上升至 51.6% 和 59.8%。新兴市场的崛起对美、欧、日主导全球贸易流向的传统格局构成冲击。金融危机后,贸易保护主义卷土重来和逆全球化的双边及区域自由贸易协定数目激增,从两个方向改变着世界贸易组织倡导的多边自由化贸易体系。据世界银行统计,金融危机发生至 2009 年第三季度, G20 国家中的 17 个共出台了 78 项贸易保护措施, 其中 47 项已付诸实施。经济合作与发展组织和世界贸易组织的联合报告则称, 至 2010 年上半年已出台了 250 项具有贸易保护倾向的政策。日益盛行的双边和区域贸易谈判显然对推进多哈谈判具有反向作用。

第四, 国际投资格局变化。直接投资大三角格局分化, 新兴经济体崛起为重要的国际直接投资源, 跨国并购的地理格局发生位移。20 世纪 90 年代中期以来, 国际直接投资领域呈现出美、欧、日主导全球直接投资流量和流向的大三角格局。次贷危机从信贷领域蔓延至整个金融领域, 并向实体经济部门渗透后, 在信用紧缩、融资成本提高和国际市场总体需求低迷的多重压力下, 全球直接投资的能量急剧萎缩。2008 年全球外国直接投资流动由 2007 年的 18.3 万亿美元减至 14.5 万亿美元, 2009 年全球外国直接投资进一步下降至 12 万亿美元。金融危机对流向发达国家的外资造成严重打击。2008 年的数据显示, 发达国家吸收外资的总量下降了 29%, 发达国家跨国并购额下降 39%, 欧洲的跨国并购额甚至下跌了 56%。与此相反, 2008 年发展中国家的外国直接投资流入却是增长的, 非洲增长 27%, 加勒比地区增长 13%, 南亚增长 49%, 仅东南亚有所回落。金融危机中, 国际直接投资领域的一个突出变化是, 新兴经济体和具有自然资源禀赋的国家成为全球直接投资的新源泉。2009 年, 新兴经济体用于收购发达国家集团的资金为 1 050 亿美元, 超过了同期发达国家集团对新兴经济体的收购资金 742 亿美元。主权财富基金规模超越对冲基金规模, 这对全球投资市场上的大三角格局形成进一步分化影响。截至 2010 年 6 月末, 全球范围内主权财富基金管理的资产规模已达 3.89 万亿美元, 远远超过全球对冲基金与私募股权基金的资产规模。与对冲基金多来自欧美国家且由私人资本操控不同, 主权财富基金多来自新兴经济体和海湾国家。如果主权财富基金规模如一些机构预测的那样, 在 2015 年达到约 10 万亿美元, 则新兴资本对全球投资格局的影响更不容低估。

第五, 国际生产格局变化。发达国家再工业化难有作为, 全球供应链的区位导向发生变化, 新兴市场的战略地位更为巩固。金融危机后, 从纠正世界经济失衡出发, 一些发达国家提出再工业化战略, 不少国家迫于就业压力, 出台了一些不允许获补贴企业投资流出、承诺最低国内采购额, 或通过调整税收措施吸引本国企业投资回流和留住国际投资者的应急性投资保护政策。但跨国巨头并未放弃全球生产网建设和全球价值链布局的整体战略。应急或暂时的收缩与回归发达地区的产业规模有限, 从企业生存及盈利出发, 将战略重心从传统市场转向新兴市场仍是大势所趋。金融危机后全球生产网络呈现三大新趋势: 一是行业重组引发全球跨境产业转移加速。危机中行业领先企业的能力削减, 为行业整合提供了市场契机, 在本行业内寻求合适的并购对象, 借势壮大成为重要策略。二是区域性供应链地位上升。由于碳关税、物流、法规的变化和自贸区谈判的盛行, 一些跨国公司更倾向于在区域上形成一个完整的供应链。比如, 以往日本将欧美作为其主要海外市场, 但由于危机后欧洲和北美市场的收益很不乐观, 则加强在东南亚的区域整合。三是随着核心市场转移, 相对于成本型供应链, 目前市场导向型的供应链地位趋于上升。比如随着中国本土市场的发展, 更多的跨国公司意识到中国同时作为其内销市场和出口平台的双重角色, 大多对在华投资不减反增, 与其在欧美市场撤资关厂的举动形成截然相反之势。新一轮全球生产网建设不仅带动全球制造重心向新兴国家转移,更将推动从设计、研发、物流运输直到售后服务等服务业全球分工体系向新兴国家的加速布局。服务外包或合约服务的全球扩张改变着国际生产的传统面貌,将是未来几年国际产业转移的重要内容。全球前 5 000 家非金融跨国公司中,服务部门的资产占了 1/3,对这些服务型跨国企业的调查显示,大部分对危机后的服务产业发展表示乐观。这是由于危机后企业更倾向于外包一些服务型支持项目,例如会计、计算机维修、售后服务等,尤其是那些跨国性的,为公司降低成本、外包决策提供解决方案的商用服务类部门,在危机后增长明显。

二、国际政策协调的变化

国际政策协调包括许多层面,如货币政策、汇率政策、财政政策等总体经济政策,乃至于跨国监理机制等方面的国际协调。美国经济学家奥笛兹和萨克斯的研究是此方面的经典文献。他们认为国际政策协调可消除各国政策所产生的跨国影响,因而可提升经济福利,而国际商品市场、资本市场等整合程度越高,国际政策协调所带来的利益越显著。2008 年国际金融危机使许多全球议题浮上台面,如国际资本流动、全球不平衡、国际美元与 IMF 的治理改革等,都是重要的全球货币金融课题。如果全球货币金融制度的改革能够通过有效的机制进行国际政策协调,将会有助于促进全球经济金融秩序的稳定。

在实际作为上,国际政策协调行动最早可追溯到 1985 年的“广场协议”。不过,这次国际汇率政策协调为工业国家之间的协议,而且其目的为降低美国的贸易逆差,但却使得日元在不到 3 年之内升值 50%,对其后日本经济的影响十分深远,并非多赢的结果。2008 年国际金融危机爆发后,美联储与其他 14 个国家中央银行签订暂时性换汇机制,以提供充分的美元流动性,是一种国际货币政策协调,但系事后防范危机扩大的做法,并非前瞻性的政策行动。

由于 2008 年国际金融危机爆发,G20 在英国伦敦、美国华盛顿特区与匹兹堡举行高峰会议,并根据会议决议推动的情形,分别在 2009 年 9 月 25 日与 11 月 7 日发表进展报告,其中第一篇进展报告与金融监管有关,而第二篇则是关于经济与金融政策行动。G20 在三次高峰会中做出不少决议,尤以建议 IMF 增发 2 500 亿美元特别提款权受到瞩目。G20 作为非正式的论坛,除了为应对 20 世纪 90 年代金融危机以外,也是鉴于不少重要的新兴经济体在全球的经济议题中缺乏发声与讨论的渠道而成立的对话机制。另一方面,外界也对 G20 的做法有所微言,认为 G20 并非经过全球所有国家授权,正当性不足,不宜自认可代表所有国家发声。同时 G20 峰会容易受到其中的意见领袖影响,有半数 G20 国家并未真正参与。虽然如此,G20 的成立与在 2008 年国际金融危机期间的峰会,也显示出全球性的议题必须要有具有代表性的国家参与。自 20 世纪 90 年代以来,全球经济金融环境快速变迁,新兴经济体的重要性日渐增加,应该扮演更重要的角色,与先进工业化国家积极进行对话,以解决全球性的问题,而这也将是未来国际社会的重要趋势之一。

在发展中国家国际政策协调方面,以我国所提出的“一带一路”倡议最具代表性。自 20 世纪 90 年代以来,区域内经济协调与合作在发展中国家之间被广泛接受,诸如东盟 10 国、阿拉伯国家和非洲国家等开始通过签订自由贸易协定、成立共同体联盟等方式加速经济和政治一体化的进程。这些区域国家也都是“一带一路”倡议的沿线国家。根据中国“一带一路”网的统计,截止到 2021 年 1 月底,与中国政府签订“一带一路”合作协议的国家和国际组织已达 171 个,签署"一带一路"国际合作文件达到 205 份。"一带一路"倡议已经成为集合最多发展中国家的国际合作平台,沿线国家遍及亚洲、欧洲、非洲和南太平洋区域。其中,中亚和东南亚国家成为共建"一带一路"的先锋队。"一带一路"倡议下发展中国家之间达成的合作项目数量和进展速度是空前的,这为在高质量共建"一带一路"倡议中建立和完善一套更加适合广大发展中国家进行宏观经济政策协调的特殊机制提供了基础。此外,"一带一路"倡议也有助于沿线国家加强经济政策协调和发展战略对接,努力实现协同联动发展,加强经济、金融、贸易、投资等领域宏观政策协调;构建开放型世界经济,推动自由贸易区建设,促进贸易和投资自由化、便利化;有效对接发展战略及合作规划,优势互补,协同并进;加强创新发展,培育新产业、新业态、新模式,挖掘增长新动力。

基本概念

经济危机(economic crisis)
大萧条(the Great Depression)
亚洲金融危机(Asian financial crisis)
次贷危机(subprime lending crisis)
欧债危机(European debt crisis)

复习思考题

1. 经济危机的概念和特点是什么?
2. 经济危机的根本原因是什么?
3. 解决经济危机的方法有哪些?
4. 简要比较大萧条和美国次贷危机在危机根源、危机传导和解决方案上的异同。
5. 经历美国次贷危机和欧洲债务危机后,国际经济格局发生了怎样的变化? 国际政策协调会做出怎样的调整?

即测即评

请扫描右侧二维码,在线测试本章学习效果。

附录

世界主要经济危机一览表

1637 年郁金香泡沫

当时由鄂图曼土耳其引进的郁金香球根异常地吸引大众抢购,导致价格疯狂飙升,在泡沫化过后,价格仅为高峰时的 1/100,让荷兰各大都市陷入混乱。

1720 年南海公司股票泡沫

1720 年,为了刺激股票发行,英国南海公司接受投资者分期付款购买新股的方式,投资十分踊跃,股票供不应求,导致价格狂飙到 1 000 英镑以上。但是公司的真实业绩严重与人们预期背离,同时英国国会通过了《反金融诈骗和投机法》,内幕人士与政府官员大举抛售,南海公司股价一落千丈,南海公司股票泡沫破灭。

1929—1933 年大萧条

　　大萧条是世界在和平时期所经历的最大经济危机。20 世纪 30 年代大规模的、长久性的失业对整个工业社会是一次重创。危机的根本原因是经济系统的失灵。坚持金本位制政策导致 1931 年发生一系列货币危机,使得衰退演变为大萧条。

三次石油危机

　　目前共发生过三次石油危机。第一次石油危机又称 1973 年石油危机。由于 1973 年 10 月第四次中东战争爆发,OPEC 为了打击对手以色列及支持以色列的国家,禁运石油,暂停出口,造成油价上涨。当时原油价格曾从 1973 年的每桶不到 3 美元涨到超过 13 美元。原油价格暴涨引致西方发达国家经济衰退。据估计,美国 GDP 下降 4.7%,欧洲下降 2.5%,日本下降 7%。第二次石油危机又称 1979 年石油危机,发生在 1979 年年末至 1980 年年初,当时原油价格从每桶 15 美元左右最高涨到 39 美元。第二次石油危机也引起了西方工业国的经济衰退。据估计,美国 GDP 大概下降了 3%。第三次石油危机(1990 年)因海湾战争而爆发,原油价格增长了近一倍。海湾战争也被称为石油战争,当时 3 个月内原油从每桶 14 美元涨到突破 40 美元。但高油价持续时间并不长,与前两次石油危机相比,对世界经济的影响要小得多,但使 1991 年上半年欧美旅游生意相应减少。

1982 年拉丁美洲债务危机

　　此次危机爆发于 1982 年,但问题始自 1973 年石油危机。1973 年之后的 5 年间全球石油价格飞升,使许多发展中国家的进口成本升高,经常账户收支持续恶化,急需大量的资金,于是它们不断向外借款。1979 年第二次石油危机发生,拉丁美洲国家债务更加严重。平均而言,其负债比率已超过 30%,巴西等国更是接近 60%。其后更因美元利率走高、本币对美元贬值、石油价格转趋下跌,债务问题恶化。1982 年年底,拉丁美洲国家外债总余额已达到 3 270 亿美元,许多新借款主要用于支付旧债务利息,形成以债养债。自 1973 年起,10 年间累积了巨额外债,债务国无法继续承担,终致危机爆发。

1998 年亚洲金融危机

　　20 世纪 90 年代末,在美国提高利率、美元增值的背景下,货币与美元挂钩的亚洲国家出口不断下降。1997 年 7 月,随着泰国宣布泰铢实行浮动汇率制,亚洲国家货币普遍贬值,爆发金融危机。此次危机中,印度尼西亚、泰国和韩国是遭受损失最为严重的国家。三国 GDP 在两年内分别缩水 83%、40% 和 34%。

2001 年互联网泡沫

　　1997—2001 年,在欧美及亚洲多个国家的股票市场中,与科技及新兴互联网相关的企业股价高速上升。在高速上升的股价、投资者的投机活动及风险基金的支持下,造成一个繁盛的环境,令部分新兴企业市值一度超越传统企业。这次危机的标志是大量以互联网为基础的企业诞生及其后的倒闭。互联网泡沫的爆破,令世界多个国家在 21 世纪初出现经济衰退。

续表

2007—2009 年次贷危机

　　长期以来,美国金融机构盲目向次级信用购房者发放次级抵押贷款。随着利率上涨和房价下降,次贷违约率不断上升,最终导致 2007 年夏季次贷危机爆发。这场危机导致过度投资次贷金融衍生品的公司和机构纷纷倒闭,并在全球范围引发了严重的信贷紧缩。美国次贷危机最终引发了波及全球的金融危机。2008 年 9 月,雷曼兄弟破产和美林公司被收购标志着国际金融危机的全面爆发。随着虚拟经济的灾难向实体经济扩散,世界各国经济增速放缓,失业率激增,一些国家开始出现严重的经济衰退。

2009—2013 年欧洲主权债务危机

　　2008 年国际金融危机之后,欧洲部分国家因在国际借贷市场负债过多并超出其自身清偿能力,造成无力还债或者必须延期还债。2009 年年底,欧洲主权债务危机最早在希腊爆发。随即国际三大评级机构惠誉、标准普尔和穆迪相继下调希腊主权信用评级,并将其评级展望定位为负面,希腊乃至整个欧洲的债务危机由此拉开序幕。危机随即迅速蔓延至欧元区内经济实力较强的葡萄牙、意大利、爱尔兰和西班牙。此后,法国和德国两个欧元区的核心国家也受到危机影响。2012 年年初,标准普尔宣布将法国等 9 国主权信用评级下调,法国主权信用降至 AAA 级以下。至此,由希腊开始的主权债务危机演变成一场席卷整个欧洲的主权债务危机。

参考文献

［1］"WTO 改革：机遇与挑战"课题组,李波,陈卫东,等.客观认识 WTO 当前困境以战略思维推进 WTO 改革［J］.行政管理改革,2021(7):19-29.

［2］奥林.地区间贸易和国际贸易［M］.王继祖,译.北京:首都经济贸易大学出版社,2001.

［3］布阿吉尔贝尔.布阿吉尔贝尔选集［M］.伍纯武,梁守锵,译.北京:商务印书馆,1984.

［4］蔡凯帆.关于新冠肺炎疫情对经济的影响及应对的文献综述［J］.对外经贸,2021(2):6-10.

［5］蔡玉彬.国际贸易理论与实务［M］.北京:高等教育出版社,2004.

［6］曹广伟.亚太经济一体化的困境与破局研究:多重权力逻辑的视角［J］.亚太经济,2019(2):5-14.

［7］曹吉云.发展中国家的贸易政策选择:经济发展水平与贸易环境［M］.北京:中国人民大学出版社,2017.

［8］曹琦.新贸易保护主义背景下高新技术企业发展现状及路径探析［J］.中国市场,2020(35):69-71.

［9］陈绵水,赵应宗.国际贸易［M］.太原:山西经济出版社,1998.

［10］陈启清.以系统性策略防范系统性金融风险［N］.经济日报,2019-04-30.

［11］陈绍锋.东亚一体化视角下的《区域全面经济伙伴关系协定》:守成与创新［J］.国际政治研究,2021,42(3):9-37.

［12］程大中.国际贸易:理论与经验分析［M］.上海:格致出版社,2009.

［13］迟焱淼.浅述国际贸易理论政策的历史沿革［J］.对外经贸,2021(7).

［14］崔琪涌,张源,王胜."一带一路"国际宏观经济政策协调:机制基础与中国角色［J］.经济学家,2020(8):49-58.

［15］崔庆波.新一轮贸易保护主义与中国区域贸易自由化策略［J］.上海对外经贸大学学报,2021,28(4):76-90.

［16］戴金平,熊爱宗,谭书诗.国际货币体系:何去何从?［M］.厦门:厦门大学出版社,2012.

［17］丁凯.最优货币区理论的实践:欧元区的案例分析［D］.上海:复旦大学,2009.

［18］东艳.贸易保护主义:美国长期的政策倾向［J］.人民论坛,2018(24):15-17.

［19］恩格斯.国民经济学批判大纲［M］//马克思恩格斯文集(第一卷).北京:人民出版社,2009.

［20］冯德连．国际经济学［M］.4 版．北京：中国人民大学出版社,2019.

［21］冯娟．贸易保护与国内市场独占的历史与现实［J］.经济学家,2021(4)：52-60.

［22］龚晓莺．国际贸易理论与政策［M］.北京：经济管理出版社,2008.

［23］郭晴．"双循环"新发展格局的现实逻辑与实现路径［J］.求索,2020(6)：100-107.

［24］郭羽诞,兰宜生．国际贸易学［M］.上海：上海财经大学出版社,2008.

［25］海闻,林德特,王新奎．国际贸易［M］.上海：上海人民出版社,2003.

［26］海闻,施建淮．国际经济学［M］.北京：高等教育出版社,2011.

［27］海闻．国际贸易：理论·政策·实践［M］.上海：上海人民出版社,1993.

［28］韩玉军．国际贸易学［M］.北京：中国人民大学出版社,2010.

［29］贺小勇,陈瑶."求同存异"：WTO 改革方案评析与中国对策建议［J］.上海对外经贸大学学报,2019,26(2)：24-38.

［30］黄建忠．WTO 改革之争：中国的原则立场与对策思路［J］.上海对外经贸大学学报,2019,26(2)：5-12.

［31］黄梅波,熊爱宗．国际货币体系改革：困境与出路［M］.北京：经济科学出版社,2012.

［32］贾建华,阚宏．国际贸易理论与实务［M］.北京：首都经济贸易出版社,2011.

［33］江小涓,孟丽君．内循环为主、外循环赋能与更高水平双循环：国际经验与中国实践［J］.管理世界,2021(1)：1-18.

［34］金香丹,廉晓梅．特朗普政府贸易保护主义政策冲击：中日韩 FTA 谈判的机遇与挑战［J］.东北亚论坛,2019,28(5)：92-101.

［35］克鲁格曼,奥伯斯法尔德．国际经济学：理论与政策［M］.北京：中国人民大学出版社,2008.

［36］李嘉图．政治经济学及赋税原理［M］.郭大力,王亚南,译．北京：商务印书馆,1962.

［37］李娟,熊晓琳．马克思论自由贸易与贸易保护及其当代启示［J］.上海经济研究,2019(2)：14-20.

［38］李俊江,史本叶．国际贸易学说史［M］.北京：光明日报出版社,2011.

［39］李坤望．国际经济学［M］.4 版．北京：高等教育出版社,2017.

［40］李丽平,张莉,张彬,等．中国绿色贸易政策发展进程、特点及展望［J］.环境与可持续发展,2021,46(4).

［41］李若谷．国际货币体系改革与人民币国际化［M］.北京：中国金融出版社,2009.

［42］李双双,卢锋．多边贸易体制改革步履维艰：大疫之年的 WTO 改革［J］.学术研究,2021(5)：92-99.

［43］ 李远.二战后美国对外贸易政策的特点及其评价［J］.社会科学论坛，2006（4）.

［44］ 里昂惕夫.投入产出经济学［M］.崔书香，译.北京：商务印书馆，1980.

［45］ 梁坚.国际贸易理论与政策：基于比较优势统一框架的全新阐析［M］.北京：中国人民大学出版社，2011.

［46］ 梁琦，张二震.比较利益理论再探讨：与杨小凯、张永生先生商榷［J］.经济学（季刊），2002，2（4）：239-250.

［47］ 刘敬东.WTO改革的必要性及其议题设计［J］.国际经济评论，2019（1）：34-57+5.

［48］ 刘中伟，沈家文.跨太平洋伙伴关系协议（TPP）：研究前沿与架构［J］.当代亚太，2012（1）.

［49］ 龙华.国际贸易理论的发展及在我国的适用性问题［J］.国际经贸探索，2000（2）：2-5.

［50］ 陆建人.美国加入TPP的动因分析［J］.国际贸易问题，2011（1）.

［51］ 陆燕.美欧加速推动跨大西洋贸易与投资伙伴关系协定谈判的动因［J］.国际贸易，2013（7）.

［52］ 路玮孝.产业数字化转型对跨国公司FDI影响及机制研究［J］.亚太经济，2021（4）：82-92.

［53］ 栾彦.全球视角下的欧洲主权债务危机研究［D］.沈阳：辽宁大学，2012.

［54］ 劳伦斯，王宇.世界关税税率下降与全球贸易自由化进展：多边、区域和单边［J］.金融发展研究，2021（7）.

［55］ 罗良文，阚大学.国际贸易、FDI与技术效率和技术进步［J］.科研管理，2012（5）：64-69.

［56］ 马晓野，刘明兴.国际贸易波动：理论综述及评价［J］.国际贸易，2001（2）：33-35.

［57］ 聂世坤，叶泽樱.双边关系、制度环境与中国对"一带一路"国家OFDI的出口创造效应［J］.国际经贸探索，2021，37（2）：67-82.

［58］ 欧定余，彭思倩.逆全球化背景下东亚区域经济共生发展研究［J］.东北亚论坛，2019，28（4）：59-70.

［59］ 潘国轩.当前全球国际贸易保护的发展趋势分析［J］.全国流通经济，2021（11）：33-35.

［60］ 潘英丽.国际货币与金融体系改革研究［M］.上海：上海人民出版社，2012.

［61］ 彭福永.国际贸易［M］.上海：上海财经大学出版社，2002.

［62］ 钱学锋，王备.异质性企业与贸易政策：一个文献综述［J］.世界经济，2018，41（7）：169-192.

［63］ 秦焕梅，许晓鸣.国际贸易的"相对价格不等式"与"广义比较优势"［J］.经

济与管理研究,2010(7).

[64] 全毅.区域贸易协定发展及其对 WTO 改革的影响[J].国际贸易,2019(11):52-58.

[65] 盛斌.中国对外贸易政策的政治经济分析[M].上海:上海人民出版社,2002.

[66] 盛洪昌,于颖.国际贸易理论与实务[M].北京:中国时代经济出版社,2003.

[67] 斯拉法.李嘉图著作和通信集(第 1 卷)[M].郭大力,王亚南,等,译.北京:商务印书馆,1997.

[68] 宋瑞琛.美国关于 WTO 改革的主张、措施及中国的策略选择[J].国际贸易,2020(8):48-55.

[69] 孙丽,赵泽华.日本依托区域经济一体化主导国际经贸规则制定权的战略分析[J].现代日本经济,2021,40(1):83-94.

[70] 孙致陆,李先德,李思经.中国与"一带一路"沿线国家农产品产业内贸易及其影响因素研究[J].华中农业大学学报(社会科学版),2021(1):57-68+176.

[71] 谈毅,李惊雷.国际区域经济合作[M].西安:西安交通大学出版社,2008.

[72] 田野,程婷.新贸易理论框架下我国对外贸易的环境效应研究[J].统计与决策,2017(3):145-147.

[73] 佟家栋.亚太地区经济合作一体化模式探讨:从非机制化转向机制化研究[J].亚太经济,2020(2):30-35.

[74] 王芊,佟家栋.贸易模型发展综述:共性和异性视角[J].首都经济贸易大学学报,2019,21(6):27-44.

[75] 王唯薇.美国数字贸易政策三十年及启示[J].中国经贸导刊(中),2021(6).

[76] 王小梅.金融危机以来贸易保护主义对中国农业出口的影响[J].经济问题探索,2016(1):140-148.

[77] 王孝松.中国对外贸易环境与贸易摩擦研究报告[M].北京:中国人民大学出版社,2018.

[78] 王一鸣.从长期大势把握当前形势:统筹短期应对和中长期发展[N].经济日报,2020-08-12.

[79] 习近平.把握新发展阶段,贯彻新发展理念,构建新发展格局[J].求是,2021(9).

[80] 辛中华.贸易保护主义的应对策略:基于光伏产业的经验[J].南京林业大学学报(人文社会科学版),2020,20(5):114-122.

[81] 徐绍元,史春林.马克思恩格斯对资本主义国际贸易政策本质的分析及现实启示[J].湖湘论坛,2021,34(4).

[82] 徐永利,张悦.中国与金砖国家产业内贸易水平测度及影响因素[J].河北大学学报(哲学社会科学版),2021,46(4):116-127.

[83] 斯密.国民财富的性质和原因的研究(下卷)[M].郭大力,王亚南,译.北京:商务印书馆,1974.

［84］ 闫国庆,李汉君,陈丽静.国际贸易思想史［M］.北京:经济科学出版社,2010.

［85］ 杨青龙.论国际贸易中的"相对生产成本不等式":从李嘉图模型到规模经济模型的集成与统一［J］.石家庄经济学院学报,2012(6).

［86］ 杨小凯,张永生.新贸易理论、比较利益理论及其经验研究的新成果:文献综述［J］.经济学(季刊),2001(1):19-40.

［87］ 殷晓鹏,肖艺璇,王锋锋.中国共产党对外贸易政策演进:成就与展望［J］.财经科学,2021(5).

［88］ 余淼杰.国际贸易学:理论、政策与实证［M］.北京:北京大学出版社,2013.

［89］ 张德明.从保护主义到自由贸易:略论20世纪三四十年代美国外贸政策的历史性变化［J］.武汉大学学报(人文科学版),2003(5).

［90］ 张二震,马野青.国际贸易学［M］.5版.南京:南京大学出版社,2015.

［91］ 张锐.数字贸易的中国优势［N］.国际金融报,2021-11-01(3).

［92］ 张为付.国际经济学［M］.3版.南京:南京大学出版社,2016.

［93］ 张宇,蒋殿春.数字经济下的国际贸易:理论反思与展望［J］.天津社会科学,2021(3):84-92.

［94］ 张宇燕.美国政府对经济的干预和调节［Z］//世界经济年鉴.北京:中国社会科学出版社,2018.

［95］ 赵迪.美国对华贸易保护主义问题研究［J］.对外经贸,2020(5):16-20.

［96］ 赵俊平,付会霞,姚丽霞.区域经济一体化理论与实践［M］.哈尔滨:黑龙江大学出版社,2012.

［97］ 赵曙东.国际经济学［M］.2版.北京:中国人民大学出版社,2021.

［98］ 赵志浩,卢进勇.国际技术溢出:获取路径与对策探讨:基于贸易保护主义抬头背景下的思考［J］.国际经济合作,2020(1):78-90.

［99］ 郑宇.开放还是保护:国家如何应对经济危机［J］.世界经济与政治,2018(12):134-155.

［100］ 钟英通.WTO改革视角下的诸边协定及其功能定位［J］.武大国际法评论,2019,3(1):109-126.

［101］ 周大鹏.新发展格局下制造业服务化对中国企业海外并购的影响研究［J］.世界经济研究,2021(8):107-119.

［102］ 周晴.三元悖论原则:理论与实证研究［M］.北京:中国金融出版社,2008.

［103］ 宗良,吴丹.国际贸易理论的创新思维与动态综合竞争优势转换:历史演进、理论创新和模型构建［J］.武汉金融,2019(7):16-22.

［104］ BHAGWATI J.Immiserizing growth:a geometrical note［J］.The Review of Economic Studies,1958,25(3):201-205.

［105］ DOMINGUEZ K M.Central bank intervention and exchange rate volatility［J］.Journal of International Money and Finance,1998,17:161-190.

［106］ EDWARD E L.The Leontief paradox,reconsidered［J］.The Journal of Political

Economy,1980,88(3):495-503.

[107] EDWARD E L.What's the use of factor contents [J].Journal of International Economics,2000,50 :17-49.

[108] EVANS M D D,LYONS R K.A new micro model of exchange rate dynamics. NBER Working Papers 10379,2004.

[109] GAWANDE K,BANDYOPADHYAY U.Is protection for sale? Evidence on the Grossman-Helpman theory of endogenous protection [J].The Review of Economics and Statistics,2000,82 :139-152.

[110] GAWANDE K,KRISHNA P,OLARREAGA M.Lobbying competition over trade policy [Z].NBER Working Papers 11371,2005.

[111] GAWANDE K,KRISHNA P,ROBBINS M J.Foreign lobbies and U.S.trade policy [J].The Review of Economics and Statistics,2006,88(3):563-571.

[112] GROSSMAN G,HELPMAN E.Protection for sale [J].American Economic Review,1994,84 :833-850.

[113] KRUGMAN P R.Technology,trade and factor prices [J].Journal of International Economics,2000,50 :51-71.

[114] LEVY-YEYATI E,STURZENEGGER F.Exchange rate regimes and economic performance [Z].IMF Staff Papers,2002,47 :62-98.

[115] MAGGI G,GOLDBERG P K.Protection for sale:an empirical investigation [J].American Economic Review,1999,89(5):1135-1155.

[116] MATSCHKE X,SHERLUND S M.Do labor issues matter in the determination of U.S.trade policy? An empirical reevaluation [J].American Economic Review,2006,96(1):405-421.

[117] MCCALMAN.Protection for sale and trade liberalization:an empirical investigation [J].Review of International Economics,2001,57 :151-176.

[118] MITRA D,THOMAKOS D,ULUBASOGLU M.Protection for sale in a developing country:democracy versus dictatorship [J].Review of Economics and Statistics,2002,84 :497-508.

[119] PARK H,SONG C.Japanese vocal intervention and the yen/dollar exchange rate [J].Japan and the World Economy,2008,20 :61-81.

[120] REINHART C M,ROGOFF K S.The modern history of exchange rate arrangements:a reinterpretation [J].The Quarterly Journal of Economics, 2004,119(1):1-48.

[121] ROMER P.The Origins Of Endogenous Growth [J].Journal of Economic Perspectives,1994(8):3-22.

[122] UNCTAD.World Investment Report 2021 [R].United Nations Conference on Trade and Development,2021.

教学支持说明

　　建设立体化精品教材,向高校师生提供整体教学解决方案和教学资源,是高等教育出版社"服务教育"的重要方式。为支持相应课程教学,我们专门为本书研发了配套教学课件及相关教学资源,并向采用本书作为教材的教师免费提供。

　　为保证该课件及相关教学资源仅为教师获得,烦请授课教师清晰填写如下开课证明并拍照后,发送至邮箱 jingguan@pub.hep.cn 或 lixh@hep.com.cn 进行索取。

　　咨询电话:010-58581020。

证　　明

　　兹证明_____大学_____学院/系第_____学年开设的_____课程,采用高等教育出版社出版的《_____》(主编_____)作为本课程教材,授课教师为_____,学生_____个班,共_____人。授课教师需要与本书配套的课件及相关资源用于教学使用。

　　授课教师联系电话:_____　　E-mail:_____

学院/系主任:_____(签字)

(学院/系办公室盖章)

20____年____月____日

郑重声明

高等教育出版社依法对本书享有专有出版权。任何未经许可的复制、销售行为均违反《中华人民共和国著作权法》,其行为人将承担相应的民事责任和行政责任;构成犯罪的,将被依法追究刑事责任。为了维护市场秩序,保护读者的合法权益,避免读者误用盗版书造成不良后果,我社将配合行政执法部门和司法机关对违法犯罪的单位和个人进行严厉打击。社会各界人士如发现上述侵权行为,希望及时举报,我社将奖励举报有功人员。

反盗版举报电话　(010)58581999　58582371

反盗版举报邮箱　dd@hep.com.cn

通信地址　北京市西城区德外大街4号　高等教育出版社法律事务部

邮政编码　100120

读者意见反馈

为收集对教材的意见建议,进一步完善教材编写并做好服务工作,读者可将对本教材的意见建议通过如下渠道反馈至我社。

咨询电话　400-810-0598

反馈邮箱　gjdzfwb@pub.hep.cn

通信地址　北京市朝阳区惠新东街4号富盛大厦1座
　　　　　高等教育出版社总编辑办公室

邮政编码　100029